구조율고【一】九朝律考

[권1] 한율고漢律考 1·2·3

구조율고 [一] 九朝律考

[권1] 한율고漢律考 1 · 2 · 3

An Annotated Translation on the Laws of Nine Dynasties

정수덕程樹德 저 ┃ 임병덕 역주

세창출판사

구조율고 【一】 九朝律考

1판 1쇄 인쇄   2014년 10월 30일
1판 1쇄 발행   2014년 11월 10일
저   자 ǀ 정수덕(程樹德)
역주자 ǀ 임병덕(林炳德)
발행인 ǀ 이방원
발행처 ǀ 세창출판사
          주소 ǀ 서울 서대문구 경기대로 88 (냉천빌딩 4층)
          신고번호 ǀ 제300-1990-63호
          전화 ǀ (02) 723-8660   팩스 ǀ (02) 720-4579
          http://www.sechangpub.co.kr
          e-mail: sc1992@empal.com

ISBN 978-89-8411-496-8 94360
        978-89-8411-495-1 (세트)

잘못된 책은 구입하신 서점에서 바꾸어 드립니다.
책값은 뒤표지에 있습니다.

이 도서의 국립중앙도서관 출판예정도서목록(CIP)은 서지정보유통지원시스템 홈페이지
(http://seoji.nl.go.kr)와 국가자료공동목록시스템(http://www.nl.go.kr/kolisnet)에서
이용하실 수 있습니다.(CIP제어번호: CIP2014030353)

2011년 한국연구재단 명저번역에 선정된 후 벌써 3년이 지났다. 청대고 증학의 진수를 느낄 수 있는 程樹德의 『九朝律考』에 대한 역주를 진행하고 마무리하면서 요즘 3년 전 내가 그 얼마나 무모한 시도를 했는지 절감하고 있다. 출판을 앞둔 현 시점에서도 역주작업의 결과에 대해 여전히 두려움 을 느끼고 있다. 만약 그 어려움을 미리 알았더라면 이 일을 결코 시도할 엄 두도 내지 못하였을 것이다. 程樹德의 『九朝律考』를 언뜻 보았을 때는 '二十四史'의 본문이 대부분인 줄 알았다. 그런데 막상 하나하나 번역을 하다 보니 程樹德이 인용하고 참고하고 있는 문헌자료가 실로 방대하다는 것을 실감하였다. 程樹德의 『九朝律考』에는 『漢書』, 『史記』, 『三國志』, 『魏書』, 『晉書』, 『陳書』, 『隋書』 등의 正史類를 비롯하여 唐代의 법전인 『唐六典』 과 『唐律疏議』, 그리고 유교 경전 및 제자백가서인 『春秋左傳』, 『抱朴子』, 『春秋公羊傳』, 『禮記』, 『韓非子』, 『呂氏春秋』, 『荀子』, 『管子』, 『周禮』, 『禮記』, 『春秋穀梁傳』, 『大戴禮記』 등을 비롯하여 漢代의 지리서인 『水經注』, 『三輔黃圖』, 그리고 자서 혹은 자전류인 『急就篇』, 『集韻』, 『釋名』, 『爾雅』, 『說文解字』 등이 인용되었고, 시기적으로는 전국시대부터 송원대 에 이르는 시기에 편찬된 『國語』, 『戰國策』, 『潛夫論』, 『新序』, 『韓詩外傳』, 『申鑒』, 『新書』, 『漢紀』, 『風俗通義』, 『論衡』, 『鹽鐵論』, 『淮南子』, 『東觀漢記』, 『逸周書』, 『荊楚歲時記』, 『後漢紀』, 『羣書治要』, 『酉陽雜俎』, 『藝文類聚』, 『通典』, 『北堂書鈔』, 『意林』, 『白氏六帖事類集』, 『初學記』, 『通志』, 『容齋隨筆』, 『演繁露』, 『冊府元龜』, 『東漢會要』, 『鼠璞』, 『唐會要』, 『西漢會要』, 『資治通鑑』, 『太平御覽』, 『文獻通考』 등 수많은 사료가 인용

되고 있으며 여기에서 散見하는 漢律을 비롯한 隋代까지의 九朝律을 빠짐없이 망라하고 있다. 程樹德의『九朝律考』에서 인용되고 있는 사료는 앞서 열거한 것만이 아니고, 심지어 北京大 도서관에서도 찾을 수 없는 사료도 있고, 또한 단순히 사료의 본문에서만 인용된 경우 못지않게 '注疏'에서 인용된 사료가 상당하여 한문 실력이 짧은 나로서는 수많은 한계에 부딪칠 수밖에 없었다. 게다가 程樹德이 활동한 시대에는 중국의 노대가들을 동원하여 정밀한 교감을 행한 '중화서국 표점본 이십사사'가 출판되지 않은 시기였고, 또한 납활자 시대에 수작업과 자신의 암기력에 기초해서『九朝律考』를 출간하였기 때문에 표점이나 오자, 탈자를 제외하고도 전거로 삼은 문헌 가운데 인용권수가 다르거나 찾을 수 없는 경우도 적지 않아 실제 번역과정에서 수도 없는 난관에 부딪쳤다. 그 전거가 되는 인용문을 전혀 다른 책에서 찾기도 하였다. 이처럼 이 책의 번역은 나의 능력을 벗어난 작업이었지만, 그럼에도 불구하고『九朝律考』의 번역을 이나마 마무리하고 출판할 수 있게 된 것은 나를 도와준 뛰어난 제자와 후배가 있었기 때문이었다. 충북대학교를 졸업하고 성균관대학교에서 석사를 마친 뒤 북경대학에서 박사과정에 재학 중인 김병진 군은 이 책의 번역에 큰 도움을 주었다. 특히 해석이 어려운 문장의 경우 김병진 군이 결정적 해석을 제공한 경우도 적지 않았다. 예를 들어 "行言許受財"를 해석하지 못하고 있어서 며칠간 고민한 적이 있었다. 김병진 군을 포함하여 몇 분께 자문을 받았는데, 김병진 군의 해설이 가장 상세하여 김병진 군의 해설에 근거하여 "[사전에] 말을 주고받아 뇌물을 받는 것을 허락한 경우"라는 식으로 해석하여 "사전에 뇌물을 요구하였거나 뇌물로 바치는 물건임을 알면서도 받는 행위에 대한 처벌 규정"으로 번역을 마무리하였다. 또한 성균관대학교 박사과정에 재학중인 김진 군으로부터도 많은 도움을 받았다. 이미 김병진 군과 김진 군은 매우 빈틈없는 논문을 발표하여 한국의 동양사학계의 차세대 주자로 주목을 받고 있는데, 이들의 탄탄한 연구성과의 배경에는 은사이신 하원수 선생님의 영향이 큰 것 같다. 이 밖에도 이 책을 번역하면서 해석이 풀리지 않을 경우에는 성대의 김경호 선생님, 숙대 임중혁 선생님, 경북대 윤재석 선생님, 전남대 박건주 선생님, 성대 송진 선생님, 서강대 홍승현 선생님, 경북대 오준석 선생님 등을 비롯하여 많은 분들의 도움을 받았다. 해제에 대해서는 충남대학교의 정순모 선생님의 예리한 지적을 받아 수정하였다. 이렇게 많은 분들의 도움을 받고도 『九朝律考』에 대한 역주는 아직도 자신이 없다. 무엇보다 『九朝律考』가 얼마나 난해하고 방대한 책인지도 모르고 명저번역을 1년 기간으로 신청하다 보니 번역기간이 너무 짧았다. 이 정도 분량의 번역서라면 당연히 연구팀이 조직되어 여러 사람들과의 토론을 거쳤어야 했는데, 필자의 착오로 예산이나 시간상 모두 불가능하였다. 변명을 덧붙이자면, 국내 명저 번역이 대체로 중국과 일본의 번역서를 참고하고 있고, 심지어는 국내에 이미 번역한 책을 별다른 수준의 차이를 느낄 수 없게 중복 번역한 경우도 있지만, 이 책은 일본이나 중국에서 번역된 사례가 없어서 참고할 만한 책이 전무한 상태였다는 점이다. 따라서 중국의 고전과 전적에 천박한 나는 해석상 미궁에 빠진 적이 많을 수밖에 없었다. 여러 면에서 부족하고 미진하지만, 한 가지 이 책의 장점을 거론할 수 있다. 그것은 역주에 최근의 출토문헌의 연구성과를 반영하여 보강하고 있다는 점이다. 근래에 최근의 中國古代法制史 연구는 주로 출토문헌을 중심으로 진행되었는데, 그 계기가 된 것은 1975년 湖北省 雲夢縣 睡虎地秦墓에서 1천여 매의 법률관계 죽간, 즉 秦律의 조문과 그 해석이 밝혀지게 되면서부터였다. 『雲夢睡虎地秦簡』 중의 법률자료는 중국 고대 법제의 형성과 전개과정에 대한 이해는 물론 동아시아 법체계의 형성이라는 측면에서도 매우 중요하다. 즉 『雲夢睡虎地秦簡』은 漢初의 「九章律」, 『二年律令』 등을 통해 파악할 수 있는 漢律과의 관계뿐만 아니라 唐律의 연원 및 법체계의 변천과 異同에 대한 연구에도 중요한 단초를 제공하고 있다. 『雲夢睡虎地秦簡』 이후 최근 몇 년 사이에 학계의 관심이 집중된 것은 『張家山漢簡』『二年律令』이었다. 秦律 이후 湖北省 江陵 張家山 漢墓群에서도 그 모습을 보인 漢初의 律令인 『張家山漢簡』『二年律令』에 대한 연구는 2002년 공식 출간

이후 秦律 연구를 능가하는 열기 속에 진행되었다. 최근 3권까지 공개된 『嶽麓書院秦簡』도 中國古代法制史 연구의 중요한 출토자료로 주목을 받고 있고 곧 전모가 공개될 예정이다. 본서에서는 『嶽麓書院秦簡(參)』의 奏讞 資料까지 역주에 참고하고 있다. 역주만이 아니라 본문의 해석상에서도 『雲夢睡虎地秦簡』과 『張家山漢簡』 『二年律令』의 연구 성과를 어느 정도 반영할 수 있었다. 예를 들어, '船方長'의 方은 舫의 通假字로 '方長'은 곧 '舫長'이다. 따라서 船方長은 船長을 의미하는 것으로 쉽게 해석할 수 있었다. 그런데 '船方長'에 대한 해석은 『張家山漢簡』 『二年律令』의 강독에서 도움을 받은 것이었다. 『晉書』 「刑法志」에는 矯制가 나오고 있는데, 制는 詔書로 矯制는 즉 矯詔이다. 오늘날의 연구자는 『二年律令』을 통하여 矯制는 '大害', '害', '不害' 등 몇 개의 등급으로 나누어 있었고, 이에 따라 처벌을 달리하였음을 상세히 알 수 있게 되었다. 程樹德은 『史記』 「秦始皇本紀」에 나오는 隱宮을 궁형을 받은 자로 보고 있지만, 나는 최근의 출토문헌의 연구성과에 따라 '隱宮'을 '隱官'으로 주석을 달았다. 또한 服飾과 관련된 한율의 규정은 이해하기 매우 어려운데, 『二年律令』282簡에는, "윗도리(겉옷 衣)를 사여하는 경우 6장 4척에 그 테두리 장식은 5척이며 (안에 넣는) 솜은 3근이다. 속저고리(속옷 襦)는 2장 2척에 그 테두리 장식은 1장이며 (안에 넣는) 솜은 2근이다(賜衣者六丈四尺、 緣五尺、 絮三斤, 襦二丈二尺、 緣丈、 絮二斤)."라 하여 복식과 관련된 참고할 만한 규정이 나온다. 복식과 관련된 한율의 규정을 쉽게 이해할 수 있었던 것도 『二年律令』에 힘입은 바라 할 수 있다. 程樹德의 『九朝律考』에는 魏晉 註釋家들의 주석이 대거 인용되고 있는데, 魏晉 註釋家는 『睡虎地秦墓竹簡』 자료나 『二年律令』을 직접 보지 못한 상태였기 때문에 때로는 『睡虎地秦墓竹簡』 자료나 『二年律令』을 확인하게 된 현재의 학자가 유리한 점도 있다. 그러나 이 부분도 최근의 출토문헌에 대한 연구성과를 소화하는 데 게을리한 결과로 인하여 미진한 것투성이다.

돌이켜보면 자신의 능력도 돌아보지 않고 내가 『九朝律考』의 역주에 도

전한 것은 실로 모험이었고 따라서 오역도 적지 않으리라 생각한다. 게다가 이 책에 대한 역주를 진행하고자 하였을 때 수술로 몸이 정상적인 상태가 아니었다. 중국의 고전과 전적에 천박한 내가 최근 3년간 이 책의 번역에 집중하면서 논문으로만 연구자의 역량이 평가되는 한국의 학계의 이상한 현실에서 크게 뒤처진 느낌이 든다. 이 책의 출판을 계기로 소홀히 한 몸 관리와 밀린 논문에 집중해야 할 것 같다.

끝으로 이 책의 편집을 맡은 세창출판사의 편집진들의 세심한 교정과 편집에 감사를 드린다. 그리고 이 책을 명저번역으로 선정되는 데 도움을 주신 한국연구재단의 인문사회연구진흥지원팀의 서영민 선생님, 임현정 선생님, 김대환 선생님, 홍지영 선생님, 김상현 선생님께도 감사를 드린다. 특히 홍지영 선생님께는 틈틈이 많은 질문을 드려 귀찮게 해드렸고 그때마다 친절하게 상세히 설명해 주었다. 모든 면에서 무미건조하고 부족한 나를 사랑하는 아내에게 나는 매우 부족하다. 항상 미안함을 느낀다. 그리고 나 자신보다 훨씬 소중하게 생각하는 내 딸 예나와 예림이에게 아빠의 작은 성과를 전해주고 싶다.

2014년 9월
세종시 첫마을에서
임 병 덕

1. 『九朝律考』는 1927년 商務印書館에서 처음 출간되었는데, 현재까지 북경과 대만의 商務印書館에서 꾸준히 책을 출판하고 있다. 다만 본 역주서는 商務印書館에서 출판된 책이 아닌 1963년 中華書局에서 출판된 책을 저본으로 삼았다.

2. 인용된 『漢書』와 『史記』 등은 '중화서국 표점본 이십사사'를 참고하여 대조 작업을 하였다.

3. 『唐六典』과 『唐律疏議』에 대한 번역은 金鐸敏 主編, 『譯註唐六典』 서울: 신서원, 2003년과 김택민·임대희 主編, 『譯註唐律疏議』 名例編·名則上·下, 서울: 한국법제연구원, 1994·1998년을 참고하였으며, 원문 대조는 (唐)李林甫 等撰, 『唐六典』(陳仲夫點校本) 北京: 中華書局, 1992년과 (唐)長孫無忌 等撰, 『唐律疏議』 北京: 中華書局, 1993년을 참고하였다.

4. 『睡虎地秦墓竹簡』과 『二年律令』은 각각 睡虎地秦墓竹簡整理小組, 『睡虎地秦墓竹簡』 北京: 文物出版社, 1978년과 張家山二四七號漢墓竹簡整理小組, 『張家山漢墓竹簡[二四七號墓](釋文修訂本)』 北京: 文物出版社, 2006년을 참고하였고, 그중 『張家山漢墓竹簡[二四七號墓](釋文修訂本)』 속의 漢初 율령은 『二年律令』으로 약칭하였다. 특히 『睡虎地秦墓竹簡』에 대한 해석은 尹在碩, 『睡虎地秦墓竹簡』 서울: 소명출판, 2010년을 참고하였다.

5. 『春秋左傳』 등의 경전은 주로 十三經注疏를 참고하였다.

6. 『九朝律考』의 표점에 오류가 상당히 많았다. 이는 많은 양의 사료를 중

간 중간 떼어내어 발췌하고 이를 이어 붙이는 과정 중에 문장이 불분명
해진 부분이 많았기 때문일 것으로 추측되지만, 이와 같은 부분을 제외
하고도 사료 자체를 잘못 이해하여 표점이 잘못된 부분도 상당히 많았
다. 때문에 표점을 고칠 경우 하나하나 주석을 달아 설명하는 것이 불가
능하였고, 이 경우 '중화서국 이십사사 표점본'을 따랐다. 그러나 꼭 필요
하다고 생각되면 원래의 문장 가운데 어느 부분을 발췌했는가를 주석에
사료를 나열하면서 관련부분에 줄을 그어 표기하기도 하였다.

7. 『九朝律考』에는 표점이나 오자, 탈자를 제외하고도 전거로 삼은 문헌
   가운데 인용권수가 다르거나 찾을 수 없는 경우도 적지 않아 실제 번역
   과정에서 수도 없는 난관에 부딪혔다. 그 전거가 되는 인용문을 전혀 다
   른 책에서 찾기도 하였다. 예를 들어 심한 경우에는 전거를 『南齊書』라
   고 하였는데, 『南齊書』에는 해당 내용이 보이지 않으며, 『冊府元龜』에
   수록되어 있는 사례도 있었다. 단순한 문장상의 차이점이나 글자의 오류
   등은 대부분 그대로 두고 번역과 주석을 통해 바로잡고자 하였다. 권수
   나 문헌 자체가 확실히 다른 경우에도 대부분 설명 없이 전거가 되는 문
   헌에 따라 수정하였다.

8. 인용한 사료는 원칙적으로 사료 원문과 빠짐없이 대조하여 쪽수를 표기
   하는 것을 원칙으로 하였다.

9. 번역은 모두 우리말 발음으로 하고 한자의 병기가 필요하다고 판단될 때
   는 우리말(한자)을 병기하였다. 그러나 주석의 경우에는 전문성이 있는
   내용이 많다는 점에서 우리말과 한자를 함께 사용하였다.

10. 번역 가운데 [ ]로 표시된 부분은 원문에는 없지만, 이해를 돕기 위해
    보완한 내용이다.

본서의 참고문헌은 아래와 같다(『史記』·『漢書』와 같은 '二十四史'나 논문은
소개에서 제외한다).

張家山二四七號漢墓竹簡整理小組, 『張家山漢墓竹簡[二四七號墓]』(北
    京: 文物出版社, 2001).

張家山二四七號漢墓竹簡整理小組, 『張家山漢墓竹簡[二四七號墓](釋
    文修訂本)』(北京: 文物出版社, 2006).

彭浩·陳偉·工藤元男 主編, 『二年律令與奏讞書』(上海: 上海古籍出
    版社, 2007).

睡虎地秦墓竹簡整理小組, 『睡虎地秦墓竹簡』(北京: 文物出版社, 1978).

朱漢民·陳松長 主編, 『嶽麓書院秦簡(壹)』(上海: 上海辭書出版社, 2010).

朱漢民·陳松長 主編, 『嶽麓書院秦簡(貳)』(上海: 上海辭書出版社, 2011).

朱漢民·陳松長 主編, 『嶽麓書院秦簡(參)』(上海: 上海辭書出版社, 2013).

湖南省文物考古研究所 編著, 『里耶秦簡(壹)』(北京: 文物出版社, 2012).

吳礽驤·李永良·馬建華 釋校, 甘肅省文物考古研究所 編, 『敦煌漢
    簡釋文』(蘭州: 甘肅人民出版社, 1991).

張德芳, 『懸泉漢簡研究』(蘭州: 甘肅文化出版社, 2009).

湖南省文物考古研究所·中國文物研究所, 「湖南張家界古人堤遺址與
    出土簡牘概述」, 『中國歷史文物』2003年 2期.

甘肅簡牘博物館 等編 『肩水金關漢簡(參)上·中·下』(上海: 中西書局,
    2013).

[唐]李林甫 等 撰, 陳仲夫 點校, 『唐六典』(北京: 中華書局, 1992).

[唐]長孫無忌 等 撰, 『唐律疏議』(北京: 中華書局, 1993).

內田智雄 編, 『譯注中國歷代刑法志』(東京, 創文社, 1965).

內田智雄 編, 『譯注續中國歷代刑法志』(東京, 創文社, 1971).

內田智雄 編, 冨谷至 補, 『譯注中國歷代刑法志(補)』(東京, 創文社, 2005).

內田智雄 編, 梅原郁 補, 『譯注續中國歷代刑法志(補)』(東京, 創文社, 2005).

十三經注疏整理委員會, 『孟子注疏(十三經注疏)』(北京: 北京大學出版社, 2000).

十三經注疏整理委員會, 『周易正義(十三經注疏)』(北京: 北京大學出版社, 2000).

十三經注疏整理委員會, 『禮記正義(十三經注疏)』(北京: 北京大學出版社, 2000).

十三經注疏整理委員會, 『爾雅注疏(十三經注疏)』(北京: 北京大學出版社, 2000).

十三經注疏整理委員會, 『尚書正義(十三經注疏)』(北京: 北京大學出版社, 1999).

十三經注疏整理委員會, 『春秋左傳正義(十三經注疏)』(北京: 北京大學出版社, 1999).

十三經注疏整理委員會, 『周禮注疏(十三經注疏)』(北京: 北京大學出版社, 1999).

十三經注疏整理委員會, 『尚書正義(十三經注疏)』(北京: 北京大學出版社, 1999).

十三經注疏整理委員會, 『儀禮注疏(十三經注疏)』(北京: 北京大學出版社, 1999).

[清]孫希旦 撰, 『禮記集解(十三經清人注疏)』(北京: 中華書局. 1989).

[清]孫詒讓 撰, 『周禮正義(十三經清人注疏)』(北京: 中華書局, 1987).

[清]黎翔鳳 撰, 『管子校注(新編諸子集成)』(北京: 中華書局, 2004).

黃帝 撰, 『亢倉子』(『諸子百家叢書(陰符經)』(上海: 上海古籍出版社, 1990).

[漢]賈誼 撰, (明)程榮 纂輯, 『新書』(『漢魏叢書』, 吉林: 吉林大學出版社, 1992).

[漢]劉安 等 編著, 『淮南子』(上海: 上海古籍出版社, 1989).

[漢]劉向 撰, (明)程榮 纂輯, 『新序』(『漢魏叢書』, 吉林: 吉林大學出版

社, 1992).

[漢]史游, 『急就篇』(長沙: 岳麓書社, 1989).

[漢]荀悅 撰, (明)黃省曾 注, (明)程榮 纂輯, 『申鑒』(『漢魏叢書』, 吉林: 吉林大學出版社, 1992).

[漢]荀悅 撰, 『漢紀』(北京: 中華書局, 2002).

[漢]王符 撰, 『潛夫論』(上海: 上海古籍出版社, 1990).

[漢]王符 著, (清)汪繼培 箋, 『潛夫論(箋校正新編諸子集成)』(北京: 中華書局, 1985).

[漢]應劭 撰, 王利器 校注, 『風俗通義校注』(北京: 中華書局, 1981).

[漢]韓嬰 撰, (明)程榮 纂輯, 『韓詩外傳』(『漢魏叢書』, 吉林: 吉林大學出版社, 1992).

[漢]許慎 撰, (清)段玉裁 注, 『說文解字注』(上海: 上海古籍出版社, 1981).

[東漢]劉熙 撰, 『釋名』(北京: 中華書局, 1985).

[東漢]劉珍 等 撰, 吳樹平 校注, 『東觀漢記校注』(上、下冊)(鄭州: 中州古籍出版社, 1987).

[晋]孔晁 注, [明]程榮 編輯 『逸周書』(『漢魏叢書』, 吉林: 吉林大學出版社, 1992).

[東晉]袁宏 撰, 『後漢紀校注』(天津: 天津古籍出版社, 1981).

[梁]蕭統 編, (唐)李善 注, 『文選』(서울: 文選研究會, 1983).

[梁]宗懍 撰, 宋金龍 校注, 『荊楚歲時記』(太原: 山西人民出版社, 1987).

[北魏]酈道元 著, 陳橋驛 校證, 『水經注校證』(北京: 中華書局, 2007).

[唐]歐陽詢 撰, 『藝文類聚(上下)』(上海: 上海古籍出版社, 1985).

[唐]段成式 撰, 『酉陽雜俎』(北京: 中華書局, 1981).

[唐]杜佑 撰, 『通典』(北京: 中華書局, 1988).

[唐]馬總, 『意林-筆記小說大觀』(楊州: 廣陵書社, 1983).

[唐]白居易 撰, 『白氏六帖事類集』(北京: 文物出版社, 1987).

[唐]徐堅 撰, 『初學記』(全三冊)(北京: 中華書局, 1962).

[唐]虞世南 撰, 『北堂書鈔』(欽定四庫全書).

[唐]魏徵 等 撰, 『群書治要』(王雲五 主編, 『叢書集成初編』, 上海: 商務印書館, 1936).

[唐]魏徵·虞世南·褚遂良 撰, 『羣書治要(叢書集成初編)』(上海, 商務印書館, 1937).

[唐]李善 注, 『文選』(北京: 中華書局, 1977).

[宋]司馬光 等, 『資治通鑑』(全二十冊)(北京: 中華書局, 1976).

[宋]徐天麟 撰, 『東漢會要』(上海: 上海古籍出版社, 1978).

[宋]王溥 撰, 『唐會要』(北京: 中華書局, 1955).

[宋]王應麟 撰, 『玉海』(上海: 江蘇古籍出版社·上海書店, 1987).

[宋]王應麟 撰, 『漢制考·漢書藝文志考定』(北京: 中華書局, 2011).

[宋]王欽若 等 編, 『册府元龜』(北京: 中華書局, 1988).

[宋]李昉 等 撰, 夏劍欽 校點, 『太平御覽』(石家莊: 河北教育出版社, 2000).

[宋]戴埴 撰, 『鼠璞』(王雲五 主編, 『叢書集成初編』)(上海: 商務印書館, 1939).

[宋]程大昌 撰, 『演繁露』(全宋筆記·第4編)(鄭州: 大象出版社, 2008).

[宋]丁度, 『集韻』(上海: 上海古籍出版社, 1985).

[宋]鄭樵, 『通志』(全三冊)(北京: 中華書局, 1987).

[宋]鄭樵 撰, 『通志』(杭州: 浙江古籍出版社, 2007).

[宋]洪邁, 『容齋隨筆(上下)』(北京: 中華書局, 2005).

[元]馬端臨, 『文獻通考』(北京: 中華書局, 1986).

[清]杜貴墀 撰, 『漢律輯證』(『叢書集成續編』)(上海: 上海書店, 1994).

[清]徐元誥 撰, 王樹民·沈長雲 點校, 『國語集解』(北京: 中華書局, 2002).

[清]孫星衍 等 輯, 周天游 點校, 『漢官六種』(北京: 中華書局, 1990).

[清]孫星衍·莊逵吉 校訂, 『三輔黃圖』(北京: 中華書局, 1985).

[清]沈家本, 『歷代刑法考』(北京: 中華書局, 1985).

[清]梁玉繩, 『史記志疑(全三冊)(二十四史研究資料叢刊)』(北京: 中華書局, 1981).

[清]王先謙 撰, 『荀子集解(新編諸子集成)』(北京: 中華書局, 1988).

[淸]王念孫,『廣雅疏證』(北京: 中華書局, 1983).

[淸]王先愼 撰,『韓非子』(北京: 中華書局, 1998).

[淸]黎翔鳳 撰,『管子校注(新編諸子集成)』(北京: 中華書局, 2004).

[淸]鍾文烝 撰,『春秋穀梁經傳補注』(北京: 中華書局, 1996).

[淸]周壽昌 撰, (淸)徐紹棨 編次,『漢書注校補』[廣州: 廣雅書局叢書
   (第165-174冊 56권), 1891].

[淸]陳立 撰,『白虎通疏證(上・下)』(新編諸子集成第一輯)(北京: 中華
   書局, 1994).

高誘 注,『戰國策』(上海: 上海書店出版社, 1987).

高亨 注譯,『商君書注譯』, 中華書局, 1974.

楊明照 撰,『抱朴子外篇校箋』(北京: 中華書局, 1991).

王利器,『鹽鐵論校注』(北京: 中華書局, 2010).

王貞珉 注譯,『鹽鐵論』(吉林: 文史出版社 1995).

黎翔鳳 撰, 梁運華 整理,『管子校注(全三冊)』(『新編諸子集成』, 北京:
   中華書局, 2004).

何淸谷,『三輔黃圖校注』(西安: 三秦出版社, 1998).

許維遹 撰, 梁運華 整理,『呂氏春秋集釋』(『新編諸子集成』, 北京: 中
   華書局, 2009).

郝懿行,『爾雅義疏』(上海: 上海古籍出版社, 1983).

黃暉 撰,『論衡校釋』(北京, 中華書局, 2009).

黃懷信 主撰,『大戴禮記彙校集注』(西安: 三秦出版社, 2005).

冨谷至 編,『江陵張家山二四七號墓出土漢律令の硏究(論考篇・譯注
   篇』(京都: 朋友書店, 2006).

김택민 主編,『譯註唐六典』(서울: 신서원, 2003).

김택민・임대희 主編,『譯註 唐律疏議』(서울: 한국법제연구원, 1994・
   1998).

윤재석,『睡虎地秦墓竹簡』(서울: 소명출판, 2010).

유지기 저, 오항녕 역,『사통』(서울: 역사비평사, 2012).

『九朝律考』의 意義와 構成

머리말

程樹德은 淸末에 태어나 民國 시기에 학문적 명성을 떨친 중국 근대의 法律史學家이다. 중국 법제사에 대한 程樹德의 주요 저작으로는 『漢律考』(1926년), 『中國法制史』(1931년), 『比較憲法』(1931년), 『憲法歷史及比較硏究』(1933년), 『九朝律考』(1927년) 등이 있다. 또 법제사는 아니지만, 그가 편찬한 『論語集釋』은 중국에서 간행된 여러 논어 주석서 가운데서도 대표적인 저술로 손꼽힌다.

최근의 출토문헌을 제외하고 문헌상 중국에서 완전한 형태로 전해지고 있는 법률은 唐代부터 시작하고 있고, 唐 이전의 법전은 남아 있지 않은 상태였다. 이와 같은 상황하에서 程樹德의 『九朝律考』는 唐 이전의 漢, 魏, 晉, 梁, 陳, 後魏, 北齊, 後周, 隋 등의 9개 왕조와 관련된 문헌사료에 남아 있는 律, 章程, 令, 科, 比, 故事, 詔, 條 등의 법률자료를 선별하고 망라하여 9개 왕조의 법률 발전과 그 체계의 대체적인 면모를 복원한 것이었다.

출토 법제사료에 대한 연구가 크게 진전되어 秦漢律에 대한 새로운 이해가 가능하게 된 최근에 이르러서도 문헌사료 속에서 중국 고대의 법률자료를 선별하고 망라한 『九朝律考』의 가치는 여전하다. 예컨대 程樹德의 『九朝律考』「漢律考」에서는 '律名考', '刑名考', '律文考', '律令雜考', '沿革考', '春秋決獄考', '律家考' 등으로 漢律을 일목요연하게 분류하고 빠짐없이 정리하고 있어서 중국 고대법제사 연구에 크게 도움이 되고 있다. 이 가운데, '刑名考'를 좀 더 자세히 언급하면, '刑名考'에는 死刑, 肉刑, 髡刑, 完刑, 作刑, 贖刑, 罰金, 奪爵, 除名, 夷三族, 徙邊, 督, 鞭杖, 顧山, 禁錮 등이 나온다. '刑名考'에서 언급하고 있는 '刑名'은 출토문헌을 중심으로 한 최근의 중국 고대 법제 연구에서도 여전히 중요한 연구테마가 되고 있다. 따라서 어떤 구체적인 '刑名'에 대한 고찰을 하고자 한다면, '刑名考'의 분류에 따라 찾아 들어가면 거의 모든 문헌사료가 망라되어 있으므로 출토문헌의 자료와 비교하여 참고하기에 매우 편리하다. 예컨대, 「漢律考」에서 다루고 있는 '律名考'의 경우도 마찬가지인데, '律名考'에서 다루고 있는 九章律, 傍章 등도 『張家山漢簡』「二年律令」이후에도 크게 논쟁이 되고 있다. 이 경우에도 기본적으로 程樹德의 『九朝律考』에서 제시된 자료와 분류를 크게 참고로 하고 있을 뿐만 아니라 程樹德의 견해를 기초로 '논쟁'이 이뤄지고 있는 실정이다.

한편 程樹德의 『九朝律考』에서는 『法經』에서부터 『淸律』에 이르는 '律系表'를 작성하여 중국 역대 律令의 계승관계를 다음과 같이 밝혔다.

그가 밝힌 '律系表'는

法經 → 秦律 → 漢律 ┬ 魏律 → 晉律 → 梁律 → 陳律
                                └ 後魏律 ┬ 後周律
                                              └ 北齊律 → 隋律 ┬ 大業律
                                                                     └ 開皇律 →

唐律 → 宋刑統 → 明律 → 淸律로 이어지는 것이었는데, 이러한 '律系表'에 대하여 논란은 있지만, 그럼에도 불구하고 여전히 유력한 학설 중 하나로 간주되고 있다.[1] 이와 관련하여 魏律과 漢律의 異同에 관한 고증이라든가 혹은 律과 令의 구분, 수당율이 북주·북제율에 연원하고 있다는 그의 견

---

1 程樹德의 '律系表'는 唐律을 北魏律에서 淵源하는 것으로 보는 것인데, 이에 대하여 富谷至, 「漢律から唐律へ —裁判規範と行爲規範—」, 『東方學報』 88, 2013, 61–63쪽에서는 程樹德의 견해처럼 北魏律의 역할을 중시하고 있다.

해 등은, 비록 『張家山漢簡』 「二年律令」 이후 이의가 제기되고 있지만, 학계에 끼친 영향이 크다. 이 외에도 程樹德의 『九朝律考』는 중국 법체계의 주요한 특징 중 하나인 禮法결합과 관련된 독특한 法運營形態인 春秋決獄과 관련하여 '春秋決獄考'에서 春秋決獄에 관한 24개의 사례를 수집하여 이후 이와 관련된 연구에도 중요한 역할을 하고 있다.

'律'과 '令'

淸代에 이르러 문헌에 단편적으로 전하는 漢律을 모아 각 篇目을 붙여 정리하고 해설하는 작업이 이루어졌는데, 그 가운데 淸末 沈家本의 『歷代刑法考』에 수록된 『漢律遮遺』 22권과 程樹德의 『九朝律考』 중 「漢律考」가 가장 대표적인 성과라 할 수 있다. 漢律의 복구 및 정리 작업 가운데 가장 어려운 사항은 산견되는 단편 조목들이 어느 律 또는 어느 篇目에 해당하는 것인가에 대한 문제였다. 『張家山漢簡』 『二年律令』에서 나온 27개의 律 가운데 7개 律을 제외한 나머지 20개는 모두 『九章律』에서 제외된 것이었다. 그렇다면 그 20개의 율은 『九章律』과 어떠한 관계일까? 『晉書』 「刑法志」 이외에도 『魏書』 「刑罰志」에는 武帝 시에 "增律五十餘篇"으로 나타나 있다. 또한 『睡虎地秦墓竹簡』 「秦律十八種」에는 田律, 倉律 등 秦律 6편 외에 30여 개의 律篇이 기재된 것과 관련하여 『張家山漢簡』 『二年律令』에서 나온 27개의 律 가운데 7개의 律을 제외한 나머지 20개는 모두 『九章律』에서 제외된 것이었다. 이와 관련하여 傍章은 正律, 즉 『九章律』의 副法이고 추가법인 田律, 田租稅律, 田律 이하의 諸律은 응당 傍章으로 보아야 한다는 견해, 혹은 朝律과 越宮律 역시 傍章에 해당한다는 견해, 漢律은 正律인 『九章律』, 단행률인 傍章과 추가율인 朝律과 越宮律로 이루어졌다는 견해, 『張家山漢簡』 『二年律令』 및 傳世文獻 중 九章에 속하지 않는 대부분은 九章 아래의 二級律篇에 해당한다는 등 다양한 견해가 제시되었다.[2] 최

---

2 이상의 논의는 楊振紅, 「出土法律文書與秦漢法律二級分類構造」, 『出土簡牘與秦漢社會』, 廣西師範大學出版社, 2009년 참조.

근 이렇듯 『張家山漢簡』 『二年律令』이 출토 이후 율령에 대한 다양한 견해가 제시되고 있지만, 程樹德의 견해는 여전히 중요한 위치를 차지하고 있다.[3]

商鞅이 『法經』을 전해 받아 '法'을 '律'이라 바꾸었으므로[4] '律'이라는 명칭은 秦나라 때부터 비롯된 것이라 할 수 있다. 程樹德은 漢이 秦의 제도를 답습하였으며, 당시는 시기적으로 上古와 멀지 않았으므로 '禮'와 '律'의 구별이 매우 엄격한 것은 아니었다고 한다. '예'와 '율'만이 그러한 것이 아니라 '律'과 '令'의 경우에도 漢代에는 엄격히 구분되지 않다가 魏晉 이후에 이르러서야 그 구별이 매우 엄격해졌다고 한다. 그러나 이러한 程樹德의 세밀한 고증과 정의에도 불구하고, '율'과 '영'에 관한 의문이 해결된 것은 아니었다. 특히 앞서 잠깐 지적하였듯이 근년에 출토된 법률문서에는 程樹德의 견해만으로는 해석하기 어려운 새로운 내용이 대거 포함되어 있어 적지 않은 논란이 계속되고 있다.

문헌사료에서 언급되고 있는 漢代 '율'과 '영'에 대한 해설을 살펴보면, 다음과 같다.

① 『漢書』 권8, 「宣帝本紀」, 顔師古注: 文穎曰, 蕭何承秦法, 所作爲律, 今律經是也. 天子詔所增損不在律上者爲令(文穎은 "蕭何가 秦나라의 법을 계승하여 만든 것이 율이니, 지금의 『律經』이 이것이다. 天子가 詔를 내려 增損한 바로서 율에 포함되어 있지 않은 것들을 令으로 삼는다."고 하였다).

② 『史記』 권123, 「杜周傳」: 前主所是著爲律, 後主所是疏爲令(前主가 옳은 바를 드러내서 율로 삼고, 後主가 옳은 바를 나누어서 영으로 삼는다).

③ 『鹽鐵論』 권10, 「詔聖」: 春夏生長, 聖人象而爲令, 秋冬殺藏, 聖人則而爲

---

3 예컨대 程樹德은 '傍章 18편'을 叔孫通이 제정한 예의로 간주하는데, 이 견해는 '傍章 18편'의 성격과 관련하여 가장 유력한 학설이라 할 수 있다.

4 『漢書』 권30, 「刑法志」, 922쪽; 『唐六典』 권6 「尙書刑部」 注, 180쪽.

法, 故令者敎也, 法者刑罰也(봄과 여름에는 태어나고 자라나게 하니, 聖
人이 땅을 본받아 영을 만들었고, 가을과 겨울에는 수확하고 저장하니, 성
인이 하늘을 본받아 법을 만들었다. 그러므로 영이란 교화이고 법이란 형
벌이다).

④『唐六典』권6, 「尙書刑部」: 律以正刑定罪, 令以設範立制(율로써 刑을 바
르게 하고 罪名을 定하며, 영으로써 규범을 설정하고 제도를 세운다).

⑤『太平御覽』권638에서 인용한 杜預의 「律序」: 律以正罪名, 令以存事制
(율로써 罪名을 바르게 하고, 영으로써 제도[事制]를 보존한다).

①과 ②에 따르면, 律은 기본법[正律]이고 令은 單行法·追加法으로 파
악할 수 있으며, ③, ④, ⑤에 의하면, 律은 형벌법규이고 令은 비형벌·행
정법규로 파악할 수 있다.[5]

한대 법률체계의 구조는 律令, 旁章, 科, 比로 구성되어 있다. 이 가운데
律은 正律과 傍章으로 구분된다. 정률은 구장률을 가리키고, 傍章은 叔孫通
의 傍章 18편, 趙禹의 朝律 6편과 張湯의 越宮律 27편으로 구성된다. 文穎
은 九章律을 律經으로 일컫고 있다. '科'는 글자 그대로 법률조목으로 해석
할 수 있는데, '科條', '科令' 등의 숙어로 흔히 사용되고 있다. 『晉書』「刑法
志」에 따르면, 魏나라 明帝 때 司空 陳群, 散騎常侍 劉邵, 給事黃門侍郞 韓
遜, 議郞 庾嶷, 中郞 黃休, 荀詵 등에게 명하여 舊來의 科令을 간소화하고,
널리 漢律을 가리고 채택하여 法律을 정비하도록 하였는데, 이때『新律』18
편을 비롯하여『州郡令』45편,『尙書官令』및『軍中令』등 총 180여 편이
제정되었다.[6]『唐律疏儀』권1 「名例」에도 "魏明帝가 즉위한 후 劉劭을 徵
召하여 散騎都尉로 삼아 議郞 庾嶷, 荀詵 등과 科令을 제정하고,『新律』18

---

5 楊振紅, 「出土法律文書與秦漢法律二級分類構造」, 『出土簡牘與秦漢社會』, 廣西師範大學出版社,
   2009. 39쪽.
6 『晉書』권30, 「刑法志」, 923쪽, "天子又下詔改定刑制, 命司空陳羣、散騎常侍劉邵、給事黃門侍郞
   韓遜、議郞庾嶷、中郞黃休、荀詵等刪約舊科, 傍采漢律, 定爲魏法, 制新律十八篇, 州郡令四十五
   篇, 尙書官令、軍中令, 合百八十餘篇."

편을 제정하도록 하였다."고 전한다.[7] 南朝에서는 '故事'를 '科'라는 명칭으로 변경하여 '科'는 '고사'의 대안으로 남조의 각 왕조에서 사용되었다.[8] '比'는 '決事比'와 통한다. 즉 斷獄之官이 판결에 인용하던 사례를 일컫는 말로서 訟事를 판결할 때 법문화되어 있지 않거나 전례가 없을 경우 그와 유사한 판례를 찾아 그것을 참고하여 판결한다는 것을 의미한다. 그러므로 比例定罪란 比例, 즉 이전의 판례에 따라 訟事를 판결하고 罪名을 정한다는 것을 의미한다.[9] 程樹德의 견해에 따르면, 比例定罪의 경우 漢에서 비롯되어 唐을 거쳐 淸에 이르기까지 서로 沿用하여 바뀌지 않았다고 한다.

『晉書』「刑法志」와 『唐六典』에 따르면, 중국 최고의 법전인 『法經』은 戰國 시기에 李悝가 각국의 刑法을 정리하여 편찬한 법전으로 「盜法」, 「賊法」, 「囚法」, 「捕法」, 「雜法」, 「具法」 등 총 여섯 편으로 구성되었다. 그러나 『法經』의 존재에 대해 부정적인 의견을 피력하는 경우도 있다. 이는 『晉書』「刑法志」나 『唐律疏議』, 그리고 『唐六典』이나 『通典』 등 후대의 역사서에서는 『法經』에 대해 기재하고 있지만, 정작 『史記』나 『漢書』에서는 단 한 차례도 언급하고 있지 않기 때문이다. 그 후 秦의 法制를 계승한 漢에서는 蕭何가 秦律 6편에 「興律」, 「廐律」, 「戶律」 등 3편을 추가하여 『九章律』을 제정한 것으로 문헌사료는 전하고 있다.[10] 그러나 구장률의 경우에도 『法經』과 마찬가지로 그 존재에 대해 부정적인 의견이 제기되고 있을 정도이다.[11] 그것은 『史記』에 기록이 보이지 않고 있고, 『晉書』「刑法志」나 『唐六典』에서 구장률이 『법경』에 기초해서 제작되었다고 하는 것만으로는 그 증거로 삼기에 부족하고, 『漢書』「刑法志」에서 秦律을 기초로 하여 구장률이 만들어졌다고 하는 것과 내용상에 차이점도 있기 때문이었다. 특히 최근의 출토문서인 『二年律令』에서 나온 27개의 律 가운데 7개의 律

---

7 『唐律疏議』 권1, 「名例」, 1쪽, "魏明帝卽位, 徵拜騎都尉, 與議郞庾嶷、荀詵等定科令, 作新律十八篇."
8 冨谷至, 「漢律から唐律へ —裁判規範と行爲規範—」, 『東方學報』 88, 2013, 64쪽.
9 『周禮』 「秋官」 「士師」, "疏: 若今律其有斷事, 皆依舊事斷之. 其無條, 取比類以決之, 故云決事比也."
10 『晉書』 권30, 「刑法志」, 922쪽; 『唐六典』 권6 『尙書刑部』 注, 180쪽.
11 李振宏, 「蕭何 "作律九章" 說質疑」, 『歷史硏究』, 2005, 제3기.

을 제외한 나머지 20개는 모두 구장률에서 제외된 것이었기 때문에 이 문제를 어떻게 해석할 것인가에 대한 문제에 직면하게 되었다. 물론『睡虎地秦墓竹簡』에도 30여 종의 律名이『晉書』「刑法志」등에 기재된 秦律 6篇밖에 있다.

傳世文獻과 출토 법제문헌에 보이는『九章律』이외의 율명을 어떻게 이해할 것인가?『晉書』「刑法志」의『傍章』,『朝律』,『越宮律』을 어떻게 이해할 것인가? 또 이와 관련하여 한대의 '율'과 '영'을 어떻게 이해할 것인가? 등의 문제는 모두 漢代 法制史 내지는 중국 고대 법제사의 기본문제였다. 이에 대하여 冨谷至는 漢代의 구장률은 기본법,『傍章』은 副法이자 單行法,『朝律』및 越宮律』은 追加法으로 이해한다. 즉 秦에서 晉에 이르는 동안 律의 篇目이 증가한 상황을 단행·추가법이 법전 중에 차례대로 들어가는 과정으로 보았다.[12] '漢令'은 황제의 조령이 그대로 편찬·정리된 것이라 해도 단순한 파일로서의 번호를 가질 뿐 여전히 追加·集錄한 것에 지나지 않고, 사항에 따른 명칭도 부여되지 않은 미성숙한 법령이자 법규였다고 한다. 이러한 '한영'이 전적으로 '令典'이 되고 또한 그 내용상 행정법규로서 변모되었던 것은 晉 泰始 4년의 晉令을 효시로 하며, 이로써 律典(형벌법규), 令典(비형벌·행정법규) 두 개의 법전이 성립하였다고 한다.[13] 이에 대하여 최근에 楊振紅은『二年律令』중 매우 많은 律條가 惠帝나 呂后 시기에 제정된 것에 주목하여 '制詔' 형식으로 반포된 令이 편집과 가공을 거쳐 律이 될 수 있었다고 판단하였다.[14] 楊振紅 이전의 연구는 소하의『九章律』이후 제정된 율은 모두 '단행률' 혹은 '추가율'로서『傍章』에 속하는 것으로 이해하였는데 반해, 楊振紅은 황제가 반포한 '令'이『九章律』에 본래의 律條가 있을 경우 그 律上에 직접 修改할 수 있었다고 이해하였다. 아울러 지금까

---

12 冨谷至, 「晉泰始律令への道―第一部 秦漢の律と令」, 『東方學報』 京都72, 2000, 90–91쪽.

13 冨谷至, 「晉泰始律令への道―第一部 秦漢の律と令」, 『東方學報』 京都72, 2000, 123쪽; 冨谷至, 「晉泰始律令への道―第二部 魏晉の律と令」, 『東方學報』 京都73, 2001, 83쪽.

14 楊振紅, 「『二年律令』的性質與漢代法系」, 『出土簡牘與秦漢社會』, 廣西師範大學出版社, 2009, 52–60쪽.

지의 『二年律令』및 傳世文獻 중 九章에 속하지 않는 대부분은 구장의 아래의 二級律篇에 해당한다는 새로운 견해를 제시하였다.[15] 楊振紅의 이러한 견해는 文穎이 언급한 "天子詔所增損不在律上者爲令(天子가 詔를 내려 增損한 바로서 율에 포함되어 있지 않은 것들을 令으로 삼는다)"과 杜周가 언급한 "前主所是著爲律, 後主所是疏爲令(前主가 옳은 바를 드러내서 율로 삼고, 後主가 옳은 바를 나누어서 영으로 삼는다)"을 새롭게 해석한 新說이었다. 이에 대하여 于振波는 傳世文獻과 간독 문서 중에 언급되는 律名은 律典의 篇名인 경우도 있고, 관련된 律條의 類名인 경우도 있으며, 某條律文의 명칭인 경우도 있다고 한다. 예컨대 『이년율령』이나 『수호지진묘죽간』에는 각조 律文의 篇目이 없었고, 매 類條마다 한 개의 명칭이 부여되었다는 것이다. 즉 秦漢 律典 중에 매 一篇의 아래에는 진일보한 분류가 없었고 기본적으로 내용상 서로 가까운 律條를 함께 배열하였는데, 이는 秦漢의 官吏들이 사용하는 법률이 일반적으로 자기의 직책 범위 내에서 각각 필요한 바를 취하되 법전의 전부를 초록하지는 않았기 때문에 발생한 현상이라는 것이다.[16] 이렇듯 율과 영에 대한 최근의 논의는 매우 복잡하다. 程樹德은 蕭何가 제정한 것을 인정하고, 『傍章』과의 관계에서 그 해법을 찾고자 하였다. 程樹德은 이를 單行律로 보았는데, 程樹德은 다음과 같은 견해를 제시하고 있다.

『九章律』 이외에 '율'이라 일컬어지는 경우, 예컨대 『尉律』과 『大樂律』, 『上計律』, 『酎金律』 등의 여러 율은 그것이 『傍章』 이하에 속하는 것인지 아니면 별개로 나온 것인지 기록이 온전하지 못하여 이견이 있다. 그러나 『설문해자』에서 『尉律』을 인용하였고, 「藝文志」에서는 "蕭何가 율을 초안하였다."[17]고 인용하였으니, 『尉律』 또한 소하가 만든 것이었다. 『진서』 「刑法志」에 "魏나라에 「乏留律」이 있으며, 『魏律』 18편 밖에 자리한다."고 하였다.

---

15 楊振紅, 「出土法律文書與秦漢法律二級分類構造」, 『出土簡牘與秦漢社會』, 廣西師範大學出版社, 2009, 7–13쪽.

16 于振波, 「淺談出土律令名目與『九章律』的關係」, 『湖南大學學報』 24–4, 2010, 37–40쪽.

17 『漢書』 권30, 「藝文志」 1720–1721쪽, "漢興, 蕭何草律. 〈師古曰: 草, 創造之.〉"

대체로 正律 이외에 여전히 단행률[單律]도 있었으니, 오로지 漢나라와 魏나라 사이에서 통용된 제도였던 것이다.[18]

勞役刑徒와 刑罰體系

『九朝律考』「刑名考」의 주요 고찰 대상은 漢律에 보이는 다양한 刑罰의 名稱과 형벌체계이다. 그런데 최근 출토문서를 중심으로 진행된 연구에서도 이 문제가 논쟁의 초점이 되었고, 특정 분야에서는 눈에 띄는 성과도 있었다. 특히 秦律 이후 크게 주목된 것은 각종 노역형도였다.[19] 秦漢律의 爵制는 士伍로 수렴되는 시스템이었는데,[20] 城旦舂, 隷臣妾, 鬼薪白粲 등 徒隷의 노동력은 士伍의 비중 못지않았다. 최근 우리는 방대한 출토문헌에 힘입어 城旦舂, 鬼薪白粲, 隷臣妾에 관해 문헌사료를 능가하는 상세한 내용을 알게 되었다. 최근 공개된 『里耶秦簡(壹)』[21]을 보면, 遷陵縣의 업무는 크게 徒隷 등에 의해 의존하는 상황이었는데, 이것은 城旦舂, 鬼薪白粲, 隷臣妾 등의 徒隷의 작업종사를 단순히 형벌노동으로 파악하기보다는 사회운영이라고 하는 고차원의 시점에서 고찰할 필요성이 요구된다.[22]

노역형도와 관련하여 漢文帝 이후의 변화에 대해서 이야기하자면, 아직도 풀어야 할 과제가 적지 않다. 예를 들어 城旦舂에 적용되었던 肉刑이 폐지되면서 발생한 髡鉗城旦舂을 비롯한 髡刑도 그러한 사례 중 하나이다.

文帝 13년(기원전 167년) 刑制改革 이후 髡鉗刑은 ① 髡鉗城旦舂, ② 髡鉗城旦舂鈦左止, ③ 髡鉗城旦舂鈦右止, ④ 髡鉗城旦舂鈦左右止의 4개였다.

---

18 程樹德, 『九朝律考』(北京: 中華書局, 2006), 13쪽, "若夫九章之外以律稱者, 如尉律大樂上計酎金諸律, 其爲屬旁章以下, 抑係別此, 書缺有間. 然說文引尉律, 藝文志則引作蕭何草律, 是尉律亦蕭何所造. 晉志稱魏有乏留律, 在魏律十八篇之外. 蓋正律以外, 尙有單行之律, 固漢魏間通制也."

19 冨谷至는 秦漢 시기 노역형도의 노동력 비중을 매우 높게 평가하여 秦의 국가를 '형도국가'라 명명하였다.(冨谷至, 「ふたつの刑徒墓—秦~後漢の刑役と刑期—」, 『中國貴族制社會の研究』, 京都: 京都大學人文科學研究所, 1987, 576–577쪽).

20 任仲爀, 「秦漢律의 耐刑 —士伍로의 수렴 시스템과 관련하여—」 『中國古中世史研究』 19, 2008.

21 湖南省文物考古研究所 編著, 『里耶秦簡(壹)』, 文物出版社, 2012.

22 鷹取祐司, 「里耶秦簡に見える秦人の存在形態」 『資料學の方法を探る(12)』 愛媛大學「資料學」研究會, 2013년. 3월, 70쪽.

이 네 종류 곤겸형의 형기는 모두 5년으로 동일하였고, 단지 착용하는 형구에 차이가 있었을 뿐이라는 견해가 발표되었는데,[23] 任仲爛은 敦煌懸泉置探方T0309出土簡牘의 자료, "當以律減罪□□二歲完城旦"을[24] 분석하여 이의를 제기하였다. 任仲爛은 郭展奴가 '髡鉗城旦左止'에서 1년 후에 바로 아래 등급인 髡鉗城旦으로 '減罪'를 신청하지 않고, 2년여가 경과된 후에 完城旦으로의 '減罪'를 신청한 것을 근거로 張建國, 冨谷至씨 등이 곤겸형 4개가 동일하게 5년형이라고 주장한 것에 의문을 제기하였다.[25] 이처럼 아직도 髡鉗城旦春에 대해서는 형기를 포함하여 그 기원과 변화 등에 대하여 명쾌히 해명하지 못한 과제들이 있는데, 髡鉗城旦春의 형기를 5년으로 본 것의 출발점은 『漢舊儀』에서였고, 程樹德은 『漢舊儀』의 이러한 見解를 따랐다. 程樹德은 髡鉗城旦春이 漢文帝의 刑制改革에 의해 비로소 발생되었다는 점에 대한 이해가 부족하였다. 그러나 程樹德은 髡鉗城旦春에 대하여 漢文帝 시기만이 아니라 後漢부터 六曹 시기까지의 자료를 빠짐없이 정리하고 있을 뿐만 아니라, 髡鉗城旦春에 추가된 笞刑에 대한 변천도 그 기원부터 정착에 이르기까지 빠짐없이 고찰하고 있어서 이를 이해하는 데도 도움을 주고 있다.

한편 秦律 이후 高恒은 1977년 秦刑徒 나아가 漢文帝의 刑制改革 이전까지 刑徒의 刑期가 존재하지 않았다는 견해를 발표하였다.[26] 『里耶秦簡』의 다음과 같은 내용은 高恒의 설을 확인시키고 있다.

秦始皇 33년(기원전 214년) 2월 초 하루날, 遷陵縣의 守丞인 都가 아뢰기를, "令에 이르시기를, '항상 초하루 날에 賣却한 徒隷의 數를 보고하라.'고 하셨습니다. 그리하여 이를 물으니, 令에 해당하는 자는 없습니다. 삼가 아룁니다."라고 하였다.[27]

23 冨谷至, 『秦漢刑罰制度の硏究』(京都: 同朋社, 1998), 137쪽.
24 張俊民, 「敦煌懸泉置探方T0309出土簡牘槪述」, 400쪽.
25 任仲爛, 「秦漢律의 庶人」, 『中國古中世史硏究』 22, 2009.
26 高恒, 「秦律中'隷臣妾'問題的探討 − 兼批四人幫的法家'愛人民'的謬論」, 『文物』 77−7, 1977.

여기서 徒隷는 隷臣妾, 城旦春, 鬼薪白粲 등의 刑徒를 의미하는 것이라 할 수 있는데,[28] 이 『里耶秦簡』의 내용과 관련하여 李學勤은 秦에서는 每月 朔日 사들인 徒隷의 수량을 파악하고 있었다고 지적하고 있다.[29] 裴錫圭와 李成珪[30]는 秦律에서 奴隷를 官府에 팔려고 한 조항과 관련하여, 奴隷를 원 래부터 官府에서 買入한 것이었기 때문에 奴隷主는 官府에 다시 買入할 것 을 요구할 수 있었다는 假說을 제시하였다. 만약 官府에서 買入한 것이 아 니었다면, 官府에 買入할 것을 요구하고 官府에서는 노예의 驕悍함을 인정 하고 市場價로 매입할 리가 없었다는 것이다.[31] 즉 국가가 소유하고 있는 隷臣妾, 城旦春, 鬼薪白粲 등의 무기형도, 즉 官奴婢는 市正價에 따라 市場 에 판매하는데, 판매 시에는 인적사항, 판매가격 등의 계약서가 작성되고, 名數의 등록을 거쳐 私奴婢로 전환되는데, 품질이 불량한 경우는 이를 산 사람이 국가에 반품을 요구할 수 있는 권리가 있었다. 隷臣妾, 城旦春, 鬼 薪白粲 등의 노역형도가 모두 無期이고 官奴婢라고 한다면, 刑期가 없으므 로 官奴婢의 수가 無制限으로 늘어나게 된다는 문제점이 발생하게 된다. 그리고 漢 文帝 13년에 갑자기 모두 有期刑徒로 바뀌었다고 하는 그 '획기 적인 변화', 곧 현상적인 면만을 강조하였다. 그러나 나는 徒隷, 즉 隷臣妾, 城旦春, 鬼薪白粲 등의 刑徒를 매각하고 그 수량을 파악하는 제도를 통하 여 국가가 勞役刑徒의 수량을 적절히 유지하고 있었다고 한다면, 勞役刑徒 의 供給과 需要의 문제라든가 혹은 漢文帝 13년의 刑制改革의 조치를 무리 없이 이해할 수 있을 것 같다고 하였다. 즉 官奴婢 제도의 비효율성, 낭비

27 「湘西里耶秦代簡牘選釋」, 『中國歷史文物』, 2003-1, 12쪽. "[8]154正: 卅三年二月壬寅朔[朔]日, 遷 陵守丞都敢言之: 令曰:「恒以朔日上所買徒隷數.」· 問之, 毋當令者. 敢言之."(湖南省文物考古研究 所· 湘西土家族苗族自治州文物處)

28 李學勤, 「初讀里耶秦簡」, 『文物』, 2003-1, 78쪽.

29 구입 수는 매년 郡에 보고되었다(鷹取祐司, 앞의 글, 69쪽).

30 裴錫圭, 「戰國社會性質試析」, 『古代文史新探』, 江蘇古籍出版社, 1992, 339-394쪽.(본래는 1981년 에 발표한 내용으로 1992년, 『古代文史新探』에 재록한 것임); 李成珪, 「秦의 身分秩序 構造」, 『東 洋史學研究』 23, 1986, 63쪽.

31 『二年律令』 이후, 曹旅寧이 裴錫圭의 견해를 공식적으로 다시 제기하였다.(曹旅寧, 「張家山漢 簡『亡律』考」, 『張家山漢律研究』(中華書局, 2005), 151쪽.

적 요소를 제거한 조치와 일맥상통하는 것으로 이해하였다.[32]

그동안 罰金刑과 관련해서도 상당한 연구의 진전이 있었다. 『里耶秦簡』에는 貲餘錢 8,064錢, 1,728錢, 貲錢 2,688錢, 11,271錢 등이 나온다.[33] 貲餘錢은 貲罰로 내야할 罰金의 미납 부분을 의미하는데,[34] 『里耶秦簡』에는 貲餘錢 8064錢을 미납한 '毋死'의 錢校券을 만들고 노역으로 이를 대신하는 조치를 취하는 내용이 나온다. 이와 관련하여 秦漢의 벌금형이 다시 주목을 받았다. 秦律에서 벌금형은 貲罰이라는 명칭으로 나타나고 있는 데 비하여, 漢律에는 黃金으로 표시된 벌금제도가 운용되고 있으므로 양자는 연계되지 않는다는 것이 종전의 학설이었다.[35] 그런데 秦律과 漢律의 벌금형이 연속선상에 있었음을 任仲爀이 입증하였다.[36] 그 후 『嶽麓書院秦簡(貳)』가 출판[37]되면서 貲와 盾의 구체적인 화폐 환산액이 밝혀졌다. 한편 『二年律令』에는 戍邊刑에 刑期가 분명히 적시되어 나타나고 있다. 예컨대 '戍邊二歲'刑이 바로 그것이다.[38] '戍邊二歲'刑 외에도 '戍邊四歲', '戍不盈四歲' 등[39]이 등장한다.

이렇듯 최근 중국 고대 법제사 분야의 연구 진전은 근자에 출토된 출토문헌에 힘입은 바가 크다. 그러나 漢의 刑名에 관한 程樹德의 견해는 문헌사료에 대한 탄탄한 고증을 바탕으로 하고 있기 때문에 그 가치가 여전하다. 예를 들어 程樹德은 한나라 초기에는 진나라의 가혹한 법을 계승한 뒤

32　林炳德, 「秦漢交替期의 奴婢」, 『中國古中世史研究』16, 2006.

33　차례대로 [9]正, [9]3正, [9]6正, [9]7正.(湖南省文物考古研究所・湘西土家族苗族自治州文物處, 「湘西里耶秦代簡牘選釋」, 『中國歷史文物』, 2003-1).

34　이와 관련한 자세한 내용은 任仲爀, 「秦漢律의 벌금형」, 『中國古中世史研究』15, 2006 참고.

35　藤田高夫, 「秦漢罰金考」, 『前近代中國の刑罰』(京都: 京都大學人文科學研究所, 1996), 113쪽; 冨谷至, 『秦漢刑罰制度の研究』(京都: 同朋社, 1998), 191-194쪽.

36　任仲爀, 「秦漢律의 벌금형」, 『中國古中世史研究』15, 2006.

37　朱漢民, 陳松長主編, 『嶽麓書院秦簡(貳)』, 上海辭書出版社, 2011, 78쪽.

38　『二年律令』76簡, "盜出黃金邊關徼, 吏・卒徒部主者智(知)而出及弗索, 與同罪. 弗智(知), 索不得, 戍邊二歲"; 같은 책 141簡 "吏將徒, 追求盜賊, 必伍之, 盜賊以短兵殺傷其將及伍人, 而弗能捕得, 皆戍邊二歲"; 같은 책 323簡, "諸不爲戶, 有田宅, 附令人名, 及爲人名田宅者, 皆令以卒戍邊二歲"; 같은 책 210簡, "有任人以爲吏, 其所任不廉, 不勝任以免, 亦免任者. 其非吏及宦也, 罰金四兩, 戍邊二歲."

39　『二年律令』96-97簡, "爵戍四歲及繫城旦舂六歲以上罪, 罰金四兩…戍不盈四歲, 繫不盈六歲. ……"

여서 贖罪의 제도가 아직 없었다고 보았는데, 그의 지적대로 한대의 문헌 자료의 속죄에 대한 사례는 대체로 일시적인 것으로 보이며 贖罪의 시행은 대개 後漢 때 성행하였던 것 같다. 司寇, 復作 등에 대해서도 근래 새로운 견해가 계속해서 제시되고 있지만,[40] 여전히 의문이 남아 있어서 復作에 대한 李奇, 孟康說을 비롯한 전통적인 설명을 度外視하기에는 아직 이르다고 생각된다. 한문제의 형제개혁 조문에 대해서도 滋賀秀三이나 張建國에 의한 문장의 재구성과 새로운 해석의 시도가 이어졌지만, 여전히 명쾌히 이해되지 않는 측면이 있다. 출토문헌에 의한 새로운 자료의 증가로 중국고대의 형벌체계에 대한 이해가 깊어지고 있는 것은 사실이지만, 程樹德이 문헌자료의 정리와 이를 기초로 해서 밝힌 견해는 여전히 매우 유용하다.

'九朝律' 概觀

1927년에 초판된 『九朝律考』는 漢에서 隋에 이르는 9왕조의 연대에 따른 법률자료까지 정리해서 편집하였다. 程樹德은 당대 이전의 법전이 흩어져 없는 상황 하에서 현존하는 사적에서 기원전 2세기부터 기원후 7세기까지 뿔뿔이 흩어져 있는 각종 법률자료들을 수집한 후 하나하나 考訂하였고, 왕조의 연대에 따라 순서대로 분류하여 수록하였다. 『九朝律考』는 『漢律考』, 『魏律考』, 『晉律考』, 南北朝의 『梁律考』, 『陳律考』, 『後魏律考』, 『北齊律考』, 『後周律考』와 『隋律考』 부분으로 구성되어 있다. 책의 내용은 고증을 위주로 하는데, 고증의 기본은 역대 정사에 의거하면서도 여타 사료를 빠트리지 않고 인용하고 있다. 율령의 분류는 율명과 율의 성격, 연대의 선후에 따라 구성되어 있어서 독자들이 살펴보기에 편리하게 되어 있다. 또한 각 장마다 대부분 서문 1편이 있고, 요약해서 각 왕조의 연대에 따른 법률의 대강과 요지 및 인용하는 근거를 기술하고 있다. 『漢律考』 서문을 예로 들면, 우선 漢律의 來源을 서술한 후 九章律, 傍章 18편, 越宮律 27

---

40 劉洋, 「漢代"復作"徒考辨」, 『南都學壇』, 2008-4; 張建國, 「漢代的罰作、復作與弛刑」, 『中外法學』 18-5, 2006; 任仲爀, 「秦漢律의 庶人」, 『中國古中世史硏究』 22, 2009.

편, 朝律 6편 등 모두 합쳐 60편의 형성 과정을 설명하였다. 그 다음에 漢律이 망실된 원인을 설명하였고, 재차 '以律解經', '以律解字' 등으로 漢에서 율학이 흥성한 정황을 고증하였다. 마지막으로 『漢律考』의 저술 동기와 방법 및 그 경과를 차례대로 서술하였다.

九朝律 가운데는 『漢律』이 지면상으로 가장 많은 부분을 차지하는데, 대체로 전서의 2/5 이상을 차지한다. 그중 序言 이외에 律名考, 刑名考, 律文考, 律令杂考(上·下), 沿革考, 春秋決獄考와 律家考 등은 모두 8장으로 180쪽 분량을 차지한다. 그 다음이 『晉律考』(上·中·下), 『後魏律考』(上·下), 『隋律考』(上·下)로 이뤄져 있다.

魏 明帝가 제정하여 반포한 『新律』 18편은 『三國志(魏書)』에 정확한 성립 날짜가 명기되어 있지 않지만, 程樹德은 여러 문헌의 기록을 토대로 太和-靑龍연간(227-237)에 완성되었을 것이라고 추정하고 있다. 魏律은 『隋書』「經籍志」의 편찬 시기인 唐初에 이미 사라진 것으로 보이므로 그 내용을 파악하기가 매우 어렵지만, 대체로 한의 제도를 계승하였던 것으로 보고 있다. 편목은 한의 『구장률』에 「겁략」, 「사위」, 「훼망」, 「고핵」, 「계신」, 「단옥」, 「청구」, 「경사」, 「상장」 등 9편을 더한 것인데, 특히 한의 九律을 '刑名第一'로 개정한 후 오형을 율문의 서두에 열거한 것은 후대 율의 선구적 형태이다.

『晉書』「刑法志」에 남아 있는 『新律』 '序略'에 따르면, 魏律은 한의 옛 율문 중 時宜에 맞지 않는 것을 刪定하였으며, 古制의 취지에 따라 오형을 제정하였다고 하였다. 程樹德은 魏律의 특징 및 공로로 漢律의 번잡한 체계를 정리한 점에 대해 언급하고 있는데, 旁章과 科令 등의 삭제가 그 대표적 사례라 할 수 있을 것이다. 또한 八議의 편입 역시 후대의 율에 큰 영향을 미친 것으로 이것은 이른바 '중국 법률의 유가화'라는 측면에서도 끊임없이 논의되는 주제이기도 하다.

다음으로 晉律에 대해서는, 태시 4년(268)에 반포된 이른바 '泰始律'을 지칭하는 것으로 위의 법제가 너무 엄준하고 조밀하다고 판단한 무제가 가충 등에게 명하여 제정하였다고 한다. 태시율은 이후 양 무제의 율령 개정이 있을 때까지 총 237년 동안 사용되었는데, 이는 육조의 율령 중 가장 오랜 시기에 걸쳐 활용된 것이었다. 태시율은 총 20권으로 이루어져 있으며, 그 편목은 1 刑名, 2 法例, 3 盜律, 4 賊律, 5 詐僞, 6 請賕, 7 告劾, 8 捕律, 9 繫訊, 10 斷獄, 11 雜律, 12 戶律, 13 擅興律, 14 毀亡, 15 衛宮, 16 水火, 17 廐律, 18 關市, 19 違制, 20 諸侯 등으로 모두 1530조이다(『晉書』「刑法志」에는 620조라고 되어 있는데, 程樹德은 이를 착오라고 보고 있다). 이 중 20번째 제후율의 경우 程樹德은 시의에 따른 입법으로 唐律과 비교해도 거의 손색이 없다고 평가하고 있다.

晉나라 이후, 율령은 南朝와 北朝의 두 갈래로 나뉘어 전승되었다. 일반적으로 이 시기의 律學은 북조에서 흥성하였고, 남조에서는 쇠퇴하였다. 북조의 율학은 北魏에서 北齊 - 隋 - 唐에 이르기까지 하나의 근원적인 계통을 이루지만, 남조의 율학은 陳의 멸망과 함께 단절되어 버리고 말았다.

남조의 국가들은 대부분 晉律을 계승하였다. 대체로 宋과 齊는 晉律을 그대로 답습하였다. 齊의 경우 新律을 제정하여 『永明律』 8권을 남겼지만, 이 또한 옛 주석을 고증하여 바로잡은 것에 불과하니 사실상 定律이라고 할 수는 없었다. 남조의 여러 율 중에서 정률이라 꼽을 수 있는 것은 蔡法度의 『梁律』과 范泉의 『陳律』일 정도이다. 다만 梁과 陳 역시 각각 晉律을 토대로 새로운 율을 정비하기는 하였지만, 국가가 존속한 기간이 매우 짧아 실효를 거두기는 어려웠다.

북조의 경우 北魏부터 唐에 이르기까지 그 계통이 서로 계승되어 明과 淸에 이를 때까지 그 제도가 준수되었다. 北魏는 太祖 때부터 世宗 때까지 총 다섯 차례에 걸쳐 율령을 정비하였을 정도로 그 노력이 이전 시대를 초월하였다. 唐宋 이래 줄곧 계승된 율은 모두 북조 계열에 속하는 것이었으며, 그 기원을 찾아 거슬러 올라간다면 마땅히 北魏의 율이 그 嚆矢가 된다. 또한 北齊의 경우 神武帝와 文襄帝 때 북위의 법을 토대로 그 내용을 증감하여 『麟趾格』을 제정하였고, 文宣帝 때는 新律을 제정토록 명하였으며, 武成帝 때인 하청 3년(564)에는 비로소 『北齊律』을 반포하였다. 특히 그 법률 조문은 간단하면서도 요략하여 일찍이 관인의 자제들도 이를 배우고 익혔으며, 이로 인해 법률을 밝게 깨우치고 있는 사람들이 많았다고 한다.[41] 程樹德은 "남북조의 여러 율 중 북조의 율이 남조의 율보다 우월하고, 북조 중에서는 특히 北齊의 율이 가장 우수하다."[42]고 평가하였다. 隋나라는 北周를 대체한 후, 그 율을 제정할 때 유독 북제의 제도만을 취하였을 뿐 北周의 제도는 계승하지 않았다. 그 원인은 곧 『隋書』「刑法志」에 "北周의 율은 北齊의 율과 비교하였을 때, 번잡하면서 요략하지도 못하다."[43]고 한 것과도 무관하지가 않았다.

唐律은 隋律에 근본하고, 隋律은 다시 北齊律에 근원을 두고 있었다는 사실은 율의 篇目이 서로 일치한다는 점에서 증명된다. 唐律에는 비록 편목상의 분리와 병합이 있었을지라도 총 12편이라는 북제율의 옛 면모를 계승하였고, 刑名에 대한 부분에서도 비록 加減한 부분이 있었을지라도 5등급 체계를 그대로 유지하였다. 아울러 十惡의 경우에도 비록 그 명칭상의 異同이 있기는 하나 "重罪 10條"를 두었던 北齊律의 옛 면모를 계승하였다. 즉 현재 남아 있는 唐律을 통하여 散佚된 北齊의 율을 미루어 짐작하는 것이 가능하다. 程樹德 역시 이와 같은 이유로 北齊의 율은 여전히 존재하는 것과 다름없다 하였다.

맺음말

1975년 『睡虎地秦墓竹簡』 이후 秦國史 연구는 한 획을 긋게 되는데, 그것은 『史記』의 「秦本紀」와 「秦始皇本紀」 이외에 그다지 참고할 만한 자료가 남아 있지 않은 상황에서 수호지진간이 秦史 연구의 큰 공백을 매울 수 있게 해주었기 때문이었다. 『睡虎地秦墓竹簡』 이후 최근의 중국고대법제

---

41 『隋書』 권25, 「刑法志」, 706쪽.
42 程樹德, 『九朝律考』, 「北齊律考序」, 393쪽.
43 『隋書』 권25, 「刑法志」, 709쪽.

사 연구는 앞서 설명한 바대로 출토문헌을 중심으로 연구가 진행되어 왔다. 그러나 기본적으로 출토법제문서와 『唐律』은 법률서이므로 실제 상황에서 이들 법률이 구체적으로 어떻게 적용되고 있는지를 알기는 어렵다. 그런데 程樹德의 『九朝律考』는 광범위한 문헌사료를 통해 漢에서 隋에 이르는 법제를 발췌하였기 때문에 단순히 법조문을 체계적으로 정리한 법률문서와는 달리 실제 법적용의 사례를 살펴볼 수 있다는 장점이 있다. 예를 들어 사면과 관련된 다음의 사례를 살펴보기로 하자.

① 건초 원년(76년)에 큰 가뭄이 있자 숙종이 포욱을 불러 물었다. "가뭄이 너무 심하니 어떻게 하면 재화의 영향을 없애겠는가?" 대답하여 말하였다. "신이 이전에 여남에 있을 때, 초왕의 모반 사건을 담당하여 처리하였는데, 체포한 사람이 천여 명이 있었습니다. 범인 중에 다 죄명에 맞는 것은 아니라고 걱정하였습니다. 마땅히 천사한 가속들을 모두 고향으로 돌려보내고 금고형을 취소해야 합니다."라고 하였다. 숙종이 그 의견을 채용하였다.[44]

② 태평 2년(257)에 [손기가] 御馬를 훔쳐 타서 구속되어 감옥에 들어갔다. 손량이 시중 조현에게 물었다. "어마를 훔쳐 타는 것은 마땅히 어떻게 처벌해야 하는가?" 조현이 답하였다. "법률에 따라 마땅히 사형에 해당됩니다. 다만 魯王이 일찍 돌아가셨으니 황제께서 그를 불쌍히 여겨 용서하시기를 바랍니다." 손량이 말하였다. "법이라는 것은 천하가 공동으로 준수해야 하는데, 어찌 가까운 사람을 아끼려고 치우칠 수 있겠는가? 그 죄명을 벗어날 수 있는 법률 조목을 찾아보아야 하겠지만, 어찌 친정으로 압박할 수 있겠는가?" 조현이 말하였다. "옛날에 사면에는 대소가 있었습니다." 손량이 말하였다. "사람들을 납득시키기에 충분하지 않다." 이에 사면의 범위를 궁궐 안으로 하였고, 손기는 이 때문에 형벌을 면했다.[45]

---

44 『後漢書』권59, 「鮑昱傳」, 744쪽, "建初元年, 大旱, 肅宗召昱問曰: 旱既大甚, 將何以消復災眚? 對曰: 臣前在汝南, 典理楚事, 繫者千餘人, 恐未能盡當其罪, 宜一切還諸徙家屬, 蠲除禁錮. 帝納其言."

①에서는 가뭄이 들거나 재해가 발생하여 이에 대한 대처 방안으로 사면령을 단행한 사례이다. 그런데, 한대에는 법을 엄격히 집행하여 범죄자의 주변까지 이를 광범위하게 적용하였는데, 그 불행이 3대 혹은 5대까지[46] 미치는 경우가 비일비재하였다는 것이다. 그 결과 위의 『후한서』「포욱전」의 사례에서 지적하듯이 법을 집행하는 사람조차 그 죄명에 맞는지 알 수 없는 상태에 이르게 되고(일단 모반죄이므로 1천 명 정도를 체포함) 재해가 발생하여 정권이 위기에 처하자 사면을 단행하였다는 것이다. ②는 황제의 입장에서 꼭 처벌해서는 안 될 사람이 처벌을 받을 수밖에 없는 상황에 이르러 사면을 단행하게 된 사례이다. 손기가 어마를 훔쳐 타서 구속되었는데, 법률 규정에 따르면 사형에 해당한다. 처벌을 면제할 수 있는 법률 규정을 찾아보아도 찾을 수가 없게 되자, 손기를 사면하기 위해 궁중의 죄인에 한정하여 사면을 내린다는 것이다. 이처럼 생생한 사면의 다양한 실제 사례는 단순히 법률규정만을 담고 있는 법률문서에는 나타나 있지 않다. 『晉書』「刑法志」에는 劉頌의 상서에 다음과 같은 내용이 나타나고 있다. "대저 법이라는 것은, 事理에 완전히 부합해야만 법률이라고 할 수 있는 것인데, 위에 있는 군주가 최선의 것을 요구하게 되면, 아래 있는 신하는 법률조문을 끌어다 황제의 마음에 영합하고자 하고, 군주가 인정하는 방향으로 끌고 가고자 합니다. 이 때문에 법의 운용이 완전할 수 없게 되는 것입니다. 律典의 법률조문에 의거하는 것인데, 법률조문에 의거하면 私情과 視聽에 기초한 裁斷과 반드시 차이가 생기는 것입니다. 군주가 유연하게 대응한 것에 만족하기 때문에 재판을 담당하는 사람은 법률조문을 끌어다 황제의 마음에 영합하게 됩니다. 그렇게 되면 서로 다른 해석이 생기는 것입니다." 즉 이 상서의 내용은 율령의 조문이 모든 범죄, 사안에 대응할 수 있는 것은 아니기 때문에 어떻게 법률을 적용할 것인가 하는 문제가 생긴다는 것을 밝히고 있다. 이처

---

45 『三國志』권59, 『吳書』14, 「吳主五子傳」(孫霸), 1372–1373쪽, "… 亮問侍中刁玄曰: 盜乘御馬罪云何? … 亮曰: 法者, 天下所共, 何得阿以親親故邪? … 玄曰: 舊赦有大小, … 亮曰: 解人不當爾刑! 乃赦宮中, 基以得免."

46 『後漢書』권67, 「黨錮列傳」, 2189쪽, "免官禁錮, 爰及五屬.〈謂斬衰齊衰大功小功緦麻也.〉"

럼 법률문서에서 볼 수 없는 구체적인 법률 적용의 다양한 실제 사례를 접할 수 있다는 점도 程樹德의 『九朝律考』의 커다란 장점이라 하겠다.

2014년 9월
세종시 첫마을에서
임 병 덕

【원문】 昔顧氏亭林論著書之難, 以爲必古人所未及就, 後世所不可無者, 而後庶幾其傳. 班史以下, 經籍、藝文諸志, 先民著述著錄於四庫者, 百無一二, 蓋立言若是其難也. 余少家貧, 年二十, 館於陳氏, 盡讀其藏書, 始留心考據之學. 三十以還, 遭逢世變, 每伏案靜思, 以爲古人處此, 必有以自見, 而決不汶汶而沒. 顧自淸代乾嘉以來, 經史小學考據之書, 浩如煙海, 後有作者, 斷無以突過前人. 爰本顧氏之旨以求之, 則律學尙已. 漢晉士大夫, 往往治律, 馬融鄭玄羊祜杜預皆律家也. 六朝以後, 祖尙玄虛, 律令科條, 委之胥吏, 其治此者, 非陋則俗, 斯學浸微. 今古律之存者, 皆自唐以下. 竊不自量, 欲盡搜羅唐以前散佚諸律, 考訂而并存之. 歲戊午, 始成漢律考七卷, 方君樞爲梓行之. 己未成魏律考一卷, 庚申成晉律考三卷, 辛酉成後魏律考二卷, 壬戌成隋律考二卷, 癸亥成北齊律後周律及梁陳律考四卷, 甲子乙丑增訂漢律, 釐爲八卷, 合二十卷. 昔劉知幾作史通旣畢, 慮後世無識者, 至於撫卷漣洏而不能自已, 余爲此者, 性旣不諧於俗, 而幽居寡歡, 又不能無所託以寄志, 自盡之意多, 而求知之念寡. 若夫百世之知, 則固別有說焉. 夫名者造物之所客, 古人著述, 大抵以畢生之力赴之, 用力愈久, 則其傳愈遠, 書之佚者, 必其無可傳之具. 馬貴與王船山之流, 皆生離亂之世, 伏處巖穴, 當時無知者, 而流傳或在百年之後, 是仍求之耳.

一九二六年丙寅夏月 閩縣程樹德序

【역문】 예전에 고염무[1]는 저술에 대한 어려움을 논하면서, "반드시 옛 사람들이 저술하지 않은 것 중에 후세 사람들에게 꼭 필요한 저작이어야 후대에 전해질 수 있다[2]고 했다. 『한서』 이후 「경적지」와 「예문지」에 실려 있는 선현의 저술이 『사고전서』에 저록된 것은 백에 한둘도 되지 않으니, 책을 저술하여 새로운 이론과 학설을 세우는 것이란 이처럼 어렵다. 나는 어려서부터 집안이 가난하여, 나이 20세에 진씨의 집에서 사숙했는데, 그곳의 장서를 모두 읽고 나서 고증학에 관심을 갖기 시작했다. 30세 이후로 시대의 변화를 만나서 자주 책상 앞에 앉아 조용히 생각하며, 옛 선현들은 이런 경우에 처하면 반드시 자신을 드러냈지 흐지부지 사라지지는 않을 것이라 여겼다. 다만 청(淸) 건가조(乾嘉朝)[3] 이래 경사,[4] 소학, 고증서적이 안개가 깔린 바다처럼 방대해져서, 그 이후에 저술한 사람은 결코 이전에 저술한 사람 보다 특별히 뛰어나지 못했다. 이에 원래 고염무가 언급한 기준으로 그 책들을 살펴보면 율학에서는 더욱 그러한 책을 찾을 수가 없다. 한진(漢晉)의 사대부들이 종종 율을 정리하였는데, 마융(馬融),[5] 정현(鄭玄),[6] 양고(祜),[7] 두예(杜預)[8]가 모두 율가

---

1 顧炎武: 明末淸初의 사상가. 생몰연대는 1613-1683년. 淸朝 고증학의 시조. 자는 寧生, 호는 亭林. 明이 망하자 동지들과 더불어 명조 회복을 꾀하였으나 성공하지 못하였다. 이후 淸朝의 박해와 회유에도 굴하지 않고 일생 동안 관직에 나아가지 않았다. 그는 백성을 이민족(淸)의 지배에서 구하는 것과 만세의 태평을 자신의 임무로 자각하고 그것에 도움이 되는 "救世致用"의 實學 연구에 심혈을 쏟았다. 경험과 실천을 중요시하는 실학을 제창한 것은 현실의 문제를 떠나 心性만을 탐구하는 학풍이 明朝를 멸망시켰다고 보았기 때문이다. 그의 실학은 聖人의 道를 알기 위한 經學 연구, 거기에서 개척된 金石文과 고대 음운에 관한 연구, 각지의 실지조사에 의한 사회경제 연구 등으로 구성되었고, 그 방법은 조사, 직접자료의 중시, 광범한 자료의 수집과 그 바탕 위에서 결론을 이끌어 내는 귀납법적 논증이었다. 이 방법은 청조 고증학의 선구가 되었다. 주요 저서로 『日知錄』 및 『天下郡國利病書』 등이 있는데, 『日知錄』은 1695년에 간행되었다. 經學 · 史學 · 文學 · 政治 · 社會 · 地理 · 風俗 등의 여러 문제를 史論 형식으로 작성한 것이다. 『天下郡國利病書』는 明代의 地方志를 중심으로 역대의 史書 1천여 종의 서적에서 각 지방의 군사적 형세, 경제적 특성, 국가 民生의 이해 등을 고찰함으로써 정치에 참고가 될 만한 사항들을 채록한 것이다.

2 『日知錄』 권19, "其必古人之所未及就, 後世之所不可無, 而後爲之, 庶乎其傳也與?"

3 乾嘉: 18세기 후반 19세기 초의 乾隆 · 嘉慶 시기로 청대 고증학이 가장 융성했던 때이다. 戴震을 정점으로 한 고증학파는 국가의 『四庫全書』 편찬을 계기로 고대로 회귀하는 고전의 문헌학적 연구 · 정리가 극성기를 맞게 되었다.

4 經史: 乾隆 · 嘉慶 시기에는 현세에의 정치경제적 실용을 강조하는 경세학에서 史學이 經學과 하나로서 중시되는 經史學이 발달하였다.

이다. 육조(六朝) 이후 선조들은 노장(老莊)을 숭상하여 율령과 법조문은 서리에게 맡겼고, 이를 담당한 자도 비루하지 않으면 속되었으니 율학이 점점 쇠퇴하였다. 지금 고대의 율령 가운데 남아 있는 것은 모두 당(唐) 이후의 것이다. 내 역량이 부족함을 알았지만, 당(唐) 이전의 흩어져 없어진 여러 율령을 모두 찾고 모아서, 검토하고 수정하여 함께 보존하게 하고 싶었다. 1918년에 처음으로 『한율고』 7권을 완성하였는데[9] 방추[10]군이 그것을 출판했다. 1919년 『위율고』 1권을 완성하고, 1920년에 『진율고(晉律考)』 3권을 완성하고, 1921년에는 『후위율고』 2권을 완성하고, 1922년에는 『수율고』 2권을 완성하고, 1923년에는 『북제율고』,

5 馬融(79-166)은 後漢中期의 학자 · 정치가. 右扶風 · 茂陵県(陝西省興平市)人. 字는 季長. 後漢의 伏波將軍 馬援의 族孫. 父는 馬嚴. 『後漢書』에 그의 전이 있다. 政治家로서는 濁流에 속하고, 親戚인 趙岐에게 면회를 거부당하는 등 清流派의 士人으로부터 경멸의 대상이었다. 학자로서는 평판이 자못 높았고, 재능도 뛰어나 제자도 수천 명에 이를 정도였다. 그의 제자에 盧植 · 鄭玄이 있다.

6 鄭玄(127-200): 字는 康成. 후한의 저명한 經學家. 北海高密(지금의 山東省高密縣)人. 製五元, 張恭祖, 馬融 등의 학자에게서 가르침을 받아 今古文에 達通하였는데 향리에 돌아오자 그에게 배우는 학생이 800명에 달하였다. 黨錮의 亂에 連坐되서 금고의 형을 받아 閉門하고 오로지 經學에만 전념하였다. 黨錮의 난으로 禁錮된지 14년 후에 袁紹로부터 左中郎將에 推去되었으나 나가지 않았다. 후에 大司農에 推擧되어 나갔으나 곧 사직하였다. 詩 · 書 · 易 · 禮나 법률에 대한 註釋 등의 논저가 많았다. 訓詁學을 집대성하였다. 廷尉를 역임한 陳球로부터 律을 배웠다. 漢律의 해석에 주를 달기도 하였다. 현재에도 『毛詩箋』, 『周禮注』, 『儀禮注』, 『禮記注』 등이 전해지고 있고, 『律鄭氏章句』 등이 있으나 지금은 전해지지 않는다.

7 羊祜(221-278): 泰山南城(지금의 山東省費縣西南)人. 字는 叔子. 魏王朝에서 秘書監을 역임하였다. 曹魏末年 司馬昭에 依附하였다. 晉王朝에서는 尚書右僕射, 都督荊州諸軍事가 되고 南城侯로 封해졌다. 荀顗 · 賈充 등 14인과 함께 「泰始律令」을 만들었다.

8 杜預(222-284): 晉杜陵(지금의 섬서성西安市東南)人. 字는 元凱. 晉朝에서 守河南尹, 安西軍司, 秦州刺史, 度支尚書, 鎮南大將軍, 都督荊州諸軍事 등의 직책을 역임하였고 司隷校尉가 되었다. 晉武帝는 太康元年(280)에 군사를 이끌고 吳를 멸망시켰는데 杜預에 크게 의존하였다. 吳를 멸망시킨 후에는 晉의 西南 統治를 강화하는 데 크게 공헌을 하였다. 명문 출신으로 晉文帝의 妹를 娶하고 賈充 등과 함께 律令을 修正하고 그 『晉律』에 注釋를 가하였다. 『雜律』 七卷, 『刑法律本』 二十一卷이 있다. 晚年에는 經籍을 애독하여 『春秋左氏經傳集解』, 『春秋長歷』, 『春秋釋例』, 『盟會圖』 등을 남겼다.

9 1919年 自刊하였다.

10 方樞(1884-?): 字는 立之. 安徽定遠人. 清朝 및 중화민국에서 관직을 역임하였다. 日本 早稻田대학을 졸업하였다. 清朝 말년에 知縣 奉天 자의국의 과장을 역임. 산동순무서의 참사를 역임하였다. 중화민국이 成立된 후, 원세개 총통 밑에서 관직을 단기서 정권하에서는 국무원비서 및 법제국국장, 정사당참의 등을 역임하였다.

『후주율고』, 『양률고』, 『진율고(陳律考)』 4권을 완성하고, 1924년부터 1925년까지는 『한율』을 추가하고 교정하여, 이를 정리해 8권으로 만드니 모두 합하여 20권이다. 옛날에 유지기(劉知幾)는 『사통』을 저술하고 나서 후세에 알아주는 사람이 없을 것을 걱정하여 책을 어루만지고 눈물이 줄줄 흘리며 스스로 감정을 제어할 수 없을 지경에 이르렀다고 했다.[11] [그러나] 내가 이 책을 저술한 이유는 성품이 세속에 어울리지 못하게 되고 나서 은거하여 살면서 기쁜 일이 적었기 때문이었고, 또한 뜻을 두어 마음을 부칠 만한 곳이 없을 수는 없어도 스스로 최선을 다하고자 하는 뜻은 많았지만, 나를 알아주기를 바라는 마음은 적었다. 무릇 오랜 세월 전해지는 지식은 진실로 특별한 학설이라고 할 만하고 무릇 이름이라는 것은 조물주가 아끼는 것이다. 옛 사람들의 저술은 대체로 필생의 힘을 기울인 것으로 공을 오래 쏟은 것일수록 그 전함은 더욱 멀리 갔지만, 책이 후대로 전해지지 않은 것은 그 책에 전해질 만한 내용이 없었기 때문이다. 마귀여(馬貴與)[12]와 왕선산(王船山)[13]과 같은 유파는

---

11 『史通』, 권36, 「自敍」 "夫以史通方諸太元, 今之君山, 卽徐朱等數君是也. 後來張陸則未之知耳. 嗟乎. 儻使平子不出, 公紀不生, 將恐此書與糞土同捐, 煙燼俱滅. 後之識者, 無得而觀. 此予所以撫卷漣洏, 淚盡而繼之以血也."

12 馬端臨(1254-1323): 字는 貴與. 江西 樂平 사람. 송나라 재상이었던 馬廷鸞(1222-1289)의 아들이다. 咸淳(1265-1274) 연간에 漕試에 1등으로 합격했다. 마침 마정란이 賈似道(1213-1275)에 거슬러 京師를 떠나서 마단림은 마정란을 봉양하며 計偕(京師로 가서 보는 시험)에 참여하지 않았다. 원나라 초기에 은거하여 柯山書院의 山長이 되었다가, 나중에는 台州儒學敎授를 지냈다. 대표적인 저작으로 20년 동안 편찬한 『文獻通考』가 있다. 이 책은 杜佑(735-812)의 『通典』을 저본으로 삼아서 歷代典章制度를 집대성한 것으로, 특히 송나라 제도에 대해 상세하다. 「자서」에 "古經과 史調의 문장을 인용하고. 당나라와 송나라 이후의 여러 신하들이 작성한 奏疏와 여러 유학자들의 議論을 참고했기 때문에 '獻'이라고 했다."라고 했다. 따라서 『문헌통고』라는 이름을 붙였다. 그 밖의 『多識錄』과 『義根守墨』, 『大學集傳』 등이 있다.

13 王船山(1619年-1692年): 중국의 明末 淸初의 사상가. 字는 而農. 湖南省衡陽縣出身. 14歲에 生員이 되었고, 숭정 15년(1642년)에 급제하였지만, 도중의 농민 반란을 맞이하여 북경에 이르지 못하고 숭정 17년(1644년)의 이자성에 의한 명의 멸망을 맞이했다. 그 후. 청군이 남진하자 반청군사를 일으킴을 계획하지만 실패해 패주. 그 후 청의 추적을 받아 각지를 전전하였다. 그는 주자 이래 중국 유학의 유심론적 성격에 대해 체계적인 비판을 시도하고, 송의 張橫渠의 소박한 유물론을 매개로 하여 '氣'만이 우주의 실체이자 또한 음양의 대립적 통일이며. 만물의 생성 소멸은 기의 이합집산 및 변화에 의한 運動態라고 생각하였다. 송학 이래의 '理先氣後', '天理를 보존하고 인욕을 멀리한다.'는 양명학의 '心外無物'이라는 유심론적 명제가 다같이 극복된다. 그는 청조 지배에 반항하여

모두 난세에 살았는데, 바위 동굴에 몰래 살아서 당시에는 알려지지 않은 자였지만, 세상에 널리 퍼져 전해져 백년 후에 존재하게 되었다. 이 책도 그렇게 되기를 바랄뿐이다.

1926년 병인 여름 민현에서 정수덕 서(序)

평생 벽지에 은둔하였기 때문에『讀通鑑論』,『讀四書大全』,『周易外傳』등 여러 저작은 사후 180년 정도가 지난 청말에 同鄉의 曾國藩의 손에 의해 간행되기까지 햇빛을 볼 수 없었다.

【원문】 一. 律始李悝法經, 商鞅受之以相秦. 漢就法經加戶、興、廐三
篇, 故是書斷自漢始, 不別著秦律. 其漢律有沿秦律者, 則皆於漢律中
附見之.

一. 唐律宋刑統明律清律, 今皆現存, 故斷至隋止.

一. 北朝後魏北齊後周各自有律, 南朝則劉宋南齊沿用晉律, 惟梁陳皆別
定律, 故不列宋及南齊, 而附見於晉律中.

一. 漢令時稱漢律, 故考漢律者必兼及漢令, 魏晉以後之令, 雖不盡關於
律, 而佚文亦多可考, 因援漢律之例, 採撫及之.

一. 是書以考證爲主, 而考證則以正史爲主. 如漢律則漢書, 晉律則晉書,
其他依此類推. 漢律中凡引漢書但稱某傳某志, 蓋省文也, 餘皆倣此.
其引他史或他書者, 則必標明其爲某史或某書.

一. 所引之書如爲佚書, 或今雖有其書而爲今書所不載者, 必註明出處以
便尋檢.

一. 引書以類相從, 同一類中, 則以年代先後爲序, 惟解釋標題, 則常列於
各條之首.

一. 引書有刪節而無增改, 不敢妄竄古書也.

一. 古人引書, 不必盡係原文, 嘗隱括大意, 如意林所引孟子, 與今本出入
甚多, 亦其一例. 顧氏日知錄俞氏古書疑意舉例, 蓋嘗論之. 律考中所
輯秦漢以下諸律條文, 無慮數十百條, 皆從諸書中輯其佚文, 蓋仿玉函
山房輯佚書之法, 然不敢必其與原文一一符合, 閱者當分別觀之.

一. 舊律現存者, 以唐律爲最古, 故唐以前諸律所有而唐律亦有明文者,

則必援唐律以證之, 其明清諸律相距旣遠, 槪不援引.

一. 每條之下, 間有考證, 則別爲按語以別之. 按語亦以考證爲主, 不涉及論斷.

一. 一書之成, 草創者難, 而因襲者易, 是書蒐羅雖富, 然疎漏仍不能免, 補遺之責, 期之後人.

【역문】 一. 율은 이회의『법경』에서 처음 시작되었고 상앙이 그것을 수용해서 진을 도왔지만, 한에 와서야『법경』에「호율」·「흥률」·「고율」등 3편을 더하였기 때문에 이 책의 상한을 한에서부터 시작하고 별도로『진율(秦律)』을 저록하지 않았다.『한율』중에『진율』을 계승한 것이 있는 경우에는 모두『한율』에 그것을 덧붙여 나타냈다.

一.『당률』·『송형통』·『명률』·『청률』은 지금 모두 현존하므로 이 책의 하한을 수대까지로 한정했다.

一. 북조의 후위·북제·후주는 각각 그들만의 율을 소유했지만, 남조의 유송과 남제의 경우에는『진율(晉律)』을 계승하여 사용했고, 오직 양과 진(陳)만이 별도로 율을 제정했기 때문에 유송과 남제의 것은 열거하지 않았고『진율(晉律)』중에 덧붙였다.

一.『한령(漢令)』은 때때로『한율』이라 칭해졌기 때문에『한율』을 고찰할 때는 반드시『한령』을 함께 다루었다. 위진(魏晉) 이후의 영은 비록 모두 율에 관련된 것은 아니지만, 율의 없어진 부분을 상당히 고찰할 수 있으므로『한율』에서『한령』을 인용했던 사례와 같이 뽑고 가려내어 언급하였다.

一. 이 책은 정사(正史)를 주요 고증 대상으로 삼았다. 예를 들면『한율』은 주로『한서』에서『진율(晉律)』은 주로『진서(晉書)』에서 고증하였고 나머지도 이러한 방식으로 진행하였다.『한율』중에『한서』를 인용한 경우에는 단지 "모전모지(某傳某志)"라고만 기록하고, 대개 책 이름은 생략하였는데, 나머지도 모두 이런 방식으로 저술하였다. 다른 사서 혹은 다른 책에서 인용한 경우 반드시 그것을 『모사(某史)』 혹은 『모서(某書)』에서 인용했다고 명확하게 표시하였다.

一. 인용한 책이 만약 유실되었거나 혹은 비록 지금 그 책이 전해지지만 지금의 책에 기재되어 있지 않은 경우 반드시 주를 달아 그 출처를 분명히 밝혀서 찾아보기 편하도록 하였다.

一. 책을 인용할 때는 분류별로 묶고 동일한 분류 안에서는 연대 순서를 따랐는데, 오직 표제의 설명은 항상 각 조의 앞에 배열하였다.

一. 글을 인용할 때 절을 삭제하기도 했지만 늘리거나 고치지는 않았고, 감히 멋대로 고서를 수정하지 않았다.

一. 옛 선현의 글을 인용할 때는 반드시 원문에만 얽매이지 않았고 대의(大意)를 포괄하여 정리하였다. 예를 들면 『의림(意林)』에 인용된 『맹자』가 현행본과 글자가 많이 다른 것도 그 하나의 사례라 할 수 있다. 고염무(顧炎武)의 『일지록』, 유월(兪樾)[1]의 『고서의의(古書疑義)』에서도 사례를 들어 대개 그것에 대하여 논의하였다. 『구조율고』에 모아 놓은 진한 이래의 여러 법률 조문들은 무려 수십 백 조(條)인데 모두 여러 책들 중에서 그 없어진 문장들을 모았으니, 대개 『옥함산방집일서(玉函山房輯佚書)』[2]의 방법을 본받았다. 그러나 감히 그것을 반드시 원문과 일일이 부합시키지 못했으니 독자가 마땅히 분별해서 보아야 한다.

一. 현존하는 구율(舊律) 가운데 『당률』을 가장 오래된 것으로 보기 때문에 당(唐) 이전의 여러 율[諸律]에도 있고, 『당률』에도 명확한 문장으로 있

---

1 兪樾(1821–1907)의 字는 蔭甫이고, 호는 曲園이다. 淸末의 고증학자. 浙江省德淸出身으로 1850年에 進士가 되었다. 이때의 시험관은 曾國藩이었는데, 兪樾의 詩는 크게 賞賛되었다. 翰林院編修、國史館協修를 역임하고 그의 지식은 함풍제로부터 상찬되고 1855년에는 河南學政이 되었다가 파직되어 귀향했다. 蘇州 紫陽書院과 上海 求志書院의 主講을 맡았고, 杭州 詁經精舍에서 가장 오래 주강을 지내 31년을 있었다. 소주에 있을 때 거처 이름을 春在園이라 했다. 王念孫과 王引之 父子를 추종했고, 문하에서 章炳麟이 배출되었다. 저서에 『群經平議』와 『諸子平議』, 『古書疑義擧例』 3권을 완성했다. 그 밖의 저서도 아주 많아 『茶香室經說』과 『春在堂隨筆』, 『詁經精舍自課文』, 『賓萌集』, 『春在堂詩編』 등이 있다.

2 『玉函山房輯佚書』는 청나라의 馬國翰(1794–1857)이 당나라 이전에 흩어져 없어진 고적들을 모아서 편집한 輯書이다.

는 경우 반드시 『당률』을 인용하여 그것을 증명하였다. 명청(明淸) 시기 여러 율[諸律]의 경우 시간적으로 멀리 떨어져 있으므로 대개 인용하지 않았다.

一. 매 조문의 아래에 간간이 고증한 것이 있으면 따로 "안(按)"이라는 말을 붙여서 그것을 구분했다. "안(按)"이라는 말 역시 고증을 위주로 했을 뿐 논단하지는 않았다.

一. 한 권의 책을 저술할 때 처음 만드는 것이 어렵지 그것을 따라하는 것은 쉽다. 이 책은 널리 수집한 것이 비록 풍부하지만, 전부 망라할 수는 없었으니 빠진 것을 보충하는 책임은 후인에게 기대를 걸어본다.

구조율고九朝律考【一】

法經→秦律→漢律┬魏律→晉律→梁律→陳律
　　　　　　　　└→後魏律┬→後周律
　　　　　　　　　　　　　└→北齊律┬→隋律→大業律
　　　　　　　　　　　　　　　　　└→開皇律→唐律→宋刑統→明律→淸律

【원문】 漢蕭何作九章律, 益以叔孫通傍章十八篇, 及張湯越宮律二十七篇, 趙禹朝律六篇, 合60篇, 是爲漢律. 後書安帝紀注謂漢律今亡, 隋志亦云漢律久亡, 是唐時已失. 史記索隱引崔浩漢律序, 陳書沈洙傳引漢律, 則六朝末此本尙存也. 晉志載漢時決事集爲令甲以下三百餘篇, 及司徒鮑公撰婚娶訴訟爲法比圖目凡九百六卷, 唐書 藝文志所著錄者僅廷尉決事二十卷, 廷尉驕事十一卷, 建武律令故事三卷. 太平御覽尙引廷尉決事, 而宋史藝文志已不載, 則至宋末已全佚. 班氏刑法志於漢律語焉不祥, 司馬彪續漢志亦不著刑法之目, 而一代典章, 遂汩沒而不可考, 甚矣史才之難也. 九章之律, 出於李悝法經, 而法經則本於諸國刑典, 其源最古. 春秋時齊有管子七法, 楚有僕區法、茆門法, 晉有刑書刑鼎, 鄭有刑書竹刑, 其見於記載者如此. 商君有言, 不觀時俗, 不察國本, 則其法立而民亂. 自漢以後, 沿唐及宋, 迄於元明, 雖代有增損, 而無敢輕議成規者, 誠以其適國本, 便民俗也. 漢世律學最盛, 何休注公羊, 鄭司農注周禮, 皆以漢律解經. 許氏說文則幷以漢律解字, 今其佚文散句, 猶可考見, 而唐宋以來諸家, 卒無有從事考訂者. 宋王應麟所輯之玉海及漢制考, 略有徵引, 他不槪見. 今唐以前諸律, 皆無一存, 則探討之難可知也. 余嘗謂有淸一代經學詞章, 遠軼前軌, 獨律學闕焉不講. 紀文達編纂四庫全書政書類法令之屬, 僅收二部, 存目僅收五部, 其案語則謂刑爲盛世所不能廢, 而亦盛世所不尙, 所錄略存梗槪, 不求備也. 此論一創, 律學益微. 甲辰讀律扶桑, 卽有搜輯叢殘之志, 荏苒十年, 久稽卒業. 丁巳戊午, 乃稍稍傭鈔存篋, 因仿文獻通考之例, 釐爲漢

律考七卷. 甲子增訂爲八卷, 以存一代之制.

一九一八年戊午秋七月 閩縣程樹德序

【역문】 한(漢)의 소하(蕭何)가 지은 『구장률』에 숙손통(叔孫通)의 『방장』 18
편,[1] 장탕(張湯)의 『월궁률』 27편,[2] 조우(趙禹)의 『조율』 6편[3]을 추가하
면, 모두 합쳐 60편인데, 이것이 『한율』이다. 『후한서』 「광무제기」 주
(注)에서 『한율』은 지금은 없다고 했고,[4] 『수서』 「경적지」[5]에서도 또한
『한율』은 오래전에 없어졌다고 했으니, 당대(唐代)에는 이미 『한율』이
산실(散失)되었다. 『사기색은』에서는 최호(崔浩)의 『한율서』를 인용했
고, 『진서(陳書)』 「심수전」에서도 『한율』을 인용했으니 육조(六曹) 말까
지 『한율』은 여전히 존재했다. 『진서(晉書)』 「형법지」에 "한나라 때 결
정된 사항을 모아서 『영갑』 이하[6] 300여 편을 만들고, 또 사도(司徒) 포

---

1 叔孫通: 秦末 漢初의 薛縣(지금의 山東省 滕縣 東南)人. 일찍이 秦의 博士를 역임하였다. 劉邦이
  즉위하고서 朝儀를 제정하는 데 힘썼다. 官은 太子太傅에 이르렀다. 그는 『傍章』 十八篇을 저술하
  였다.
2 張湯: 西漢 두릉(지금의 陝西省 西安市 東南)人. 어릴 적부터 獄訟의 사무를 담당하였는데 治獄이
  매우 엄하였다. 太中大夫, 廷尉, 御史大夫 등의 직책을 역임하였다. 趙禹와 함께 법령을 제정하였
  다. 치옥뿐만 아니라 국가의 鹽鐵專賣制度 등의 경제정책에도 깊이 관여하였다. 漢武帝의 총애를
  받았는데 후에 朱買臣 등의 모함으로 자살. 『越宮律』 27篇을 撰述하였다. 『越宮律』은 宮廷警衛에
  관한 律令으로 逸失되었다. 후인의 고증을 거쳐 "궁문에 출입 시에는 출입증이 있어야 한다."라든
  가 "朝服을 입지 않고 궁전에 나가는 것은 不敬에 해당한다." 등의 삼십여 조목이 밝혀졌다.
3 趙禹: 西漢의 法律家. 漢武帝 시에 御史, 中大夫, 少府, 廷尉 등의 직책을 역임하였다. 청렴한 관리
  로 식객을 두지 않았다. 오직 張湯과 교류하여 함께 여러 律令을 撰定하였다. 법률을 매우 嚴峻하
  게 집행하였으나 만년에 점차 너그러워지기 시작하였다. 『朝律』: 『朝會正見律』이라고 칭하며 諸
  侯들이 天子를 朝賀할 때와 관련된 법률이다.
4 "漢律今亡"은 『後漢書』 「光武帝紀」 권1下, 47쪽에 보이고 「안제기」에는 보이지 않는다. "朕惟百姓
  無以自贍, 惻然愍之. 其命郡國有穀者, 給稟其命郡國有穀者, 給稟高年, 鰥, 寡, 孤, 獨及篤, 無
  家屬貧不能自存者, 如律. [주3] 大戴禮曰: 「六十無妻曰鰥, 五十無夫曰寡.」 禮記曰: 「幼而無父曰孤,
  老而無子曰獨.」 爾雅曰: 「篤, 困也.」 蒼頡篇曰: 「癃, 病也.」 漢律今亡, 二千石勉加循撫, 無令失職.」
5 『隋書』 권33, 「經籍2」, '刑法篇', 974쪽, "後齊武成帝時, 又於麟趾殿刪正刑典, 謂之麟趾格. 後周太
  祖, 又命蘇綽撰大統式. 隋則律令格式并行. 自律已下, 世有改作, 事在刑法志. 漢律久亡, 故事駁議,
  又多零失. 今錄其見存可觀者, 編爲刑法篇."
6 令: 令이라 함은 天子의 詔令을 말하는 것으로 律을 보충하는 법적 성격을 갖는다. "前主所是著爲
  律, 後主所是疏爲令"(『史記 · 杜周列傳』) 흔히 漢의 律과 令이 뚜렷한 기능 분화를 이루지 못하고

욱(鮑昱)[7]이 혼인소송(婚姻訴訟)에 관한 『사송결』을 편찬하고[8] 『법비도목』을 지으니,[9] 모두 906권이었다."[10]고 실려 있는데, 『신당서』 「예문지」에는 단지 『정위결사』 20권, 『정위교사』 11권, 『건무율령고사』 3권만이 저록되어 있다. 『태평어람』에서는 여전히 『정위결사』를 인용하고 있지만, 『송사』 「예문지」에는 실리지 않았으니 송말에 이미 모두 산실(散失)된 것이다. 『한서』 「형법지」에서는 『한율』에 대하여 상세히 말하지 않았고, 사마표(司馬彪)의 『속한지』 또한 형법의 항목을 저록하지 않아서 일대(一代)의 전장(典章)이 결국 파묻혀 세상에 나오지 않게 되어 고찰할 수 없게 되었으니 역사가의 재능을 갖추기란 정말 어려운 것이다.[11] 『구장률』은 이회(李悝)의 『법경』에서 비롯된 것이고, 『법경』은 본래 여러 나라의 형전(刑典)을 기본으로 한 것으로 그 기원이 가장 오래되었다. 춘추시대 제(齊)나라에 『관자칠법』이 있었고, 초(楚)나라에 『복구법』과 『묘문법』이 있었으며, 진(晉)나라에는 형전(刑典)으로 『형정』이 있었고,

---

晉律이 律을 순수한 형법으로 환원하고 令을 律에서 독립시켜 비형벌적인 순수 행정법으로 했다고 보고 있다. "天子詔所增損不在律上者爲令"(『漢書·宣帝紀』顔注引文穎曰) 令甲·令乙·令丙: 漢의 令을 令甲·令乙·令丙 등으로 불렀다. 令甲·令乙·令丙에 관한 사료로서 가장 많이 인용되는 것은 『漢書·宣帝紀』의 "令甲, 死者不可生, 刑者不可息, 此先帝之所重"이라는 기사이다. 이에 대해 文穎曰: "令甲者, 前帝第一令也" 如淳曰: "令有先後, 故有令甲, 令乙, 令丙也" 師古曰: "如說是也, 甲乙者, 若今之第一, 第二篇耳"라 주석하고 있다. 文穎은 令甲을 前帝의 첫 번째 令이라 했고, 如淳은 令에는 先後가 있기 때문에 令甲, 令乙, 令丙이라고 부른다고 했다. 師古는 양설 중에서 如淳의 설을 채택하고 있다.

7 鮑昱: 字는 文泉. 上黨屯留(지금의 山西 屯留縣 南)人. 光武帝 시 沘陽長吏. 司隸校尉를 지내고 明帝永平初年 汝南太守를 역임하였다. 후에 계속해서 太尉와 司徒를 역임하면서 전국의 民政을 장악하였는데 그 역할은 西漢의 丞相에 상당한다.

8 婚娶辭訟決: 혼인에 관한 소송을 판결한 사례. 『辭訟比』라고도 칭한다. 『後漢書·陳寵傳』에 의하면 이의 편자는 陳寵이고 鮑昱이 아닌 것으로 되어 있다.

9 法比圖目: 판결을 해야 할 때 적용해야 할 法의 條文과 해당하는 조문이 없는 경우에 援用한 判決例와를 합쳐서 기록한 總目과 같은 것.

10 『晉書』 권30, 「刑法志」, "漢承秦制, 蕭何定律, 除參夷連坐之罪, 增部主見知之條, 益事律興、廐、戶三篇, 合為九篇. 叔孫通益律所不及, 傍章十八篇, 張湯越宮律二十七篇, 趙禹朝律六篇, 合六十篇. 又漢時決事, 集為令甲以下三百餘篇, 及司徒鮑公撰嫁娶辭訟決為法比都目, 凡九百六卷. 世有增損, 率皆集類為篇, 結事為章."

11 唐 劉知幾의 『史通』 「覈才」의 첫문장인 "夫史才之難, 其難甚矣."을 인용한 듯하다. 오항녕은 이것을 "역사가의 재능을 갖기란 어려운데. 그 어려움이 이만저만 심한 것은 아니다."라고 번역했다. 유지기(오항녕), 『사통』, 역사비평사, 2012, 514쪽.

정(鄭)나라에는 형전(刑典)으로『죽형』이 있었으니, 사료 상에 보이는 것은 이와 같다. 상앙이 말하기를, "그때의 풍속을 관찰하지 않고, 국가의 근본을 살피지 않는다면, 법률은 확립된다고 해도 백성은 혼란스러울 것이다."[12]라고 하였다. 한(漢) 이후, 당(唐)·송(宋)을 지나 원(元)·명(明)에 이르기까지 비록 시대마다 많아지거나 적어지기는 하였지만, 감히 성문화된 규칙을 함부로 논의할 수 없었던 것은 진실로 그것이 국가의 근본에 부합하고 백성의 풍속에 적합했기 때문이다. 한대에는 율학이 가장 번성하였으니, 하휴(何休)가 주(注)를 단『춘추공양전』[13]과 정사농이 주를 단『주례』는 모두『한율』로 경전을 해석한 것이었다. 허신(許愼)의『설문』[14] 또한『한율』로 글자를 해석한 것으로, 지금도 사라지고 흩어진 문구를 여전히 고찰하고 찾아볼 수 있는데, 당송(唐宋)이래의 여러 연구자들 중에는 끝내『한율』을 고찰하여 바로잡는 일에 종사하는 자가 없었다. 송(宋)의 왕응린(王應麟)이 편집한『옥해』·『한제고』에는 간략한 인용이 있지만, 그도 개괄하여 살펴보지는 않았다. 현재 당(唐) 이전의 제율(諸律)은 하나도 남아 있지 않으니 조사하고 연구하는 어려움을 알 만하다. 나는 일찍이 청대의 경학과 사장은 오랫동안의 축적되

---

12 『商君書』(高亨注譯,『商君書注譯』, 中華書局, 1974) 권2,「算地」제6, 69쪽.

13 춘추의 의라는 것은 『춘추』에 스며든 이념. 바로 미언대의였다. 그리고 이 춘추의 의를 해석한 책은 「伝」이라 불렸고, 오늘날『춘추좌씨전』·『춘추공양전』·『춘추곡양전』이라는 이름의 3가지 伝이 전해 내려온다. 춘추학이 생겨난 시기는「伝」의 형성과 밀접한 관련이 있다고 생각된다.『공양전』과『좌씨전』등이 실제 책으로 정리된 것은 진대부터 한대까지의 시기였다. 그 이전에는 구술형태로 전해졌다. 즉 일시적으로 생겨난 것이 아니라 어느 정도 시간차를 두고 누적되면서 형성되었고, 그 기원이 전국초기라는 설이 오늘날 학계에서 유력하다.『춘추공양전』이 거의 현행과 같은 형태의 책으로 만들어진 것은, 전한 경제시대(재위 前157-前141)라고 알려져 있다. 東漢말 何休(129년-182년)가 『春秋公羊傳』에 注하고 唐代의 徐彦이 疏한『春秋公羊解詁』는 총 28권으로 구성되었다. 何休는 今文의 여러 경전을 연구하였는데, 대일통사상을 역사철학적 이론체계로 발전시켰다.

14 『說文解字』: 중국 한나라 때의 許愼이 만든 문자 해설서.『說文』이라고도 약칭한다. 이 책은 秦漢이래의 한자의 字形·字義·字音을 연구하는 데 있어서 가장 기본적인 참고문헌이며, 金文·甲骨文을 연구하는 데 있어서도 빼놓을 수 없는 고전자료이다. 이 책이 이룩된 것은 後漢 和帝 永元 12(100)년이다. 허신은 당시 통용되던 문자에 근거하여 그 글자의 형체에 따라 이를 14편 540부, 敍目 1편으로 나누어 각각 그 글자의 자형·자음·자의를 해설하였다.

어온 가르침이 있는데 오직 율학만이 빠져 있어서 익힐 수 없다고 말한 적이 있었다. 기문달(紀文達)이 편찬한『사고전서』「정서류」'법령지속(法令之屬)'은 겨우 2부를 거두어들여 정리하였고, 존목(存目)[15]은 겨우 5부만 포함시켰는데, 그 안어(案語)[16]에서 말하기를, 형(刑)은 성세(盛世)라도 폐할 수 없으나 또한 성세에서 숭상할 수 없는 것이니 저록은 대강의 줄거리로 줄여서 남겨 두고 완비하려 하지 않았다고 했다. 이런 논의가 일창(一創)하니 율학은 더욱 쇠미해졌다. 1904년 일본에서 율을 공부하다가 곧 흩어진 율들을 모아서 엮으려는 뜻을 가졌는데 덧없이 10년을 보내며 오랫동안 학업을 마칠 것만을 생각했다. 1917년과 1918년에 이에 조금씩 품을 써서 베끼고 상자에 보관하였다가 그것을 가지고『문헌통고』의 사례를 본받아, 정리하여『한율고』7권을 만들어서(1924년에 보태고 교정하여 8권을 만들었다.)[17] 한(漢) 일대의 제도를 보존하였다.

1918년 가을 칠월 민현에서 정수덕 서(序)

---

15 存目: 목록만 남아 있고 原物이 없는 일.
16 案語: 작자나 편자가 관련된 문장이나 어구에 대해 설명하는 것.
17 民國叢書本(1989년)에는 이 부분이 협주로 되어 있다.

漢律考 1

律名考一
울명고

【원문】 三代皆以禮治, 孔子所謂殷因於夏禮, 周因於殷禮, 是也. 周禮一
書, 先儒雖未有定說, 而先王遺意, 大略可見. 其時八議八成之法, 三宥
三赦之制, 胥納之於禮之中, 初未有禮與律之分也. 周室凌夷, 諸侯各
自立制, 刑書刑鼎, 紛然幷起. 李悝始集諸國刑典, 著法經六篇, 然猶未
以律爲名也. 商鞅傳法經, 改法爲律, 律之名, 蓋自秦始. 漢沿秦制, 顧
其時去古未遠, 禮與律之別, 猶不甚嚴. 禮樂志叔孫通所撰禮儀與律同
錄藏於理官. 說文引漢律祠宗廟丹書告, 和帝紀注引漢律春曰朝秋曰
請, 是可證朝覲宗廟之儀, 吉凶喪祭之典, 後世以之入禮者, 而漢時則
多屬律也. 魏晉以後, 律令之別極嚴, 而漢則否. 杜周傳前主所是著爲
律, 後主所是疏爲令; 文帝五年除盜鑄錢令, 史記將相名臣表作除錢
律; 蕭望之傳引金布令, 後書 則引作漢律金布令, 晉志則直稱金布律,
是令亦可稱律也. 律令之外, 又得以春秋經義決獄, 呂步舒以春秋誼治
淮南獄, 兒寬以古法決疑獄, 俱載各記傳, 是則幷春秋經義亦得與律同
視也. 此皆與後世異者. 若夫九章之外以律稱者, 如尉律大樂上計酎金
諸律, 其爲屬旁章以下, 抑係別出, 書缺有間. 然說文引尉律, 藝文志則
引作蕭何草律, 是尉律亦蕭何所造. 晉志稱魏有乏留律, 在魏律十八篇

之外. 蓋正律以外, 尙有單行之律, 固漢魏間通制也. 至於比例定罪, 自
漢及唐, 迄於有淸, 相沿不改, 姑附於末, 後之考古者, 得觀覽焉, 作律
名考.

【역문】삼대[1]는 모두 예로써 다스려졌으니, 공자가 "은나라는 하나라의 예
를 인습(因襲)하였고, 주나라는 은나라의 예를 인습하였다."[2]고 한 것이
바로 이것이다. 『주례』[3]라는 책에 대해 선유(先儒)들이 비록 정설(定說)
을 남기지는 못하였으나 선왕(先王)들이 남긴 뜻은 대체적으로 알 수 있
을 것이다. 당시 팔의(八議)[4]・팔성(八成)[5]의 법과 삼유(三宥)[6]・삼사(三

---

1 "三代"는 차례로 夏・殷・周 세 개 朝代를 통칭하여 일컫는 말이다. 三代에는 모든 政事가 禮로써
다스려지고, 바른 道가 행하여져 태평성대를 이루었다고 보기 때문에 흔히 역대 왕조들의 모범이
자 이상향으로서 표현되는 경우가 많다.(『論語』「衛靈公」, "斯民也, 三代之所以直道而行也. 注: 三
代, 夏, 殷, 周也."; 梁劉勰『文心雕龍』「銘箴」, "斯文之興, 盛於三代.")

2 『論語』「爲政篇」, "子張: 問十世可知也. 子曰: 殷因於夏禮, 所損益可知也. 周因於殷禮, 所損益可知
也. 其或繼周者, 雖百世可知也."

3 『周禮』는 周 왕실의 제도와 戰國 시기 각국의 제도를 취합하여 기록한 책이다. 후대 왕조들이 제
도를 정비하는 데 중요한 기준이 되었다. 天官・地官・春官・夏官・秋官・冬官 등 天地와 四季
를 기준으로 職制를 나누어 총 여섯 편으로 구성되었으며, 각 官 아래에 다시 屬官을 두어 총 388
官이다. 『周禮』는 周나라 초에 周公(기원전 12세기)이 편찬하였다고 하는데, 이는 周公이 禮를 제
정하였다는 說에 의도적으로 부합시키기 위한 것으로 보이며, 그 眞僞여부는 확실하지 않다. 또한
漢나라 때 劉歆이 僞作한 것이라고 하는 등 그 성립 시기와 관련하여 많은 논란이 있어 왔으나,
근래에는 전국 시기에 성립된 것이라고 보는 견해가 일반적이다. 본명은 『周官』 또는 『周官經』이
었는데, 前漢 말 經典에 포함될 당시 禮經類에 속한다 하여 『周禮』라는 명칭을 얻게 되었다. 때문
에 『禮記』・『儀禮』와 함께 '三禮'라 일컬어졌고, 唐代 이후에는 13經 중 하나에 포함되었다. 그러
나 禮制에 관한 주요 부분은 대개 漢나라 이후에 증보된 것으로 추정된다. 後漢 말 經學大師 鄭玄
이 『周禮』에 注를 단 이후, 크게 주목을 받으며 三禮 가운데 으뜸으로 간주되기에 이르렀다.

4 "八議"는 죄를 범하였을 때 특혜를 누릴 수 있는 여덟 종류의 자격요건에 대한 규정이다. 즉 특별
한 신분을 가진 사람의 죄에 대해서는 정해진 형법 조문을 적용하지 않고, 심의를 거쳐 그 죄를 논
하도록 한 것이다. 그 여덟 종류의 명칭은 ① 議親, ② 議故, ③ 議賢, ④ 議能, ⑤ 議功, ⑥ 議貴, ⑦
議勤, ⑧ 議賓인데, 이는 『周禮』에 보이는 '八辟'과 일치한다(『周禮注疏』(十三經注疏, 北京大學出
版社, 1999), 권35, 「秋官司寇」, '小司寇', 915~916쪽, "以八辟麗邦法附刑罰. 一曰議親之辟, 二曰議
故之辟, 三曰議賢之辟, 四曰議能之辟, 五曰議功之辟, 六曰議貴之辟, 七曰議勤之辟, 八曰議賓之
辟."). 이와 관련하여 『唐六典』에 "『周禮』에 八辟으로써 邦法에 덧붙여 刑罰을 附加하였으니, 이것
이 곧 八議이다."(『唐六典』 권6 「尙書刑部」, "周禮以八辟麗邦法, 附刑罰, 卽八議也.")라고 하였고,
『唐律疏議』에는 "『주례』에 '八辟은 邦法에 덧붙인다'고 하였으니, 현재의 八議는 周나라의 八辟이
다."(長孫無忌等撰, 『唐律疏議』(北京: 中華書局, 1993), 第7條; 「名例」, '八議', 16~17쪽. "議曰: 周禮
云, 八辟麗邦法, 今之八議, 周之八辟也.")라고 하여 八議制度가 周나라에서 기원하고 있음을 밝히
고 있다. 아울러 같은 책에 "『禮記』에 '刑은 大夫에게는 적용되지 않는다'고 하였으니, 大夫가 법을
범하면 八議를 적용하므로 그 형량의 경중은 형법 조문에 규정하지 않는다. '議'할 수 있는 사람은

赦)[7]의 제도는 모두 예의 [범주] 안에 포함되었으며, 당초에 '예'와 '율'의 구분은 있지 않았다. 주(周) 왕실이 쇠퇴하면서 제후들이 각각 스스로 제도를 세우니, 『형서』[8]와 『형정』[9]이 어지럽게 나타났다. 이회(李悝)[10]

황족이거나 황제를 오랫동안 가까이 모셨거나 다재다예하거나 功業이 있는 사람으로서 … 만약 이들이 死罪를 범하였다면, '議'하여 형량을 정한 후 재가를 上奏하되, 모두 반드시 황제의 결정에 따라야 하며, 관사에서 감히 처결하여서는 안 된다. … 이 八議에 해당하는 사람이 死罪를 범하였다면, 모두 먼저 奏請하여 그 범한 바를 '議'하므로 八議라고 한다."(『唐律疏議』, 第7條; 「名例」, '八議', 16~17쪽, "禮云, 刑不上大夫, 犯法則入八議, 輕重不在刑書也. 其應議之人, 或分液天潢, 或宿侍旒扆, 或多才多藝, 或立事立功 … 若犯死罪, 議定奏裁, 皆須取決宸衷, 曹司不敢與奪. … 以此八議之人犯死罪, 皆先奏請, 議其所犯, 故曰八議.")고 하여 八議에 해당하는 사람이 罪를 범하였을 경우에 대한 처결 방법 및 절차 등을 설명하고 있다.

5 "八成"은 訟事를 처리하거나 罪目을 결정할 때 의거하는 여덟 종류의 成例를 말한다. 『周禮』에 따르면, 여덟 종류의 成例는 ① 邦汋, ② 邦賊, ③ 邦諜, ④ 犯邦令, ⑤ 撟邦令, ⑥ 邦盜, ⑦ 邦朋, ⑧ 邦誣이다.(『周禮注疏』 권35, 「秋官司寇」, '掌士之八成: 一曰邦汋, 二曰邦賊, 三曰邦諜, 四曰犯邦令, 五曰撟邦令, 六曰爲邦盜, 七曰爲邦朋, 八曰爲邦誣.") 이에 대해 鄭玄은 "지금[漢代]의 '決事比'와 유사하다."(八成者, 行事有八篇, 若今時決事比.)고 하였는데, "決事比"는 斷獄之官이 판결에 인용하던 사례를 일컫는 말로서 訟事를 판결할 때 법문화되어 있지 않거나 전례가 없을 경우 그와 유사한 판례를 찾아 그것을 참고로 하여 판결한다는 것을 의미한다.(『周禮注疏』 권35, 「秋官司寇」, '士師'의 疏, 922~923쪽, "若今律其有斷事, 皆依舊事斷之. 其無條, 取比類以決之, 故云決事比也.")

6 "三宥"는 세 가지 유형의 범죄에 대하여 刑을 輕減하여 주는 것을 말한다. 『周禮』에 따르면, 그 세 가지 유형의 범죄란 ① 不識, ② 過失, ③ 遺忘이다.(『周禮注疏』 권36, 「秋官司寇」, '司刺', 946쪽, "司刺, 掌三刺, 三宥, 三赦之法, 以贊司寇聽獄訟. … 壹宥曰不識, 再宥曰過失, 三宥曰遺忘.") 우선 '不識'은 곧 '不審'으로서 대상을 誤認하여 범한 죄를 말한다. 예컨대 甲과 원수지간에 있던 자가 乙을 보고 진실로 甲이라고 오인하여 살해한 경우가 여기에 해당한다. 다음으로 過失은 의도하지 않은 상태에서 범하게 된 죄를 말한다. 예컨대 칼을 들고 나무를 베고자 하였으나 잘못 휘둘러 사람을 벤 경우가 여기에 해당한다. 마지막으로 遺忘은 부주의로 인해 범하게 된 죄를 말한다. 예컨대 휘장이나 발 따위의 맞은편에 사람이 있다는 것을 잊고서 병기를 투척하거나 화살을 쏜 경우가 여기에 해당한다.(『周禮注疏』 권36, 「秋官司寇」, '司刺', 946쪽, 鄭玄注: "玄謂識審也. 不審, 若今仇讐當報甲, 見乙, 誠以爲甲, 而殺之者. 過失, 若擧刃欲斫伐, 而軼中人者. 遺忘, 若間帷薄忘有在焉, 而以兵矢投射之.")

7 "三赦"는 세 가지 유형의 범죄자에 대하여 죄를 赦免하여 주는 것을 말한다. 『周禮』에 따르면, 그 세 가지 유형의 범죄자란 ① 幼弱, ② 老旄, ③ 憃愚이다.(『周禮注疏』 권36, 「秋官司寇」, '司刺', 946쪽, "司刺, 掌三刺, 三宥, 三赦之法, 以贊司寇聽獄訟. … 壹赦曰幼弱, 再赦曰老旄, 三赦曰憃愚.") 鄭司農의 注에 "幼弱"은 각각 형법상 책임능력이 없는 8세 미만의 어린이를 말하고, "老旄"는 80세 이상의 노인을 말한다고 하였고, 鄭玄의 注에 "憃愚"는 태어날 때부터 어리석은 자를 말한다고 하였다.(『周禮注疏』 권36, 「秋官司寇」, '司刺', 947쪽, 鄭司農云: "幼弱, 老旄, 若今律令, 年未滿八歲, 八十以上, 非手殺人, 他皆不坐."; 鄭玄注: "憃愚, 生而癡騃童昏者.")

8 "刑書"는 춘추 말기에 鄭나라 子産이 솥(鼎)에 새긴 형법 조문을 말한다. 『漢書』「刑法志」에 "子産이 鄭나라 재상이 되어 『刑書』를 주조하였다."(『漢書』 권23, 「刑法志」, 1091쪽, "子産相鄭而鑄刑書.")고 하였고, 顔師古의 注에 "子産은 鄭나라 대부인 公孫僑로서 刑法을 솥(鼎)에 새겼는데, 이는 昭公 6년(기원전 536년)의 일이다."(子産, 鄭大夫公孫僑也, 鑄刑法於鼎, 事在昭六年.)라고 하였다. 또 『春秋左氏傳』, 昭公 6년 3월에 "鄭나라 사람이 『刑書』를 솥(鼎)에 주조하여 나라의 常法으로 삼

가 비로소 각국의 형전(刑典)을 모아 『법경』 6편[11]을 저술하였으나 여전히 '율'로써 이름을 삼지는 않았다. 상앙(商鞅)[12]이 『법경』을 전해 받아

았다."(『春秋左氏傳』「昭公」, "鄭人鑄刑書於鼎, 以爲國之常法.")고 하였고, 公孫無忌 등이 『唐律疏議』를 바치는 表文인「進律表疏」에는 "옛날「刑書」를 鍾鼎에 새기고 金石으로 주조함은 멀리 이단을 막아 교묘하게 속이는 일이 없게 하려는 것입니다."(『唐律疏議』「進律表疏」, 579쪽, "古之刑書, 銘之鍾鼎, 鑄之金石, 所以遠塞異端, 使無淫巧也.")라고 하였다. 한편 『尙書正義』(十三經注疏, 北京大學出版社, 1999), 권3, 「虞書」, '舜傳', 65쪽에는 "象以典刑, 流宥五刑, 鞭作官刑, 扑作敎刑, 金作贖刑, 眚災肆赦, 怙終賊刑, 欽哉欽哉, 惟刑之恤哉."라고 하는 등 上古 때인 夏・殷・周 시대에도 법전이 있었던 것으로 기록되어 있으나 이를 온전히 받아들이기는 어렵다. 사실상 子産의 『刑書』와 이후에 출현하는 趙鞅의 『刑鼎』이 중국 최초의 성문법이었다고 할 수 있다(김택민, 『동양법의 일반원칙』, 서울: 아카넷, 2002년, 7–8쪽 참고).

9 『刑鼎』: 春秋 말기에 晉나라 趙鞅이 솥에 새긴 형법 조문을 말한다. 『春秋左氏傳』昭公 29년 겨울 조에 "晉나라 大夫 趙鞅과 荀寅이 군대를 거느리고 汝濱(河南省 汝水 부근)에 城을 쌓고, 마침내 晉나라 백성들로부터 1鼓 분량의 鐵을 징수하여 『刑鼎』을 주조하였는데, 范宣子(趙鞅)가 만든 『刑書』를 여기에 새겨 넣었다."(『春秋左氏正義』(十三經注疏, 北京大學出版社, 1999) 권53, '昭公29年條', 1512쪽, "晉趙鞅, 荀寅帥師城汝濱, 遂賦晉國一鼓鐵, 以鑄刑鼎, 著范宣子所爲刑書焉.")고 하였고, 『通典』에는 孔穎達의 正義를 인용하여 "子産이 『刑書』를 주조하자 叔向(肹)이 그를 꾸짖었고, 趙鞅이 『刑鼎』을 주조하자 仲尼(孔子)가 그를 나무랐다."(『通典』 권166 「刑法」4 「雜議上」, "按孔穎達正義云, 子産鑄刑書而叔向責之, 趙鞅鑄刑鼎而仲尼譏之.")고 하였다.

10 李悝: 戰國 시기 法家의 대표적 인물이자 저명한 정치가이다. 魏나라 출신으로 생몰연대는 대략 기원전 455년(周定王 54) – 395년(周安王 7)으로 추정한다. 일찍이 子夏의 제자인 曾申의 문하에서 수학하였다. 이후 魏 文侯에게 발탁되어 魏나라의 부국강병을 도모하였다. 즉 世卿世祿制를 폐지하고, 穀價의 통제와 盡地力의 가르침을 설법하는 등 魏나라에서 變法을 단행하였다(『漢書』 권34上, 「食貨志」, 1123–1125쪽 참고). 또한 당시 각국의 刑法을 정리하여 『法經』 6편을 편찬하였는데, 이는 후대의 법전 편찬에 커다란 영향을 미쳤다. 그 밖의 저술로는 『李子』 32편이 있으나 현전하지 않는다. 『法經』에 대해서는 주 11) 참고.

11 『法經』: 戰國 시기에 李悝가 각국의 刑法을 정리하여 편찬한 법전으로 총 여섯 편으로 구성되었다. 『唐六典』에 "魏文侯의 스승[師] 李悝가 각국의 刑書를 모아 『法經』 6편을 만들었는데, ①「盜法」, ②「賊法」, ③「囚法」, ④「捕法」, ⑤「雜法」, ⑥「具法」이다."((唐)李林甫等撰, 陳仲夫點校, 『唐六典』(北京: 中華書局, 1992) 권6, 「尙書刑部」, '刑部尙書', 180쪽, "魏文侯師李悝集諸國刑書, 造法經六篇: 一, 盜法, 二, 賊法, 三, 囚法, 四, 捕法, 五, 雜法, 六, 具法.")라고 하였고, 이에 대한 자세한 설명이 『晉書』「刑法志」에 다음과 같이 기재되어 있다. "이때는 秦나라와 漢나라의 옛 律을 계승하여 사용하였는데, 그 法文은 魏文侯의 스승인 李悝로부터 비롯되었다. 李悝는 각국의 법을 모으고 순서를 정하여 『法經』을 저술하였다. 그는 王된 자의 정치에서 盜와 賊보다 급한 것이 없다고 여겼기 때문에 그 법전도「盜法」과「賊法」에서 시작된다. 盜와 賊은 반드시 그 죄를 論劾하여 追捕해야 하므로「網法(囚法)」과「捕法」 2편을 저술하였다. 그리고 輕狡・越城・博戲・借假不廉・淫侈・踰制로써「雜律(雜法)」 1篇을 만들고, 또한「具律(具法)」로써 刑의 加減에 대한 규정을 갖추었다. 이렇게 하여 李悝가 저술한 『法經』은 6편인 것이다."(『晉書』 권30 「刑法志」, 922쪽, "是時承用秦漢舊律, 其文起自魏文侯師李悝, 悝撰次諸國法, 著法經, 以爲王者之政, 莫急於盜賊, 故其律始於盜賊. 盜賊須劾捕, 故著網捕二篇, 其輕狡, 越城, 博戲, 借假不廉, 淫侈, 踰制以爲雜律一篇, 又以具律具其加減. 是故所著六篇而已.")라고 하였다.

12 商鞅은 戰國 시기 법가의 대표적 인물이자 저명한 정치가이다. 衛나라 公族의 庶出이기 때문에

'법'을 '율'이라 바꾸었으니,[13] '율'이라는 명칭은 대개 진(秦)나라 때부터 비롯된 것으로 보인다. 한(漢)나라는 진(秦)나라의 제도를 답습하였는데, 당시는 [시기적으로] 상고(上古)와 멀지 않았으므로 '예'와 '율'의 구별은 여전히 매우 엄격한 것은 아니었던 것으로 생각된다. 「예악지」에는 "숙손통(叔孫通)[14]이 지은 『예의(禮儀)』가 율과 함께 기록되어 이관(理官)[15]에 보관되었다."[16]고 하였다. 『설문해자』에는 한율(漢律)을 인용하

衛鞅 또는 公孫鞅이라 불리었다. 당초 모국인 衛나라에서 자신을 重用하지 않자 魏나라로 건너가 公叔座 아래에서 임직하였다. 이때 公叔座는 그의 자질을 매우 높이 평가하여 자신이 죽으면 재상으로 등용하거나 그렇지 못할 경우에는 죽여야만 후환이 없을 것이라고 魏王에게 진언하였다. 그러나 魏王은 그 진언을 듣지 않았다. 결국 公叔座가 죽자 秦나라 孝公에게 발탁되어 魏나라를 떠났다. 商鞅은 孝公의 두터운 신임 아래 秦나라의 부국강병을 도모하기 위해 각 방면에 걸친 대개혁을 단행함으로써 훗날 강력한 통일제국이 성립할 수 있는 기틀을 마련하였다. 또한 公叔座의 진언을 귀담아 듣지 않았던 魏나라를 공격하여 대승을 거두었고, 그 공적으로 列侯에 봉해졌다. 그리고 이때 商 지역을 봉토로 받았기 때문에 이후부터 商鞅이라 불리게 되었다. 그러나 귀족세습제의 폐지, 井田制의 폐지와 耕戰體制의 구축, 縣制와 軍功爵制의 실시 등 각종 變法을 급격히 강행함으로써 이에 대해 불만을 품고 있던 보수 귀족세력의 원한을 샀다. 결국 孝公이 죽고 그 아들인 惠文王이 즉위하자마자 보수 귀족세력으로부터 모반의 누명을 쓰고 車裂刑에 처해졌다. 商鞅이 추진한 變法의 내용과 그의 주장이 기록되어 있는 『商君書』가 현전하나, 이는 후대의 여러 법가 인물들에 의해 집성된 것으로 보인다. 『史記』 권68에 자세한 傳記가 있다.

13 『漢書』「刑法志」에 "李悝가 각국의 법을 모으고 순서를 정하여 『法經』을 저술하였다. … 商君(商鞅)이 그것을 전해 받아 秦나라의 宰相이 되었다."(『漢書』 권30 「刑法志」, 922쪽, "悝撰次諸國法, 著法經. … 商君受之以相秦.")라고 하였고, 『唐六典』에는 "李悝가 각국의 刑書를 모아 『法經』 6편을 만들었다. … 商鞅이 그것을 전해 받아 '法'을 '律'로 改稱하고, 秦나라의 재상이 되어 相坐法을 더하였으며, 參夷之誅의 刑을 만들고 大辟에는 鑿顚·抽脅·鑊烹·車裂의 제도를 더하였다."(『唐六典』 권6 「尙書刑部」, '刑部尙書', 180쪽, "李悝集諸國刑書, 造法經六篇. … 商鞅傳之, 改法爲律, 以相秦, 增相坐之法, 造參夷之誅, 大辟加鑿顚、抽脅、鑊烹、車裂之制.")라고 하였다.

14 叔孫通은 前漢 초의 儒學者로 조정의 예의제도를 정비한 인물이다. 당초에는 秦나라에 봉직하였으나 2세 황제 때 陳勝이 山東 지역에서 거병하자 宮을 빠져나와 楚나라 項梁을 따랐다. 定陶에서 項梁이 대패한 이후에는 懷王을 섬겼으며, 懷王이 義帝가 되어 長沙 지역으로 옮겨간 뒤에는 項羽를 섬겼다가 漢王 劉邦이 彭城을 함락시키자 다시 漢나라에 투항하였다. 기원전 202년에 천하가 통일된 뒤 제후들에 의해 황제로 추대된 高祖는 번잡한 秦나라의 의례를 간소화하도록 명하였다. 그러나 이로 인해 여러 群臣들이 술을 마시고 함부로 소리를 지르거나 검을 뽑아 기둥을 치는 등 예절을 지키지 않자 叔孫通은 古代의 禮와 秦나라의 儀法을 결합하여 『禮儀』를 새롭게 만들었다. 이후 魯나라의 儒生 30여 명을 가려 뽑고, 황제 주변의 인물들과 자신의 제자 1000여 명을 모아 한 달여 동안 禮式을 강습시켰고, 高祖는 여러 신하들에게 叔孫通이 만든 『禮儀』를 익히도록 명하였다. 高祖는 叔孫通에 의해 정비된 禮式으로 朝會를 마치고 난 후 "나는 오늘에서야 비로소 천자의 고귀함을 알았다."라고 한 후, 叔孫通을 太常에 임명하였다. 기원전 198년에는 太子太傅에 임명되었다가 高祖가 죽고 孝惠帝가 즉위한 뒤에는 다시 太常으로 자리를 옮겨 宗廟의 儀法을 제정하는 등 漢나라의 여러 예의제도 차례로 정비하였다. 『史記』 권99에 자세한 傳記가 있다.

15 理官은 본래 獄訟을 관장하는 官을 일컫는 말이다. 『漢書』 권22 「禮樂志」의 顔師古 注에도 "理官,

여 "종묘에서 제사[祠]를 지낼 때는 단서(丹書)를 가지고 고(告)한다."[17]고 하였고, 「화제본기」의 주(注)에도 한율을 인용하여 "봄에 [조근(朝覲)[18]하는 것을] '조(朝)'라 하고, 가을에 [조근(朝覲)]하는 것은] '청(請)'이라 한다."[19]고 하였는데, 이는 조근·종묘의 의례와 길흉상제의 의전이 후대에는 예[의 범주]에 들어갔지만 한(漢)나라 때는 율에 속하는 경우가 많았다는 증거가 될 만하다. 위진(魏晉) 이후에는 '율'과 '영'의 구별이 매우 엄격하였으나, 한(漢)나라 때는 그러하지 않았다. 「두주전」에 "전주(前主)[20]가 옳다고 생각하는 바를 '율'로 제정하고, 후주(後主)가 옳다고 생각하는 바를 나누어서 '영'으로 기록한다."[21]고 하였으며, 문제(文帝) 5년(기원전 175년)에는 '도주전령(盜鑄錢令)'[22]을 폐지[23]하였으나 『사기』 「장상명신표(將相名臣表)」에

即法官也."라고 하여 理官을 '法官'이라 하였다. 그러나 『後漢書』 권89, 「百官志」에는 "漢家禮儀, 叔孫通等所草創, 皆隨律令在理官, 藏於几閣."이라 하였는데, 叔孫通이 만든 禮儀規章을 律令과 함께 理官에 두되, 별도로 마련된 几閣에 보관하였다고 하였으므로 여기서 말하는 理官은 獄訟을 관장하는 官員 그 자체를 지칭하는 것이 아니라 그 官司를 의미하는 것으로 여겨진다. 이는 『宋史』 권157, 「選擧志」, 3674쪽에 "漢世儀、律、令同藏於理官, 而決疑獄者必傳以古義."라고 하여, 禮儀와 律令을 理官에 보관해 두도록 함으로써 疑獄이 있을 때 반드시 古義를 참고하여 판결하도록 한 데서도 알 수 있다.

16 『漢書』 권22, 「禮樂志」, 1035쪽, "今叔孫通所撰禮儀, 與律令同錄, 藏於理官, 法家又復不傳."

17 [淸]段玉裁注, 『說文解字注』 권25, 제13편상(上海: 上海古籍出版社, 1981), 648쪽, "雄以爲漢律祠宗廟丹."

18 "朝覲"은 天子를 朝謁하는 儀禮를 말한다.

19 『史記』 권106, 「吳王濞傳」, 2823-2824쪽, "及後使人爲秋請.〈集解, 應劭曰: 冬當斷獄, 秋先請擇其輕重也. 孟康曰: 律, 春曰朝, 秋曰請, 如古諸侯朝聘也. 如淳曰: 濞不得行, 使人代己致禮請也.〉〈索隱, 音淨. 孟說是也. 應劭所云斷獄先請, 不知何憑. 如淳云代己請, 亦是臆說. 且文云, 使人爲秋請, 謂使人爲此秋請之禮也.〉"

20 "前主"는 先皇帝를 말하고, "後主"는 뒤를 이은 皇帝를 말한다.

21 『史記』 권123, 「杜周傳」, 3153쪽 및 『漢書』 권59, 「杜周傳」, 2659쪽에 "周曰: 三尺法安出哉? 前主所是著爲律, 後主所是疏爲令, 當時爲是, 何古之法乎?"라고 하였다. 한편 律과 令의 관계에 대해서는 『二年律令』(張家山二四七號漢墓竹簡整理小組, 『張家山漢墓竹簡[二四七號墓](釋文修訂本)』, 北京: 文物出版社, 2006)에 보이는 여러 律令 조항 가운데는 惠帝·呂后 시기의 詔令 형식으로 반포된 것이 보인다. 그 결과 현재 漢의 律令에 대한 程樹德의 지적에 대해서는 새로운 異論이 제기되었다.

22 "盜鑄錢"은 국가의 허가 없이 私的으로 전폐를 鑄造하는 일을 말한다.(『史記』 권30, 「平準書」, 1425쪽, "自孝文更造四銖錢, 至是歲四十餘年, 從建元以來, 用少, 縣官往往即多銅山而鑄錢, 民亦間盜鑄錢, 不可勝數.";『漢書』 권51, 「汲黯傳」, 2321쪽 "會更立五銖錢, 民多盜鑄錢者, 楚地尤甚.";『漢書』 권72, 「貢禹傳」, 3075쪽, "自五銖錢起已來七十餘年, 民坐盜鑄錢被刑者衆, 富人積錢滿室, 猶亡厭足.";『漢書』 권99중, 「王莽傳」, 4122쪽, "盜鑄錢者不可禁, 乃重其法, 一家鑄錢, 五家坐之, 沒入

는 '전율(錢律)'을 폐지하였다고 기록[24]하였고, 「소망지전」에는 '금포령(金布令)'[25]이라 인용[26]하였으나 『후한서』에서는 '한율 금포령'[27]이라 인용하였으며, 『진서』 「형법지」에는 다만 '금포율'[28]이라고 일컬었으니, '영' 또한 '율'이라고 일컬을 수 있는 것이다. '율'과 '영' 이외에 또한 『춘추』의 대의(大義)로써 옥송(獄訟)을 판결하기도 하였는데, 여보서(呂步舒)[29]가 『춘추』[의 대의]로써 회남옥(淮南獄)[30]을 적절하게 처리하였고, 아관(兒寬)[31]이 옛 법[古法]으로써 의옥(疑獄)을 판결하였다[32]는 것이 모두 본기와 열전에 실려 있다. 이러하니 『춘추』의 대의를 아울러 또한 율과 동일한 것으로 간주할 수 있는 것이다. 이는 모두 후세와는 다른 것들이다. 그

　爲奴婢.";『漢書』권99하,「王莽傳」, 4164쪽, "敢盜鑄錢及偏行布貨, 伍人知不發擧, 皆沒入爲官奴婢.";『論衡』「骨相篇」, "通有盜鑄錢之罪, 景帝考驗, 通亡.")

23 『漢書』권4,「文帝本紀」, 121쪽, "五年, … 夏四月, 除盜鑄錢令."

24 『史記』권22,「漢興以來將相名臣年」, 1126쪽, "除錢律, 民得鑄錢."

25 『漢書』권78,「蕭望之傳」注, 3271쪽, "師古曰: 金布者令, 篇名也. 其上有府庫金錢布帛之事, 因以名篇."

26 『漢書』권78,「蕭望之傳」, 3271쪽, "金布令甲曰, 邊郡數被兵, 離飢寒, 夭絶天年, 父子相失, 令天下共給其費."

27 『後漢書』권14,「禮儀志」注, 3103쪽, "漢律金布令曰: 皇帝齋宿, 親帥群臣承祠宗廟, 群臣宜分奉請."

28 『晉書』권30,「刑法志」, 925쪽, "金布律有罰贖入責以呈黃金爲價."

29 呂步舒는 董仲舒의 제자 중 한 명이다. 『春秋』의 大義로써 淮南獄 사건을 해결한 일화로 유명하다. 董仲舒의 제자 중에서 성공한 인물에 속하는 呂步舒는 丞相府의 長史가 되었을 때, 符節을 지니고 淮南獄 사건의 처결 임무에 파견되었다. 그런데 이때 諸侯들이 사건을 마음대로 專斷하며 조정에 보고조차 하지 않자 『春秋』의 大義로써 이를 바로 잡았는데, 天子 또한 呂步舒의 의견에 전적으로 동의하였다고 한다. 淮南獄 사건으로 유명해지기 이전에 그의 스승인 董仲舒는 『春秋』의 天災地異 이론을 바탕으로 『災異之記』라는 책을 저술하였는데, 마침 이 무렵 遼東의 高朝廟에서 화재가 발생하였다. 이에 董仲舒를 시기하던 主父偃이 그의 저서를 훔쳐 武帝에게 바쳤고, 武帝는 이 책을 여러 학자들에게 보여주며 크게 꾸짖었다. 이때 董仲舒의 제자였던 呂步舒는 그 책이 스승의 저서인 줄 모르고, 이를 극히 어리석은 짓이라고 맹비난하였다고 한다. 이후부터 董仲舒는 다시는 災異에 대해 함부로 강론하지 않았다고 한다. 『史記』권121「儒林列傳」참고.

30 "淮南獄"은 淮南王 劉安의 모반사건을 말한다.

31 兒寬은 武帝 때 廷尉 張湯의 屬官이었다. 張湯의 수하 관원들은 모두 법률가들로서 법류 이외의 학문에는 그다지 밝은 편이 아니었는데, 그 가운데 兒寬만이 홀로 유학자였다. 張湯은 재판에 대한 자문을 구하는 上奏를 수차례 조정에 올렸으나 모두 받아들여지지 않자, 兒寬으로 하여금 上奏文을 작성하게 하였다. 결국 兒寬이 작성한 上奏文은 받아들여졌고, 이때부터 張湯은 학문의 중요성을 깨닫게 되었다고 한다. 이후 兒寬을 奏獄緣으로 삼았는데, 이후 兒寬이 옛 법으로써 판결하기 어려운 疑獄을 해결하면서 부터는 더욱 그를 중용하였다고 한다. 『漢書』권58「兒寬傳」참고.

32 『漢書』권58,「兒寬傳」, 2628쪽, "湯由是鄕學, 以寬爲奏讞掾, 以古法義決疑獄, 甚重之."

런데 『구장률』³³ 이외에 '율'이라 일컬어지는 경우, 예컨대 『위율(尉律)』³⁴과 『대악률(大樂律)』,³⁵ 『상계율(上計律)』,³⁶ 『주금률(酎金律)』³⁷ 등의 여러 율은 그것이 『방장(傍章)』³⁸ 이하에 속하는 것인지 아니면 별개로 나온 것인지 기록이 온전하지 못하여 이견이 있다. 그러나 『설문해자』에서 『위율(尉律)』을 인용하였고, 「예문지」에서는 "소하³⁹가 율을 초안하였 다."⁴⁰고 인용하였으니, 『위율(尉律)』 또한 소하가 만든 것이었다. 『진 서』 「형법지」에 "위(魏)나라에 「핍류율(乏留律)」⁴¹이 있으며, 『위율(魏

---

33 高祖 2년에 蕭何는 새로 제정한 법률을 관중 지역에 실시하였는데, 蕭何가 劉邦의 咸陽 점령 시에 秦 丞相府의 圖書律令을 수습하고 이에 근거하여 『九章律』을 완성 제정하였다. 『九章律』을 거의 秦律의 복사판으로 이해하는 논자도 있다(高敏, 「『張家山漢墓竹簡・二年律令』中諸律의制作年代 試探」 『史學月刊』 2003−9, 36쪽). 秦의 刀筆吏 출신의 蕭何가 秦 丞相府에서 圖書律令을 수습하 여 漢法을 만든 것은 한제국의 방향을 설정하는 데 중요한 역사적 사건이었다. 『九章律』에 대해서 는 이하의 본문에서 자세히 다룬다.

34 『尉律』에 대해서는 이하의 본문에서 자세히 다룬다(『漢書』 권7, 「昭帝本紀」 注, 229쪽, "後從尉 律, 卒踐更一月, 休十一月也.").

35 『大樂律』 관련 기재는 『史記』와 『漢書』, 『後漢書』 및 역대 「刑法志」 등에도 많이 보이지는 않는 다.(『後漢書』 권35, 「百官志」, '太常' 注 3573쪽, "盧植禮注曰: … 漢大樂律, 卑者之子不得舞宗廟之 酎. 除吏二千石到六百石, 及關內侯到五大夫子, 取適子高五尺以上, 年十二到三十, 顔色和, 身體修 治者, 以爲舞人.")

36 『相計律』에 대해서는 이하의 본문에서 자세히 다룬다.(『漢書』 권6, 「武帝本紀」, 164−165쪽, "太初 元年春, 還受計於甘泉.〈師古曰: 受郡國所上計簿也. 元光五年, 令與計偕.〉〈師古曰: 計者上計簿使 也, 郡國每歲遣詣京師上之.〉")

37 '酎金律'에 대해서는 이하의 본문에서 자세히 다룬다.(『漢書』 권5, 「景帝本紀」 注, 137쪽, "張晏曰: 正月旦作酒, 八月成, 名曰酎. 酎之言純也. 至武帝時, 因八月嘗酎會諸侯廟中, 出金助祭, 所謂酎金 也.")

38 『傍章』 18篇에 대해서는 이하의 본문에서 자세히 다룬다.(『晉書』 권30, 「刑法志」, 922쪽, "叔孫通 益律所不及, 傍章十八篇.")

39 蕭何는 韓信・張良・曹參 등과 함께 漢나라 개국의 일등공신이다. 漢 高祖 때는 相國을 역임하였 다. 본래는 자신의 고향인 沛縣의 하급관리였으며, 高祖 劉邦이 亭長이던 시절부터 측근에서 보좌 하였다. 劉邦이 거병한 후에는 본격적으로 軍에 가담하여 謀臣으로 활동하였으며, 처음으로 關中에 들어갔을 때는 秦나라 丞相府의 圖書文書를 입수하여 각종 정보를 습득하였다. 이는 훗날의 입법 활 동과 행정체제의 정비에 중요한 기틀이 되었다. 楚나라와 天下를 다툴 때는 關中에 머물며 兵士와 兵糧의 보급을 맡아 철저히 임무를 수행하였다. 때문에 高祖가 즉위한 후 그 功을 인정받아 酇侯에 봉해져 食邑 7,000戶를 하사받았다. 후에 韓信 등의 반란을 평정하고, 최고 관직인 相國에 제수되었 다. 그리고 이때 秦나라의 법률 가운데 漢나라의 실정에 맞는 규정들을 取捨하여 『九章律』을 완성 하였다.

40 『漢書』 권30, 「藝文志」, 1720−1721쪽, "漢興, 蕭何草律.〈師古曰: 草, 創造之.〉"

41 "乏留"은 '乏徭'와 '稽留'에 관한 법률 규정이다. '乏徭'란 정해진 徭役에 복역하지 않고 도망가는 것을 말하고, '稽留'란 복역 기간 내에 도착하지 못하고 늦는 것을 말한다. 『睡虎地秦墓竹簡』 「徭

律)』18편 밖에 자리한다."[42]고 하였다. 대체로 정률(正律) 이외에 여전히 단행률(單行律)도 있었으니, 오로지 한(漢)나라와 위(魏)나라 사이에서 통용된 제도였던 것이다. 비례정죄(比例定罪)[43]의 경우에는 한(漢)나라에서 비롯되어 당(唐)나라를 거쳐 청(淸)나라에 이르기까지 서로 연용(沿用)하여 바뀌지 아니하였으니, 임시로 뒷부분에 첨부하여 후에 옛것을 상고하는 사람들이 이를 자세히 살펴볼 수 있도록 율명고(律名考)를 지었다.

律」에 "御中發徵, 乏弗行, 貲二甲; 失期三日到五日, 誶; 六日到旬, 貲一盾; 過旬貲一甲."이라 하였고, 『唐律疏義』에도 "徵人稽留"나 "丁夫雜匠稽留" 등이 모두 「擅興律」에 포함되어 있다.

42 『晉書』 권30, 「刑法志」, 924쪽, "興律有乏徭稽留, … 輒劾以不承用詔書, 乏軍要斬, 又減以丁酉詔書. 丁酉詔書, 漢文所下, 不宜復以爲法, 故別爲之[乏]留律."

43 "比例定罪"에서 '比'는 '決事比'와 통한다. 즉 斷獄之官이 판결에 인용하던 사례를 일컫는 말로서 訟事를 판결할 때 법문화되어 있지 않거나 전례가 없을 경우 그와 유사한 판례를 찾아 그것을 참고로 하여 판결한다는 것을 의미한다. 그러므로 比例定罪란 比例, 즉 이전의 판례에 따라 訟事를 판결하고 罪名을 정한다는 것을 의미한다(『周禮注疏』 권35, 「秋官司寇」, '士師'의 疏, 922~923쪽).

律(章程附) 율(『장정(章程)』을 덧붙임)

◉ 九章律『구장률』

【원문】 漢興, 高祖初入關, 約法三章曰: 殺人者死, 傷人及盜抵罪. 蠲削煩
苛, 兆民大說. 其後四夷未附, 兵革不息, 三章之法不足以禦姦, 於是相
國蕭何攈摭秦法, 取其宜於時者, 作律九章.(刑法志)

【역문】 한(漢)나라가 흥기하고 고조(高祖)가 처음으로 관중(關中)에 입성하
여 [백성들에게] 삼장(三章)의 법령으로 약속하여 말하기를, "다른 사람을
살해한 자는 사형에 처하고, 다른 사람을 상해한 자 및 도둑질을 한 자
는 [각각 그] 죄에 저촉한다."고 하였다.[44] [이로써 진(秦)나라의] 번잡하고 가
혹한 법률이 폐지되니, 많은 백성들이 크게 기뻐[45]하였다. 그 후 사방의
오랑캐[四夷]들이 여전히 [한(漢)나라에] 귀부(歸附)하지 않았고, 전쟁[兵革]
도 종식되지 않았으므로 삼장의 법만으로는 간사(姦邪)한 무리와 행위를
방지(防止)[46]하기에 충분하지 못하였다. 이리하여 상국(相國)[47] 소하(蕭
何)가 진(秦)나라의 법을 모은 후 그중 시세(時勢)에 적절한 것들을 가려

---

44 기원전 206년, 漢 高祖 劉邦은 秦을 격파하고 처음으로 咸陽에 들어가 三章의 法을 약속하였는
데, 사료에서는 이를 "約法三章"이라 표현한다. 그런데 이 約法三章의 "約"을 '절약·생략·간소화'
등의 뜻으로 보아 秦의 번잡한 법률 규정을 폐지하고, 다만 三章으로 간소화한 것이라고 해석하는
설과 約法三章의 "約"을 '約束'의 '約'으로 보아 三章의 法을 약속한 것이라고 해석하는 설이 있다.
(『史記』권8, 「高祖本紀」, 362쪽, "與父老約, 法三章耳."; 『漢書』권1하, 「高帝紀」, 80–81쪽, "初順
民心作三章之約.")
45 『漢書』권23, 「刑法志」, 1096쪽, "師古曰: 說讀曰悅."
46 『漢書』권23, 「刑法志」, 1096쪽, "師古曰: 禦, 止也."
47 "相國"은 古代에 宰相을 일컫던 관직명 중 하나이다. 春秋戰國 때는 楚나라를 제외하고 모두 '相'을
두었는데, 이를 '相國'이나 '相邦' 또는 '丞相'이라 하였으며 百官 중 최고의 지위로 삼았다. 秦나라와
漢나라 初에는 그 지위가 丞相보다도 높았다. 그 이후에는 주로 宰相의 존칭으로 쓰였다.(『戰國策』
권1, 「東周」, "昭獻在陽翟, 周君將令相國往, 相國將不欲."; 『漢書』권19하, 「百官公卿表」, 746쪽,
"高帝元年, 沛相蕭何爲丞相. 九年, 丞相蕭何遷爲相國.")

뽑아[48] 『구장률』을 제정하였다.[49](『한서』「형법지」)

【원문】 漢興蕭何次律令, 韓信申軍法, 張蒼爲章程, 叔孫通定禮儀.(太史公自序)

【역문】 한(漢)나라가 흥기하자 소하는 율령을 편차(編次)[50]하였고, 한신(韓信)[51]은 군법(軍法)을 밝혔으며, 장창(張蒼)[52]은 장정(章程)[53]을 만들었고, 숙손통(叔孫通)은 예의(禮儀)를 정하였다.[54](『사기』「태사공자서」)

【원문】 漢章九法, 太宗改作, 輕重之差, 世有定籍.(敍傳)

【역문】 한(漢)나라의『구장률』은 태종(太宗) 때 개정[55]되었는데, [법률] 경중의 차등을 두어 대대로 정적(定籍)[56]을 만들었다.[57](『한서』「서전」)

---

48 『漢書』권23,「刑法志」, 1096쪽, 顔師古 注: "攓撫, 謂收拾也."

49 『太平御覽』권637,「刑法部」3, '律令上' 등에도 동일한 내용이 전한다.

50 순서에 따라 編輯하는 일을 말한다.

51 韓信은 淮陰(지금의 江蘇省 淮陰市 서남쪽) 출신으로 高祖에게 발탁되기 이전에는 그저 남루한 필부에 불과하였다. 빨래터의 여인에게 밥을 얻어먹은 일화나, 자신을 멸시하고 조롱하는 자의 가랑이 사이를 기어나간 일화로도 유명하다. 처음에는 楚나라의 項梁, 項羽 등을 따랐으나 모두에게 중용되지 못하였다. 그러던 중 그의 재능을 알아 본 蕭何의 추천으로 마침내 漢王에게 등용되어 대장군으로서 漢나라의 군대를 지휘하게 되었다. 수차례의 전투에서 功을 세움으로써 齊王이 되었고, 楚나라와의 마지막 결전을 앞두고 있던 垓下에서는 '四面楚歌'로도 잘 알려진 고도의 심리전을 벌여 楚나라 군대의 사기를 크게 저하시키는 데 성공하였다. 마침내 楚나라가 멸망하고, 새롭게 통일된 漢 帝國이 성립함으로써 일등공신이 되었다. 이후 楚王으로 책봉되었으나, 高祖의 중앙집권정책으로 차츰 권력에서 소외되어 모반의 죄명을 쓰고 淮陰侯로 강등되었는데, 이때 '兎死狗烹'이란 유명한 말을 남겼다. 그러나 얼마 뒤 실제로 모반을 도모함으로써 滅族을 당하였다. 『史記』권92와 『漢書』권34에 자세한 傳記가 전한다.

52 張蒼은 陽武(지금의 河南省 原陽縣 동남쪽) 출신으로 詩書와 音律, 曆法에 능하였다. 高祖는 계산에 능하고 律曆에 밝았던 張蒼의 재능을 높이 평가하여 北平侯에 封하고 食邑 1,200戶를 하사한 후 相府에서 郡國의 上計를 주관하는 計相으로 임용하였다. 이때 音律과 曆法을 정리하고 바로 잡았으며, 또한 『章程』을 제정하였다. 이후 御史大夫를 거쳐 文帝 초에는 丞相에 임명되었다. 『史記』권96과 『漢書』권42에 자세한 傳記가 전한다.

53 曆數와 도량형의 계산에 관한 법률규정을 말한다. 『史記』권130,「太史公自序」, 3319쪽의 如淳 注에 "章, 曆數之章術也. 程者, 權衡丈尺斛斗之平法也."라고 하였다.

54 『漢書』권1하,「高帝本紀」, 81쪽에도 동일한 내용이 나온다.

55 太宗 때의 改定은 곧 '肉刑을 폐지'한 것을 말한다.(『史記』권130,「太史公自序」注, 3319쪽, "張晏曰: 改, 除肉刑也.")

56 명확한 법률 규정을 기재한 장부를 말한다.

【원문】 高帝受命誅暴, 平蕩天下, 約令定律, 誠得其宜. 文帝惟省除肉刑相坐之法, 它皆率由, 無革舊章. 武帝征伐四方, 軍役數興, 豪傑犯禁, 姦吏弄法, 故重首匿之科, 著知從之律. 宣帝聰明正直, 臣下奉憲, 無所失隊, 因循先典, 天下稱理. 至哀平繼體, 而卽位日淺, 聽斷尙寡, 王嘉輕爲穿鑿, 虧除先帝舊約成律. 注按嘉傳及刑法志並無其事, 統與嘉時代相接, 所引固不妄矣, 但班固略而不載也.(梁統傳)

【역문】 고제(高帝)는 천명을 받아 [秦나라의] 폭정을 주벌(誅罰)하고 천하를 평정[平蕩]한 뒤에는 율령을 제정하였으니, 진실로 적절하고 마땅한 것이었다. 문제(文帝)는 다만 육형(肉刑)[58]과 상좌법(相坐法)[59]만을 폐지하고, 그 밖에 모든 것들은 원래대로 지키고 따름으로써 옛 법[舊章]을 고치는 일이 없었다. 무제(武帝)는 사방으로 정벌에 나서 군역을 수차례 일으켰는데, [당시] 유력자들[豪傑]이 금령을 어기거나 간사한 관리들이 법을

---

57 [宋]王應麟撰, 『玉海』 권65(上海: 江蘇古籍出版社·上海書店, 1987), 「詔令」, 1227쪽, '漢興以來法令·漢法定籍·九法' 등에도 동일한 내용이 전한다.

58 '肉刑'이란 罪人의 신체에 해를 가하는 刑罰을 말한다. 대표적인 肉刑으로는 墨刑·劓刑·剕刑·宮刑 그리고 死刑에 해당하는 大辟刑 등이 있었으며, 이를 五刑이라 하였다. 漢나라의 경우 文帝 13년(기원전 167년)의 刑制改革 때 黥刑(黥城旦)을 '髡鉗爲城旦舂', 劓刑을 笞 300, 斬左止(止=趾)를 笞 500으로 대신하는 등 무거운 肉刑을 폐지하였다.([淸]王先謙撰, 『荀子集解』 권12, 「正論篇」, 北京: 中華書局, 1988, 326쪽, "治古無肉刑, 而有象刑.";『漢書』 권23, 「刑法志」, 1099쪽, 諸當完者, 完爲城旦舂;〈臣瓚曰: 文帝除肉刑, 皆有以易之, 故以完易髡, 以笞代劓, 以鈦左右止代刖. 今旣曰完矣, 不復云以完代完也. 此當言髡者完也.〉當黥者, 髡鉗爲城旦舂; 當劓者, 笞三百; 當斬左止者, 笞五百; 當斬右止, 及殺人先自告, 及吏坐受賕枉法, 守縣官財物而卽盜之, 已論命復有笞罪者, 皆棄市.";『唐律疏義』 권1, 「名例」, 2쪽, "昔者, 三王始用肉刑. 疏: 肉刑, 墨、劓、剕、宮、大辟.") 漢 文帝 13년의 刑制改革에서 육형의 폐지와 刑期의 설정은 종전의 官奴婢 제도의 비효율성·낭비적 요소를 제거한 조치로 이해할 수 있다.

59 '相坐法'이란 어떤 사람에게 罪가 있을 경우 그와 관련된 다른 사람까지 연좌하여 처벌하는 것을 말한다. 『淮南子』 「泰族訓」에 "商鞅이 秦나라를 위하여 相坐法을 입안하니, 백성들이 한탄하였다."라고 하였고, 高誘의 注에는 "相坐法이란 一家에 罪가 있을 경우 三家가 그 일에 연좌된다."라고 하였다.(『淮南子』 「泰族訓」, "商鞅爲秦立相坐之法, 而百姓怨矣.〈高誘注: 相坐之法, 一家有罪, 三家坐之.〉") 漢 文帝의 緣坐제도 개혁에는 모반죄의 연좌제도를 폐지하는 것뿐만 아니라 『二年律令』에 보이는 沒收제도를 폐지하는 것도 포함되어 있었다. 이러한 몰수제도의 폐지는 ① 자녀·배우자의 몰수라는 조치가 따르는지의 여부는 城旦舂과 隷臣妾을 가르는 가장 커다란 기준이었는데, 몰수제도의 폐지는 바로 이 기준이 사라졌다는 것을 의미한다. ② 몰수제도가 사라지면 몰수에 의한 관노비 공급이 감소하게 되므로 몰수제도의 폐지는 官有 노동력의 감소를 의미하며, 국가가 관유 노동력을 대폭 잃게 된다는 것을 의미한다(宮宅潔, 「有期勞役刑體系の形成 ─『二年律令』に見える漢初の勞役刑を手がかりにして─」, 『東方學報』 78, 2006, 49-52쪽.).

농락하였으므로 수닉죄(首匿罪)[60]의 처벌을 가중하고 지종률(知從律)[61]을
명시하였다. 선제(宣帝)는 총명하고 정직하여 신하들이 법령을 받들어
준수하였으니 [정사(政事)에] 실추되는 바가 없었고, 전대(前代)의 법전을
잘 계승하니 천하가 그 정사[治理]를 칭송하였다. 애제(哀帝)와 평제(平
帝)가 제위를 계승함에 이르러서는 [두 황제의] 즉위기간이 매우 짧아 정
사를 판단하여 처리하는 경험이 아직 부족하였으므로 [승상] 왕가(王嘉)[62]
가 함부로 견강부회[穿鑿]하여 선제(先帝)가 구약(舊約)한 법률을 훼손하
였다. 주(注)에 「「왕가전」 및 「형법지」에는 모두 이 사건[에 대한 기록]이
없으나, 양통(梁統)[63]과 왕가(王嘉)는 살던 시대가 비슷하였으므로 인용
된 바가 거짓된 말은 아닐 것이다. 다만 반고(班固)[64]가 이를 생략하여 기
재하지 않았을 것이다.」라고 하였다.[65](『후한서』「양통전」)

---

60 首匿: 주모자(謀首)가 되어 죄인을 감추어 주는 것을 말한다. 『漢書』「宣帝本紀」에 "지금부터 자식
  이 주모자가 되어 부모를 감추어 주거나 妻가 남편을 감추어 주거나 손자가 조부모를 감추어 줄
  경우에는 모두 연좌하지 말라."라고 하였는데, 顏師古는 注에서 "首匿이란 주모자(謀首)가 되어 罪
  人을 藏匿하는 것을 말한다."라고 하였다(『漢書』 권8 「宣帝本紀」, 251쪽, "(地節四年)自今子首匿父
  母, 妻匿夫, 孫匿大父母, 皆勿坐. (師古曰: 凡首匿者, 言爲謀首而藏匿罪人.)").
61 知從: '知縱'이라고도 한다. 다른 사람이 罪를 범한 사실을 알면서도 고발하지 않을 경우에 해당하
  는 罪이다. 『後漢書』「梁統傳」의 李賢 注에 "'知縱'이란 '見知故縱'을 말하며, 武帝 때 이 見知故縱
  罪를 제정하여 張湯 등으로 하여금 律로서 명시하도록 하였다."라고 하였다. 여기서 '見知故縱'이
  란 다른 사람이 죄를 범한 것을 알면서도 고의로 묵인하는 것을 처벌하는 것을 말한다. 원문은 주
  65) 참고.
62 王嘉의 字는 公仲으로 平陵 출신이다. 哀帝 建平 3년(기원전 4년)에 丞相이 되었다.
63 梁統의 字는 仲寧으로 그 先祖는 晉나라 大夫 梁益耳이다. 光武帝 建武 5년(29)에 宣德將軍이 되
  었고, 8년(32)에는 成義侯에 책봉되어 처음으로 諸侯의 반열에 올랐다. 12년(36)에는 京師에 도착
  하여 列侯들과 함께 皇帝를 拜謁하였는데, 이때 다시 高山侯에 책봉됨과 동시에 太中大夫에 임명
  되었다. 梁統은 朝廷에서 수차례 法令의 효력이 가벼워져 간사한 무리들을 감당해 낼 수가 없으므
  로 마땅히 刑罰을 무겁게 해야 한다고 주장하는 한편, 그렇게 함으로써 옛 典例를 준수할 수 있다
  고 생각하였다. 본문의 내용 또한 그러한 자신의 견해를 皇帝에게 上奏한 내용 중 일부이다.
64 班固의 字는 孟堅으로 咸陽 출신이다. 父親 班彪의 遺志를 받들어 『漢書』의 편찬에 매진하였으나
  永平 5년(62)경에 國史를 改作하려 한다는 모함을 받고 투옥되기도 하였다. 이후 明帝로부터 赦免
  되어 20여 년에 걸쳐 『漢書』를 완성하였다. 章帝 建初 4년(79)에 여러 학자들이 白虎觀에서 5經의
  異同을 토론하였는데, 이때 황제의 명을 받들어 『白虎通義』를 편찬하였다. 和帝 때는 竇憲의 中護
  軍으로서 흉노 정벌을 수행하였으나, 永元 4년(92)에 竇憲의 모반사건에 연좌되어 獄死하였다.
65 『後漢書』 권64, 「梁統傳」, 1166~1167쪽, "高帝受命誅暴, 平蕩天下, 約令定律, 誠得其宜. 〈高祖定天
  下, 使蕭何次律令.〉 文帝寬惠柔克, 遭世康平, 〈克, 能也. 言以和柔能理俗也. 尙書曰, 高明柔克也.〉
  唯除省肉刑, 相坐之法, 它皆率由, 無革舊章. 〈秦法, 一人有罪, 坐其家室. 文帝除肉刑并相坐律令,
  餘則仍舊不改.〉 武帝值中國隆盛, 財力有餘, 征伐遠方, 軍役數興, 豪桀犯禁, 姦吏弄法, 故重首匿之

【원문】 文穎曰, 蕭何承秦法, 所作爲律, 今律經是也.(宣帝紀注)

【역문】 문영(文穎)[66]은 "소하가 진(秦)나라의 법을 계승하여 만든 것이 율이니, 지금의『율경』이 이것이다."라고 하였다.[67](『한서』「선제본기」주)

【원문】 法律之家, 亦爲儒生. 問曰, 九章誰所作也? 彼聞皐陶作獄, 必將曰皐陶也. 詰曰, 皐陶唐虞時, 唐虞之刑五刑, 今律無五刑之文. 或曰蕭何也. 詰曰, 蕭何高祖時也. 孝文之時, 齊太倉令淳于德有罪徵詣長安, 其女緹縈, 爲父上書, 言肉刑一施, 不得改悔, 文帝痛其言, 乃改肉刑. 案今九章象刑, 非肉刑也, 文帝在蕭何後, 知時肉刑乎? 蕭何所造, 反具肉刑也? 而云九章蕭何所造乎?(論衡謝短)

【역문】 법률가 또한 유생(儒生)이다. [만약] "『구장』은 누가 지은 것인가?"라고 묻는다면, 저들은 고요(皐陶)[68]가 옥송을 주관하였다고 들었을 터이므로 반드시 "고요가 지은 것이다."라고 대답할 것이다. [그 대답에 대한] 잘못을 따져 말하겠다. 고요는 당우(唐虞)[69] 때의 인물이고, 당우 때의 형은 오형(五刑)인데, 지금의 율에는 오형에 관한 부분이 없다. 한편 혹자들은 "소하가 지은 것이다."라고 대답할 것이다. [이 대답에 대한] 잘못을 따져 말하겠다. 소하는 고조(高祖) 때의 인물이다. 효문제(孝文帝) 때 제(齊) 땅 태창령(太倉令)[70] 순우덕(淳于德)[71]은 죄가 있었으므로 징소(徵召)

科, 著知從之律.〈凡首匿者, 爲謀首, 臧匿罪人. 至宣帝時, 除子匿父母, 妻匿夫, 孫匿大父母罪, 餘至殊死上請. 知縱謂見知故縱, 武帝時立見知故縱之罪, 使張湯等著律, 並見前書也.〉以破朋黨, 以懲隱匿. 宣帝聰明正直, 總御海內, 臣下奉憲, 無所失墜, 因循先典, 天下稱理. 至哀·平繼體, 而即位日淺, 聽斷尙寡. 丞相王嘉輕爲穿鑿, 虧除先帝舊約成律.〈王嘉字公仲, 平陵人. 案嘉傳及刑法志並無其事, 統與嘉時代相接, 所引故不妄矣. 但班固略而不載也.〉" 그 밖에 『東漢會要』 권35(「刑法上」, '法令'); 『冊府元龜』 권640(「刑法部」, '議讞'); 『玉海』 권65(「詔令」, '漢律令·三章律·九章·除挾書律·律經') 등에도 동일한 내용이 전한다.

66 文穎의 字는 叔長으로 南陽郡 출신이다. 後漢 獻帝 때의 인물이다.

67 『漢書』 권8, 「宣帝本紀」, 252쪽.

68 皐陶는 堯임금 때의 저명한 법률가이다. 처음으로 법률과 감옥을 만들었는데, 이는 백성들이 법을 두려워하도록 하기 위함이었다고 한다. 宮刑, 墨刑, 賊刑, 殺刑을 '皐陶의 刑'이라고 한다.(『後漢書』 권74, 「張敏傳」, '皐陶造法律,〈史游急就篇曰: 皐陶造獄法律存也.〉原其本意, 皆欲禁民爲非也.'; 『玉海』 권65 「詔令」 '律令', "左傳夏書曰: 昏·墨·賊·殺皐陶之刑也. 風俗通皐陶謨虞始造律.")

69 唐虞는 唐堯와 虞舜을 아울러 부르는 말이다. 즉 堯舜時代를 가리킨다.

되어 장안(長安)에 이르렀는데, 그 여식(女息)인 제영(緹縈)이 부친을 위하여 상서하기를 "육형(肉刑)은 한 번 시행하면 잘못을 뉘우칠 기회가 없습니다."[72]라고 하자 문제(文帝)가 그 말을 가엾이 여겨 비로소 육형을 개정하였다.[73] 지금 『구장』을 살펴보면 상형(象刑)[74]은 육형이 아니다. 문제는 소하 이후의 인물인데 당시에 육형을 알았겠는가? 소하가 만든 것에 도리어 육형이 갖추어져 있었다는 것인가? 이런데도 『구장』을 소하가 만든 것이라 하겠는가?[75](『논형』「사단」)

【원문】 漢承秦制, 蕭何定律, 除參夷連坐之罪, 增部主見知之條, 益事律興廐戶三篇, 合九篇.(晉書刑法志)

【역문】 한(漢)나라는 진(秦)나라의 법제를 계승하였는데, 소하가 율을 제정하면서 삼이(參夷)[76]와 연좌죄(連坐罪)는 없애고, 부주(部主)[77]와 견지조

---

70 "太倉令"은 국가의 곡식 창고를 관장하는 관직명으로 大司農에 속하였다.

71 "淳于德"은 淳于公인 "淳于意"의 誤記이다. 漢나라 초 臨淄 출신의 유명한 醫員으로 姓은 淳于이며 이름은 意이다. 太倉令을 역임하였기 때문에 '倉公'이라 불리기도 한다. 『史記』 권105에 「倉公列傳」이 전한다.

72 『漢書』 「刑法志」에는 緹縈이 漢 文帝에게 上書한 내용을 다음과 같이 전한다. "제가 애통해 하는 것은 죽은 사람은 다시 살아날 수 없고, 肉刑을 받은 자는 다시 원상태로 회복할 수 없으니, 비록 후에 잘못을 뉘우치고 스스로 一新하고자 하여도 이미 그 방법이 없다는 점입니다. 원컨대 저를 沒入하여 官婢로 삼으시고, 대신 아버지의 肉刑을 贖免하여 주시어 스스로를 一新할 수 있는 기회를 주십시오."(『漢書』 권23, 「刑法志」, 1098쪽, "妾傷夫死者不可復生, 刑者不可復屬, 雖後欲改過自新, 其道亡繇也, 妾願沒入爲官婢, 以贖父刑罪, 使得自新.")라고 하였다.

73 개정된 肉刑의 내용은 『漢書』 권23, 「刑法志」 1099쪽에 자세히 전한다.

74 上古 때는 肉刑이 없었고, 다만 지은 罪에 따라 刑을 상징하는 服飾을 착용하게 하여 罪人이 수치심을 느끼게 하는 象刑만을 두었다고 한다. 그러나 如淳은 "옛날에는 象刑이 없었다. 일체의 '象刑'이라는 말은 지금 사람들이 刑罰의 엄중함을 두려워하기 때문에 마침내 '옛날의 聖君은 단지 象刑만을 두었는데도 天下가 스스로 다스려졌다.'라고 확장시킨 말에 가깝다."라고 하였다.(『荀子』 「正論篇」, "治古無肉刑, 而有象刑.";『漢書』 권23, 「刑法志」, 1110-1111쪽, "世俗之爲說者, 以爲治古者無肉刑, 有象刑墨黥之屬, 非履赭衣而不純, 是不然矣. 以爲治古, 則人莫觸罪邪, 豈獨無肉刑哉, 亦不待象刑矣.〈師古曰: 人不犯法, 則象刑無所施也.〉… 殺人者不死, 傷人者不刑, 是惠暴而寬惡也, 故象刑非生於治古, 方起於亂今也.〈如淳曰: 古無象刑也, 所有象刑之言者, 近起今人惡刑之重, 故遂推言古之聖君但以象刑, 天下自治.〉")

75 黃暉撰, 『論衡校釋』 권12, 「謝短」,(北京: 中華書局, 2009) 564-565쪽.

76 "參夷"는 罪를 범할 경우 三族을 誅滅하던 酷刑을 말한다.(『漢書』 권23, 「刑法志」, 1096쪽, "韓任申子, 秦用商鞅, 連相坐之法, 造參夷之誅.〈師古曰: 參夷, 夷三族.〉")

77 "部主"는 곧 '監臨部主'를 말한다. '監臨部主'는 자신의 관할 하에 있는 자가 죄를 범하였는데도 그

(見知條)를 부가하였으며, 「흥」[78]·「구」[79]·「호」[80] 등 3편의 사율(事律)[81]을 더하였으니 모두 9편이었다.[82](『진서』 「형법지」)

【원문】 魏文侯師李悝, 集諸國刑書, 造法經六篇, 商鞅傳之, 改法爲律, 以相秦, 增相坐之法, 造參夷之誅, 大辟加鑿顚抽脅鑊烹車裂之制. 至漢蕭何加悝所造戶興廐三篇, 謂之九章之律.(唐六典注)

【역문】 위(魏) 문후(文侯)가 이회(李悝)에게 사사(師事)하여 각국의 형서(刑書)를 모아 『법경』 6편을 만들도록 하였다. 상앙(商鞅)이 그것을 전해 받

감독을 맡고 있는 책임자나 상급관리로서 이를 故意로 방치할 경우 연좌하여 처벌하는 것을 말한다. 범인이 소속되어 있는 지역의 官府나 그 상급기관. 감찰 관원까지 연좌되었다. 顏師古의 注에 "所監臨部主有罪并連坐也."(『漢書』 권23, 「刑法志」, 1101쪽)라고 하였다.

78 "興律"은 주로 兵力과 徭役 징발 등 人力의 소집과 軍事 관련 물자 등의 동원에 관한 규정이다. 그 주요 취지는 유사시의 병력동원에 있었다고 할 수 있다. 漢나라의 「興律」에는 軍興과 徭興 관련 규정도 존재하지만 「上獄」, 「考事報讞」 등 刑獄이나 審問 등의 審判관련 조항도 존재하였다. 이는 秦漢 때 토목사업을 주관하던 官署가 동시에 獄訟도 관장하였으며, 獄에 수용된 刑徒들이 城旦, 禁苑, 邊境要塞 등의 徭役에 동원되고 있었던 사실과 관계가 깊다. 『雲夢秦簡』에서 「興律」은 확인되지는 않지만, 그와 관련된 조항들은 적지 않게 나타난다.

79 『雲夢秦簡』에서는 「興律」이 확인되지 않는 데 반해, 「廐苑律」과 「廐律」이라는 律名이 확인된다. 「廐苑律」은 가축을 사육하는 우리와 苑囿를 관리하는 데 적용된 법률이다. 秦나라의 「廐苑律」에는 驛站에 관한 규정이 나타나지 않지만, 漢나라의 「廐律」에는 驛站에 관한 규정이 나타난다.

80 秦에서 호적제도의 시행을 알려주는 가장 이른 기록은 獻公 10년(기원전 375년)의 '爲戶籍相伍'(『史記』, 「秦始皇本紀」)로서 호적제도가 伍制와 결합되어 운영되었음을 시사한다. 그리고 『商君書』 「境內篇」에는 "四境之內, 丈夫女子皆有名於上, 生子著, 死者削."이라 하여, 전국의 남녀를 출생과 사망을 기점으로 호적에 등록하거나 삭제하도록 한다는 호적제 운영의 기본 원칙을 제시하고 있다. 따라서 이들 두 기록은 진나라 역시 전국 중엽부터 호적제도를 시행했음을 보여주기에 충분하다. 그러나 『睡虎地秦墓竹簡』(睡虎地秦墓竹簡整理小組, 『睡虎地秦墓竹簡』, 文物出版社, 1978) 중 秦律의 律目이 명기된 秦律十八種과 秦律雜抄에서 戶律이라는 律目을 찾아볼 수 없다. 爲吏之道에는 魏나라 安釐王 25년에 시행된 魏나라의 戶律을 차입하여 사용한 흔적이 보인다. 어쨌든 戰國時代의 魏나라는 「戶律」에 관한 별도의 규정을 가지고 있었으므로 「戶律」은 戰國時代로부터 비롯되었다고 할 수 있다. 『二年律令』(張家山二四七號漢墓竹簡整理小組, 『張家山漢墓竹簡[二四七號墓](釋文修訂本)』 北京: 文物出版社, 2006)의 戶律에는 '爵級別 田宅 사여규정', '호적의 제작과 관리에 관한 규정', '分戶와 이에 따른 재산 분배 규정' 등을 명문화하고 있는데, 수호지진간에서는 이러한 규정을 담은 律目과 관련 내용도 보이지 않는다. 또한 移徙 시에 호적의 이전과 관련된 행정 법규상의 처리 규정이 『二年律令』에서는 戶律에 규정되어 있음에 반하여 『睡虎地秦墓竹簡』에서는 법률답문에 실려 있다. 이와 관련하여 학계에서는 秦律에 戶律이 포함되어 있었을 것이라는 견해와 이를 부정하는 견해가 각각 제시되었다.

81 "事律"은 "刑律"의 상대적인 용어로서 行政律을 의미한다.

82 『晉書』 권30, 「刑法志」, 922쪽.

아 '법'을 '율'로 개칭하고, 진(秦)나라의 재상이 되어 상좌법(相坐法)을 더하였으며, 삼이형(參夷刑)을 만들고, 대벽(大辟)[83]에는 착전(鑿顚)·추협(抽脅)·확팽(鑊烹)·거열(車裂)의 제도를 더하였다.[84] 한(漢)나라에 이르러 소하는 이회가 지은 것에 「호」·「흥」·「구」의 3편을 더하였으니, 이를 『구장률』이라 한다.[85](『당육전』주)

【원문】 周衰刑重, 戰國異制, 魏文侯師於李悝, 集諸國刑典, 造法經六篇. 一盜法, 二賊法, 三囚法, 四捕法, 五雜法, 六具法. 商鞅傳授, 改法爲律, 漢相蕭何, 更加悝所造戶興廐三篇, 謂九章之律.(唐律疏義)

【역문】 주(周)나라가 쇠하자 형벌이 무거워졌으며, 전국시대(戰國時代)의 각 국가들은 각각 제도가 달랐다. 위(魏) 문후(文侯)가 이회(李悝)에게 사사(師事)하여, 각국의 형전(刑典)을 모아 『법경(法經)』6편을 만들도록 하였으니, 첫째는 「도법」, 둘째는 「적법」, 셋째는 「수법」, 넷째는 「포법」, 다섯째는 「잡법」, 여섯째는 「구법」이었으며, 상앙(商鞅)이 [이를] 전해 받아 '법'을 '율'이라 개칭하였다. 한(漢)나라 승상 소하는 이회가 만든 것에 다시 「호」·「흥」·「구」의 3편을 더하였으니, [이를] 『구장률』이라고 한다.[86](『당률소의』)

【원문】 皐陶謨虞始造律, 蕭何成九章, 此關百王不易之道.(書鈔四十五引風

---

83 "大辟"은 五刑 중의 하나로 死刑을 말한다.(『尙書』「呂刑」, "大辟疑赦, 其罰千鍰.〈孔傳: 死刑也.〉〈孔穎達疏: 釋詁云, 辟, 罪也. 死是罪之大者, 故謂死刑爲大辟.〉")
84 "鑿顚"은 두개골을 드러내는 형벌. '抽脅'은 肋骨을 뽑아 죽이는 형벌. '鑊烹'은 삶아 죽이는 형벌. '車裂'은 찢어 죽이는 형벌을 말한다.(『漢書』 권23 「刑法志」, 1096쪽, "秦用商鞅, 連相坐之法, 造參夷之誅.〈師古曰: 參夷, 夷三族.〉增加肉刑, 大辟有鑿顚, 抽脅, 鑊亨之刑.〈師古曰: 鼎大而無足曰鑊, 以鬻人也.〉")
85 (唐)李林甫等撰, 『唐六典』 권6, 「尙書刑部」, 180쪽; 『漢書』 권1 「高帝本紀」 81쪽에는 "天下旣定, 命蕭何次律令"이라 하였고, 『漢書』 권23 「刑法志」에는 "漢興, 高祖初入關, 約法三章曰, … 其後四夷未附, 兵革未息, 三章之法不足以禦姦, 於時相國蕭何攟摭秦法, 取其宜於時者, 作律九章"이라 하여, 『九章律』을 만들었다는 것은 기재하고 있으나, 그 篇名은 보이지 않는다. 편명이 보이는 최초의 기록은 『晉書』 권30, 「刑法志」이다.
86 (唐)長孫無忌等撰, 『唐律疏議』, 권1, 「名例」(北京: 中華書局, 1993), 2쪽.

俗通)

【역문】 고요(皐陶)가 우(虞) 임금과 상의하여 처음으로 율을 만들었고, 소하가 『구장률』을 완성하였으니, 이는 백왕(百王)을 거쳐도 바뀌지 않는 도리와 관련된다.[87](『서초』 권45에서 『풍속통』을 인용)

【원문】 律是咎繇遺訓, 漢命蕭何廣之.(御覽六百三十八引傅子)

【역문】 율은 고요(咎繇)[88]의 유훈(遺訓)으로 한(漢)나라는 소하에게 명하여 그것을 넓혔다.[89](『태평어람』 권638에서 『부자』를 인용)

一 盜律   1.「도율」

【원문】 取非其物謂之盜.(晉書刑法志引張斐律表)

【역문】 자신의 물건이 아닌 것을 취(取)하는 것을 '도(盜)'라고 한다.[90](『진서』「형법지」에서 장비[91]가 율에 주를 달아 상서한 표문[92]에서 인용)

【원문】 悝以爲王者之政, 莫急於盜賊, 故其律始於盜賊.(晉書刑法志)

【역문】 이회(李悝)는 왕(王)된 자의 정사(政事)에서 도(盜)와 적(賊)[93]보다 급한 것이 없다고 여겼으므로 그 『[구장]률』도 「도[법]」과 「적[법]」[94]에서 시

---

87 (唐)虞世南撰, 『北堂書鈔』(欽定四庫全書) 권45, 89–151쪽; 『藝文類聚』 권54, 「刑法部」, '刑法'에도 같은 내용이 전한다.

88 "咎繇"는 곧 皐陶를 말한다.

89 (宋)李昉 等, 夏劍欽校點, 『太平御覽』 권638(河北敎育出版社, 2000), 25쪽.

90 『晉書』 권30, 「刑法志」, 928쪽. 그 밖에 『通典』 권164(「刑法」 2 '刑制中'); 『文獻通考』 권164(「刑考」 3 '刑制') 등에도 동일한 내용이 전한다.

91 張斐는 삼국시대 魏나라 말에서 西晉 초의 법학가이다. 晉武帝 司馬炎 때 晉나라의 법규인 『泰始律』을 주해하였다. 주해본을 완성하고 난 후에는 表文을 上書하였는데, 그 表文을 보통 張斐의 「注律表」 또는 「張斐律表」라고 한다.

92 『晉書』 권30, 「刑法志」, 928쪽. "明法掾張斐又注律, 表上之, 其要曰: … 取非其物謂之盜, 貨財之利謂之贓."

93 『荀子集解』 권1, 「修身篇」, 24쪽에 "財貨를 훔치는 것을 '盜'라고 하고, 良民을 해치는 것을 '賊'이라고 한다."(竊貨曰盜, 害良曰賊)고 하였다.

작되는 것이다.[95](『진서』「형법지」)

【원문】 李悝[96]首制法經, 有盜法賊法, 以爲法之篇目. 自秦漢逮至後魏, 皆名賊律盜律, 北齊合爲賊盜律, 後周爲劫盜律, 復有賊叛律, 隋開皇合爲賊盜律.(唐律疏義)

【역문】 이회(李悝)는 처음 『법경』을 편찬할 때 「도법」과 「적법」을 둠으로써 법의 편목으로 삼았다. 진(秦)·한(漢)에서 후위[北魏] 때까지는 모두 「적률」·「도율」이라 이름하였고, 북제(北齊) 때는 합하여 「적도율」이라 하였으며, 후주(北週) 때는 「겁도율」이라고 하는 한편 다시 「적반율」을 두었고, 수(隋)나라 개황(開皇)연간(589-600)에는 합하여 「적도율」이라고 하였다.[97](『당률소의』)

二 賊律 2.「적률」

【원문】 無變斬擊謂之賊.(晉書刑法志引張斐律表)

【역문】 특별한 이유 없이 살해하거나 상해를 입히는 것을 '적(賊)'[98]이라 한다.[99](『진서』「형법지」에 장비가 율에 주를 달아 상서한 표문에서 인용)

---

94 『唐六典』 권6 「尙書刑部」(陳仲夫點校本, 中華書局, 1992), 180쪽. 『唐律疏議』 권1 「名例」에는 이에 대한 해석으로 "첫째는 「盜法」으로 지금의 「賊盜律」이고, 둘째는 「賊法」으로 지금의 「詐僞律」이며, 셋째는 「囚法」으로 지금의 「斷獄律」이고, 넷째는 「捕法」으로 지금의 「捕亡律」이며, 다섯째는 「雜法」으로 지금의 「雜律」이고, 여섯째는 「具法」으로 지금의 「名例律」이다."(一、盜法, 今賊盜律是也; 二、賊法, 今詐僞律是也; 三、囚法, 今斷獄律是也; 四、捕法, 今捕亡律是也; 五、雜法, 今雜律是也; 六、具法, 今名例律是也.)라고 하였다.

95 『晉書』 권30, 「刑法志」, 922쪽; 출토 漢律인 『二年律令』이나 『張家界古人堤漢簡』(水間大輔, 「湖南張家界古人堤遺址出土漢簡に見える漢律の賊律·盜律について」, 『長江流域文化研究所年報』 2, 2003) 등도 「賊律」과 「盜律」이 首篇에 위치하고 있다.

96 『唐律疏議』 권17 「賊盜」의 원문에는 '李悝'를 '里悝'라 하였으나, 본문처럼 '李悝'로 교정하였다.

97 『唐律疏議』 권17, 「賊盜」, 321쪽.

98 "賊"은 秦律과 漢律의 법률용어이다. 이 경우 일반적으로 "賊"은 악의에 의한 일방적 가해를 의미한다. 『春秋左氏傳』 文公 18년에 "毀則爲賊"이라 하였고, 孔穎達 疏에 "又作要信誓命以戒後人曰: 有人毀法則者是爲賊, 言其賊敗法也."라고 하였다. 『淮南子』 「主術訓」에는 "若欲飾之, 乃是賊之, 高誘注: 賊, 敗也."라고 하였다.

【세주 원문】 按寄簃文存云, 賊盜二字, 義本不同, 故法經分爲二篇. 左氏文十八年傳, 周公作誓命曰, 毀則爲賊, 竊賄爲盜, 杜注, 毀則壞法也. 昭四年傳, 叔向曰: 己惡而掠美爲昏, 貪以敗官爲墨, 殺人不忌爲賊. 夏書曰, 昏墨賊殺, 皐陶之刑也. 此皆法家言之最古者. 說文賊敗也, 從戈則聲, 敗毀也, 與毀則爲賊之義合, 乃諧聲兼會意字. 盜私利物也, 從次, 次欲皿者, 乃會意字. 二字之本義如此, 初不相通也. 荀子修身篇害良曰賊, 竊貨曰盜. 晉張斐律注無變斬擊謂之賊, 取非其物謂之盜. 周禮朝士疏, 盜賊幷言者, 盜謂盜取人物, 賊謂殺人曰賊. 盜賊二字連文, 唐以前人分別甚明, 絶不相蒙. 其盜賊單言者, 賊爲賊害, 如孟子賊仁者謂之賊, 以及漢書呂覽淮南楚辭諸書之注釋, 皆同. 殺人乃賊害之甚者, 故叔向曰, 殺人不忌爲賊. 又大戴記曾子立事篇殺人而不戚也, 賊也, 以及書舜典傳呂覽後漢書注, 幷言殺人曰賊, 與賊害之義相引申也. 盜爲盜竊, 如穀梁傳定八年, 非其所取而取之謂之盜, 莊子山木篇注盜竊者私取之謂也, 足與說文之義相發明. 其餘諸書, 不勝枚擧. 玉篇廣韻賊下始有盜也一訓, 蓋二書爲宋所亂, 已失顧野王孫愐之舊, 非古義也. 盜法賊法, 李悝本爲二事, 漢律因之. 盜則盜竊却略之類, 賊則叛逆殺傷之類. 魏於盜律內分立却略律, 晉無却略, 則仍入盜律. 梁爲盜却律, 賊律則曰賊叛律. 北齊始合二律爲一, 曰賊盜. 周隋時合時分, 唐複合而爲一, 故叛逆殺傷諸事, 皆在其中. 元於賊盜外別立殺傷之目, 明又改爲人命, 蓋大失古律之本義矣. 唐律疏義謂盜法今賊盜律, 賊法今詐僞律, 俱未諦當. 唐之賊盜兼盜法賊法在內, 詐僞律魏由賊律分出, 而賊律固不止詐僞一事也. 又周禮士師八成二曰邦賊, 六曰邦盜, 鄭司農云, 八成者行事有八篇, 若今時決事比. 據先鄭注, 則周代刑法此其篇目之可考者, 然究非全體也. 邦賊注云, 爲逆亂者, 邦盜注云, 竊取國家之寶藏者, 賊盜分爲二事, 蓋古法皆然.

【세주 역문】 『기이문존』[100]에 "적(賊)과 도(盜)라는 두 글자는 그 뜻이 본래 같지 않았으므로 『법경』에서 두 편으로 나눈 것이다."라고 하였고, 『좌씨전』 문공(文公) 18

---

99 『晉書』 권30, 「刑法志」, 928쪽(『通典』 권163(「刑法」 2 '刑制中'); 『文獻通考』 권164(「刑考」 3 '刑制') 등에도 동일한 내용이 전한다).

100 『寄簃文存』은 淸末의 저명한 法學家이자 법제개혁의 선구자인 沈家本(1840~1913)의 著作이다. 沈家本의 字는 子淳인데, 別號가 '寄簃'였으므로 이를 書名으로 삼았다. 『寄簃文存』은 총 8권 100편으로 구성된 법률 서적이다. 권1 「奏議」 12편, 권2 「論」 7편, 권3 「說」 8편, 권4 「考」 15편, 권5 「笺」 9편, 권6 「序」 21편, 권7 「跋」 13편, 권8 「跋」 15편이다.

년조에는 "주공(周公)이 『서명(誓命)』[101]을 지어 '칙(則)을 훼손[毀]하는 것이 적(賊)이고, 재물[賄]을 훔치는 것[竊]이 도(盜)이다.'라고 하였으며, 두예(杜預)[102]의 주(注)에 '칙(則)을 훼손[毀]한다는 것은 법(法)을 괴손[壞]한다는 것이다.'"[103]라고 하였다. [또한] 소공(昭公) 4년조에는 "숙향(叔向)이 말하기를, '자신이 악행을 저지르고서 [다른 사람의] 미명[美名]을 약탈하는 것을 혼(昏)이라 하고, 탐람하여 관기를 무너뜨리는 것[敗官]을 묵(墨)이라 하며, 다른 사람을 살해[殺]하기를 거리끼지 않는 것을 적(賊)이라 한다.'"고 하였고, 「하서(夏書)」[104]에 "혼(昏)·묵(墨)·적(賊)을 사형에 처하는 것은 고요(皐陶)의 형벌이다."[105]라고 하였다. 이는 모두 법가의 언설 중에 가장 오래된 것들이다. 『설문해자』에 "적(賊)은 패(敗)라는 의미이다. 과(戈)는 뜻을 나타내며, 칙(則)은 음을 표현한다. 패(敗)는 훼(毀)라는 의미이다."라고 하였으니, '칙(則)을 훼손[毀]하면 적(賊)이 된다.'라는 뜻과 부합하며, 곧 해성자(諧聲字)[106]이자 회의자(會意字)이다. [또 『설문해자』에] "도(盜)는 사사로이 [몰래 다른 사람의] 재물을 이용(私利)한다는 의미이다. 차(次)는 뜻을 나타내며, [다른 사람의] 그릇[皿]을 탐내어 얻고자 하는 것이다."라고 하였으니, 곧 회의자이다. 두 글자의 본래 의미가 이와 같았으니, 처음에는 서로 통용되지 않았던 것이다. 『순자』「수신편」에 "양민[良]을 해치는 것[害]을 적(賊)이라 하고, 재화[貨]를 훔치는 것[竊]을 도(盜)라고 한다."고 하였으며, 진(晉)나라 장비(張斐)가 율에 주(注)를 달아 상서한 표문(表文)에는 "특별한 이유 없이 살해[殺]하거나 상해[傷]를 입히는 것을 적(賊)이라 하고, 자신

---

101 『誓命』은 周公이 지은 것이라고는 하나, 지금은 전하지 않는다.

102 杜預: 西晉 때의 학자이자 정치가로서 秦州刺史·鎭南大將軍 등을 역임하였다. 그는 별개의 책이었던 『春秋』의 經文과 『左氏傳』을 『春秋左氏經典集解』라는 한 권의 책으로 정리하였다. 經文에 대응할 수 있도록 『左氏傳』의 문장을 분류하여 '春秋義例說'을 확립함으로써 『左氏傳』을 春秋學의 정통적 위치로 올려놓았다. 따라서 이 저서는 현재에도 가장 기본적인 주석서로 꼽힌다.

103 『春秋左傳正義』(李學勤主編, 『十三經注疏(標點本)』, 北京大學出版社, 1999) 권20, 「文公」, 576쪽, "作誓命曰: 毀則爲賊, 掩賊爲藏, 竊賄爲盜, 盜器爲姦, 主藏之名, 賴姦之用, 爲大凶德, 有常, 無赦. 在九刑不忘. 〈注: 毀則壞法也.〉"

104 「夏書」는 『尙書』의 편명이다. 즉 夏나라 때의 기록이라 할 수 있다.

105 『春秋左傳正義』 권47, 「昭公」, 1338쪽, "叔向曰: 三人同罪, 施生戮死可也. 雍子自知其罪, 而賂以買直; 鮒也鬻獄; 邢侯專殺, 其罪一也. 己惡而掠美爲昏, 貪以敗官爲墨, 殺人不忌爲賊. 夏書曰: 昏·墨·賊, 殺, 皐陶之刑也. 請從之."

106 "諧聲字"는 漢字의 字形 구조가 뜻을 나타내는 義符와 음을 나타내는 聲符로 결합된 형태를 말한다.

의 물건[物]이 아닌 것을 취(取)하는 것을 도(盜)라고 한다."107고 하였다. 『주례』'조사(朝士)'의 소(疏)에 "도(盜)와 적(賊)이 함께 언급될 경우 도(盜)는 다른 사람의 물건[物]을 도둑질[盜]하여 취(取)하는 것을 말하고, 적(賊)은 다른 사람을 살해하는 것을 이르러 적(賊)이라고 한다."108고 하였다. [이처럼] 도(盜)와 적(賊) 두 글자를 연달아 쓰는 것은 당(唐)나라 이전 사람들이 [두 글자를] 매우 분명하게 구분하여 결코 [그 뜻을] 서로 혼동하지 않았기 때문이다. 도(盜)와 적(賊)이 단독으로 언급될 경우 적(賊)은 적해(賊害)라는 뜻이 되는데, 『맹자』에 "인(仁)을 해치는[賊] 자를 적(賊)이라 한다."109고 하였고, 『한서』·『여람』110·『회남자』111·『초사』112 등 여러 책의 주석도 모두 [이와] 같다. 다른 사람을 살해하는 것은 적해(賊害) 중에서도 심한 것이기 때문에 숙향이 '다른 사람을 살해하기를 거리끼지 않는 것을 적(賊)이라 한다.'고 하였던 것이다. 또한 『대대기』113 「증자입사편」에 "다른 사람을 살해하고도 근심[슬퍼]하지 않는 것을 적(賊)이라 한다."114고 하였고, 『상서』 「순전」·『여람』·『후한

---

107 『晉書』권30, 「刑法志」, 928쪽, "明法掾張裴又注律, 表上之, 其要曰: … 無變斬擊謂之賊, … 取非其物謂之盜."
108 (淸)孫詒讓撰, 『周禮正義』 권68, 「秋官司寇」, '朝士' 疏,(十三經淸人注疏, 北京: 中華書局, 1987) 2830쪽, "凡盜賊軍鄕邑及家人殺之無罪. 〈疏: 盜賊竝言者, 盜謂盜取人物, 賊謂殺人曰賊.〉"
109 『孟子注疏(十三經注疏)』 권2하, 「梁惠王章句下」, 北京: 北京大學出版社, 2000, 64쪽.
110 『呂覽』은 곧 『呂氏春秋』를 말한다. 秦나라의 宰相 呂不韋가 賓客 3,000여 명을 모아서 편찬하였다고 한다. 총 26권이다. 道家사상이 중요한 부분을 차지하기는 하나, 儒家·兵家·農家·法家 등의 다양한 說도 살펴볼 수 있다. 또한 春秋戰國 때의 時事에 관한 내용도 수록되어 있어 중요한 史論書로 평가받는다.
111 『淮南子』란 前漢 때 淮南王 劉安이 편찬한 책이다. 賓客과 方術家 수천 명을 모아서 편찬한 책으로 본래 內外編과 雜錄이 있었으나 內篇 21권만이 현전한다. 『淮南子』에는 道家·陰陽五行家·儒家·法家사상이 혼재되어 있어 매우 복잡하다. 그 정치론은 봉건통치를 위해서는 법을 절대화해야 한다는 등 군주권의 강화를 강조하고 있다.
112 『楚辭』는 楚나라 屈原과 그 末流의 詩나 文章을 모아서 엮은 책이다. 모두 16권이며, 漢나라 때 劉向이 편집하였다. 劉向은 楚나라 懷王의 忠臣인 屈原의 『離騷』와 스물다섯 편의 賦 등을 토대로 『楚辭』를 편집하였으며, 後漢 때 王逸이 다시 辭章을 정리하여 『楚辭章句』 16권을 지었다.
113 『大戴記』는 漢나라 때 戴德이 禮說을 수집하여 편찬한 책을 말한다. 『大戴禮記』라고도 한다. 孔子가 夏·殷·周의 문물제도와 儀禮를 집대성하여 체계화한 이후, 漢나라에 이르러 禮說은 모두 200여 편에 달하였는데, 이를 戴德과 戴聖 형제가 纂集한 것이다. 그중 戴德이 記 85편을 집성한 책을 『大戴禮』 또는 『大戴記』라 하였으나 그 일부만이 전래되었고, 戴聖이 집성한 禮 49편을 『禮記』 또는 『小戴記』라 하는데, 현재의 『禮記』가 바로 戴聖의 『小戴記』이다.
114 黃懷信主撰, 『大戴禮記彙校集注』(西安: 三秦出版社, 2005) 권4, 「曾子立事」, 487쪽, "無益而厚受祿, 竊也. 好道煩言, 亂也. 殺人而不戚焉, 賊也."

서』의 주(注)에는 모두 "다른 사람을 살해하는 것을 적(賊)이라고 한다."고 하였으니, 적해(賊害)라는 의미와 서로 인신(引申)[115]한다. 도(盜)는 도절(盜竊)이라 하는데, 『춘추곡량전』 정공(定公) 8년조에 "취해야 할 바가 아닌데도 취하는 것을 도(盜)라고 한다."고 하였고, 『장자』 「산목편」의 주(注)에 "도절(盜竊)이란 사사로이 취하는 것을 말한다."고 하였으니, 『설문해자』에서 설명한 의미와 서로 발명(發明)되기에 충분하다. 그 밖에 여러 책들은 이루 다 낱낱이 거론하기가 어려울 정도로 많다. 『옥편』[116]과 『광운』[117]에는 적(賊) 항목 아래에 처음으로 "도(盜)이다."라는 하나의 훈(訓)을 두었는데, 대체로 이 두 책은 송(宋)나라 때 혼란스러워진 것으로 이미 고야왕(顧野王)[118]과 손면(孫愐)[119]의 옛 모습을 잃었으니, 옛 뜻[古義]이라고 볼 수는 없다. 「도법」과 「적법」은 이회(李悝)가 본래부터 두 가지의 사례로 여겼던 것인데, 한율(漢律)이 이를 계승한 것이다. 도(盜)는 도절(盜竊)과 겁략(劫略)의 부류이고, 적(賊)은 반역(叛逆)과 살상(殺傷)의 부류이다. 위(魏)나라는 「도율」 안에 별도로 「겁략률」을 입안하였다. 진(晉)나라에는 「겁략」이 없었으니 여전히 「도율」에 포함되었다. 양(梁)나라는 「도겁률」을 만든 후 「적률」을 「적반율」이라 하였다. 북제(北齊)는 처음으로 두 율을 합하여 하나로 만들어 「적도」라 하였다. 후주[北周]와 수(隋)나라의 경우 때로는 [두 율을] 합하고 때로는 구분하였으며, 당(唐)나라는 다시 합하여 하

---

115 (漢)許愼撰, (淸)段玉裁注, 『說文解字注』(上海古籍出版社, 1981). 「敍文」에 "假借란 본래 그 글자가 없는데, 소리에 의거하여 사물을 기탁하는 것으로 '令'이나 '長'이 그러한 글자에 속한다."고 하였는데, 이는 새로운 글자를 만들지 않고 독음이 같거나 비슷한 글자를 사용하는 방법 중 하나였다. 단 許愼이 예로 든 '令'과 '長' 두 글자의 경우 '令'은 "명령하다" 등의 뜻을 가지고 있고, '長'은 "길다, 나이가 많다" 등의 뜻을 가지고 있다. 그런데 '縣令'과 '縣長'이란 두 단어를 예로 들어 살펴보면, 이는 '令'과 '長'의 의미가 확장되어 만들어진 것으로서 그 의미는 상통하게 된다. 이러한 假借를 "引申"이라고 한다.

116 『玉篇』은 곧 字典으로서 梁나라 때의 太學博士 顧野王에 의해 편찬되었다. 총 30권이다.

117 『廣韻』은 글자를 韻에 따라 배열하고, 그 음과 뜻을 적어 놓은 韻書이다. 北宋 大中祥符 원년(1008)에 陳彭年 · 邱雍이 詔命을 받들어 撰定한 것으로 정식 명칭은 『大宋重修廣韻』이다.

118 顧野王은 南朝의 梁나라와 陳나라 兩代에 걸쳐 활동하였던 文官이다. 梁나라 때 太學博士를 역임하였고, 陳나라 때는 그 관직이 撰史學士를 거쳐 國子博士, 黃門侍郎에까지 이르렀다. 天文 · 卜書 · 奇字에 능통하여 많은 저술이 있다. 그중에서도 1萬 6,017字를 540部로 구분한 『玉篇』 30권이 특히 유명하나, 그 完本은 전하지 않는다.

119 孫愐은 唐나라 때 인물로 글자를 韻에 따라 배열하고 反切에 의한 발음을 표시하여 『唐韻』을 저술하였다. 이후 北宋의 徐鉉에 의해 『說文解字』 大徐本의 反切에 참고되었다고 하나, 현재는 完本이 남아 있지 않다.

나로 만들었으므로 반역(叛逆)과 살상(殺傷)의 여러 사례가 모두 그 안에 포함되었다. 원(元)나라는 「적도」 외에 별도로 「살상」이라는 편목을 입안하였고, 명(明)나라는 다시 「인명(人命)」이라 개칭하였으니, 대체로 옛 율[古律]의 본 의미를 크게 잃고 말았다. 『당률소의』에 "「도법」은 지금의 「적도율」을 말하고, 「적법」은 지금의 「사위율」을 말한다."고 하였으나 [이는] 모두 명료하지 못한 견해이다. 당(唐)나라의 「적도」는 「도법」과 「적법」을 그 안에 포함[兼]하고 있고, 「사위율」은 위(魏)나라의 「적률」에서 나뉘어 나온 것인데, 「적률」은 다만 사위(詐僞)의 한 사례에만 그치는 것이 아니다. 또 『주례』 「사사(士師)」에 "'팔성의 두 번째는 방적(邦賊)이고, 여섯째는 방도(邦盜)이다.'라고 하였으며, 정사농(鄭司農)[120]의 주(注)에 '팔성이란 사례로 행하여 진 것[판례]에 여덟 편이 있다는 것으로 지금의 결사비(決事比)와 같다.'"[121]라고 하였다. 선정(先鄭: 鄭司農)[122]의 주(注)에 의거하여 주대(周代)의 형법인 이것[八成]의 편목을 고증할 수 있기기는 하나 전체를 알 수 있는 것은 아니다. 방적(邦賊)에 대한 주(注)에 "반역[逆]하거나 반란[亂]하는 것이다."라고 하였고, 방도(邦盜)에 대한 주(注)에서는 "국가의 보물이나 소장물을 절취하는 것이다."라고 하여, 적(賊)과 도(盜)를 두 가지의 사례로 나누었는데, 대체로 옛 법[古法]은 모두 그러하였다.

三 囚律 3. 「수율」

【원문】 斷獄律之名, 起自於魏. 魏分李悝囚法而出此篇.(唐律疏義)

【역문】 「단옥률」[123]이라는 명칭은 위[曹魏]나라 때부터 비롯되었다. 위[曹魏]

---

120 鄭司農은 後漢 때 儒學者인 鄭衆을 말한다. 大事農職을 역임하였기 때문에 鄭司農이라 불리었다.

121 (淸)孫詒讓撰, 『周禮正義』(十三經淸人注疏, 北京: 中華書局) 권67, 「秋官司寇」, '士師' 注, 2787쪽. "掌士之八成, 一曰邦汋, … 六曰爲邦盜.〈鄭司農云: 八成者, 行事有八篇. 若今時決事比.〉"

122 先鄭: 鄭司農 鄭衆을 말한다. 동시대(後漢)의 주석가 鄭玄과 혼동하지 않기 위하여 붙여진 별칭이다. 즉 鄭衆이 鄭玄보다 다소 앞선 세대였으므로 鄭衆을 '先鄭' 또는 그 관직명을 붙여 '鄭司農'이라 하였고, 鄭玄은 '後鄭'이라 하여 구분하였다.

123 『晉書』 권30, 「刑法志」, 924쪽, 魏나라 『新律』의 「序文」에 "囚律有繫囚、鞠獄、斷獄之法, 興律有上獄之事, 科有考事報讞, 宜別爲篇, 故分爲繫訊、斷獄律."라고 하여 「斷獄律」이 분리되어 편성된 배경을 설명하였다. 그 밖에 『通典』 권163(「刑法」1 '刑制上'); 『文獻通考』 권164(「刑考」3 '刑制'); 『玉海』 권65(「詔令」 '魏新律·律博士·律畧論·科令·甲子科') 등에도 동일한 내용이 전한다.

나라에서 이회(李悝)가 만든 「수법」에서 분리하여 이 [율]편을 만들어 내었다.[124](『당률소의』)

四 捕律   4. 「포율」

【원문】 李悝制法經六篇, 捕法第四, 至後魏名捕亡律, 北齊名捕斷律, 後周名逃捕律, 隋復名捕亡律.(唐律疏義)

【역문】 이회(李悝)는 『법경』6편을 제정하여 「포법」을 제4편에 두었다.[125] 후위[北魏] 때에 이르러 「포망률」이라 이름하였고, 북제(北齊) 때는 「포단율」[126]이라 이름하였으며, 후주[北周] 때 「도포율」이라 이름하였고, 수(隋)나라 때 다시 「포망률」[127]이라 이름하였다.[128](『당률소의』)

五 雜律   5. 「잡률」

【원문】 李悝首制法經, 而有雜法之目, 遞相祖習, 多歷年所, 然至後周更名雜犯律, 隋又去犯, 還爲雜律.(唐律疏義)

---

124 『唐律疏義』, 권29, 「斷獄」, 545쪽. 이후 北齊 때는 「捕律」과 서로 합하여 「捕斷律」이라 하였다가 北周 때 다시 「斷獄律」이라 개칭하였다.(『唐律疏義』 권29, 「斷獄」, "至北齊, 與捕律相合, 更名捕斷律. 至後周, 復爲斷獄律.";『隋書』 권25, 「刑法志」, 725쪽,"[河淸三年]奏上齊律十二篇 … 九曰捕斷.";『隋書』 권25, 「刑法志」, "[保定三年]大律, 凡二十五篇. … 二十五曰斷獄.")

125 『二年律令』에서는 '賊律, 盜律, 具律, 告律' 다음에 '捕律'이 위치하고 있다. 『唐六典』 권6, 「尙書刑部」, 180쪽에 "李悝集諸國刑書, 造法經六篇: 一, 盜法, 二, 賊法, 三, 囚法, 四, 捕法, …."이라 하였고, 『漢書』 권30, 「刑法志」, 922쪽에는 "悝撰次諸國法, 著法經. 以爲王者之政, 莫急於盜賊, 故其律始於盜賊. 盜賊須劾捕, 故著網捕二篇."이라 하여 '盜'와 '賊'은 반드시 그 죄를 論劾하여 체포해야 하므로 「囚法」과 「捕法」 2篇을 저술하였다고 설명하고 있다.

126 『隋書』 권25, 「刑法志」 725쪽, "(河淸 3년)奏上齊律十二篇 … 九曰捕斷."

127 隋나라 때는 두 차례에 걸쳐 新律이 정비되었는데, 먼저 文帝 開皇 3년(583)에 모두 12편으로 재정비되어 제11편에 「捕亡律」을 두었으며, 煬帝 大業 3년(607)에는 총 18편의 『大業律』을 새롭게 정비하여 제12편에 「捕亡律」을 두었다. 隋나라의 新律은 각각 『開皇律』, 『大業律』이라 한다.(『隋書』 권25, 「刑法志」, 712쪽, "[開皇三年]更定新律. … 凡十二卷. … 十一曰捕亡.";『隋書』 권25, 「刑法志」, 716-717쪽, "[大業]三年, 新律成. 凡五百條, 爲十八篇, 詔施行之, 謂之大業律. … 十二曰捕亡.")

128 『唐律疏義』 권28, 「捕亡」, 525쪽.

【역문】 이회(李悝)가 처음으로 『법경』을 만들어서 「잡법」이라는 편목을 두었으니, [여러 왕조들이] 대대로 따라 계승[129]하면서 많은 세월이 흘러갔으나, 후주[北周] 때에 이르러 그 명칭을 「잡법률」[130]이라 바꾸었고, 수(隋)나라 때 또 '범(犯)' 자를 없애고 다시 「잡률」[131]이라 하였다.[132](『당률소의』)

六 具律   6.「구율」

【원문】 魏新律序略云, 舊律因秦法經, 就增三篇, 而具律不移, 因在第六, 罪條例旣不在始, 又不在終, 非篇章之義.(晉書刑法志)

【역문】 위[曹魏]나라 『신율』[133]의 「서문」[134]에 "옛 율[舊律]은 진(秦)나라의 『법경』을 계승하고, 여기에 3편을 덧붙인 것인데,[135] 「구율」은 옮기지

---

129 南朝의 宋나라와 齊나라는 晉律을 계승하였고, 梁나라와 陳나라는 비록 율령을 편찬하는 사업이 있기는 하였지만, 단지 晉律의 개별 문구와 조문을 수정한 것에 불과하였으므로 실제로는 네 개 나라 모두가 晉律을 그대로 답습한 셈이었다. 宋·齊·梁·陳 시기에는 朝野의 상하 모두가 법률의 편찬을 중요시하지 않아서 법제 분야의 업적이 비교적 적었다고 한다.(장진번 主編, 임대희 등 譯, 『중국법제사』, 소나무, 2006, 354–356쪽 참고.)

130 『史記』나 『漢書』에 「雜律」은 보이지 않는다. 『睡虎地秦墓竹簡』「秦律十八種」에는 「內史雜」과 「尉雜」이 있는데, 그것이 「雜律」에 해당하는지는 알 수 없다. 『二年律令』에서는 『晉書』 「刑法志」의 구성 요소에 따라 「雜律」의 항목을 편성하였다. 『隋書』 권25, 「刑法志」, 707쪽, "至保定三年三月庚子乃就, 謂之大律, 凡二十五篇, … 十九曰雜犯."

131 隋나라 文帝 開皇 3년(583)의 『開皇律』 12편 중 「雜律」은 제10편에 두었으며, 煬帝 大業 3년(607)의 『大業律』 18편 중에서는 제16편에 「雜律」을 두었다.(『隋書』 권25 「刑法志」 712쪽, "(開皇 3년) 更定新律. … 凡十二卷. … 十曰雜律." 『隋書』 권25, 「刑法志」, 716–717쪽, "(大業)三年, 新律成. 凡五百條, 爲十八篇, 詔施行之, 謂之大業律. … 十六曰雜.")

132 『唐律疏議』 권26 「雜律」, 479쪽.

133 『晉書』 「刑法志」에 따르면, 魏나라 明帝 때 司空 陳群, 散騎常侍 劉邵, 給事黃門侍郎 韓遜, 議郎 庾嶷, 中郎 黃休, 荀詵 등에게 명하여 舊來의 科令을 간소화하고, 널리 漢律을 가리고 채택하여 法律을 정비하도록 하였는데, 이때 『新律』 18편을 비롯하여 『州郡令』 45편, 『尙書官令』 및 『軍中令』 등 총 180여 편이 제정되었다.(『晉書』 권30, 「刑法志」, 923쪽, "天子又下詔改定刑制, 命司空陳羣、散騎常侍劉邵、給事黃門侍郎韓遜、議郎庾嶷、中郎黃休、荀詵等刪約舊科, 傍采漢律, 定爲魏法, 制新律十八篇, 州郡令四十五篇, 尙書官令、軍中令, 合百八十餘篇.")『唐律疏議』 권1, 「名例」에도 "魏明帝가 즉위한 후 劉劭를 徵召하여 散騎都尉로 삼아 議郎 庾嶷, 荀詵 등과 科令을 제정하고, 『新律』 18편을 제정하도록 하였다"(魏明帝即位, 徵拜騎都尉, 與議郎庾嶷、荀詵等定科令, 作新律十八篇)고 전한다.

134 魏나라 明帝 때 散騎常侍 劉邵 등이 上書한 『新律』의 「序文」을 말한다.

135 "3편"은 「戶律」·「興律」·「廐律」을 말한다.(『晉書』 권30, 「刑法志」, 922쪽, "漢承秦制, 蕭何定律,

않고 그대로 제6편에 두었으니, 죄(罪)의 조목과 사례[條例]가 이미 율의 시작 부분에도 없고, 율의 끝 부분에도 없으므로 편장[篇章]을 두는 본래의 취지에 부합하지 않는다."고 하였다.136(『진서』「형법지」)

【원문】 魏改漢具律爲刑名第一, 晉於魏刑名律中分爲法例律, 宋齊梁及後魏因而不改, 爰至北齊, 倂刑名法例爲名例, 後周復爲刑名, 隋因北齊更爲名例, 唐因於隋.(唐律疏義)

【역문】 위[曹魏]나라는 한(漢)나라의 「구율」을 개정하여 「형명」 제1편이라 하였고,137 진(晉)나라 때는 위[曹魏]나라의 「형명률」 중에서 분리하여 「법례율」을 만들었으며,138 송[劉宋]나라 · 제(齊)나라 · 양(梁)나라 및 후위[北

除參夷連坐之罪, 增部主見知之條. 益事律興廄戶三篇, 合九篇.";『唐六典』 권6,「尙書刑部」注,"造法經六篇, 商鞅傳之, … 至漢蕭何加悝所造戶興廄三篇, 謂之九章之律.";『唐律疏義』 권1,「名例」, 2쪽,"造法經六篇. … 商鞅傳授, … 漢相蕭何, 更加悝所造戶興廄三篇, 謂九章之律.")

136 『晉書』 권30 「刑法志」, 924쪽. 그 밖에 『文獻通考』 권164(「刑考」 3 '刑制');『玉海』 권65(「詔令」 '魏新律 · 律博士 · 律畧論 · 科令 · 甲子科') 등에도 동일한 내용이 전한다. 한편,『二年律令』에는 「具律」 24개 조문이 확인이 되어 종래 조문이 없이 편명만 전해져오던 「具律」의 내용을 파악할 수 있게 되었다.

137 『晉書』 권30,「刑法志」, 924쪽에는 「具律」을 「刑名」으로 개정하여 제1편에 배치한 까닭에 대해 밝히고 있는데, 그것은 본 조문의 바로 앞 조문에서 살펴본 바와 같다. 즉 舊律은 秦나라의 『法經』을 계승하고 나아가 3편을 덧붙인 것인데, 「具律」은 옮기지 않고 그대로 제6편에 두어, 죄의 조목과 사례가 율의 시작 부분에 없을 뿐만 아니라 율의 끝 부분에도 없으므로 篇章을 두는 본래의 취지에 부합하지 않았다. 이와 같은 이유로 죄의 조목과 사례를 모아 「具律」을 「刑名」이라 개명하고, 이 「刑名」을 『新律』의 첫 편(首篇)에 두었던 것이다(舊律因秦法經, 就增三篇, 而具律不移, 因在第六. 罪條例旣不在始, 又不在終, 非篇章之義. 故集罪例以爲刑名, 冠於律首).

138 『晉書』 권30,「刑法志」, 915쪽에 따르면, 文帝는 晉王이었을 당시 賈充 등에게 法律을 정비하도록 명하였는데, 이때 漢나라의 「九章律」을 바탕으로 총 11편을 증편하고, 이를 종류에 따라 분류하여 체례와 명칭을 바로잡았다. 즉 舊律을 개정하여 「刑名律」과 「法例律」로 삼았고, 「囚律」을 분리하여 「告劾律」 · 「繫訊律」 · 「斷獄律」로 삼았으며, 「盜律」을 분리하여 「請賕律」 · 「詐僞律」 · 「水火律」 · 「毀亡律」로 삼는 한편, 事類에 따라 「衞宮律」과 「違制律」을 만들고, 『周官』을 정비하여 「諸侯律」로 삼았으니, 모두 20編, 620條, 27,657字였다(文帝爲晉王, … 令賈充定法律. … 就漢九章增十一篇, 仍其族類, 正其體號, 改舊律爲刑名, 法例, 辨囚律爲告劾, 繫訊, 斷獄, 分盜律爲請賕, 詐僞, 水火, 毀亡, 因事類爲衞宮, 違制, 撰周官爲諸侯律, 合二十篇, 六百二十條, 二萬七千六百五十七言)고 하였다. 그런데 "舊律을 개정하여 「刑名律」과 「法例律」로 삼았다."(改舊律爲刑名, 法例)는 부분의 '舊律'에 대해 沈家本은 '具律'의 잘못이며, '舊'는 '具律'이라 하는 것이 옳다고 하였다. 程樹德 또한 '舊律'을 '具律'의 잘못이라고 여긴 것으로 생각된다. 또 內田智雄도 「九章律」 중 「具律」이 「刑名律」과 「法例律」로 개편되어 1편이 증편되었고, 거기에 「告劾律」 이하의 10편을 합하여 모두 20편이라는 의미로 해석하였다(內田智雄,『譯註歷代刑法志』, 東京: 創文社, 1964 참고).

魏는 [이를] 그대로 이어 개정하지 않았으나, 북제(北齊) 때에 이르러「형명률」과「법례율」를 합하여「명례율」이라 하였고, 후주[北周]는 다시「형명」이라 하였으며, 수(隋)나라는 북제(北齊)[의 법제]를 계승하여 다시「명례율」이라 하였고, 당(唐)나라는 수(隋)[나라의 법제]를 계승하였다[139](『당률소의』권1「명례」).

七 戶律   7.「호율」

【원문】 漢相蕭何承秦六篇律, 加廐興戶三篇, 迄於後周, 皆名戶律. 北齊以婚事附之, 名爲婚戶律. 隋開皇以戶在婚前, 改爲戶婚律.(唐律疏義)

【역문】 한(漢)나라의 승상인 소하가 진(秦)나라 여섯 편의 율을 계승하여「구율」·「홍률」·「호율」의 3편을 추가하였으며,[140] 후주[北周]에 이르기까지 [지금의「호혼율」을] 모두「호율」이라 하였다. 북제(北齊) 때는 혼인과 관련한 일[婚事]을 [「호율」]에 덧붙여「혼호율」이라 하였다. 수(隋)나라 개황(開皇)연간(581-600)에 '호(戶)'[에 대한 내용]를 '혼(婚)' 앞에 둠으로써「호혼율」이라 개명하게 되었다.[141](『당률소의』)

【세주 원문】 按戶律以下三篇, 總謂之事律, 見晉志及玉海注. 晉志益事律興廐戶三篇, 戶律在末. 唐律疏義或作戶興廐三篇, 或作廐興戶三篇. 考唐六典載晉泰始新

한편 (唐)李林甫等撰, 陳仲夫點校, 『唐六典』(北京: 中華書局), 1992,「尙書刑部」권6, 180쪽에는 그 20편을 1.「刑名律」, 2.「法例律」, 3.「盜律」, 4.「賊律」, 5.「詐僞律」, 6.「請賕律」, 7.「告劾律」, 8.「捕律」, 9.「繫訊律」, 10.「斷獄律」, 11.「雜律」, 12.「戶律」, 13.「擅興律」, 14.「毁亡律」, 15.「衛宮律」, 16.「水火律」, 17.「廐律」, 18.「關市律」, 19.「違制律」, 20.「諸侯律」이라 열거하고 있는데, 이로부터 『九章律』 중에서「具律」이 제외되어「刑名律」과「法例律」로 나뉘었음을 짐작할 수 있다. 또한 『唐六典』은 『九章律』에서「囚律」을 빼고「關市律」을 더하고 있다는 점이 『晉書』「刑法志」의 내용과 상이하다. 그 밖에 『唐律疏義』 권1「名例」에도 같은 내용을 기재하고 있는데, 『晉書』「刑法志」나 『唐六典』과는 달리 『九章律』을 바탕으로 12편을 증편하였고, 모두 합하여 28편이었다고 전한다.

139 『唐律疏議』 권1, 「名例」, 2쪽.
140 『唐律疏議』 권12, 「戶婚律」, 231쪽의 원문에는 "戶婚律者, 漢相蕭何承秦六篇律後, 加廐、興、戶三篇, 爲九章之律."라고 하였으며, 蕭何가 덧붙인 세 편의「廐律」·「興律」·「戶律」중에서「戶律」이「戶婚律」의 기원임을 밝히고 있다.
141 『唐律疏議』 권12, 「戶婚律」, 231쪽.

律, 戸律在第十二, 興律在第十三, 廐律在第十七, 其次第必有所本, 茲從之.

【세주 역문】「호율」 이하의 3편[142]은 총칭하여 '사율'이라 하였는데, [이는] 『진서』 「형법지」[143] 및 『옥해』의 주(注)[144]에 보인다. 『진서』 「형법지」에는 사율인 「흥률」・「구율」・「호율」을 추가하였다고 하면서 「호율」을 가장 말미에 두고 있다. 『당률소의』에는 혹은 '「호율」・「흥률」・「구율」 3편'[145]이라 하고, 혹은 '「구율」・「흥률」・「호율」 3편'[146]이라 기재하고 있다. 『당육전』을 살펴보면, 진(晉)나라 태시(泰始) 『신율』을 기재하고 있는데, 「호율」은 제12편에 두었고, 「흥률」은 제13편에 두었으며, 「구율」은 제17편에 두었다.[147] 그 순서[次第]는 반드시 근거하는 바가 있을 것이므로 여기서는 그대로 따른다.

八 興律 8.「흥률」

【원문】 漢相蕭何創爲興律, 魏以擅事附之, 名爲擅興律. 晉復去擅爲興. 又至高齊, 改爲興擅律. 隋開皇改爲擅興律.(唐律疏義)

【역문】 한(漢)나라 승상 소하가 「흥률」을 만들었고, 위[曹魏]나라 때 천사(擅事)[148]를 덧붙여 「천흥률」이라 이름하였다. 진(晉)나라 때는 다시 '천(擅)'자를 떼어 「흥률」이라 하였다. 다시 고제[北齊] 때에 이르러 「흥천율」이라 개명하였다. 수(隋)나라 개황연간(589-600)에는 「천흥률」이라 개명하였다.[149](『당률소의』)

---

142 蕭何가 추가한 세 가지 편명을 말한다. 즉 「戸律」을 포함하여 「興律」과 「廐律」이다.
143 『晉書』 권30, 「刑法志」, 922쪽, "漢承秦制, 蕭何定律, 除參夷連坐之罪, 增部主見知之條, 益**事律**興、廐、戸三篇, 合爲九篇."
144 『玉海』 권65, 「詔令」, '秦漢舊律、令甲、魏李悝法經、諸儒章句', "益事律與廐戸三篇. 〈三篇總謂之事律.〉"
145 『唐律疏義』 권1, 「名例」, 2쪽, "漢相蕭何更加悝所造戸、興、廐三篇, 謂九章之律."
146 『唐律疏義』 권12, 「戸婚」, 231쪽, "議曰: 戸婚律者, 漢相蕭何承秦六篇律後, 加廐、興、戸三篇, 爲九章之律."
147 『唐六典』 권6, 「尙書刑部」, 181쪽, "晉氏受命, 議復肉刑, 復寢之. 命賈充等十四人增損漢、魏律, 爲二十篇, 一刑名, … 十二戸律, 十三擅興律."
148 "擅事"는 軍役이나 徭役에 인력과 물자를 규정 이상으로 징발하는 것을 말한다. 『晉書』 권30, 「刑法志」, 924쪽, "興律有擅興徭役, 具律有出賣呈, 科有擅作修舍事, 故分爲興擅律."

九 廐律　9.「구율」

【원문】 魏新律序略云, 秦世舊有廐置乘傳副車食廚, 漢初承秦不改, 後以 費廣稍省, 故後漢但設騎置, 而無車馬,[150] 律猶著其文, 則爲虛設, 故除 廐律.(晉書刑法志)

【역문】 위[曹魏]나라『신율』의「서문」에 "진(秦)나라 때는 구치(廐置)[151]ㆍ승 전(乘傳)[152]ㆍ부거(副車)[153]ㆍ식주(食廚)[154]를 설치하였고, 한(漢)나라 초에 는 진(秦)나라[의 제도]를 계승하여 [이를] 개정하지 않았는데, 후에 [그 소모 되는] 비용이 커짐으로써 점차 줄이게 되었으므로 후한(後漢) 때는 단지 기치(騎置)[155]만을 설치하였을 뿐 거마(車馬)는 없었다. [그런데도] 율에는 여전히 규정[文]이 남아 있어 허명뿐인 제도[虛設]에 지나지 않았으므로 「구율」을 폐지하였다."고 하였다.[156](『진서』「형법지」)

---

149 『唐律疏義』권16,「擅興」, 298쪽.『張家山漢簡』『二年律令』에서 23번째로 배치되어 있는 興律은 396~406簡까지 모두 11개의 簡인데, 律名이 적혀 있는 406簡을 빼면 10개의 簡에 9개의 율문으로 구성되어 있다. 그중 396~397簡은 중요한 사건의 上獄 절차이고, 398~400簡은 군역의 동원(擅 興)에 대한 내용이며, 401~403簡은 徭役에 관한 율문이고, 404~405簡의 내용은 변경의 경계와 烽燧에 대한 것이다. 따라서 『二年律令』의 興律은 다음의 『晉書』「刑法志」기사 내용과도 명백히 부합한다는 것을 알 수 있어서,『二年律令』이 蕭何의 九章律과도 일정한 관련이 있음을 확인할 수 있다.『唐律疏義』원문에는 이어서 "비록 제목에 증감이 있고, 때에 따라 계승하거나 개정하였 지만, 그 취지와 의의는 이전과 크게 다르지 않다."(『唐律疏義』권16,「擅興」,"雖題目增損, 隨時沿 革, 原其旨趣, 意義不殊.")라고 하였다.

150 『九朝律考』는 "後漢但設騎置, 而無車馬律, 猶著其文."라고 표점하였으나,『晉書』권30,「刑法志」, 924~925쪽에는 "後漢但設騎置而無車馬, 而律猶著其文."라고 표점하여 다소간의 차이가 있다. 내 용이나 문맥상 후자가 해석하는 데 보다 용이하므로 바꾸었다.

151 "廐置"은 곧 驛站을 말한다. 즉 廐舍 시설이다.『史記』권94,「田儋傳」注, 2648쪽에 "瓚曰: 廐置, 置馬以傳驛也."라고 하였다.

152 "乘傳"은 驛站에서 사용하는 四頭馬車를 말한다.

153 "副車"는 '屬車'라고도 하며, 皇帝가 出御할 때 侍從하는 자들이 사용하는 수레를 말한다.

154 "食廚"는 음식을 제공하기 위한 장소이다.

155 "騎置"는 後漢 때의 驛站을 말한다. 後漢 光武帝는 節儉을 강조하여 驛站制度에 드는 비용을 크게 줄이도록 하였고, 驛站에는 단지 馬匹만을 준비하게 되었기 때문에 騎置라 하였다. 즉 前漢 때까 지 설치되어 있었던 廐置ㆍ承傳ㆍ副車ㆍ食廚 등의 驛站 시설을 모두 통폐합하여 단일화한 것이 다.

156 『晉書』권30,「刑法志」, 924쪽.

【원문】 漢律[制]九章, 創加廏律,[157] 魏以廏事散入諸篇, 晉以牧事合之, 名
　　　 爲廏牧律. 自宋及梁, 復名廏律. 後魏太和中, 名牧産律, 至正始年, 復
　　　 名廏牧律, 歷北齊後周, 更無改作. 隋開皇以庫事附之, 更名廏庫律. 廏
　　　 者, 鳩聚也, 馬牛之所聚. (唐律疏義)

【역문】 한(漢)나라는 『구장률(九章律)』을 제정할 때 처음으로 「구율」을 만
　　　 들어 추가하였는데, 위[曹魏]나라는 '마구간과 관련한 일[廏事]'을 여러 편
　　　 목에 분산하여 넣었고, 진(晉)나라는 '목축과 관련한 일[牧事]'을 「구율」
　　　 에 합하여 「구목률」이라 이름하였다. [남조(南朝)] 송(宋)나라 때부터 양
　　　 (梁)나라 때까지는 다시 「구율」이라고 이름하였다. 후위[北魏]는 태화연
　　　 간(477-499)에 「목산율」이라 이름하였다가 정시연간(504-508)에 이르러
　　　 다시 「구목률」이라 이름하였고, 북제(北齊)와 후주[北周]를 거치면서는
　　　 더 이상 명칭을 바꾸지 않았다. 수(隋)나라 개황연간(589-600)에 '창고[158]
　　　 와 관련한 일[庫事]'을 덧붙여 「구고율」이라 명칭을 바꾸었다. '구(廏)'란
　　　 '모은다'는 뜻으로 말과 소를 모아두는 곳이다.[159](『당률소의』)

◉ 傍章十八篇　『방장』18편

【원문】 叔孫通益律所不及, 傍章十八篇.(晉書刑法志)

【역문】 숙손통이 『[구장]률』에서 다루지 못한 바를 덧보태어 만든 것이 『방
　　　 장』18편이다.[160](『진서』「형법지」)

---

157 『睡虎地秦墓竹簡』「秦律十八種」에는 '廏苑律'이 나오는데, 간문에 '廏律'이라고 칭하여 이 율의 연
　　원은 『秦律』이었다고 생각된다. 『九朝律考』는 "漢律九章, 創加廏律"이라 하였으나, 『唐律疏儀』
　　원문에는 "漢制九章, 創加廏律."이라 하여 다소간의 차이가 있다. 내용이나 문맥상으로는 『唐律疏
　　儀』의 원문이 해석하는 데 보다 용이하다.

158 『唐律疏儀』에 "'庫'는 '舍'라는 뜻으로 병기나 갑옷·재화·布帛 따위를 보관하는 곳이다. 그러므
　　로 齊나라와 魯나라에서 '庫'를 '舍'라고 한 것이다."(『唐律疏儀』권15, 「廏庫」, "庫者, 舍也, 兵甲財
　　帛之所藏, 故齊魯謂庫爲舍.")라고 하였다.

159 『唐律疏儀』권15, 「廏庫」, 275쪽.

160 『晉書』권30, 「刑法志」, 922쪽.

【세주 원문】 按司馬遷傳, 叔孫通定禮儀, 梅福傳叔孫通遁秦歸漢, 制作儀品, 曹褒傳章和元年, 召褒詣嘉德門, 令小黃門持班固所上叔孫通漢儀十二篇. 論衡高祖詔叔孫通制作儀品十六篇. 是通所著爲漢儀. 王應麟於漢藝文志考證增漢儀一種, 卽謂此也, 別無益律十八篇之說. 史記漢書通本傳及形法志俱不載, 疑莫能明. 後考禮樂志云, 今叔孫通所撰禮儀與律令同錄藏於理官, 而後得其說, 蓋與律令同錄, 故謂之傍章.<鹽鐵論二尺四寸之律, 古今一也. 曹褒改通漢儀, 亦寫以二尺四寸簡, 見褒傳.> 應劭傳劭刪定律令爲漢儀, 建安元年奏之, 是可證通之傍章, 卽漢儀也. 據通傳, 高帝崩, 孝惠卽位, 酒謂通曰, 先帝園陵寢廟, 群臣莫習, 徙通爲奉常, 定宗廟儀法及稍定漢諸儀法, 皆通所論著. 是通作傍章當在惠帝時.<周禮小祝注引漢儀, 每街路輒祭, 禮記祭法疏引漢儀, 高帝廟主九寸, 前方後圓, 圍一尺, 此漢 儀佚文之尙可考者.>

【세주 역문】 『한서』 「사마천전」에 "숙손통이 『예의』를 정하였다."[161]고 하였고, 『한서』 「매복전」에 "숙손통이 진(秦)나라에서 달아난 후 한(漢)나라에 귀부(歸附)하여 『의품』을 만들었다."[162]고 하였으며, 『후한서』 「조포전」에는 "장화 원년(87)에 [황제가] 조포(曹褒)[163]를 불러 가덕문(嘉德門)에 이르자, 소황문(小黃門)[164]으로 하여금 반고(班固)가 [조정에] 올린 숙손통의 『한의』 12편을 가져오게 하였다."[165]고 하였다. 『논형』에는 "고조(高祖)가 숙손통에게 조(詔)를 내려 『의품』 16편을 만들게 하였다."[166]고 하였다. 이 숙손통이 저술하였다는 것이 바로 『한의』이다. 왕응린[167]

---

161 『漢書』 권62, 「司馬遷傳」, 2723쪽, "漢興, 蕭何次律令, 韓信申軍法, 張蒼爲章程, 叔孫通定禮儀."; 『史記』 권136, 「太史公自序」 3319쪽.

162 『漢書』 권67, 「梅福傳」, 2917쪽, "福復上書曰: 臣聞箕子佯狂於殷, 而爲周陳洪範; 叔孫通遁秦歸漢, 制作儀品."

163 曹褒의 字는 叔通으로 魯나라 지역 薛 땅 출신이다. 建武연간에 博士가 되어 岱宗(泰山)으로 巡狩를 나서는 御駕를 시종하였고, 이때 封禪禮를 제정하였다. 이후 章帝 때는 叔孫通이 만든 『漢儀』 12편을 당시의 실정에 맞게 改定하였다.

164 "小黃門"은 漢나라 때 黃門侍郎보다 한 단계 낮은 등급의 宦官을 말한다. 또는 宦官을 통칭하여 "小黃門"이라 부르기도 한다(『後漢書』 권36 「百官志」, 3594쪽, "小黃門, 六百石. 宦者, 無員. 掌侍左右, 受尙書事, 上在內宮, 關通中外, 及中宮已下衆事").

165 後漢 章帝가 曹褒로 하여금 叔孫通이 만든 『漢儀』 12편을 지금의 실정에 맞게 개정할 수 있도록 독려하는 내용 중 일부이다(『後漢書』 권35, 「曹褒傳」, 1203쪽, "章和元年正月, 乃召褒詣嘉德門, 令小黃門持班固所上叔孫通漢儀十二篇, 勅褒曰: 此制散略, 多不合經, 今宜依禮條正, 使可施行. 於南宮, 東觀盡心集作.")

이 『한예문지고증』에서 『한의』 1종(種)을 늘렸다고 한 것도 곧 이것을 말한다. [그러나] 그 밖에 율에 18편을 더하였다고 하는 설은 나오지 않는다. 『사기』와 『한서』의 「숙손통전」 및 「형법지」에도 모두 [율에 18편을 더하였다고 하는 설이] 기재되어 있지 않으니, 의문을 밝힐 길이 없다. 이후 『한서』「예악지」에 "지금 숙손통이 지은 『예의』가 율령과 함께 기록되어 이관(理官)[168]에 보관되었다."[169]고 한 내용을 살펴본 후에야 [그] 설을 이해할 수 있게 되었다. 아마도 '율령과 함께 기록되었다.'고 하였으므로 『방장』이라 하였을 것이다. 〈『염철론』에 "2척 4촌의 율[170]은 예나 지금이나 매한가지이다."[171]라고 하였다. 조포가 숙손통의 『한의』를 개정한 것도 2척 4촌의 죽간(竹簡)에 서사(書寫)하였다. 『후한서』「조포전」에 보인다.[172]〉 『후한서』「응소전」에 응소(應劭)[173]가 "율령을 산정(刪定)하여 『한의』를 만들고, 건안원년(196)에 그것을 상주하였다."[174]고 하였으니, 이로써 숙손통의 『방장』이 곧 『한의』이었음을

---

166 『論衡』「謝短篇」(黃暉 撰, 『論衡校釋』, 北京: 中華書局, 2009, 561쪽), "高祖詔叔孫通制作儀品, 十六篇何在? 而復定儀禮? 見在十六篇, 秦火之餘也, 更秦之時, 篇凡有幾?"

167 王應麟은 南宋 때의 儒學者이다. 字는 伯厚, 號는 深寧居士로 慶元(지금의 浙江省 寧波) 출신이다. 박식하고 합리적인 고증적 학풍을 형성하여 후세에 큰 영향을 주었다. 저서로는 『困學紀聞』, 『玉海』, 『通鑑地理通釋』『漢藝文志考證』 등이 있는데, 그중 類書인 『玉海』는 古今의 詩詞文粹 · 歷史故事 · 巨典鴻章 · 諸子百家 · 成語典故 등을 모아 典故 · 語彙 등을 쉽게 찾을 수 있도록 만들어 현재에도 귀중한 자료로 평가받는다.

168 본래 獄訟을 관장하는 官을 일컫는 말이다.

169 『漢書』 권22, 「禮樂志」, 1035쪽, "今叔孫通所撰禮儀, 與律令同錄, 藏於理官, 法家又復不傳."

170 後漢 章帝 때 曹襃는 叔孫通이 만든 『漢儀』 12편을 현 실정에 맞게 개정하여 이를 2尺 4寸의 竹簡에 새겨 넣었다. 이처럼 漢나라 때는 2尺 4寸 크기의 竹簡을 이용하여 律을 새겨 넣었는데, 이를 보통 成數를 들어 '三尺法' 또는 '三尺律令'이라 하였다(『史記』 권122, 「杜周傳」, "君爲天子決平, 不循三尺法. 〈集解: 漢書音義曰, 以三尺竹簡書法律也.〉";『漢書』 권83, 「朱博傳」, 3400쪽, "如太守漢吏, 奉三尺律令, 以從事耳. … 三尺律令, 人事出其中.";『隋書』 권25 「刑法志」, 705쪽, "三尺律令, 未窮畫一之道.").

171 王利器, 『鹽鐵論校注』(北京: 中華書局, 2010),「詔聖篇」, 595쪽.

172 『後漢書』 권35, 「曹襃傳」, 1203쪽, "章和元年正月, 乃召襃詣嘉德門, 令小黃門持班固所上叔孫通漢儀十二篇. … 襃旣受命, 乃次序禮事, 依準舊典, 雜以五經讖記之文, 撰次天子至於庶人冠婚吉凶終始制度, 以爲百五十篇, 寫以二尺四寸簡."

173 應劭의 字는 仲遠으로 汝南郡 南頓 출신이다. 後漢 末에 활동하였으며, 『風俗通』, 『漢官儀』 등의 저서가 있으며, 『漢書』에 주석을 단 인물로 잘 알려져 있다.

174 『後漢書』 권48, 「應劭傳」, 162쪽에 "又刪定律令爲漢儀, 建安元年乃奏之."라고 하였다. 한편 『晉書』 권30 「刑法志」, 920쪽에는 "獻帝建安元年, 應劭又刪定律令, 以爲漢議, 表奏之."라고 하여 『漢儀』를 『漢議』라 하였는데, 이는 『後漢書』「應劭傳」이나 『通志』 권110 「應奉 · 應劭傳」 및 『文獻通考』 권164 「刑考3」 '刑制' 등의 같은 내용에 모두 『漢儀』라고 한 것으로 미루어 볼 때 誤記일 것으로 추정된다.

증명할 수 있다. 『한서』「숙손통전」에 따르면, "고제(高帝)가 붕어(崩御)하고 효혜제(孝惠帝)가 즉위하여 숙손통에게 말하기를, '선제(先帝)의 원릉(園陵)[175]과 침묘(寢廟)[176][에 관한 예절]에 대해 뭇 신하들이 제대로 익힌 적이 없소.'라고 하자, 숙손통이 봉상(奉常)[177]으로 자리를 옮겨 종묘의 의법(儀法)을 제정하고, 점차적으로 한(漢)나라의 여러 의법을 제정하였으니, [한(漢)나라의 의법은] 모두 숙손통이 논저한 것이다."[178]라고 하였다. 그러므로 숙손통이 『방장』을 지은 것은 효혜제 때의 일이었다고 보는 것이 마땅하다. 〈『주례』「소축」의 주(注)에 『한의』를 인용하여, "매번 길거리[街路]에서 때마다 제(祭)를 올린다."[179]고 하였고, 『예기』「제법」의 소(疏)에 『한의』를 인용하여 "고제(高帝)의 묘주(廟主)[180]는 [길이가] 9촌인데, 앞쪽은 네모나고 뒤쪽은 둥글며, 둘레는 1척이다."라고 하였으니, 이는 『한의』가 실전(失傳)되었음에도 여전히 고찰할 수 있는 것들이다.

⦿ **越宮律二十七篇** 『월궁률』27편

---

175 "園陵"은 帝王들의 묘지를 말하는데, 구체적으로 '園'은 墓域을 말하고, '陵'은 封墳을 말한다.(『後漢書』권1상, 「光武本紀」, "赤眉焚西京宮室, 發掘園陵.〈園謂塋域, 陵謂山墳.〉")

176 "寢廟"는 宗廟의 正殿을 '廟'라하고 後殿을 '寢'이라 하는 것을 합하여 부르는 말이다;『禮記』「月令」, "寢廟畢備.〈鄭玄注: 凡廟, 前曰廟, 後曰寢.〉〈孔穎達疏: 廟是接神之處, 其處尊, 故在前, 寢, 衣冠所藏之處, 對廟爲卑, 故在後. 但廟制有東西廂, 有序牆, 寢制唯室而已. 故釋宮云, 室有東西廂曰廟, 無東西廂有室曰寢, 是也.〉")

177 "太常"은 漢나라 때의 官名으로 宗廟儀禮, 즉 祭祀와 禮樂을 관장하였다. 그 기원은 周나라 때의 春官, 秦나라 때의 奉常인데, 漢나라 초 叔孫通이 『禮儀』를 제정할 때 수행하였던 관직도 바로 奉常이었다. 이후 景帝 6년(기원전 151년)에 太常으로 그 명칭을 바꾸었다. 역대 왕조들은 모두 漢나라의 제도를 계승하여 太常職을 두었는데, 北魏는 太常卿, 北齊는 太常寺卿, 北周는 大宗伯이라 하였다가, 隋나라 때부터 淸나라 때까지는 모두 太常寺卿이라 하였다.(『漢書』권19상, 「百官公卿表」, 726쪽, "奉常, 秦官, 掌宗廟禮儀, 有丞. 景帝中六年更名太常.〈應劭曰: 常, 典也, 掌典三禮也.〉";『漢書』권19하, 「百官公卿表」, 747쪽, "叔孫通爲奉常, 三年徙爲太子太傅.";『通典』권25, 「職官」7, '太常卿', "周時曰宗伯爲春官, 掌邦禮. 秦改曰奉常. 漢初曰太常, 欲令國家盛大常存, 故稱太常. 惠帝更名奉常, 景帝六年更名太常.")

178 『漢書』권43, 「叔孫通傳」, 2129쪽.

179 『周禮正義』권50, 「春官宗伯」, '小祝', 2039쪽, "乃葬設道齎之, 奠分禱五祀.〈注: 杜子春云, 齎當爲粢道中祭也. 漢儀, 每街路輒祭.〉"

180 "廟主"는 宗廟 내의 位牌를 말한다.

● 朝律六篇 『조율』6편

【원문】 張湯與趙禹共定諸律令, 務在深文.(張湯傳)

【역문】 장탕[181]과 조우[182]는 여러 율령을 함께 제정하였는데, 법률조문을 가혹하고 엄격히 하는 데 힘썼다.[183](『한서』「장탕전」)

【원문】 張湯越宮律二十七篇, 趙禹朝律六篇.(晉書刑法志)

【역문】 장탕의 『월궁률』[184]은 27편이고, 조우의 『조율』[185]은 6편이다.[186]

---

[181] 張湯은 前漢 杜陵(지금의 陝西省 西安 동남 지역) 출신이다. 어렸을 때 長安丞인 부친이 출타하면서 창고(舍)를 지키게 하였는데, 이때 창고의 고기를 훔쳐 먹은 쥐를 잡아 訊鞫하였다는 일화로 유명하며, 장성해서는 엄격하면서도 청렴한 관리로서 명성을 얻었다. 武安侯 田蚡이 丞相이 되었을 때 丞相史, 侍御史를 역임하며 능력을 인정받아 곧 太中大夫가 되었다. 이후 趙禹와 더불어 여러 법령을 정비하였고, 각종 직무에도 충실하여 廷尉職을 제수받았다. 또한 淮南獄 사건을 무난히 처리함으로써 御史大夫가 되었고, 이 시기를 즈음해서는 丞相을 제쳐두고 국가의 중대사를 결정하는 등 武帝의 총애를 한 몸에 받았다. 그러나 그와 간극이 있던 朱買臣의 모함으로 스스로 생을 마감하는 비극적 결말을 맞고 말았다. 추후 그가 모함을 당하였다는 증거가 확보됨으로써 죄는 사면되었고, 朱買臣 등은 모두 주살당하였다. 『越宮律』 27편을 찬술하였다. 『史記』 권122와 『漢書』 권59에 열전이 있다.

[182] 趙禹는 前漢 武帝 때의 법률가로 斄 지역 출신이다. 御史, 太中大夫 등을 역임하였으며, 張湯과 함께 여러 법령을 정비하였다. 법을 집행하는 데 매우 엄격하였으며, 食客을 두지 않는 등 청렴한 관리로서 명성을 얻었다. 『史記』 권122에 열전이 있다.

[183] 『漢書』 권59, 「張湯傳」, 2638쪽. 그 밖에 『史記』 권122, 「張湯傳」; 『玉海』 권65, 「詔令」, '漢律令·三章律·九章·除挾書律·律經' 등에도 같은 내용이 전한다.

[184] 『越宮律』은 宮庭의 警衛에 관한 律令인데, 逸失되고 말았다. 그러나 후대에 고증을 거쳐 "宮門에 출입할 때는 출입증이 있어야 한다." 또는 "朝服을 입지 않고 宮殿에 나가는 것은 不敬에 해당한다."는 등의 30여 조목이 밝혀졌다.

[185] 『朝律』은 『朝會正見律』이라고도 하며(『太平御覽』 卷638 「刑法部四」, 2859쪽, "張斐律序曰 張湯制越(官)【宮】律, 趙禹作朝會正見律.", 諸侯들이 天子를 朝賀할 때와 관련된 율령이다. 朝律은 武帝시기의 趙禹가 만든 것으로, 張家山336號 漢墓에 보이는 약 30종의 律名 가운데 朝律이 있어서 趙禹 이전에 이미 존재하고 있음을 알 수 있다. 『漢書』「叔孫通傳」의 내용과 최근 출토된 朝律의 율문을 비교한 결과, 九賓, 趨, 少府中郎進, 皇帝出房, 賓九賓, 及朝者의 내용이 일치한다. 이것은 무제시기 趙禹에 의해 만들어졌다고 하는 朝律이 이미 叔孫通시기부터 존재했음을 말해준다. 336號 漢墓 문서가 문제시기의 것이므로 朝律은 『漢書』「叔孫通傳」에 '율이 미치지 않은 바를 늘려 章으로 18篇으로 했다'는 旁章에 해당한다. 彭浩, 「湖北江陵出土前漢簡牘槪說」, 大庭脩 編, 『漢簡研究の現狀と展望』(吹田: 關西大學出版部, 1993), 109쪽. 曹旅寧, 「張家山336號漢墓 《朝律》的幾個問題」(『貴州師範大學學報』 2008-1), 14쪽. 이상의 내용은 任仲爀, 「漢·魏晉律에서의 篇章 체제의 변화: 賊律을 중심으로」, 『中國古中世史研究』 29, 2013년 2월에 의한다.

[186] 『晉書』 권30, 「刑法志」, 922쪽. 그 밖에 『通典』 권163, 「刑法1」, '刑制上'; 『文獻通考』 권164, 「刑

(『진서』「형법지」)

【원문】 孝武世以姦宄滋甚, 增律五十餘篇.(魏書刑罰志)

【역문】 효무제(孝武帝) 때[가 되자] 법도를 어지럽힘[姦宄]이 점점 더 심해졌
으므로 법률 50여 편을 증설하였다.[187](『위서』「형벌지」)

【원문】 張湯制越宮律, 趙禹作朝會正見律.(御覽六百三十八引張斐律序)

【역문】 장탕이 『월궁률』을 제정하고, 조우가 『조회정견율』을 만들었다.
(『태평어람』 권638에서 「장비율서」를 인용)

【세주 원문】 按傍章十八篇, 越宮朝律合以九章, 共六十篇, 是謂漢律. 傍章以下, 其
篇目皆無考, 諸書中引漢律幷載其律名者, 尚有數種, 別附於後, 其爲傍章以下之一
篇, 抑係單行之律, 則不可考矣.

【세주 역문】 『방장』 18편, 『월궁률』과 『조율』을 『구장률』과 합하면 총 60편[188]이 되
는데, 이를 '한율(漢律)'이라고 한다. 『방장』 이하는 그 편목을 모두 고찰할 수는 없
고, 여러 책 중에 한율(漢律)을 인용하면서 아울러 그 율명(律名)을 기재한 것들이
아직도 몇몇은 남아 있으므로 별도로 후면에 덧붙여 이것을 『방장』 이하의 한 편으
로 삼아야 하는데, 그렇지 않으면 단행률(單行律)에 대해 고증할 방법이 없다.

考3」, '刑制'; 『玉海』 권65, 「詔令」, '秦漢舊律 · 令甲 · 魏李悝法經 · 諸儒章句' 등에도 같은 내용이
전한다.

187 『魏書』 권111, 「刑罰志」, 2871쪽. 『漢書』 권23, 「刑法志」, 1101쪽에 "招進張湯 · 趙禹之屬, 條定法
令, 作見知故縱 · 監臨部主之法."라고 한 것이나, 『晉書』 권30, 「刑法志」, 922쪽에 "張湯越宮律二
十七篇, 趙禹朝律六篇."라고 하는 등의 기재가 확인되지만, 여기서 말하는 "增律五十餘篇"의 구체
적인 내용은 확실하지가 않다.

188 漢나라의 법률은 ① 蕭何의 『九章律』 9편, ② 叔孫通의 『傍章』 18편, ③ 張湯의 『越宮律』 27편,
④ 趙禹의 『朝律』 6편을 모두 합하여 총 60편이다. (『晉書』 권30, 「刑法志」, 922쪽, "蕭何定律, …
合爲九篇. 叔孫通益律所不及, 傍章十八篇, 張湯越宮律二十七篇, 趙禹朝律六篇, 合六十篇.")

◉ 尉律(見昭帝紀注 說文敍)

『위율』(「소제기」주와 『설문해자』「서문」에 보인다)

【원문】 董彦遠謝除正字啓, 尉律四十九類, 書蓋已亡.(困學紀聞)

【역문】 동언원(董彦遠: 董迪)의 『제정자사계』는 『위율』 49류(類)에 대해 언급하고 있으나 [그] 책이 이미 망실(亡失) 되었다.(『곤학기문』)

【원문】 徐鍇曰, 尉律, 漢律篇名.(說文解字)

【역문】 서개[189]는 "『위율』은 한율(漢律)의 편명이다."라고 하였다.(『설문해자』)

◉ 酎金律(見禮儀志注) 『주금률』(「예의지」주에 보인다)

【원문】 酎金律文帝所加, 以正月旦作酒, 八月成, 名酎酒, 因合諸侯, 助祭貢金.(禮儀志注引丁孚漢儀)

【역문】 주금률은 문제(文帝) 때 추가된 율로 정월 초하루에 술을 빚어 8월에 익었기 때문에 주주[190]라 이름하였다. [이 일로 인해] 제후들을 회합하여 제사를 도와 금을 바치게 하였다.[191](『후한서』「예의지」주에서 정부 한의를 인용)

【원문】 張晏曰, 正月旦作酒, 八月成, 名曰酎, 酎之爲言, 純也. 至武帝時,

---

189 徐鍇의 字는 楚金으로 五代十國 때 南唐의 학자이다. 兄인 徐鉉과 南唐에 入仕하여 知制誥, 集賢殿學士 등을 역임하였다. 南唐 멸망 후 徐鉉은 宋에 入仕하였으나 그는 憤死했다. 형제가 모두 文名이 높아, '二徐'라 불리었다. 徐鍇는 특히 문자학에 조예가 깊어 『說文解字』를 연구하여 『說文繫傳』, 『說文解子韻譜』 등을 남겼다.

190 『漢書』 권5, 「景帝本紀」, 137쪽의 顔師古 注에 "酎는 세 번 걸러서 빚어내는 醇酒이다. 맛이 풍부하기 때문에 醇酒를 宗廟에 올린다."라고 하였다.

191 『後漢書』 권14, 「禮儀志」, 3103쪽, "最後親陵, 遣計吏, 賜之帶佩. 八月飲酎, 上陵, 禮亦如之.〈丁孚漢儀曰: 酎金律, 文帝所加. 以正月旦作酒, 八月成, 名酎酒. 因令諸侯助祭貢金.〉"

因八月嘗酎金[192]諸侯廟中, 出金助祭, 所謂酎金也.(史記孝文本紀注)

【역문】 장안(張晏)은 "정월 초하루에 술을 빚으면 8월에 익었는데, 그 이름을 주(酎)라고 한다. 주(酎)라는 말은 순(純)하다는 뜻이다. 무제(武帝) 때에 이르러 8월 상주[嘗酎][193] 때 제후들을 종묘에 모아놓고서 금을 내어 제사를 돕게 하였으니, [이것이] 이른바 주금이다."라고 하였다.[194](『사기』「효문본기」)

【원문】 如淳曰, 漢儀注, 侯歲以戶口酎黃金, 獻於漢廟, 皇帝臨受獻金, 以助祭, 大祠曰飮酎, 飮酎受金, 少不如斤兩, 色惡, 王削縣, 侯免國.(史記平準書注)

【역문】 여순(如淳)은 "『한의』의 주(注)에 '제후들은 매년 [관할 지역 내] 호구로부터 주황금(酎黃金)을 [거두어] 한(漢)나라 종묘에 바쳤는데, 황제가 직접 [제후들이] 바친 금을 받아 제사에 사용[助]하였다. 대사(大祠)가 '음주(飮酎)'라고 말하면 주(酎)를 마시게 하고 [제후들로부터] 금을 받았는데, 조금이라도 경중[斤]과 다소[兩][195]가 [규정과] 같지 않거나 품질[色]이 좋지 못하면, 왕(王)은 현(縣)을 삭감 당하고, 후(侯)는 봉국[封國]을 빼앗겼다.'"라고 하였다.[196](『사기』「평준서」 주)

---

192 "金"은 『史記』나 『漢書』의 기재에 따라 "會"로 교정하는 것이 옳아 보인다.
193 "嘗酎"는 제사 때 새로 빚은 술을 맛보는 것을 말한다. 『春秋左傳』의 鄭玄 注에 "'酎'는 '醇'하다는 뜻이다. 거듭 걸러서 빚어내는 술을 말한다. 봄에 술을 빚어 이때에 이르러 익으면 朝廷에서는 群臣들이 禮樂으로써 이 술을 마신다."라고 하였다.(『春秋左傳』「襄公」, "[二十二年]公孫夏來會寡君以朝於君, 見於嘗酎, 與執燔焉.〈杜預注: 酒之新熟, 重者爲酎. 嘗新飮酒爲嘗酎.〉〈正義曰: 月令, 孟夏天子飮酎用禮樂〉〈鄭玄云: 酎之言醇也. 謂重釀之酒也. 春酒至此始成, 與羣臣以禮樂飮之於朝.〉") 또한 '嘗'은 가을에 지내는 제사로서 이때 새로 빚은 술을 올리기 때문에 '嘗酎'라고도 한다.(『詩經』「小雅」 '天保', "禴祠烝嘗, 於公先王."; 『爾雅』「釋天」, "秋祭曰嘗."; 『春秋繁露』「四祭」, "四祭者, 因四時之所生熟而祭其先祖父母也. 故春曰祠, 夏曰礿, 秋曰嘗, 冬曰蒸.")
194 『史記』 권10, 「孝文本紀」, 433쪽; 『漢書』 권5, 「景帝本紀」, 137쪽, "高廟酎.〈張晏曰: 正月旦作酒, 八月成, 名曰酎. 酎之言純也. 至武帝時, 因八月嘗酎會諸侯廟中, 出金助祭, 所謂酎金也.〉〈師古曰: 酎, 三重釀, 醇酒也. 味厚, 故以薦宗廟.〉"; 『玉海』 권65, 「詔令」, '漢酎金律', "武帝時, 因八月嘗酎, 令諸侯出金助祭, 所謂酎金也.〈左傳晉有嘗酎.〉"
195 『史記』 권30, 「平準書」의 如淳 注에 "金을 살핀다는 것은 諸侯들이 헌납한 金의 輕重을 살핀다는 것이다."라고 하였다.

【원문】 師古曰, 酎三重, 釀醇酒也, 味厚, 故以薦宗廟.(景帝紀注)

【역문】 안사고(顔師古)[197]는 "주(酎)는 세 번 걸러서 빚어내는 순주(醇酒)이다. 맛이 풍부하기 때문에 [이 술을] 종묘에 올린다."고 하였다.[198](『한서』 「경제본기」)

【원문】 元鼎五年, 列侯坐獻黃金酎祭宗廟不如法奪爵者百餘人.(武帝紀)

【역문】 원정 5년(기원전 112년)에 열후(列侯)들이 황금을 바쳐 종묘에서 주제(酎祭)를 지낼 때 법의 규정대로 하지 않은 일로 죄를 받아[199] 작위를 삭탈당한 자가 백여 명[200]이었다.[201](『한서』 「무제본기」)

【원문】 五鳳四年, 嗣朝侯固城坐酎金少四兩, 免. 地節四年, 襄陽侯聖坐

---

196 『史記』 권30 「平準書」, 1439쪽. "至酎, 少府省金.〈集解, 如淳曰: 省視諸侯金有輕有重也. 或曰, 至嘗酎飮宗廟時, 少府視其金多少也.〉而列侯坐酎金失侯者百餘人.〈集解, 如淳曰: 漢儀注王子爲侯, 侯歲以戶口酎黃金於漢廟, 皇帝臨受獻金以助祭. 大祀日飮酎, 飮酎受金. 金少不如斤兩, 色惡, 王削縣, 侯免國.〉"

197 顔師古의 이름은 籒이고, 師古는 字이다. 萬年縣(지금의 陝西省) 출신이다. 『顔氏家訓』의 저자인 顔之推가 祖父이다. 儒學者 집안에서 출생하여 古典을 익히는 데 매진하였으며, 문장력이 매우 뛰어났다. 唐나라 高祖와 太宗 2代를 섬기면서 中書舍人 · 中書侍郎 · 秘書監 등을 역임하였고, 詔令의 초안을 작성하는 일도 담당하였다. 『大唐儀禮』의 修撰과 『五經正義』의 編纂에 참여하였고, 『漢書』에 注를 달면서 그 이전의 여러 주석들을 집대성하였다. 顔師古의 注는 지금도 해석의 중요한 근거가 된다.

198 『漢書』 권5, 「景帝本紀」, 137쪽.

199 諸侯들은 地位의 高下에 따라 헌납해야 하는 金의 분량이 달랐다. 이는 文帝 때 제정된 것으로 1,000口마다 金 4兩이었다고 한다(박기수, 하원수 등 譯註, 『사료로 읽는 중국 고대 사회경제사』, 청어람미디어, 2005. 159쪽, 주317 참고). 한편 『漢書』 권6, 「武帝本紀」의 如淳 注에 "皇帝臨受獻金, 金少不如斤兩, 色惡, 王削縣, 侯免國."라고 하여 분량을 채우지 못하거나 품질이 좋지 못한 金을 헌납할 경우를 언급하고 있다.

200 『史記』 권30, 「平準書」, 1439쪽에 따르면, 少府에서 酎金을 검사하였는데, 이때 분량을 채우지 못하거나 품질이 좋지 못한 金을 헌납하여 적발된 제후들이 100여 명에 이르렀고, 모두 제후의 爵位를 삭탈하였다고 하였다.

201 『漢書』 권6, 「武帝本紀」, 187쪽. "(元鼎五年)九月, 列侯坐獻黃金酎祭宗廟不如法奪爵者百六人, 丞相趙周下獄死.〈服虔曰: 因八月獻酎祭宗廟時使諸侯各獻金來助祭也.〉〈如淳曰: 漢儀注諸侯王歲以戶口酎黃金於漢廟, 皇帝臨受獻金, 金少不如斤兩, 色惡, 王削縣, 侯免國.〉〈臣瓚曰: 食貨志南越反時卜式上書願死之. 天子下詔褒揚, 布告天下, 天下莫應. 列侯以百數, 莫求從軍. 至酎飮酒, 少府省金, 而列侯坐酎金失侯者百餘人. 而表云趙周坐爲丞相知列侯酎金輕下獄自殺. 然則知其輕而不糾擿之也.〉〈師古曰: 酎, 三重釀醇酒也.〉"

奉酎金八兩少四兩, 免.(王子侯表)

【역문】 오봉 4년(기원전 53년)에 조후(朝侯)를 계승한 고성(固城)은 [바친] 주금(酎金)이 4량(兩) 부족한 일로 죄를 받아 면관되었다.[202] 지절 4년(기원전 66년)에 양양후(襄陽侯) 성(聖)은 주금(酎金) 8량(兩)을 바쳐야 하는데, 4량(兩)이 부족하였기 때문에 죄를 받아 면관되었다.[203](『한서』「왕자후표」)

【원문】 漢多以酎金失侯, 其故何也? 考史記平準書武帝方事夷狄而擊羌越, 卜式上書, 願父子往死之, 帝侯卜式, 賜金六十斤, 田十頃以風, 天下莫應, 而列侯百數, 皆莫求從軍擊羌者, 故於宗廟酎時, 使少府省諸侯所獻金斤兩少者色惡, 王削縣, 侯失國焉, 蓋緣諸侯之不從軍, 武帝忿焉, 乃設此法, 故失侯者百餘人.(韓王信傳注引孔武仲雜說)[204]

【역문】 한(漢)나라 때는 주금(酎金) 때문에 제후들이 작위를 상실하는 일이 많았는데, 그 이유는 무엇인가? 『사기』「평준서」를 살펴보면, 무제(武帝)가 바야흐로 오랑캐[夷狄]를 도모하기 위하여 서강(西羌)[205]과 남월(南越)[206]을 공격[207]하였는데, 복식(卜式)[208]이 상서하기를, "바라옵건대, [신

---

202 『漢書』 권15상, 「王子侯表」, 445쪽.
203 『漢書』 권15상, 「王子侯表」, 475쪽.
204 程樹德은 「韓王信傳」의 注에 孔武仲(1041-1097)의 『雜說』을 인용한 것이라 하였으나, 『史記』「韓王信傳」 및 『漢書』「韓信傳」의 注에는 위와 같은 내용이 없다. 다만 孔武仲의 아우 孔平仲이 지은 『珩璜新論』을 『孔氏雜說』이라고도 하는데, 여기에는 동일한 내용이 보인다.
205 西羌은 靑海 지역을 중심으로 중국 서북 변경 일대에 거주하는 티베트계 유목 민족이다. 漢나라 때는 西羌이라 불리었고, 匈奴의 세력 하에 있었기 때문에 자주 중국에 침입하였다. 後漢 이후에는 중국 내부의 혼란을 틈타 羌族의 중국 서북부 침입과 定住가 증가하였다. 한편 漢 武帝 때인 기원전 112년에 西羌이 변경을 침범하여 만행을 부렸기 때문에 三河 以西의 수만 명을 징발하여 西羌을 공격하였다. 또한 河西 4郡을 설치하여 匈奴와의 접촉을 차단하였다. 이후 宣帝와 元帝 때도 西羌과 전쟁을 일으켜 승리를 거둔 바 있다.
206 南越은 秦나라 말 漢나라 초의 혼란에 편승하여 廣東과 廣西 지역에서 독립한 국가이다. 즉 秦始皇이 사망한 후 각지에서 반란이 일어나자 南越의 武王인 趙它 또한 독립 세력을 형성하여 桂林과 象郡 등을 장악함으로써 南越을 건국하였다. 南越의 武王 趙它는 漢 高祖에게 稱臣하며 貢納을 하는 조건으로 지위를 인정받았다. 그러나 呂太后 때 南越에 대한 철기 수출을 금지시킴으로써 양국의 관계는 급속도로 악화되었으며 전쟁이 발생하였으며, 武王 趙它는 스스로 武帝라 칭하기 시작하였다. 이후 수차례의 군사적 충돌과 南越王의 漢나라 入朝가 반복되었다. 漢 武帝 때에 이르러 南越이 반기를 들자 2,000의 군대를 파견하였으나 패배하였고, 다시 10만의 군대를 파견하여 南越을 토벌하는 데 성공하였다. 漢은 복속한 南越 지역에 9개의 郡을 설치하였다.

(臣의] 부자(父子)는 [남월과의 전쟁 지역으로] 가서 죽음을 각오하고 싸우고자 합니다."²⁰⁹라고 하니, 무제가 복식을 [관내]후로 삼고 금(金) 60근(斤)과 전토 10경(頃)을 사여(賜與)함으로써 포양(襃揚)하였다.²¹⁰ [그러나] 천하 [사람들 중 이]에 호응하는 자는 아무도 없었고, 열후들도 수백 명이나 되었지만 종군하여 서강을 공격하기를 자청[求]하는 자는 아무도 없었다.²¹¹ 때문에 종묘에서 주주(酎酒)를 마실 때, 소부(少府)²¹²로 하여금 제

---

207 『史記』「平準書」에 따르면, 漢 武帝는 元鼎 5년(기원전 112년)에 南越이 반기를 들고, 西羌이 변경을 침범하여 만행을 부리자 죄수들에게 사면령을 내리는 한편, 南方의 樓船卒 20만여 명을 징발하여 南越을 공격하게 하고, 三河 以西의 騎兵 수만 명을 징발하여 西羌을 공격하게 하였다고 한다. (『史記』 권30, 「平準書」, 1438-1439쪽. "南越反、西羌侵邊爲桀. 於是天子爲山東不贍, 赦天下囚, 因南方樓船卒二十餘萬人擊南越, 數萬人發三河以西騎擊西羌, 又數萬人度河築令居.")

208 卜式은 河南 출신으로 목축에 종사하였으며, 武帝 때 20萬錢을 河南 太守에게 헌납하였다고 한다. 郎中이 되어서는 上林苑에서 牧羊을 하였고, 이후 縣令을 거쳐 齊王의 太傅가 되었다. 元鼎 5년(기원전 112년)에는 南越과의 遠征에 從軍할 것을 奏請하였는데, 武帝가 이를 기특히 여겨 恩賞을 下賜하고 御史大夫로 임명하였다고 한다. 『漢書』 권58 「卜式傳」 참고.

209 卜式이 上書한 내용은 다음과 같다. "臣은 군주의 근심은 臣下된 자의 치욕이라고 들었습니다. 南越이 반기를 들었다 하니, 臣의 父子는 水戰에 익숙한 齊의 군사들과 함께 가서 죽음을 각오하고 싸우기를 원합니다."(『史記』 권30, 「平準書」, 1438-1439쪽. "齊相卜式上書曰: 臣聞主憂臣辱, 南越反, 臣願父子與齊習船者往死之.")라고 하였다.

210 卜式이 南越과의 전쟁에 죽음을 각오하고 從軍하기를 청하자 武帝는 詔를 내려 그 의로운 마음을 칭찬하였는데, 그 내용은 다음과 같다. "卜式은 비록 農耕과 牧畜에 종사하는 자였으나 이익을 삼는 데만 열중하지 않고, 여분이 있을 때마다 국가의 재정을 도왔다. 지금 천하에 불행히도 위급한 일이 생기자 분연히 父子가 함께 죽음을 각오하고 싸우기를 청하니, 비록 전쟁에 나간 것은 아닐지라도 그 의로운 마음만큼은 안에서 우러나왔다고 할 만하다. 그러하니 關內侯의 작위와 금 60근, 전토 10경을 하사하도록 하라."(『史記』 권30, 「平準書」, 1439쪽. "不以爲利, 有餘輒助縣官之用. 今天下不幸有急, 而式奮願父子死之, 雖未戰, 可謂義形於內. 賜爵關內侯, 金六十斤, 田十頃.")고 하였다.

211 武帝는 從軍을 청하는 卜式의 의로운 마음을 칭찬하는 詔를 내리고 恩賞을 하사하였다. 또한 이러한 卜式의 모범적인 사례를 만천하에 布告하도록 지시하였는데, 그 이면에는 국가가 위급상황에 처하였을 때 수백 명에 달하는 諸侯들이 과연 어떻게 충성심을 보일 것인가를 시험해 보기 위한 의도도 분명히 있었을 것이다. 그럼에도 제후들 중 어느 누구도 從軍하여 南越과 싸우기를 청하는 자가 없었던 것이다.(『史記』 권30, 「平準書」, 1439쪽. "卜式, … 賜爵關內侯, … 布告天下, 天下莫應, 列侯以百數, 皆莫求從軍擊羌、越.")

212 少府는 山川・園池・市井의 租稅 수입과 皇室의 수공업 제조를 담당하였던 皇帝의 私府이다. 大司農은 天下의 公用을 관장하고, 少府는 천자의 개인적인 비용을 관장한다. 『漢書』 「百官公卿表」에 "少府는 秦나라 때 설치한 官府이다. 山・海・池・澤의 稅를 관장하며, 이를 天子를 공양하는 데 사용한다."라고 하였고, 顔師古는 注에 "大司農은 軍國의 財用을 공급하고, 少府는 天子를 공양한다."라고 하였다.(『漢書』 권19상, 「百官公卿表」, 731쪽. "少府, 秦官, 掌山海池澤之稅, 以給共養.〈應劭曰: 名曰禁錢, 以給私養, 自別爲藏. 少者, 小也, 故稱少府.〉〈師古曰: 大司農供軍國之用, 少府以養天子也.〉")

후들이 바친 금(金)의 경중[斤]과 다소[兩]를 살피게 해서 양이 적거나 품
질[色]이 좋지 못하면, 왕(王)은 현(縣)을 삭감하고 열후는 봉국(封國)을
잃었다.[213] 아마도 제후들이 종군을 [자청]하지 않았기 때문에 무제가 이
일에 분노하여 이 법을 설치하였을 것이다. 그러므로 열후의 작위를 잃
은 자가 백여 명이나 되었던 것이다. (공평중『형황신론』)

◉ 上計律(見周禮春官典路注)

　　『상계율』(『주례』「춘관」'전로'의 주에 보인다)

【원문】 司會主天下之大計, 計官之長, 若今尚書. 疏, 漢之尚書, 亦主大
　　計.(周禮天官司會注)

【역문】 사회(司會)[214]는 천하의 대계(大計)[215]를 주관하였으며, 계관(計官)[216]
　　의 장(長)으로서 [그 직책은] 지금의 상서(尚書)[217]와 같다. 소(疏)에 "한(漢)

---

213 『史記』 권30, 「平準書」, 1439쪽, "至酎, 少府省金.〈集解, 如淳曰: 省視諸侯金有輕有重也. 或曰, 至
　　嘗酎飲宗廟時, 少府視其金多少也.〉而列侯坐酎金失侯者百餘人."
214 "司會"는 『周禮』 「天官」에 나오는 官名이다. 주로 국가재정과 관련한 모든 財貨나 財物의 會計 및
　　出納을 총괄하고, 아울러 여러 官員들의 실적을 평가하여 考課를 매기는 일을 담당하였다. 1년을
　　단위로 하여 연말마다 국가재정에 대한 會計가 이루어졌으며, 이를 '大計'라 하였기 때문에 鄭玄의
　　注에 "司會는 天下의 大計를 주관하였다."라고 한 것이다. 한편『宋史』「食貨志」에 기재된 淳化원
　　년(990)에 詔에는 "周나라가 司會라는 직책을 두어 1년을 기준으로 삼고, 漢나라가 上計法을 제정
　　하여 3년을 기한으로 삼은 까닭은 國用의 넘치고 모자람을 자세히 살펴 앎으로써 널리 群吏들의 誅
　　賞을 시행하기 위함이었다."라고 하였다.(『宋史』 권179, 「食貨志」 '會計', 4341쪽, "淳化元年, 詔曰周
　　設司會之職, 以一歲爲準. 漢制上計之法, 以三年爲期, 所以詳知國用之盈虛, 大行群吏之誅賞."; [宋]
　　黃裳, 『演山集』 권59, 「雜說」, "司會之職, 掌國之官府·郊野·縣都之百物財用.", [宋]司馬光, 『知
　　人論』, "豐衣食, 衍貨財, 通有無, 紆滯積, 此司會之職也.", [清]姜宸英, 『湛園札記』 권1, "司會之職,
　　惟王不會而司書之職. 凡上之用財用必, 攷於司會. 註云上謂王與冢宰, 王雖不會亦嘗知多少而闕之.
　　司會以九式, 均節邦之財用.")
215 "大計"는 국가재정에 대한 會計를 일컫는 말로 定算은 주로 연말에 이루어졌다.(『周禮正義』 권12,
　　「天官」 '司會', 478쪽, "賈疏云:「月計曰要, …歲計曰會, 以一歲之會計, 故當歲成事文書.」"; 『魏書』
　　권69, 「袁翻傳」, 1543쪽, "今之豫度, 微似小損, 歲終大計, 其利實多.") 또한 三歲考績, 즉 3년마다
　　官員의 실적을 평가하여 考課를 매기는 것을 말하기도 한다.(『周禮正義』 권2, 「天官」 '大宰', 63
　　쪽, "三歲則大計群吏之治, 而誅賞之. 鄭玄注引鄭司農曰: 三歲考績.")
216 "計官"은 국가재정과 관련한 모든 財貨나 財物의 會計 및 出納을 총괄하는 官府를 말한다. 그러므
　　로 본문의 "計官之長"이란 곧 司會를 가리킨다.
217 "尚書"는 각종 皇命의 출납 및 공문서를 관할하였던 官名이다. 秦나라 때는 少府의 屬官이었다. 漢

나라의 상서 또한 대계를 주관하였다."고 하였다.[218](『주례』「천관」'사회'
주)

【원문】 歲終則令羣吏致事, 注, 使齎歲盡文書來至, 若今上計. 疏, 漢之朝
　　　集使, 謂之上計吏, 謂上一年計會文書及功狀也.(周禮天官小宰注)

【역문】 연말이 되면 모든 관리들로 하여금 시정 상황을 상부에 보고[致
　　　事][219]하도록 하였다. 주(注)에 "연말이 되면 문서를 가지고 [경사(京師)]로
　　　오게 하였으니, 지금의 상계(相計)[220]와 같다."고 하였다. 소(疏)에는 "한
　　　(漢)나라에서는 [후대의] '조집사(朝集使)'[221]를 '상계리(上計吏)'라고 하였는
　　　데, 한 해 동안의 회계[計會] 문서와 공장(功狀)[222]을 올리는 것을 말한다."

　　나라 武帝 때 황제 주변의 政務를 처리하기 시작하면서 점차 그 지위와 권한이 크게 제고되었고,
　　後漢 때는 皇帝의 최측근이 되어 三公의 권한마저 대대적으로 약화시키는 결과를 초래하였다. 때문
　　에 당시 三公, 列卿, 將軍, 大夫라도 만약 복도를 지나가던 중 尙書令, 尙書左右丞, 尙書郞 등을 만
　　나면 모두 수레를 돌려 미리 피하였고, 그들이 가고 나서야 비로소 지나갈 수 있었다고 한다.(『後
　　漢書』 권26, 「百官志」 注, 3597쪽, "尙書: 龍作納言, 出入帝命. 應劭曰: 今尙書官, 王之喉舌.";『唐
　　六典』 권1, 「三師三公尙書都省」, "其三公、列卿、將軍、大夫、五營校尉行複道中, 遇尙書令、僕
　　射、左、右丞、郞, 皆迴車預避. 衛士傳呼, 不得紆臺官, 臺官過, 乃自去.")

218 『周禮正義』 권1, 「天官」, 「叙官」 注, 40쪽, "中大夫二人, 下大夫四人, 上士八人, 中士十有六人, 府
　　四人, 史八人, 胥五人, 徒五十人. 〈注: 會, 大計也. 司會, 主天下之大計, 計官之長, 若今尙書.〉〈疏:
　　漢之尙書, 亦主大計, 故舉以況之也.〉

219 '致事'란 施政상황을 상부에 보고하는 것을 말한다.(『周禮』「天官」, '大宰'에 "歲終, 則令百官府, 各
　　正其治, 受其會, 聽其致事, 而詔王廢置. 三歲則大計羣吏之治而誅賞之.")

220 "上計"는 또한 '計偕'라고도 불리었는데, 이에 대해 『漢書』「武帝本紀」, 顔師古의 注에 計偕의 '計'
　　는 『計簿』를 올리는 使人을 말한다. 郡國에서는 해마다 이들을 京師로 파견하여 『計簿』를 올리게
　　하였다. '偕'는 '함께·갖추어(俱)'라는 뜻이다. 京師로 徵召되어 오는 使人이 上計者(인력과 물자를
　　모두 포함)와 함께 이르렀기 때문에 縣에서 이들에게 음식을 제공한 것이다. 後世에 이 말을 訛傳
　　되게 계승하여 마침내 '上計'를 곧 '計偕'라 이르게 되었다고 하였다.(『漢書』 권6, 「武帝本紀」,
　　164–165쪽, "徵吏民有明當時之務習先聖之術者, 縣次續食, 令與計偕. 〈師古曰: 計者, 上計簿使也.
　　郡國每歲遣詣京師上之, 偕者, 俱也. 令所徵之人與上計者俱來, 而縣次給之食. 後世訛誤, 因承此語,
　　遂總謂上計爲計偕, 闕闕不詳. 妄爲解說, 云秦漢謂諸侯朝使曰計偕. 偕, 次也. 晉代有計偕簿. 又改
　　偕爲階, 失之彌遠, 致誤後學.〉)

221 漢나라 때 각 郡에서는 해마다 해당 지역의 戶口, 賦稅 등 여러 政況 및 財經 상황을 보고하기 위
　　해 京師로 使人을 파견해야만 했는데, 이를 '上計吏' 또는 '計吏'라 하였다. 대체로 魏晉南北朝 때
　　까지 上計吏라 불리다가 隋나라 때부터 '朝集使'라 불리기 시작하였다(『隋書』 권69, 「王劭傳」,
　　1608쪽, "上令宣示天下, 劭集諸州朝集使.";『舊唐書』 권12, 「德宗本紀」, 327쪽, "[建中元年]十一月
　　辛酉朔, 朝集使及貢使見於宣政殿.";『資治通鑑』 197, 「唐紀12」, "諸州長官或上佐, 歲首親奉貢物入
　　京師, 謂之朝集使. 注: 朝集使, 自隋以來有之.").

고 하였다.[223](『주례』「천관」'소재' 주)

【원문】 若今歲計月計日計.(周禮天官宰夫注)

【역문】 지금의 세계(歲計),[224] 월계(月計),[225] 일계(日計)[226]와 같다.[227](『주례』「천관」'재부' 주)

【원문】 上其計簿. 疏, 漢時考吏, 謂之計吏, 此言計簿, 據其文書也.(周禮地官大司徒注)

【역문】 그 『계부(計簿)』[228]를 올린다. 소(疏)에 "한(漢)나라 때는 고리(考吏)[229]를 계리(計吏)라고 하였고, 여기서 말하는『계부』는 그 문서를 근거로 하는 것이다."라고 하였다.[230](『주례』「지관」, '대사도' 주)

---

222 '功狀'이란 功을 세운 情況을 보고하는 문서를 말한다. 『周禮』「天官」'大宰'의 注에 百官이 功狀을 冢宰에게 올리면, 冢宰가 이를 검토한 후 다시 王에게 보고하는데, 만약 功이 있으면 그 爵位를 높여 주고, 功이 없으면 그 爵位를 물린다고 하였다.(『周禮』「天官」, '大宰', "聽其致事而詔王廢置. 〈注: 平其事來至者之功狀而奏白王.〉〈釋曰: 百官致其治政功狀與冢宰, 聽斷其所致之功狀文書, 而詔告於王. 有功者置之, 進其爵; 有罪者廢之, 退其爵也.〉)

223 『周禮正義』권6,「天官冢宰」, '小宰' 注, 185쪽. 『周禮』「天官」, '大宰'에 따르면 이와 같은 절차를 "歲會"라고 하였다.

224 "歲計"는 한 해 동안 발생한 財貨나 財物의 收支를 會計하는 것을 말한다. "歲會"라고도 한다.(『莊子』「庚桑楚」, "今吾<u>日計</u>之而不足, <u>歲計</u>之而有餘."; 『周禮』「天官」'司會', "以歲會攷歲成. 賈公彦疏: 歲計曰會, 以一歲之會計, 考當歲成事之文書.")

225 "月計"는 한 달 동안 발생한 財貨나 財物의 收支를 會計하는 것을 말한다. "月會"라고도 한다.(『後漢書』권3,「章帝本紀」, 148쪽, "日計不足, 月計有餘."; 『國語』「周語中」, "飫以顯物, 宴以合好, 故歲飫不倦, 時宴不淫, 月會、旬修、日完不忘. 韋昭注: 會, 計也. 計一月之經用也.")

226 "日計"는 하루 동안 발생한 財貨나 財物의 收支를 會計하는 것을 말한다.

227 『周禮正義』권6,「天官冢宰」, '宰夫' 注.

228 "計簿"는 곧 『上計簿』를 말하며, 각 郡에서 해마다 戶口, 賦稅 등 해당 지역의 여러 政況 및 財經 상황을 보고하기 위해 작성한 장부이다. 顔師古는 이를 "諸州의『計帳』과 같다"고 하였다.(『漢書』권6,「武帝本紀」, 199쪽, "春還, 受計于甘泉. 〈師古曰: 受郡國所上計簿也. 若今之諸州計帳.〉")

229 "考吏"는 매년 말에 官吏들의 실적을 평가(考成)하는 官員을 말하며, "計吏"라고도 한다.(『後漢書』권90하,「蔡邕傳」注, 2002쪽, "<u>考吏</u>張靜謂邕曰: 省君章云欲仇怨未有所施, 法令無此, 以詔書又刊章家姓名, 不得對相指斥考事, 不得對相指斥考事, 君學多所見, 古今如此, 豈一事乎?"; 『論衡』「須頌篇」, "得詔書到, <u>計吏</u>至, 乃聞聖政.")

230 『周禮注疏』권19,「地官司徒」, '大司徒', 770쪽, "歲終則令教官, 正治而致事. 〈注: 歲終自周季冬也. 教官其屬六十. 正治, 明處其文書, 致事, 上其計簿.〉〈疏: … 上其計簿者, 漢時考吏, 謂之計吏, 計吏據其使人也. 此言計簿, 據其文書也.〉)

【원문】 若今計文書, 斷於九月.(周禮秋官小行人注)

【역문】 지금의 상계문서와 같은데, 상계는 9월[231]까지 끝마치도록 하였다.[232](『주례』「추관」'소행인' 주)

【원문】 歲獻, 獻國事之書及計偕物也. 正義漢時謂郡國送文書之使爲計吏, 其貢獻之物與計吏俱來, 故謂之計偕物.(禮記射義注)

【역문】 세헌(歲獻)은 나랏일과 관련하여 작성한 문서[國事之書] 및 계해물(計偕物)을 바치는 것이다. 정의(正義)에 "한(漢)나라 때는 군국(郡國)에서 [경사(京師)로] 문서를 전송(轉送)하는 사인(使人)을 계리(計吏)라고 하였는데, 그 공물(貢物)로 바치는 물자[物]와 계리가 함께 이르렀기 때문에 그것을 계해물이라 한다."고 하였다.[233](『예기』「사의」 주)

【원문】 太初元年春, 還受計於甘泉. 注, 師古曰, 受郡國所上計簿也. 元光五年, 令與計偕. 注, 師古曰, 計者上計簿使也, 郡國每歲遣詣京師上之.(武帝紀)

【역문】 태초원년(기원전 104년) 봄에 [경사(京師)로] 돌아와[234] 감천[甘泉宮][235]에

---

231 『史記』와 『後漢書』의 如淳 注에 따르면, 高祖가 10월에 즉위한 것은 秦나라의 律曆을 계승하여 10월을 正月로 삼았기 때문이었다고 한다. 즉 10월을 正月로 삼았기 때문에 9월이 한 해의 마지막 달이 되는 것이다. 또한 『後漢書』「百官志」의 注에는 "計는 9월까지 끝마치도록 하였는데, 이는 秦나라의 律曆을 계승하여 10월을 正月로 삼았기 때문이다."라고 하였다.(『史記』 권8,「高祖本紀」, 362쪽, "如淳曰: 張蒼傳云, 以高祖十月至霸上, 故因秦十月爲歲首."; 『後漢書』 권1상,「高帝本紀」, 15쪽, "如淳曰: 時因秦以十月爲歲首, 至九月則歲終. 後九月即閏月."; 『後漢書』 권38,「百官志」, 3621쪽, "歲盡遣吏上計.(盧植禮注曰: 計斷九月, 因秦以十月爲正故.))

232 『周禮正義』 권72,「秋官司寇」,'小行人' 注, 2994쪽.

233 (淸)孫希旦 撰, 『禮記集解』 권60,「射義」注,(『十三經淸人注疏』, 中華書局, 1989) 1440쪽.

234 태초원년(기원전 104년) 10월에 泰山을 거쳐 12월에는 멀리 동쪽 勃海 지역으로 臨幸하여 蓬萊山에 望祭를 지낸 후 봄에 京師로 돌아온 것이다.(『漢書』 권6,「武帝本紀」, 199쪽. "太初元年冬十月, 行幸泰山. … 十二月 … 東臨勃海, 望祠蓬萊. 春還, 受計于甘泉.")

235 "甘泉"은 당시 長安 부근 甘泉山(지금의 陝西省 淳化縣 서북 지역)에 있던 別宮의 이름이다. 본래 秦나라 始皇 때 咸陽 남쪽 지역에 만든 宮이었으나 漢 武帝 建元연간(기원전 140–135년)에 증축 및 확장이 이루어졌다. 漢 武帝는 이곳에서 諸侯王의 朝謁을 받거나 外國의 賓客을 접대하기도 하였다. 무더운 여름철에는 避暑宮으로도 활용되었다. 일명 雲陽宮이라고도 한다.(『史記』 권6,「秦始皇本紀」, 227쪽. "秦王乃迎太后於雍而入咸陽, 復居甘泉宮. 集解: 徐廣曰, 表云咸陽南宮也."; 『史記』 권

서『계[計簿]』를 받았다.[236] 주(注)에 안사고(顔師古)는 "군국(郡國)에서 올린『계부(計簿)』를 받은 것이다."[237]라고 하였다. 원광 5년(기원전 129년)에 지방에서 매년 상부 기관에 올리는 회계장부와 동시에 보고하도록 하였다. 주(注)에 안사고는 "계(計)는『계부』를 올리는 사인(使人)으로 군국에서는 해마다 경사(京師)로 [사인(使人)을] 파견하여『계부』를 올리게 하였다."고 하였다.[238](『한서』「무제본기」)

【원문】 黃龍元年, 詔曰, 上計簿具文而已, 務爲欺謾, 以避其課, 御史察計簿疑非實者按之.(宣帝紀)

【역문】 황룡원년(기원전 49년)에 조(詔)를 내려 말하기를, "『계부』를 올렸으나 구문(具文)[239]일 따름이다. 속이고 거짓말하는 데만 힘써 그 고과(考課)를 모면하고 있으니, 어사(御史)는『계부』를 살펴서 사실과 다르다고 의심되는 경우 그것을 [사실과 대조하여 명확히] 조사하라."고 하였다.[240](『한서』「선제본기」)

【원문】 郡國恐伏其誅, 則擇便巧史書習於計簿能欺上府者, 以爲右職.(貢禹傳)

【역문】 군국(郡國)에서 그 주벌(誅罰)을 두려워하여, 솜씨 좋은 사서(史書)로

---

49 「衛皇后傳」, 1986쪽, "正義: … 秦始皇作甘泉宮, 去長安三百里, 黃帝以來祭圜丘處也."; 『漢書』 권6 「武帝本紀」, 205쪽, "[天漢]四年春正月, 朝諸侯王于甘泉宮."; 『漢書』 권6, 「武帝本紀」, 206쪽, "[太始]三年春正月, 行幸甘泉宮, 饗外國客."; 『三輔黃圖』 권2, 「漢宮」, '甘泉宮', "一日雲陽宮, 史記: 始皇二十七年作甘泉宮及前殿, 築甬道自咸陽屬之, 武帝建元中增廣之, 周回一十九里, 中有牛首山, 望見長安城.")

236 『冊府元龜』 권112(「帝王部」, '巡幸第一')와 『玉海』 권185(「食貨」, '會計') 등에도 동일한 내용이 전한다.

237 顔師古는 또한 『計簿』가 "현재(唐代) 각 州의 『計帳』과 같다"고 하였다.(『漢書』 권6, 「武帝本紀」, "師古曰: 受郡國所上計簿也. 若今之諸州計帳.")

238 『漢書』 권6 「武帝本紀」, 199쪽.

239 具文은 비록 글은 있을지라도 글의 내용이 사실과 부합하지 않는 것을 말한다. 즉 규정은 정해져 있지만 실제로 그 규정이 지켜지지 않고 있는 상황을 말한다.(『漢書』 권8, 「宣帝本紀」 273쪽, "上計簿, 具文而已. 〈師古曰: 雖有其文, 而實不副也.〉)

240 『漢書』 권8, 「宣帝本紀」, 273쪽.

서 『계부』[의 작성]에 능숙하여 능히 상부(上府)를 속일 수 있는 자를 가려 뽑아 이들을 중요한 관직[右職]으로 삼았다.[241](『한서』「공우전」)

【원문】 郡迺定國界, 上計簿, 更定圖, 言丞相府.(匡衡傳)

【역문】 군(郡)에서는 비로소 국계(國界)가 정해지고, 『계부』를 올리고 도적(圖籍)을 고쳐 정(定)하여 [이를] 승상부(丞相府)에 보고하였다.[242](『한서』「광형전」)

【원문】 時郡國計吏多留拜爲郞, 秉上言宜絶橫拜, 以塞覬覦之端, 自此終桓帝世, 計吏無復留拜者.(楊秉傳)

【역문】 당시[243] 군국(郡國)의 계리(計吏)는 낭(郞)으로 유배(留拜)[244]되는 경우가 많았는데, 양병(楊秉)[245]이 상언(上言)하기를, "마땅히 횡배(橫拜)[246]를 차단[絶]함으로써 분에 넘치는 일을 바라게 되는 단초[覬覦之端]를 막아야 합니다."라고 하였다. 이때부터 환제(桓帝)의 재위기간이 끝날 때까지 계리로서 다시는 유배(留拜)되는 자가 없었다.[247](『후한서』「양병전」)

---

241 『漢書』 권72, 「貢禹傳」, 3077쪽.

242 『漢書』 권81, 「匡衡傳」, 3346쪽.

243 『後漢書』 권54, 「楊秉傳」에 따르면, 당시는 延熹 5년(162)을 즈음한 시기이다.

244 "留拜"는 맡고 있던 관직을 계속해서 유지할 수 있도록 다시 임명하여 주거나 관직에서 물러난 자에게 이전에 맡았던 관직을 다시 임명하여 주는 것을 말한다. 본문에서 楊秉은 選試를 거치지 않은 計吏들이 계속해서 郞으로 留拜됨으로써 나타나는 폐단을 근절해야 한다고 주장하고 있다. 즉 특별히 하는 일 없이 國祿만 챙기는 무리가 많아져 國庫를 탕진하는 등 여러 면에서 國益을 저해하고 있다는 것이다.

245 楊秉은 楊震의 차남으로 『周易』에 정통하고, 『尙書』와 『左傳』에 통달하였다고 한다. 일찍이 侍御史, 州刺史 등을 역임하였다. 성품이 곧고 강직하여 州刺史 재임기간 동안 받은 많은 녹봉 중 재임한 날짜를 헤아려 해당분만을 집으로 가져갔다고 하며, 하급관리들이 돈을 가져와 청탁을 하면 문조차 열어주지 않았다고 한다. 桓帝 때는 尙書로 승진하였다.

246 "橫拜"는 選試를 거치지 않고 拜官, 즉 관직을 임명하는 것을 말한다. '橫選' 또는 '特拜', '特選'이라고도 한다.(『後漢書』 권61, 「左雄傳」, 2017쪽, "特選橫調, 紛紛不絶."; 『後漢書』 권63, 「李固傳」, 2082쪽, "舊任三府選令史, 光祿試尙書郞, 時皆特拜, 不復選試." 橫選特進, 猶云特拜橫拜也."; [漢] 王符, 『潛夫論』 권4, 「三式27」, "詔書橫選, 猶乃特進, 而不令列侯擧, 此於主德大洽, 列侯大達, 非執術督責, 總覽獨斷御下方也.")

247 『後漢書』 권54, 「楊秉傳」, 1772쪽, "時郡國計吏多留拜爲郞, 秉上言三署見郞七百餘人, 〈三署郞, 解見安帝紀.〉 帑臧空虛, 浮食者衆, 而不良守相, 欲因國爲池, 澆濯釁穢. 宜絶橫拜, 以塞覬覦之端. 〈左

【원문】 歲盡, 遣使上計. 注, 盧植禮注曰, 計斷九月, 因秦以十月爲正故. (百官志)

【역문】 연말이 되면, 사인[使人]을 파견하여 『계[計簿]』를 올렸다. 주(注)에 "노식(盧植)[248]의 『예(禮記)』 주(注)에 "계(計)는 9월까지 끝마치도록 하였는데, [이는] 진(秦)나라의 [율력(律曆)을] 계승하여 10월을 정월(正月)로 삼았기 때문이다."라고 하였다.[249](『후한서』「백관지」)

【원문】 衆利侯郝賢, 元狩二年坐爲上谷太守入戍卒財物計謾免.(功臣表)

【역문】 중리후(衆利侯)[250] 학현(郝賢)[251]은 원수(元狩) 2년(기원전 121년)에 상곡(上谷) 태수(太守)로서 수졸(戍卒)의 재물을 계(計)에 포함하여 속인 일[252]로 죄를 받아 면관되었다.[253](『한서』「경무소선원성공신표」)

【원문】 武帝每因封禪泰山, 卽受計於甘泉. 通典云, 漢制, 郡守歲盡遣上計掾吏各一人, 條上郡內衆事, 謂之計簿. 嚴助傳云, 助守會稽, 願奉三年計最, 如淳謂舊法當使丞奉計, 今助躬自願入奉也. 至百官志則第言遣吏上計, 而所遣計吏, 遂補郎官, 蓋與西都遣丞奉計已不同矣. 西都天子親受計, 而所謂計帳, 則計相上之, 見張蒼傳. 東京但使司徒受計, 吏至於長揖不拜, 見趙壹傳, 則其制浸以輕矣.(東漢會要)

【역문】 무제(武帝)는 매번 태산(泰山)에서 봉선(封禪) 의식을 거행하였기 때

傳曰: 下無覬覦.)〈杜預注曰: 無冀望上位.〉自此終桓帝世, 計吏無復留拜者.";『冊府元龜』권329,「宰輔部」, '任職').

248 盧植은 後漢 말의 정치가이자 학자이다. 字는 子幹이며 幽州 涿郡 涿縣 사람이다.

249 『後漢書』권38,「百官志」, 3621쪽.

250 "衆利"는 封國名으로 '衆利侯'란 衆利 땅을 封國으로 하는 諸侯를 말한다.

251 郝賢은 漢 武帝 때 上谷 太守로서 大將軍 衛靑을 따라 네 차례 출정하였다. 이때 세운 功으로 인해 元朔 6년(기원전 123년)에는 食邑 1,100戶인 衆利侯에 봉해졌다.(『史記』권111,「霍去病傳」2928쪽. "上谷太守郝賢四從大將軍, 捕斬首虜二千餘人, 以千一百戶封賢爲衆利侯.";『漢書』권55,「霍去病傳」, 2478쪽. "上谷太守郝賢四從大將軍, 捕首虜千三百級, 封賢爲終[衆]利侯.")

252 『漢書』권17,「景武昭宣元成功臣表」, 647쪽, 顔師古의 注. "上財物之計簿而欺謾不實."

253 『漢書』권20,「建元以來侯者年表」, 1038쪽. "[元狩]二年, 侯賢坐爲上谷太守入戍卒財物上計謾罪, 國除."

문에 감천(甘泉)에서 『계[計簿]』[254]를 받았다.[255] 『통전』에 "한(漢)나라의
제도에 따르면, 군수(郡守)는 연말에 상계리(上計吏)와 상계연리(上計掾
吏)를 각각 1명씩 [경사(京師)로] 파견하고, 군(郡) 내의 여러 일들을 문서
로 갖추어 보고[條上]하게 하였는데, 이를 『계부(計簿)』라 한다."[256]고 하
였다. 「엄조전」에 엄조(嚴助)가 회계(會稽) 태수로 있으면서, "3년간의
계최(計最)[257]를 바치기를 원합니다."[258]라고 하였는데, [이에 대해] 여순은
"옛 법에 마땅히 승(丞)으로 하여금 계[歲計][259]를 바치게 하였는데도 지
금 엄조는 몸소 입조(入朝)하여 바치기를 바라는 것이다."[260]라고 하였
다. 「백관지」에는 단지 "계리[吏]를 [경사(京師)로] 파견하여 『계[計簿]』를
올린다."[261]고만 하였지만, 파견한 계리(計吏)를 마침내 낭관(郎官)에 보
임[262]하였으니, 아마도 서도[西都: 長安][263]로 승(丞)을 파견하여 『계[計簿]』
를 바쳤다는 것과는 일치하지 않는 듯하다.[264] 서도[西都: 長安]에서는 천
자가 친히 『계[計簿]』를 받았는데, 이른바 『계장(計帳)』은 계상(計相)[265]

---

254 "計를 받았다는 것"은 곧 郡國에서 올린 『計簿』를 받았다는 것이다.(『漢書』권6, 「武帝本紀」, 199
　　쪽. "[太初元年]春還, 受計于甘泉. 師古曰: 受郡國所上計簿也. 若今之諸州計帳.")
255 武帝는 正月인 10월에 封禪儀式을 위해 泰山으로 향하였으므로 京師로 돌아오던 중 甘泉宮에서
　　『計簿』를 받았다고 한 것이다.(『漢書』권6, 「武帝本紀」, 199쪽, "太初元年冬十月, 行幸泰山. … 十
　　二月 … 東臨勃海, 望祠蓬萊. 春還, 受計于甘泉.")
256 『通典』의 원문에는 "計偕簿"라고 하였다([唐]杜佑, 『通典』(北京: 中華書局) 권33, 1988, 「職官15」,
　　'郡太守', 904쪽, "漢制, 歲盡遣上計掾史各一人, 條上郡內衆事, 謂之計偕簿.").
257 "計最"는 1년 또는 3년마다 州郡 官員의 실적을 평가하는 것을 말한다. 또한 州郡 官員의 고과평정
　　에 가장 주요한 근거 자료로 사용되었던 것이 바로 각 지역의 실정과 성적을 담고 있는 『計簿』이
　　다. 본문의 "三年計最"에 대해 顏師古는 晉灼의 말을 인용하여 "最, 凡要也."라고 주석하였다. 따라
　　서 본문의 計最는 최근 3년간의 실적 중 그 大要를 선별하여 보고하겠다는 의미로 해석된다.
258 『漢書』권64상, 「嚴助傳」, 2790쪽. "臣важ君, 猶子事父母也, 臣助當伏誅. 陛下不忍加誅, 願奉三年計最"
259 『漢書』권64상, 「嚴助傳」注의 원문에는 "歲計"라고 하였다.
260 『漢書』권64상, 「嚴助傳」注, 2790쪽. "如淳曰: 舊法, 當使丞奉歲計, 今躬自欲入奉也."
261 『後漢書』권38, 「百官志」, 3619쪽. "歲盡遣吏上計."
262 『後漢書』권54, 「楊秉傳」, 1772쪽. "時郡國計吏, 多留拜爲郎."
263 "西都"는 長安을 말하며, 곧 前漢 시기를 의미한다. 반대로 "東京"은 "洛陽"을 말하며, 곧 '後漢 시
　　기'를 의미한다. 본문에서는 前漢과 後漢의 구분을 이처럼 西都와 東京으로 표현하고 있다.
264 본문에서 인용한 「嚴助傳」의 사례는 前漢 때의 일이고, 「百官志」 기재 이후의 부분은 後漢 때의
　　일이므로 "西都로 丞을 파견하여 『計簿』를 바쳤다는 것과 일치하지는 않는다."라고 한 것은 後漢
　　의 上計法이 前漢의 그것과 동일하지 않았다는 것을 의미한다.
265 '計相'이란 郡國의 上計를 주관했던 官名이다. 漢나라 때 계산에 능하고 律曆에 밝았던 張蒼을 列

이 [먼저 검토한 후 천자에게] 올렸다는 기재가 「장창전」[266]에 보인다. 동경 [東京: 洛陽]에서는 다만 사도(司徒)[267]로 하여금 『계[計簿]』를 받게 하였는데, 계리[吏]가 길게 읍(揖)만 하고 절은 하지 않는 지경까지 이르렀다는 기재가 「조일전(趙壹傳)」[268]에 보이니, 그 제도는 점차 경시되어 갔던 것이다.[269](『동한회요』)

【세주 원문】 按史記范雎傳, 王稽拜爲河東守, 三歲不上計. 集解司馬彪曰, 凡郡長治民進賢勸功決訟檢姦, 常以春行所至縣, 勸民農桑, 振救乏絶, 秋冬遣無害吏案訊, 問諸囚, 平其罪法, 論課殿最, 歲盡遣吏上計云云, 漢蓋沿秦制也. 玉海六十五引漢書舊儀朝會上計律, 常以正月旦受羣臣朝賀, 疑上計律爲朝律中之一篇.

【세주 역문】 『사기』「범수전」에 "왕계(王稽)는 하동(河東) 태수로 임명되었으나, 3년 동안 『계(計簿)』를 올리지 않았다."[270]고 하였다. 『사기집해』에서 사마표는 "무릇 지역의 장관[郡長: 太守][271]은 백성을 잘 다스리고, 어진 자를 천거하며, 공을 [세우기를] 권면하고, 송사(訟事)를 처결하며, 간악함을 단속하는데, 항상 봄에는 길을 나서

侯로 封하여 相府에서 郡國의 上計를 주관하게 하였는데, 이때 만들어진 官名이다. 唐나라 때는 宰相에 임명된 計臣을 計相이라 하였고, 宋나라 때는 三司使를 計相이라 하였다.(『史記』 권96, 「張丞相傳」, 2675쪽, "遷爲計相,〈集解, 文穎曰: 能計, 故號曰計相.〉一月, 更以列侯爲主計四歲. 是時蕭何爲相國, 而張蒼乃自秦時爲柱下史, 明習天下圖書計籍. 蒼又善用算律曆, 故令蒼以列侯居相府, 領主郡國上計者.";『史記』 권22, 「漢興以來將相名臣年表」 1122쪽, "張蒼爲計相. 索隱曰: 主天下書計及計吏.";『舊唐書』 권123, 「劉晏傳」, 3512쪽, "晏自尹京入爲計相, 共五年矣.";『宋史』 권162, 「百官志」, '三司使', 3807쪽, "三司之職, 國初沿五代之制, 置使以總國計, 應四方貢賦之入, 朝廷不預, 一歸三司, 通管鹽鐵、度支、戶部, 號曰計省, 位亞執政, 目爲計相.")

266 『漢書』 권42, 「張蒼傳」, 2094쪽.

267 "司徒"는 국가의 토지와 백성의 교화를 주관하였던 官名이다. 周나라 때는 6卿 중의 하나로 地官 大司徒라고 하였다. 漢나라 哀帝 元壽 2년에는 丞相을 大司徒라 개칭하고, 大司馬, 大司空과 함께 三公의 반열로 삼았다. 後漢 때 司徒라 개칭하였다.

268 『後漢書』 권110하, 「趙壹傳」, 2632쪽, "光和元年, 擧郡上計到京師. 是時司徒袁逢受計, 計吏數百人皆拜伏庭中, 莫敢仰視, 壹獨長揖而已. 逢望而異之, 令左右往讓之, 曰: 下郡計吏而揖三公何也? 對曰: 昔酈食其長揖漢王, 今揖三公, 何遽怪哉? 逢則斂衽下堂, 執其手, 延置上坐, 因問西方事, 大悅, 顧謂坐中曰: 此人漢陽趙元叔也, 朝臣莫有過之者, 吾請爲諸君分坐. 坐者皆屬觀."

269 (宋)徐天麟撰, 『東漢會要』 권22, 「職官」4, '上計',(上海: 上海古籍出版社, 1978) 334쪽.

270 『史記』 권79, 「范雎傳」, 2415쪽, "昭王召王稽, 拜爲河東守, 三歲不上計."

271 『史記集解』 원문에는 "凡郡掌治民"이라 하였고, 『後漢書』「百官志」에는 "凡郡國皆掌治民"이라 하였다.

이르는 현(縣)마다 백성들에게 농업과 잠상(蠶桑)을 권장하고, 가난하고 궁핍한 사람들을 구휼[振救]하며, 가을과 겨울에는 무해리(無害吏)[272]를 보내어 여러 죄수[囚]들을 자세히 살펴 심문(審問)[273]하고, 그 죄법(罪法)을 공평하게 하며, 관원들의 고과를 평가하여 정[論課殿最]하고, 연말에는 계리[吏]를 [경사(京師)로] 파견하여 『계[計簿]』를 올렸다."[274]고 하였으니, 한(漢)나라는 대체로 진(秦)나라의 제도를 계승한 것이다. 『옥해』 권65에 『한구의』의 「조회상계율」을 인용하여 "항상 정월 초하루에 여러 신하들의 조하(朝賀)를 받는다."[275]고 하였으니, 「상계율」은 아마도 『조율』가운데 한 편인 듯하다.

● **錢律**(見史記將相名臣表) 『전율』(『사기』 「장상명신표」에 보인다)

【원문】 五年, 除盜鑄錢令.(文帝紀)

【역문】 [문제(文帝)] 5년(기원전 175년)에 도주전령(盜鑄錢令)을 폐지하였다.[276]
(『한서』 「문제본기」)

【원문】 六年, 定鑄錢僞黃金棄市律.(景帝紀)

---

272 無害吏는 漢 나라 때의 관직명으로 無害都吏 또는 公平吏라고도 한다. 법의 공정한 집행과 죄의 공평한 처벌 등을 담당하였다.(『後漢書』 권38, 「百官志」 3619쪽, "秋冬遣無害吏案訊諸囚, 平其罪法, ….〈案律有無害都吏, 如今言公平吏. 漢書音義曰: 文無所枉害. 蕭何以文無害爲沛主吏掾.〉")

273 『後漢書』 「百官志」에는 "秋冬遣無害吏案訊諸囚"라고 하였다.

274 『史記』 권79, 「范雎傳」, 2415쪽, "〈集解: 司馬彪曰: 凡郡掌治民, 進賢, 勸功, 決訟, 檢姦. 常以春行所至縣, 勸民農桑, 振救乏絶; 秋冬遣無害吏案訊問諸囚, 平其罪法, 論課殿最; 歲盡遣吏上計.〉"; 『後漢書』 권38, 「百官志」 3619쪽, "凡郡國皆掌治民, 進賢勸功, 決訟檢姦. 常以春行所主縣, 勸民農桑, 振救乏絶. 秋冬遣無害吏案訊諸囚, 平其罪法, 論課殿最.〈案律有無害都吏, 如今言公平吏. 漢書音義曰: 文無所枉害. 蕭何以文無害爲沛主吏掾.〉"

275 『玉海』 권65, 「詔令」, '律令·上計律', 1236쪽, "漢上計律: … 漢舊儀曰: 朝會上計律, 常以正月旦, 受羣臣朝賀."

276 文帝는 백성들이 私的으로 錢을 鑄造하는 것을 허락하는 한편, 기존의 五分錢이 너무 가볍고 작았기 때문에 다시 四銖錢으로 만들어 五分錢과 마찬가지로 半兩이라 새겨 넣도록 하였다.(『漢書』 권4, 「文帝本紀」, 121쪽, "五年, … 夏四月, 除盜鑄錢令.〈應劭曰: 聽民放鑄也.〉更造四銖錢.〈應劭曰: 文帝以五分錢太輕小, 更作四銖錢, 文亦爲半兩, 今民間半兩錢最輕小者是也.〉"; 『漢書』 권24하, 「食貨志」, 1153쪽, "孝文五年, 爲錢益多而輕, 乃更鑄四銖錢, 其文爲半兩. 除盜鑄錢令, 使民放鑄.〈師古曰: 恣其私鑄.〉")

【역문】 [경제(景帝)] 6년(기원전 174년)에 주전위황금기시율(鑄錢僞黃金棄市律)[277]을 제정하였다.[278](『한서』「경제기」)

◉ 左官律(見諸侯王表) 『좌관율』(「제후왕표」에 보인다)

【원문】 武有衡山淮南之謀, 作左官之律. 注服虔曰, 仕於諸侯爲左官, 絶不得使仕於諸侯也.(諸侯王表)

【역문】 무제(武帝)는 형산왕(衡山王)과 회남왕(淮南王)이 모반을 일으키자『좌관율』을 만들었다. 주(注)에 복건(服虔)은 "제후(諸侯)에게 사환(仕宦)하는 것을 좌관(左官)이라 하는데, 절대로 제후에게 사환(仕宦)할 수 없도록 한 것이었다."라고 하였다.[279](『한서』「제후왕표」)

【원문】 左官外附之臣. 注謂左官者, 人道尙右, 舍天子而事諸侯爲左官.(丁鴻傳)

【역문】 좌관(左官)은 '외부지신(外附之臣)'[280]이다. 주(注)에 "좌관은 사람으로서 [본래] 우(右)를 숭상하는 것이 도리인데, 천자를 버리고 제후를 섬기므로 좌관이라 하는 것[281]이다.[282](『후한서』「정홍전」)

---

277 『漢書』권5「景帝本紀」의 應劭 注에 따르면, 文帝 5년(기원전 175년)에 "盜鑄錢令을 없앤다."고 한 규정은 여전히 유효한 것이었고, 그 이전부터 黃金을 僞造하는 일이 빈번하여 심각한 문제를 야기하였으므로 이는 錢의 私的인 鑄造는 가능하나 만약 黃金을 僞造한다면 棄市刑에 처하겠다는 법률 규정이라고 하였다.

278 『漢書』권5,「景帝本紀」, 148쪽. "六年, … 定鑄錢僞黃金棄市律.〈應劭曰: 文帝五年, 聽民放鑄, 律尙未除. 先時多作僞金, 僞金終不可成, 而徒損費, 轉相誑耀, 窮則起爲盜賊. 故定其律也.〉〈孟康曰: 民先時多作僞金, 故其語曰金可作, 世可度, 費損甚多而終不成. 民亦稍知其意, 犯者希, 因此定律也. 師古曰: 應說是.〉"

279 『漢書』권14.「諸侯王表」, 395쪽. "武有衡山、淮南之謀, 作左官之律.〈服虔曰: 仕於諸侯爲左官, 絶不得使仕於王侯也.〉〈應劭曰: 人道上右, 今舍天子而仕諸侯, 故謂之左官也.〉〈師古曰: 左官猶言左道也, 皆僻左不正. 應說是也. 漢時依上古法, 朝廷之列, 以右爲尊, 故謂降秩爲左遷, 仕諸侯爲左官也.〉"

280 『後漢書』권67,「丁鴻傳」注에 "'外附'란 正法을 등지고 私家에 붙는 것이다."라고 하였다.

281 본문의 注는 應劭가 『漢書』권14.「諸侯王表」에 달아 놓은 注와 동일한 것인데, 顔師古는 이러한 應劭의 說에 동의하면서 설명을 덧붙였다. 즉 "'左官'이란 말은 '左道'란 말과 같다. '左'는 不正하다

【원문】 建武二十四年, 詔有司申明舊制阿附蕃王法. 注引前書音義曰, 阿曲附益王侯者, 將有重法.(光武紀)

【역문】 건무 24년(48)에 유사(有司)에 조(詔)를 내려, 옛 제도[舊制]인 아부번왕법(阿附蕃王法)에 대해 자세히 살펴 보고하도록 하였다.[283] 주(注)에 『전서음의』를 인용하여 "왕후(王侯)에게 아첨하여 따르는 자에게는 무거운 형벌이 있을 것이다."라고 하였다.[284](『후한서』「광무본기」)

【원문】 淮南王來朝, 厚賂遺助, 及淮南反, 事與助相連, 廷尉張湯以爲助出入禁門, 復心之臣, 而外與諸侯交私, 不誅, 後不可治, 助竟棄市.(嚴助傳)

【역문】 회남왕(淮南王)은 입조(入朝)하여 후한 뇌물[賂]을 엄조(嚴助)에게 보내었다.[285] 회남왕이 모반을 일으키자 사건이 엄조에게까지 파급되었다.[286] 정위(廷尉)[287] 장탕(張湯)은 엄조가 금문(禁門)을 드나드는 황제의

고 여겨 모두 피하므로 應劭의 說은 옳은 것이다. 漢나라 때는 上古法에 따라 朝廷의 班列에서도 '右'를 높이 여겼다. 때문에 '降秩'을 '左遷'이라 하고, 諸侯에게 仕宦하는 것을 左官이라 하는 것이다."라고 하였다.

282 『後漢書』 권37, 「丁鴻傳」, "臣愚以爲左官外附之臣.〈前書: 左官附益阿黨之法設. 左官者, 人道尙右, 舍天子而事諸侯爲左官, 外附謂背正法而附私家.〉

283 『後漢書』 권1하, 「光武本紀」의 注에 따르면, 舊法에 "阿曲附益王侯者, 將有重法."라고 하였는데, 그 내용이 구체적이지 않으므로 이를 자세히 조사 · 검토하여 보고하라는 詔를 내린 것이다.

284 『後漢書』 권1하, 「光武本紀」, 76쪽, "詔有司申明舊制阿附蕃王法.〈武帝時有淮南、衡山之謀, 作左官之律, 設附益之法. 前書音義曰: 人道尙右, 言給天子, 仕諸侯爲左官, 左, 僻也. 阿曲附益王侯者, 將有重法. 是爲舊制, 今更申明之.〉"

285 『漢書』 권64상 「嚴助傳」의 원문에는 "淮南王이 入朝하여 후한 뇌물을 嚴助에게 보내고, 사사로이 교섭하여 일을 論議하였다."라고 하였다.

286 『漢書』 권64상, 「嚴助傳」의 원문에는 "淮南王이 모반을 일으키자 사건이 嚴助와 서로 연관이 되었으나 황제는 그 죄를 가볍게 여겨 誅罰을 하지는 않으려고 하였다."고 하였고, 顏師古는 "그 허물(過)을 輕小하게 여겼기 때문이다."라고 주석하였다.

287 '廷尉'란 司法과 刑獄을 관장하는 官名이다. 당시의 최고법관이었다고 할 수 있다. 황제의 뜻을 받들어 법률을 수정하고 전국의 판결을 통제하며, 그에 따른 책임을 졌다. 大臣이 죄를 지으면 직접 심리하고 투옥시켰고, 郡國의 獄事 판결에 곤란한 점이 있으면 심사하여 판결하였다. 속관으로는 廷尉正과 廷尉左右監이 있고, 이후에 廷尉左右平이 추가되었다.(『漢書』 권19상, 「百官公卿表」, 730쪽, "廷尉, 秦官.〈應劭曰: 聽獄必質諸朝廷, 與衆共之, 兵獄同制, 故稱廷尉.〉〈師古曰: 廷, 平也. 治獄貴平, 故以爲號.〉掌刑辟, 有正、左右監, 秩皆千石. 景帝中六年更名大理, 武帝建元四年復爲廷尉. 宣帝地節三年初置左右平, 秩皆六百石. 哀帝元壽二年復爲大理.")

심복[腹心之臣]이면서도 밖으로 제후와 더불어 사사로이 교섭하였으니, [그를 지금] 주벌(誅罰)하지 않는다면, 이후에는 다스릴 수 없을 것이라고 하였다.[288] 엄조는 끝내 기시(棄市)를 당하였다.[289](『한서』「엄조전」)

【원문】 會李竟坐與諸侯王交通, 語及霍氏, 有詔, 雲山不宜宿衛, 免就第. (霍光傳)

【역문】 때마침 이경(李竟)이 제후왕(諸侯王)과 교통(交通)한 일로 죄를 받았는데, [그] 말이 곽씨(霍氏)[290]에게까지 미치자,[291] [朝廷에서] 조(詔)를 내리기를, "곽운(霍雲)과 곽산(霍山)[292]은 [금중(禁中)에서] 숙위(宿衛)를 하기에 적절치 않으므로 [그 관직을] 면(免)하니 집으로 돌아가라."고 하였다.[293] (『한서』「곽광전」)

【원문】 王國人不得宿衛.(兩龔傳)

【역문】 왕국인(王國人)[294]은 [금중(禁中)에서] 숙위(宿衛)할 수 없다.[295](『한서』

---

288 『漢書』 권64상, 「嚴助傳」의 원문에는 淮南王의 반란 사건과 嚴助가 긴밀하게 연결됨에도 불구하고 황제가 嚴助의 罪를 가볍게 여겨 赦免하려 하자 廷尉 張湯이 이에 대해 이의를 제기한 것이라고 하였다.

289 『漢書』 권64상, 「嚴助傳」 2790-2791쪽, "淮南王來朝, 厚賂遺助, 交私論議, 及淮南王反, 事與助相連, 上薄其罪, 欲勿誅.〈師古曰: 以其過爲輕小.〉廷尉張湯爭, 以爲助出入禁門, 腹心之臣, 而外與諸侯私交如此, 不誅, 後不可治. 助竟棄市.". 『冊府元龜』 권617, 「刑法部」, '守法' 등에도 동일한 내용이 전한다.

290 霍氏는 霍光의 집안을 이른다. 霍光의 字는 子孟으로 河東郡 平陽(지금의 山西省 臨汾縣) 출신이다. 驃騎將軍 霍去病의 이복동생으로 10여 세 때부터 武帝를 측근에서 섬기다가 武帝가 죽을 무렵에는 大司馬大將軍으로서 博陸侯가 되었다. 武帝가 죽자 8세의 어린 나이로 즉위한 昭帝를 보필하여 政事를 주관하였으며, 기원전 80년 昭帝의 兄인 燕王 旦의 반란을 기회로 삼아 政敵들을 제압하고 실권을 장악하였다. 昭帝가 죽은 후에는 뒤를 이은 昌邑王의 제위를 박탈하고, 앞서 巫蠱의 亂 때 죽은 戾太子의 손자를 옹립하여 宣帝로 즉위시켰으며, 그 공으로 增封되었다. 또한 皇后 許氏를 독살하고, 자신의 딸을 皇后로 만듦으로써 일족의 권세를 강화하였다. 그러나 宣帝는 霍光이 죽은 후 그의 일족을 반역죄로 몰아 몰살하였다.

291 李竟이 諸侯王과 交通한 일로 죄를 받은 시기를 즈음하여, 이미 霍氏 집안 또한 그 일과 관련이 있을 것이라는 소문이 돌고 있었다는 의미이다.

292 霍雲과 霍山 형제는 霍光의 姪孫들이다.

293 『漢書』 권68, 「霍光傳」, 2955쪽(『冊府元龜』 권950, 「總錄部」, '咎徵' 등에도 동일한 내용이 전한다).

「공승·공사전」)

【원문】 漢制, 王國人不得在京師.(彭宣傳注)

【역문】 한(漢)나라 제도에 따르면, 왕국인(王國人)은 경사(京師)에 머물 수 없다.[296](『한서』「팽선전」 주)

【원문】 吉坐昌邑王被刑, 後戒子孫毋爲王國吏.(王吉傳)

【역문】 왕길(王吉)은 창읍왕(昌邑王) 사건[297]으로 죄를 받아 형(刑)을 받고난 후 자손들에게 왕국(王國)의 관리[吏]는 되지 말라고 훈계하였다.[298](『한서』「왕길전」)

【원문】 奏崇與宗族通, 疑有姦, 請治.(鄭崇傳)

【역문】 정숭(鄭崇)이 종족(宗族)과 사사로이 왕래하여 간사한 일을 꾀하는 것으로 의심되니, [그 죄를] 다스려 달라고 주청(奏請)하였다.[299](『한서』「정숭전」)

【원문】 太子儲君, 無外交之義, 漢有舊防, 蕃王不宜私通賓客.(鄭衆傳)

---

294 "王國人"은 諸侯에게 分封된 나라 또는 王爵의 나라에 소속된 官員을 의미한다.
295 『漢書』 권72, 「龔勝·龔舍傳」, 3080쪽, "以王國人不得宿衛補吏." 그 밖에 『西漢會要』 권45, 「選擧下」, '選擧雜錄'; 『文獻通考』 권150, 「兵考」2, '兵制'; 『冊府元龜』 권650, 「貢擧部」, '應擧'; 『玉海』 권130, 「官制」, '漢宗正官' 등에도 동일한 내용이 전한다.
296 『漢書』 권71, 「彭宣傳」, 3051쪽, "以王國人出爲太原太守.〈李奇曰: 初, 漢制王國人不得在京師.〉"
297 『冊府元龜』(북경: 中華書局) 권715, 「宮臣部」, '罪譴', 8240쪽에 따르면, 王吉은 昌邑王의 淫亂罪에 연좌되었다고 한다.
298 王國의 官吏는 되지 말라는 王吉의 훈계로 그 아들인 王駿은 趙나라의 內史로 임명되어 가는 도중 병을 핑계로 관직을 그만두었다고 한다.(『漢書』 권72, 「王吉傳」, 3066쪽, "吉坐昌邑王被刑後, 戒子孫毋爲王國吏, 故駿道病, 免官歸"; 『冊府元龜』 권816, 「總錄部」, '訓子', 9497쪽, "王吉爲昌邑中尉, 坐昌邑王淫亂, 不能輔道被刑後, 戒子孫毋爲王國吏. 子駿遷趙內史, 道病免官歸.")
299 尙書令 趙昌이 鄭崇을 시기하여 그가 宗族과 私通한다고 모함하는 奏請을 올린 것이다.(『漢書』 권77, 「鄭崇傳」, 3256쪽, "崇又以董賢貴寵過度諫, 由是重得罪, 數以職事見責, 發疾頸癰, 欲乞骸骨, 不敢. 尙書令趙昌佞諂, 素害崇, 知其見疏, 因奏崇與宗族通, 疑有姦, 請治.")

【역문】 태자(太子)와 저군(儲君)[300]에게 외교지의(外交之義)[301]란 없다. 한(漢)나라에는 옛날부터 금지해 온 것이 있으니, 번왕(藩王)은 빈객(賓客)과 사사로이 왕래[私通]해서는 안 된다는 것이다.[302](『후한서』「정중전」)

【원문】 嗣安平侯鄂, 但坐與淮南王安通, 遺王書稱臣, 棄市.(功臣表)

【역문】 안평후(安平侯) 악(鄂)의 뒤를 이은 단(但)[303]은 회남왕(淮南王) 안(安)과 사통(私通)하여, 왕[淮南王]에게 서신을 보낼 때 "신(臣)"이라 칭하였다는 일로 죄를 받아 기시(棄市)를 당하였다.[304](『한서』「고혜고후문공신표」)

【세주 원문】 按程大昌演繁露云, 漢法, 仕諸侯者名爲左官, 則古不尙左, 其來已久. 吳仁傑兩漢刊誤補遺云, 士蔿曰今分土而官之, 是左之也, 是左官之言, 在春秋時已如此.

【세주 역문】 정대창의 『연번로』에 "한(漢)나라의 법에 제후에게 사환(仕宦)하는 자를 좌관(左官)이라 이름하였으니, 예로부터 좌(左)를 숭상하지 않았음은 그 유래가 이미 오래되었다."[305]고 하였다. 오인걸의 『양한간오보유』에는 "사위(士蔿)[306]가 말하

---

300 '太子'와 '儲君'은 모두 皇位 계승이 이미 확정된 王子를 말한다. 즉 太子가 곧 儲君이다. 그러나 본문에서는 鄭衆이 자신과 私通하기를 원하는 皇太子 및 山陽王 荊을 빗대어 太子와 儲君이라 표현한 것이다.(『白虎通義』(新編諸子集成第一輯), 中華書局, 1994. 권4. 「京師」, '右論諸侯入爲公卿食采'. 165쪽. "儲君, 嗣主也."; 『舊唐書』 권195. 「回紇傳」, 5203쪽, "元帥即懷太子也, 太子即儲君也.")

301 光武帝 建武연간에 皇太子 및 山陽王 荊이 虎賁中郞將 梁松을 통해 재물을 건네주며 鄭衆과 通義하고자 하였으나 鄭衆이 이를 거절하면서 한 말이다. 즉 옛날부터 太子儲君이 外部人과 私交하여 通義하는 것을 금지하여 왔으므로 받아들일 수 없다고 한 것이다.

302 『後漢書』 권36. 「鄭衆傳」, 1224쪽. "建武中, 皇太子及山陽王荊, 因虎賁中郞將梁松以縑帛聘衆, 欲爲通義, 引籍出入殿內. 衆謂松曰: 太子儲君, 無外交之義, 漢有舊防, 蕃王不宜私通賓客. 遂辭不受."

303 『史記』 권53. 「蕭相國世家」에 따르면, 安平侯 鄂이 죽은 후 玄孫인 但까지 爵位가 이어졌으나 但이 淮南王과 내통한 것으로 연루되어 棄市됨으로써 爵位를 삭탈당하였다고 하였다.(『史記』 권53. 「蕭相國世家」, 2107쪽. "於是因鄂君故所食關內侯邑封爲安平侯. 〈集解. 徐廣曰: 以謁者從定諸侯有功. 秩擧蕭何功, 故因侯二千戶. 封九年卒. 至玄孫但, 坐與淮南王安通, 弃市, 國除.〉〈正義. 括地志云: 澤州安平縣, 本漢安平縣.〉")

304 『漢書』 권16. 「高惠高后文功臣表」, 575쪽. "孝景後三年, 侯但嗣. 十九年, 元狩元年, 坐與淮南王安通, 遺王書稱臣盡力, 棄市."

305 [宋]程大昌, 『演繁露』(許沛藻・劉宇點校. 『全宋筆記(第4編)』, 鄭州: 大象出版社, 2008). 권5. 「東鄕」, "古人得罪下遷者, 皆曰左遷. 漢法, 仕諸侯者, 名爲左官, 則古不尙左, 其來久矣."

기를, '지금 땅을 분봉하여 관부를 두니, 이것을 바로 좌(左)로 여긴다는 것이다.'라
고 하였으니, 이 좌관이란 말은 춘추시대부터 이미 이와 같았던 것이다."[307]라고 하
였다.

● 大樂律(見周禮春官大胥注 百官志注)
『대악률』(『주례』「춘관」'대서' 주 및 「백관지」주에 보인다)

● 田律(見周禮秋官士師注 夏官大司馬疏)
『전율』(『주례』「추관」, '사사' 주 및 「하관」'대사마' 소에 보인다)

【원문】 野有田律. 疏, 謂擧漢法以況之.(周禮秋官士師注)

【역문】 전야(田野)에는 『전율』이 있다. 소(疏)에 "한(漢)나라의 법을 [예로] 들
어서 그것에 비유한 것이다."라고 하였다.[308](『주례』「추관」, '사사' 주)

【원문】 無干車, 無自後射. 疏, 此據漢田律而言.(周禮夏官大司馬注)

【역문】 간거(干車)[309]도 없고, 자후사(自後射)[310]도 없다. 소(疏)에 "이는 한
(漢)나라의 『전율』을 근거로 하여 말한 것이다."라고 하였다.[311](『주례』
「하관」, '대사마' 주)

---

306 士蔿는 春秋時代 晉나라 大夫이다.

307 『兩漢刊誤補遺』권1,「尙右3」, "諸侯王表作左官律. 師古曰: 漢依古, 古法, 朝廷之列, 以右爲尊. 故
謂仕諸侯爲左官. 仁傑按: 士蔿曰: 今分土而官之, 是左之也, 則左官之言, 在春秋已如此."

308 『周禮正義』권67,「秋官司寇」,「士師」注, 2783쪽.

309 "無干車"는 다른 車를 干犯함이 없는 것을 말한다.

310 "無自後射"는 ① 전투 대열에서 분주하게 뒤쫓지 않는 상황을 말한다. ② 앞사람이 이미 활을 쏘아
짐승을 적중하여, 뒷사람이 다시 쏠 수 없게 된 상황을 말한다. 아래 주 311) 참고.

311 『周禮正義』권55,「夏官司馬」, '大司馬'注, 2307쪽, "遂以蒐田, 有司表貉, 誓民. 〈注: 誓民, 誓以犯
田法之罰也. 誓曰: 無干車, 無自後射.〉···〈疏曰: 云誓曰無干車, 無自後射者, 此據漢田律而言, 無干
車, 謂無干犯他車, 無自後射者, 象戰陳不遂奔走. 又一解云, 前人已射中禽, 後人不得復射.〉"

◉ 田租稅律(見史記將相名臣表)

『전조세율』(『사기』「장상명신표」에 보인다)

◉ 尙方律　『상방률』

【원문】 尙方所制, 漢有嚴律, 諸侯竊服, 雖親必罪.(宋書)

【역문】 『상방률』을 제정한 바[312] 한(漢)나라는 엄한 율을 두어 제후(諸侯)들이 예복[禮服]을 도용[盜用][313]하면, 비록 [황제의] 친족이라 할지라도 반드시 단죄하였다.[314](『송서』「예지」)

【세주 원문】 按魏志鄧哀王沖傳, 景初元年琮坐於中尙方作禁物, 削戶三百, 貶爵爲都鄕侯; 又彭城王據傳, 據坐私遣人詣中尙方作禁物, 削縣二千戶, 是魏時尙沿漢制也.

【세주 역문】 『위지(魏志)』「등애·왕충전」에 "경초원년(237), 조종(曹琮)은 중상방(中尙方)[315]에서 법으로 금지하는 물품을 만든 일로 죄를 받아 식읍 300호(戶)를 삭감당하였고, 작위(爵位)는 폄하[貶下]되어 도향후(都鄕侯)가 되었다."[316]고 하였고, 「팽

---

312 『宋書』 권18, 「禮志」, 孝建 2년(455)의 上奏文에는 『上方律』을 제정한 까닭을 다음과 같이 밝히고 있다. "車服을 법도(庸)로 삼는다는 것은 『虞書』의 茂典이다. 爵號(名)와 車服(器)는 남에게 함부로 빌려줄 수 없는 것이니, 春秋時代에 이미 그 警戒를 명확히 하였다. 이러한 까닭으로 尙方을 제정한 바이다."라고 하였다.

313 諸侯의 본분에 맞지 않는 禮服을 착용하는 것을 의미한다. 『玉海』 권90, 「器用」, '舜賜車服'에 "明試以功, 車服以庸.〈注: … 明試其言, 以要其功, 功成則賜車服, 以表顯其用也.〉〈疏: 人以車服爲榮, 故天子之賞諸侯, 皆以車服賜之.〉"라고 한 것과 같이, 수레(車)와 禮服은 공을 세운 자에 대한 보답으로 天子가 내리는 은상의 표현 방식이다. 즉 功을 세우면 수레와 예복을 하사하였는데, 그 功을 세운 정도에 따라 정도의 차이가 있었다. 그러므로 자신의 본분에 맞지 않는 수레를 이용하고, 예복을 착용한다는 것은 곧 천자에 대한 不敬을 범하게 되는 것과 마찬가지이다.

314 『宋書』 권18, 「禮志」, 521쪽. "(孝建二年)奏曰: 車服以庸, 虞書茂典; 名器愼假, 春秋明誡. 是以尙方所制, 禁嚴漢律, 諸侯竊服, 雖親必罪."

315 "中尙方"은 皇帝가 필요로 하는 물품이나 宮內에서 소요되는 각종 물품을 제조하던 官府를 말한다. 漢나라 때 처음 설치하였고, 唐나라 때는 中尙署, 元나라 때는 中尙監으로 바뀌었다가 明나라 때는 廢置되었다. 『三國志』 권20, 「魏書」, '彭城王據傳' 581쪽의 注에 '魏王이 司馬 董和를 京師에 있는 中尙方으로 보내어 珠玉을 가져오게 하였는데, 도착한 中尙方에서는 갖가지 다양한 禁物이 만들어지고 있었다. 그렇게 제작된 禁物은 工官과 交通하여 가까운 官署로 드나들고 있었는데, 그 사치한 정도가 법도를 넘어서고 있었는데도 게으른 中尙方令은 규정을 위반하고 있었다.'고 하였다.

성왕거전」에 "조거(曹據)가 사사로이 사람을 중상방으로 보내어 법으로 금지하는 물품을 제작한 일로 죄를 받아 식읍 2,000호를 삭감 당하였다."[317]고 하였으니, 위[曹魏]나라 때도 여전히 한(漢)나라의 제도를 계승하고 있었던 것이다.

◉ 挾書律 『협서율』

【세주 원문】 按惠帝紀, 四年除挾書律. 注應劭曰, 挾藏也. 張晏曰, 秦律敢有挾書者族. 是此律漢初已廢.

【세주 역문】 「혜제본기」에 "4년(기원전 191년)에 『협서율』을 폐지하였다."고 하였다. 주(注)에서 응소(應劭)는 "협(挾)은 감추어 보관한다[藏]는 뜻이다."라고 하였고, 장안(張晏)은 "진율(秦律)에 감히 서적을 감추어 보관하는 자는 멸족을 당하였다."고 하였다.[318] 이로써 이 『협서율』은 한(漢)나라 초에 이미 폐지되었음을 알 수 있다.

◉ 章程(附) 『장정』(덧붙임)

【원문】 章程謂定百工用材多少之量及制度之程品.(時魯頌疏)

【역문】 『장정』은 백공(百工)들이 재료를 사용할 때, 많고 적음의 분량 및 제도(制度)의 정품(程品)[319]을 제정한 것을 말한다.[320](『사기』 「태사공자서」 시노송소)

---

316 『三國志』 권20, 「魏書」, ‘鄧哀王沖傳’. 580쪽.
317 『三國志』 권20, 「魏書」, ‘彭城王據傳’. 581쪽, "景初元年, 據坐私遣人詣中尙方作禁物, 削縣二千戶. 〈魏書載璽書曰: 制詔彭城王: 有司奏, 王遣司馬董和, 齎珠玉米到京師中尙方, 多作禁物, 交通工官, 出入近署, 踰侈非度, 慢令違制."
318 『漢書』 권2, 「惠帝本紀」. 90쪽.
319 "程品"은 器物에 일정한 무게와 길이의 단위를 정한 것을 말한다. 즉 규격품이다.(『史記』 권130, 「太史公自序」 注, 3319쪽, "贊曰: 茂陵書丞相爲工用程數其中, 言百工用材多少之量及制度之程品者是也.")
320 『史記』 권130, 「太史公自序」, 3319쪽, "於是漢興, 蕭何次律令, 韓信申軍法, 張蒼爲章程. 〈集解, 如淳曰: 章, 曆數之章術也. 程者, 權衡丈尺斛斗之平法也.)"; 『玉海』 권65, 「詔令」, ‘漢章程’, "詩魯頌疏: 章程謂定百工用材多少之量及度之程品."

【원문】 天下旣定, 命張蒼定章程. 注, 如淳曰章, 曆數之章術也, 程者, 權衡丈尺斗斛之平法也. 師古曰, 程, 法式也.(高帝紀)

【역문】 천하가 이미 평정되고 난 뒤, 장창(張蒼)으로 하여금 『장정』을 제정하게 하였다. 주(注)에 여순은 "장(章)은 역수(曆數)[321]의 장술(章術)이고, 정(程)은 장(丈)·척(尺)·두(斗)·곡(斛) 등을 저울질하는 평법(平法)이다."라고 하였고, 안사고는 "정(程)은 법식(法式)이다."라고 하였다.[322](『한서』「고제본기」)

【원문】 蒼爲計相時, 緖正律曆, 吹律調樂, 入之音聲, 及以比定律令, 若百工天下作程品. 注, 如淳曰, 若順也, 百工爲器物, 皆有尺寸斤兩斛斗輕重之宜, 使得其法, 此之謂順.(任敖傳)

【역문】 장창(張蒼)은 계상(計相)[323]이 되었을 때, 음률과 역법[律曆]을 정리하고 바로잡았다. 율관[律管][324]을 불어 음(音)의 높낮이를 조절[325]하여 오음(五音)에 들어맞게 하였으며,[326] 이것에 견주어[327] 율령(律令)을 제정하였다. 또한 천하의 백공(百工)들이 정품(程品)을 제작할 수 있게 하였다. 주(注)에 여순은 "약(若)은 순(順)이다. 백공이 기물(器物)을 만들 때, 모든

---

321 "曆數"는 日月의 궤도 운행을 헤아려 歲時節侯의 순서와 早晚을 계산해내는 것을 말한다.
322 『漢書』 권1하, 「高帝本紀」, 81쪽. "天下旣定, 命蕭何次律令, 韓信申軍法, 張蒼定章程. 〈如淳曰: 章, 曆數之章術也. 程者, 權衡丈尺斗斛之平法也.〉 〈師古曰: 程, 法式也.〉"
323 計相은 郡國의 上計를 주관했던 官名이다.
324 黃帝 때 伶倫이 처음으로 대나무를 잘라 管을 만들고, 管의 길고 짧음으로써 소리(聲)와 音의 高低와 淸濁을 분별하였다고 한다. 樂器의 音調는 모두 이를 기준으로 하였다. 樂律에는 모두 12가지가 있었는데, 陰과 陽에 따라 각각 6가지씩을 두었다. 그중 陽이 '律'이 되고, 陰이 '呂'가 된다. 즉 12律이란 6律(黃鍾·大蔟·姑洗·蕤賓·夷則·無射)과 6呂(林鍾·仲呂·夾鍾·大呂·應鍾·南呂)를 말한다.
325 『漢書』 권42, 「任敖傳」의 顔師古 注에 "言吹律調音以定法令."라고 하였다.
326 원문의 "入之音聲" 중 "音聲"을 『史記』와 『漢書』의 如淳 注에 근거하여 '五聲音階'로 풀이하였다. 즉 宮·商·角·徵·羽인 五音을 말한다.(『孟子』 「離婁篇上」, "不以六律, 不能正五音. 趙岐注: 五音, 宮·商·角·徵·羽."; 『論衡』 「定賢篇」, "鼓無當於五音, 五音非鼓不和.")
327 『史記』 권96, 「張丞相列傳」, 2681쪽의 如淳 注에 "比謂五音淸濁各有所比也. 以定十二月律之法令於樂官, 使長行之."라고 하였고, 『漢書』 권42, 「任敖傳」의 如淳 注에도 "比音比次之比. 謂五音淸濁, 各有所比, 不相錯入, 以定十二律之法令於樂官, 使長行之."라고 하였으며, 顔師古의 注에는 "依如氏之說."라고 하였다.

길이[尺寸], 무게[斤兩], 부피[斛斗]의 경중(輕重)에 마땅한 기준을 두어 그
[올바른] 법을 얻을 수 있게 하니, 이것을 순(順)이라고 한다."328고 하였
다.(『한서』「임오전」)

【원문】 漸課民畜牸牛草馬, 下逮雞豚犬豕, 皆有章程.(魏志杜畿傳)

【역문】 점차 백성들이 기르는 암소(牸牛)나 암말(草馬)에 [세금을] 부과(賦課)
하고, 아래로는 닭, 돼지, 개 등에 이르기까지 모두『장정』을 두게 되었
다.329(『삼국지(위서)』「두기전」)

【원문】 孝宣以章程練名實.(玉海)

【역문】 효선제(孝宣帝)는 『장정』으로써 명실(名實)330을 단련하였다.331(『옥
해』)

---

328 『漢書』권42,「任敖傳」, 2098-2099쪽. "吹律調樂, 入之音聲, 及以比定律令.〈如淳曰: 比音比次之
比. 謂五音淸濁, 各有所比, 不相錯入, 以定十二律之法令於樂官, 使長行之. 或曰, 比謂比方之比, 音
必履反.〉〈臣瓚曰: 謂以比故取類, 以定法律與條令也.〉〈師古曰: 依如氏之說.〉若百工, 天下作程品.
〈如淳曰: 若, 順也. 百工爲器物皆有尺寸斤兩斛斗輕重之宜, 使得其法. 此之謂順.〉〈晉灼曰: 若, 豫及
之辭.〉〈師古曰: 言吹律調音以定法令, 及百工程品, 皆取則也. 若, 晉說是.〉"
329 『三國志(魏書)』권16,「杜畿傳」.『冊府元龜』권676,「牧守部」, '敎化' 등에도 동일한 내용이 전한
다.
330 "名實"은 겉으로 드러난 명분과 내면의 실상을 아울러 이르는 말이다. 이 두 가지가 서로 부합되는
것이 이상적이다.(『管子』「九守篇」, "修名而督實, 按實而定名. 名實相生, 反相爲情.")
331 『玉海』권65,「詔令」, '漢章程', "唐魏徵曰: 孝宣以章程練名實."

令(詔條附) 영(『조조』를 덧붙임)

【원문】 令, 領也, 領理之使不相犯也.(釋名)

【역문】 영은 '다스린다[領]'는 뜻으로 [사람들을] 다스려서 서로 범하지 못하게 하는 것이다.[332](『석명』)

【원문】 文穎曰, 天子詔所增損不在律上者爲令.(宣帝紀注)

【역문】 문영은 "천자가 조를 내려 증손(增損)한 바로 율에 포함되어 있지 않은 것들을 영으로 삼는다."고 하였다.[333](『한서』「선제본기」 주)

【원문】 前主所是著爲律, 後主所是疏爲令.(史記杜周傳)

【역문】 전주[334]가 옳다고 생각하는 바를 드러내어 율로 제정하고, 후주가 옳다고 생각하는 바를 나누어서 영으로 기록한다.[335](『사기』「두주전」)

【원문】 春夏生長, 聖人象而爲令, 秋冬殺藏, 聖人則而爲法, 故令者敎也, 法者刑罰也.(鹽鐵論)

【역문】 봄과 여름에는 태어나고 자라나게 하니[336] 성인이 [땅을] 본받아 영을 만들었고, 가을과 겨울에는 수확하고 저장하니[337] 성인이 [하늘을] 본받아

---

332 [宋]李昉 等, 『釋名』(北京: 中華書局, 1985) 101쪽.

333 『漢書』 권8,「宣帝本紀」注, 252쪽.

334 "前主"는 先皇帝를 말하고, "後主"는 뒤를 이은 皇帝를 말한다.

335 『史記』 권123,「杜周傳」, 3153쪽. 그 밖에 『漢書』 권59,「杜周傳」,『通典』(北京: 中華書局, 2003) 권170,「刑法8」,'舞斈』,『唐六典』(北京: 中華書局, 2005) 권6,「尙書刑部」注,『文獻通考』(北京: 中華書局, 2006) 권163,「刑考2」,'刑制2' 등에도 관련 내용이 보인다.

336 『漢書』 권23,「刑法志」1070쪽,"溫慈惠和, 以效天之生殖長育也."

337 『漢書』 권23,「刑法志」1070쪽,"刑罰威獄, 以類天之震曜殺戮也.〈師古曰: 震謂雷電也.〉"

법을 만들었다.[338] 그러므로 영이란 교화이고, 법이란 형벌이다.[339](『염철론』)

【원문】 律以正刑定罪, 令以設範立制.(唐六典)

【역문】 율로써 형을 바르게 하고 죄명(罪名)을 정하며, 영으로써 규범을 설정하고 제도를 세운다.[340](『당육전』)

【원문】 律以正罪名, 令以存事制.(御覽六百四十一引杜預律序)

【역문】 '율'로써 죄명을 바르게 하고, '영'으로써 제도[事制]를 보존한다.[341] (『태평어람』 권638에서 두예의 「율서」를 인용)

【원문】 以上律與令之別.

【역문】 이상은 율과 영의 구별[에 대한 내용]이다.

【원문】 律令繁多, 百有餘萬言.(成帝紀)

【역문】 율과 영이 번잡하게 많아져 백만여 언(言)이나 되었다.[342](『한서』 「형법지」)

---

338 『漢書』 권23, 「刑法志」, 1070쪽, "聖人旣躬明悊之性,〈師古曰: 躬謂身親有之.〉必通天地之心, 制禮作敎, 立法設刑, 動緣民情, 而則天象地."

339 [漢]桓寬 著, 王利器 校注, 『鹽鐵論校注』(北京: 中華書局, 1992) 권10 「詔聖」, 595쪽. 『魏書』 권111, 「刑罰志」 2871쪽 등에도 관련 내용이 보인다.

340 『唐六典』 권6, 「尙書刑部」, 185쪽. 『舊唐書』 권43, 「職官志」, 1837쪽, '尙書都省' 등에도 관련 내용이 보인다.

341 『太平御覽』 권641은 오류이다. 권638에 보인다. (宋)李昉 等, 夏劍欽校點, 『太平御覽』(河北敎育出版社, 2000) 권638, 「刑法部」4, 26쪽; [唐]歐陽詢, 『藝文類聚』 권54, 「刑法部」(上海: 上海古籍出版社, 1985), 980쪽에도 관련 내용이 보인다.

342 『漢書』 권10, 「成帝本紀」에는 이와 같은 내용이 보이지 않는다. 다만 『漢書』 권23, 「刑法志」, 1123쪽, 『通典』 권170, 「刑法8」, '寬恕', 4409쪽 등에 이와 동일한 내용이 전한다. 『漢書』 권23, 「刑法志」 1123쪽의 원문에는 "至成帝河平中, 復下詔曰: 甫刑云, 五刑之屬三千, 大辟之罰其屬二百, 今大辟之刑千有餘條, 律令煩多, 百有餘萬言, 奇請它比, 日以益滋, 自明智者不知所由, 欲以曉喩衆庶, 不亦難乎!"라고 하였다.

【원문】孝武卽位, 外事四夷之功, 內盛耳目之好, 徵發煩數, 百姓貧耗, 窮
　　　民犯法, 酷吏擊斷, 姦軌不勝, 於是招進張湯趙禹之屬, 條定法令, 作見
　　　知故縱ㆍ監臨部主之法, 緩深故之罪, 急縱出之誅, 禁罔寖密. 律令凡
　　　三百五十九章.(刑法志)

【역문】효무제는 즉위하여 밖으로 사이(四夷)를 평정하는 데만 전념하고,
　　　안으로는 보고 듣는 즐거움을 만족시키는 데만 힘썼다. [인력과 물자의] 징
　　　발을 빈번히 행하여 백성들이 가난해지고 호구 수는 줄어들었다.[343] 궁
　　　핍한 백성들은 법을 어기고 혹리들은 [이들을] 함부로 처벌[擊斷]하니, 그
　　　법도를 어지럽힘[姦軌][344]을 이루 다 헤아릴 수가 없었다. 이리하여 장탕
　　　과 조우의 무리들을 불러들여 세밀하게 법령을 제정[345]하게 하였으니,
　　　견지고종법[346]과 감림부주법[347]을 만들고, 혹리가 본래의 죗값보다 가중
　　　하여 처벌하거나 고의로 타인을 죄에 빠뜨리는 일[深故之罪][348]을 완화하
　　　였으며, 정당한 사유 없이 죄인을 석방하였을 경우에는 즉시 주벌[349]하
　　　도록 함으로써 법망[禁罔]이 점차 조밀해졌다. 율과 영은 총 359장(章)이
　　　었다.[350](『한서』「형법지」)

---

343 顔師古 注에 "耗"는 '줄어드는 것'이라고 하였다. 즉 "貧耗"란 백성들이 곤궁하여 戶口 수가 점차
　　줄어드는 것을 말한다. 또한 『漢書』권7,「昭帝本紀」233쪽에는 "海內虛耗, 戶口減半.(師古曰: 耗,
　　損也.)"라고 하였고, 『漢書』권75,「夏侯勝傳」3156쪽에는 "天下虛耗.(師古曰: 耗, 減也.) 百姓流離,
　　物故者半."라고 하였다.

344 '姦軌'란 법을 어기고 질서를 어지럽히는 것을 말한다. 『漢書』권9,「元帝本紀」, 288쪽의 顔師古
　　注에 "亂在外曰姦, 在內曰軌"라고 하였다.

345 『漢書』권59,「張湯傳」2638쪽, "張湯與趙禹共定諸律令, 務在深文."

346 "見知故縱"은 '知縱'이라고도 하며, 다른 사람이 죄를 범한 사실을 알면서도 고발하지 않는 경우에
　　해당하는 죄이다. 顔師古 注에 "見知人犯法不擧告爲故縱."라고 하였고, 『後漢書』권34,「梁統傳」,
　　1167쪽의 李賢 注에는 "知縱謂見知故縱, 武帝時立見知故縱之罪, 使張湯等著律."라고 하였다.

347 "監臨部主"는 자신의 관할 하에 있는 자가 죄를 범하였는데도 그 감독을 맡고 있는 책임자나 상급
　　관리로서 이를 故意로 방치할 경우 연좌하여 처벌하는 것을 말한다. 범인이 소속되어 있는 지역의
　　관부나 그 상급기관, 감찰 관원까지 연좌되었다. 顔師古의 注에는 "所監臨部主有罪幷連坐也."라고
　　하였다.

348 "深故之罪"에서 "深"은 본래의 죄 값보다 가중하여 처벌하는 것을 말하고, "故"는 故意로 다른 사
　　람을 죄에 빠뜨리는 것을 말한다. 孟康 注에 "孝武欲急刑, 吏深害及故入人罪者, 皆寬緩."라고 하였
　　다.

349 "急縱出之誅"는 獄吏가 정당한 사유 없이 죄인을 석방하였을 경우, 그 獄吏를 즉시 처벌한다는 것
　　을 의미한다. 顔師古 注에 "吏釋罪人, 疑以爲縱出, 則急誅之, 亦言尙酷."라고 하였다.

【원문】 方今律令百有餘篇, 文章繁, 罪名重. 郡國用之, 疑惑或淺或深, 自吏明習者不知其處, 而況愚民乎?(鹽鐵論)

【역문】 바야흐로 이제 '율'과 '영'이 백여 편이나 되니, 문장이 번잡하고 형벌[罪名]은 무거워졌다. 군국에서 이를 적용함에 의혹(疑惑)됨이 적기도 하고 많기도 하니, 법률을 잘 알고 익숙한 관리도 어찌 처리해야 할지를 모르는데, 하물며 어리석은 백성들은 어떠하겠는가?[351](『염철론』)

【원문】 令甲以下三百餘篇.(晉書刑法志)

【역문】 『영갑』 이하 삼백여 편이다.[352](『진서』「형법지」)

【원문】 以上漢令之繁.

【역문】 이상은 한령(漢令)의 번잡함[에 대한 내용]이다.

【원문】 諸法令所更定, 其說皆誼發之.(賈誼傳)

【역문】 여러 법령들을 개정한 바, 그 설은 모두 가의로부터 비롯되었다.[353] (『한서』「가의전」)

【원문】 錯又言, 法令可更定者, 書凡三十篇. 孝文雖不盡聽, 然奇其才. 景帝卽位, 以錯爲內史, 法令多所更定. 錯所更令三十章, 諸侯讙嘩.(鼂錯傳)

---

350 律令은 총 359章, 大辟(死刑)은 409條 1,882件, 死罪 決事比는 13,472件이었다.(『漢書』 권23, 「刑法志」 1101쪽. "律令凡三百五十九章, 大辟四百九條, 千八百八十二事, 死罪決事比萬三千四百七十二事.")

351 이와 관련하여 『漢書』 권23, 「刑法志」 1101쪽에는 "文書盈於几閣, 典者不能徧睹. 是以郡國承用者駮, 或罪同而論異. 姦吏因緣爲市, 所欲活則傅生議, 所欲陷則予死比, 議者咸冤傷之."라고 하였다.

352 漢나라 때의 판결 사례[決事]를 한데 모아 『令甲』 이하에 300여 편을 두었다는 뜻이다.(『晉書』 권30, 「刑法志」 922쪽. "漢時決事, 集爲令甲以下三百餘篇.")

353 『漢書』 권48, 「賈誼傳」, 2222쪽의 원문에는 "誼以爲漢興二十餘年, 天下和洽, 宜當改正朔, 易服色制度, 定官名, 興禮樂, 乃草具其儀法, 色上黃, 數用五, 爲官名悉更, 奏之. 文帝謙讓未皇也. 然諸法令所更定, 及列侯就國, 其說皆誼發之. 於是天子議以誼任公卿之位."라고 하였다.

【역문】 조조(鼂錯) 또한 법령 중 개정[更定]할 수 있는 것은 책으로 총 30편이라고 말하였다. 효문제는 비록 모두 받아들이지는 않았으나 그 재능만큼은 기특하다고 여겼다. 경제는 즉위하여 조조를 내사로 삼음으로써 법령의 대부분을 개정하게 하였다. 조조가 개정한 영은 30장(章)으로 제후들을 떠들썩하게 하였다.[354](『한서』「조조전」)

【원문】 以上令之更定.

【역문】 이상은 영의 개정[에 대한 내용]이다.

● 令甲(見宣帝紀 哀帝紀注 平帝紀注 律曆志 賈誼新書 晉書刑法志)

『영갑』(「선제기」, 「애제기」 주,[355] 「평제기」 주,[356] 「율력지」,[357] 가의의 『신서』, 『진서』「형법지」[358]에 보인다.)

【원문】 甲者創制之令. 疏, 漢謂令之重者爲令甲.(易先甲後甲注)

【역문】 '갑'은 가장 먼저 제정한 영을 의미한다. 소(疏)에 "한(漢)에서는 영 중에서 중요한 것들을 『영갑』이라 하였다."고 하였다.[359](『주역』「고괘(蠱卦)」 주)

【원문】 文穎曰, 令甲者, 前帝第一令也. 如淳曰, 令有先後, 故有令甲令乙

---

354 그 밖에 『資治通鑑』 권15, 「漢紀7」, '文帝前十五年', 501쪽, 『玉海』 권65, 「詔令」, '漢律令' 1225쪽 등에도 관련 내용이 보인다.

355 『漢書』 권11, 「哀帝本紀」 注 336쪽 "如淳曰: … 名田縣道者, 令甲, 諸侯在國, 名田他縣, 罰金二兩."

356 『漢書』 권12, 「平帝本紀」 351쪽, "如淳曰: … 令甲, 女子犯罪, 作如徒六月, 顧山遣歸."

357 『後漢書』 권12, 「律曆志」 3032쪽, "太史令舒、承、梵等對: 案官所施漏法令甲第六常符漏品, 孝宣皇帝三年十二月乙酉下, 建武十年二月壬午詔書施行."

358 『晉書』 권30, 「刑法志」 922쪽, "漢時決事, 集爲令甲以下三百餘篇."

359 『周易正義(十三經注疏)』, 「序文」(北京: 北京大學出版社, 2000), 3쪽, "又蠱卦云:「先甲三日, 後甲三日.」 輔嗣注云:「甲者創制之令」, 又若漢世之時甲令乙令也.";『周易正義(十三經注疏)』 권3, 「蠱卦」, 109쪽, "疏:「甲者創制之令」者, 甲爲十日之首, 創造之令爲在後諸令之首, 故以創造之令謂之爲甲. 故漢時謂令之重者, 謂之「甲令」, 則此義也."

令丙. 師古曰, 如說是也, 甲乙者若今第一篇第二篇耳.(宣帝紀注)

【역문】 문영은 "『영갑』은 선제[前帝]의 첫 번째 '영'이다."라고 하였다. 여순은 "'영'에는 순서[先後]가 있으므로 『영갑』, 『영을』, 『영병』을 둔 것이다."라고 하였다. 안사고는 "여순의 설명이 옳다. '갑', '을'이라고 하는 것은 지금의 '제1편', '제2편'이라고 하는 것과 같을 뿐이다."라고 하였다.[360](『한서』「선제본기」 주)

【원문】 天子之言, 曰令, 令甲乙是也.(新書)

【역문】 천자의 말씀을 '영'이라고 하니, 『영갑』과 『영을』이 이것이다.[361](『신서』「등제(等齊)」)

【세주 원문】 按令甲亦稱甲令. 吳芮傳贊著於甲令而稱忠, 師古注, 甲者, 令篇之次也. 敍傳景紀述務在農桑, 著於甲令, 后紀論編置甲令, 注, 前書音義曰, 甲令者, 前帝第一令也, 有甲令乙令丙令.

【세주 역문】 『영갑』은 또한 『갑령』이라고도 일컫는다. 「오예전」의 찬(贊)에 "『갑령』에 명시[著]하여 충(忠)이라고 일컬었다."고 하였고, 안사고의 주에 "갑이란 '영'의 편목 순서이다."라고 하였다.[362] 「서전」에는 "「경제본기」에 농업과 잠상에 힘써야 한다는 것을 『갑령』에 명시[著]하였다고 서술하였다."[363]고 하였고, 「황후본기」에 "편을 논하여 『갑령』을 두었다."[364]고 하였으며, 주에는 "『전서음의』에 "『갑령』이란 선제[前帝]의 첫 번째 '영'이다. 『갑령』, 『을령』, 『병령』을 두었다"[365]고 하였다.

---

360 『漢書』 권8, 「宣帝本紀」의 注, 252쪽.

361 『新書』 권1, 「等齊」의 원문에는 "天子之言曰令, 令甲、令乙是也. 諸侯之言曰令, 令儀之言是也."라고 하였다. 본문의 내용은 『玉海』 권65, 「詔令」, '漢令甲、令乙、令丙', 1228쪽과 동일하다.

362 『漢書』 권34, 「吳芮傳」 1895쪽, "贊曰: … 有以矣夫.〈師古曰: 以其不用詐力也.〉 著於甲令而稱忠也.〈師古曰: 甲者, 令篇之次也.〉"

363 『漢書』 권100하, 「敍傳」 4236쪽, "孝景莅政, 諸侯方命, 克伐七國, 王室以定. 匪怠匪荒, 務在農桑, 著于甲令, 民用寧康.〈師古曰: 甲令, 即景帝令甲也.〉 述景紀第五."

364 『後漢書』 권10상, 「皇后本紀」 400쪽의 원문에는 "編著甲令"이라고 하였다.

365 『後漢書』 권10상, 「皇后本紀」 400쪽, "向使因設外戚之禁, 編著甲令,〈前書音義曰: 甲令者, 前帝第一令也, 有甲令、乙令、丙令.〉 改正后妃之制, 貽厥方來, 豈不休哉!"

【세주 원문】 又按明陳繼儒群碎錄云, 今人稱令曰令甲, 出漢宣帝詔, 蓋是法令首卷, 觀江充傳注令乙, 章帝詔令丙可知, 想漢律有十卷耳. 王世貞宛委餘篇云, 今人稱法令曰令甲, 以漢宣帝詔令甲死者不可復生然, 是法令之首卷. 江充傳注令乙騎乘行馳道中. 章帝詔曰, 令丙箠長短有數, 然則令乙者, 第二卷也, 令丙者, 第三卷也. 漢律當有十卷. 愚謂十卷之說, 近於臆斷, 殆不足辨. 蕭望之傳引金布令甲, 是金布令亦自有甲乙, 如淳說近之. 戴埴鼠璞云, 漢令甲令乙令丙, 乃篇次也, 今例以法律爲令甲者非.

【세주 역문】 명나라 진계유의 『군쇄록』에 "지금 사람들은 '영'을 일컬어 『영갑』이라 하는데, 한나라 선제(宣帝)가 내린 조(詔)를 통해서 볼 때, 아마도 법령의 첫 번째 권일 것이다."라고 하였다. 「강충전」의 주366에 『영을』이라는 기록이 보이고, 장제(章帝)가 내린 조에 『영병』이라고 기록367된 데서 미루어 짐작할 수 있듯이 아마도 한율은 열 권 정도 있었을 것이다. 왕세정의 『완위여편』에 "지금 사람들은 법령을 일컬어 『영갑』이라고 하는데, 한나라 선제가 내린 조서에 '[先皇이 제정한]『영갑』에 따르면, 사형에 처한 자는 다시 살려낼 수 없다고 하였다.'368고 하였으니, 『영갑』은 법령의 첫 번째 권이다. 「강충전」의 주에는 '『영을』에 따르면, 말이나 수레는 길 가운데[道中]서 타거나 몰아야 한다.'고 하였다. 장제는 조를 내려 말하기를, '[선황(先皇)인 경제(景帝)가 제정한]『영병』에 따르면, [형구(形具)인] 추(箠)의 길고 짧음에도 기준[數]이 있다.'고 하였으므로 『영을』이란 제2권이고, 『영병』이란 제3권인 것이다. 한율은 그에 상응하여 열 권을 두었다."369고 하였다. 나[程樹德]는 한율이 열 권이라는 설은 추단[臆斷]에 가까우며, 거의 판단할 수 없는 문제라고 생각한다. 「소망지전」에서는 『금포령갑』을 인용370하였는데, 이 『금포령』 또한 자체로 갑과 을을

---

366 『漢書』 권45, 「江充傳」 2177쪽, "令乙, 騎乘車馬行馳道中, 已論者, 沒入車馬被具."
367 『後漢書』 권3, 「章帝本紀」, 146쪽, "[元和元年]秋七月丁未, 詔曰: … 又令丙, 箠長短有數.〈令丙爲篇之次也. 前書音義曰: 令有先後, 有令甲, 令乙, 令丙, 又景帝定箠令, 箠長五尺, 本大一寸, 其竹也末薄半寸, 其平去節, 故曰長短有數也.〉"
368 『漢書』 권8, 「宣帝本紀」 252쪽, "(地節四年)九月, 詔曰: … 又曰: 令甲, 死者不可生, 刑者不可息."
369 『宛委餘篇』의 인용문은 [明]顧起元의 『說略』 권17, 「李法」에도 동일하게 전한다.
370 『漢書』 권78, 「蕭望之傳」 3271쪽, "先帝聖德, 賢良在位, 作憲垂法, 爲無窮之規, 永惟邊竟之不贍, 故金布令甲,〈師古: 金布者, 令篇名也. 其上有府庫金錢布帛之事, 因以名篇. 令甲者, 其篇甲乙之次.〉邊郡數被兵, 離飢寒, 夭絕天年, 父子相失, 令天下共給其費,〈師古曰: … 自此以上, 令甲之

두었으므로 여순의 설명이 이치에 가깝다. 대식의 『서박』에 "한나라의 『영갑』, 『영을』, 『영병』은 바로 편(篇)의 차례이다."[371]라고 하였으니, 지금 일반적으로 법률을 '영갑'이라고 하는 것과는 다르다.

◉ 令乙(見江充傳注, 晉書刑法志)

『영을』(「강충전」 주,[372] 『진서』「형법지」[373]에 보인다.)

【세주 원문】 按令乙亦稱乙令, 見張釋之傳如淳注.

【세주 역문】 『령을』은 또한 『을령』이라고도 하며, 「장석지전」의 여순 주(注)에 보인다.[374]

◉ 令丙(見章帝紀 晉書刑法志避唐諱作令景)

『영병』[「장제기」[375]에 보인다. 『진서』「형법지」에는 당휘(唐諱)를 피하여 『령경(令景)』이라 하였다.]

◉ 功令(見儒林傳 史記儒林傳)

『공령』([『한서』] 「유림전」, 『사기』「유림전」에 보인다.)

【원문】 請著功令. 注, 師古曰, 新立此條, 請以著於功令. 功令、篇名, 若今還擧令.(儒林傳)

【역문】 『공령』에 명시되도록 청하였다. 주에 안사고는 "새롭게 이 조를 입

文.〉固爲軍旅卒暴之事也."

371 [宋]戴埴撰, 『鼠璞』(王雲五主編, 『叢書集成初編』商務印書館發行) 1939, 「令甲」, 32쪽. "漢令甲、令乙、令丙, 乃篇次也."

372 『漢書』권45, 「江充傳」, 2177쪽. "如淳曰: 令乙, 騎乘車馬行馳道中, 已論者, 沒入車馬被具."

373 『晉書』권30, 「刑法志」924쪽. "盜律有受所監受財枉法, 雜律有假借不廉, 令乙有呵人受錢, 科有使者驗路, 其事相類, 故分爲請賕律."

374 『史記』권102, 「張釋之傳」2754쪽, 『漢書』권50, 「張釋之傳」2310쪽. "此人犯蹕,〈如淳曰: 乙令, 蹕先至而犯者, 罰金四兩.〉當罰金."

375 『後漢書』권3, 「章帝本紀」, 146쪽. "詔曰: 律云掠者唯得榜、答、立. 又令丙, 箠長短有數."

안³⁷⁶하였으니, 『공령』에 명시되도록 청한 것이다. 『공령』은 편명으로 지금의 『선거령』과 같다."³⁷⁷고 하였다.(『한서』「유림전」)

【원문】 太史公曰, 余讀功令. 索隱謂學者課功著之令, 卽今之學令是也.
(史記儒林傳)

【역문】 태사공이 말하기를, "나는 『공령』을 읽었다."고 하였다. 『사기색은』에 "가르치고 배우는 자의 공을 평가하는 것을 명시한 영을 말하며, 지금의 『학령』이 이것이다."라고 하였다.³⁷⁸(『사기』「유림전」)

◉ 金布令(見高帝紀注 蕭望之傳 禮儀志注)
『금포령』(「고제본기」 주,「소망지전」,「예의지」 주에 보인다.)

【원문】 師古曰, 金布者令篇名, 若今之倉庫令也.(高帝紀注)

【역문】 안사고는 "금포란 영의 편명으로 지금의 『창고령』과 같다."고 하였다.³⁷⁹(『한서』「고제본기」 주)

【원문】 師古曰, 金布者令篇名也. 其上有府庫金錢布帛之事, 因以名篇.
(蕭望之傳注)

【역문】 안사고는 "금포란 영의 편명이다. 그 내용상에 부고(府庫), 금전(金

---

376 『漢書』 권88,「儒林傳」 3594–3596쪽에 따르면, 漢의 學官인 公孫弘이 인재 선발과 관련한 여러 개선 사항을 일일이 열거하여 武帝에게 上奏하였는데, 그 上奏한 내용들을 『功令』으로 명시하여 반포할 수 있도록 요청한 것이다. 武帝는 이러한 요청을 모두 수락하였다.(『漢書』 권88「儒林傳」 3594–3596쪽, "弘爲學官, 悼道之鬱滯, 乃請曰: … 爲博士官置弟子五十人, 復其身. 太常擇民年十八以上儀狀端正者, 補博士弟子. … 先用誦多者, 不足, 擇掌故以補中二千石屬, 文學掌故補郡屬, 備員. 請著功令.〈師古曰: 新立此條, 請以著於功令. 功令, 篇名, 若今選擧令.〉它如律令.〈師古曰: 此外並如舊律令.〉制曰: 可. 自此以來, 公卿大夫士吏彬彬多文學之士矣."; 『史記』 권121「儒林傳」 3119쪽, 略同)

377 『漢書』 권88,「儒林傳」 3594쪽. 본문에는 "還擧令"이라 하였으나, 『漢書』「儒林傳」의 원문에는 "選擧令"이라 하였다. "還"은 "選"의 분명한 誤記이다.

378 『史記』 권121,「儒林列傳」, 3115쪽.

379 『漢書』 권1하,「高帝本紀」, 65쪽.

錢), 포백(布帛)과 관련한 사례를 두었기 때문에 편의 명칭으로 삼은 것이다."라고 하였다.[380](『한서』「소망지전」주)

【원문】 金布律有毀傷亡失縣官財物, 罰贖入責以呈黃金爲價諸目.(晉書刑法志)

【역문】 『금포율』에는 현관재물(縣官財物)의 훼손이나 분실에 관한 규정이 있고,[381] [또한] 벌금[罰], 속형[贖], 채무의 상환[入責][382]은 황금(黃金)을 기준가[價]로 하여 낸다[383]는 등의 여러 조목이 있다.(『진서』「형법지」)

【세주 원문】 按晉志作金布律, 後書禮儀志注引作漢律金布令, 與蕭望之傳互歧, 當以傳文爲正.

【세주 역문】 『진서』「형법지」에는 『금포율』이라 기재하였고, 『후한서』「예의지」의 주에는 "한율『금포령』"[384]이라 인용하여, 「소망지전」의 기재와 서로 엇갈리지만, 응당 「소망지전」의 기재를 바른 것으로 삼았다.[385]

---

380 『漢書』 권78, 「蕭望之傳」注, 3278쪽.
381 『晉書』 권30, 「刑法志」924쪽. "金布律有毀傷亡失縣官財物, 故分爲毀亡律."
382 '入責'의 '責'은 '債'과 통하며, 빌린 재물을 상환하는 것을 말한다.
383 『晉書』 권30, 「刑法志」925쪽. "金布律有罰贖入責以呈黃金爲價."
384 『後漢書』 권14, 「禮儀志」, '上陵', 3103쪽. "漢律金布令曰: 皇帝齋宿, 親帥羣臣承祠宗廟, 羣臣宜分奉請. 諸侯, 列侯各以民口數, 率千口奉金四兩, 奇不滿千口至五百口亦四兩, 皆會酎, 少府受. 又大鴻臚食邑九眞, 交阯, 日南者, 用犀角長九寸以上若瑇瑁甲一, 鬱林用象牙長三尺以上若翡翠各二十. 準以當金."
385 程樹德은 '金布律'과 '金布令' 중에 後者를 옳은 것으로 보아 『金布令』이라는 범위를 설정하였다. 그러나 『睡虎地秦墓竹簡』에도 "金布律"이라고 하여 그 자세한 규정이 있다. 이처럼 秦나라와 漢나라 때의 '율'과 영 중에는 같은 편명을 가진 것들이 분명히 존재하였다. 예를 들어 본문의 金布令도 그렇지만, '田律' 또는 '田令'도 그러하였다. 즉 漢나라 때는 '율'과 영을 명확하게 구분하여 사용하였던 것은 아니다. 즉 唐나라 때처럼 확연하게 형벌법규와 행정법규로 구분되었던 것은 아니었다. '율'은 刑法典으로 제정되어 형벌법규를 주 내용으로 하였던 데 비하여 '영'은 '율' 이외에 天子가 詔勅의 형태로 수시 공포한 법령이었다. 이처럼 漢나라 때의 율과 영은 그 성립과정이나 형식이 다르지만 내용면에서는 서로 통하는 점이 있기 때문에 편명이 중복되어 나타났던 것으로 보인다.

◉ 宮衛令(見張釋之傳注) 『궁위령』(「장석지전」 주386에 보인다.)

【원문】 爲衛司馬, 案舊令, 遂揖官屬以下行衛者, 衛尉私使寬饒出, 寬饒
以令詣官府門上謁辭.(蓋寬饒傳)

【역문】 [갑관요(蓋寬饒)는] 위사마(衛司馬)가 되어, 구령(舊令)에 따라 위위관
[衛尉官] 관속(官屬)의 위관[衛官]에게 읍(揖)을 하였다. 위위(衛尉)가 사사
로이 관요[蓋寬饒]를 부려 내보내자 관요는 법령을 근거로 관부문(官府
門)에 이르러 이 일을 보고하였다.387(『한서』「갑관요전」)

◉ 秩祿令(見文帝紀注 史記呂后紀注)
『질록령』(「문제본기」 주,388 『사기』「여후본기」 주389에 보인다.)

【원문】 茂陵書秩祿令, 此二書亡失, 不得過江.(玉海)

【역문】 『무릉서(茂陵書)』와 『질록령(秩祿令)』, 이 두 책은 망실(亡失)되어서
장강을 건너지 못하였다.390(『옥해』「조령(詔令)」)

---

386 『漢書』권50, 「張釋之傳」, 2309쪽, "如淳曰: 宮衛令, 諸出入殿門公車司馬門者皆下, 不如令, 罰金
四兩."

387 法令에 따르면, 衛尉가 司馬를 사사로이 부려서는 안 되었기 때문에 이 일을 上府에 보고한 것이
다. 그 결과 尙書에서 衛尉를 責問하고, 이후부터는 衛官이 私的으로 候 또는 司馬를 부리지 못하도
록 하였다.(『漢書』권77, 「蓋寬饒傳」, 3243-3244쪽, "左遷爲衛司馬, 先是時, 衛司馬在部, 見衛尉拜
謁, 常爲衛官繇使市買. 寬饒視事, 案舊令, 遂揖官屬以下行衛者. 衛尉私使寬饒出, 寬饒以令詣官府
門上謁辭. 尙書責問衛尉, 由是衛官不復私使候、司馬, 候、司馬不拜, 出先置衛, 輒上奏辭, 自此正焉.")

388 『漢書』권4, 「文帝本紀」, 105쪽, "臣瓚曰: 漢秩祿令及茂陵書, 姬並内官也, 秩比二千石, 位次婕妤下, 在八
子上."

389 『史記』권9, 「呂太后本紀」 395쪽, 앞의 주 『漢書』「文帝本紀」의 내용과 거의 비슷하다.

390 長江을 건너지 못하였다는 것은 두 책이 西晉 때까지 존재하였으나, 東晉까지는 전해지지 못했다
는 의미로 보인다. 『玉海』권65에 "여기에 '瓚'이라고 밝힌 사람은 晉나라 때의 사람이다."라고 하
였는데, '瓚'이란 사람은 곧 『漢書』「文帝本紀」에 "臣瓚曰"이라고 하여 漢나라 때의 『秩祿令』과
『茂陵書』에는 姬를 모두 内官이라고 하였다."라고 주석한 인물을 말한다.(『玉海』권65, 「詔令」,
'漢諸姬令、秩祿令' 1230쪽, "文紀注: 臣瓚引秩祿令及茂陵書, 姬並内官, 秩比二千石. 茂陵書、祿
秩令, 此二書亡失, 不得過江. 明此瓚是晉中朝人.")

◉ 品令(見百官公卿表注) 『품령』(「백관공경표」 주391에 보인다.)

◉ 祠令(見文帝紀注) 『사령』(「문제본기」 주에 보인다.)

【원문】 諸侯王列侯使者, 侍祠天子歲獻祖宗之廟. 集解張晏曰, 王及列侯歲時遣使侍祠助祭也. 如淳曰, 不使王侯祭者, 諸侯不得祖天子也.(史記孝文本紀)

【역문】 제후왕(諸侯王)과 열후(列侯)가 [京師로] 파견한 사자(使者)들은 천자를 시종하여 제사를 지냈는데, 해마다 종묘[祖宗之廟]392에서 [제사를] 바쳤다. 『사기집해』에 "장안은 '왕과 열후는 해마다 사자를 파견하여 제사를 돕게 하였다.'고 하였고, 여순은 '왕과 열후를 [직접] 부려서 제사를 지내지 않는 것은 제후들은 천자에게 제사를 지낼 수 없기 때문이다.'"라고 하였다.393(『사기』「문제본기」)

【원문】 太初二年, 睢陵侯張昌坐爲太常乏祠免. 注, 師古曰, 祠事有闕也. 孝武後二年秺侯商丘成坐爲詹事侍祠孝文廟, 醉歌堂下, 大不敬, 自殺.(功臣表)

【역문】 태초 2년(기원전 103년)에 휴릉후(睢陵侯) 장창은 태상394으로 있을 때

---

391 『漢書』 권19상, 「百官公卿表」 731쪽, "如淳曰: … 品令曰若盧郎中二十人, 主弩射."
392 "宗廟"는 곧 '祖宗之廟'의 줄임말로 帝王이 先帝王에 대한 제사를 받들던 廟堂을 말한다.(『史記』 권77, 「魏公子傳」 2283쪽, "今秦攻魏, 魏急而公子不恤, 使秦破大梁而夷先王之宗廟, 公子當何面目立天下乎?"; 『漢書』 권25하, 「郊祀志」 1268쪽, "莽又言: 帝王建立社稷, 百王不易. … 王者莫不尊重親祭, 自爲之主, 禮如宗廟."; 『國語』 「魯語篇」, "夫宗廟之有昭穆也, 以次世之長幼, 而等冑之親疏也.")
393 『漢書』 권5, 「景帝本紀」 138쪽에도 동일한 내용이 전한다.
394 漢代 太常은 宗廟儀禮, 즉 祭祀와 禮樂을 관장하였다. 그 기원은 周나라 때의 春官, 秦나라 때의 奉常인데, 漢 初 叔孫通이 『禮儀』를 제정할 때 수행하였던 관직도 바로 奉常이었다. 이후 景帝 6년(기원전 151년)에 太常으로 그 명칭을 바꾸었다. 역대 왕조들은 모두 漢의 제도를 계승하여 太常職을 두었는데, 北魏는 太常卿, 北齊는 太常寺卿, 北周는 大宗伯이라 하였다가 隋부터 淸까지는 모두 太常寺卿이라 하였다.(『漢書』 권19상, 「百官公卿表」 726쪽, "太常, 秦官, 掌宗廟禮儀, 有丞. 景帝中六年更名太常.〈應劭曰: 常, 典也, 掌典三禮也.〉"; 『漢書』 권19하, 「百官公卿表」, "叔孫通爲奉常, 三年徙爲太子太傅."; 『通典』 권25, 「職官7」, '太常卿', 691쪽, "周時曰宗伯爲春官, 掌邦禮. 秦改

제사[祠]에 궐석(闕席)한 일로 죄를 입어 작위를 삭탈당하였다. 주에 안사
고는 "제사[祠事]에 궐석한 것이다."라고 하였다.395 무제 후원2년(기원전
87년)에 투후(秅侯) 상구성은 첨사(詹事)396가 되어 효문묘(孝文廟)에서 제
사를 돕다가 술에 취해 묘당 아래에서 노래를 부른 일로 대불경죄(大不敬
罪)397에 저촉되어 자살하였다.398(『한서』「고혜고후문공신표」 및 『한서』「경
무소선원성공신표」)

【원문】 嗣牧丘恬侯石德坐爲太常祠, 不如令, 完爲城旦.(恩澤侯表)

【역문】 목구념후(牧丘恬侯)를 계승한 석덕은 태상으로 있을 때 제사[祠]를
영에 따라 지내지 않은 일로 죄를 입어 완위성단형(完爲城旦刑)399을 받

曰奉常. 漢初曰太常, 欲令國家盛大常存, 故稱太常. 惠帝更名奉常. 景帝六年更名太常.")

395 『漢書』 권16, 「高惠高后文功臣表」, 596쪽.

396 "詹事"는 皇后 및 太子의 家事 업무를 담당하였던 관직이다. '詹'은 '살핀다[省]', 또는 '공급한다
[給]'는 뜻이다. 秦나라 때 처음으로 설치하여 前漢도 이를 계승하였다. 後漢 때 폐지하였다가
魏·晉 시기에 다시 설치하였고, 唐나라 때는 詹事府, 遼·金·元나라 때는 詹事院을 별도로 두
었다. 明·淸 시기에는 다시 詹事府라 하였다. 前漢 때의 皇后와 太子는 각각 별도로 詹事를 두었
다.(『漢書』 권19上, 「百官公卿表」, 734쪽, "詹事, 秦官,〈應劭曰: 詹, 省也, 給也.〉〈臣瓚曰: 茂陵書,
詹事秩眞二千石.〉掌皇后、太子家, 有丞.〈師古曰: 皇后、太子各置詹事, 隨其所在以名官.〉")

397 "大不敬"은 重罪 중 하나로 皇帝에게 不敬罪를 범하는 것이다. 『唐律疏義』에서는 大不敬을 十惡
중 여섯 번째로 분류하고 있다. 『唐律疏義』 권1, 「名例律」, '十惡'에 "禮는 敬의 근본이며, 敬은 禮
의 표현 형식이다. 그러므로 『禮記』「禮運」에 '예란 군주의 권력을 행사하는 도구로서 嫌疑를 분
별하고 隱微한 것을 밝히며 제도를 살피고 인의를 구분하기 위한 것'이라고 하였다. 그 범한 행위
를 처벌하는 것은 원래 중대한 일이다. 모두 엄숙하고 공경하는 마음이 없으므로 大不敬이라 한
다.(議曰: 禮者, 敬之本, 敬者, 禮之興. 故禮運云, 禮者君之柄, 所以別嫌明微, 考制度, 別仁義, 責其
所犯旣大, 皆無肅敬之心, 故曰大不敬.)라고 하였다.

398 『漢書』 권17, 「景武昭宣元成功臣表」, 635쪽, "延和二年七月癸巳封. 四年, 後二年, 坐爲詹事侍祠孝
文廟, 醉歌堂下曰, 出居, 安能鬱鬱, 大不敬, 自殺."

399 文帝 때의 刑制改革으로 肉刑은 폐지되어 더 이상 적용되지 않았다. 즉 '完'으로써 머리를 깎는 형
벌[髡]을 대신하였고, '笞'로써 코를 베는 형벌[劓]을 대신하였으며, 罪人의 좌우 발목에 形具인 '鈦'
을 채움으로써 발꿈치를 베는 형벌[刖]을 대신하였다. 따라서 "完爲城旦"의 "完"은 머리나 수염을
깎는 등 신체를 훼손하는 肉刑을 免함으로써 신체를 온전히 보존한다는 의미를 갖고 있다. 곧 "完
爲城旦"이란 肉刑을 면하는 대신 "城旦"이라는 노역형에 처하는 것을 말한다.(『漢書』 권23, 「刑法
志」, 1099쪽, "臣謹議請定律曰: 諸當完者, 完爲城旦春;〈臣瓚曰: 文帝除肉刑, 皆有以易之, 故以完易
髡, 以笞代劓, 以鈦左右止代刖. 今旣曰完矣, 不復云以完代完也. 此當言髡者完也.〉當黥者, 髡鉗爲
城旦春; 當劓者, 笞三百; 當斬左止者, 笞五百; 當斬右止, 及殺人先自告, 及吏坐受賕枉法, 守縣官財
物而卽盜之, 已論命復有笞罪者, 皆棄市.")

왔다.[400](『한서』「외척은택후표」)

◉ 祀令(見郊祀志注 祭祀志注)

『사령』(「교사지」 주, 「제사지」 주[401]에 보인다.)

【원문】 臣瓚曰, 高帝除秦社稷, 立漢社稷, 禮所謂太社也, 時又立官社, 配以夏禹, 所謂王社也, 見漢祀令.(郊祀志注)

【역문】 신찬(臣瓚)[402]은 "고제(高帝)가 진(秦)의 사직[403]을 없애고, 한(漢)의 사직을 세웠으니, 『예기』[404]에서 말하는 태사(太社)[405]이다. 당시에 또한 관사(官社)[406]를 세우고 하우(夏禹)[407]를 배향하였으니, 이른바 왕사(王社)이다. 한(漢)의 『사령』에 [기재가] 보인다."라고 하였다.[408](『한서』「교사지」 주)

---

400 『漢書』 권19하, 「百官公卿表」 784쪽에는 "牧丘侯石德爲太常, 三年坐廟牲瘦入穀贖論."라고 하였다.

401 『後漢書』 권17, 「祭祀志」 '封禪', 3162쪽, "漢祀令曰: 天子行有所之, 出河, 沈用白馬珪璧各一, 衣以繒緹五尺, 祠用脯二束, 酒六升, 鹽一升."

402 『玉海』 권65, 「詔令」, '漢諸姫令 · 秩祿令' 1230쪽에 "'瓚'이라고 밝힌 사람은 晉나라 때의 사람이다."라고 하였으나 자세한 事蹟은 찾아보기가 어렵다.

403 古代의 帝王은 모두 社稷을 건립하여 土地神과 穀神에게 제사를 지내었다. '社'란 土地神을 말하고, '稷'이란 穀神을 말한다. 先帝王에 대한 제사를 모시는 宗廟와 社稷을 연칭하여, 국가를 상징하는 말로도 쓴다.(『漢書』 권25하, 「郊祀志」, 1268쪽, "帝王建立社稷, 百王不易. 社者, 土也. 宗廟, 王者所居. 稷者, 百穀之王, 所以奉宗廟, 共粢盛, 人所食以生活也.")

404 『禮記注疏』 권23, 「祭法」, "王爲群姓立社曰太社, 王自爲立社曰王社."

405 "太社"는 天子가 土地神과 穀神에게 제사를 지내기 위해 설치한 장소이다. 班固의 『白虎通義』에는 『禮記』를 인용하여 "王이 天下를 위하여 세운 것이 太社이고, 스스로를 위하여 세운 것이 王社이며, 諸侯가 백성을 위하여 세운 것이 國社이고, 스스로를 위하여 세운 것이 侯社이다. 太社는 天下의 功에 보답하기 위한 것이고, 王社는 京師의 功에 보답하기 위한 것이다. 太社가 王社보다 尊貴하다."라고 하였다.(『白虎通義』, 「社稷」, "禮記三正曰: 王者二社, 爲天下立社曰太社, 自爲立社曰王社; 諸侯爲百姓立社曰國社, 自爲立社曰侯社. 太社爲天下報功, 王社爲京師報功, 太社尊於王社.")

406 "官社"는 곧 "王社"이다. 즉 『禮記』, 「祭法」에서 말한 "王社"가 바로 이것이다.

407 "夏禹"는 곧 禹임금을 말한다. 漢나라 때는 官社에서 夏禹를 배향하고, 官稷에서는 后稷을 배향하였다. "夏"는 禹의 封國名이다.

408 『漢書』 권25하, 「郊祀志」, 1268쪽, "詩曰: 乃立冢土.〈師古曰: 大雅緜之詩也. 冢, 大也. 土, 土神, 謂太社也.〉"

【원문】 漢法, 三歲一祭天於雲陽宮甘泉壇, 以冬至日祭天, 天神下, 三歲
一祭地於河東汾陰后土宮, 以夏至日祭地, 地神出, 五帝祭於雍五時.
(御覽五百二十七引漢書舊儀)

【역문】 한(漢)의 법에 따르면, 3년마다 한 차례씩 운양궁(雲陽宮)[409]의 감천
단(甘泉壇)[410]에서 하늘에 제사를 지내는데, 동짓날에 하늘에 제사를 지
냄으로써 천신(天神)을 강림하게 한다. 3년마다 한 차례씩 하동(河東) 분
음(汾陰)의 후토궁(后土宮)[411]에서 땅에 제사를 지내는데, 하짓날에 땅에
제사 지냄으로써 지신(地神)을 나오게 한다. 옹오치(雍五時)[412]에서는 오
제(五帝)[413]에게 제사를 지낸다.[414](『태평어람』 권527에서 『한의』를 인용)

---

[409] "雲陽宮"은 雍州 雲陽縣에서 북쪽으로 80여 里 떨어진 곳에 위치한 別宮이다. 秦나라 때 처음으로
설치하여 漢 武帝 때 증설·확장하였으며, 甘泉宮이라 부르기도 한다. 黃帝 이래로 하늘에 제사를
지내던 장소로 활용되었으며, 武帝는 여름철인 5월부터 8월까지 이곳을 避暑宮으로 사용하기도
하였다.(『史記』 권12, 「孝武本紀」 470쪽, "正義: 括地志云, 漢雲陽宮在雍州雲陽縣北八十一里. 有通
天臺, 卽黃帝以來祭天圜丘之處. 武帝以五月避暑, 八月乃還也.";『史記』 권49, 「衛皇后世家」 1986
쪽, "夫人死雲陽宮.〈索隱, 按: 三輔故事云, 葬甘泉宮南, 後昭帝起雲陵, 邑三千戶.〉〈正義, 括地志云:
雲陽宮, 秦之甘泉宮, 在雍州雲陽縣西北八十里. 秦始皇作甘泉宮, 去長安三百里, 黃帝以來祭圜丘處
也.〉";『三輔黃圖』 권2, 「漢宮」, '甘泉宮', "一曰雲陽宮, … 漢武帝建元中增廣之.")

[410] "甘泉壇"은 雲陽宮이라 불리던 別宮에 설치된 祭壇으로 이곳에서 하늘에 대한 제사를 거행하였다.
『史記』 권12, 「孝武本紀」 470쪽의 注에 "漢雲陽宮 … 祭天圜丘之處."라고 하였다.

[411] "后土宮"은 土地神에게 제사를 지내던 장소이다. 그 위치는 河東郡에 속한다. 夏至日에 땅에 제사
를 지내는데, 그 禮儀는 하늘에 제사를 지내는 것과 동일하다.(『後漢書』 권1하, 「光武帝本紀」, 69
쪽, "祠后土.〈漢官儀曰: 祭地於河東汾陰后土宮. 宮曲入河, 古之祭地, 澤中方丘也. 以夏至日祭, 其
禮儀如祭天. 蒲坂, 縣, 屬河東郡. 后土祠在今蒲州汾陰縣西北.〉";『周禮注疏』 권18, 「春官」, '大宗
伯', "王大封, 則先告后土.〈鄭玄注: 后土, 土神也.〉";『禮記』 권8, 「檀弓上」, "君舉而哭於后土.〈鄭玄
注: 后土, 社也.〉")

[412] "雍五時"는 天子가 五帝를 제사지냈던 곳이다. 秦나라의 都城이었던 雍城 부근에 위치한다. 秦 文
公이 鄜時를 설치하여 白帝를 제사지냈고, 宣公은 密時를 설치하여 青帝를 제사지냈으며, 靈公은
吳陽에 上時와 下時를 만들어 赤帝와 黃帝를 제사지내었다. 그리고 漢 高祖 때 北時를 만들어 黑
帝를 제사지내니, 이것을 합하여 五時라 하였다. 이후 成帝 建始 2년(기원전 31년)에는 雍五時를 廢
置하고, 長安 南郊에서 上帝에게 제사를 지내었다. (『史記』 권12, 「孝武本紀」, 484쪽, "有司言雍五
時無牢熟具, 芬芳不備.";『漢書』 권10, 「成帝本紀」, 305쪽, "[建始]二年春正月, 罷雍五時. 辛巳, 上
始郊祀長安南郊.";『漢書』 권10, 「成帝本紀」, 323쪽, "[永始三年]冬十月庚辰, 皇太后詔有司復甘泉
泰時、汾陰后土、雍五時、陳倉陳寶祠.";『漢書』 권25하, 「郊祀志」, 1258쪽, "家人尚不欲絶種祠,
〈師古曰: 家人, 謂庶人之家也. 種祠, 繼嗣所傳祠也.〉況於國之神寶舊時! 且甘泉、汾陰及雍五時始
立, 皆有神祇感應, 然後營之, 非苟而已也.";『漢書』 권25하, 「郊祀志」, 1269쪽, "今五帝兆居在雍五
時, 不合於古.") 漢代 郊祀制度의 형성과 운용에 대해서는 金子修一, 『中國古代皇帝祭祀の研究』
(東京: 岩波書店, 2006) 第4章 참고.

[413] "五帝"는 다섯 방위에 따른 天帝, 즉 "五方天帝"를 말한다.(『周禮注疏』 권19, 「春官」, '小宗伯', "兆

◉ 齋令(見祭祀志注引蔡邕表志)

『재령』(「제사지」에서 채옹의 『표지』를 인용한 주에 보인다.)

【원문】 誠宜具錄本事, 建武乙未元和丙寅詔書, 下宗廟儀及齋令, 宜入郊祀志, 永爲典式. (祭祀志注引蔡邕表志) 自今齋制, 宜如故典. (蔡邕傳)

【역문】 진실로 이 일을 갖추어 기록해야 한다. 건무연간 을미년(35)과 원화연간 병인년[415]에 조서(詔書)로 『종묘의』 및 『재령』을 내렸으니, 마땅히 「교사지」에 기재하여 영구히 법식[典式]으로 삼아야 한다.[416] 지금부터 재(齋)에 관한 제도는 마땅히 옛 법[故典]대로 해야 한다.[417](『후한서』 「채옹전」)

【원문】 凡齋天地七日, 宗廟山川五日, 小祠三日. (禮儀志)

【역문】 무릇 재(齋)는 하늘과 땅에 7일, 종묘와 산천에는 5일, 소사(小祠)는 3일을 지낸다.[418](『후한서』 「예의지」)

【원문】 周澤爲太常, 清潔循行, 盡敬宗廟. 常臥病齋宮, 其妻哀澤老病, 闚問所苦. 澤大怒, 以妻干犯齋禁, 遂收送詔獄. (周澤傳)

【역문】 주택은 태상이 되어 청렴결백하면서도 행동 가짐을 바르게 하였으며, 정성을 다하여 종묘를 공경하였다. 일찍이 병을 앓아 재궁[宮][419]에서

五帝於四郊.〈鄭玄注: 五帝, 蒼曰靈威仰, 太昊食焉; 赤曰赤熛怒, 炎帝食焉; 黃曰含樞紐, 黃帝食焉; 白曰白招拒, 少昊食焉; 黑曰汁光紀, 顓頊食焉.〉")

414 『太平御覽』 권527, 「禮儀部」, 181쪽.

415 章帝 元和연간(84–86)에는 丙寅年이 없다. 다만 丙戌年이 있는데, 이는 元和 3년, 즉 86년이다.

416 여기까지는 『後漢書』 「蔡邕傳」이 아닌 「祭祀志」의 蔡邕 『表志』를 인용한 것이다.(『後漢書』 志第9, 「祭祀志」下, '宗廟' 注, 3195쪽. "蔡邕表志曰: 孝明立世祖廟, 以明再受命祖有功之義. 後嗣遵儉, 不復改立, 皆藏主其中. 聖明所制, 一王之法也. 自執事之吏, 下至學士, 莫能知其所以兩廟之意, 誠宜具錄本事, 建武乙未、元和丙寅詔書, 下宗廟儀及齋, 宜入郊祀志, 永爲典式.")

417 이 구절이 『後漢書』 「蔡邕傳」의 내용이다.(『後漢書』 권90하, 「蔡邕傳」 1994쪽. "自今齋制宜如故典, 庶答風霆災妖之異.")

418 『後漢書』 권1, 「禮儀志」 3104쪽. "小祠"는 山川의 여러 神들에게 지내는 제사이다.(『南史』 권5, 「齊本紀」, 155쪽. "又曲信小祠, 日有十數. 師巫魔媼, 迎送紛紜.")

재계[齋]를 하였는데, 그 처는 주택이 늙고 병든 것을 슬퍼하여 살펴서 [그에게 다가가] 어떻게 아픈지를 물어 보았다. [이에] 주택은 크게 노하여 [자신의] 처가 재계 중의 금기[齋禁]를 범하였다는 이유로 마침내 조옥(詔獄)으로 송부하여 죄를 청[420]하였다. (『후한서』「주택전」)

【원문】 孝景二十一年,[421] 嗣侯蕭勝坐不齋耐爲隷臣.(功臣表)

【역문】 경제 중원 2년(기원전 148년), 후작(侯爵)을 계승한 소승(蕭勝)은 [제사를 모시면서도] 재계(齋戒)를 하지 않은 일[422]로 죄를 입어 내위예신형(耐爲隷臣刑)[423]을 받았다.[424](『한서』「고혜고후문공신표」)

【원문】 元狩五年, 衛尉充國坐齋不謹棄市.(百官公卿表)

【역문】 원수 5년(기원전 118년)에 위위(衛尉) 충국이 재계(齋戒)를 할 때 공손하지 않았다는 일로 죄를 입어 기시(棄市)되었다.[425](『한서』「백관공경표」)

---

419 "齋宮"이란 齋戒를 하는 공간을 말한다.(『後漢書』 권61, 「黃瓊傳」, 2034쪽, 注. "先時九日, 太史告稷曰: 陽氣俱蒸, 土膏其動. 稷以告王, 王即齋宮, 百官御事. … 先時五日, 有協風之應, 王即齋宮, 饗醴載耒, 誠重之也.")

420 『後漢書』 권79하, 「周澤傳」, 2579쪽의 원문에는 "遂收送詔獄謝罪."라고 하였다.

421 程樹德은 "孝景二十一年"이라 하였는데, 이는 분명한 오류이다. 孝景帝는 재위 기간이 21년이 되지 않는다. 더욱이 『漢書』 권16, 「高惠高后文功臣表」의 원문에 따르면, 당시는 中元 2년(기원전 148년)의 일이며, '二十一年'이란 蕭勝이 侯爵을 계승한 지 21년이 되었다는 뜻이다.(『漢書』 권16, 「高惠高后文功臣表」 543쪽. "中二年, 侯勝嗣. 二十一年, 坐不齋, 耐爲隷臣.")

422 顔師古 注에 "謂當侍祠而不齋也."라고 하였다.

423 '耐爲隷臣'의 '耐'는 머리카락을 그대로 두고 수염만을 제거하는 형벌이라는 의미이지만(滋賀秀三, 『中國法制史論集(法典と刑罰)』, 東京: 創文社, 2003, 314–315쪽 참고.), 가벼운 노역형 혹은 형벌의 기준으로도 사용되었다. '隷臣'은 '城旦' 등과 같이 특정한 노역을 가리키는 것은 아니고, 官에 소속되어 雜役에 종사하는 것을 말한다. 罪人이 남자일 경우 '隷臣'이 되고, 여자일 경우에는 '隷妾'이 되며, 이를 통칭하여 '隷臣妾'이라 일컫는다.

424 『漢書』 권16, 「高惠高后文功臣表」, 543쪽.

425 『漢書』 권19하 「百官公卿表」, 776쪽; 『禮記注疏』 권11, 「王制」에 "刑人於市, 與衆棄之."라고 하였듯이, 罪人을 市中에서 처형한 후 그 屍身을 아무도 돌보지 않고 내버려두게 하는 것을 말한다. 『漢書』 권5 「景帝本紀」, 145쪽에도 "改磔曰棄市.〈師古曰: … 棄市, 殺之於市也. 謂之棄市者, 取刑人於市, 與衆棄之也.〉"라고 하였다.

◉ 公令(見何並傳注) 『공령』(「하병전」 주[426]에 보인다.)

◉ 獄令(見百官公卿表注) 『옥령』(「백관공경표」 주[427]에 보인다.)

◉ 箠令(見刑法志 景帝紀) 『추령』(「형법지」,[428]「경제본기」[429]에 보인다.)

◉ 水令(見兒寬傳) 『수령』(「아관전」에 보인다.)

【원문】 師古曰, 爲用水之次, 具立法令.(兒寬傳注)

【역문】 안사고는 "물을 사용하는 순서를 [정하기] 위하여 갖추어 법령을 입안한 것이다."라고 하였다.[430](『한서』「아관전」의 注)

【원문】 遷南陽太守, 躬勸農耕. 信臣爲民作均水約束, 刻石立於田畔, 以防分爭.(召信臣傳)

【역문】 [소신신은] 남양 태수로 옮긴 후, 몸소 [백성들에게] 농경을 권면하였다. 소신신은 백성들을 위하여 농업용수를 고르게 나누어 쓸 수 있는 규정 [均水約束]을 만들고, [그 내용을] 돌에 새겨 밭두둑에 세워 둠으로써 분쟁을 방지하였다.[431](『한서』「소신신전」)

---

426 『漢書』 권77, 「何並傳」, 3268쪽, "如淳曰: 公令, 吏死官, 得法轉."
427 『漢書』 권19상, 「百官公卿表」, 731–732쪽, "如淳曰: … 漢儀注有若盧獄令, 主治庫兵將相大臣. … 漢儀注有寺互. 都船獄令, 治水官也."
428 『漢書』 권23, 「刑法志」, 1100쪽, "又曰: 箠者, 所以敎之也. 其定箠令.〈師古曰: 箠, 策也, 所以擊者也.〉"
429 『漢書』 권5, 「景帝本紀」, 149쪽, "又惟酷吏奉憲失中, 乃詔有司減笞法, 定箠令, 語在刑法志."
430 『漢書』 권58, 「兒寬傳」, 2630쪽의 원문에는 "寬表奏開六輔渠, 定水令以廣漑田.〈師古曰: 爲用水之次其立法, 令皆得其所也.〉"라고 하였다.
431 『漢書』 권89, 「召信臣傳」, 3642쪽.

◉ 田令(見黃香傳) 『전령』(「황향전」[432]에 보인다.)

【원문】 興起稻田數千頃, 每於農月, 親度頃畝, 分別肥塉, 差爲三品, 各立文薄, 藏之鄕縣. 於是姦吏踧踖, 無所容詐. 彭乃上言, 宜令天下齊同其制, 詔書以其所立條式, 班令三府, 幷下州郡.(秦彭傳)

【역문】 [진팽은] 도전(稻田) 수천 경을 개간[興起]하였다. 농번기마다 직접 경(頃)과 무(畝)를 측량하고 [전토의] 비옥함과 척박함을 분별하여 삼품으로 차등을 두었으며, 각각 장부를 만들어 향(鄕)과 현(縣)에 보관하였다. 이로 인해 간사한 관리들이 몹시 두려워하여 함부로 기만하는 바가 없게 되었다. 이에 진팽이 상언하기를, "마땅히 천하가 이 제도를 한결같이 시행토록 해야 합니다."라고 하자, 조를 내려 그가 입안한 조식(條式)을 문서로 작성하여 삼부(三府)[433]에 반행하도록 하고 아울러 각 지방에도 하달하도록 하였다.[434](『후한서』「진팽전」)

◉ 馬復令(見西域傳) 『마복령』(「서역전」에 보인다.)

【원문】 當今務在禁苛暴, 止擅賦, 力本農, 復馬復令, 以補缺, 毋乏武備而已. 注. 孟康曰, 先是令長吏各以秩養馬, 亭有牝馬, 民養馬皆復不事. 後馬多絶乏, 至此復修之也. 師古曰, 馬復, 因養馬而免徭賦也.(西域傳)

【역문】 지금의 급선무는 [관리들의] 가혹하고 포악한 행태를 근절하고 멋대로 부세를 징수하는 것을 방지하여 [백성들이] 본업인 농사에 힘쓸 수 있도록 하며, 마복령을 수복하여 [군마 수요의] 부족분을 보충하게 함으로써

---

432 『後漢書』권80상, 「黃香傳」, 2615쪽. "延平元年, 遷魏郡太守. … 香曰: 田令商者不農, 王制仕者不耕, 伐冰食祿之人, 不與百姓爭利, 乃悉以賦人, 課令耕種."

433 漢의 三公은 모두 開府가 가능하였기 때문에 三公을 곧 "三府"라고도 일컫는다. 『後漢書』권27, 「承宮傳」, 944쪽의 李賢 注에는 "三府, 謂太尉·司徒·司空府."라고 하였다.

434 『後漢書』권76, 「秦彭傳」, 2467쪽;『冊府元龜』권678, 「牧守部8」, '興利'(南京: 鳳凰出版社, 2006), 7811쪽;『東漢會要』권41, 「食貨」, '田制'(上海: 上海古籍出版社, 1978) 3232쪽;『玉海』권176, 「食貨」, '田制';『文獻通考』권2, 「田賦考2」, '歷代田賦之制' 37쪽 등에도 관련 내용이 보인다.

군사방비[武備]에 모자람이 없도록 하는 데 있을 따름입니다. 주에 맹강
은 "이에 앞서 장리(長吏)[435]들로 하여금 각자의 봉록[秩]으로 말을 기르
도록 하였고 정(亭)[436]에서 암말[牝馬]을 보유하게 함으로써 백성들이 말
을 기르는 일에 더 이상 종사하지 않게 되었다. 이후 말이 없거나 부족
한 경우가 많이 발생하였으므로 지금에 이르러 [마복령을] 수복하게 된 것
이다."라고 하였고, 안사고는 "'마복'이란 말을 기름으로 인하여 요역[徭
賦]을 면제받는 것이다."라고 하였다.[437] (『한서』「서역전」)

【원문】 文帝時晁錯說曰, 令民有車騎馬一匹者, 復卒三人. 車騎者, 天下
之武備也, 故爲復卒. 武帝令民得蓄邊縣, 官假母馬, 三歲而歸, 及息什
一, 用充入新秦中. 車騎馬乏, 縣官錢少, 買馬難得, 乃著令, 令封君以
下至三百石吏以上, 差出牝馬天下亭, 亭有蓄字馬, 歲課息. (食貨志)

【역문】 [전한] 문제 때 조조(晁錯)가 말하기를, "[지금의] 법령은 백성이 전차
와 기마에 쓰일 말[車騎馬] 한 필을 보유하고 있을 경우 세 사람의 군역을
면제[438]해 주고 있습니다. 전차와 기마[車騎]는 천하의 [중요한] 군사방비
[武備]이므로 군역을 면제해 주는 것입니다."라고 하였다.[439] 무제는 백성

---

435 長吏는 秩이 600石 이상인 비교적 지위가 높은 官人을 일컫기도 하고, 縣令의 보좌관으로서 秩이
200–400石에 해당하는 縣丞이나 縣尉를 가리키기도 한다. 前者의 경우 『漢書』 권5, 「景帝本紀」
에 "吏六百石以上, 皆長吏也."라고 하였고, 顏師古는 張晏의 설을 인용하여 "長, 大也. 六百石位大
夫."라고 注를 달았다. 後者의 경우 『漢書』 권19상, 「百官公卿表」에 "[縣]皆有丞, 尉, 秩四百石至
二百石, 是爲長吏.(師古曰: 吏, 理也. 主理其縣內也.) 百石以下有斗食, 佐史之秩, 是爲少吏."라고
하여, 縣吏 중에서 秩의 규모에 따라 長吏와 少吏를 구분하고 있다.

436 秦漢 시기의 '亭'은 주로 治安 업무를 담당하였고, 여행객들이 머물며 숙식할 수 있는 客館이 설치
되기도 하였다.

437 『漢書』 권96下, 「西域傳」, 3914쪽; 『通典』 권191, 「邊防7」, '西戎3', 5192쪽; 『冊府元龜』 권142, 「帝
王部」, '弭兵', 1588쪽; 『資治通鑑』 권22, 「漢紀14」, '武帝征和四年', 741쪽; 『西漢會要』 권59, 「兵4」,
'馬政', 682쪽; 『玉海』 권148, 「兵制」, '馬政1', 3232쪽; 『文獻通考』 권159, 「兵考11」, '馬政1', 1384쪽
등에도 관련 내용이 보인다.

438 "復"과 관련하여 『漢書』 권1, 「高帝本紀」 33쪽의 顏師古 注에 "復者, 除其賦役也."라고 하였다. 또
한 본문에 해당하는 注에서 如淳은 "復三卒之算錢也. 或曰, 除三夫不作甲卒也."라고 하였고, 顏師
古는 "當爲卒者, 免其三人; 不爲卒者, 復其錢耳."라고 하였다.

439 『漢書』 권24상, 「食貨志」, 1133쪽 참고. 그 밖에 『冊府元龜』 권509, 「邦計部」, '霽爵贖罪' 5787쪽;
『資治通鑑』 권15, 「漢紀」7, '文帝前十二年', 493–494쪽; 『西漢會要』 권47, 「民政2」, '復除', 553쪽;

들이 변경의 현에서 목축을 할 수 있도록 하였고,[440] 관부에서 어미 말[母馬]을 빌릴 경우에는 3년 후에 돌려주도록 하되 그 이식으로 십분의 일[441]을 내게 하였으며, 이 비용은 신진중(新秦中)[442]으로 보내 사용[443]토록 하였다.[444] 전차와 기마에 사용할 말[의 공급]이 부족한 데다 현관(縣官)은 재정까지 모자랐으므로 말을 구입하여 얻기가 어려웠다. 이에 법령을 제정하여 봉군(封君)[445] 이하 300석 이상의 관리들로 하여금 [그 지위에 따라] 차등을 두어 암말[牝馬]을 전국의 각 정(亭)에 바치게 하였고, 각 정에서 암말[字馬][446]을 기르도록 하여 해마다 이식을 부과하였다.[447] (『한서』「식화지」)

【원문】 元狩五年春三月, 天下馬少, 平牝馬匹二十萬. 注, 如淳曰, 貴平牝

『玉海』권148, 「兵制」, '馬政1' 2718쪽; 『文獻通考』권159, 「兵考11」, '馬政1' 1385쪽 등에도 관련 내용이 보인다.

440 『漢書』권24下 「食貨志」 1162쪽에 해당하는 본문의 기록에는 "令民得蓄邊縣"이라고만 하였으나, 『史記』권30, 「平準書」, 1438쪽에는 "令民得畜牧邊縣"이라 하였다.

441 "십분의 일"이란 李奇의 注에 "邊有官馬, 今令民能畜官母馬者, 滿三歲歸之, 十母馬還官一駒, 此爲息什一也."라고 하였듯이, 어미 말 열 마리를 빌리고 그 이식으로 망아지 한 마리를 갚는 것을 의미한다.

442 『漢書』권24하, 「食貨志」에 따르면, 山東 지역이 水災를 입어 수많은 빈민이 발생하자 이들을 關中 以西로 이주시켜 朔方 以南의 新秦中에 살게 하였다고 한다. 이에 대한 應劭의 注에는 秦始皇이 蒙恬을 파견하여 匈奴를 격파하고 河南 造陽의 북쪽 천리를 얻었는데, 그 지역이 매우 좋았기 때문에 성곽을 축조하고 백성들을 이주시켜 살게 한 후 '新秦'이라 名하였다고 기록하고 있다.(『漢書』권24하, 「食貨志」, 1162쪽, "山東被水災, 民多飢乏. 於是天子遣使虛郡國倉廩以振貧. 猶不足, 又募豪富人相假貸. 尚不能相救, 乃徙貧民於關以西, 及充朔方以南新秦中,(應劭曰: 秦始皇遣蒙恬攘却匈奴, 得其河南造陽之北千里地甚好, 於是爲築城郭, 徙民充之, 名曰新秦.)")

443 顔師古의 注에 "官得母馬之息, 以給用度, 得充實秦中人."이라고 하였다.

444 『史記』권30, 「平準書」, 1438쪽. 『漢書』권24상, 「食貨志」, 1172쪽 참고. 그 밖에 『西漢會要』권52, 「食貨3」, '算緡錢', 599쪽; 『玉海』권148, 「兵制」, '馬政1', 2718쪽; 『文獻通考』권19, 「征榷考6」, '雜征斂' 183쪽 등에도 관련 내용이 보인다.

445 "封君"이란 封邑을 수여받은 이들을 가리키며, 公主 및 列侯와 같은 부류가 여기에 해당한다.(『漢書』권24하, 「食貨志」, 1162쪽, "師古曰: … 封君, 受封邑者, 謂公主及列侯之屬也.")

446 본문의 '字馬'를 『史記』「平準書」 1439쪽에서는 '牸馬'라고 하였는데, 이 두 단어는 앞서 언급된 '牝馬'와 같은 뜻으로 모두 새끼를 밸 수 있는 암말을 뜻한다.

447 『漢書』권24하, 「食貨志」 1173쪽; 『史記』권30, 「平準書」, 1439쪽; 그 밖에 『冊府元龜』권621, 「卿監部2」, '監牧', 7195쪽; 『西漢會要』권59, 「兵4」, '馬政', 682쪽; 『玉海』권148, 「兵制」, '馬政1' 2718쪽 등에도 관련 내용이 보인다.

馬賈, 欲使人共蓄馬.(武帝紀)

【역문】 [무제] 원수 5년(기원전 118년) 봄 3월, 전국의 말 공급이 감소하자 수말[牡馬] 한 필[의 값]을 이십 만[전]으로 조절하였다. 주에 여순은 "수말[牡馬]의 값을 높인 것은 사람들이 다 같이 말을 기를 수 있도록 하기 위한 것이었다."[448]고 하였다.(『한서』「무제본기」)

⊙ 胎養令(見章帝紀) 『태양령』(「장제본기」에 보인다.)

【원문】 元和二年, 詔曰, 令云人有産子者復, 勿算三歲, 今諸懷姙者, 賜胎養穀人三斛, 復其夫, 勿算一歲, 著以爲令. 論曰, 章帝長者, 感陳寵之議, 除慘獄之科, 深元元之愛, 著胎養之令.(章帝紀)

【역문】 [장제] 원화 2년(85)에 조를 내리기를, "법령 중에 '백성 중 자식을 출산한 경우 [세금을] 면제하여 산부(算賦)[449]를 3년 동안 내지 않게 한다."고 하였다. 이제부터 회임(懷姙)을 한 경우에는 태양곡(胎養穀)을 1인당 3곡

---

448 『漢書』 권6, 「武帝本紀」 179쪽. 『冊府元龜』 권621, 「卿監部2」, '監牧', 7195쪽; 『西漢會要』 권59, 「兵4」, '馬政', 682쪽; 『玉海』 권148, 「兵制」, '馬政1' 2718쪽 등에도 관련 내용이 보인다.

449 "勿算"이란 人頭稅 중 하나인 '算賦'를 면제해 준다는 의미이다.(『漢書』 권8, 「宣帝本紀」, 250쪽, "且勿算事.(師古曰: 不出算賦及給徭役.)") '算賦'란 일정 연령에 도달한 성인에게 징수하였던 人頭稅를 말한다. 15세 이상 56세 이하의 성인은 賦錢을 납부해야 했으며, 1인당 120錢을 1算으로 삼아 그 비용을 兵器나 車馬를 관리하는 데 사용하였다.(『漢書』 권1상, 「高帝本紀」 46쪽, "初爲算賦.(如淳曰: 漢儀注民年十五以上至五十六出賦錢, 人百二十爲一算, 爲治庫兵車馬.)") 이와는 별도로 미성년자에 대한 人頭稅도 있었는데, 이를 '口錢'이라 하였으며 7세부터 14세까지가 여기에 해당하였다. 口錢은 1인당 23錢을 거두었는데, 그중 20錢은 天子를 供養하는 데 충당하였고 나머지 3錢은 군비로 사용하였다. 이와 같은 口錢의 징수는 대체로 대외 정복사업을 활발하게 추진하였던 武帝 때 명시된 것이었다.(『漢書』 권7, 「昭帝本紀」, 229쪽, "毋收四年、五年口賦.(如淳曰: 漢儀注民年七歲至十四出口賦錢, 人二十三. 二十錢以食天子, 其三錢者, 武帝加口錢以補車騎馬.)") 한편 元帝 때는 人頭稅 징수연령의 개정 문제가 논의되기도 하였는데, 이와 관련한 내용은 『漢書』 「貢禹傳」에 보인다. 貢禹는 백성들이 자식을 출산하고 3년이 지나면 口錢을 납부해야 하므로 생활은 더욱 곤궁해졌고, 이로 인해 자식을 출산하자마자 살해하는 지경까지 이르게 되었음을 지적하였다. 그러므로 마땅히 人頭稅의 징수연령을 口錢은 7세, 算賦는 20세로 완화해야 한다고 조정에 건의하였다. 이때 마침내 口錢의 징수연령은 7세로 개정되었으나, 算賦는 여전히 15세를 기준으로 삼았다.(『漢書』 권72, 「貢禹傳」 3075~3079쪽, "禹以爲古民亡賦算口錢, 起武帝征伐四夷, 重賦於民, 民産子三歲則出口錢, 故民重困, 至於生子輒殺, 甚可悲痛. 宜令兒七歲去齒乃出口錢, 年二十乃算. … 天子下其議, 令民産子七歲乃出口錢, 自此始.")

(斛)씩 하사하도록 하며, 그 남편[夫]은 [세금을] 면제하여 산부를 1년 동안 내지 않게 할 것을 명시하여 법령으로 삼는다.[450] 논하건대, 장제는 장자(長者)[451]로다![452] 진총의 건의[453]에 감응하여 잔혹한 형옥[慘獄]의 과조(科條)를 없애고 깊이 백성[454]을 친애하여 『태양령』을 제정하였다.[455](『후한서』「장제본기」)

【세주 원문】 按玉海六十五, 載宋仁宗嘉祐三年韓宗彦請修胎養令, 以爲繼嗣漢室, 皆章帝苗裔, 以仁心養民故也. 紹興二十七年九月, 范如志奏請修胎養令.

【세주 역문】 『옥해』 권65[456]에는 "송 인종 가우 3년(1058)에 한종언이 『태양령』의 수복을 요청하였는데, [이는] 한나라 황실을 계승한 후사[繼嗣]들이 모두 [『태양령』을 제정한] 장제의 원손(遠孫)[457]으로서 인자한 마음으로 백성을 양성하였다고 여겼기 때문이었다.[458] [남송 고종] 소흥 27년(1157) 9월에는 범여지[459]가 『태양령』을 수복

---

450 『後漢書』 권3, 「章帝本紀」, 148쪽 참고. 그 밖에 『冊府元龜』 권42, 「帝王部42」, '仁慈', 450쪽; 『東漢會要』 권28, 「民政上」, '雜錄', 419쪽; 『玉海』 권65, 「詔令」, '律令', 1233쪽 등에도 관련 내용이 보인다.

451 '長者'란 성품이 올곧고 덕망이 높은 훌륭한 인물을 일컫는 말이다.(『韓非子』 권17, 「詭使」, 946쪽, "重厚自尊, 謂之長者."; 『史記』 권7, 「項羽本紀」, 298쪽, "陳嬰者, 故東陽令史, 居縣中, 素信謹, 稱爲長者.")

452 본문에는 "論曰, 章帝長者"라고만 하였으나, 『後漢書』 권3 「章帝本紀」 159쪽의 원문에는 "論曰: 魏文帝稱, 明帝察察, 章帝長者."라고 하였다. 또한 그 注에 "이상은 華嶠가 한 말이다"라고 하였으므로 이에 준하여 해석하였다.

453 『後漢書』 권46, 「陳寵傳」, 1549쪽, "寵以帝新卽位, 宜改前世苛俗, 乃上疏曰: 臣聞先王之政, 賞不僭, 刑不濫, 與其不得已, 寧僭不濫. … 聖賢之政, 以刑罰爲首. 往者斷獄嚴明, 所以威懲姦慝, 姦慝旣平, 必宜濟之以寬. … 方今聖德充塞, 假于上下, 宜隆先王之道, 蕩滌煩苛之法. 輕薄箠楚, 以濟羣生; 全廣至德, 以奉天心. 帝敬納寵言, 每事務於寬厚. 其後遂詔有司, 絶鉆鑽諸慘酷之科, 解妖惡之禁, 除文致之請讞五十餘事, 定著于令."

454 "元元"은 곧 百姓을 가리킨다.(『戰國策』 권3, 「秦1」, '蘇秦始將連橫', 81쪽, "制海內, 子元元, 臣諸侯, 非兵不可.〈高誘注: 元, 善也, 民之類善故稱元.〉"; 『後漢書』 권1상, 「光武帝本紀」 22쪽, "上當天地之心, 下爲元元所歸.〈元元, 謂黎庶也.〉")

455 『後漢書』 권3, 「章帝本紀」, 159쪽.

456 『玉海』 권65, 「詔令」, '律令', 1233쪽.

457 『楚辭』 권1, 「離騷」, "帝高陽之苗裔兮.〈王逸注: 苗, 胤也; 裔, 末也.〉〈朱熹集注: 苗裔, 遠孫也.〉"

458 『續資治通鑑長編』 권188, 仁宗 嘉祐 3년(1058), 閏12월, 4542쪽의 韓宗彦이 上言 내용 중에 "臣考尋次, 章帝八子, 長則和帝, 而質、安已下諸帝皆其系胄, 故史臣又曰, 章帝長者, 事從敦厚, 故繼嗣漢室, 咸其苗裔. 夫以章帝仁心, 務在養民, 而福祚蕃衍, 及于後世, 則爲國者所當取法焉."라고 하였다. 곧 『胎養令』을 제정한 章帝 이후 그 가계를 조사해 보니 모두 그의 遠孫들이었으며, 이처럼

할 것을 요청하였다."고 기재되어 있다.

◉ 養老令(見文帝紀) 『양노령』(「문제본기」에 보인다.)

【원문】 元年, 詔曰, 老者非帛不煖, 非肉不飽. 今歲首, 不時使人存問長老,
又無布帛酒肉之賜, 將何以佐天下子孫孝養其親? 今聞吏稟當受鬻者,
或以陳粟, 豈稱養老之意哉! 其爲令. 有司請令縣道, 年八十以上, 賜米
人月一石, 肉二十斤, 酒五斗. 其九十以上, 又賜帛人二匹, 絮三斤. 賜
物及當稟鬻米者, 長吏閱視, 丞若尉致. 不滿九十, 嗇夫令史致. 二千石
遣都吏循行, 不稱者督之. 刑者及有罪耐以上, 不用此令.(文帝紀)

【역문】 [문제] 원년(기원전 179년)에 조를 내리기를, "노인은 비단[옷]이 아니면
따뜻하지 못하고, 고기가 아니면 배부르지 못하다.[460] 지금은 연초[歲
首][461]인데 때맞추어 사람을 보내 장로(長老)들의 안부를 살피지도[462] 않
고 또한 포백(布帛)[463] 및 술과 고기를 하사함도 없으니, 장차 무엇으로
천하의 자손들이 그 부모를 효양(孝養)할 수 있도록 권하겠는가? 지금

養民에 힘쓴 章帝의 人心이 후대까지 미쳤으므로 국가를 위하여 마땅히 이 법을 채용해야 한다는
것이었다.

459 『玉海』를 인용한 본문에서는 "范如志"라고 하였으나, 『宋史』 및 『建炎以來朝野雜記』의 관련 기
록에는 모두 "范如圭"로 기록되어 있다. 范如圭(1102~1160)는 『宋史』에 立傳되어 있는 事跡이 명확
한 인물이므로 본문에서 언급한 范如志는 그의 誤記일 가능성이 크다.(『宋史』 권381, 「范如圭傳」
11730쪽, "又論: 東南不擧子之俗, 傷絶人理, 請擧漢胎養令以全活之, 抑亦勾踐生聚報泉之意也. 帝
善其言."; 『建炎以來朝野雜記(乙集)』 권1, 「上德」, '壬午內禪志', "[紹興]二十八年冬, 新除利州路提
點刑獄范如圭, 引疾乞奉祠, 因奏漢胎養令, 遂纂至和·嘉祐名臣乞選建炎室章疏三十六篇, 纍封以
進.")

460 이는 다음과 같은 周 文王의 養老 故事와 관련이 있을 것이다. 『孟子集注』 권13, 「盡心章句上」,
"所謂西伯善養老者, 制其田里, 敎之樹畜, 導其妻子, 使養其老. 五十非帛不煖, 七十非肉不飽. 不煖
不飽, 謂之凍餒. 文王之民, 無凍餒之老者, 此之謂也." 한편 『禮記』 「王制」에는 "五十始衰, 六十非
肉不飽, 七十非帛不煖, 八十非人不煖, 九十雖得人不煖矣."라고 하였다.

461 『漢書』 권4, 「文帝本紀」 113쪽에 따르면, 이 詔가 내려진 시점은 文帝 元年(기원전 179년) 3월이
다.

462 顔師古 注에 "存, 省視也."라고 하였다.

463 일반적으로 麻나 葛로 만든 織物을 "布"라 하고, 絲로 만든 織物을 "帛"이라 한다. 흔히 "布帛"으로
통칭되며 의복을 만드는 재료로 사용된다.(『禮記』, 「禮運」, "昔者衣羽皮, 後聖治其麻絲以爲布帛.";
『抱朴子外篇』 권21, 「淸鑒」 530쪽, "此爲絲線旣經於銓衡, 布帛已歷於丈尺.")

들건대, 관리들이 마땅히 죽(鬻)을 받아야 하는 노인[464]들에게 수시로 오래 묵은 곡물[陳粟][465]을 지급[稟][466]한다고 하니, 어찌 노인을 봉양한다는 취지에 부합할 수 있겠는가! 갖추어 법령을 만들도록 하라."라고 하였다. 유사(有司)에서 현(縣)과 도(道)[467]에 다음과 같은 명을 내리도록 청하였다. 80세 이상 노인의 경우 1인당 매월 쌀[米] 1석(石), 고기 20근(斤), 술 5두(斗)를 하사한다. 그중 90세 이상의 노인에게는 추가로 1인당 비단[帛] 2필(匹)과 솜[絮] 3근(斤)을 하사한다. 하사할 물품과 응당 지급해야 할 죽미(鬻米)의 경우 장리(長吏)[468]가 일일이 검열한 후 현승[丞]과 현위[尉]가 지급한다. 90세 미만 노인의 물품은 색부(嗇夫)[469]와 영사(令史)가 지급한다. 이천석(二千石)[470]은 도리(都吏)[471]를 파견하여 순행(循行)하게 함으로써 법령의 위반 사례를 적발토록 한다. 이미 형(刑)을 받았거나 내(耐) 이상의 죄를 범한 경우[472]에는 이 법령을 적용하지 않는다.[473](『한서』「문제본기」)

【원문】 元初四年, 詔曰, 月令仲秋養衰老, 授几杖, 行糜粥. 方今案比之

---

464 『漢書』 권6, 「武帝本紀」 156쪽에 "民年九十以上, 已有受鬻法, 爲復子若孫, 令得身帥妻妾遂其供養之事."라고 하여, 이미 90세 이상의 노인을 대상으로 하는 "受鬻法"이 제정되어 있었음을 확인할 수 있다.

465 顔師古 注에 "陳, 久舊也."라고 하였다.

466 顔師古 注에 "稟, 給也."라고 한 후, "米를 지급하여 糜鬻을 만들게 하는 것이다."라고 설명하였다.

467 顔師古 注에 "或縣或道, 皆用此制也. 有蠻夷日道."라고 하였다.

468 "長吏閱視, 丞若尉致."라고 하였으므로 여기서 長吏는 縣令이다. 顔師古의 注에도 "長吏, 縣之令長也."라고 하였다.

469 『漢書』 권19상, 「百官公卿表」 742쪽, "十亭一鄉, 鄉有三老, 有秩, 嗇夫, 游徼. … 嗇夫職聽訟, 收賦稅. 游徼徼循禁賊盗."

470 『漢書』 권85, 「谷永傳」, 3471쪽에 "立春, 遣使者循行風俗, 宣布聖德, 存卹孤寡, 問民所苦, 勞二千石, 敕勸耕桑, 毋奪農時, 以慰綏元元之心, 防塞大姦之隙."라고 하였는데, 顔師古 注에 "二千石, 謂郡守, 諸侯相也."라고 하였다.

471 漢代 郡 단위 屬吏로 督郵라고도 한다. 郡守를 대신하여 鄉과 縣을 督察하는 임무를 담당하였다. 본문의 주에 "如淳曰: 律說, 都吏今督郵是也. 閑惠曉事, 卽爲文無害都吏."라고 하였다.

472 顔師古 注에 "刑謂先被刑也. 有罪, 在吏未決者也. 言八十, 九十之人雖合加賜, 其中有被刑罪者, 不在此賜物令條中也."라고 하였다.

473 『漢書』 권4, 「文帝本紀」, 113〜114쪽; 그 밖에 『冊府元龜』 권55, 「帝王部55」, '養老', 『西漢會要』 권48, 「民政3」, '尊高年', 『玉海』 권74, 「禮儀」, '漢養老令' 등에도 관련 내용이 보인다.

時, 郡縣多不奉行, 甚違詔書養老之意.(安帝紀)

【역문】 [안제] 원초 4년(117)에 조를 내리기를, "『예기』「월령」에 '중추(仲秋)에는 노쇠한 이들을 봉양하여 안석[几]과 지팡이[杖]를 수여하고 미죽을 베푼다.'[474]고 하였다. 바야흐로 지금은 호구(戶口)를 조사하여 정비[案比][475]해야 하는 시기인데, 군과 현에서 [이를] 받들어 행하지 않는 경우가 많으니, 조서(詔書)에서 노인을 봉양하고자 한 취지를 크게 위배하고 있다."라고 하였다.[476](『후한서』「안제본기」)

◉ **任子令**(見哀帝紀 王吉傳)

『임자령』(「애제본기」 및 「왕길전」에 보인다.)

【원문】 吏二千石以上, 視事滿三歲, 得任同産若子一人爲郎.(哀帝紀注應劭引漢儀注)

【역문】 이천석 이상의 관리로 정무를 돌본 것이 3년을 초과하였다면, 형제나 아들 중에 한 사람을 낭[관]으로 임용할 수 있다.[477](『한서』권11, 「애제본기」의 注에서 응소가 『한의주』를 인용)

【원문】 今俗吏得任子弟, 率多驕鷔, 不通古今, 宜明選求賢, 除任子之令. 注, 子弟以父兄任爲郎.(王吉傳)

【역문】 현재 관습상 관리가 아들[子]이나 아우[弟]를 임용할 수 있는데, 대체

---

474 『禮記』, 「月令」, "是月也, 養衰老, 授几杖, 行糜粥飲食."
475 『後漢書』志第5, 「禮儀志」3124쪽에는 "仲秋之月, 縣道皆案戶比民, 年始七十者, 授之以王杖, 餔之以糜粥."라고 하였는데, 여기서 말하는 "案戶比民"이 곧 본문의 "案比"이다. "案比"는 李賢의 注에 "案驗戶口, 次比之也."라고 설명되어 있다.
476 『後漢書』권5, 「安帝本紀」227쪽에는 "又月令仲秋養衰老, 授几杖, 行糜粥. 方今案比之時, 郡縣多不奉行. 雖有糜粥, 雖有糜粥, 糠粃相半, 長吏怠事, 莫有躬親, 甚違詔書養老之意."라고 하였다. 그 밖에 『冊府元龜』권55, 「帝王部55」, '養老' 577쪽, 『東漢會要』권6, 「禮4」, '案比' 88쪽, 『玉海』권74, 「禮儀」, '漢養老令' 1376쪽 등에도 관련 내용이 보인다.
477 그 밖에 『玉海』권65, 「詔令」, '漢任子令', 『文獻通考』권34, 「選擧7」, '任子' 등에도 관련 내용이 보인다.

로 교만하고 불손하며 고금에 통달하지 못한 자들이 많습니다. [그러므로] 마땅히 전선(銓選)을 엄격히 행하여 현명한 인재를 구할 수 있도록 [관리의] 자식을 임용하는 법령은 폐지해야만 합니다. 주에 "아들이나 아우가 아버지나 형으로 인해 낭[관]으로 임용되었다."라고 하였다.[478](『한서』「왕길전」)

【원문】 蘇武以父任爲郎, 劉向以父任爲輦郎, 蕭育以父任爲太子庶子, 伏湛以父任爲博士弟子, 辛慶忌以父任爲右校丞.(西漢會要)

【역문】 소무는 아버지로 인해 낭[관]으로 임명되었고, 유향은 아버지로 인해 연랑으로 임명되었다. 소육은 아버지로 인해 태자서자로 임명되었고, 복담은 아버지로 인해 박사제자로 임명되었다. 신경기는 아버지로 인해 우교승으로 임명되었다.[479](『서한회요』)

◉ 緡錢令(見食貨志) 『민전령』(「식화지」에 보인다.)

【원문】 諸賈人末作貰貸賣買, 居邑貯積諸物, 及商以取利者, 雖無市籍, 各以其物自占, 率緡錢二千而算一. 諸作有租及鑄, 率緡錢四千算一. 非吏比者三老北邊騎士, 軺車一算, 商賈人軺車二算, 船五丈以上一算. 匿不自占, 占不悉, 戍邊一歲, 沒入緡錢. 有能告者, 以其半畀之. (食貨志)

【역문】 각종 고인(賈人)과 상공업자[末作][480]로 대여[貰貸][481] 또는 매매를 하거나, 읍(邑)에 거처하면서 여러 물자를 저적(貯積)하거나, 행상으로 이익을 취하는 경우 비록 시적(市籍)[482]에 [기재가] 없더라도 그 재물[의 많고

---

478 『漢書』 권72, 「王吉傳」 3065쪽의 원문에는 "今使俗吏得任子弟,〈張晏曰: 子弟以父兄任爲郎.〉率多驕驁, 不通古今, 至於積功治人, 亡益於民, 此伐檀所爲作也. 宜明選求賢, 除任子之令."라고 하였다.
479 [宋]徐天麟撰, 『西漢會要(上下)』(上海人民出版, 1977) 권45 「選擧下」, '任子' 524–525쪽.
480 『漢書』 권24상 「食貨志」 1128쪽, "今背本而趨末, 食者甚衆, 是天下之大殘也.〈師古曰: 本, 農業也. 末, 工商也.〉"
481 顔師古 注에 "貰, 賒也. 貸, 假與也."라고 하였다.

적음]을 스스로 헤아려 [만든 장부를] 관에 신고[其物自占]⁴⁸³하게 한 후, 일률적으로 민전(緡錢) 2천 전당 1산(算)⁴⁸⁴을 거두십시오. 각종 수공업자들에게도 세금을 내게 하고 [이 세금이] 주조업자들에게도 미치게 하여[諸作有租及鑄]⁴⁸⁵ 일률적으로 4천 전당 1산을 거두십시오. 리(吏)에 비견되는 자, 삼로(三老), 북변기사(北邊騎士)가 아닌 자는 초거(軺車)마다 1산을 거두고,⁴⁸⁶ 상고인에게는 초거마다 2산을 거두며, [길이가] 5장(丈) 이상인 선박[船]도 1산을 거두십시오. [재산을] 은닉하여 스스로 신고하지 않거나 빠짐없이 신고하지 않으면 1년 동안 변경에 적수(謫戍)시키고 민전은 몰수하십시오. 고발하는 사람이 있다면 몰수한 민전의 반을 그에게 주십시오.⁴⁸⁷(『한서』「식화지」)

- 廷尉挈令(見張湯傳) 『정위계령』(「장탕전」⁴⁸⁸에 보인다.)

【세주 원문】 按應劭傳作廷尉板令, 史記酷吏傳作廷尉挈令. 張湯轉注, 韋昭曰, 在板挈也, 師古曰, 挈獄訟之要也. 漢制考注引徐鉉曰, 挈令, 蓋律令之書也.

【세주 역문】 「응소전」에는 "정위판령(廷尉板令)"이라 하였고,⁴⁸⁹『사기』「혹리전」에

---

482 商賈人을 별도로 등재한 戶籍을 말한다. "中農抑商"의 정책 하에서 商賈人의 신분을 별도로 관리하기 위하여 만든 것이다. 市籍에 기재된 商賈人과 그 자손은 관직에 나아갈 수 없었고, 착용할 수 있는 의복에도 제한이 두어졌다.

483 顏師古 注에 "占, 隱度也, 各隱度其財物多少, 而爲名簿送之於官也."라고 하였다.

484 顏師古 注에 "率計有二千錢者, 則出一算."라고 한 데서도 알 수 있듯이, 일반적으로 2千錢당 1算(120錢)을 세금으로 내게 한 것이었다.

485 顏師古 注에 如淳의 說을 인용하여 "以手力所作而賣之者"라고 하였지만, "諸作有租及鑄"는 文理上 순통하지 않다. 그로 인해 혹자는 이를 "諸作及鑄有租"의 착간으로 간주하기도 한다.(박기수 등,『사료로 읽는 중국 고대 사회경제사』, 서울: 청어람미디어, 2005, 119~120쪽의 주 22) 참고)

486 顏師古 注에 "比, 例也. 身非爲吏之例, 非爲三老, 非爲北邊騎士, 而有軺車, 皆令出一算."라고 하였다.

487 『漢書』권24하「食貨志」, 1166~1167쪽; 그 밖에『史記』권30,「平準書」, 1430쪽;『通典』권11,「食貨11」, '算緡' 246~247쪽;『冊府元龜』권504,「邦計部22」, '關市' 5729쪽;『資治通鑑』권19,「漢紀11」, '武帝元狩四年', 639쪽;『西漢會要』권52,「食貨3」, '算緡錢', 598쪽;『文獻通考』권19,「征榷考6」, '山澤津渡' 183쪽 등에도 관련 내용이 보인다.

488 『漢書』권59「張湯傳」2639쪽, "奏讞疑, 必奏先爲上分別其原, 上所是, 受而著讞法廷尉挈令, 揚主之明."

는 "정위계령(廷尉絜令)"이라 하였다.[490] 『한서』 「장탕전」의 주에 위소는 "판(板)에 새겨 넣은 것이다."라고 하였고, 안사고는 "옥송의 요강(要綱)을 새겨 넣은 것이다." 라고 하였다.[491] 『한제고』의 주에는 서현의 말을 인용하여 "『계령』은 율령을 기록한 책일 것이다."[492]라고 하였다.

◉ 光祿絜令(見燕剌王旦傳注) 『광록계령』(「연자왕단전」의 주[493]에 보인다.)

◉ 樂浪絜令(見說文系部) 『낙랑계령』(『설문』의 「계부」[494]에 보인다.)

◉ 租絜(見溝洫志) 『조계』(「구혁지」[495]에 보인다.)

【세주 원문】按溝洫志注云, 租絜, 收田租之約令也.

【세주 역문】 『한서』 「구혁지」 주에 "『조계』는 전조(田租)를 거두는 일에 관한 약령 (約令)이다."[496]라고 하였다.

◉ 詔條(附) 『조조』(덧붙임)

【원문】 刺史班宣, 周行郡國, 省察治狀, 黜陟能否, 斷治冤獄, 以六條問事, 非條所問, 卽不省. 一條, 强宗豪右, 田宅踰制, 以强凌弱, 以衆暴寡.

---

489 『後漢書』 권78 「應劭傳」 1613쪽. "臣累世受恩, 榮祚豐衍, 竊不自揆, 貪少云補, 輒撰具律本章句、 尙書舊事、 廷尉板令、 決事比例、 司徒都目、 五曹詔書及春秋斷獄凡二百五十篇."

490 『史記』 권122 「酷吏 · 張湯傳」 3139쪽. "奏讞疑事, 必豫先爲上分別其原, 上所是, 受而著讞決法廷 尉絜令, 揚主之明."

491 『漢書』 권59 「張湯傳」, 2639쪽. "韋昭曰: 在板絜也. 師古曰: 著謂明書之也. 絜, 獄訟之要也. 書於 讞法絜令以爲後式也."

492 『漢制攷』 권4 「說文」. "樂浪絜令, 繊從糸從式.〈臣鉉等曰: 絜令, 蓋律令之書也.〉"

493 『漢書』 권63 「燕剌王旦傳」 2755쪽. "師古曰: … 漢光祿絜令, 諸當試者, 不會都所, 免之."

494 (漢)許愼撰, (淸)段玉裁注, 『說文解字注』(上海古籍出版社, 1981), 糸部 '絟'字下, 644쪽.

495 『漢書』 권29 「溝洫志」 1685쪽.

496 『漢書』 권29 「溝洫志」 1685쪽. "今內史稻田租絜重, 不與郡同.〈師古曰: 租絜, 收田租之約令也. …〉 其議減."

二條, 二千石不奉詔書, 遵承典制, 倍公向私, 旁詔守利, 侵漁百姓, 聚
斂爲姦. 三條, 二千石不卹疑獄, 風厲殺人, 怒則任刑, 喜則淫賞, 煩擾
刻暴, 剝截黎元, 爲百姓所疾, 山崩石裂, 訞祥訛言. 四條, 二千石選署
不平, 苟阿所愛, 蔽賢寵頑. 五條, 二千石子弟恃怙榮勢, 請託所監. 六
條, 二千石違公下比, 阿附豪强, 通行貨賂, 割損正令.(百官公卿表注引漢
官典職儀)

【역문】 자사는 황제의 명을 반행하여 군국(郡國)을 두루 순행하면서 시정
(施政) 상황을 살펴 유능하거나 그렇지 못한 관리를 출척(黜陟)시키고 원
옥(冤獄)을 판결하여 처리하였는데, [이때] 여섯 조항을 들어 사안을 문초
하되 [여섯] 조항으로 문초할 바가 아니면 살피지 않았다. 1조는 권세 있
는 가문[强宗豪右]497이 규정된 제도를 벗어나 [많은] 전택(田宅)을 소유하
고 강자로서 약자를 능멸하며 다수로서 소수를 해치는 것이다. 2조는
이천석(二千石)으로서 조서를 받들어 전장제도[典制]를 준수하지 않고 공
(公)을 저버린 채 사(私)를 추구하며 조(詔)를 빌미로 이익을 챙기고 백성
들을 침탈하여 함부로 세금을 거두어들이는 등 간악한 행위를 하는 것
이다. 3조는 이천석으로서 의옥(疑獄)을 구제하지 않고 잔악(殘惡)하게
사람을 살해하며, 화가 나면 멋대로 형(刑)을 내리고 즐거우면 마음대로
상(賞)을 주며, 번거롭게 소요를 일으키고 각박하게 학대하여 서민들을
해치고 죽임으로써 백성들의 증오를 받아 산이 무너지고 바위가 갈라진
다는 흉흉한 소문이 나돌게 하는 것이다. 4조는 이천석으로서 관리를
임용하는 데 공평하지 못하여 단지 [자신에게] 아첨하는 이들만을 편애하
는 바, 현명한 인재를 제쳐두고 아둔한 이를 총애하는 것이다. 5조는 이
천석의 자제(子弟)가 부귀와 권세[榮勢]에 의지하여 관부에 청탁을 하는
것이다. 6조는 이천석으로서 공(公)을 거스르면서 자신의 무리를 비호
[下比]498하고, 권세 있는 가문[豪强]에 아첨하며 뇌물[貨賂]을 주고받음으

---

497 "强宗"과 "豪右"는 모두 권세 있는 가문을 뜻한다.(『漢書』 권76, 「趙廣漢傳」, 3200쪽, "其後彊宗大族,
家家結爲仇讎.";『後漢書』 권31, 「郭伋傳」, 1091쪽, "强宗右姓〈右姓猶高姓也.〉, 各擁衆保營, 莫肯先
附.";『後漢書』 권2, 「明帝本紀」117쪽, "濱渠下田, 賦與貧人, 無令豪右得固其利.〈豪右, 大家也.〉").

로써 정령(政令)을 훼손하는 것이다.[499](『한서』「백관공경표」의 주에서『한관
전직의(漢官典職儀)』를 인용)

【원문】 武帝元封五年, 初置部刺史掌奉詔條.(百官公卿表)

【역문】 무제 원봉 5년(기원전 106년)에 처음으로 부자사를 두어 조조(詔條)를
받들어 [주(州)를 살피는 일을] 관장하게 하였다.[500](『한서』「백관공경표」)

【원문】 成帝初, 言陰陽不和, 咎在部刺史不循守條職. 注, 六條.(薛宣傳)

【역문】 성제 즉위 초에 [설선은] 음양이 조화롭지 못하다며, 그 죄과는 조(條)
로 명시된 직무를 준수하지 않은 부자사에게 있다고 상언하였다. 주에
"여섯 조이다."라고 하였다.[501](『한서』「설선전」)

【원문】 遷朔方刺史, 所察應條輒擧.(翟方進傳)

【역문】 삭방의 자사로 [관직을] 옮긴 후 [시정을] 살핀 바 [여섯] 조(條)에 대응하
는 사례들을 번번이 적발하였다.[502](『한서』「적방진전」)

---

498 "下比"란 허물이 있는 아랫사람을 庇護하는 것이다.『國語』「齊語」에 "於子之鄕, 有不慈孝於父母,
不長悌於鄕里、驕躁淫暴、不用上令者, 有則以告. 有而不以告, 謂之下比. 其罪有五.〈韋昭注: 比,
阿黨也.〉"라고 하였다.

499 『漢書』 권19상, 「百官公卿表」, 742쪽; 그 밖에『後漢書』 권38 「百官志」 3617쪽, '州郡'의 注,『資治
通鑑』 권21, 「漢紀13」, '武帝元封五年'의 注, 693쪽;『玉海』 권65, 「詔令」, '漢六條' 1230-1231쪽 등
에도 관련 내용이 보인다.

500 『漢書』 권19상, 「百官公卿表」 741쪽의 원문에는 "武帝元封五年, 初置部刺史, 掌奉詔條察州."라고
하였으므로 "察州"의 의미를 추가하여 해석하였다.

501 『漢書』 권83, 「薛宣傳」 3386쪽의 원문에는 "成帝初卽位, 宣爲中丞, 執法殿中, 外總部刺史, 上疏
曰: 陛下至德仁厚, 哀閔元元, 躬有日仄之勞, 而亡佚豫之樂. 允執聖道, 刑罰惟中, 然而氣尙凝, 陰
陽不和, 是臣下未稱, 而聖化獨有不洽者也. 臣竊伏思其一端, 殆吏多苛政, 政敎煩碎, 大率咎在部刺
史, 或不循守條職.〈師古曰: 刺史所察, 本有六條, 今則踰越故事, 信意擧劾, 妄爲苛刻也.〉 擧錯各以
其意, 多與郡縣事, 至開私門, 聽讒佞, 以求吏民過失, 譴呵及細微, 責義不量力."라고 하였다. 그 밖
에『冊府元龜』 권512, 「憲官部1」, '稱職'에도 관련 내용이 보인다.

502 『漢書』 권84, 「翟方進傳」, 3412쪽의 원문에는 "遷朔方刺史, 居官不煩苛, 所察應條輒擧, 甚有威名."
이라고 하였다. 그 밖에『冊府元龜』 권677, 「牧守部7」, '能政',『玉海』 권65, 「詔令」, '漢六條' 등에도
관련 내용이 보인다.

【원문】 遷豫州牧, 代二千石書史聽訟, 所察過詔條. 注、出六條之外(鮑宣傳)

【역문】 예주목으로 [관직을] 옮긴 후 이천석[군수]의 서리[署吏]503를 대신하여 송사(訟事)를 판결하였는데, 고찰한 바가 조조(詔條)[의 범위]를 초과하였다. 주에 "여섯 조(條)[의 범위]를 넘어섰다는 것이다."라고 하였다.504(『한서』「포선전」)

【원문】 古之刺史, 奉宣六條.(魏志杜畿傳)

【역문】 옛날의 자사는 여섯 조(條)를 받들어 선포하였다.505(『삼국지(위서)』「두기전」)

【원문】 惠帝三年, 相國奏御史監三輔不法事, 詞訟、盜賊、鑄僞錢、獄不直、繇賦不平、吏不廉、苛刻、踰侈及弩力十石以上、作非所當服, 凡九條.(唐六典)

【역문】 혜제 3년(기원전 192년)에 상국[曹參]이 상주하여, 어사를 보내506 삼보 지역의 불법적인 사안을 감독하게 하였다.507 [불법적인 사안이란] 소송에 관한 것[詞訟], 도적에 관한 것[盜賊], 위전의 주조에 관한 것[鑄僞錢], 옥송

---

503 본문의 '書史'라는 표현은 동일한 내용을 전하고 있는 『玉海』에만 등장하며, 그 밖에 『漢書』「鮑宣傳」과 『冊府元龜』 등에서는 모두 '署吏'라고 하였다. 이는 程樹德이 漢律을 한 데 모으는 과정 중에 주로 『玉海』의 문장을 참고하였기 때문인 것으로 보인다. 물론 '署吏'와 '書史' 중 어느 것이 옳은 것인지를 명확히 판단하기는 쉽지 않지만, 여기서는 그 출전을 『漢書』「鮑宣傳」으로 밝히고 있는 만큼, '署吏'로 해석하였다.

504 『漢書』 권72, 「鮑宣傳」, 3086쪽의 원문에는 "哀帝初, … 遷豫州牧, 歲餘, 丞相司直郭欽奏: 宣擧錯煩苛, 代二千石署吏聽訟, 所察過詔條.(師古曰: 出六條之外.) 行部乘傳去法駕, 駕一馬, 舍宿鄕亭, 爲衆所非. 宣坐免."라고 하였다. 그 밖에 『冊府元龜』 권679, 「牧守部27」, '苛細', 8051∼8052쪽; 『玉海』 권65, 「詔令」, '漢六條' 1231쪽 등에도 관련 내용이 보인다.

505 『三國志』 권16 『魏書』 권16, 「杜恕傳」(杜畿傳), 498쪽; 그 밖에 『冊府元龜』 권470, 「臺省部14」, '奏議1', 5308쪽 등에도 관련 내용이 보인다.

506 『唐六典』 권13, 「御史臺」 379쪽 注의 원문에는 '遣御史'라고 되어 있다.

507 『通典』 권32, 「職官14」, '州郡上', 884쪽, "至惠帝三年, 又遣御史監三輔郡, 察詞訟, 所察之事凡九條. 監者二歲更之, 常以十月奏事, 十二月還監. 其後諸州復置監察御史."; 『文獻通考』 권61, 「職官考15」, '州郡1', 553쪽 등에도 관련 내용이 보인다.

의 처리가 바르지 못한 것[獄不直], 요역과 부세가 공평하지 못한 것[繇賦
不平], 관리가 청렴하지 못한 것[吏不廉], [관리가] 가혹한 것[苛刻], 지나치
게 사치하거나 무게 10석(石) 이상의 노(弩)를 소유한 것[踰侈及弩力十石
以上], 마땅한 복식을 착용하지 않은 것[作非所當服]으로 모두 아홉 조(條)
이다.508(『당육전』)

508 『唐六典』 권13, 「御史臺」 379쪽 注의 원문에는 "惠帝三年, 相國奏遣御史監三輔不法事, 有辭訟者,
盜賊者, 鑄僞錢者, 獄不直者, 繇賦不平者, 吏不廉者, 吏苛刻者, 踰侈及弩力十石以上者, 非所當服
者, 凡九條."라고 하여, 본문과 조금씩 차이를 보인다. 다만 본문의 문장은 『玉海』와 일치하는데,
이는 程樹德이 『玉海』의 문장을 인용하면서 그 출처만을 『唐六典』으로 제시하였기 때문이다(『玉
海』 권65, 「詔令」, '漢六條' 참고). 그 밖에 『西漢年紀』 권3, 「惠帝」에는 "至是, 帝始遣御史監三輔
郡, 察詞訴, 所察之事, 凡九條.〈漢儀云: 惠帝三年, 相國奏遣御史監三輔郡, 察以九條. 察有詞訟者, 盜
賊者, 僞鑄錢者, 恣爲姦詐者論獄不直者, 擅興徭賦不平者, 吏不廉者, 吏以苛刻故劾無罪者, 敢爲踰
侈及弩力十石以上者, 作非所當服者, 凡九條.〉"라고 하였다.

科(科品附) 과(『과품』을 덧붙임)

【원문】 科, 課也. 課其不如法者, 罪責之也.(釋名)

【역문】 과는 심사[課][509]하는 것이다. 법에 부합하지 않는 경우를 심사하여 처벌하는 것이다.[510](『석명』)

【원문】 永平十二年, 詔曰, 車服制度, 恣極耳目, 田荒不耕, 游食者衆. 有 司其申明科禁, 宜於今者, 宣下郡國.(明帝紀)

【역문】 영평 12년(69)에 조를 내리기를, "수레와 예복[에 관한] 제도는 제멋대로 눈과 귀의 즐거움을 만족시키는 데만 극진하고, 전토는 황폐하여 경작되지 않으니 유식(游食)하는 이들이 많아졌다. 유사(有司)는 이를 금지하는 법령[科禁]을 자세히 조사하여 현실에 적합한 것들을 군국에 선포할 수 있도록 하라."라고 하였다.[511](『후한서』「명제본기」)

【원문】 一律兩科, 失省刑之意.(馮野王傳)

【역문】 한 가지 율(律)에 두 가지 과(科)를 두는 것은 형(刑)을 줄인다는 취지와 어긋난다.[512](『한서』「풍야왕전」)

---

509 [淸]黎翔鳳撰, 『管子校注(新編諸子集成)』 권21, 「明法解」(北京: 中華書局, 2004), 1219쪽에 "故明主 以法案其言而求其實, 以官任身而課其功."라고 하였듯이, "課"는 심사, 조사, 평가 등을 의미한다.

510 (後漢)劉熙撰, 『釋名』(北京: 中華書局, 1985) 권6, 「釋典藝」20, 101쪽.

511 『後漢書』 권2 「明帝本紀」, 115쪽; 그 밖에 「冊府元龜」 권159, 「帝王部159」, '革弊1' 1769쪽; 『玉海』 권78, 「車服」, '漢永平車服制度·車服品' 1430–1431쪽 등에도 관련 내용이 보인다.

512 『漢書』 권79, 「馮奉世傳」(馮野王), 3303쪽; 그 밖에 「冊府元龜」 권723, 「幕府部8」, '規諷', 8326쪽; 『西漢會要』 권42, 「職官12」, '告寧', 484쪽 등에도 관련 내용이 보인다.

【원문】 武帝軍役數興, 豪傑犯禁, 姦吏弄法, 故重首匿之科.(梁統傳)

【역문】 무제는 군역을 수차례 일으켰는데, [당시] 유력자[豪傑]들이 금령을 어기고 간사한 관리들은 법을 농락하였으므로 수닉(首匿)[513]의 과(科)를 가중하게 되었다.[514](『후한서』「양통전」)

【원문】 今可令通義理明習法律者, 校訂科比,〈注, 科謂事條, 比謂類例.〉一其法度, 班下郡國, 蠲除故條.(桓譚傳)

【역문】 지금 의리(義理)에 통달하고 법률을 명확히 익힌 자들로 하여금 과(科)와 비(比)〈주. 과는 사조(事條)이고, 비는 유례(類例)이다.〉를 교정하게 하여 그 법도를 통일시킨 후 군국에 반행한다면, 옛 조(條)는 삭제[蠲除]할 수 있을 것입니다.[515](『후한서』「환담전」)

【원문】 漢興三百二年, 憲令稍增, 科條無限.(陳寵傳)

【역문】 한(漢)나라가 일어난 이래[516] 302년 동안 법령[憲令][517]이 점차 증가하여 과조(科條)가 한없이 많아졌다.[518](『후한서』「진총전」)

---

513 '首匿'이란 주모자[謀首]가 되어 죄인을 감추어 주는 것을 말한다. 『漢書』「宣帝本紀」에 "지금부터 자식이 주모자[謀首]가 되어 부모를 감추어 주거나, 妻가 남편을 감추어 주거나, 손자가 조부모를 감추어 줄 경우에는 모두 연좌하지 말라."고 하였는데, 顔師古는 注에서 "首匿이란 주모자[謀首]가 되어 罪人을 藏匿하는 것을 말한다."고 하였다.(『漢書』권8「宣帝本紀」, 251쪽, "[地節四年]自今子首匿父母, 妻匿夫, 孫匿大父母, 皆勿坐.〈師古曰: 凡首匿者, 言爲謀首而藏匿罪人.〉")

514 『後漢書』권34,「梁統傳」, 1166쪽;『通典』권163,「刑法1」, '刑制上', 4200쪽;『冊府元龜』권614,「刑法部6」, '議讞1', 7090쪽;『東漢會要』권35,「刑法上」, '法令', 506쪽;『文獻通考』권163,「刑考2」, '刑制2' 1418쪽 등에도 관련 내용이 보인다. 다만 각각의 판본에 따라 "首匿之科"를 "通匿之科" 또는 "逃匿之科" 등으로 달리 표현하였다.

515 桓譚은 이처럼 "校定科比, 一其法度"해야 하는 이유에 대해 "見法令決事, 輕重不齊, 或一事殊法, 同罪異論, 姦吏得因緣爲市, 所欲活則出生議, 所欲陷則與死比, 是爲刑開二門也."(『後漢書』권28상,「桓譚傳」, 959쪽)라고 하였다. 한편 그 밖에『冊府元龜』권525,「諫諍部3」, '規諫2', 5966쪽;『東漢會要』권35,「刑法上」, '法令', 505쪽;『玉海』권65,「詔令」, '漢決事比 · 律三家 · 漢憲令', 1231쪽;『文獻通考』권163,「刑考2」, '刑制2' 1418쪽 등에도 관련 내용이 보인다.

516 『後漢書』권46,「陳寵傳」, 1554쪽의 원문에는 "漢興以來, 三百二年"이라고 하였다.

517 『春秋左傳注疏』권38, 宋襄公 28년(기원전 548년), "此君之憲令, 而小國之望也.〈杜預注: 憲, 法也.〉"

518 『後漢書』권46,「陳寵傳」, 1554쪽; 그 밖에『晉書』권30,「刑法志」, 920쪽;『通典』권170,「刑法」

【원문】 帝敬納寵言, 每事務於寬厚. 其後遂詔有司, 絶鉆鑽諸慘酷之科. (同上)

【역문】 장제(章帝)는 진총의 상언[519]을 정중히 받아들여 모든 일을 너그럽고 후하게 처리하는 데 힘썼다. 그 후 마침내 유사(有司)에 조를 내려 첩찬(鉆鑽)[520]을 비롯한 모든 참혹한 과(科)를 폐지하도록 하였다.[521](『후한서』「진총전」)

【원문】 忠上疏曰, 亡逃之科, 憲令所急. 蓋失之末流, 求之本源, 宜糺增舊科, 以防來事.(陳忠傳)

【역문】 진충이 상소하여 말하기를, "도망[亡逃]에 대한 과(科)를 정비하는 것이 법령[憲令] 중에 가장 시급한 바입니다.[522] 대체로 말류(末流)를 버리고 본원(本源)을 구하고자 한다면, 마땅히 증가한 옛 과를 바로잡음으로써 앞으로의 일에 대비해야 합니다."라고 하였다.[523](『후한서』「진충전」)

---

8. '寬恕', 4410쪽; 『冊府元龜』 권614, 「刑法部6」, '議讞1', 7092쪽; 『東漢會要』 권35, 「刑法上」, '法令', 『玉海』 권65, 「詔令」, '漢決事比·律三家·漢憲令', 1231쪽; 『文獻通考』 권164, 「刑考3」, '刑制3' 1421쪽 등에도 관련 내용이 보인다.

519 『後漢書』 권76, 「陳寵傳」, 1549쪽; "臣聞先王之政, 賞不僭, 刑不濫, 與其不得已, 寧僭不濫. … 聖賢之政, 以刑罰爲首. 往者斷獄嚴明, 所以威懲姦慝, 姦慝旣平, 必宜濟之以寬. 陛下卽位, 率由此義, 數詔群僚, 弘崇晏晏. 而有司執事, 未悉奉奉, 典刑用法, 猶尙深刻. 斷獄者急於筹格酷烈之痛, 執憲者煩於詆欺放濫之文, 或因公行私, 逞繼威福. 夫爲政猶張琴瑟, 大弦急者小弦絶. 故子貢非臧孫之猛法, 而美鄭喬之仁政. … 方今聖德充塞, 假于上下, 宜隆先王之道, 蕩滌煩苛之法, 輕薄箠楚, 以濟羣生; 全廣至德, 以奉天心."

520 李賢 注에 "蒼頡篇曰: 鉆, 持也. 說文曰: 鉆, 鐵鉧也. … 鑽, 臏刑, 謂鑽去其髕骨也."라고 하였듯이, "鉆"은 철로 만든 刑具[鐵鉧]로서 목을 결박하는 데 사용하는 것이고, "鑿"은 그 자체로 髕骨을 드러내는 酷刑을 의미한다. 또한 『後漢書』 권3, 「章帝本紀」에서도 "自往者大獄已來, 掠考多酷, 鉆鑽之屬, 慘苦無極."라고 하여, "鉆鑽"을 酷刑의 대표적 형태로 표현하였다.

521 『後漢書』 권46, 「陳寵傳」, 1549쪽; 그 밖에 『通典』 권170, 「刑法8」, '寬恕', 4409쪽; 『東漢會要』 권35, 「刑法上」, '郵刑', 515쪽; 『玉海』 권65, 「詔令」, '漢元和定律', 1234쪽; 『文獻通考』 권169, 「刑考8」, '詳讞1', 1465쪽 등에도 관련 내용이 보인다.

522 陳忠이 "亡逃之科, 憲令所急"이라고 언급한 배경은 이보다 앞서 "臣竊見元年以來, 盜賊連發, 攻亭劫掠, 多所傷殺. 夫穿窬不禁, 則致彊盜; 彊盜不斷, 則爲攻盜; 攻盜成羣, 必生大姦."(『後漢書』 권46, 「陳忠傳」, 1558–1559쪽)라고 한 구절에 잘 드러난다.

523 『後漢書』 권46, 「陳寵傳」, 1559쪽; 그 밖에 『冊府元龜』 권470, 「臺省部14」, '奏議1', 『東漢會要』 권34, 「兵下」, '盜賊' 등에도 관련 내용이 보인다.

【원문】 便可撰立科條, 處爲詔文.(同上)

【역문】 곧바로 과조(科條)로 기록하여 정하시고,[524] 이를 조문(詔文)으로 처리하여 주십시오.[525](『후한서』「진충전」)

【원문】 高祖受命, 蕭何創制, 大臣有寧告之科.(同上)

【역문】 고조께서 [하늘의] 명을 받으시고 소하로 하여금 제도를 만들게 하시어 대신들에게 영고(寧告)[526]의 과(科)를 두었습니다.[527](『후한서』「진충전」)

【원문】 輕侮之比, 寖以繁滋, 至有四五百科.(張敏傳)

【역문】 경모(輕侮)[528]에 대한 사례[比]가 점차 많아져 400-500과(科)가 제정되기에 이르렀습니다.[529](『후한서』「장민전」)

【원문】 金科玉條. 注, 科條, 謂法令也.(文選揚雄劇秦美新)

---

524 陳忠이 "撰立科條"할 것을 請한 內容은 "自今彊盜爲上官若它郡縣所糺覺, 一發, 部吏皆正法, 尉貶秩一等, 令長三月奉贖刑; 二發, 尉免官, 令長貶秩一等; 三發以上, 令長免官."(『後漢書』권46,「陳忠傳」)라고 한 구절에 보인다.

525 『後漢書』권46,「陳忠傳」, 1559쪽의 원문에는 "便可撰立科條, 處爲詔文, 切勑刺史, 嚴加糺罰."라고 하였다. 그 밖에 『冊府元龜』권470,「臺省部14」, '奏議1', 5306-5307쪽; 『東漢會要』권34,「兵下」, '盜賊' 497쪽 등에도 관련 내용이 보인다.

526 "寧告"란 휴가를 청한 후 집으로 돌아가 父母의 喪을 치르는 것이다. 『漢書』권11,「哀帝本紀」, 336쪽에 "博士弟子父母死, 予寧三年."이라 하였는데, 顔師古는 "寧"을 "處家持喪服"이라고 해석하였다. 또한 『後漢書』권46,「陳寵傳」1569쪽에는 "光武皇帝絶告寧之典,〈前書音義曰: 告寧, 休謁之名, 吉曰告, 凶曰寧, 古者名吏休假曰告, 吏二千石有予告, 賜告, 予告, 在官有功, 法所當得也, 賜告, 病三月當免, 天子優賜其告, 使帶印綬, 將官屬歸家養疾也.〉"라고 하였다.

527 『後漢書』권46,「陳忠傳」, 1559쪽의 원문에는 "高祖受命, 蕭何創制, 大臣有寧告之科, 合於致憂之義."라고 하였다. 그 밖에 『資治通鑑』권50,「漢紀42」, '安帝建光元年', 1618쪽; 『東漢會要』권7,「禮7」, '服制' 109쪽 등에도 관련 내용이 보인다.

528 "輕侮"란 남을 업신여기고 모욕하는 것을 말한다. 『後漢書』권44,「張敏傳」, 1502-1503쪽에 "建初中, 有人侮辱人父者, 而其子殺之, 肅宗貰其死刑而降宥之, 自後因以爲比, 是時遂定其議, 以爲輕侮法."라고 하여, 輕侮罪에 대한 처벌 규정이 제정되어 있었음을 확인할 수 있다.

529 『後漢書』권44,「張敏傳」1503쪽의 원문에는 "又輕侮之比, 寖以繁滋, 至有四五百科, 轉相顧望, 彌復增甚, 難以垂之萬載."라고 하였다. 그 밖에 『通典』권166,「刑法4」, '雜議上', 4294쪽; 『冊府元龜』권614,「刑法部6」, '議讞1', 7093쪽; 『東漢會要』권35,「刑法上」, '法令', 508쪽; 『玉海』권64,「詔令」, '漢建初詔書', 1210쪽; 『文獻通考』권169,「刑考8」, '詳讞1', 1446쪽 등에도 관련 내용이 보인다.

【역문】 금과 옥 같은 [귀중한] 법령이다. 주에 "과조(科條)는 법령을 말한다."
라고 하였다.530(『문선』「부명」'양자운극진미신(楊子雲劇秦美新)')

【원문】 今科條品制禁令, 所以承天順民者, 備矣悉矣.(袁宏後漢紀)

【역문】 지금의 과조(科條)와 품제(品制), 금령(禁令)은 천의(天意)를 받들고
민의(民意)에 순응하는 것인 바, 완비되고도 상세하다.531(원굉『후한기』)

【원문】 魏新律序略云, 科之爲制, 每條有違科, 不覺不知, 從坐之免, 不復
分別, 而免坐繁多, 宜總爲免例, 以省科文.(晉書刑法志)

【역문】 위나라 신율(新律)의 서문에 대략 다음과 같이 언급하였다. 과(科)를
제정할 때 각 조(條)마다 과를 위반하였더라도 [그 사실을] 깨닫지 못하였
거나 알 수 없었다면 연좌[從坐]를 면하도록 하는 내용을 기재하였는데,
[이 내용을] 거듭 분별하지 않아 연좌를 면한다[免坐]는 내용이 번잡스럽게
많다. 마땅히 [이를] 면죄의 통칙[免例]으로 통합함으로써 과의 문자를 줄
여야 한다.532(『진서』「형법지」)

【원문】 至武帝時, 張湯、趙禹增律令科條, 大辟四百九條. 宣帝時, 于定
國又刪定律令科條.(唐六典注)

---

530 (梁)蕭統 編 (唐)李善 注, 『文選』 권48, 「符命」, '楊子雲劇秦美新', 문선연구회. 1983년. 680쪽;『文
選』은 중국 梁나라의 소통(蕭統:昭明太子)이 秦漢 이후 齊 · 梁나라의 대표적인 시문을 모아 엮은
책이며 모두 30권이다. 여기에 실린 문장가는 130여 명으로, 이 중에는 무명작가의 古詩와 古樂府
도 포함되어 있다. 編次는 문체별로 賦 · 詩 · 騷 · 詔 · 策 · 表 · 序 · 論 · 祭文 등 39종으로 나누
었다. 시는 443수이고, 賦 · 騷에서 제문까지의 작품 317편을 수록하였는데, 그중 부가 가장 많다.
소통은 자신의 서문에서 밝히고 있듯이 주로 沈思 · 翰藻의 내용과 형식의 글을 취하였는데, 이는
그 자신의 문학관인 동시에 육조시대 일반 학자들의 신조이기도 하였다.
531 (晉)袁宏 『後漢紀』 권18. 510쪽;『文選』 권48, 「符命」, '楊子雲劇秦美新'의 원문에는 "備矣. 悉矣.
不可加矣."라고 하였다.
532 新律의 序文은 이로 인해 별도로 "免坐律"을 제정한 것이라고 하였다(『晉書』 권30, 「刑法志」, 925
쪽. "故更制定其由例, 以爲免坐律."). 그 밖에 『通典』 권163, 「刑法1」, '刑制上', 4203쪽;『冊府元龜』
권610, 「刑法部2」, '定律令2', 7044쪽의 注, 『文獻通考』 권164, 「刑考3」, '刑制3', 1425쪽 등에도 관
련 내용이 보인다.

【역문】 무제 때에 이르러 장탕과 조우가 율령의 과조를 더하여 대벽(大辟)[에 해당하는 법령]이 409조(條)533이었다. 선제 때 우정국이 다시 율령의 과조를 정리[刪定]하였다.534(『당육전』주)

【원문】 刪舊科, 採漢律爲魏律.(御覽六百三十八引劉邵律略)

【역문】 옛 과(科)를 삭제하고, 한율(漢律)을 채택하여 위율(魏律)로 삼았다.535(『태평어람』권638에서 유소의 『율략』을 인용)

【세주원문】 按漢科可考者, 有持質, 有登聞道辭, 有考事報讞, 有使者驗賂, 有擅作修舍, 有平庸坐臟,＜功臣表任當千坐賣馬一匹賈錢十五萬, 過平臟五百以上, 免.＞ 有異子之科, 有投書棄市之科, 均載晉志. 魏武帝始置新科, 見魏志何夔傳. 蜀漢諸葛亮法正劉巴李嚴等共造蜀科, 見蜀志伊籍傳. 嘉禾三年表定科令, 見吳志孫登傳. 是三國時皆各立科條, 不純依漢制. 唐六典注梁科三十卷, 蔡法度所刪定. 陳依梁. 後魏以格代科, 於麟趾殿刪定, 名爲麟趾格. 北齊因魏立格, 撰權格, 與律令並行. 皇朝貞觀格十八卷, 房玄齡等刪定. 是卽唐之格也.

【세주역문】 한(漢)의 과(科) 중에 고찰할 수 있는 것으로는 지질(持質),536 등문도사(登聞道辭),537 고사(考事)와 보언(報讞),538 사자험뢰(使者驗賂),539 천작수사(擅作

---

533 『漢書』 권23, 「刑法志」, 1101쪽, "律令凡三百五十九章, 大辟四百九條, 千八百八十二事, 死罪決事比萬三千四百七十二事."

534 『唐六典』 권6, 「尙書刑部」, 181쪽의 注.

535 『太平御覽』 권638 「刑法部」4, 27쪽에서 劉邵의 『律略』을 인용함.

536 "持質"은 인질로 잡아 타인에게 재물을 강요하는 것을 말한다(『晉書』 권30, 「刑法志」, 924쪽에 "盜律有劫略、恐猲、和賣買人, 科有持質, 皆非盜事, 故分以爲劫略律.").

537 "登聞"은 반란 등과 같은 비상한 사건이나 긴급히 상주해야 할 일이 발생한 경우, 또는 억울하게 죄를 입어 곤경에 처한 경우 등에 한하여 宮門 밖의 太鼓를 두드려 곧바로 황제에게 알리는 것을 말한다(『晉書』 권30, 「刑法志」, 924쪽, "囚律有告劾、傳覆, 廐律有告反逮受, 科有登聞道辭, 故分爲告劾律).

538 '考事'는 범죄자를 조사하여 사건을 규명하는 것을 말한다. 또한 하급기관에서 쉽게 판결을 내리기 어려운 사건을 상급기관에서 판결해 줄 수 있도록 요청하는 것을 '請讞'이라 하고, 상급기관에서 심리와 판결을 마친 후 다시 하급기관에 알려주는 것을 '報讞'이라고 한다(『晉書』 권30, 「刑法志」, 924쪽, "囚律有繫囚、鞫獄、斷獄之法, 興律有上獄之事, 科有考事報讞, 宜別爲篇, 故分爲繫訊、斷獄律.").

修舍),540 평용좌장(平庸坐藏),541〈「공신표」에 [양기후(梁期侯)] 임당천이 말 한 필의 값을 십오만 전(錢)에 판 일로 죄에 저촉되었고, [또한] 오백[전] 이상을 평장(平藏)542한 죄를 범하여 후작(侯爵)을 박탈당하였다.543〉 이자(異子)의 과,544 투서기시(投書棄市)의 과545가 있으며, 모두 『진서』 「형법지」에 기재되어 있다. 위[曹魏] 무제 때 처음으로 새로운 과[新科]를 제정하였는데, [이는] 『삼국지(위지)』 「하기전」546에 보인다. 촉한(蜀漢) 때 제갈량, 법정, 유파, 이엄 등이 함께 촉과(蜀科)를 제정하였는데, [이는] 『삼국지(촉지)』 「이적전」547에 보인다. 가화 3년(234)에 과령(科令)을 표명하고 확정하였는데, [이는] 『삼국지(오지)』 「손등전」548에 보인다. 이처럼 삼국시대에는 모두 제각기 과조(科條)를 입안하였으며, 전적으로 한(漢)의 제도를 따르지는 않았다. 『당육전』의 주549에 "양(梁)의 과(科)는 30권으로 채법도가 산정(刪

---

539 '使者驗賂'에 대하여 沈家本은 『漢律拾遺』에서 使者가 命을 받들어 뇌물수수와 관련된 사건을 담당하였을 때, 이 사건과 관련하여 위법행위를 범하는 경우를 말한다고 하였다. 한편 內田智雄는 『譯註中國歷代刑法志』(東京: 創文社, 1977[1964년 초판])에 天子의 命을 받든 使者가 임무를 수행하는 과정 중에 뇌물을 수수한 경우라고 보았다(『晉書』 권30, 「刑法志」, 924쪽, "盜律有受所監受財枉法, 雜律有假借不廉, 令乙有呵人受錢, 科有使者驗賂, 其事相類, 故分爲請賕律").

540 '擅作修舍'는 법에 규정된 바를 따르지 않고 관리가 마음대로 舍屋을 修築하는 것을 말한다(『晉書』 권30, 「刑法志」, 924쪽, "盜律有劫辱強賊, 興律有擅興徭役, 具律有出賣呈, 科有擅作修舍事, 故分爲興擅律").

541 '平庸坐贓'은 관리가 백성의 노동력을 私的으로 이용하여 이득을 취한 경우. 부당하게 使役시킨 노동력의 功庸를 평가·계산하여 그 액수에 따라 각각 贓罪를 적용시키는 것을 말한다. '贓'은 '藏'으로도 쓴다(『晉書』 권30, 「刑法志」, 925쪽, "盜律有還贓畀主, 金布律有罰贖入責以呈黃金爲價, 科有平庸坐贓事, 以爲償贓律").

542 '平庸坐贓'의 의미로 해석하였다.

543 『漢書』 권17, 「景武昭宣元成功臣表」, 654쪽, "[梁期]侯當千嗣, 太始四年, 坐賣馬一匹賈錢十五萬, 過平贓五百以上, 免."

544 "異子之科"는 父親이 子를 分家시키는 것에 관한 법규이다. 魏에서 이를 폐지하였고, 이는 隋唐 시기에 "子孫別籍異財"를 금지시키는 연원이 되었다(『晉書』 권30, 「刑法志」, 925쪽, "除異子之科, 使父子無異財也").

545 '投書棄市'는 匿名으로 書信을 보내 타인을 무고할 경우 棄市에 처한다는 것을 말한다(『晉書』 권30, 「刑法志」, 925-926쪽, "改投書棄市之科, 所以輕刑也").

546 『三國志』 권12, 『魏書』, 「何夔傳」, 380쪽, "太祖始制新科下州郡, … 乃上言曰: … 所下新科, 皆以明罰敕法, 齊一大化也."

547 『三國志』 권38, 『蜀書』, 「伊籍傳」, 971쪽, "後遷昭文將軍, 與諸葛亮、法正、劉巴、李嚴共造蜀科; 蜀科之制, 由此五人焉."

548 『三國志』 권59, 『吳書』, 「孫登傳」, 1364쪽, "時年穀不豐, 頗有盜賊, 乃表定科令, 所以防禦, 甚得止姦之要."

549 『唐六典』 권6 「尙書刑部」, 185쪽.

定)한 것이다.[550] 진(陳)은 양을 따랐다. 후위(後魏)는 격(格)으로 과(科)를 대체하였는데, 인지전(麟趾殿)에서 산정하였으므로 인지격이라고 하였다.[551] 북제(北齊)는 위[後魏]를 따라 격(格)을 입안하였고,[552] 권격(權格)을 제정하여 율·령과 함께 시행하였다.[553] 『황조정관격』 18권은 방현령 등이 산정[554]하였다.”고 하였는데, 이것이 바로 당(唐)의 격(格)이다.

◉ 科品(附) 『과품』(덧붙임)

【원문】 元初五年, 詔曰, 舊令制度, 各有科品. 注, 漢令今亡.(安帝紀)

【역문】 원초5년(118년)에 조를 내려, “구령(舊令)의 제도에는 각각 과품이 있다.”라고 하였다. 주에 “한(漢)의 영은 지금 망실(亡失)되었다.”고 하였다.[555](『후한서』 「안제기」)

【원문】 二千石以下, 各從科品.(輿服志)

【역문】 이천석 이하 [관리는] 각각 과품을 따른다.[556](『후한서』 「여복지」)

---

550 『隋書』 권25 「刑法志」, 700쪽, “二年四月癸卯, 法度表上新律, 又上令三十卷, 科三十卷. 帝乃以法度守廷尉卿, 詔班新律於天下.”

551 『魏書』 권12 「孝靜本紀」, 305쪽, “[興和三年]冬十月癸卯. 齊文襄王自晉陽來朝. 先是, 詔文襄王與群臣於麟趾閣議定新制. 甲寅, 班於天下.”

552 『隋書』 권25 「刑法志」, 704쪽, “及文宣天保元年, 始命群官刊定魏朝麟趾格.”

553 『隋書』 권25 「刑法志」, 706-707쪽, “其不可魏定法者, 別制權令二卷, 與之並行. 後平秦王高歸彦謀反, 須有約罪. 律無正條, 於是遂有別條權格, 與律並行.”

554 『舊唐書』 권50 「刑法志」, 2138쪽, “又定令一千五百九十條, 爲三十卷. 貞觀十一年正月, 頒下之. 又刪武德·貞觀已來敕格三千餘件, 定留七百條, 以爲格十八卷, 留本司施行. 斟酌今古, 除煩去弊, 甚爲寬簡, 便於人者. 以尙書省諸曹爲之目, 初爲七卷. 其曹之常務, 但留本司者, 別爲留司格一卷, 蓋編錄當時制敕, 永爲法則, 以爲故事. 貞觀格十八卷, 房玄齡等刪定.”

555 『後漢書』 권5 「安帝本紀」, 228쪽. 그 밖에 『冊府元龜』 권156, 「帝王部156」, '誡勵1', 1740쪽; 『東漢會要』 권29 「民政棄」, '戒奢侈', 433쪽; 『玉海』 권65, 「詔令」, '漢令科品·品令·故事品式' 1234쪽 등에도 관련 내용이 보인다.

556 『後漢書』 志第29 「輿服志」 上, 3652쪽. 그 밖에 『東漢會要』 권9, 「輿服上」, '車馬飾', 130쪽; 『玉海』 권78, 「車服」, '漢永平車服制度·車服科品' 1431쪽 등에도 관련 내용이 보인다.

【원문】 國傅何敞諫曰, 輿馬臺隷, 應爲科品. 願大王遵古制, 省奴婢之口, 減乘馬之數, 斥私田之富.(濟南王康傳)

【역문】 국부 하창이 간(諫)하여 말하기를, "여마(輿馬)와 대례(臺隷)[557]는 마땅히 과품에 따라야 합니다. 바라건대 대왕께서는 옛 제도를 준수하시어 노비의 수를 줄이시고 [또한] 승마(乘馬)의 수를 줄이시며 사전(私田)의 풍족함을 멀리하십시오."라고 하였다.[558](『후한서』「제남안왕강전」)

【원문】 時中常侍蘇康、管霸用事, 遂固天下良田美業, 山林湖澤. 祐移書所在, 依科品沒入之.

【역문】 당시 중상시 소강과 관패가 정권을 장악하여 결국 천하의 양전(良田)과 미업(美業), 산림(山林)과 호택(湖澤)을 독점하였다. 유우가 소재 지역에 공문을 발송한 후 과품에 의거하여 그들의 재산을 몰수하였다.[559] (『후한서』「유우전」)

---

557 注에 "臺、隷賤職也. 左氏傳曰: 人有十等, 王臣公, 公臣卿, 卿臣大夫, 大夫臣士, 士臣皁, 皁臣輿, 輿臣隷, 隷臣僚, 僚臣僕, 僕臣臺也."라고 하였다.

558 『後漢書』 권42 「濟南安王康傳」, 1431쪽. 그 밖에 『冊府元龜』 권712 「宮臣部5」, '規諷1' 8214쪽 등에도 관련 내용이 보인다.

559 『後漢書』 권67 「劉祐傳」, 2199쪽. 그 밖에 『冊府元龜』 권623 「卿監部4」, '公正', 7214쪽; 『資治通鑑』 권55, 「漢紀47」 '桓帝延熹八年', 1780쪽; 『玉海』 권65, 「詔令」, '漢令科品 · 品令 · 故事品式' 1234쪽 등에도 관련 내용이 보인다.

比(故事附) 비(고사를 덧붙임)

【원문】 已行故事曰比(禮記王制注)

【역문】 이미 행하여진 고사(故事)를 "비(比)"라고 한다.[560](『예기』「왕제」 주)

【원문】 廷尉所不能決, 謹具爲奏, 傅所當比律令以聞.(刑法志引高帝七年詔)

【역문】 정위가 판결할 수 없는 안건은 삼가 갖추어 상주하고, [그 안건에] 해
당하는 바의 비와 율령을 부쳐서 보고하도록 하라.[561](『한서』「형법지」에
서 고제 7년의 조를 인용)

【원문】 其後姦猾巧法, 轉相比況, 禁罔寢密, 死罪決事比萬三千四百七十
二事. 文書盈於几閣, 典者不能徧睹. 是以郡國承用者駮, 或罪同而論
異. 姦吏因緣爲市, 所欲活則傅生議, 所欲陷則予死比.(刑法志)

【역문】 그 후 간교한 관리들이 법령을 교묘하게 꾸미고 서로 다른 비(比)로
정황을 유추하여 확대 해석하니, 법망[禁罔]이 점차 조밀해져 사죄[에 대
한] 결사비(決事比)가 13,472건이나 되었다. [법률] 문서가 서고[几閣]에 가
득하여 사법을 맡은 관리[典者]조차 두루 살펴볼 수 없을 정도였다. 이
때문에 각 군국에서 [이를] 받들어 적용하는 경우 혼란이 빚어져, 어떤 안
건은 죄가 같은데도 의론이 달랐다. 간사한 관리는 이 기회를 틈타 뇌물
을 수수[562]하여 살리고자 하면 살릴 수 있는 의논(議論)에 부치고[傅], 죽

---

560 『禮記正義(十三經注疏)』 권13, 「王制」(北京: 北京大學出版社, 2000), 481쪽.

561 『漢書』 권23, 「刑法志」, 1108쪽; 그 밖에 『冊府元龜』 권609 「刑法部1」, '定律令1', 7033쪽; 『文獻通
考』 권169, 「刑考8」, '詳讞1' 1463쪽 등에도 관련 내용이 보인다.

562 顔師古 注에 "弄法而受財, 若市買之交易."라고 하였다.

이고자 하면 사죄의 판결례[比]를 주었다.[563](『한서』「형법지」)

【원문】 成帝河平中下詔曰, 今大辟之刑, 千有餘條, 奇請他比, 日以益滋.
注, 師古曰, 比, 以例相比況也. 他比, 謂引他類以比附之, 稍增律條
也.(同上)

【역문】 성제 하평연간(기원전 28-25년)[564]에 조를 내리기를, "지금 대벽형(大
辟刑)에는 1,000여 조(條)가 있고 기청(奇請)[565]이나 타비(他比)가 날로 증
가하고 있다."라고 하였다. 주에서 안사고는 "비(比)란 사례[例]를 가지고
서로 정황을 비교하는 것이다. 타비(他比)란 다른 부류의 사례를 끌어다
비(比)로 삼아서 논의에 부치는 것이니, [이로 인해] 점차 율의 조(條)가 증
가하게 된 것이다."라고 하였다.[566](『한서』「형법지」)

【원문】 九卿見令不便, 不入言而腹非, 論死. 自是後有腹非之法比.(食貨
志)

【역문】 구경으로서 법령이 불편함을 알고도 아뢰지 않고 속으로 비방[腹非]
하여 사형으로 논죄되었다. 이로부터 복비법의 비(比)가 생겨나게 되었
다.[567](『한서』「식화지」)

【원문】 法令比例, 吏斷決也. 文吏治事, 必問法家.(論衡)

【역문】 법령과 비례(比例)는 리(吏)가 판결하는 것이다. 문리(文吏)가 송사

---

563 『漢書』 권23 「刑法志」, 1101쪽; 그밖에 『資治通鑑』 권25 「漢紀17」, '宣帝地節三年', 813쪽; 『西漢會
要』 권61, 「刑法1」, '律令', 702쪽; 『玉海』 권65, 「詔令」, '律法', 1224쪽; 『文獻通考』 권163, 「刑考2」,
'刑制2' 1415쪽 등에도 관련 내용이 보인다.

564 『資治通鑑』 권30 「漢紀22」, '成帝河平元年' 970쪽에 따르면, 河平元年(기원전 28년)의 일이다.

565 '奇請'은 顔師古 注에 "謂常文之外, 主者別有所請以定罪也."라고 하였듯이, 정규 법률조문 이외에
재판관이 별도로 皇帝에게 罪名을 定하여 줄 것을 奏請하는 것이다.

566 『漢書』 권23 「刑法志」, 1103쪽.

567 『漢書』 권24하 「食貨志」, 1168쪽. 그 밖에 『史記』 권30, 「平準書」, 1434쪽; 『資治通鑑』 권20, 「漢紀
12」, '武帝元狩六年', 652쪽; 『西漢會要』 권61, 「刑法1」, '律令', 702쪽; 『文獻通考』 권163, 「刑考2」,
'刑制2 1415쪽 등에도 관련 내용이 보인다.

(訟事)를 처리할 때는 반드시 법률가에게 자문을 구해야 한다.568(『논형』)

【원문】 至於孝武, 徵發煩數, 百姓虛耗. 窮民犯法, 酷吏擊斷, 姦宄不勝.
於是張湯、趙禹之屬, 條定法令, 轉相比況, 禁網積密.(羣書治要四十八
引杜恕體論)

【역문】 무제 때에 이르러 [인력과 물자의] 징발을 빈번히 행하여 백성들이 가
난해지고 호구 수는 줄어들었다.569 궁핍한 백성들은 법을 어겼고 혹리
들은 [이들을] 함부로 처벌[擊斷]하였으니, 그 법도를 어지럽힘[姦宄]을 이
루 다 헤아릴 수가 없었다.570 이리하여 장탕과 조우의 무리들이 법령을
조목별로 정하고 [그 후에 간사한 관리들이]571 서로 다른 비(比)로 정황을 유
추하여 확대 해석하니, 법망[禁網]이 매우 조밀해졌다.572(『군서치요』 권48
에서 두서의 『체론』을 인용)

【원문】 傅賢遷廷尉, 常垂念刑法, 務從輕比. 每斷冬至獄, 遲徊流涕.(御覽
二百三十一引謝承後漢書)

【역문】 부현은 정위로 옮긴 후 항상 형법에 관심을 두어 가벼운 [형벌에 대
한] 비(比)를 따르고자 노력하였다. 매번 동지에 이르러 옥송을 판결할
때면, [판결을] 주저하며 눈물을 흘렸다.573(『태평어람』 권231에서 사승의 『후
한서』를 인용)

---

568 『論衡校釋』(中華書局, 1990) 권12, 「程材」, 542쪽.

569 『漢書』 권7, 「昭帝本紀」 233쪽에 "海內虛耗, 戶口減半."라고 하였고, 顔師古 注에 "耗, 損也."라고
하였다. 즉 "虛耗"란 백성들이 곤궁하여 戶口 數가 점차 줄어드는 것을 말한다.(『漢書』 권24상, 「食
貨志」, "功費愈甚, 天下虛耗, 人復相食."; 『漢書』 권75, 「夏侯勝傳」, "天下虛耗, 〈師古曰: 耗, 減也.〉
百姓流離, 物故者半.")

570 『漢書』 권23 「刑法志」, 1101쪽, "及至孝武卽位, 外事四夷之功, 內盛耳目之好, 徵發煩數, 百姓貧耗,
〈師古曰: 耗, 損也.〉 窮民犯法, 酷吏擊斷, 姦軌不勝."

571 『漢書』 권23 「刑法志」, 1101쪽에 "於是招進張湯、趙禹之屬, 條定法令, 作見知故縱、監臨部主之
法, 緩深故之罪, 其後姦猾巧法, 轉相比況, 禁罔寖密."라고 한 것을 참고하였다.

572 『羣書治要』(上海, 商務印書館, 1937), 권48, '體論', 849쪽.

573 『太平御覽』([宋]李昉 等, 夏劍欽校點, 河北教育出版社, 2000) 권231, '職官部29', 210쪽, "傅賢遷廷
尉, … 常垂念刑法, 務從輕; 比至斷獄, 遲徊流涕."

◉ 決事比　결사비

【원문】 若今時決事比. 疏云, 若今律其有斷事, 皆依舊事斷之, 其無條, 取
比類以決之, 故云決事比.(周禮秋官司寇注)

【역문】 지금의 결사비와 같다. 소에 이르기를, "지금 율에 판결해야 할 일
이 있으면 모두 옛일에 의거하여 판결하고, 만약 [율에 해당하는] 조문이
없다면 유사한 사례[比類]를 취하여 판결한다. 그러므로 결사비라 하는
것이다."라고 하였다.[574](『주례』「추관」'사구' 주)

【원문】 初, 父寵在廷尉, 上除漢法溢於甫刑者, 未施行, 及寵免後遂寢. 而
苛法稍繁, 人不堪之. 忠略依寵意, 奏上二十三條爲決事比, 以省請讞
之敝, 事皆施行.(陳忠傳)

【역문】 당초 부친 진총이 정위로 있을 때 황제께서 한(漢)의 법령 중에 보형
(甫刑)[575]의 범위를 초과한 내용을 [모두] 삭제토록 명하였으나, 여전히 시
행되지 않고 있다가 진총이 면직된 후에는 결국 [황제의 명령마저] 없던 일
이 되고 말았다. 그리하여 가혹한 법령이 점차 번다해졌으니, 사람들은
이를 감당하기가 어려웠다. 진충이 대략 [부친] 진총의 뜻에 의거하여 황
제께 23조[576]의 결사비를 만들어 상주함으로써 청언(請讞)[577]의 폐단을

574 (漢)鄭玄 注. 賈公彦疏. 『周禮注疏』(『十三經注疏』. 北京大學出版社. 1999) 권34 「秋官」. '司寇'.
909쪽.
575 『漢書』 권23 「刑法志」. 1103쪽의 顔師古 注에 "甫刑, 卽周書呂刑. 初爲呂侯. 號曰呂刑. 後爲甫侯,
又稱甫刑."라고 하였다. 甫刑의 제정에 대한 자세한 내용은 『史記』 권4. 「周本紀」. "諸侯有不睦者,
甫侯言於王. 作修刑辟. 王曰: 吁, 來! 有國有土, 告汝祥刑. 在今爾安百姓, 何擇非其人, 何敬非其刑,
何居非其宜與? 兩造具備, 師聽五辭. 五辭簡信, 正於五刑. 五刑不簡, 正於五罰. 五罰不服, 正於五
過. 五過之疵, 官獄內獄, 閱實其罪, 惟鈞其過. 五刑之疑有赦, 五罰之疑有赦, 其審克之. 簡信有衆,
惟訊有稽. 無簡不疑, 共嚴天威. 黥辟疑赦, 其罰百率, 閱實其罪. 劓辟疑赦, 其罰倍灑, 閱實其罪. 臏
辟疑赦, 其罰倍差, 閱實其罪. 宮辟疑赦, 其罰五百率, 閱實其罪. 大辟疑赦, 其罰千率, 閱實其罪. 墨
罰之屬千, 劓罰之屬千, 臏罰之屬五百, 宮罰之屬三百, 大辟之罰其屬二百, 五刑之屬三千. 命曰甫
刑." 참고.
576 『晉書』 권30 「刑法志」에는 동일한 내용의 기재에는 "32條"라고 하였다.
577 하급기관에서 판결을 내리기 어려운 사건을 상급기관에서 판결해 줄 수 있도록 요청하는 것을 "請讞"
이라고 한다.(『論衡』 권27. 「定賢」. "事之難者, 莫過於獄. 獄疑則有請讞.";『隋書』 권25. 「刑法志」.

줄일 수 있도록 하였는데, [이때 제안한] 일들은 모두 시행되었다.[578](『후한서』「진충전」)

【원문】 寵子思忠後復爲尙書, 略依寵意, 上除漢法溢於甫刑者.(晉志)

【역문】 진충의 아들 진충[579]은 후에 다시 상서가 되었는데, 대략 [부친] 진충의 뜻에 의거하여 황제께 32조의 결사비를 만들어 상주하였다.[580](『진서』「형법지」)

◉ **死罪決事比** 사죄에 관한 결사비

【원문】 死罪決事比萬三千四百七十二事.(刑法志)

【역문】 사죄에 관한 결사비는 13,472건이다.[581](『한서』「형법지」)

【원문】 于定國爲廷尉, 集諸法律, 凡九百六十卷, 大辟四百九十條, 千八百八十二事, 死罪決比, 凡三千四百七十二條, 決諸斷罪當用者, 合二萬六千二百七十二條.(魏書刑罰志)

【역문】 우정국이 정위가 되어 각종 법률을 모았는데, 총 960권으로 대벽(大辟)은 490조 1,882건이었고, 사죄에 관한 결사[비]는 모두 3,472조[582]였으

"每以季秋之後, 諸所讞讞, 帝常幸宣室, 齋而決事, 明察平恕, 號爲寬簡.")

578 『後漢書』 권46 「陳忠傳」, 1155~1156쪽; 그 밖에 『冊府元龜』 권610, 「刑法部2」, '定律令2', 7041쪽; 『東漢會要』 권35 「刑法上」, '法令', 508쪽; 『玉海』 권65, 「詔令」, '漢決事比 · 律三家 · 漢憲令', 1231쪽; 『文獻通考』 권169 「刑考8」, '詳讞1', 1465쪽 등에도 관련 내용이 보인다.

579 본문에는 "寵子思忠後復爲尙書"라고 하였으나, 『晉書』 권30, 「刑法志」, 920쪽의 원문에는 "寵子忠, 忠後復爲尙書"라고만 하였을 뿐 "思"에 대해서는 언급하지 않고 있다.

580 『晉書』 권30 「刑法志」, 920쪽; 『通典』 권163, 「刑法1」, '刑制上', 4200쪽 등에도 관련 내용이 보인다.

581 『漢書』 권23 「刑法志」, 1101쪽. 그 밖에 『通典』 권163, 「刑法1」, '刑制上', 4198쪽; 『冊府元龜』 권609, 「刑法部1」, '定律令1', 7036쪽; 『西漢會要』 권61, 「刑法1」, '律令', 702쪽; 『玉海』 권65, 「詔令」, '律法', 1224쪽; 『文獻通考』 권163, [刑考2], '刑制2', 1415쪽 등에도 관련 내용이 보인다.

582 이와 관련하여 『漢書』 권23 「刑法志」에는 "律令, 凡三百五十九章, 大辟, 四百九條, 千八百八十二事, 死罪決事比, 萬三千四百七十二事."라고 하였다. 본문에서 인용한 『魏書』「刑罰志」는 이와 같

며, 각종 안건을 판결하면서 응용한 것[583]들은 [모두] 합하여 26,272조였다.[584](『위서』「형벌지」)

● **辭訟比(決事都目附)** 『사송비』(『결사도목』을 덧붙임)

【원문】 司徒辭訟, 久者至十數年, 比例輕重, 非其事類, 錯雜難知. 昱奏定辭訟比七卷, 決事都目八卷, 以齊同法令, 息遏人訟也.(東觀漢記鮑昱傳)

【역문】 사도가 사송(辭訟)[585]을 [주관]하였지만, 오래 걸리는 경우 십수 년에 이르렀다. 사례에 견주어[比例] 경중(輕重)을 헤아렸지만, 해당 [안건과] 유사한 사례[事類]가 아니면 혼란스러워 알기가 어려웠다. [이에] 포욱이 상주하여 『사송비』7권과 『결사도목』8권을 제정하여 법령을 통일하니, 사람들 간의 사송(辭訟)이 종식되었다.[586](『동관한기』「포욱전」)

【원문】 少爲州郡吏, 辟司徒鮑昱府. 數爲昱陳當世便宜. 昱高其能, 轉爲辭曹, 掌天下獄訟. 寵爲昱撰辭訟比七卷, 決事科條, 皆以事類相從. 昱奏上之, 其後公府奉以爲法.(陳寵傳)

【역문】 [진총은] 어릴 적에 주군리(州郡吏)가 되어 사도 포욱에 의해 [사도]부로 벽소(辟召)되었다. 수차례 포욱을 위하여 시의(時宜)에 적합하고 국익

은 『漢書』「刑法志」의 내용을 참고하였을 개연성이 매우 크다. 그러므로 『漢書』「刑法志」에 "大辟四百九條"라고 한 것과 달리 『魏書』「刑罰志」에 "大辟四百九十條"라고 하여, 마지막에 "十"字는 덧붙인 것은 衍文일 가능성이 높다. 이는 『漢書』「刑法志」에 "死罪決事比, 萬三千四百七十二事"라고 한 데 반해, 『魏書』「刑罰志」에서는 "萬"字를 "凡"字로 바꾸어 "凡三千四百七十二條"라 한 것과도 무관하지 않아 보인다. 그 밖의 숫자는 두 기록 모두 일치하기 때문이다.

583 본문에서는 "決諸斷罪當用者"라고 하였지만, 『魏書』「刑罰志」의 원문에는 "諸斷罪當用者"라고 하여 "決"字가 빠져있다.

584 『魏書』권111 「刑罰志」, 2872쪽.

585 『周禮注疏』권11 「地官司徒」 '小司徒', 278쪽, "聽其辭訟, 施其賞罰, 誅其犯命者."

586 (後漢)劉珍等 撰, 吳樹平 校注, 『東觀漢記校注』, 北京: 中華書局, 2008, 558–559쪽. 이와 관련하여 『後漢書』권46, 「陳寵傳」, 1548–1549쪽에는 "時司徒辭訟, 久者數十年, 事類淆錯, 易爲輕重, 不良吏得生因緣. 寵爲昱撰辭訟比七卷, 決事科條, 皆以事類相從. 昱奏上之, 其後公府奉以爲法."라고 하였고, 『玉海』권65, 「詔令」, '漢決事都目 · 辭訟比 · 漢馬將軍故事', 1234쪽 등에도 관련 내용이 보인다.

에 도움이 되는 의견을 개진(開陳)하였다. 포욱이 그 재능을 높이 평가하여 사조(辭曹)[587]의 직책으로 옮긴 후 천하의 옥송을 관장하게 하였다. 진총이 포욱을 위하여 『사송비』 7권을 찬수하였는데, 결사과조(決事科條)는 모두 사례별로 분류하여 서로 부합하도록 만들었다. 포욱이 이를 상주하였고, 그 후 삼공부(三公府)에서는 이를 받들어 법으로 삼았다.[588] (『후한서』 「진총전」)

【원문】 漢時決事, 集爲令甲以下三百餘篇, 及司徒鮑公撰嫁娶辭訟決爲法比都目, 凡九百六卷. 世有增損, 集類爲篇, 結事爲章. 一章之中, 或事過數十, 事類雖同, 輕重乖異.(晉志)

【역문】 한(漢)나라 때의 결사(決事)를 모아 『영갑(令甲)』 이하 300여 편을 만들었고, 사도포공[鮑昱]이 혼인[嫁娶]에 관한 『사송결』[589]을 편찬하고 『법비도목』을 지었으니 모두 906권이었다. 대대로 증감이 이루어졌으니, 분류별로 모아서 편(篇)을 만들고 사례별로 묶어서 장(章)을 만들었다. 하나의 장(章) 중에서도 어떤 경우에는 사례가 수십 개를 넘어 사례의 분류가 비록 같더라도 그 경중(輕重)에는 사뭇 차이가 있었다.[590](『진서』 「형법지」)

【원문】 陳寵爲司徒掾, 科條辭訟, 比率相從, 撰爲八卷. 至今司徒治訟察吏, 常以爲法.(書鈔六十八引漢雜事)

【역문】 진총은 사도의 연속(掾屬)[591]이 되어 사송(辭訟)에 관한 과조(科條)를

---

587 注에 "續漢志曰: 三公掾屬二十四人, 有辭曹, 主訟事也."라고 하였다.

588 『後漢書』 권46 「陳寵傳」, 1548-1549쪽. 이밖에도 『通典』 권20, 「職官2」, '三公', 521쪽 注; 『玉海』 권65, 「詔令」, '漢決事都目·辭訟比·漢馬將軍故事', 1234쪽; 『文獻通考』 권169, 「刑考8」, '詳讞1' 1465쪽 등에도 관련 내용이 보인다.

589 『東觀漢記』 권14 「鮑昱傳」와 『後漢書』 권76, 「陳寵傳」에는 "辭訟比"라고 하였다.

590 『晉書』 권30, 「刑法志」, 922-923쪽.

591 『後漢書』 권76 「陳寵傳」에 "昱高其能, 轉爲辭曹"라고 하였고, 그 注에 "續漢志曰: 三公掾屬二十四人, 有辭曹, 主訟事也."라고 하였다. 그러므로 "司徒掾"이란 곧 "辭曹"를 말한다.

만들 때, [유사한] 사례[比]들을 서로 부합하도록 묶어서 8권을 편찬하였
다. 현재 사도가 송사를 판결[治訟]하거나 관리를 규찰[察吏]할 때는 항상
이것을 법으로 삼는다.[592](『북당서초』권68에서 '한잡사'를 인용)

【원문】 陳寵以法令繁, 不良吏得生因緣, 以致輕重. 乃置撰科牒辭訟比例,
使事類相從, 以塞姦源.(御覽二百四十九引華嶠後漢書)

【역문】 진총은 법령이 번다하여 관리들이 이를 기회로 삼아 [사안의] 경중(輕
重)을 [마음대로] 만들어 내는 데까지 이르렀다고 여겼다.[593] 이에 『과첩』
과 『사송비례』를 편찬하면서 사례별로 분류하여 서로 부합하도록 만듦
으로써 간교함의 근원을 차단하였다.[594](『태평어람』권249에서 화교의 『후한
서』를 인용)

【원문】 陳國有趙祐者, 酒後自相署, 或稱亭長督郵. 祐復於外騎馬, 將絳
幡, 云我使者也. 司徒鮑昱決獄云, 騎馬將幡, 起於戲耳, 無他惡意.(御
覽八百四十六引風俗通)

【역문】 진국(陳國)에 조우라는 자가 있었는데, 술을 마시고 나면 스스로 관
직을 수여하여 정장(亭長)[595] 또는 독우(督郵)[596]라고 일컬었다. 조우는 또
다시 밖으로 나가 말에 올라타고는 붉은색 깃발을 들고 "나는 사자(使者)

---

592 (唐)虞世南撰. 『北堂書鈔』(欽定四庫全書) 권68, 「職官部20」, '掾', 303쪽.

593 『後漢書』 권76 「陳寵傳」의 "司徒辭訟, 久者數十年, 事類溷錯, 易爲輕重, 不良吏得生因緣."이라는
내용과 그 注에 "因緣, 謂依附以生輕重也."라는 설명을 참고하였다.

594 (宋)李昉 等, 夏劍欽校點, 『太平御覽』 권249, 河北教育出版社, 2000, '職官部'47, 353쪽, "(陳寵)又
以法令繁冗, 吏得生因緣, 以致輕重, 乃置撰科牒辭訟比例, 使事類相從, 以塞姦源."

595 亭의 사무를 주관한 관리가 바로 亭長이다.(『漢書』 권19상 「百官公卿表」, "大率十里一亭, 亭有
長."; 『漢書』 권1상 「高帝本紀」, "及壯, 試吏, 爲泗上亭長.〈師古曰: 秦法十里一亭, 亭長者, 主亭之吏
也.〉")

596 漢代 郡 단위 屬吏로 "都吏"라고도 한다. 郡守를 대신하여 鄕과 縣을 督察하는 임무를 담당하였
다.(『漢書』 권4, 「文帝本紀」, 114쪽, "二千石遣都吏循行, 不稱者督之〈如淳曰: 律說, 都吏今督郵是
也. 閑惠曉事, 卽爲文無害都吏〉"; 『後漢書』 권55 「卓茂傳」, 870쪽, "平帝時, 天下大蝗, … 獨不入
密縣界, 督郵言之〈續漢志曰: 郡監縣有五部, 部有督郵掾, 以察諸縣也.〉"; 『晉書』 권94, 「歸去來辭」,
2461쪽, "郡遣督郵至縣, 吏白應束帶見之, 潛歎曰: 吾不能爲五斗米折腰, 拳拳事鄕里小人邪!")

이다."라고 말하였다. [이에] 사도 포욱이 옥송을 판결하여 말하기를, "말에 올라타 깃발을 잡은 것은 장난으로 인해 일어난 일이었을 뿐 달리 나쁜 의도는 없었다."라고 하였다.[597](『태평어람』 권846에서 『풍속통』을 인용)

【원문】 汝南張妙, 酒後相戲, 逐縛杜士, 捶二十下, 又懸足指, 遂至死. 鮑昱決事云, 原其本意無賊心, 宜減死.(同上)

【역문】 여남의 장묘는 술을 마신 후 [두사와] 서로 장난을 치다가 다툼이 일어나자 두사를 결박하여 20여 차례 매질을 한 후, 다시 발의 앞쪽을 매달아 결국 죽게 만들었다. [이에] 포욱이 송사를 판결하여 말하기를, "그본래 의도는 해치려는 마음은 없었으므로 마땅히 사형을 감해주어야 한다."라고 하였다.[598](『태평어람』 권846에서 『풍속통』을 인용)

【원문】 南郡讞女子何侍. 爲許遠妻, 侍父何陽素酗酒, 從遠假求, 不悉如意, 陽數罵詈. 遠謂侍曰, 汝翁復罵者, 吾必搨之. 侍曰, 頹作夫婦, 奈何相辱, 搨我翁者, 搏若母矣. 其後陽復罵遠, 遠遂搨之, 侍因上搏姑耳再三下. 司徒鮑宣決事曰, 夫妻所以養姑者也. 今遠自辱其父, 非姑所使. 君子之於凡庸, 尙不遷怒, 況所尊重乎? 當減死論.(御覽六百四十引風俗通)

【역문】 남군에서 여자 하시에 대한 안건을 청언(讞讞)하였다. [하시는] 허원의 처이다. 하시의 부친 하양은 평소 술을 지나치게 좋아하여 [사위인] 허원에게 [술을] 빌리곤 하였는데, 자신의 뜻대로 다 해주지 않으면 수차례욕을 퍼부었다. [이에] 허원이 하시에게 "당신의 아버지가 또다시 욕을 퍼붓는다면, 내 [그때는] 반드시 매질을 할 것이오."라고 말하였다. 하시가대답하기를, "함께 부부가 되어서 어찌 서로를 욕보일 수 있단 말입니

---

597 『太平御覽』 권249, '飮食部'4, 867쪽, "『風俗通』曰: 陳國有趙祐者, 酒後自相署, 或稱亭長督郵, 祐復於外騎馬, 將絳幡, 云: 「我, 使者也.」 司徒鮑昱決獄, 云: 「騎馬將幡, 起於戲耳, 無他惡意.」"

598 『太平御覽』 권249, '飮食部'4, 867쪽, "又曰: 汝南張妙酒後相戲, 逐縛杜士捶二十下; 又懸足指, 遂至死. 鮑昱決事云: 「原其本意無賊心, 宜減死.」"

까? [당신이] 우리 아버지를 매질한다면, [나는] 당신의 어머니를 때려 줄
것이오."라고 대답하였다. 그 후 하양이 다시 허원에게 욕을 퍼붓자 허
원은 끝내 장인을 구타하였고, 하시는 이 일로 인하여 시어머니를 두세
대 구타하기에 이르렀다. 사도 포선은 송사를 판결하여 말하기를, "무릇
며느리는 시어머니를 봉양해야 하는 사람이다. 지금 [남편인] 허원이 스
스로 그 부친을 욕보인 것이지 시어머니가 시켜서 한 일은 아니다. 군자
는 평범한 이들에게조차 언제나 노여움을 옮기지 않아야 하거늘, 하물
며 존중해야 하는 이에게는 어떠해야 하겠는가? 마땅히 사형을 감해 주
는 것으로 논해야 한다."라고 하였다.599(『태평어람』권640에서 『풍속통』을
인용)

【세주 원문】 按以上三條據沈欽韓漢書疏證, 以爲卽辭訟比佚文.

【세주 역문】 이상의 세 조(條)는 심흠한의 『한서소증』에 근거한 것인데, 이것이 곧
『사송비』의 일문(佚文)일 것으로 생각된다.

【원문】 獻帝建安元年, 劭奏曰, 逆臣董卓, 蕩覆王室, 典憲焚燎, 靡有孑
遺. 臣不自揆, 輒撰具律本章句、尙書舊事、廷尉板令、決事比例、
司徒都目、五曹詔書及春秋斷獄凡二百五十篇. 蠲去復重, 爲之節文.
又集駁議三十篇, 以類相從, 凡八十二事. 其見漢書二十五, 漢記四, 皆
删紩潤色, 以全本體. 其二十六, 博採古今瓌瑋之士, 文章煥炳, 德義可
觀, 其二十七, 臣所創造.(應劭傳)

【역문】 헌제 건안 원년(196)에 응소가 상주하여 말하기를, "역신(逆臣) 동탁
이 왕실을 전복시키고 전적(典籍)들을 [모두] 분소(焚燒)하여 조금도 남아
있지를 않습니다. 신(臣)은 스스로 헤아릴 능력조차 없으나 [작은 힘이나마

---

599 『太平御覽』권640「刑法部」, 42쪽, "『風俗通』曰: 南郡讞女子何侍爲許遠妻. …, 遠謂侍:「汝翁復罵
者, 吾必揣之」 侍曰:「共作夫妻, 奈何相辱, 揣我翁者搏若母矣.」 其後陽復罵, 遠遂揣之, 侍因上堂
搏姑耳再三下. 司徒鮑宣, 決事曰:「夫妻. 所以養姑者也. 今婿自辱其父, 非姑所使. 君子之於凡庸,
不遷怒, 況所尊重乎? 當減死論.」

보태고자』600 곧 『율본장구』, 『상서구사』, 『정위판령』, 『결사비례』, 『사도
도목』,601 『오조조서』 및 『춘추단옥』을 총 250편(篇)으로 편찬[撰具]하였
습니다. [이는] 중복되는 내용을 삭제하여 문장을 간략히 한 것입니다. 또
한 박의(駁議)602 30편을 모아 [사례별로] 분류함으로써 서로 부합하도록
편성하였으니, 모두 82건입니다. 그중 25건은 『한서』, 4건은 『한기』603
에 보이는데, 모두 불필요한 내용을 삭제하고 문장을 다듬음으로써 본
래의 모습을 완전하게 갖추었습니다. 그 밖에 26건은 고금(古今)을 통틀
어 훌륭한 사인(士人)들의 빼어난 문장과 참고할 만한 덕의(德義)들을 두
루 채택한 것이고, 나머지 27건은 신(臣)이 직접 작성한 것입니다."라고
하였다.604 (『후한서』 「응소전」)

● **廷尉決事(廷尉駁事附)** 『정위결사』(『정위박사』를 덧붙임)

【원문】 廷尉決事二十卷, 廷尉駁事十一卷. (新唐書藝文志)

【역문】 『정위결사』는 20권, 『정위박사』는 11권이다.605 (『신당서』 「예문지」)

【원문】 廷尉上: 廣平趙禮詣雒治病, 博士弟子張策門人李臧費過所詣洛,
還責禮冒名渡津. 平裴諒議禮一歲半刑, 策半歲刑. (御覽五百九十八引廷
尉決事)

【역문】 정위가 [결사를] 올린다. 광평의 조례가 낙양으로 가서 병을 치료하

---

600 본문에는 "臣不自揆"라고만 하였으나, 『後漢書』 권78, 「應劭傳」의 원문에는 "竊不自揆, 貪少云補,
輒撰具 …"라고 하였다.

601 注에 "司徒即丞相也. 總領綱紀, 佐理萬機, 故有都目."라고 하였다.

602 "駁議"는 皇帝에게 올리는 상소문 가운데 하나로 "駮議"라고도 한다. 주로 다른 사람의 논의에 대
하여 반박하는 내용을 담고 있다. [漢]蔡邕의 『獨斷』 권상에 "凡群臣上書於天子者有四名, 一曰章,
二曰奏, 三曰表, 四曰駁議. … 其有疑事, 公卿百官會議, 若臺閣有所正處, 而獨執異議者, 曰駁議. 駁
議曰: 某官某甲議以爲如是, 下言臣愚戇議異."라고 하였다.

603 注에 "即東觀記"라고 하였듯이, 『東觀漢記』를 가리킨다.

604 『後漢書』 권78 「應劭傳」 1612–1613쪽.

605 『新唐書』 권58 「藝文志」, 1493쪽; 『舊唐書』 권46, 「經籍志」, 2009쪽에도 동일한 내용이 보인다.

였는데, 박사제자 장책의 문인(門人)인 이장이 과소(過所)[606]를 지니고 낙양에 이르러 조례가 명의를 도용[冒名]하여 진(津)을 건넜다는 이유로 죄를 물었다. 평배량은 조례를 일세반형(一歲半刑), 장책을 반세형(半歲刑)으로 의죄(議罪)하였다.[607](『태평어람』 권598에서 『정위결사』를 인용)

【원문】 河內太守上: 民張大有狂病, 病發, 殺母弟, 應梟首. 遇赦, 議不當除之, 梟首如故.(御覽六百四十六引)

【역문】 하내 태수가 [결사를] 올린다. 백성 장대는 정신병[狂病]이 있었는데 그 병이 도져 어머니와 아우를 살해하였으니, 효수(梟首)[608]에 처함이 마땅하였다. [그러던 중] 때마침 사면령을 만났으나, [그 죄의] 면제는 부당한 것으로 의론(議論)되어 본래대로 효수에 처하였다.[609](『태평어람』 권646에서 인용)

【원문】 廷尉高文惠上: 民傅晦詣民籍牛場上盜黍, 爲牛所覺, 以斧擲折晦脚物故. 依律牛應棄市. 監棄超議, 晦旣夜盜, 牛本無殺意, 宜減死一等.(御覽七百六十三引)

【역문】 정위 고문혜가 [결사를] 올린다. 백성 부회가 백성 적우의 마당으로 가서 기장[黍]을 훔치다가 적우에게 발각되었고, [적우는] 도끼로 부회의 다리를 절단하여 죽게 만들었다. 율에 따르면, 적우는 기시(棄市)에 처함이 마땅하다. 감관(監官) 조초가 의죄(議罪)하기를, "부회는 이미 밤중에

---

606 關이나 津을 통과할 때 사용하는 증빙으로 지금의 통행증과 유사하다. 『漢書』권64하, 「終軍傳」, 2819쪽의 注에 "張晏曰: 繻, 符也. 書帛裂而分之, 若券契矣. 蘇林曰: 繻, 帛邊也. 舊關出入皆以傳. 傳, 因裂繻頭合以爲符信也. 師古曰: 蘇說是也."라고 하였고, 『周禮注疏』권15, 「地官」, '司徒下·司關'에는 "凡所達貨賄者, 則以節傳出之.〈鄭玄注: 傳, 如今移過所文書.〉"라고 하였다. 또한 『唐六典』권6, 「尙書刑部」, 196쪽에도 "凡關呵而不征, 司貨賄之出入. 其犯禁者, 擧其貨, 罰其人.〈古, 書帛爲繻, 刻木爲契, 二物通爲之傳. 傳, 如今過所.〉凡度關者, 先經本部本司請過所."라고 하였다.
607 『太平御覽』권640, '文部'14, 711쪽. "「廷尉決事」曰: 廷尉上廣平趙禮詣雒治病, …."
608 罪人을 斬首한 후 그 머리를 높은 곳에 매달아 梟示하는 것을 말한다. 『史記』권6, 「秦始皇本紀」, 227쪽에 "二十人皆梟首.〈集解: 縣首於木上曰梟.〉"라고 하였다.
609 『太平御覽』권640, '刑法部'12, 86쪽.

도둑질을 한 다음이었고, 적우는 본래 살해하려는 뜻이 없었으므로 사형에서 일등(一等)을 감해 주는 것이 마땅하다."라고 하였다.[610](『태평어람』권763에서 인용)

【원문】 廷尉上事: 張柱私賣餠爲蘭臺令史所見.(御覽八百六十引, 書鈔一百四十四引)

【역문】 정위가 [결사]를 올린다. 사(士) 장주는 떡[餠][611]을 몰래 판매[私賣][612]하다가 난대영사(蘭臺令史)[613]에게 발각되었다.[614](『태평어람』권860에서 인용, 『북당서초』권144에서 인용)

【세주 원문】 按以上四條, 皆廷尉決事佚文之可考者. 隋志有魏廷尉決事十卷, 章宗源隋經籍志考證以御覽所引卽魏廷尉決事之文. 考唐志刑法類廷尉決事, 列於漢建武律令故事之下, 應劭漢朝議駁之上, 其爲屬漢無疑. 而故事類別有魏廷尉決事十卷, 章氏蓋偶未深考.

【세주 역문】 이상의 네 조(條)는 모두『정위결사』의 일문(佚文) 중에서 상고할 수 있는 것들이다.『수서』「경적지」[615]에는 "『위정위결사(魏廷尉決事)』10권"이라는 기

---

610 『太平御覽』권640, '器物部'6, 153쪽. "『廷尉決事曰』: 廷尉高文惠上民傳晦詣民籍牛場上盜黍, 爲牛所覺, 以斧擲折晦脚, 物故, 依律, 牛應棄市. 監棗超議:「晦旣夜盜, 牛本無殺意, 宜減死一等.」"

611 본문의 내용에 이어서 "方言曰: 餠謂之飥, 或謂之餦, 或謂之餛. 說文曰: 餠麵餈也."라고 하였다.

612 官의 허가를 받지 않고 私的으로 禁物을 판매하는 행위를 말한다.

613 漢代 宮殿 내부에 설치되어 圖籍을 收藏하였던 곳을 "蘭臺"라고 한다. 御史府에 예속되어 御史中丞의 관할 하에 있었기 때문에 후대에는 御史臺를 蘭臺라 부르게 되었다. 별도로 "蘭臺令史"를 두어 圖書와 秘書를 관할하게 하였다. 後漢 때 班固가 이 "蘭臺令史"를 역임하였는데, 당시 詔를 받들어 史書를 撰修하였기 때문에 후대에는 또한 史官을 蘭臺라 부르기도 하였다.(『漢書』권19상, 「百官公卿表」, "御史大夫, … 有兩丞, 秩千石. 一曰中丞, 在殿中蘭臺, 掌圖籍祕書.";『通典』권26, 「職官8」, 「祕書監」, 732-733쪽. "漢之蘭臺及後漢東觀, 皆藏書之室, 亦著述之所. … 後於蘭臺置令史十八人,〈秩百石, 屬御史中丞.〉又選他官入東觀, 皆令典校祕書, 或撰述傳記.〈後漢明帝以班固爲蘭臺令史, 撰光武本紀及諸傳記〉";『資治通鑑』권143, 「齊紀9」, '東昏侯永元二年', "慧景燒蘭臺府署爲戰場.〈胡三省注: 蘭臺, 御史臺也.〉")

614 『太平御覽』권860, '飮食部'18, 933쪽. "『廷尉決事曰』: 廷尉上士張柱私賣餠爲蘭臺令史所見." 본문의 '事'는 '士'의 잘못이다.

615 『隋書』권33 「經籍志」, '刑法篇'.

록이 있다. 장종원의 『수경적지고증(隋經籍志考證)』은 『태평어람』을 인용하였는데, 이것이 바로 『위정위결사(魏廷尉決事)』의 내용이다. 『신당서』 「예문지」의 '형법류'[616]에 기재된 『정위결사』를 살펴보면, 『한건무율령고사(漢建武律令故事)』와 응소의 『한조의박(漢朝議駁)』 사이에 열거되어 있으므로 이것이 한(漢)에 속한다는 데는 의심의 여지가 없다. 그런데 『신당서』 「예문지」의 고사류[617]에도 별도로 "『위정위결사』 10권"이라 기록해 두었으니, [이는] 장씨[章宗源]가 미처 깊이 살피지 못하였던 것으로 보인다.

◉ **故事(附)** 고사[618](덧붙임)

◉ **武帝故事** 무제고사

【원문】 修武帝故事, 盛車服, 敬齊祠之禮.(郊祀志)

【역문】 선제는 무제의 고사를 본받아 수레[車輿]와 예복(禮服)을 성대히 하고 정중히 제사(齊祠)[619]의 예를 행하였다.[620](『한서』 「교사지」)

【원문】 宣帝循武帝故事, 求通達茂異士.(何武傳)

【역문】 선제는 무제의 고사에 따라 해박하고 재능이 출중한 인재를 구하였다.[621](『한서』 「하무전」)

【원문】 宣帝時, 修武帝故事, 講論六藝羣書.(王襃傳)

---

616 『新唐書』 권58 「藝文志」, '刑法類'.
617 『新唐書』 권58 「藝文志」, '故事類'.
618 故事: 제조를 편집한 것이며, 황제의 조서는 법의 근원이 되기 때문에 '법령집'으로 이해할 수 있다. '고사'는 각 관서에 두어지며 適宜에 행정·사법 판단에 원용되고 있다(冨谷至, 「漢律から唐律へ —裁判規範と行爲規範—」, 『東方學報』 88, 2013, 64쪽).
619 "齊祠"는 祭를 올리기 전에 齋戒하는 것을 말한다.
620 『漢書』 권25下 「郊祀志」, 1249쪽.
621 『漢書』 권86 「何武傳」, 3481쪽.

【역문】 선제 때 무제의 고사를 본받아 육예(六藝)의 여러 책[622]들을 강론하였다.[623](『한서』「왕포전」)

【원문】 明帝欲遵武帝故事.(竇固傳)

【역문】 명제는 무제의 고사를 따르고자 하였다.[624](『후한서』「두고전」)

【원문】 鴻嘉中, 上欲遵武帝故事.(張放傳)

【역문】 홍가연간(기원전 20-17년)에 성제(成帝)는 무제의 고사를 따르고자 하였다.[625](『한서』「장방전」)

【원문】 漢武帝故事二卷.(新唐書藝文志, 通鑑考異漢武故事, 後人爲之, 託班固名, 語多誕忘, 非固書.)

【역문】 『한무제고사(漢武帝故事)』는 2권이다.(『新唐書』「藝文志」『자치통감고이(資治通鑑考異)』에 실린 『한무고사(漢武故事)』는 후대 사람이 지은 것으로 반고의 이름을 빌렸지만, 그 내용 중에는 허망한 것이 많으므로 반고가 지은 책은 아닐 것이다.)[626]

---

622 "六藝羣書"란 일반적으로 『詩』, 『書』, 『禮』, 『樂』, 『易』, 『春秋』 등 儒家의 여섯 經典을 말한다. 『史記』 권126, 「滑稽傳」, 3197쪽에 "孔子曰: 六藝於治一也. 禮以節人, 樂以發和, 書以道事, 詩以達意, 易以神化, 春秋以義."라고 하였다.

623 『漢書』 권64하 「王襃傳」, 2821쪽.

624 『後漢書』 권23 「竇固傳」, 810쪽.

625 『漢書』 권59 「張放傳」, 2654쪽.

626 『新唐書』 권58 「藝文志」, 1473쪽. "通鑑考異漢武故事, … 非固書." 부분은 『玉海』 권51, 「藝文」, '漢武故事', 966쪽의 내용을 그대로 옮긴 것이다. 한편 이와 관련하여 『郡齋讀書志校證』 권9, 「傳記類」(上海: 上海古籍出版社, 1990), 362쪽에서도 『漢武故事』가 흔히 班固의 저술이라고 알려져 있지만, 실제로는 王儉이 지은 것이라고 하였다.("漢武故事二卷. 右世言班固撰. 唐張柬之書洞冥記後云: 漢武故事王儉造.")

◉ **建武永平故事** 건무·영평연간(25-75)의 고사

【원문】 明帝善刑理, 法令分明. 日晏坐朝, 幽枉必達. 內外無倖曲之私, 在
上無矜大之色. 斷獄得情, 號居前代十二. 故後之言事者, 莫不先建武
永平之政.(明帝紀論)

【역문】 명제는 형(刑)으로 [국가를] 다스리는 데 능하여 법령이 분명하였다.
해가 진 늦은 시간까지 조정에 남아 정무를 처리하였으며, 원옥(冤獄)과
같은 억울한 사안은 반드시 상달(上達)627토록 하였다. [이리하여] 안팎으로
사사로이 편애하거나 감싸는 일이 없어지고, 높은 지위에 있으면서 스스
로를 높이고 내세우려는 기색도 없어지게 되었다. 옥송은 실정에 맞게
판결하여, [그 형벌의 적용은] 전대(前代)의 10분의 2에 그친다고 일컬어졌
다.628 때문에 후대에 국사(國事)를 논하는 이들 중에는 가장 먼저 건무·
영평연간(25-75)의 정사를 [칭송]하지 않는 자가 없었다.629(『후한서』「명제
본기」의 논)

【원문】 勅有司檢察所當禁絶, 如建武永平故事.(順帝紀)

【역문】 담당 관리가 검찰하여 마땅히 금지하는 바, 건무연간과 영평연간의
규정과 같게 하라.630(『후한서』「순제본기」)

【원문】 詔興服申明舊令, 如永平故事.(桓帝紀)

【역문】 조를 내리기를, "수레[車興]와 예복(禮服)제도631는 구령(舊令)을 자세

---

627 "幽枉必達"과 관련하여 『陳書』 권3 「世祖本紀」, 58쪽에 "詔曰: 朕自居民牧之重, … 加以屢虧聽覽,
事多壅積, 冤滯靡申, 幽枉弗鑒."이라 하였고, 『舊唐書』 권126, 「裴諝傳」, 3568쪽에는 "諝上疏曰:
夫諫鼓謗木之設, 所以達幽枉, 延直言."라고 하였다.

628 注에 "十斷其二, 言少刑也."라고 하였듯이, 前代보다 형벌을 적게 적용하였다는 의미로 해석하였
다.

629 『後漢書』 권2 「明帝本紀」, 124쪽의 論. 그 밖에 『冊府元龜』 권18, 「帝王部18」, '帝德', 185쪽; 『東漢
會要』 권35, 「刑法上」, '郵刑', 515쪽; 『玉海』 권51, 「藝文」, '漢永平車服制度 · 車服科品' 966쪽 등
에도 관련 내용이 보인다.

630 『後漢書』 권6 「孝順孝帝紀」, 256쪽.

히 밝혀 영평연간(58-75)의 고사를 따르도록 하라."라고 하였다.[632](『후한
서』「환제본기」)

【원문】 是時承永平故事, 吏政尙嚴切, 尙書決事, 率近於重.(陳寵傳)

【역문】 이때 영평연간(58-75)의 고사를 계승하여 관리의 정사는 매우 엄격
함을 숭상하였고, 상서(尙書)가 옥사를 판결하면 대체로 중형(重刑)에 가
까웠다.[633](『후한서』「진총전」)

【원문】 宜復建武故事.(陳忠傳)

【역문】 마땅히 건무연간(25-57)의 고사를 회복해야 합니다.[634](『후한서』「진
충전」)

【원문】 建武故事三卷, 永平故事二卷, 漢建武律令故事三卷.(新唐書藝文
志)

【역문】 『건무고사』는 3권, 『영평고사』는 2권, 『한건무율령고사』는 3권이
다.[635](『신당서』「예문지」)

---

631 당시 京師에 地震이 발생하여 조짐이 좋지 못하였다. 그런데도 "輿服制度"는 지나치게 사치하였으
므로 儉約을 실천하라는 의미에서 이 詔를 내렸던 것이다.(『後漢書』 권7 「桓帝本紀」, "詔曰: 比者,
星辰謬越, 坤靈震動, 災異之降, 必不空發. 敕己修政, 庶望有補. 其輿服制度有踰侈長飾者, 皆宜損
省. 郡縣務存儉約, 申明舊令, 如永平故事.")

632 『後漢書』 권7 「桓帝本紀」, 299쪽. 그 밖에 『冊府元龜』 권156, 「帝王部156」, '誡勵1', 1741쪽;『東漢
會要』 권29, 「民政中」, '戒奢侈', 435쪽;『玉海』 권51, 「藝文」, '漢永平車服制度·車服科品' 966쪽
등에도 관련 내용이 보인다.

633 이 때문에 당시 尙書로 移任한 陳寵이 새롭게 즉위한 章帝에게 "前代의 苛俗을 개선해야 한다"고
上奏하였던 것이다.(『後漢書』 권76, 「陳寵傳」, "寵以帝新即位, 宜改前世苛俗. 乃上疏曰: 臣聞先王
之政, 賞不僭, 刑不濫, 與其不得已, 寧僭不濫. … 聖賢之政, 以刑罰爲首. 往者斷獄嚴明, 所以威懲姦
慝, 姦慝旣平, 必宜濟之以寬. …")

634 『後漢書』 권46 「陳忠傳」, 1569쪽의 원문에는 "至建光中, 尙書令祝諷、尙書孟布等奏, 以爲孝文皇
帝定約禮之制, 光武皇帝絶告寧之典, 貽則萬世, 誠不可改. 宜復建武故事."라고 하였다. 그 밖에 『冊
府元龜』 권574, 「掌禮部12」, '奏議2', 6607쪽;『東漢會要』 권7, 「禮7」, '服制', 109쪽;『玉海』 권51, 「藝
文」, '漢建武永平故事' 966쪽 등에도 관련 내용이 보인다.

635 『新唐書』 권58 「藝文志」, '故事類(故事類)' 1474쪽 및 '刑法類(刑法類)' 1493쪽.

【원문】 漢建武律令故事上中下三篇, 皆刑法制度.(唐六典)

【역문】 『한건무율령고사』[636]는 상·중·하 세 편으로 모두 형법제도를 다루고 있다.[637](『당육전』)

● 南臺奏事 『남대주사』

【원문】 南臺奏事二十二卷.(隋書經籍志)

【역문】 『남대주사』는 22권이다.[638](『수서』「경적지」)

【원문】 南臺奏事之類, 隋人編入刑法者, 以隋人見其書也. 若不見其書, 卽其名以求之, 安得有刑法意乎? 唐志見其名爲奏事, 直以爲故事也, 編入故事類, 是之謂見名不見書.(通志校讎略)

【역문】 『남대주사』와 같은 부류[639]는 수(隋)나라 사람들이 형법으로 편입[640]시킨 것이니, 수나라 사람들은 그 책을 보았을 것으로 생각된다. 만약 책을 보지 못하고 그 명칭만 가지고 구하였다면, 어떻게 형법과 관련된 내용이 포함되어 있었음을 알았겠는가? 『신당서』「예문지」[641]는 그 명칭이 "주사(奏事)"인 것만을 보고 곧바로 고사라고 여겨 '고사류'로 편입시켰으니, 이는 명칭만 보았고 그 책을 보지는 못하였음을 뜻한다.[642](『통지』「교수략」)

---

636 『唐六典』의 원문에는 "漢建武有律令故事"(권6, 「尙書刑部」, 185쪽)라고 하였지만, 본문에서는 "漢建武律令故事"라고만 하여 "有"자가 누락되었다.

637 『唐六典』 권6 「尙書刑部」의 185쪽의 注. 그와 같은 이유로 『新唐書』「藝文志」 중에서도 『建武故事』와 『永平故事』는 "故事類"에 포함되어 있고, 『漢建武律令故事』는 "刑法類"로 분류되어 있다.

638 『隋書』 권33 「經籍志」, 973쪽. 『舊唐書』 권46, 「經籍志」에도 동일한 내용이 전한다.

639 鄭樵는 『南臺奏事』 이외에도 『漢朝駁議』, 『諸王奏事』, 『魏臣奏事』, 『魏臺詔議』 등을 언급하였다.(『通志』 권71, 「校讎略1」)

640 『隋書』「經籍志」는 『南臺奏事』를 '刑法篇'으로 분류하였다.(『隋書』 권33, 「經籍志」, '刑法篇')

641 『新唐書』 권58 「藝文志」, '故事類'.

642 [宋]鄭樵, 『通志』(杭州: 浙江古籍出版社, 2007) 권71, 832쪽.

【세주 원문】 按唐志南臺奏事刑法類二十二卷, 故事類九卷. 兩種重出, 疑非一書.

【세주 역문】 『신당서』 「예문지」에는 『남대주사』를 '형법류'로 분류하여 "22권"[643]이라 하였고, 또한 '고사류'로도 분류하여 "9권"[644]이라 하였다. [이처럼] '형법류'와 '고사류'에 거듭 기재가 보이므로 서로 같은 책은 아닐 것으로 의심된다.[645]

⊙ 馬將軍故事 마원(馬援) 장군의 고사

【원문】 馬援條奏越律與漢律駁者十餘事, 與越人聲明舊制以約束之, 自後駱越奉行馬將軍故事. (馬援傳)

【역문】 마원은 월(越)과 한(漢)의 율(律) 중에서 서로 차이를 보이는 것[646]들로 10여 건을 갖추어 조목별로 상주하고, 월나라 사람들과 함께 옛 제도를 자세히 조사[647]하여 이를 법률로 삼도록 하였다. 이때부터 낙월(駱越)[648]에서는 마원 장군의 고사를 받들어 행하게 되었다.[649](『후한서』 「마원전」)

---

643 『新唐書』 권58 「藝文志」, '刑法類'. 1493쪽.

644 『新唐書』 권58 「藝文志」, '故事類'. 1474쪽, "南臺奏事九卷."

645 程樹德이 잘 지적하였듯이, 『南臺奏事』와 관련하여 『隋書』 「經籍志」는 이를 "刑法篇"에 포함시켰고, 『新唐書』 「藝文志」는 이를 "故事類"로 분류하였다는 鄭樵의 견해(『通志』 권71, 「校讎略1」)는 재고의 여지가 있다. 『隋書』 「經籍志」에서 "刑法篇"에 포함시킨 『南臺奏事』는 22권본이고, 『新唐書』 「藝文志」에서 "故事類"로 분류한 『南臺奏事』는 9권본으로 그 판본 자체가 다르기 때문이다. 즉 『新唐書』 「藝文志」에서도 『隋書』와 마찬가지로 22권본 『南臺奏事』를 '刑法類'로 분류하고 있으며, 이는 『舊唐書』 「經籍志」(권46)도 마찬가지이다. 다시 말해서 22권본 『南臺奏事』는 『隋書』, 『舊唐書』, 『新唐書』 모두 '刑法類'로 분류하고 있는 것이다. 그러므로 22권본 『南臺奏事』와 『新唐書』 「藝文志」에 새롭게 편입된 9권본 『南臺奏事』는 서로 다른 책일 가능성이 더욱 크다.

646 注에 "駮, 乖舛也."라고 하였다.

647 본문에는 "聲明舊制"라고 하였으나, 『後漢書』 「馬援傳」을 비롯한 다른 문헌에서는 모두 "申明舊制"라고 하였으므로 "聲"은 "申"의 誤記로 보인다.

648 注에 "駱者, 越別名."라고 하였다.

649 『後漢書』 권24 「馬援傳」, 839쪽. 그 밖에 『冊府元龜』, 권402, '將帥部63', '識略1', 4564쪽; 『資治通鑑』 권43, 「漢紀35」, '光武帝建武十九年'. 1394쪽; 『玉海』 권51, 「藝文」, '漢建武永平故事' 968쪽 등에도 관련 내용이 보인다.

漢律考 2

【원문】 唐律於名例之首, 列笞杖徒流死五刑, 明清諸律因之, 其制始於曹魏. 考新律序云, 改漢舊律, 更依古義, 制爲五刑. 其死刑有三, 髡刑有四, 完刑作刑各三, 贖刑十一, 罰金六, 雜抵罪七, 凡三十七名, 以爲律首. 漢九章律出於李悝法經, 而法經中之具法, 實在第六, 其刑名則已詳於盜賊囚捕各法, 不復再於具法中重出, 晉志所謂六篇皆罪名之制是也. 唐六典謂商鞅傳法經以相秦, 加鑿顚抽脅鑊烹車裂之刑, 蓋當時刑制, 得以天子詔令意爲增減, 秦之刑名, 已非復李悝法經之舊. 漢初除秦苛法, 及蕭何定律, 其刑名仍多沿秦制, 如夷三族·梟首·腰斬·棄市·宮刖劓黥·城旦鬼薪諸刑, 皆本秦制也. 終漢之世, 代有損益, 景帝改磔曰棄市. 然考之王吉雲敞諸傳, 則磔刑未盡除也. 高后元年既雲除夷三族罪矣, 而孝文元年, 復有盡除收帑相坐之令, 宜不復再用此制. 然考之晁錯李陵各傳, 則皆以族誅. 東漢之末, 少府耿紀·司直韋晃·車騎將軍董承皆以謀(曹)操不克, 夷三族, 是終漢世未嘗除也. 文帝十三年既除肉刑矣, 肅宗時又詔有司絶鉆鑽諸慘酷之科. 按鑽者鑽去其臏骨, 即臏刑也. 文帝定律當刖右趾者棄市, 而明帝贖罪詔中, 於死罪之下又列右趾, 是刖刑未盡除也. 景帝元年詔, 既明言文帝除宮刑

矣, 然陳忠傳則又云請除蠶室刑事皆施行, 而光武以後時有募下蠶室
之詔. 考宮刑至隋開皇初始廢, 是終漢世未嘗除也. 文帝以笞代肉刑,
後世所頌爲仁政者, 然終漢之世, 嘗欲議復肉刑, 迄於晉代, 此論未已.
蓋笞者輒死, 不敢復用, 而減死罪一等, 即入髡鉗, 輕重無品, 仲長統崔
實班固陳群諸人論之詳矣. 他如徒邊之制, 始於孝武, 鞭杖之設, 始於
東漢, 則又本非九章律所有也, 作刑名考.

【역문】『당률』은 「명례」의 수편에서 태·장·도·류·사 등 오형을 열거
하고 있는데, 명과 청의 여러 율[諸律]은 이것을 따랐다. 이 제도는 위나
라 시대에 시작되었다. 신율[1]의 서: 한(漢)의 구율(舊律) 중에서 [부적절
하여 위(魏)에서 실제적으로 시행되지 않은 것을] 개정하여 모두 삭제하
고, 고제(古制)의 취지에 따라 오형(五刑)을[2] 만들었다. 그 사형(死刑)에는
3종류가 있고,[3] 곤형(髡刑)은 4종류,[4] 완형(完刑)과 작형(作刑)은 각각 3종

---

1 魏明帝시기에 漢의 律令이 복잡한 것을 보아 太和三年에 詔를 내려 형벌제도를 개정하여 新律18
  편으로 하였다. 『魏律』, 『曹魏律』, 『新律』이라고도 불렸다.

2 五刑: 內田智雄은 魏에서 제정한 바의 五刑을 死刑, 髡刑, 完刑, 作刑, 贖罰刑을 가리키는 것으로
  보고 있고(內田智雄, 『譯註歷代刑法志』, 東京: 創文社, 1964 참고), 高潮·張大元은 死刑, 髡刑,
  完·作刑, 贖, 罰金刑으로 보고 있다. 古代의 五刑은 大辟, 宮, 刖, 劓, 墨을 의미한다.

3 당시의 사형제도에는 梟首, 腰斬, 棄市가 있었다.

4 일찍이 濱口重國은 이 '髡刑有四'를 髡鉗城旦, 髡鉗城旦+笞一百, 髡鉗城旦+笞二百, 鈦左趾+笞二
  百, 鈦右趾+笞二百의 5가지 가운데 하나를 제외한 4개일 것으로 보았다. 이에 대하여 冨谷至는 '髡
  刑有四'를 髡鉗城旦舂, 髡鉗城旦舂鈦左趾, 髡鉗城旦舂鈦右趾, 髡鉗城旦舂鈦左右趾일 것으로 보고
  있다. 濱口重國의 說과의 가장 큰 차이점은 髡鉗城旦舂鈦左右趾를 추가함으로써 笞刑을 없앴다는
  점이다. 다시 말하면 笞刑은 부가형에 불과할 뿐이고 正刑에 혼재해서 설명해서는 곤란하다는 입장
  이라 할 수 있다. 冨谷至의 이러한 견해는 감숙성 에디나하 유역에서 출토된 목간, 즉 『居延漢簡』
  에 나오는 다음의 '望□苑髡鉗鈦左右止. 大奴馮宜 年卅七八歳中壯髮長五六寸靑黑色母須衣早袍白
  布 絇履白革烏持 劍亡'의 자료에 나오는 望□苑髡鉗鈦左右止의 髡鉗鈦左右止에 주목을 한 것이었
  다. 아울러 陽陵출토 兩足用 鈦의 제시를 통해서 이를 입증하고자 하였다. 그런데 여기에서 유의
  해야 할 것은 이 시기의 자료에는 '髡鉗鈦左趾城旦'과 '髡鉗鈦左右趾城旦'라는 용어는 나오지만
  '髡鉗鈦右趾'라는 용어는 나오지 않고 사료에는 항상 '右趾'만이 나타난다는 사실이다. 이 때문에 '鈦
  右趾'는 실은 鈦右趾+鈦左趾, 즉 '髡鉗鈦左右趾'일 것이라는 견해가 張建國에 의해 제시되었다(張建
  國, 「前漢文帝刑法改革とその展開の再檢討」『古代文化』48-10, 1996; 임병덕·임대희 역, 『유골
  의 증언-古代中國의 刑罰』, 서경문화사, 1999, 236-243쪽). 鈦右止뿐만 아니라 肉刑인 斬右趾도
  실은 斬左趾+斬右趾라는 것이다. 예를 들어 『史記』孫子吳起列傳에는 "臏至, 龐涓恐其賢於己, 疾
  之, 則以法刑斷其兩足而黥之"의 事例와 『韓非子』和氏에서 "楚人和氏得玉璞楚山中, 奉而獻之厲
  王, 厲王使玉人相之, 玉人曰石也. 王以和爲誑而刖其左足. 及厲王薨, 武王卽位, 和又奉其璞而獻之
  武王, 武王使玉人相之, 又曰石也. 王又以和爲誑而刖其右足"라 하여 和氏가 玉이 아닌 石을 바쳤다고

류,5 속형(贖刑)은 11종류,6 벌금(罰金)은 6종류,7 여기에 각종 저죄(抵罪)
7종류8를 포함하여 모두 37종류의 형명(刑名)이 있는데, 이것을 '율(律)'
의 수편(首篇)으로 하였다. 한의 『구장률』은 이회의 『법경』에서 나왔다.
또 『법경』 중에 구법은 실재로는 6번째에 있다. 그 형명은 벌써 도·
적·수·포 각 법에 상세하므로 구법(具法) 중에서 다시 나오지 않는다.
『진서』 「형법지」에서 이 6편은 모두 죄명의 제도라고 한 것이 바로 이

해서 左足을 베이고 다시 右足을 베이는 사례를 각각 거론하고 있다. 여기에서 張建國은 '髡刑有
四'를 髡鉗鈦左右止城旦舂+笞二百(略稱 '右止'), 髡鉗鈦左止城旦舂+笞二百(略稱 '鈦左止'),
髡鉗城旦舂+笞二百(略稱 '髡鉗笞二百'), 髡鉗城旦舂(略稱 '髡刑')로 보고 있다.

5 完刑은 일반적으로 '耐'刑을 가리키는 것으로 보고 있다. 完刑은 육체나 두발에 손상을 가하지 않
는다는 의미. 程樹德의 魏律考에서는 魏의 完刑을 秦漢의 完城旦舂과 연결짓고 있다. 이에 비하여
濱口重國은 完城旦舂·鬼薪白粲·司寇의 계통을 이은 四歲刑·三歲刑·二歲刑일 것으로 보고
있다. 作刑: 作刑은 勞役刑을 말하는 것으로 程樹德의 魏律考에 의하면, 漢制에는 三歲刑인 鬼薪
白粲, 二歲刑인 司寇作, 一歲刑인 罰作復作은 모두 作刑이었으므로 魏의 제도도 漢代와 똑같았을
것이라고 보고 있다. 이에 비하여 濱口重國은 魏의 作刑을 漢의 一歲刑, 半歲刑, 三月刑으로 보고
있다.

6 贖刑은 先秦 시기에는 贖罪를 銅으로 사용하였고, 漢代에는 黃金, 後漢 이후부터는 絹과 金을 겸
용하였다. 程樹德의 魏律考에 의하면, 贖死刑이 一等, 贖髡刑이 四等, 贖完刑·贖作刑이 각각 三
等으로 모두 합쳐 十一等이 된다고 한다. 최근에 공개된 『二年律令』에는 속형에 대해서 자세한
기록이 나오고 있다. 贖刑은 秦漢律에서는 내용과 형식에 따라 두 가지 형태로 나눌 수 있다. 즉
원래 죄수에게 1차로 판결을 내린 후 재물을 납입하면 감형하거나 방면해주는 경우와 처음부터 1
차형으로 贖刑을 부과하여 소정의 贖金을 납입하게 하고, 2차형으로 감면하는 것은 없는 형태이
다. 『秦簡』과 『二年律令』이 출토되기 이전에 문헌사료에는 원래 죄수에게 1차로 판결을 내린 후
재물을 납입하면 감형하거나 방면해주는 경우만 주로 나타났으나, 簡帛자료에는 오히려 처음부터
1차형으로 贖刑을 부과하여 소정의 贖金을 납입하게 하고, 2차형으로 감면하는 것은 없는 형태가
正刑임을 보여주고 있다. 또 秦漢律에서 기존의 노역형에 '贖'을 붙여 표현하던 형태(贖城旦舂)에
서 晉律에서는 年數에 '贖'을 붙이는 형태(贖四歲)로 정리되었다. 晉律에서 말하는 贖罪는 "使犯法
者贖罪, 入穀者補吏, …, 俗之壞敗, 乃至於是! 察其所以然者, 皆以犯法得贖罪, 求士不得眞賢, 相守
崇財利[九] 誅不行之所致也"(『漢書』貢禹傳)에서 지적하는 것처럼 금전 등을 지불해서 형벌의 적
용을 회피한다고 하는 개념이다.

7 罰金刑과 贖刑의 차이에 대하여 일찍이 沈家本은 죄의 輕重의 차이로 설명한다. 즉 죄가 가벼운
것을 罰金으로 하고 무거운 것을 贖刑으로 한다는 것이다. 또 贖刑은 본형이 있고 그 본형을 재물
로 대신하는 것이라면 罰金刑은 다른 형벌을 대신하는 것이 아니라 그 자체가 독립형이라는 것이
다. 즉 贖刑은 代替刑이고 罰金刑은 獨立刑이라는 것이다. 罰金은 경미한 범죄에 대해 부과하는
것으로 贖刑에 비해서 부과되는 금액이 훨씬 적다. 晉의 벌금에는 黃金十二兩·八兩·四兩·二
兩·一兩으로 되어 있었다.

8 雜抵罪는 雜多한 抵罪로 抵罪라 함은 罪에 해당되어 처벌받는 것을 말한다. 일반적으로 除名이나
爵位剝奪 등을 가리키는 것인데, 여기에서는 五刑에 포함되지 않는 雜多한 處罰을 가리키는 것이
다.

것이다. 『당육전』에서 이르기를, "상앙이 『법경』을 전해 받아 진나라의 상이 되어 착전·추협·확팽·거렬형[9]을 증가했다."[10]고 하였다. 아마 당시의 형벌 제도는 천자의 조령에 따라 증가하거나 감소했다. 진의 형명은 이미 이회의 『법경』의 형명이 아니다. 한초에 진나라의 가혹한 법을 제거했는데 소하가 율을 만들었을 때 형명은 대부분 진의 제도를 답습했다. 예를 들어 이삼족·효수·요참·기시·궁·월·의·경·성단·귀신 등 여러 형은 모두 진의 제도에 근거하였다. 한나라가 끝날 때까지 대대로 형법이 줄거나 증가했다. 경제는 책형을 기시형으로 바꾸었다. 그러나 왕길전, 운창전 등 여러 전을 살펴보면 책형을 아직 모두 제거하지 못했다. 고후원년(기원전 187년)에 이미 삼족을 멸하는 죄를 제거한다고 하였으나 효문원년(기원전 179년)에 수노·상좌형을 모두 제거한다는 명령이 다시 나왔으니 마땅히 이 제도를 다시 사용해서는 안 된다. 그러나 조조전, 이릉 각전을 살펴보면 모두 삼족죄로 처형하였다. 동한 말에 소부인 경기, 사직인 위황, 거기장군인 동승이 모두 조조를 모반한 게 실패하여 삼족을 멸하는 형을 받았다. 이로 보면 이 형법은 한나라가 끝날 때까지도 제거되지 않았음을 알 수 있다. 문제13년(기원전 167년)에 육형을 이미 제거하였다. 숙종 때에 관리에게 다시 '첩찬(鉆鑽)'처럼 악독하고 잔혹한 과목을 제거하라고 조서를 내렸다. 안: 찬은 슬개골을 뚫어서 없애는 것, 즉 빈형이다. 문제가 율을 만들었을 때 우측 발꿈치를 베는 형을 당한 범인을 '기시형'으로 하였다. 그러나 명제의 속죄조서에 사죄 아래에 우지형[11]을 늘어놓았으니, 이것으로 월형이 아직 다 제거되지 않은 것임을 알 수 있다. 경제[12] 원년(기원전 156년)의 조

---

9 顚: 頭頂. 鑿顚: 정수리를 뚫음. 抽脅: 肋骨을 추출함. 亨: 烹과 同. 鑊烹: 가마솥에 삶아 죽임. 車裂: 5마리의 말로 머리, 팔다리 그리고 몸을 찢다.

10 『唐六典』(陳仲夫點校本, 中華書局, 1992), 「尚書刑部」 권6, 180쪽, "魏文侯師李悝集諸國刑書, 造法經六篇: 一 盜法, 二 賊法, 三 囚法, 四 捕法, 五 雜法, 六 具法. 商鞅傳之, 改法爲律, 以相秦, 增相坐之法, 造參夷之誅, 大辟加鑿顚、抽脅、鑊烹、車裂之制."

11 明帝 때의 '右趾'는 '刖右趾'가 아니라 '鈦右趾' 혹은 '髡鉗鈦左右趾' 일 가능성이 높으므로 이 부분에 대한 程樹德의 해석은 오류로 보아야 한다.

12 景帝는 漢文帝의 長子로 기원전 157년-141년 在位하였다. 景帝는 文帝의 유풍을 계승하여 農桑을

서에 문제가 궁형을 제거한 것을 이미 명확하게 말하였다. 그러나 진충전에 따르면 또 궁형을 제거할 것을 요청했는데 일이 모두 시행되었다고 한다.[13] 하지만 광무 이후에 궁형에 관한 조서를 신하에 밝힌 것이 가끔 있었다. 궁형이 수나라의 개황 초에 이르러 비로소 폐지되었음을 고려하면, 한나라가 끝날 때까지 궁형이 아직 제거되지 않았음을 알 수 있다. 문제가 태형으로 육형을 대신한 것을 후세가 인정으로 칭송하였다. 그러나 일찍이 한나라가 끝날 때까지 육형을 부활하고자 논의하였다. 진나라 때까지 이 논의는 그치지 않았다. 대개 태형을 가하면 곧 죽어서 감히 다시 사용하지 못하고 사죄를 한 등급 감하면 곤겸형이 되어서 경중의 등급이 없어졌다. 중장통·최실·반고·진군이 이것에 대해 자세히 토론하였다. 기타 사변(徙邊)의 제도와 같은 것은 한무제 때부터 시작하고, 편장형의 설치는 동한에 시작하였다. 이것은 본래 『구장률』에 없어서 '형명고'를 만들었다.

● 死刑三 사형3

【세주 원문】 按漢以死刑爲重罪. 高帝紀五年詔云, 有不如吾詔者以重論之. 刑法志景帝元年下詔曰, 加笞與重罪無異. 注、孟康曰, 重罪謂死刑. 陳寵傳漢舊事論獄報重, 常盡三冬之月, 注、重、死刑也. 又漢律令死刑凡六百一十, 亦見陳寵傳. 此漢死刑總數之尚可考者.

【세주 역문】 한나라 때는 사형을 중죄로 하였다. 고제기 5년(기원전 201년)조에 이르기를, 내 조서를 따르지 않은 사람이 있으면 중죄로 논하겠다고 하였다. 형법지에 경제 원년에 조서를 내려 말하기를, "태(笞)를 가하는 것과 사형이 다를 바가 없다."[14]

중시하고, 節儉하고, 刑罰을 줄였다. 부역과 세금을 가벼이 하고 중농억상 정책을 취하고, 수리사업으로 농업생산의 발전을 가져왔다. 또 晁錯의 의견을 받아들여 제후의 봉지를 삭감하였고, 吳楚 七國의 亂을 평정하였다. 재임기간 동안 경제는 번영하였고 정치는 안정되었으며, 인구가 증가하였다. 孝景은 그의 시호이다.

13 『後漢書』 권46 「陳忠列傳」, 1556쪽. "又上除蠶室刑, 解臧吏三世禁錮, 狂易殺人, 得減重論, 母子兄弟相代死, 聽, 赦所代者. 事皆施行."

고 하였다. 주에 맹강이 말했다. 중죄는 사형을 이르는 것이다. 진총전에 "한나라 옛
날의 제도에 따르면 범죄사건을 판결하고 사형을 처결하는 것은 항상 겨울의 3개월
동안 다 한다."고 했다. 주에 중(重)은 사형이다. 또 한나라의 율령 중에서 사형이 무
릇 610조다. 이것도 진총전에 보이는데,[15] 한나라의 사형의 총수를 여전히 고찰할
수 있는 것이다.

⊙ 梟首　효수

【원문】 梟, 謂斬其首而縣之也.(陳湯傳注)

【역문】 효는 머리를 베어서 매다는 것을 이른다.[16](『한서』「진탕전」주)

【원문】 梟故塞王欣頭於櫟陽市.(高帝紀)

【역문】 고 새왕인 사마흔의 머리를 베어서 역양시에 걸어두었다.[17](『한서』
「고제기」)

【원문】 [宣子]況梟首於市.(薛宣傳)

【역문】 [설선의 아들] 설황의 머리를 베어서 저자에 걸어두었다.[18](『한서』「설
선전」)

【원문】 梟首洛陽都亭.(竇武傳)

【역문】 머리를 베어서 낙양 도정[19]에 걸어두었다.[20](『후한서』「두무전」)

14　『漢書』권23「刑法志」, 1100쪽, "景帝元年, 下詔曰:「加笞與重罪無異, 幸而不死, 不可爲人. 其定
　　律: 笞五百曰三百, 笞三百曰二百.」"

15　『後漢書』권46「陳寵列傳」, 1550–1551쪽, "漢舊事斷獄報重, 常盡三冬之月. 注、報, 論也. 重, 死刑
　　也."『後漢書』권46, 「陳寵列傳」, 1554쪽, "今律令死刑凡六百一十, 耐罪千六百九十八, …"

16　『漢書』권70「陳湯傳」, 3028쪽의 注, "師古曰:「梟謂斬其首而縣之也.」"

17　『漢書』권1 상「高帝紀」, 45쪽, "梟故塞王欣頭櫟陽市."

18　『漢書』권83「薛宣傳」, 3398쪽, "況梟首於市."

19　都亭: 都邑에 있는 傳舍.

20　『後漢書』권69「竇武列傳」, 2244쪽.

【세주 원문】 按秦殺嫪毐, 其徒二十人皆梟首, 是梟首本秦制.

【세주 역문】 진나라가 노애[21]를 죽일 때 그의 일당 20명을 모두 효수형에 처했다. 효수형은 본래 진나라의 제도이다.

◉ 要斬 요참

【원문】 斬以鈇鉞, 若今要斬. (周禮秋官掌戮注)

【역문】 부월로 베는 것이니, 지금의 요참형과 같다.[22] (『주례』 「추관장륙」 주)

【원문】 廣漢竟坐要斬. (趙廣漢傳)

【역문】 조광한[23]이 마침내 허리를 베이는 형벌을 받았다.[24] (『한서』 「조광한전」)

【원문】 斫頭曰斬, 斬腰曰腰斬. (劉熙釋名)

【역문】 머리를 베는 것을 '참'이라 하고 허리를 베는 것을 '요참'이라 한다.[25]
(유희 『석명』)

【세주 원문】 按要斬之罪, 次於梟首. 武帝紀丞相屈氂下獄要斬, 妻子梟首. 注、鄭氏曰, 妻作巫蠱, 夫從坐, 但要斬也. 史記李斯具五刑, 要斬咸陽市, 是要斬本秦制. 凡

---

21 嫪毐(?-기원전 238년)는 戰國 말 秦國사람이다. 그는 呂不韋에게 부탁을 받아서 宦官으로 가장하여 宮으로 들어가 秦始皇의 어머니 趙太后와 사통하였다. 그 후 趙太后의 총애와 신임을 받아 長信侯로 봉해졌고, 秦王의 "假父"로 자칭하기도 하였다. 후에 秦始皇에게 살해되었다.
22 (淸)孫詒讓撰, 『周禮正義』(十三經淸人注疏, 北京: 中華書局, 1987), 2876쪽.
23 趙廣漢(?-기원전 67년)의 字는 子都. 西漢 時期 涿郡 蠡吾縣人. 潁川郡太守、京兆尹을 역임하였다. 윤옹귀, 한연수, 장창, 왕존, 왕장과 함께 「순리전」에 실려 있다. 京兆尹으로서는 청렴하고 명석하였다. 그러나 그의 탁월한 능력과 지나친 자부심으로 거꾸로 법망에 저촉되어 자신이 처형을 당하게 된다.
24 『漢書』 권76 「趙廣漢傳」, 3205쪽. 승상의 시비 중 하나가 목을 매어 죽는 사건이 발생하자 조광한은 승상의 부인을 무릎을 꿇게 하고 승상을 압박하였는데, 승상의 잘못이 없었던 것으로 판명되자 선제가 조광한을 정위의 감옥에 가두게 하였다. 그 후 조광한의 여러 죄가 밝혀지자 법망에 걸려 죽임을 당하게 되었다.
25 (後漢)劉熙撰, 『釋名』(北京: 中華書局, 1985) 권8, 「釋喪制」 제27, 131쪽.

斬皆裸形伏鑕, 張蒼傳蒼坐法當斬, 解衣伏質, 身長大, 肥白如瓠.

【세주 역문】 요참의 죄는 효수에 다음가는 중형이다. 무제기에 "승상인 유굴리를 옥에 보내고 요참죄로 사형에 처하고 처(자)는 머리를 베어서 걸어두었다."[26]고 하였다. 주에 정씨가 말했다. "아내가 무고 때문에 죄를 지어서 남편이 따라서 연좌된 것인데, 그렇지만 요참형을 당한 것이다."[27] 사기에는 "이사에게 많은 형을 모두 가한 후[28] 함양 저자거리에서 요참형에 처해지기로 판결이 내렸다."[29]고 하였다. 이것은 요참형이 본래 진의 제도임을 의미하는 것이다. 모든 참형을 받은 범인들은 다 발가벗고 처형대에[30] 엎드렸다. 장창[31]전에 "장창이 죄를 지어 참수형을 받게 되었다. 옷을 벗겨 처형대에 엎어 놓았는데, 그의 몸이 크고 살이 쪄 조롱박처럼 통통하고 희었다."[32]고 하였다.

● **棄市(磔附)** 기시(책형을 덧붙임)

【원문】 殺以刀刃, 若今棄市.(周禮秋官掌戮注)

【역문】 칼날로 죽이는 것은, 지금의 기시형과 같다.[33](『주례』 「추관장륙」 주)

【원문】 中二年改磔曰棄市. 注、應劭曰, 先此諸死刑皆磔於市, 今改曰棄市, 自非妖逆不復磔也. 師古曰, 磔、謂張其尸也, 棄市, 殺之於市也. (景帝紀)

---

26 『漢書』 권6「武帝紀」, 210쪽, "丞相屈氂下獄要斬, 妻(子)梟首."
27 『漢書』 권6.「武帝紀」, 210쪽의 주, "鄭氏曰「妻作巫蠱, 夫從坐, 但要斬也.」"
28 具五刑: '具五刑'의 '五'라 함은 춘추전국시대부터 '五十' '五千' '五里'의 개수로서의 표현을 갖는. 즉 '많다'라는 의미로 사용된 것과 同類로 '五刑'을 다섯 종류로 보고. 그 구체적 형을 찾을 필요는 없다. '많은 형벌'정도의 의미를 갖는 것으로 보아야 할 것이다.
29 『史記』 권87「李斯列傳」, 2562쪽, "二世二年七月, 具斯五刑, 論腰斬咸陽市."
30 鑕: 허리를 자를 때 밑에 대는 받침대.
31 張蒼은 陽武縣人으로 독서와 음률과 역법을 즐겼고 진나라 때는 어사로 전국 각지에서 올라오는 문서와 책을 관리하였다.
32 『史記』 권96「張丞相列傳」, 2675쪽, "蒼坐法當斬, 解衣伏質, 身長大, 肥白如瓠, 時王陵見而怪其美士, 乃言沛公, 赦勿斬."
33 『周禮正義』, 2876쪽.

【역문】 중원 2년(기원전 148년)에 '책(磔)'을 '기시'로 바꾸었다. 주에 응소가 말하기를, "이보다 앞서는 여러 사형은 모두 시에서 사지를 찢었는데, 지금 기시로 바꾸어서 말하였으니 요괴와 반역이 아닌 사람은 사지를 찢지 않았다."고 하였다. 안사고가 말하기를, "책은 시체를 펼치는 것을 이른다. 기시는 시에서 죽이는 것이다."라고 하였다.[34](『한서』「경제기」)

【원문】 吏民守闕告之, 竟坐棄市(田廣明傳)

【역문】 군중(郡中)의 관리와 백성이 황궁에 이르러 지키고 있다가 [전광명의 형인 전운중(田雲中)의 과실을] 보고해서, 마침내 죄를 지어 '기시'에 처해졌다.[35](『한서』「전광명전」)

【원문】 市死曰棄市, 言與衆人共棄之也.(劉熙釋名)

【역문】 시에서 죽이는 것을 기시라고 하니, 여러 사람과 같이 죽인다는 것을 말한다.[36](유희『석명』)

【세주 원문】 按王制刑人於市, 與衆棄之, 棄市之制, 其源久矣. 亢倉子楚平王棄左右近習於市. 史記昭襄王五十二年, 河東守王稽坐與諸侯通, 棄市. 注、秦法論死於市, 謂之棄市. 始皇制天下藏詩書及偶語棄市. 漢蓋沿秦制也. 景帝改磔爲棄市. 然雲敞傳王莽殺(子)宇, 誅滅衛氏, 謀所牽及, 死者百餘人, 吳章坐要斬, 磔屍東門市. 王吉傳凡殺人皆磔屍車上隨其罪目宣示屬縣, 是磔仍未盡廢. 考二世時, 十公主矺死於杜, 是磔亦秦制也.(索隱矺與磔同, 古今字異.)

【세주 역문】 『예기』「왕제」에 "사람을 저자에서 처형할 때는 백성들과 더불어 죽인다."[37]고 하였으니 기시 제도의 기원은 오래되었다. 『항창자』에 "초평왕이 좌우의 근신을 시에서 기시형에 처했다."[38]고 하였다. 『사기』에는 "소양왕 52년(기원전 254

---

34 『漢書』 권5 「景帝紀」, 145~146쪽.
35 『漢書』 권90 「田廣明傳」, 2665쪽, "兄雲中爲淮陽守, 亦敢誅殺, 吏民守闕告之, 竟坐棄市."
36 『釋名』 권8, 「釋喪制」 제27, 131쪽, "市死曰棄市, 市衆所聚, 言與衆人共棄之."
37 『禮記集解』 권12, 325쪽.

년)에 하동 태수인 왕계가 제후와 내통한 일로 죄에 걸려서 기시형에 처해졌다."[39]고 하였다. 주에 진나라의 법령에 따르면, 시에서 사형으로 논하는 것을 기시라고 한다."[40]고 했다. 시황제는 천하에 시와 서를 감추거나 우어[41]한 사람을 기시형에 처한다는 법을 제정했다. 아마 한나라는 대개 진나라의 제도를 답습한 것 같다. 경제는 책을 바꾸어 기시로 하였다.[42] 그러나 운창전에 이르기를, "왕망이 장남인 왕우를 죽이고 위씨의 가족을 멸절시켰는데 이 모반에 연루돼서 죽은 사람이 백여 명이었다. 오장이 연루되어 요참형에 처해져 장안의 동문의 시에서 시체의 사지가 찢겼다."[43]고 하였다. 왕길전에 "모든 사람을 죽이는 것은 수레 위에서 시체의 사지를 찢어 죄목에 따라 소속된 현에서 선포하여 알렸다."[44]고 하였다. 이로 보면 책형을 아직 모두 제거하지 못한 것이다. 진이세 때에 10공주가 두에서 책형으로 죽은 것을 보면, 책형도 진나라의 제도였다.(색은에 탁과 책이 같다. 고금에 글자의 차이가 있다.)

◉ 肉刑三 육형3

【원문】 今法有肉刑三. 注、孟康曰黥劓二, 刖左右趾合一, 凡三也.(刑法志)

【역문】 현재 법률에 육형은 3종류[45]가 있다. 주에 맹강이 말했다. 경형과

---

38 『亢倉子』(『諸子百家叢書』, 上海古籍出版社, 1990 「政道篇」 제3, 15쪽, "於是棄左右近習三人市".

39 위의 문장은 『史記』에는 보이지 않고, 다만 『史記』 권79, 「范睢蔡澤列傳」에 "王稽爲河東守, 與諸侯通, 坐法誅."라 하여 이와 유사한 내용이 나온다. 程樹德이 인용한 위의 문장은 『資治通鑑』 「秦紀」 '昭襄王五十二年'에 보인다.

40 위와 같음.

41 偶語: 사람들이 서로 마주 대하며 말하는 것. 마주 앉아 시서를 말하는 사람은 처형한다는 의미이다.

42 『漢書』 권5 「景帝紀」, 145쪽, "改磔曰棄市, 勿復磔"

43 『漢書』 권67 「雲敞傳」, 2927쪽, "莽殺宇, 誅滅衛氏, 謀所聯及, 死者百餘人. 章坐要斬, 磔尸東市門." 雲敞은 전한 말기 平帝와 新莽 때 활동한 사람으로 생존연대는 불분명하다. 王莽이 집권하자 황제의 어머니와 외가인 衛氏와의 왕래를 끊었다. 왕망의 맏아들 王宇가 이를 비난하자 오장과 도모하여 밤에 몰래 문에다 피칠을 하여 귀신의 소행처럼 꾸며 왕망이 겁먹을 것을 기대했다. 그러나 발각되어 왕우는 피살되고, 오장은 腰斬을 당했으며, 제자 천여 명이 禁錮를 당했다. 雲敞은 吳章을 사사했는데, 오장이 반왕망사건에 참여하여 피살되자 오장의 시신을 거둬 장례를 치러주어 사람들이 칭송했다.

44 『後漢書』 권77 「酷吏列傳」 '王吉', 2501쪽, "凡殺人皆磔屍車上, 隨其罪目, 宣示屬縣."

의형이 2개이고 월좌지형과 월우지형이 합해 1개로 삼아 모두 3종류이
다.[46](『한서』「형법지」)

【원문】 漢法肉刑三, 謂黥也, 劓也, 左右趾也. 文帝除之, 當黥者城旦舂,
當劓者笞三百, 當左右趾者笞五百.(郎顗傳)

【역문】 한법에는 육형이 3종류가 있다. [그 3종류는] 경형·의형·월좌우지
형이다. 문제는 육형을 제거했는데, 경형에 해당하는 자는 성단용[47]으로
바꾸고[48] 의형을 태삼백형[49]으로 바꾸고 월좌우지형에 해당하는 자는 태
오백[50]으로 바꾸었다.[51](『후한서』「낭의전」)

【세주 원문】 按文帝除肉刑, 後世頌爲仁政, 然當時論者頗非之, 今詳列於下, 以備參
考. 班固刑法志論曰, 今漢承衰周暴秦極敝之流, 俗已薄於三代, 而行堯舜之刑, 是
猶以羈而御悍突, 違救時之宜矣. 且除肉刑, 本欲以全民也, 今去髡鉗一等轉而入於
大辟, 以死罔民, 失本惠矣. 故死者歲以萬數, 刑重之所致也. 至於穿窬之盜, 忿怒
傷人, 男女淫泆, 吏爲奸臧, 若此之惡, 髡鉗之罰, 又不足以懲也. 故刑者歲十萬數,
民旣不畏, 又曾不恥, 刑輕之所生也. 崔實傳引政論云, 文帝雖除肉刑, 當劓者笞三
百, 當斬左趾者笞五百, 當斬右趾者棄市, 右趾者旣殞其命, 笞撻者往往至死, 雖有
輕刑之名, 其實殺也. 當此之時, 民皆思復肉刑. 以此言之, 文帝乃重刑, 非輕之也.
意林引物理論云, 漢太宗除肉刑, 匹夫之仁也, 非天下之仁也, 不忍殘人之肢體, 而
忍殺人. 蓋當時之論如此. 至於漢末, 復肉刑之說漸盛. 荀悅申鑒, 肉刑古也, 或曰,

---

45 黥, 劓, 刖을 말한다.
46 『漢書』 권23, 「刑法志」, 1098쪽.
47 성단용: 성단은 남자형도로 성 쌓는 노역, 용은 여자 형도로 절구질하는 노역을 담당한다. 그러나
성단용, 귀신백찬, 예신첩, 사구 등의 형도 신분이 가해진 노역의 종류에서 유래했다고 하지만, 실
상은 노역형도의 직무 자체가 벌목, 염철 생산, 청동기제조, 수공업, 궁전 건설, 도로·교량 수축,
능묘 조영, 변경 수비, 瓦塼제조 등 워낙 광범위해 서로 겹치는 부분이 많았기 때문에 노역으로 구
분하기는 쉽지 않다.
48 여기에서의 성단용은 '髡鉗城旦舂'을 의미한다.
49 笞三百: 笞三百+髡鉗城旦舂을 의미한다.
50 笞五百: 笞五百+髡鉗城旦舂을 의미한다.
51 『後漢書』 권30下, 「郎顗列傳」의 注, 1066쪽.

復之乎? 曰, 古者人民盛焉, 今也至寡, 整衆以威, 撫寡以寬, 道也, 復刑非務必也, 生刑而極死者, 復之可也. 自古肉刑之除也, 斬右趾者死也, 惟復肉刑, 是謂生死而息民. 孔融傳論者多欲復肉刑, 融乃建議曰: 被刑之人, 慮不生全, 志在思死, 類多趨惡, 莫復歸正. 夙沙亂齊, 伊戾禍宋, 趙高英布, 爲世大患, 不能止人遂爲非也, 適足絶人還吾善耳. 雖忠如鬻拳, 信如卞和, 智如孫臏, 冤如巷伯, 才如史遷, 達如子政, 一罹刀鋸, 沒世不齒. 故明德之君, 遠度深惟, 棄短就長, 不苟革其政者也. 朝廷善之, 卒不改焉. 魏志陳群傳太祖議復肉刑, 群對曰: 臣父紀以爲漢除肉刑而增加笞, 本興仁惻, 而死者更衆, 所謂名輕而實重者也. 名輕則易犯, 實重則傷民. 且殺人償死, 合於古制, 至於傷人, 或殘毀其體而裁剪毛髮, 非其理也. 若用古刑, 使淫者下蠶室, 盜者刖其足, 則永無淫放穿窬之姦矣. 夫三千之屬, 雖未可悉復, 若斯數者, 時之所患, 宜先施用. 漢律所殺殊死之罪, 仁所不及也, 其餘逮死者, 可易以肉刑. 如此, 則所刑之與所生, 足以相貿矣. 今以笞死之法, 易不殺之刑, 是重人肢體而輕人軀命也. 時鍾繇與衆議同, 王朗及議者多以爲未可行, 太祖深善繇言, 以軍事未罷, 顧衆議, 故且罷. 鍾繇傳繇以爲古之肉刑, 更歷聖人, 宜復施行, 以代死刑. 議者以爲非悅民之道, 遂寢. 馬端臨文獻通考論之曰: 自孝文立法, 以笞代剕荆, 而笞數太多, 反以殺人, 後雖減笞數, 定箠令, 然笞者猶不免於死, 於是遂以笞爲死刑; 其不當死者, 則並不復笞之. 如孝章以來, 屢有寬刑之詔, 俱言減死一等者勿笞徙邊, 蓋懼其笞則必至於死也. 然鬪狼傷人與姦盜不法之徒, 若抵以死則太酷, 免死而止於髡鉗, 則裁剪其毛髮, 而略不罹箠楚之毒, 又太輕矣. 則曷若斟酌笞數, 使其可以懲姦而毋至於殺人, 乃合中道, 而肉刑固不必議復矣.

又按論衡謝短篇云, 今九章象刑, 非肉刑也. 言毒篇云 方今象刑, 象刑重者, 髡鉗之法也. 意者文帝廢肉刑之後, 改稱象刑歟? 考荀子正論篇云, 治古無肉刑, 而有象刑, 墨黥慅嬰, 共艾畢, 菲對屨, 殺赭衣而不純. 初學記引白虎通五帝畫象者, 其服象五刑也, 犯墨者蒙巾, 犯劓者赭其衣, 犯臏者以墨幪其臏處而畫之, 犯宮者屨扉, 犯大辟者布衣無領. 又見尚書大傳及通典引孝經緯, 漢人解象刑, 大都如是. 文帝雖除肉刑, 以笞代之, 改稱象刑, 非其義也. 王充生漢末, 其言必有所本, 姑錄以備考.

又按王棠知新錄云, 孝文詔謂有肉刑三, 而注家謂黥劓斬止三事, 但詔中斷支體是指斬止, 割劓刻肌膚是指黥, 終身不息是指宮刑, 只不言大辟, 當是肉刑四, 何以言肉刑三也. 考晁錯傳除去陰刑, 注、張晏曰, 宮刑也. 沈氏刑制分考云, 文帝除肉刑在十三年, 錯對策在十五年, 肉刑不用, 除去陰刑, 分爲二事, 似文帝之除肉刑與除宮刑非一時事. 此說極確. 蓋必宮刑已廢, 故曰肉刑三耳. 梁玉繩史記志疑以劓刖宮爲三肉刑, 謂黥刑至輕, 不應數之, 尤臆斷不足信.

【세주 역문】 문제가 육형을 제거한 것을 후세에는 인정이라고 칭송하였지만 당시에는 그 시행을 비판하였다. 그러나 당시의 의논자들은 자못 그것(육형을 제거한 것이 인정이라는 것)을 비난하였다. 지금 아래에 자세하게 열거하여 이것으로 참고로 제공한다. 반고가 『한서』「형법지」에서 논하여 말하기를, "현재의 한은 쇠퇴한 주(周)나 난폭한 진(秦)의 극단적인 폐단의 유풍을 계승하여 풍속은 삼대보다도 크게 경박한데, 요 · 순 시기와 같은 관대한 형벌을 집행하고 있으니, 이것은 고삐만 있으면 사나운 말을 부릴 수 있다는 것과 같으므로 현재의 시세를 구하기에 적당치 않다. 또 문제가 육형을 제거한 것은 본뜻이 백성의 생명을 보존하는 것에 있는데 현재의 곤겸에서 형을 1등 높이면 곧 사형이다. 사형으로 백성을 처벌하는 것은 문제가 육형을 폐지한 본래의 뜻을 잃어버린 것이다. 사형에 처해지는 자가 매년 1만으로 헤아려지는데 그것은 형벌이 과중하기 때문에 나타난 결과이다. 벽을 넘고 창문을 뚫어 절도를 하고,[52] 분노하여 타인을 상해하고, 남녀가 간음하고, 관리들이 부정하는 등과 같은 사악한 죄에 이르러서는 곤겸의 형벌로는 징벌할 수 없다. 형벌을 받는 자가 매년 10여 만으로 헤아려지지만, 백성들은 두려워하지 않고, 또 범죄를 부끄러워하지 않는 것은 형벌이 지나치게 가볍기 때문에 생긴 것이다."[53]고 하였다. 『후한서』「최실전」에 『정론』을 인용하여 말하기를, "문제가 비록 육형을 제거하여 의형을 태삼백형으로 하고 참좌지형을 태오백형으로 하고 참우지형을 기시형으로 바꾸었는데, 참우지형을 받으면 이미 그 목숨을 잃고 태형을 받은 사람은 흔히 죽음에 이른다. 비록 형벌을 가볍게 했다는 이름은 있지만 사실은 살해하는 것이다. 이때 백성들은 다 육형을 회복하고 싶어 했다. 이것에 의거하여 말한다면 문제는 형을 무겁게 한 것이고

---

52 穿窬: 구멍을 뚫고 벽을 넘어서 물건을 훔치다.
53 『漢書』 권23 「刑法志」, 1112쪽.

결코 가볍게 한 것이 아니다."[54]고 하였다. 의림이 『물리론』을 인용하여 말했다. 한 태종이 육형을 제거한 것은 필부의 인(仁)이고 천하의 인(仁)이 아니다. 사람의 지체는 차마 해칠 수 없으면서 차마 사람을 죽이는 것이다. 당시의 의론이 대체로 이와 같다. 한 나라의 말기에 이르러, 육형을 회복하자는 의견이 점점 성행하였다. 순열이 『신감』에서 말했다. "육형은 옛날의 형벌이다. 어떤 사람이 회복하는 것이 어떠한가? 묻자 말하였다. 옛날에는 백성들이 많았지만 지금은 매우 적다. 많은 무리를 정돈하는 것은 위엄으로써 하고, 적은 사람을 위로하는 것은 관대함으로써 하는 것이 도이다. 육형을 회복하는 것은 반드시 힘써야 할 필요는 없는데, 생형을 사형으로 한 것은 [원래대로] 회복하는 것이 괜찮다. 예로부터 육형을 제거하여 참우지형을 사형(기시)으로 했는데 마땅히 육형을 회복하면 죽는 자를 살려서 백성을 늘리는 것이라고 하였다."[55] 『후한서』 「공융전」에 논자들이 대부분 육형을 회복하고 싶어 했는데 공융이 이에 건의하여 말하기를, "육형을 받게 된 사람은 마음속으로 살고자 하지 않고 오로지 죽고자 생각하고 있습니다. 대부분 악한 일을 하는 쪽으로 쏠려서 마음을 돌려서 선하게 올바른 정도로 돌릴 수 없습니다. 숙사위(夙沙衛)가 제나라를 어지럽히고 이려가 송나라에 화를 입히고, 조고와 영포가 세상의 큰 재앙이 되어 사람들이 마침내 나쁜 짓을 하는 것을 그칠 수 없었다. [때문에 육형은] 사람들이 마음을 바꾸어 착하게 되고자 하는 것을 가로막기에 알맞고 적합할 뿐입니다. 비록 충성이 육권과 같고, 믿음이 변화와 같고, 지혜로움이 손빈과 같고, 원통함이 항백과 같고, 재주가 사마천과 같고, 박식함이 유자정(劉子政)과 같은 사람들이라도 일단 육형을 받게 되면 종신 멸시를 받게 됩니다. 그러므로 밝은 덕이 있는 군주는 멀리 살피고 깊게 생각하고 단점을 버리고 장점을 향해가서 그 정령을 제멋대로 개혁하지 않는 사람입니다."[56]고 하였다. 조정이 그것이 좋다고 생각하여 마침내 바꾸지 않았다.

　『위서』 「진군전」에 당시 태조가 육형을 회복하는 것을 논의할 때, 진군이 말했다. "저의 아버지 진기는 한나라가 육형을 제거하고 태형을 증가한 것은 본래 어진 마음

54　『後漢書』 권52 「崔駰列傳」, 1729쪽.

55　(漢)荀悅撰, (明)黃省曾注, 『申鑒』((明)程榮 纂輯, 『漢魏叢書』, 吉林大學出版社), 1992, 「時事」 제2, 554쪽, "肉刑, 古也. 或曰, 復之乎? 曰, 古者人民盛焉. 今也至寡, 整衆以威, 撫寡以寬, 道也. 復刑非務必也. 生刑而極listen者, 復之可也. 自古肉刑之除也, 斬右趾者死也. 惟復肉刑, 是爲生死而息民."

56　『後漢書』 권70 「孔融列傳」, 2266쪽, "(생략), 不能止人逾爲非也, 適足絶人還爲善耳. …"

과 가엾게 여기는 마음에서 비롯했지만 사실은 죽은 사람이 더 많아서 이른바 명목상으로는 형벌을 경감한 것이지만 실제로는 형벌을 무겁게 한 것이라고 생각하였습니다. 명의상 가벼우면 죄를 범하기가 쉽지만, 실제상 무거우면 백성들을 해칩니다. 또 사람을 죽이고 자신의 생명으로 갚는 것은 고대의 제도와 부합합니다. 사람을 해치는 것에 이르러서는 그의 신체를 훼손하는 것이나 모발을 자르는 것은 올바른 방법이 아닙니다. 만약 옛날의 형을 사용하여 음란한 사람을 잠실로 보내고 도둑질한 범인은 그 발을 벤다면 음란하고 방탕하고 벽을 넘고 창문을 뚫어 절도를 하는 것처럼 간사한 짓은 영원히 없어질 것입니다. 고대의 3천 종류의 형법을 다 회복할 수 없지만 이상과 같은 몇 개는 이 시대의 사람들이 걱정하는 바이니 마땅히 먼저 시행해야 합니다. 한나라의 율에 참수형[57]은 인애가 미칠 수 없는 것입니다. 그 나머지 사죄에 해당하는 범인은 육형으로 바꿀 수 있습니다. 이와 같이 한다면, 범인이 받게 되는 형벌과 살리는 것이 서로 상쇄될 수 있습니다. 지금은 태형을 가해 죽이는 법을 죽이지 않는 육형으로 바꾸는 것은 사람의 지체를 중시하고 사람의 목숨을 경시하는 것입니다."라고 하였다. 당시에 종요와 여러 사람의 의론이 같았다. 왕랑과 의론에 참가한 대부분은 육형을 시행할 수 없다고 생각했다. 태조가 종요의 말을 매우 좋게 여겼다. 전쟁이 아직 끝나지 않았기 때문에 여러 사람의 의견을 고려하여 육형을 부활하는 논의를 잠시 그만두었다.[58]

『위서』「종요전」에 종요가 "고대의 육형은 여러 성인을 거쳐 채용된 것이니 다시 실시하여 사형을 대신하는 것이 마땅합니다."고 생각하였다. 의론자들은 이것이 백성을 기쁘게 하는 방법이 아니라고 생각해서 보류하였다.[59]

마단림은 『문헌통고』에서 의론하기를, "효문제가 법령을 설치할 때부터 태형으로 의형과 월형을 대신하였다. 그러나 태의 횟수가 지나치게 많아서 오히려 사람을 죽

---

57 殊死: 참수형.
58 『三國志』 권22 『魏書』, 「陳群傳」, 634쪽. 위의 인용문은 아래 문장 가운데 줄친 부분을 인용한 것이다. "時太祖議復肉刑, …, 其餘逮死者, <u>可以刑殺</u>, 如此, 則所刑之與所生足以相貿矣. <u>今以笞死之法易不殺之刑</u>, 是重人支體而輕人軀命也." 時鍾繇與群議同, 王朗及議者多以爲未可行. <u>太祖深善繇、群言, 以軍事未罷, 顧衆議, 故且寢.</u>"
59 『三國志』 권13 『魏書』, 「鍾繇傳」, 397쪽. "繇以爲「古之肉刑, 更歷聖人, 宜復施行, 以代死刑.」議者以爲非悅民之道, 遂寢."

였다. 후에 태의 횟수를 줄이고 추령[60]을 만들었지만, 태형을 받은 사람은 아직도 사망을 면하지 못했다. 이에 마침내 태형을 사형으로 삼았다. 사형에 해당되지 않는 자는 아울러 다시 태형에 처하지 않았다. 예를 들면 효장제 이래, 형법을 완화하자는 조서가 자주 나왔는데, 모두 사죄를 한 등급 아래로 감하여 태형을 가하지 말고 사변형에 처하라는 것이었다. 대개 태형을 하면 반드시 죽음에 이르게 되는 것을 두려워한 것이다. 그러나 흉악한 수단으로 사람과 싸워서 사람을 해치거나 온갖 나쁜 방법으로 훔치는 것처럼 법을 지키지 않은 사람들을 만약 사형으로 처벌을 하면 너무 엄격하며, 사형을 면하여 곤겸에 그치면 다만 모발만 자르고 대략 태형을 받는 혹독함에는 걸리지 않으니 또 너무 가볍다. 그렇다면 태의 수를 짐작하여 간인을 징벌하는데, 사람을 죽임에 이르지 않을 수 있게 하는 것이 어떠한가? 이에 중도에 합당하게 하면 육형을 회복하자는 의론이 필요 없을 것이다."[61]라고 하였다.

또한 『논형』 「사단편」에 이르기를, "지금의 『구장』 상형은 육형이 아니다."[62]고 말했다. 「언독편」[63]에 이르기를, "지금 상형을 사용하는데, 상형 가운데 가장 무거운 것은 곤겸의 형벌에 지나지 않는다."[64]라고 하였다. 그렇다면 문제가 육형을 폐지한 후에 상형이라고 명칭을 바꾼 것인가? 『순자』 「정론편」을 살펴보면, "고대의 치세에는 육형이 없었고 상징형이 있었다. 묵(墨)으로 얼굴을 칠하여 경형과 같은 육형을 대신하고, 풀로 엮은 사모(紗帽)와 각띠로 코베는 형벌을 대신하고, 의복의 일부를 잘라[65] 궁형을 대신하고 월형(刖刑)을 대신하여 범죄자에게 마로 만든 신발을 신게 하고, 사형 대신에 옷깃이 없는 붉은 옷을 입게 하였다."[66]고 하였다. 『초학기』에 『백

---

60 箠令: 한 경제 中元六年(기원전 144년)에 '箠刑'에 관한 규정을 법령으로 확정한 것. "箠의 길이는 五尺으로, 하부의 두께는 一寸으로, 대나무로 만들고, 상부의 두께는 半寸으로 하고, 대나무 마디는 모두 평평하게 한다. 箠刑에 처해진 범인에게는 궁둥이를 箠打한다. 箠刑을 가하는 도중에 다른 사람으로 바꾸어 箠打하는 것을 不許하고 한 명의 죄인의 箠打를 끝낸 후에 다른 사람으로 바꾸어 箠打하는 것을 허락한다(『漢書』권23, 「刑法志」)"

61 『文獻通考』권164, [刑考3], '刑制3', 1423쪽.

62 黃暉 撰, 『論衡校釋』(北京: 中華書局, 2009), 권12, 「謝短」, 565쪽. 象刑: 肉刑 대신에 각각 刑을 표시하는 상징을 사용하는 형벌.

63 「言毒」편이 아니라 「四諱」편이다.

64 『論衡校釋』권23 「四諱」, 974쪽.

65 艾: 자르다.

66 『荀子』권12 「正論」제18, "治古無肉刑, 而有象刑. 墨黥, 慅嬰, 共、艾畢, 荊、棐屨, 殺、赭衣而不純."

호통』을 인용하여 말하기를, "오제의 화상(畫象)은 옷으로 5형을 상징하였다. 묵형을 당한 사람은 수건을 얼굴에 뒤집어쓰고 의형을 범한 사람은 옷을 붉은색으로 입고, 월형을 범한 사람은 검은 포로 종지뼈를 둘러싸서 표시하고, 궁형을 범한 사람은 마로 만든 신발을 신고 사형을 범한 사람은 옷깃이 없는 무명옷을 입었다.[67] 또『상서대전』과『통전』에서『효경위』를 인용한 것을 보면,[68] 한나라 때의 사람이 상형을 해석하는 것이 대체로 이와 같다. 문제가 육형을 폐지하여 태형으로 대신하였지만 상형으로 명칭을 바꿨다는 것은 옳은 것은 아니다. 왕충은 한나라 말에 태어났으니 그의 말이 반드시 근거가 있을 것이니 잠시 기록하고 참고가 될 만한 사항을 적는다.

또한 왕당[69]이『지신록』에 말하기를, "효문제가 조서에 육형이 3가지라고 말했는데, 주석자가 경형, 의형, 참지형 3가지라고 말했다. 그러나 조서 중에 지체를 자르는 것은 참지형을 가리키고, 코를 베고 얼굴에 글자를 새기는 것은 경형을 가리키고, 평생 동안 그 신체를 다시 온전히 재생할 수 없다는 것은 궁형을 가리키는데, 다만 사형은 말하지 않았으니 마땅히 육형이 4가지여야 하는데 왜 육형이 3가지라고 말했는가?"라고 하였다. 조조전에 음형을 폐지했다는 구절을 살펴보면, 주에 장안이 "궁형이다."라고 말했다. 심가본의「형제분고」에서 이르기를, "문제가 육형을 폐지한 것이 문제 13년이고 조조의 대책은 문제 15년이다. 육형을 폐지한 것과 궁형을 폐지한 것이 두 가지 일로 나뉜다. 문제가 육형을 제거한 것과 궁형을 제거한 것이 동시의 일이 아닌 것 같다."고 하였다. 이 의견이 매우 정확하다. 궁형이 이미 폐지되었기 때문에 육형이 3가지라고 말한 것일 뿐이다. 양옥승[70]이『사기지의』에 "의형, 월형과 궁형이 육형의 3가지라고 하였고, 경형이 너무 가벼워서 육형의 수에 포함되지 않은 것이다"[71]고 하였으나 이것은 근거 없이 억측하여 판단한 것으로 믿을 수 없다.

---

67 (唐)徐堅撰,『初學記』(全三冊, 中華書局, 1962), 권20, 488쪽, '政理部(刑罰)', "五帝畫象者, (중략), 犯宮者履扉, 犯大辟者布衣無領."

68 (淸)皮錫瑞撰,『尙書大傳疏證』(伏堂叢書本)권1,「堯典」, "唐虞象刑, 犯墨者蒙皁巾, 犯劓者赭其衣, 犯臏者以墨幪其臏處而畫之, 犯大辟者布衣無領";『通典』권168,「刑法」6, '肉刑議', 4333쪽, "有象刑墨黥之屬, 菲履赭衣而不純, 菲, 草屨也, 純, 緣也, 衣不加緣, 示有恥也" 이밖에도『文獻通考』권163,「刑2」, 1417쪽에도 같은 내용이 전한다.

69 王棠은 청나라 山東 諸城 사람으로 雍正 6년(1728년) 工部虞衡司員外郞을 역임하였다.

70 梁玉繩은 청나라 浙江 錢塘 사람으로 乾隆 때 貢生이 되었다.『尙書』와 春秋三傳을 깊이 연구했고, 史學에 정통했다. 저서에『史記志疑』와『漢書古今人表考』,『呂子校補』,『元號略』,『誌銘廣例』 등이 있다.

◉ 宮 궁

【원문】 漢除肉刑, 宮刑猶在.(尚書呂刑正義)

【역문】 한나라 때 육형을 없앴지만 궁형은 여전히 존재하고 있었다.[72](『상서』 '여형' 정의)

【원문】 宮者, 丈夫割其勢, 女子封閉於宮中, 今宦男女也.(周禮秋官司刑注)

【역문】 궁은 남자는 그의 생식기를 자르고 여자는 궁중에 유폐한다. 지금의 환관과 환녀이다.[73](『주례』 「추관사구」 '사형' 주)

【원문】 宮者, 女子淫, 執置宮中不得外出也. 丈夫淫, 割去其勢也.(白虎通)

【역문】 궁은 여자는 음란하면 궁중에 잡아두고 밖에 나가지 못하게 하는 것이고 남자는 음란하면 그의 생식기를 제거하는 것이다.[74](『백호통』 「오형」)

【원문】 蠶室謂腐刑也, 凡養蠶者欲其溫而早成, 故爲密室, 畜火以置之, 而新腐刑亦有中風之患, 須入密室, 乃得以全, 因呼爲蠶室耳.(張安世傳注)

【역문】 잠실은 부형을 뜻한다. 무릇 누에를 치는 자는 누에를 따뜻하게 해서 일찍 성숙하기를 원한다. 때문에 밀실을 만들고 불을 담아서 누에를 밀실에 놓는다. 방금 부형을 당하고 나면 또한 중풍[75]의 우려가 있으니 반드시 밀실에 들어가 있어야 무사하게 보전할 수 있기 때문에 잠실로 부르게 되었을 뿐이다.[76](『한서』 「장안세전」 주)

---

71 (淸)梁玉繩, 『史記志疑(全三冊)』(二十四史硏究資料叢刊), 中華書局, 1981. 260쪽.
72 『尚書正義』 권19, 「呂刑」 第29, '正義', 549쪽, "漢除肉刑, 除墨、劓、剕耳, 宮刑猶在".
73 『周禮正義』 권68, 「秋官司寇」 '司刑', 2835쪽의 注.
74 『白虎通疏證』 권9, 441쪽, 「五刑」, "宮者, 女子淫, 執置宮中, 不得出也; 丈夫淫, 割去其勢也."
75 中風: 반신 불수. 또는 팔다리가 마비되는 병.

【세주 원문】按尙書呂刑宮辟疑赦. 注、宮, 淫刑也, 男子割勢, 女子幽閉. 馬國翰目耕帖載椓竅之法, 用木槌擊婦人胸腹, 卽有一物墜而掩蔽其牝戶, 只能溺便, 而人道永廢矣, 是幽閉之說也. 其解幽閉, 與古說不同, 姑錄之以廣異聞.

【세주 역문】『상서』「여형」에서 '궁형을 받은 사람이 의심스러운 바가 있으면 그를 사면하고(궁벽의사)'[77]의 구절이 있다. 주에 궁은 음형이다; 남자는 그의 생식기를 자르고 여자는 유폐한다고 하였다. 마국한의 『목경첩』에서 탁규[78]의 법이 기재되어 있다. 그것은 "나무 막대기로 부인의 가슴과 배를 때리는 것인데, 그러면 곧 하나의 물건이 떨어져서 그녀의 음도가 막힌다. 배변은 가능할지 몰라도 성교는 불가능하게 된다. 이것이 유폐라는 의미이다."[79]고 하였다. 그 유폐를 해석하는 것은 한대인의 해설과 다른데, 여러 설이 있는 것을 기록하여 둠으로써 여러 설을 들을 수 있도록 넓혀 둔다.

【원문】文帝除肉刑而宮不易. 注、張斐曰, 以淫亂人族類, 故不易之.(史記文帝紀注引崔浩漢律序)

【역문】문제가 육형을 없앴으나 궁형을 바꾸지 않았다. 주에 장비가 이르기를 "간음이 인류의 질서를 어지럽히기 때문에 바꾸지 않은 것이다."라고 하였다.[80](『사기』「효문본기」주에서 최호의 『한율서』를 인용)

【세주 원문】按景帝元年詔, 孝文皇帝除宮刑, 出美人, 重絶人之世也. 史記宮刑作肉刑, 據下重絶人之世云云, 宮字不誤, 是宮刑文帝已除之矣. 然考之各傳, 如李延年傳當坐腐刑, 周嘉傳高祖父燕當下蠶室, 陳忠傳忠請除蠶室刑, 旣云文帝除之矣, 何又有坐此罪者, 又有請除此刑者? 意者, 除之未久而復歟? 果爾, 則漢肉刑當有四也.

---

76 『漢書』권59「張安世傳」注, 2652쪽. "師古曰:「謂腐刑也. 凡養蠶者, 欲其溫而早成, 故爲密室蓄火以置之. 而新腐刑亦有中風之患, 須入密室乃得以全, 因呼爲蠶室耳.」"

77 『尙書正義』권19, 「呂刑」第29, 524쪽.

78 椓竅: 여성의 성기를 때리다.

79 馬國翰『目耕帖』29권.

80 『史記』권10「孝文本紀」注, 428쪽. "崔浩漢律序云:「文帝除肉刑而宮不易.」張斐注云:「以淫亂人族序, 故不易之也.」"

【세주 역문】 경제 원년에 조에 이르기를, "효문황제가 궁형을 없애고 후궁 미인을 내보냈으니 사람의 후대를 끊는 것을 매우 중(重)하게 여긴 것이다."[81]라고 하였다. 『사기』에서 궁형을 육형이라고 하였는데, 아래의 "사람의 후대를 끊는 것을 매우 중하게 여긴 것이다"라고 한 말에 근거한 것이다. "궁"자가 틀린 것은 아니라면, 이것은 문제 때에 이미 궁형을 없앤 것이다. 그러나 각 전을 고증해 보면, 예를 들어 『한서』 「이연년전」에 "부형에 연루되었다."[82] 『후한서』 「주가전」에 "고조부 연이 잠실에 보내게 되었다."[83] 『후한서』 「진충전」에 "진충이 잠실형을 없앨 것을 청하였다"[84]는 기록이 있다. 이미 문제가 그것을 없앴다고 했는데 어떻게 다시 이 죄에 연루되는 자가 있고 이 형벌을 없앨 것을 청하는 자가 있겠는가? 혹시 궁형을 없앤 지 얼마 안 돼서 다시 부활시킨 것인가? 과연 그렇다면 한나라 육형이 마땅히 네 가지가 있어야 할 것이다.

【원문】 死罪欲腐者許之.(景帝紀)

【역문】 사죄에 해당하는 자가 부형을 원하면 허락해 준다.[85](『한서』 「경제기」)

【세주 원문】 按宮卽呂刑之椓, 始於有苗, 周時公族無刑宮. 史記集解引三輔故事云, 始皇時隱宮之徒至七十二萬, 是宮刑其來已久. 尙書呂刑注, 宮, 次死之刑也. 司馬遷報任少卿書其次髡毛髮, 嬰金鐵, 受辱, 謂髡刑也, 其次毀肌膚, 斷支體, 受辱, 謂肉刑也, 最下腐刑極矣, 謂宮刑也. 是宮刑本爲次死之罪. 自景帝立此令后, 至武帝時, 司馬遷以李陵降匈奴, 張安世兄賀以衞太子賓客, 皆下蠶室. 光武二十八年三十一年, 詔死罪繫囚, 皆一切募下蠶室, 女子宮. 明帝永平八年, 詔大逆無道殊死者, 一切募下蠶室. 章帝建初七年, 元和元年, 章和元年, 詔犯殊死, 一切募下蠶室, 其女子宮. 和帝永元八年, 詔犯大逆, 募下蠶室, 女子宮. 終漢之世, 時以宮刑代死罪,

---

81 『史記』 권10 「孝文本紀」, 『漢書』 권5, 「景帝紀」에도 같은 내용이 나온다.
82 『漢書』 권93 「李延年傳」, 3725쪽. "延年坐法腐刑."
83 『後漢書』 권81 「周嘉列傳」, 2675쪽.
84 『後漢書』 권46 「陳忠列傳」, 1556쪽.
85 『漢書』 권5 「景帝紀」 147쪽. "秋, 赦徒作陽陵者死罪; 欲腐者, 許之."

皆沿景帝定制也.

【세주 역문】 궁은 즉『상서』「여형」의 탁이다.[86] 유묘[87]에 의하여 기원된 것이며 주나라 때 귀족에게는 궁형이 없었다.『사기집해』에서「삼보고사」를 인용하면서 이르기를, "진시황 때에 은궁(隱宮)[88]의 무리가 72만에 이르렀다."고 하였으니 궁형은 유래가 이미 오래되었다.『상서』「여형」주에 이르기를, "궁은 사형 다음에 무거운 형벌이다"라고 하였다. 사마천의 '보임소경서'[89]에 의하면 "그 다음은 모발(毛髮)을 깎고 쇠로 된 족쇄를 목에 걸어서 모욕을 당하는 것이니 곤형이라고 부른다. 또 다음은 살갗을 훼손하고 지체를 끊어서 모욕을 당하는 것이니 육형이라고 한다. 최하등급으로 부형은 최고의 치욕을 받는 것이다. 궁형이라고 한다."[90]라고 하였다. 이것은 궁형이 본래 사형 다음의 형벌인 것이다. 경제가 이 영을 설립한 후에 그때부터 문제 때에 이르기까지 사마천은 이릉이 흉노에게 투항한 일 때문에, 장안세의 형 장하는 위태자의 빈객이기 때문에 모두 잠실에 보내졌다. 광무 28년(기원후 52년)과 31년(기원후 55년)에 조서에 이르기를, "사형에 처해야 할 죄로 인해서 옥에 갇힌 죄수를 모두 불러 모아서 잠실에 보내게 하고 여자는 궁에 유폐하라."라고 하였다. 명제 영평8년(기원후 65년)에 조서에서 말하기를, "대역무도의 행위로 참수형에 해당하는 자를 모두 모아서 잠실로 보내게 하라"라고 하였다. 장제 건초7년(기원후 82년)과 원화원년(기원후 84년), 또한 장화원년(기원후 87년)에 조서를 내리고 "참수형에 해당하는 죄를 저지른 자를 모두 모아서 잠실에 보내게 하고 여자는 궁에 유폐하라."라고 하

---

86 『尚書正義』권19,「呂刑」제29, 535쪽. "殺戮無辜, 爰始淫爲劓、刵、椓、黥".

87 有苗: 즉 三苗.

88 隱宮: 程樹德은 궁형을 받은 자로 보고 있지만, 여기에서의 '隱宮'은 '隱官'일 가능성이 높다. '隱官'은『二年律令』제124簡: "庶人以上・司寇、隷臣妾無城旦舂、鬼薪白粲罪以上, 而吏故爲不直及失刑之, 皆以爲隱官(庶人 以上・司寇・隷臣妾인 자가 城旦舂・鬼薪白粲 이상의 罪가 없는데도, 관리가 故意로 경중을 달리하였거나 과오에 의해서 肉刑을 집행하였다면, 모두 隱官으로 한다)."의 사례에서 보듯이 형벌을 잘못하여 육형을 받은 자로 비록 누명을 벗더라도 이미 신체가 불완전하기 때문에 '隱官'이 된다.

89 報任少卿書: 사마천이 무고의 난에 연루되어 형살의 위기에 처해 도움을 요청하는 친구 任少卿(이름은 安)의 서신에 대해 쓴 답신이다.『한서』의「사마천전」및『문선』권41에 수록되어 있으며, '報任安書'라고도 한다.

90 『漢書』권62「司馬遷傳」, 2732쪽. "其次鬄毛髮嬰金鐵受辱, 其次毀肌膚斷支體受辱, 最下腐刑, 極矣."

였다. 화제 영원8년(기원후 96년)에 조에 이르기를, "대역의 죄를 범한 자를 모아서 잠실에 보내게 하고 여자는 궁에 유폐하라"라고 하였다. 한나라가 끝날 때까지 때때로 궁형으로 사죄를 대체하였다. 이것은 모두 경제 때 확립된 제도를 따른 것이다.

● 刖右趾(文帝時廢當斬右趾者棄市.)
월우지(문제 때 우지를 자르는 형벌을 없애고 기시로 바꾸었다.)

【원문】 趾、足也, 當斬右足者, 以其罪次重, 故從棄市.(刑法志注)

【역문】 지는 발이다. 우측 발을 잘라야 하는 형벌에 해당되는 자는 그의 죄가 [사형]다음으로 무겁기 때문에 기시를 따르는 것이다.[91](『한서』「형법지」주)

【원문】 右趾謂刖其右足.(明帝紀注)

【역문】 우지는 우측 발을 베는 것을 뜻한다.[92](『후한서』「현종효명제기」주)

【원문】 繇言於明帝曰, 宜如孝景之令, 當棄市欲斬右趾者許之.(魏志鍾繇傳)

【역문】 종요가 명제에게 상주하여 말하기를, "효경제의 법령과 같이 기시에 해당하여도 참우지를 원하는 자는 이를 허락해주십시오."라고 하였다.[93](『위서』「종요전」)

【세주 원문】 按明帝永平十五年詔, 贖死罪縑四十匹, 右趾髡鉗城旦舂十四, 完城旦

---

91 『漢書』권23「刑法志」注, 1099–1100쪽. "師古曰: 「止, 足也. 當斬右足者, 以其罪次重, 故從棄市也, …」".

92 『後漢書』권2「顯宗孝明帝紀」注, 98쪽.

93 『三國志』권13, 『魏書』, 「鍾繇傳」, 397쪽, "使如孝景之令, 其當棄市, 欲斬右趾者許之." 이 文章을 그대로 읽으면 景帝 時期에 死刑의 代替刑으로 斬右趾刑이 復活되었다고 보지 않을 수 없다. 實際로 濱口重國도 景帝 時期에 一時的으로 斬右趾刑이 復活되고 곧 再次 廢止된 것으로 解釋하고 있다. 이에 比하여 冨谷至는 斬右趾의 復活을 주장했던 鍾繇가 鈦右趾를 斬右趾로 착각한 것으로 보고 있다(冨谷至,「漢代刑罰制度考證–鈦左右趾刑」,『秦漢刑罰制度の研究』, 同朋社, 1998).

至司寇五匹. 章帝建初七年, 章和元年詔, 均列右趾罪名, 然漢書不載景帝有此令, 緜生於漢季, 其言當有所本. 舊唐書刑法志戴冑魏徵言舊律令重, 於是議絞刑之屬五十條, 免死罪, 斷其右趾, 應死者多蒙全活. 太宗尋又愍其受刑之苦, 謂侍臣曰: 前代不行肉刑久矣, 今忽斷人右趾, 意甚不忍. 諫議大夫王珪對曰: 古行肉刑, 以爲輕罪, 今陛下矜死刑之多, 設斷趾之法, 格本合死, 今而獲生, 刑者幸得全命, 豈憚去其一足, 且人之見者, 甚足懲誡. 上曰: 本以爲寬, 故行之, 然每聞惻愴不能忘懷. 又謂蕭瑀陳叔達等曰: 朕以死者不可再生, 思有矜愍, 故簡死罪五十條, 從斷右趾, 朕復念其受痛, 極所不忍. 叔達等咸曰: 古之肉刑, 乃在死刑之外, 陛下於死刑之內, 改從斷趾, 便是以生易死, 足爲寬法. 上曰: 朕意以爲如此, 故欲行之. 又有上書言此非便, 公可更思之. 其後蜀王法曹參軍裴弘獻又駁律令不便於時者四十餘事, 太宗令參掌刪改之, 弘獻於是與(房)玄齡等建議, 以爲古者五刑, 刖居其一, 及肉刑廢, 制爲死流徒杖笞, 凡五等, 以備五刑, 今復設刖足, 是爲六刑, 減死在於寬弘, 加刑又加煩峻, 乃與八座定議奏聞. 於是又除斷趾法, 改爲加役, 流三千里, 居作二年.

又按周禮刖罪五百, 左傳刖强鉏, 家語季羔爲衛士師, 刖人之足, 刖蓋本周制. 韓非子楚人和氏得玉璞楚山中, 獻之厲王, 王以和爲誑而刖其左足. 武王卽位, 和又奉其璞而獻之武王, 王又以和爲誑而刖其右足. 是刖有左右足之別, 在六國時已如此.

【세주 역문】 명제 영평15년(기원후 72년)에 조서에 이르기를, "사죄를 속죄하려면 겸[94]을 40필[95]을 바치고, 우지에서 곤겸성단용까지는[96] 겸을 10필을 바치고, 완성단용에서 사구에 이르기까지는 겸을 5필[97]을 바쳐야 한다."[98]라고 하였다. 장제 건초7년과 장화 원년의 조서에서 모두 우지의 죄명이 기재되어 있지만,『한서』에서 경제

---

94 縑: 合絲 비단. 생사로 짠 명주, 비단.

95 『後漢書』권2「顯宗孝明帝紀」, 98쪽에는 20필로 되어 있다.

96 髡鉗: 머리를 깎고 칼을 목에 씌우는 것. 여기에서는 具體的인 刑罰의 名稱이 아니라 刑罰의 分類를 표시하는 總稱으로 이해된다. 髡鉗城旦春: 사료상 髡鉗城旦春에는 여러 형태가 있는데, ① 髡鉗城旦, ② 髡鉗城旦+笞一百, ③ 髡鉗城旦+笞二百, ④ 鈇左趾+笞二百, ⑤ 鈇右趾+笞二百(濱口重國,「漢代の鈇趾刑と曹魏の刑名」,『秦漢隋唐史の研究』, 東京大學出版會, 1966)의 설과 ① 髡鉗城旦春, ② 髡鉗城旦春鈇左趾, ③ 髡鉗城旦春鈇右趾, ④ 髡鉗城旦春鈇左右趾(富谷至,「漢代刑罰制度考證－鈇左右趾刑」,『秦漢刑罰制度の研究』同朋社, 1998.)의 설이 있다.

97 『後漢書』권2「顯宗孝明帝紀」, 98쪽에는 3필로 되어 있다.

98 『後漢書』권2「顯宗孝明帝紀」, 98쪽. "死罪入縑二十匹, 右趾至髡鉗城旦春十匹, 完城旦春至司寇作三匹."

때에 이런 영이 있다고 기록하지 않았다. 종요가 한나라 사람이었는데 그의 말은 반드시 어떤 근거가 있었을 것이다. 『구당서』 「형법지」에 의하면, 대주(戴胄)와 위징(魏徵)이 옛 율령은 무겁다고 하였다. 이에 교형과 같은 형벌 오십 조를 논의해서 사죄를 면제하고 우지를 자르도록 하였다. 사형을 당해야 하는 자가 대부분 목숨을 보전하였다. 당태종이 얼마 되지 아니하여 또 그들이 육형을 받는 고통을 가엾게 느껴서 가까운 신하에게 말하기를, "전대에 육형을 오랫동안 실행하지 않았는데 지금 갑자기 사람의 우지를 자르는 것은 마음에 차마 할 수 없다."라고 하였다. 간의대부 왕규가 말하기를, "옛날에 육형을 실행하는 것을 경죄로 생각하였는데, 지금 폐하께서 사형이 많은 것을 가엾게 여겨서 단지의 법을 설치하신 것입니다. 법식으로 마땅히 사형을 받아야 하는 자가 지금 목숨을 건지게 된 것입니다. 형자가 다행히 목숨을 보전할 수 있는데 어찌 발 하나를 잃어버리는 것을 두려워하겠습니까? 그리고 그것을 보는 사람에게 매우 충분히 징계할 수도 있습니다."라고 대답하였다. 태종이 말하기를, "원래 그것을 관대하게 생각해서 행한 것이다. 그런데 매번 단지의 고통을 들을 때마다 마음에서 잊지 못한다."라고 하였다. 태종이 다시 소우와 진숙달 등에게 "나는 죽은 자가 다시 살아날 수 없다고 생각하고 불쌍하고 가엾게 여겨서 사죄 50조를 간략하게 하고 죄수의 우지를 자르는 것을 따르는 것이다. 나는 또 그들의 고통을 생각하니 차마 하지 못하는 바가 있다."라고 하였다. 진숙달 등이 모두 말하기를, "옛날의 육형은 [사형과 구분되어] 사형 밖에 있던 것인데, 폐하께서는 사형 안으로 집어넣어 단지하는 것으로 고치셨습니다. 이것은 바로 생형으로 사형을 바꾼 것이니 충분히 관대한 법이라 할 수 있는 것입니다."라고 하였다. 태종이 말하기를, "이것은 짐도 그렇게 생각하여 시행하고자 한 것이었다. 그러나 이것이 좋지 않다고 상서를 올린 자들이 있으니 너희들은 다시 생각해보도록 하라."라고 하였다. 그 뒤에 촉왕의 법조 참군 배홍헌이 또 지금에 합당하지 않은 율령 40여 사항을 논박하였다. 태종이 참장으로 하여금 그것들을 삭제하거나 수정하도록 명령을 내렸다. 배홍헌이 이에 방현령 등과 함께 태종에게 건의를 하였다. "옛날 5형 중에 월형이 그 하나이었습니다. 육형이 폐지됨에 이르러서 사·유·도·장·태로 만들었으니 모두 다섯 등급으로 5형을 갖추었습니다. 지금 다시 월족형을 설치하였으니 6형이 된 것입니다. 사형을 줄이는 일은 너그럽고 도량이 큰 정치에 해당하고 형벌을 더하는 것은 번거로움과 준엄함을 더합니다."라고 하였다. 이에 6부상서 및 좌우복야와 함께 토의하고 황상에게 아뢰었다. 그리하여 또 단지법을 없애고 부역을 더하여 유배형 3천리, 노역2년으로 바꾸었다.

또한 『주례』에서 월죄가 오백의 조목이 있다고 하였고,[99] 『좌전』에 "강서[100]에게 월형을 가하였다"[101]는 기록이 있었으며 『가어』[102]에서 계고[103]가 위나라의 사사[104]가 되어서 (죄를 지은) 사람의 발을 잘랐다고 하였다. 그러므로 월은 아마 본래 주나라의 제도이었을 것이다. 『한비자』의 기록에 의하면 초나라 사람인 화씨가 초산[105]에서 옥덩어리[106]를 발견하여 그것을 받들어 여왕에게 바쳤다. [여왕이 옥인에게 감정하게 하였다. 옥인이 말하기를 "돌입니다."라고 하였다.] 여왕이 화씨가 자신을 속였다고 생각해서 화씨의 왼쪽 발을 잘랐다. [여왕이 죽고] 무왕이 즉위하자 화씨가다시 그 옥덩어리를 받들어 무왕에게 바쳤다. [무왕이 옥인에게 감정하게 하였다. 또말하기를 "돌입니다."라고 하였다.] 무왕이 또 화씨가 자신을 속였다고 생각해서 오른쪽 발을 잘랐다.[107] 월형은 월좌족과 월우족의 구별이 있었던 것은 6국[108] 시대에이미 이와 같았다.

---

99 『周禮正義』 권68, 「秋官司寇」, '司刑', 2835쪽.
100 強鉏는 중국 춘추 시기에 鄭國人.
101 『春秋左傳正義』(李學勤 主編, 『十三經注疏(標點本)』, 北京大學出版社, 1999), 255쪽, '莊公十六年條', "殺公子閼, 刖強鉏".
102 家語: 즉 『孔子家語』. 魏나라 王肅이 엮은 책으로, 공자의 언행 및 제자들과의 문답과 논의를 기록한 책.
103 季羔는 위나라의 옥관이었다.
104 士師: 고대 중국에서 법령과 형벌에 관한 일을 맡아보던 재판관.
105 楚山: 荊山. 호북성에 위치함.
106 玉璞: 산에서 파낸 가공하지 않은 옥덩어리.
107 『韓非子』 「和氏」 13, "楚人和氏得玉璞楚山中, 奉而獻之厲王, 厲王使玉人相之, 玉人曰石也. 王以和爲誑而刖其左足. 及厲王薨, 武王卽位, 和又奉其璞而獻之武王, 武王使玉人相之, 又曰石也. 王又以和爲誑而刖其右足."
108 六國: 전국시대의 齊, 楚, 燕, 韓, 魏, 趙의 여섯 나라.

◉ 刖左趾(文帝時廢當斬左趾者笞五百. 景帝元年減爲三百, 六年又減爲二百.)

월좌지(문제 때에 좌지를 잘라야 하는 형벌을 없애고 '태5백'으로 바꾸었다. 경제 원년에 3백으로 줄였고 6년에 다시 2백으로 줄였다.)

【세주 원문】 按漢時尚有以鈦左右趾代刖之制. 食貨志私鑄鐵器鬻鹽者, 鈦左趾. 刑法志注、臣瓚曰, 文帝除肉刑, 皆有以易之, 故以完易髡, 以笞易劓, 以鈦左右趾易刖. 史記平準書鈦左趾, 注、鈦踏脚鉗. 張斐漢晉律序云, 狀如跟衣, 著足下, 重六斤, 以代刖. 考光武帝紀注引蒼頡篇云, 鉗鈦也; 前書音義, 鈦、足鉗也. 朱穆傳臣願黥首繫趾. 注、繫趾, 謂鈦其足也, 以鐵著足曰鈦. 陳萬年傳注, 鈦在足, 以鐵爲之. 魏武帝定甲子科, 犯鈦左右趾者易以斗械, 是時乏鐵, 故易以木, 事見晉志.

【세주 역문】 한나라 때 또한 체좌우지로 월형을 대체하는 제도가 있었다. 『한서』 「식화지」에 "개인이 사사로이 철기를 주조하거나 소금을 파는 자는 체좌지를 가한다."[109] 고 기재되어 있다. 『한서』 「형법지」의 주에 신찬이 "문제가 육형을 없애는 것은 모두 어떤 것으로 그것을 대체한 것이다. 그러므로 완형으로 곤형을 바꾸었으며 태형으로 의형을 바꾸었고 체좌우지로 월형을 바꾸었다."라고 하였다. 『사기』 「평준서」에 "체좌지"의 기록이 있는데 주에 "체는 발판을 채우는 차꼬이다."[110]라고 해설하였다. 장비의 『한진율서』에 이르기를, "그것의 모양이 근의[111]와 같으며 왼발 아래에 채우고, 무게는 6근이고, 무릎 아래를 자르는 빈형(臏刑)을 대신하였고, [북위 태무제 때에 이르러 월형을 대신하였다.]"[112]라고 하였다. 『후한서』 「광무제기」 주에 『창힐편』을 인용해서 "겸(鉗)은 체(鈦)이다."라고 하였으며 『전서음의』에 '체는 발에 차꼬를 채우는 것이다.'라고 하였다.[113] 『후한서』 「주목전」에 이르기를, "소신이 '얼굴에 자자하고 발을 속박(경수계지)'하기를 원합니까?'라고 하였으며 주에서 "계지는 발

---

109 『漢書』 권24하 「食貨志」, 1166쪽, "敢私鑄鐵器煮鹽者, 鈦左趾".
110 『史記』 권30 「平準書」, 1429쪽의 注, "鈦, 踏脚鉗也".
111 跟衣: 발꿈치의 옷처럼 발꿈치를 쌀 수 있는 것.
112 『史記』 권30 「平準書」, 1429쪽의 注, "狀如跟衣, 著(足)[左]足下, 重六斤, 以代臏, 至魏武改以代刖也".
113 『後漢書』 권1하 「光武帝紀」, 74쪽의 注, "倉頡篇曰:「鉗, 鈦也.」 音奇炎反. 前書音義曰:「鈦, 足鉗也.」"

을 체[114]하는 것을 이른다. 쇠로 발을 싸는 것을 체라고 한다."[115]라고 해설하였다. 『한서』「진만년전」주에 이르기를, "체는 발에 하는 것이며 쇠로 만들어진 것이다."[116]라고 하였다. 위무제가 갑자과(甲子科)[117]의 법규를 정해 좌우족(左右足)을 속박하는 형벌에 해당하는 죄를 범한 자에 대해서 목제 형구로 대신하게 하였다. 당시에 철이 부족하였기 때문에 나무로 대신하게 된 것이었다.[118] 이 일은 『진서』「형법지」에 보인다.

【원문】 笞者箠長五尺, 其本大一寸, 其竹也, 末薄半寸, 皆平其節, 當笞者笞臀, 毋得更人, 畢一罪乃更人. 注、 如淳曰, 然則先時笞背也.(刑法志)

【역문】 [승상 유사(劉舍)[119]와 어사대부 위관(衛綰)[120] 등이] "태의 길이는 5척으로, 하부의 두께는 1촌으로, 대나무로 만들고, 상부의 두께는 반촌(半寸)으로 하고, 대나무 마디는 모두 평평하게 한다. 태형에 처해진 범인에게는 궁둥이를 태타(笞打)한다.[121] 태형을 가하는 도중에 다른 사람으로 바

---

114 釱는 兩足을 束縛하는 刑具로 釱左趾, 釱右趾, 釱左右趾가 있다. 桎은 양다리에 각각 채우는 형구. 梏은 손목에 채우는 목제로 된 형구로 한 손목에 채운다. 桎梏은 목재로 鉗釱는 철로된 재료의 차이인 것으로 보인다. 『秦簡』에는 杕로 되어 있지만 『태평어람』 인용의 說文에는 釱로 되어 있다. 다리에 차는 차꼬를 鐵鉗으로 한 것이 주목된다.
115 『後漢書』 권43 「朱穆列傳」, 1471쪽. "臣願髡首繫趾(注髡首謂鑿額涅墨也. 繫趾謂釱其足也. 以鐵著足曰釱也.)."
116 『漢書』 권66 「陳萬年傳」 2901쪽의 師古注. "師古曰:「鉗在頸, 釱在足, 皆以鐵爲之. 鉗音其炎反. 釱音弟.」"
117 甲子科: 曹操가 魏王으로 受封된 후 제정한 법규. 甲子는 干支의 首位로 처음 만들어졌다는 의미. 一說로는 甲子日에 반포한 법령으로 보기도 한다. 『唐六典』 注에는 "魏武爲相, 造甲子科造"라 하고 있다.
118 『晉書』 권30 「刑法志」, 922쪽. "及魏國建, (중략), 於是乃定甲子科, 犯釱左右趾者易以木械, 是時乏鐵, 故易以木焉."
119 劉舍: 景帝 初에 太僕으로 되고, 이어 御史大夫를 거쳐 中原三年(기원전 147년) 丞相이 되었다.
120 衛綰: 文帝 때에 中郎將을 역임하고, 景帝初에 河間王의 太傅로 되었다. 吳楚의 亂을 평정한 공으로 建陵侯에 封해졌다. 中原三年(기원전 147년)에 御史大夫로 되고 劉舍의 뒤를 이어 丞相이 되었다.
121 "診譜北(背), 治(笞)綯(胎)大如指者十三所, 小綯(胎)瘢相質五(伍)也, 道肩下到要(腰), 稱不可數(講의 등을 검진하니, 笞打로 인한 상흔 중 크기가 손가락만한 것이 13군데에 달하며 작은 상흔이 서로 종횡으로 중첩되었는데, 어깨에서 허리에 이어져 조밀해서 그 상처의 수를 헤아릴 수 없다)."(「張家山漢簡『奏讞書』案例 17)에 의하면, 어깨에서 허리까지 태타한 것이 나와 있다. 따라서 여순의 "이보다 앞서서는 등을 매질하였다."는 지적이 타당하다는 것을 알 수 있다.

꾸어 태타하는 것을 불허하고, 한 명의 죄인의 태타를 끝낸 후에 다른 사람으로 바꾸어 태타하는 것을 허락한다."라고 상청(上請)하였다. 주에 여순이 "그렇다면 이보다 앞서서는 등을 매질한 것이다."라고 하였다.[122](『한서』「형법지」)

【원문】 漢時笞則用竹, 今時則用楚.(唐律疏義)

【역문】 한나라 시기에 태형을 가할 때 대나무를 사용하였고 지금 가시나무를 사용한다.[123](『당률소의』)

【세주 원문】 按御覽引楚漢春秋曰, 上敗彭城, 降人丁固追, 上被而顧曰, 丁公何相逼之甚, 乃迴馬而去. 上卽位, 欲陳功, 上曰, 使項氏失天下, 是子也, 爲人臣用兩心, 非忠也, 使下吏笞殺之. 是漢初已用笞, 不始於文帝. 史記范雎傳魏齊使舍人笞擊雎, 折脅摺齒. 張儀傳楚相亡璧, 意疑盜, 執掠笞數百. 則六國時已常用之. 唐六典注載晉時刑制有髡鉗五歲刑笞二百, 以笞附入髡鉗, 梁律同之. 隋志載北齊律刑有五歲四歲三歲二歲一歲之差, 各加鞭一百, 其五歲者又加笞八十, 四歲者六十, 三歲四十, 二歲者二十, 惟一歲者無笞, 則以笞附入五歲以下二歲以上諸刑. 後周以笞附加於徒刑. 其以笞爲五刑之一, 自隋開皇律始, 唐因之, 沿宋明淸不改. 然漢文以笞易肉刑, 則笞爲獨立刑名, 同於隋制, 惟終漢之世, 恆視笞爲死刑, 不輕用之. 橋玄傳時上邽令皇甫禎有臧罪, 玄收考髡笞, 死於冀市, 一境皆震. 襄楷傳注引謝承后書, 岑晊捕(張)子禁笞殺之, 此可爲笞易致死之證. 其見於漢書各傳者, 僅耿夔傳元初元年坐徵下獄, 以減死論笞二百, 他不槪見. 蓋執法者苟非欲抵之於死, 恆不行笞, 而孝章以後, 且時有勿笞之令, 是則漢雖有笞刑, 仍不常用也. 景帝減笞爲二百, 然以他書考之, 則中葉以後, 此令漸弛. 東觀漢記郅惲傳芒守丞韓龔受大盜丁仲錢, 阿擁之, 加笞八百, 不死. 御覽引益部耆舊傳杜眞兄事同郡翟酺, 酺後被繫獄, 眞上檄章救酺, 繫獄, 笞六百, 竟免酺難. 此犯笞之所以恆致死也. 唐律疏議今律之累決

---

[122] 『漢書』 권23 「刑法志」, 1100쪽.
[123] 『唐律疏議』, 「名例」 1, '笞刑五', 3쪽.

笞杖者, 不得過二百, 蓋循漢制.

【세주 역문】『태평어람』에서 『초한춘추』를 인용해서 말하기를, "한고조 유방이 팽성[124]에서 패배하였는데, 강인 정고[125]가 뒤쫓고 있었다. 유방이 산발한 채[126] 돌아보아서 '정공께서 왜 이렇게 저를 핍박하십니까?'라고 물어보았다. 그리하여 정고가 말을 돌려 가버렸다. 상이 즉위할 때에 이르러서 정고가 공로를 자랑하려고 하였으나 상이 '항씨가 천하를 잃도록 만든 사람은 바로 당신이다. 신하로서 두 마음을 가졌으니 충심이 아니다.'라고 하였고 관리를 시켜 정고를 매질해 죽이도록 하였다."[127]라고 하였다. 이것은 한나라 초기에 이미 태형을 사용한 것으로 문제 때에 시작된 것이 아니라는 것이다. 『사기』「범수전」에 이르기를, "위제가 사인으로 하여금 범수를 매질하도록 해서 [범수는] 갈비뼈가 부러지고 이가 뽑혔다."[128]라고 하였다. 『사기』「장의전」에는, "초나라 승상이 옥벽을 잃어버렸는데 [승상부의] 하리가 장의가 훔쳤다고 의심하였다. 그리하여 장의를 잡아서 수백 대 매질하였다."[129]고 하였다. 이것은 전국시대에 이미 태형을 상용(常用)했다는 것을 의미한다. 『당육전』주에서 진(晉)나라 때 형벌제도 중에 '곤겸5년형+태2백'[130]이란 것이 있었으니 태형을 곤겸에다가 덧붙인 것이다. 양률(梁律)도 이와 같았다. 『수서』「형법지」의 기록에 의하면, 북제의 율형은 5년, 4년, 3년, 2년, 1년의 차이가 있었고 각각 편(鞭) 1백을 더한다. 그중에서 5년형에는 또 태 80대를 더하고 4년형에는 60대를 더하며 3년형에는 40을 더하고 2년형은 20을 더한다. 오직 1년형만 태가 없었다.[131] 그러므로 태를 5년형 이

---

124 彭城은 지금의 徐州이다. 江蘇省에 위치한다.

125 丁固는 秦朝末年 薛縣人으로 西漢의 大將 季布의 同母異父의 弟. 楚霸王 項羽의 武將. 기원전 205年, 劉邦이 彭城의 전투에서 大敗하고 도망가는데, 丁固가 彭城 서쪽에 있는 병사를 이끌고 劉邦을 추격하는데, 매우 근접하여 劉邦이 급하게 되자 劉邦이 丁固를 설득하여 추격을 멈추게 하였다.

126 被: 머리카락을 흩트리다. 산발하다. 陸賈의 『楚漢春秋佚文』에는 被髮로 되어 있다. 즉, 머리를 풀어 헤치다는 의미이다.

127 (宋)李昉 等撰, 『太平御覽』(夏劍欽校點, 河北教育出版社, 2000) 권373,「人事部」, 117쪽. "上敗彭城, 薛人丁固追上, 上被髮而顧曰:「丁公, 何相逼之甚?」乃迴馬而去. 上即位, 欲陳功, 上曰:「使項氏失天下者是子也. 爲人臣兩心, 非忠也.」使下吏笞殺之."

128 『史記』 권79,「范雎蔡澤列傳」(范雎), 2401쪽. "魏齊大怒, 使舍人笞擊雎, 折脅摺齒."

129 『史記』 권70,「張儀列傳」, 2279쪽. "楚相亡璧, 門下意張儀, 曰:「儀貧無行, 必此盜相君之璧.」共執張儀, 掠笞數百."

130 『唐六典』 권1,「尚書刑部」 권6, 181쪽. "髡刑有四, 一曰髡鉗五歲刑, 笞二百."

하 2년형 이상의 모든 형에 부가한 것이다. 후주 때 태를 도형에 부가하였다. 태를 5형의 하나로 간주한 것은 수나라 '개황률'에서부터 시작한 것이다. 당나라가 그것을 이었고 송·명·청이 계승하여 바꾸지 않았다. 그러나 한문제가 태로 육형을 바꾸었으니 태가 독립된 형명이었으며 수나라 제도와 같았다. 다만 한나라가 끝날 때까지 줄곧 태를 사형으로 간주하고 쉽게 사용하지 않았다. 『후한서』 「교현전」에 의하면 당시에 상규의 영인 황보정이 장죄를 범하자 교현이 그를 구속하여 '곤태(髡笞)'로 고문하여 기(冀) 시에서 사망하자 경내 전체가 모두 몹시 놀랐다.[132] 『후한서』 「양해전」 주에 사승의 『후한서』를 인용해서 "잠질이 장자금을 체포해서 그를 매질하여 죽였다."[133]라고 하였다. 이것은 태형이 쉽게 사망에 이르는 증거이다. 『한서』 각 열전에서 볼 수 있는 것은 단지 『한서』 「경기전」에 원초 원년에 경기가 죄를 입어서 하옥되었는데 감사(減死)로 태2백을 당하였다고 하는 기록이 있다. 나머지는 대개 보이지 않는다. 대개 법을 집행하는 자는 함부로 죄수를 죽음에 넣으려고 하지 않아서 항상 태형을 가하지는 않는다. 효장제 이후에 자주 태를 가하지 말라는 명령이 있었으니 이것은 한나라 때 비록 태형이 있었지만 여전히 항상 사용한 것은 아니었다. 한 경제가 태형을 이백으로 줄였으나 다른 책으로 고증하면 중엽 이후에 이 명령은 점차 해이해졌다. 『동관한기』 「질운전」에 "왕망의 수승(守丞)인 한공이 대도 정중의 돈을 받아서 그를 두둔하여 태 팔백을 더했으나 죽지 않았다."[134]고 하였다. 『태평어람』에서 『익부기구전』을 인용한 바에 두진의 형이 같은 군의 적포를 섬겼는데, 후에 적포가 감옥에 수감되었다. 두진이 황제에게 격장을 올려서 적포를 구하려고 하다가 자신도 감옥에 수감되어 태 육백을 당하였는데 마침내 적포의 어려움을 면하게 하였다. 이것은 태를 당하고 나면 보통 죽음에 이르렀다는 것이다. 『당률소의』에 이르기를, "지금 율령에 태(笞)와 장(杖)을 누계해서 집행해야 할 자는 200대를 초과할 수 없다."고 하였는데, 대개 한나라의 제도를 따른 것이다.[135]

---

131 『隋書』 권25 「刑法志」, 705쪽.

132 『後漢書』 권51 「橋玄列傳」, 1695쪽.

133 『後漢書』 권30하 「襄楷列傳」, 1077쪽.

134 (東漢)劉珍 等 撰, 吳樹平 校注, 『東觀漢記校注』(中州古籍出版社, 1987)권14, 「郅惲傳」, 561쪽.

135 『唐律疏議』 권1 「名例」 2, '杖刑五', 4쪽.

◉ 劓(文帝時廢當劓者笞三百, 景帝元年減爲二百, 中六年又減爲一百.)

의[문제 때 의형을 폐지하고 태삼백으로 바꾸었다. 경제 원년에 이백으로 줄였고, 경제 중육년(기원전 144년)에 다시 일백으로 줄였다.]

【세주 원문】 按周禮劓罪五百. 楚策王使劓之, 毋使逆命. 御覽引楚漢春秋王彊數言事, 有告之者, 下廷尉劓. 漢初蓋沿舊制, 迄文帝而廢.

【세주 역문】 『주례』에는 "의죄오백"이 있었다.[136] 『전국책』「초책」에 이르기를, "왕이 [그녀의] 코를 자르게 하고 누구도 왕의 명령을 거역할 수 없게 하였다."[137]고 하였다. 『태평어람』에서 『초한춘추』를 인용해서 "왕강이 여러 차례 계책을 올린 것이 잘 맞았다. 그를 고하는 자가 있자 그를 정위에게 보냈는데 의형에 처해졌다."[138]라고 하였다. 한초에 대개 진나라 제도를 따른 것인데 문제 때에 이르러서 폐지하였다.

◉ 黥(文帝時廢當黥者髡鉗爲城旦舂.)

경(문제 때 경형[139]에 해당하는 자를 없애고 곤겸성단용으로 바꾸었다.)

【세주 원문】 按史記太子犯法, 衞鞅黥其師公孫賈, 黥布秦時爲布衣, 及壯坐黥, 漢蓋沿秦制. 御覽引晉令奴婢亡黥兩眼, 梁書除黥面之刑, 宋史刑法志竊盜滿七貫者決杖黥面, 隸牢城. 文帝雖廢黥, 而六朝仍相沿用之, 特不列爲刑名耳.

【세주 역문】 『사기』에 "태자가 법을 범하였으니 위앙이 그의 스승 공손가를 경형에 처하였다."[140]고 하였으며 "경포[141]가 진나라 때에 일개 평민 백성이었는데, 장년에

---

136 『周禮正義』 권68, 「秋官司寇」'司刑', 2835쪽. "墨罪五百, 劓罪五百, 宮罪五百, 刖罪五百, 殺罪五百."

137 高誘注, 『戰國策2』(上海書店出版社, 1987) 권17, 「楚策」4, 35쪽. "王曰:「悍哉!」令劓之, 無使逆命."

138 『太平御覽』 권648, 「刑法部14」, 96쪽. "正彊數言事而当. 上使參乘, 解玉劍以佩之. 天下定, 出以爲守. 有告之者, 上曰:「天下方急, 汝何在?」曰:「亡」. 上曰:「正彊沐浴霜露, 與我從軍, 而汝亡, 告之何也?」下廷尉劓."

139 여기에서의 '黥刑'은 黥刑+城旦舂, 즉 黥城旦舂을 가리킨다.

140 『史記』 권68, 「商君列傳」, 2231쪽. "於是太子犯法. 衞鞅曰:「法之不行, 自上犯之.」將法太子. 太子, 君嗣也, 不可施刑. 刑其傅公子虔, 黥其師公孫賈."

141 黥布의 원래의 이름이 英布이다. 경형을 받아 경포로 불렸다.

이르러 죄를 범하여 '경(黥)'형을 당하였다.[142]"라고 하였다. 한나라는 대개 진나라의
제도를 이어받은 것이다. 『태평어람』에서 「진령」을 인용하기를, "노비가 도망가면
두 눈 사이에 경형을 가한다."[143]라고 하였다. 『양서』에서는, "얼굴에 자자하는 형을
제거한다."라고 하였다. 『송사』「형법지」에 이르기를, "절도한 것이 7관에 이르는
자는 장형에 처하고 얼굴에 자자하고 뇌옥에 가두고 [노역을 시킨다.]"[144]라고 하였
다. 문제가 비록 경형을 폐지하였으나 육조 때에 계속 이어 사용하였다. 그러므로 특
별히 형명으로 나열하지 않았다.

◉ 髡刑 五歲刑 髡鉗城旦春 곤형 오세형 곤겸성단용

【원문】 男髡鉗爲城旦, 女爲春, 皆作五歲.(漢舊儀)

【역문】 남자는 곤겸해서 성단으로 하고, 여자는 용으로 삼는다. 모두 5년간
노역을 한다.[145](『한구의』)

【원문】 凌爲長, 遇事髡刑五歲, 當道掃除.(魏志王凌傳注)

【역문】 왕릉이 발간현(發干縣)의 장이 되었으나 뜻밖의 일이 발생하여 곤형
5세를 당하였고 길에서 청소하는 노역을 하였다.[146](『위지』「왕릉전」주)

【원문】 鉗以鐵束頸也.(高祖紀注)

【역문】 겸은 쇠로 목을 결박하는 것이다.[147](「고조기」주)

---

142 『史記』 권91 「黥布列傳」, 2597쪽, "黥布者, [중략] 秦時爲布衣. [중략] 及壯, 坐法黥."
143 『太平御覽』 권648 「刑法部14」, 96쪽, "奴婢亡, 加銅靑若墨黥. 黥兩眼. 後再亡, 黥兩頰上. 三亡, 橫
　　黥目下."
144 『宋史』 권200 「刑法志」, "令竊盜滿十貫者, 奏裁; 七貫, 決杖, 黥面, 隸牢城."
145 漢衛宏撰, 『漢舊儀』 권下(孫星衍等輯, 周天游點校, 『漢官六種』 北京中華書局, 1990 第一版) '中宮
　　及號位', 85쪽, "男髡鉗爲城旦, 城旦者, 治城也; 女爲春, 春者, 治米也, 皆作五歲."
146 『三國志』 권28 「魏書」, 「王凌傳」 757쪽의 注, "凌爲長, 遇事, 髡刑五歲, 當道掃除."
147 『漢書』 권1하 「高帝紀」, 67쪽, "師古曰:「鉗, 以鐵束頸也.」"

【원문】 鉗在頸, 以鐵爲之.(陳萬年傳注)

【역문】 겸은 목에 하는 것으로 철(쇠)로 만든 것이다.[148](「진만년전」 주)

【원문】 以鐵鐕頭曰鉗, 鐕足曰釱, 鬄髮曰髡.(急就篇顏注)

【역문】 쇠로 머리를 싸는 것을 겸이라고 부르며, 발을 싸는 것을 체라고 부른다. 머리를 깎는 것을 곤이라고 부른다.[149](『급취편』 안주)

【원문】 城旦, 輕刑之名也, 晝日伺寇虜, 夜暮築長城, 故曰城旦.(韓稜傳注)

【역문】 성단은 가벼운 형벌의 이름이다. 낮에는 구로(寇虜)를 정찰하고 밤에는 장성을 쌓는다. 그러므로 성단이라고 한 것이다.[150](「한릉전」 주)

【세주 원문】 按刑法志穿窬之盜忿怒傷人, 男女淫泆, 吏爲姦臧, 若此之惡, 髡鉗之罰. 又不足以懲云云, 是漢時此等罪名皆處五歲刑也. 書鈔四十五引風俗通云, 秦始皇遣蒙恬築長城, 徒士犯罪止依鮮卑山, 後遂繁, 悉令皆髡頭衣赭. 史記始皇本紀燒詩書百家語, 令下三十日不燒, 黥爲城旦, 是髡與城旦, 皆秦制也. 周禮司屬女子入於舂稿, 舂蓋本周制. 晉志載魏髡刑凡四等, 漢無考. 又按當時定制, 減死一等即入髡鉗. 仲長統傳, 肉刑之廢, 輕重無品, 下死則得髡鉗, 下髡鉗則得鞭笞. 注、下猶減也. 王吉傳, 惟吉以忠直數諫得減死, 髡爲城旦. 鮑宣傳遂抵宣罪, 減死一等髡鉗. 何並傳, 爲弟請一等之罪, 願蚤就髡鉗, 注、如淳曰, 減死罪一等. 蔡邕傳, 有詔減死一等, 與家屬髡鉗, 徙朔方. 馬端臨文獻通考論之曰, 當時死刑至多, 而生刑反少, 髡鉗本以代墨, 乃刑之至輕者, 然減死一等, 即止於髡鉗, 加一等即入於死, 而笞箠所以代剕劓者, 不聞施用矣.

【세주 역문】 『한서』 「형법지」에 "벽을 넘고 창문을 뚫어 절도를 하고, 분노하여 타인을 상해하고, 남녀가 간음(姦淫)하고, 관리들이 부정하는 등과 같은 이러한 죄는 곤

---

148 『漢書』 권66 「陳萬年傳」, 2901쪽. "師古曰:「鉗在頸, 釱在足, 皆以鐵爲之. 鉗音其炎反. 釱音弟.」"
149 (漢)史游, 『急就篇』(岳麓書社, 1989) 권4, 305쪽.
150 『後漢書』 권45 「韓稜列傳」, 1536쪽의 注. "前書音義曰:「城旦, 輕刑之名也. 晝日司寇虜, 夜暮築長城, 故曰城旦.」"

겸의 형벌로는 징벌하기에 부족하다."[151]라고 하였다. 이 때문에 한나라 때 이러한 죄명에 모두 5세형(五歲刑)을 가한 것이다. 『서초』45에[152] 『풍속통』을 인용하여 말하기를, "진시황이 몽념을 파견해서 장성을 쌓았는데 복역하는 범죄자가 도망가서 선비산에 의지하여 거주하였는데, 뒤에 점차 많아졌다. 명령을 내려 모두 머리를 깎고 붉은 옷을 입도록 하였다."[153]라고 하였다. 『사기』「진시황본기」에 이르기를, "시와 서와 백가의 책을 불태우는데, 명령을 내린 지 삼십일 될 때에 아직 불태우지 않으면 경형을 가하고 성단으로 한다."[154]라고 하였다. 곤과 성단은 모두 진나라 제도이다. 『주례』「추관.사려」에 "여자를 용고에 처한다."[155]라고 하였다. 용은 대개 주나라의 제도이다. 『진서』「형법지」에 기록하기를, "위나라 곤형은 모두 4등급이 있었다."[156]고 하였다. 한나라의 경우는 고증할 수 없다.

다시 당시의 정해진 제도에 사죄를 한 등급 감하면 곤겸형이 되었다. 『후한서』「중장통전」에 "육형을 폐지하기 때문에 형벌의 경중에 등급 차이가 없어졌다. 사형을 감하면 바로 곤겸이고 곤겸을 감하면 바로 편태이다."[157]라고 하였으며 주에 "하(下)는 감하다. 라는 뜻이다."[158]라고 하였다. 『후한서』「왕길전」에 "오직 왕길만이 충직해서 여러 차례에 간(諫)하였기 때문에 사형을 감면받아 곤해서 성단이 되었다."[159]라고 하였다. 『한서』「포선전」에 "포선이 죄를 범하자 [황제는] 이에 포선의 사죄를 1등 감면하여 곤겸[160]으로 하였다."[161]라고 하였다. 『한서』「하병전」에 "아우를 위해

---

151 『漢書』 권23 「刑法志」, 1112쪽, "至乎穿窬之盜, 忿怒傷人, 男女淫佚, 吏爲姦臧, 若此之惡, 髡鉗之罰 又不足以懲也."

152 『北堂書鈔』는 中國의 類書라 불리는 百科事典으로 成立年代가 가장 오래된 것의 하나이다. 본래 中國에서는 古代부터 分類의 학문이 존중되어 目錄이나 字書 등 分類에 의한 堅固한 文化를 구축하여 왔다. 폭넓은 知識을 簡便하게 얻을 수 있는 것이 類書의 장점이다.

153 『北堂書鈔』 권45, 148쪽, "秦始皇遺蒙恬築長城, 令徒卒皆髡頭衣楮." 이 내용은 『太平御覽』에 자세히 인용되어 있다. 『太平御覽』 649권, 「刑法部 8」, 104쪽, "'風俗通'曰: 秦始皇遺蒙恬築長城, 徒士犯罪, 亡依鮮卑山, 後逸繁息, 今皆髡頭衣楮, 亡徒之明效也"

154 『史記』 권6, 「秦始皇本紀」, 255쪽, "天下敢有藏詩、書、百家語者, 悉詣守、尉雜燒之. 有敢偶語詩書者棄市. 以古非今者族. 吏見知不擧者與同罪. 令下三十日不燒, 黥爲城旦."

155 『周禮正義』「秋官司寇」, '司厲', 2864쪽, "其奴, 男子入于罪隸, 女子入于舂藁"

156 '髡刑有四'는 『晉書』刑法志 이외에도 『唐六典』에 보인다(『唐六典』 권1, 「尙書刑部」 권6, 181쪽에 "髡刑有四, 一曰髡鉗五歲刑, 笞二百"). '髡刑有四'에 대하여는 漢律考 2의 주4)를 참고할 것.

157 『後漢書』 권49 「仲長統列傳」, 1652쪽.

158 『後漢書』 권49 「仲長統列傳」, 1652쪽의 注.

159 『漢書』 권72, 「王吉傳」, 3063쪽, "唯吉與郎中令龔遂以忠直數諫正得減死, 髡爲城旦."

[정위가 모자를 벗고] [사죄를] 1등 감면해주고 곤겸형을 받기를 원한다."[162]라고 청하였다. 주에 여순이(如淳)가 "사죄를 일등으로 감한 것이다."[163]라고 해석하였다.

『후한서』「채옹전」에 "조서를 내려 사죄를 1등 감하고 처자와 함께 곤겸에 처하여 삭방(朔方)으로 천사하게 하고 [사령으로도 면제받을 수 없게 하였다]."[164]라고 하였다. 마단림이『문헌통고』에서 논의하기를, "당시에 사형은 더할 나위 없이 많았으나 생형(生刑)은 오히려 적었다. 곤겸은 본래 묵형을 대체하는 것으로써 형벌 중의 가벼운 것이다. 그러나 감사일등(減死一等)을 하면 바로 곤겸에 그치며 한 등급을 더하면 바로 사형에 이른다. 그리고 '비의(剕劓)'를 대체하는 태추는 시용하였다는 말을 들은 적이 없었다."[165]라고 하였다.

⊙ 完刑 四歲刑 完城旦舂 완형 사세형 완성단용

【원문】完四歲.(漢舊儀)

【역문】완[166]은 4년형이다.[167](『한구의』)

【원문】諸當完者, 完爲城旦舂.(刑法志)

【역문】무릇 이제까지 완형(完刑)에 해당하는 자는 고쳐서 완(完)[168]하여 성

---

160 髡鉗: 髡鉗城旦舂을 의미한다.
161 『漢書』권72「鮑宣傳」, 3094쪽. "上逐抵宣罪減死一等, 髡鉗."
162 『漢書』권77「何並傳」, 3268쪽. "廷尉免冠爲弟請一等之罪. 願蚤就髡鉗."
163 『漢書』권77「何並傳」, 3268쪽의 注. "如淳曰 '減死罪一等.'"
164 『後漢書』권60하「蔡邕列傳」, 2002쪽. "有詔減死一等, 與家屬髡鉗徒朔方, 不得以赦令除."
165 『文獻通考』권163「刑考」2, 中華書局, 1986, 1418쪽. 剕劓; 월형과 비형. 즉 다리를 베는 형벌과 코를 베는 형벌.
166 完刑과 관련하여 韓樹峰은 시간적 변화를 고려하여 耐刑도 변화하고 있다는 견해를 제시하고 있다. 그에 의하면 秦律에서는 完刑이 (髡刑) 耐刑을 의미하고, 漢初에는 내형 또는 곤형을 의미하고, 漢文帝 개혁 후에는 육형을 가하지 않고 신체를 온전하게 한다는 의미로 변화하였다고 주장하였다.(韓樹峰,「秦漢律令中的完刑」,『中國史硏究』4, 2003.)
167 『漢舊儀』권下, '中宮及號位', 85쪽.
168 臣瓚은 "完爲城旦舂"의 完을 髡으로 해석함. 髡은 髡鉗城旦舂. 臣瓚이 이를 完이 아닌 髡으로 본 이유는, 문장대로 해석할 경우, 完을 完으로 즉, 完城旦舂을 完城旦舂으로 고치라고 하는 것이 되어 文意가 통할 수 없기 때문이었다. 臣瓚의 해석 이후 濱口重國, 內田智雄, 高潮 · 徐世虹 등이

단용(城旦舂)으로 한다.[169](『한서』「형법지」)

【원문】 應劭曰, 城旦者, 旦起行治城, 舂者, 婦人不豫外徭, 但舂作米, 皆
四歲刑. 孟康曰, 完不加肉刑, 髡鉗也.(惠帝紀注)

【역문】 응소가 말하기를, "성단은 아침에 일어나서 축성하는 것이며 용은
여자가 외요[170]에 동원하지 않고 단지 방아를 찧는 것이다. 모두 4년의
형벌이다."라고 하였다. 맹강이 말하기를, "완형은 육형을 가하지 않고
머리를 깎는 것이다."라고 하였다.[171](『한서』「혜제기」 주)

【세주 원문】 按完者, 完其髮也, 謂去其鬢而完其髮, 故謂之完, 見說文段注. 文選王
粲詩許歷爲完士, 一言猶敗秦, 則六國時已有此制, 不始於漢. 史記索隱云, 漢令完
而不髡曰耐, 是完士未免從軍也. 晉志魏定刑凡三等, 漢無考.

【세주 역문】 안(按)함: 완형은 두발을 온전하게 하는 것으로 귀밑머리를 제거하고 두
발을 그대로 놔두는 것을 가리킨다. 그러므로 '완'이라고 부르는 것이다. 이것은 단
옥재(段玉裁)의 『설문해자』에 대한 주석에서 보인다. 『문선』에는 왕찬[172]의 시에
"허력[173]은 다재다능한 사졸이라 한마디 말로 혼자서 진나라를 패배시켰네."[174]라고
하였다. 이것을 보면 전국시대에 이미 이 제도가 있었으니 한나라 때에 시작한 것이
아니다. 『사기』색은에서 말하기를, "한나라의 영에 '완하여 곤하지 않는 것을'을 '내

많은 사람들이 이 견해를 따르고 있다. 顏師古도 臣瓚의 주석을 인용하여 完城旦舂의 完을 髡으로
보았다. 그러나 이 完을 그대로 보아야 한다고 하는 견해도 있다. 冨谷至는 漢文帝의 刑法改革 이
전에는 髡鉗城旦舂이 존재하지 않았다는 점을 들어 完을 髡으로 수정하지 않고 그대로 完으로 보
아야 한다는 견해를 제시하고 있다.

169 『漢書』 권23 「刑法志」, 1099쪽.
170 外徭: 수변의 요역을 징발하는 것.
171 『漢書』 권2 「惠帝紀」 注, 87쪽.
172 王粲은 중국 후한 말기 魏의 시인으로 조조가 위왕이 되자 侍中으로서 제도개혁에 진력하고, 조씨
일족을 중심으로 하는 문학 집단 안에서 문인으로서도 활약했다. 建安七子의 한 사람이자 그 대표
적 시인으로 가장 표현력이 풍부하고 유려하면서도 애수에 찬 시를 남겼다.
173 許歷은 중국 전국 시대 趙國의 將領이었다. 조국의 왕 趙奢이 許歷의 책략을 채택해서 秦國을 싸
워 이겼다.
174 (梁)蕭統 編 (唐)李善 注, 『文選』 권27, 「軍戎」, '王仲宣從軍詩五首', 文選研究會, 1983년, 388쪽.

(耐)'[175]라 한다."고 하였으니 이것은 완사가 종군을 면하지 못한 것이다. 『진서』 「형법지」에 "위나라 법률에 완형은 모두 세 등급이 있었으며 한나라의 경우는 고증할 수 없다."라고 하였다.

⊙ 作刑三　작형3

【세주 원문】 按龐參傳, 坐法輸作若盧, 楊秉傳, 秉竟坐輸作左校. 晉志載魏律有作刑三, 蓋沿漢制.

【세주 역문】 『후한서』 「방삼전」에 "죄를 지어 약로옥[176]에 보내져 노역을 하게[177] 되었다."[178]고 하였고, 『후한서』 「양병전」에 이르기를,[179] "양병이 마침내 죄를 지어 좌교(左校)[180]에 보내져 노역을 하게 되었다."고 하였다. 『진서』 「형법지」에 "『위율』에 작형(作刑)[181]은 3종류가 있다."[182]고 하니 대개 한나라의 제도를 따른 것이다.

---

175 耐: 두발과 수염은 새로이 자라나서 원형을 복원할 수 있으므로 영원한 추방은 아니지만, 생명을 자르는 것으로 인식될 정도로 중요한 신체의 일부로 실제적 측면에서 耐는 치욕을 줌과 동시에 죄수와 일반인을 구별짓는 표지다. 秦漢律에서 耐罪가 형벌구분상 중요한 경계로 刑罰의 分類를 표시하는 總稱으로 사용되었다. "耐罪以上, 購如捕他罪人…"(睡虎地秦墓竹簡整理小組『睡虎地秦墓竹簡』, 1978, 211쪽), "今律令, 犯罪應死刑者六百一十, 耐罪千六百九十八…"(『晉書』刑法志). 이 耐罪는 秦律 단계에서 漢, 魏晉南北朝를 거쳐 隋代까지 계속해서 존속하고 있었다(堀毅, 「秦漢刑名攷」『早稻田大學大學院研究科紀要』別冊 第4集, 1977, 120쪽). 完刑, 作刑 등도 刑罰의 分類를 표시하는 總稱으로 사용되기도 한다.
176 若盧: 낙양에 있는 감옥 이름.
177 輸作: 刑罰名으로 勞動刑에 처하는 것.
178 『後漢書』 권51 「龐參列傳」, 1686쪽.
179 『後漢書』 권54 「楊秉列傳」, 1771쪽.
180 左校: 將作大匠下의 속관으로 左校와 右校가 있었다. 將作大匠은 秦-前漢의 官職名. 宮殿이나 宗廟等의 造營을 맡는다. 원래는 將作少府라고 하였다. 前漢에서는 官秩은 二千石으로, 丞(副官)2名과 左右中候가 있고, 屬官에는 石庫、東園主章、左右前後中校의 七令・丞과 主章長・丞이 있었다. 景帝中6年에 將作少府에서 將作大匠으로 改稱하였다. 武帝太初元年에 東園主章을 木工으로 改稱하였다. 成帝陽朔3年에는 中候와 左右前後中校의 5丞을 폐지하였다. 한대의 노역형도는 將作大匠下의 속관으로 左校와 右校에서 소속되어 강제노역에 사역되었는데, 戰國 秦代에는 『里耶秦簡』에 의하면 城旦舂・鬼薪白粲은 '司空'에, 隷臣妾은 '倉'에 각각 소속되어 있었던 것으로 나타나고 있다.
181 作刑: 作刑은 勞役刑을 말하는 것으로 程樹德은 三歲刑인 鬼薪白粲, 二歲刑인 司寇作, 一歲刑인 罰作復作으로 보고 있다.
182 『晉書』 권30 「刑法志」, 925쪽.

⊙ 三歲刑 鬼薪白粲　삼세형 귀신백찬

【원문】 鬼薪者, 男當爲祠祀鬼神伐山之薪蒸也, 女爲白粲者, 以爲祠祀擇米也, 皆作三歲.(漢舊儀)

【역문】 귀신은, 남자는 사당의 귀신을 제사지내기 위해서 산에 땔나무를 베어 오는 것이고, 여자는 백찬이 되어, 사당에 제사 지내기 위해 쌀을 고르는 것이니, 모두 3년간 노역을 하는 형이다.[183](『한구의』)

【원문】 應劭曰, 取薪給宗廟爲鬼薪, 坐擇米使正白爲白粲, 皆三歲刑.(惠帝紀注)

【역문】 응소가 말하기를, 땔나무를 취하여 종묘에 보급하는 것을 귀신이라고 하고, 앉아서 쌀을 골라서 하얀 밥을 할 수 있도록 하는 것을 백찬이라고 하니, 모두 3세형이다.[184](『한서』「혜제기」 주)

【원문】 鬼薪白粲, 皆三歲刑也. 男子爲鬼薪, 取薪以給宗廟, 女子爲白粲, 使米白粲粲然.(宣帝紀注)

【역문】 귀신백찬[185]은, 모두 3세형이다. 남자는 귀신이 되어, 땔나무를 가져다 종묘에 보급하고, 여자는 백찬이 되어 쌀을 골라서 밥을 하얗게 하는 것이다.[186](『한서』「선제기」 주)

---

183 『漢舊儀』 권下, '中宮及號位', 85쪽, "鬼薪者, 男當爲祠祀鬼神, 伐山之薪蒸也; 女爲白粲者, 以爲祠祀擇米也, 皆作三歲."

184 『漢書』 권2 「惠帝紀」 注, 87쪽.

185 鬼薪白粲은 隷臣妾・司寇과 동일한 耐刑의 범주에 속해 있지만, 隷臣妾과 달리 가족과 재산이 몰수되므로 오히려 城旦舂에 가깝다. 贖免, 權利, 刑具, 赤衣, 監視의 측면에서 城旦舂에 유사한 등급으로 볼 수 있다. 그렇다면 鬼薪白粲이 城旦舂에서 감형되었음에도 감형의 의미가 없는 것일까? 刑城旦舂이 신체와 두발을 훼손당하고, 耐爲鬼薪白粲이 수염만을 잘리는 것으로 鬼薪白粲으로 감형된 효과라 할 수 있다. 肉刑이 사회공동체로부터 축출되는 것이지만, 耐刑은 재차 사회로의 진입이 가능하다.

186 이 내용은 『漢書』「宣帝紀」 注에는 나오지 않는다. 『後漢書』 권3, 「肅宗孝章帝紀」 注에 나온다.

【원문】 斬伐材木斫株根. 注, 言徒役之人給此事也.(急就篇)

【역문】 나무를 베거나, 나무뿌리를 캐내는 것이다. 주, 형도로 노역을 하는 사람들에게 이 일을 시켰음을 말한다.(『급취편』)

【세주 원문】 按史記秦皇本紀嫪毐作亂, 討誅之, 其徒皆梟首車裂, 輕者爲鬼薪, 是鬼薪本泰制也.

【세주 역문】 『사기』「진시황본기」에 노애가 난을 일으키자, 그를 토벌해서 살해하였다. 그의 무리는 모두 효수되거나 거렬형(車裂刑)에 처해졌는데, 가벼운 자는 귀신이 되었다. 귀신은 본래 진나라의 제도이다.

◉ 二歲刑 司寇作   이세형 사구작

【원문】 司寇男備守, 女爲作, 如司寇, 皆作二歲.(漢舊儀)

【역문】 사구[187]는 남자는 수에 충원되고, 여자는 작이 되었으니, 사구와 같다. 모두 2년형이다.[188](『한구의』)

【원문】 滿二歲爲司寇.(刑法志)

【역문】 2년을 채우면 사구가 된다.[189](『한서』「형법지」)

【원문】 司寇二歲刑, 輸作司寇, 因以名焉.(張晧傳注)

【역문】 사구는 2년형으로 죄인을 감시하는 것을 노역으로 하니, 이로 말미

---

187 『二年律令』과 『里耶秦簡』에 의하면, 司寇는 徒隷에 포함되지 않고, 몰수되지 않아서 隷臣妾보다 훨씬 좋은 조건인 것으로 되어 있다. 司寇는 城旦春의 감시(사법사무의 조력자). 司寇에게 50畝의 토지 지급. 司寇를 城旦春·鬼薪白粲·隷臣妾과 완전히 다른 성격의 죄수로 간주(非徒隷). 자신의 토지에서 노동할 시간의 존재와 재산 축적의 가능성. 司寇는 隷臣妾 이상의 徒隷와 죄수복을 착용하지 않음. 동일한 耐刑에 속해있지만 隷臣妾과 司寇의 성격은 매매차원에서 보면 천양지차. 庶人과 司寇가 한 그룹으로 묶여 있다.
188 『漢舊儀』 권下, '中宮及號位', 85쪽.
189 『漢書』 권23 「刑法志」, 1099쪽.

암아 그렇게 이름을 지은 것이다.[190](『후한서』「장호전」주)

【원문】 司寇, 刑名也, 前書曰, 司寇二歲刑.(魯丕傳注)

【역문】 사구는, 형벌의 이름이다. 『전한서』에 이르기를, "사구는 2년형이다."라고 하였다.[191](『후한서』「노비전」주)

【원문】 鬼薪白粲已上, 皆減本罪各一等, 輸司寇作.(章帝紀)

【역문】 귀신백찬 이상의 죄로 처벌받고 있는 자는, 모두 본 죄를 각각 한 등급 감면하여, 사구의 노역을 하게 하도록 하라.[192](『후한서』「장제기」)

【세주 원문】 按周壽昌漢書注校補云, 司寇始見尙書洪範三, 八政六曰司寇, 箕子陳禹九疇而稱司寇, 則夏制也. 禮記曲禮天子之五官曰司寇, 鄭注, 此殷時制也, 而尤莫詳於周. 尙書司寇掌邦禁. 春秋左傳康叔爲司寇, 周禮秋官大司寇小司寇皆是也. 至秦廢周制, 不稱司寇, 名大李, (李一作理), 一名廷尉. 漢承秦制, 有廷尉無司寇, 司寇是罪名, 非官名. 又按漢制, 四歲刑至二歲刑, 統稱爲耐罪. 史記淮南王安傳注, 蘇林曰, 二歲以上爲耐, 耐能任其罪. 觀功臣表朝陽侯華當耏爲鬼薪, 深澤侯趙修有罪, 耏爲司寇, 可證也. 耐或作耏, 說文耏字下段注云, 耐之罪輕於髡, 髡者鬎髮也, 不鬎其髮, 僅去須鬢, 是曰耐, 亦曰完, 謂之完者, 言完其髮也. 高帝紀注應劭曰輕罪不至於髡, 完其耏鬢, 故曰耏, 古耐字從彡, 髮膚之意也. 杜林以爲法度之字皆從寸, 後改如是. 如淳曰, 耐猶任也, 任其事也. 禮記禮運注, 耐古能字, 疏, 古者犯罪以髡其鬢, 謂之耐罪, 故字從寸, 寸爲法也, 不虧刑體, 猶堪其事, 故謂之耐. 陳寵傳耐罪千六百九十八, 此漢時耐罪總數之尙可考者. 唐六典載晉刑制二歲刑以上爲耐罪, 則晉時猶沿此制.

【세주 역문】 주수창[193]의 『한서주교보』에 이르기를, 사구는 『상서』「홍범」3에 처음

---

190 『後漢書』권56「張晧列傳」注. 1816쪽. "前書音義曰:「司寇, 二歲刑也.」輸作司寇, 因以名焉."
191 『後漢書』권25「魯丕列傳」, 883쪽.
192 『後漢書』권3. 「肅宗孝章帝紀」, 143쪽. "繫囚鬼薪、白粲已上, 皆減本罪各一等, 輸司寇作."
193 周壽昌은 청나라 湖南 長沙人으로 字는 應甫 또는 行農이고, 호는 自庵이다. 內閣學士 겸 禮部侍

보이는데, 8정 중에 그 여섯 번째를 사구라고 하였다.[194] 기자가 우의 구주에 진을 치고서 사구라고 칭하였으니, 바로 하나라의 제도이다. 『예기』의 「곡례」에 천자의 5관 중에 하나를 사구라고 하였다.[195] 정현의 주에 "이것은 은나라 때의 제도이다"[196]라고 하였지만, 주나라보다 더 자세한 것은 없다. 『상서』에 "사구는 나라의 방위를 책임진다"[197]고 하였다. 『춘추좌씨전』에 "강숙이 사구가 되었다"[198]라고 하였고, 『주례』의 「추관」에 대사구·소사구라고[199] 하였으니 모두 이것이다. 진나라 때에 이르러 주나라 제도가 폐지되어 사구라고 칭하지 않고, 대리('이(李)'는 '리(理)'로 쓰이기도 한다.)라 하였고, 일명 정위라고도 한다. 한나라가 진나라 제도를 이어서, 정위는 있고 사구는 없다, 사구는 죄명으로, 관명이 아니다.

또한 한나라 제도에 4세형에서 2세형까지를, 통칭해서 내죄(耐罪)라고 한다. 『사기』의 「회남왕안전」의 주에 "소림이 말하기를, 2년형 이상을 '내'라고 한다. 내는 그 죄를 감당할 수 있는 것이다"[200]고 하였다. 공신표를 보면, 조양후 화당이 내형을 받아 귀신이 되었고, 신택후 조수가 죄가 있어서, 내형을 받아 사구가 되었다라고 하니, 그 증거가 될 수 있다. 내(耐)는 내(耏)로 쓰기도 하는데, 『설문해자』의 내자 아래에 단옥재의 주에 이르기를, "내의 죄는 곤보다 가볍다, 곤은 머리카락을 깎는 것이다, 머리카락을 깎지 않고, 수염과 귀밑머리만 제거하는 것을 내라고 하고 또 완이라 하니 완이란 것은 그 머리카락을 보존하는 것이다."고 하였다.[201] 『한서』 「고제기」 주에 응소가 말하기를, "가벼운 죄는 곤에 이르지 않고, 구렛나루와 귀밑머리를 보존한다, 그러므로 내라고 하니, 옛날의 내자는 삼(彡)을 부수로 하니, 머리카락과 피부

郎까지 올랐다. 저서에 『漢書注校補』, 『後漢書注補正』 등이 있다

194 『尙書正義』 권12, 「洪範」 제6, 305쪽. "八政: 一日食. …. 六曰司寇(8가지 정사가 있는데, 그 첫째는 식(食)이고, …. 여섯째는 사구이다.)"

195 『禮記集解』 권5, 「曲禮」 132쪽. "天子之五官, 曰司徒, 司馬, 司空, 司士, 司寇, 典司五衆."

196 『禮記集解』 권5, 「曲禮」 132쪽.

197 『尙書正義』 권12, 「洪範」 제6, 305쪽.

198 『春秋左傳正義』 권54, 1551쪽. "武王之母弟八人, 周公爲大宰, 康叔爲司寇, 聃季爲司空, 五叔無官".

199 『周禮正義』 권66 「秋官司寇」, 2741쪽, 2762쪽.

200 『史記』 권118, 「淮南王安傳」 注. 3092쪽.

201 (漢)許愼撰, (淸)段玉裁注, 『說文解字』(上海古籍出版社, 1981), 454쪽. 完에 대해서는 단옥재의 주장처럼 完이 곧 耐라는 설이 있는가 하면, 完이 髡이라는 설, 完이 육형에서 제외된 것을 의미한다는 3가지 견해가 존재한다.

라는 뜻이다"[202]고 하였다. 두림이 말하기를, "법도의 글자는 모두 마디 촌자를 따라서, 뒤에 이와 같이 고친 것이다"[203]고 하였다. 여순이 말하기를, "내는 감당하다와 같으니 그 일을 감당하는 것이다"[204]고 하였다. 『예기』「예운」주에 "내는 옛날의 '능'자이다. 소에 옛날에 죄를 범한 자는 그 수염을 깎아서, 그것을 일러 내죄(耐罪)라고 했다, 그러므로 글자가 촌자를 부수로 하니, 촌은 법이다, 육체를 훼손시키지 않기 때문에 여전히 그 일을 감당할 수 있다, 그러므로 내라고 하는 것이다"고 하였다. 『후한서』「진총전」에 "내죄의 조항이 1698개가 있다"[205]고 하였으니, 이것은 한나라 때의 내죄에 총수를 살펴볼 수 있는 것이다. 『당육전』에 기록하기를, "진나라 형벌제도 중에 2년형 이상을 내죄라고 한다."[206]고 하였으니, 그렇다면 진나라 때에도 이 제도를 계속 이은 것이다.

● 一歲刑 罰作(隸臣附) 復作(隸妾附)
일세형 벌작(예신을 덧붙임) 복작(예첩을 덧붙임)

【원문】 男爲戍罰作, 女爲復作, 皆一歲.(漢舊儀)

【역문】 남자는 수벌작이 되고, 여자는 복작이 되니, 모두 1년형이다.[207](『한구의』)

【원문】 任之以事, 若今時罰作.(周禮秋官司圜注)

【역문】 그에게 일을 맡기는 것이니, 지금의 벌작과 같다.[208](『주례』「추관사

---

202 『漢書』 권1하 「高帝紀」 注, 64쪽, "應劭曰: 「輕罪不至于髡, 完其耏鬢, 故曰耏, 古耐字從彡, 髮膚之意也.」"

203 『漢書』 권1하 「高帝紀」 注, 64쪽, "杜林以爲法度之字皆從寸, 後改如是. 言耐罪已上, 皆當先請也. 耏音若能.」"

204 『漢書』 권1하, 「高帝紀」 注, 64쪽, "如淳曰: 「耏猶任也, 任其事也.」"

205 『後漢書』 권46, 「陳寵列傳」, 1554쪽.

206 『唐六典』 권6, 「尙書刑部」, 181쪽, "二歲刑以上爲耐罪".

207 『漢舊儀』 권下, '中宮及號位', 85쪽, '復作'으로 된 자 가운데는 오히려 남자가 더 많기 때문에 『漢舊儀』의 설은 타당하지 않다. 『漢書』 功臣侯表에 平侯 劉遂가 會赦復爵된 사례를 비롯하여 『居延漢簡』에도 '復作'은 대부분 남성이다.

구」'사환' 주)

【원문】 蘇林曰, 一歲爲罰作. (史記淮南王安傳注)

【역문】 소림이 말하기를, 1년형이 벌작이다.[209](『사기』「회남왕안열전」 주)

【원문】 雲中守魏尙削爵罰作之. (史記馮唐傳)

【역문】 운중의 군수 위상, 작위를 삭감하고 그를 벌작에 처하십시오.[210](『사기』「풍당전」)

【원문】 非沮寶貨, 民罰作一歲. (食貨志)

【역문】 보화[211]를 비방하고 배척하면 백성은 그 벌로 1년간 노역에 처했다.[212](『한서』「식화지」)

【원문】 李奇曰, 復作者, 女徒也, 謂輕罪男子守邊一歲, 女子軟弱不任守復, 令作於官, 亦一歲, 故謂之復作徒也. (宣帝紀注)

【역문】 이기가 말했다. 복작[213]은 여자 죄수이다. 가벼운 죄의 경우, 남자는 수자리를 1년 살고 여자는 연약해서 수자리를 감당할 수가 없기 때문에 면제하고 관아에서 일을 하도록 하였으니 또한 1년형이다. 그러므로 그

---

208 『周禮正義』 권69, 「秋官司寇」, '司圜'注, 2869쪽.
209 『史記』 권118, 「淮南王安列傳」, 3092쪽.
210 『史記』 권102, 「馮唐列傳」, 2759쪽, "且雲中守魏尙, (중략) 削其爵, 罰作之."
211 寶貨: 왕망 시기에 발행하고 유통시킨 화폐.
212 『漢書』 권24 하 「食貨志」, 1184쪽.
213 復作: 復作에 대해서는 여러 설이 있다. ① 女徒說: 復作으로 된 자 가운데는 남자도 확인되고 있어서 이 설은 설득력이 부족하다. ② 復作이 감형 후에 재차 복역하는 것이 아니라, 범죄 후 復作으로 처벌된다는 刑名의 관점. 1년-3개월의 형기. ③ 孝武本紀의 두 차례 사면령의 '毋有復作'에 근거하여 이 단서가 명시되어 있지 않으면 사면 후에 復作해야 한다는 견해. 復作은 황제의 조서에 의해 사면하면 司寇 이상의 형도가 '형도신분이 免去되고', 재차 죄수복을 입지 않고 형구를 차지 않고 감시감독을 받지 않고, 단지 국가의 노역만 하면 된다. 즉 復作은 사면후의 일종의 保安處分과 같은 것으로서 사면에 의한 각종 폐단을 피하기 위한 일종의 완충작용의 역할을 하는 것으로 이해하는 관점. 이 견해는 '赦令'과 '毋有復作'의 관련성을 제시하여 復作이 형도가 아니라는 관점이다.

것을 복작도라고 이르는 것이다.²¹⁴(『한서』「선제기」주)

【원문】 戚圉侯季信坐爲太常縱丞相侵神道, 爲隸臣. 注, 師古曰, 刑法志 一歲爲臣妾, 然則男子爲隸臣, 女爲隸妾也.(功臣表)

【역문】 [원수5년], 척어후 계신성이 태상²¹⁵이 되어 승상이 멋대로 황릉의 신도를 침범하는 것²¹⁶을 내버려둔 일로 죄를 받아서, 예신이 되었다. 주: 안사고가 말하기를, "'『한서』「형법지」에 1세가 되어 신첩이 되는 것이다.'²¹⁷라고 하였으니, 남자는 예신이 되고, 여자는 예첩이 되는 것이다."²¹⁸(『한서』「공신표」)

【원문】 鹵侯張勝, 孝文四年 有罪爲隸臣.(同上)

【역문】 로엄후 장승이, 효문제 4년에 죄가 있어 예신이 되었다.²¹⁹(『한서』

---

214 『漢書』卷8「宣帝紀」注, 236쪽. "李奇曰:「復作者, 女徒也. 謂輕罪, 男子守邊一歲, 女子輭弱不任守, 復令作於官, 亦一歲, 故謂之復作徒也.」"

215 太常은 九寺·九卿의 하나로 천장의 종묘와 제사를 담당하였다. 그 아래 郊社, 太樂, 鼓吹, 太醫, 太卜, 廩犧, 太祝 등의 관서가 설치되었다. 원제는 선대 황제들의 능읍이 백성의 생업을 파괴하고 고향을 등지게 하는 徙民의 고통을 강요한 것임을 비판하면서, 자신의 壽陵에는 더 이상 사민에 의한 능읍을 조성하지 못하게 함과 더불어 역대 황제들의 능읍을 일반 縣으로 바꾸어 太常이 아닌 三輔에 分屬시켜 관리하도록 하였다. 고대에는 제정일치의 사상이 강했기 때문에 太常이 중시되었지만, 시대가 내려가면서 그 중요성을 잃고 唐代 太常寺에 예속된 太常音聲人은 일종의 천민으로서 취급되었고, 명·청시대에는 大理寺의 하위에 설치된 작은 관아가 되었다.

216 진시황릉 이후 황릉을 중심으로 陵園과 寢殿·便殿을 포함한 寢園 및 廟 그리고 대규모의 陵邑이 조성되면서 수묘제는 황릉의 수위와 관리뿐 아니라 봉제사의 기능까지 함께 수행하게 되었다. 수묘에 동원된 인원은 일반 행정 관리와 제관 및 식관 이외에 희생을 사육하고 제물을 장만하기 위해 경작을 하거나 능원의 제초를 담당하는 등의 잡역 담당자, 祭禮의 진행과정에서 음악을 연주하는 악사와 의장대 및 능원 전체를 지키는 衛士가 침원마다 수천 명씩 배치되어 있었다. 그리고 이들 중 일부는 편전에 거주하였으나 대부분은 능읍에 거주하는 자들로서, 이들은 徭役의 형태로 守墓役을 수행하였다(尹在碩, 「中國古代의 守墓制度」, 『동양사학연구』124집, 2013).

217 『漢書』권23, 「刑法志」1099쪽의 내용은 "罪人獄已決, 完爲城旦舂, 滿三歲爲鬼薪白粲, 鬼薪白粲一歲, 爲隸臣妾. 隸臣妾一歲, 免爲庶人. 隸臣妾滿二歲, 爲司寇. 司寇一歲, 及作如司寇二歲, 皆免爲庶人."으로 되어 있으므로 이 부분「刑法志」의 내용은 "鬼薪白粲一歲, 爲隸臣妾"으로 이해된다. 따라서 '臣妾'은 '隸臣妾'의 오류일 것이다.

218 『漢書』권16, 「高惠高后文功臣表」, 611쪽. "侯季信成嗣, 二十年, 元狩五年, 坐爲太常縱丞相侵神道, 爲隸臣." '季信'은 '季信成'의 잘못인 것 같다.

219 『漢書』권16, 「高惠高后文功臣表」, 617쪽.

「공신표」)

【세주 원문】 按功臣表武陽侯蕭勝坐不齋, 耐爲隸臣; 襄城侯韓釋之坐詐疾不從, 耐爲隸臣. 漢制, 二歲以上爲耐. 蓋隸臣妾有一歲二歲兩種, 故表以耐字別之. 周禮司屬男子入於罪隸. 左傳裴豹隸也, 著於丹書, 注, 豹犯罪, 沒爲官奴隸, 蓋本周制.

又按漢時輸作之制, 有可考者, 急就篇輸屬詔作谿谷山, 注云, 輸屬, 言配入其處也, 詔救別有作輸作配於谿谷及山徒之役也. 筳筴起居課後先, 注云, 筳, 吹鞭也, 筴, 吹筋也, 起居, 謂晨起夜臥及休食時也, 言督作之司, 吹鞭及竹筋, 爲起居之節度, 又校其程課, 先者免罰, 後者懲責也. 漢輸作之制蓋如此. 又按藝文類聚四, 引魏武帝明罪令, 犯者家長半歲刑, 主吏百日刑. 御覽五百九十八引廷尉決事, 冒名渡津, 廷尉平裴諒議趙禮一歲半刑, 張策半歲刑. 是此外尙有一歲半刑半歲刑百日刑三種, 疑係當時加減之例, 今不可考.

【세주 역문】『한서』「공신표」에 후작(侯爵)을 계승한 소승(蕭勝)은 [제사를 모시면서도] 재계(齋戒)를 하지 않은 일220로 죄를 입어 내위예신형(耐爲隸臣刑)221을 받았다.222 양성후 한석지는 [원삭(元朔)4년] 병이 있다고 속여 따르지 않은 죄를 받아 '내위예신'이 되었다.223 한나라 제도에 노역형 2년 이상을 '내'라고 하였다. 대개 예신과 예첩에는 1년과 2년 두 종류가 있기 때문에 '내'자를 써서 구별한 것이다. 『주례』「사려」에 "남자는 죄예에 들어간다"224고 하였다. 『춘추좌전』에 "배표는 종이었으

---

220 顏師古 注에 "謂當侍祠而不齋也."라고 하였다.
221 '耐爲隸臣'의 '耐'는 머리카락을 그대로 두고 수염만을 제거하는 형벌이라는 의미이지만[滋賀秀三, 『中國法制史論集(法典と刑罰)』, 東京: 創文社, 2003, 314~315쪽 참고], 가벼운 노역형 혹은 형벌의 기준으로도 사용되었다(주 175쪽 참조). '隸臣'은 '城旦' 등과 같이 특정한 노역을 가리키는 것은 아니고, 官에 소속되어 雜役에 종사하는 것을 말한다. 罪人이 남자일 경우 '隸臣'이 되고, 여자일 경우에는 '隸妾'이 되며, 이를 통칭하여 '隸臣妾'이라 일컫는다.
222 『漢書』 권16, 「高惠高后文功臣表」, 543쪽.
223 『漢書』 권16, 「高惠高后文功臣表」, 630쪽.
224 『周禮正義』 권69, 「秋官司寇」, '司屬', 2864쪽, "其奴, 男子入于罪隸, 女子入于春槀." "鄭司農云: 謂坐爲盜賊而爲奴者, 輸於罪隸, 春人, 槀人之官也." 『周禮』의 이 내용에 의해 노예가 고대에는 모두 죄인 출신이라는 것을 알 수가 있는데, 漢文帝 13년의 刑制改革 이전에 城旦春, 鬼薪白粲, 隸臣妾은 모두 無期刑徒인 동시에 官奴婢였다. 국가는 국가노동력편성에 있어서 최적의 조건을 유지하기 위하여 매달 매각 혹은 매입을 통하여 물량조절을 하고 있었다. 城旦春, 鬼薪白粲, 隸臣妾, 즉 徒隸가 시장에 매각되면 私奴婢로 바뀐다. 따라서 노비나 죄인이나 큰 차이가 없었다. 즉 노비

니, 붉은 글씨로 죄인 명부에 기록되어 있었다"고 하였다. 주에 "배표는 죄를 범하여 몰수되어 관노비가 되었다"고 하였으니,[225] 대개 본래 주나라 제도이다.

또한 한나라 때의 '수작'의 제도는 살펴볼 만한 것이 있으니, 『급취편』 '수속소작계곡산'에 대한 주에 "수속은 그곳에 배입되는 것을 말하는 것이니, 조칙을 내려 특별히 계곡과 산에 배속되어 형도의 노역을 하는 것이다"[226]고 하였다. '고추기거과후선(箛籬起居課後先)'의 주에 "고는 취편[227]이고 고는 퉁소이다, 기거는 아침에 기상하고 밤에 자는 시간과 휴식시간이다, 노역을 감독하는 관리를 말하는 것이다. 취편과 퉁소는 기거의 절도를 위한 것이고 또 그 일의 과정을 감독하는 것이다. 먼저 하는 자는 벌을 면하고 뒤처지는 자는 벌을 받는다"[228]라고 하였다. 한나라 '수작'의 제도는 대개 이와 같다.

또한 『예문유취』 4권에서 위무제의 「명제령」을 인용했는데, "죄를 범하는 자는 가장은 반년형, 담당관리는 백일형에 처한다."[229]고 하였다. 『태평어람』 598권에 정위결사를 인용했는데, 이름을 빌려 나루를 건넌 일에 대해 정위 평배량이 "조례를 1년 6개월에 장책은 반년형에 처해야 한다고 논하였다."[230]라고 하였다. 이외에 1년 6개월형, 6개월형, 백일형 세 종류가 있었으니 아마도 당시의 가감하는 사례에 관계된 것 같으나 지금은 고찰할 수 없다.

와 죄인과의 관계는 『說文解字』의 지적대로 "奴婢皆古之罪人也"인 것이었다. 그런데, 漢文帝 13년의 刑制改革 이후 城旦春, 鬼薪白粲, 隷臣妾, 司寇에 모두 형기가 설정이 되자 刑徒와 奴婢는 완전히 그 개념이 달라졌다(임병덕, 「진 · 한시대의 사오와 서인」, 『중국고중세사연구』 20집, 2008, 369쪽).

225 『春秋左傳正義』 권35, 「襄公23년」, 989~990쪽, "裴豹隷也, 著於丹書." 杜預注: "蓋犯罪沒爲官奴, 以丹書其罪."
226 『急就篇』 권4, '輸屬詔作谿谷山', 306쪽, "輸屬, 言配入其處也, 詔敕別有所輸作, 配於谿谷及山, 徒之役也."
227 吹鞭: 고대 악기명.
228 『急就篇』 권4, '箛籬起居課後先', 307쪽.
229 (唐)歐陽詢撰, 『藝文類聚』(上海, 上海古籍出版社, 1985) 권4, 「歲時中」 '寒食', 62쪽, "若犯者, 家長半歲刑, 主吏百日刑, 令長奪一月俸."
230 『太平御覽』 권598, 「文部」(過所), 711쪽, "責禮冒名渡津, 平裴諒議趙禮一歲半刑, 策半歲刑."

◉ 贖刑　속형[231]

【원문】 古之贖罪, 皆用銅, 漢始改用黃▨▨, 但少其斤兩, 令與銅相敵.(尙書
　　舜典正義)

【역문】 옛날에 속죄는 ▨두 동을 사용했는데, 한나라 때 비로소 황금을 사
　　용했다.[232] ▨▨ 그 근량(무게)을 적게 하여, 동과 서로 대등하게 하였
　　▨.(『상서』「순전」'정의')

【원문】 贖死金二斤八兩.(淮南王安傳)

【역문】 속사[234]는 황금 2근 8량[235]이다.[236](『사기』「회남왕안전」)

---

231 贖刑의 贖은 재물로써 그 죄를 바꾼다는 의미인데, 여기에는 正刑으로서의 贖刑과 代替刑으로서
　　의 贖刑이 있다. 正刑으로서의 贖刑(贖黥, 贖城旦舂, 贖耐 등)은 단지 경미한 범죄에 부과하는 형
　　벌이고, 代替刑으로서의 속형은 1차형으로 받은 형벌을 재물의 납부에 의해 2차형으로 換刑하거
　　나 완전히 免刑해주는 것이며 정규형벌체계에는 없는 것. 이것은 非正刑으로서, 주로 임시적으로
　　황제에 의해 실행되었다. 漢代人들에게 진정한 속형으로서 인식된 것이라 하겠다. 秦律의 贖刑은
　　正刑으로의 위치가 확립되지 못했다. 秦律의 사례들은 모두 貲罰에서 직접 耐刑으로 이행하고, 중
　　간에 贖刑을 거치지 않았다. 『二年律令』에서도 贖刑이 耐刑 → 罰金刑 사이에 항상 위치한 것은
　　아니었고, 그 지위가 안정되어 있지 않았다. 그러나 『二年律令』에는 '贖刑以下'라는 형벌의 카테고
　　리 구분개념이 새롭게 등장. 또한 贖刑이 일회성이라고 보기에는 곤란할 정도로 자주 등장하며,
　　耐 → 贖耐(12량) → 罰金四兩이라는 계보가 확립되어 있었다. 이에 비해 秦의 贖刑은 貲罰(벌금
　　형)과 가액상 중복되므로 정형체계에서 제외되고 있다.
232 『二年律令』427簡–428簡, "有罰、贖、責(債), 當入金, 欲以平賈(價)入錢, 及當受購、償而毋金, 及
　　當出金、錢縣官而欲以除其罪、贖、責(債), 及爲人除者, 皆許之. 各以其二千石官治所縣十月金平
　　賈(價)予錢. 爲除(벌금・속죄・채무가 있어 [縣官에] 황금을 납입할 경우, 황금의 平價[評定價格]로
　　환산하여 錢을 납입하거나, 포상금・상을 받아야 하는데 [縣官에] 황금이 없을 경우, 金・錢을 縣
　　官에 납부하여 그 벌금・속죄・채무를 변상하거나 다른 사람을 면제시키려고 한다면 모두 허락한
　　다. 각기 그 二千石官의 治所가 있는 縣의 10월 황금의 平價로 錢을 주거나 면제해 준다). 『晉書』
　　권30「刑法志」, 925쪽, "金布律有罰贖入責以呈黃金爲價."
233 『尙書正義』권3,「舜典」, 68쪽.
234 贖死: 여기에서의 '속사'는 사형에 대한 換刑의 의미가 아니고 벌금과 같은 재산형으로 이해해야
　　한다.
235 '贖死金二斤八兩'은 『二年律令』의 규정과도 일치한다. 『二年律令』 119簡, "贖死, 金二斤八兩, 贖城
　　旦舂・鬼薪白粲, 金一斤八兩, 贖斬・府(腐), 金一斤四兩, 贖劓・黥, 金一斤, 贖耐, 金十二兩, 贖遷,
　　金八兩"
236 『史記』권118,「淮南王安列傳」, 3094쪽.

【세주 원문】 按晉志載魏贖刑凡十一等, 晉贖刑金等不過四兩, 贖死金二斤, 據此知與晉相差八兩, 他不可考. 唐律絞斬贖銅一百二十斤.

【세주 역문】 『진서』「형법지」에 위나라의 속형이 모두 11등급이 있었고,[237] 진나라의 贖金의 등급의 차이는 4兩을 넘지 않고,[238] 사죄의 속금은 2근이라고 하였다. 이를 근거하면 진나라와의 차이가 8량임을 알 수 있다. 나머지는 상고할 수 없다. 당률에 교수형과 참수형의 속동은 120근[239]이라고 하였다.

【원문】 今律令贖罪以下二千六百八十一.(陳寵傳)

【역문】 지금 율령에 속죄 이하 조항이 2681개이다.[240](『후한서』「진총전」)

【세주 원문】 按舜典金作贖刑, 呂刑罰鍰, 國語管仲制重罪贖以犀甲, 輕罪贖以-盾, 是贖刑其來己久. 漢初承秦苛法之餘, 未有贖罪之制. 惠帝紀民有爵, 得買爵三十級以免死罪, 應劭注, 一級直錢二千, 凡爲六萬, 是爲漢用贖罪之始. 貢禹傳, 孝文皇帝時, 亡贖罪之法, 故令行禁止, 武帝始臨天下, 使犯法者贖罪. 武帝紀太始二年, 募死罪人贖錢五十萬減死. 然是皆偶一行之, 不爲永制. 蕭望之傳京兆尹張敞上書, 願令諸有罪非盜受財殺人及犯法不得赦者, 皆得差入穀 此入郡贖罪. 事下有司, 望之以爲如此則富者得生, 貧者獨死, 是貧富異刑而法不一也. 聞天漢四年, 常使死罪入五十萬錢, 減死罪一等, 豪强吏民, 請託假貨, 至爲盜賊以贖罪, 此使死罪贖之敗也, 遂不施敞議. 是武帝之制, 至宣帝時己不行也. 贖罪之行, 蓋盛於東漢. 明帝卽位, 詔天下亡命殊死以下聽得贖論, 死罪入縑二十四, 右趾至髠鉗城旦春十四, 完城旦春至司寇作三匹. 永平十五年, 改贖死罪縑四十匹, 完城旦至司寇五匹. 十八年, 又改贖死罪縑三十匹. 章帝建初七年, 詔亡命贖死罪縑二十匹, 與明帝卽位時詔同. 和帝安帝順帝桓帝靈帝, 俱有贖罪之令, 自是遂爲定制.

---

237 『晉書』 권30, 「刑法志」, 925쪽, "贖刑十一".
238 『唐六典』에 의하면, 晉의 贖은, 死刑은 金二斤, 五歲刑은 一斤十二兩, 四歲刑은 一斤八兩, 三歲刑은 一斤四兩, 二歲刑은 一斤이어서 그 등차는 각각 四兩이다. 또 贖에 絹을 사용하는 경우도 있다.(『太平御覽』 권651, 「刑部」)
239 『唐律疏議』第331條 「鬪訟」30 '妻妾毆詈故夫父母', 415쪽, "謂殺者, 依凡人法, 贖銅一百二十斤."
240 『後漢書』 권46, 「陳寵列傳」, 1554쪽.

【세주 역문】『상서』「순전」에 "금으로 속형한다."[241]라고 하였고, 「여형」에 "그 벌금은 백환[242]이다."[243]라고 하였고『국어』「제어」에 관중이 "중죄는 서갑[244]으로 속죄하고 경범죄는 '1순'로 속죄하는 법을 제정하였다."[245]고 하였으니, 이로 보면 속형의 유래가 오래되었다. 한나라 초기에는 진나라의 가혹한 법을 계승한 뒤여서 속죄의 제도가 아직 없었다. 『한서』「혜제기」에 "백성이 죄가 있으면 작 30급을 사서 사죄를 면죄받을 수 있다"[246]고 하였다. 응소 주에 "1급이 2천전에 해당하니, 모두 6만전이 된다"[247]고 하였다. 이것이 한나라가 속죄의 제도를 사용한 효시이다 하였다. 『한서』「공우전」에 "효문황제 때, 속죄의 법이 없었다. 그러므로 금지하게 하였는데 무제가 처음 황제가 되었을 때 범법자들이 속죄할 수 있도록 하였다"[248]고 하였다. 『한서』「무제기」태시 2년에 "사죄인을 모아 50만전으로 속죄하여 사형을 감죄하라"[249]고 하였다. 그러나 이것은 모두 우연히 한번 행한 것으로 영원한 제도가 되지는 않았다. 『한서』「소망지전」에 "경조윤 장창이 상소해서 말하기를, 「범죄자 가운데 도둑질, 뇌물수수, 살인 및 사면할 수 없는 중죄를 범한 자를 제외하고 이들 8개 군에 차등을 두어 곡물을 납부함으로써 속죄할 수 있도록 하십시오.」"[250]라고 하였다. 이 안건의 처리가 담당자에게 내려졌다. 소망지가 [소부(少府) 이강(李彊)과 상의하여] 다음과 같이 말하였다. "이와 같이 하면 부자는 살 수 있고 가난한 자만 죽게 될 것이니, 이것은 가난한 자와 부자가 서로 다른 형을 받는 것으로 법이 평등하지 않습니다."[251] "천한(天漢) 4년에 사형 판결을 받은 죄수를 50만전을 받고 사죄를 1등급 감면해 주었다고 들었습니다. 그러자 호걸과 관리·백성이 금전을 빼앗거나 빌려달라

---

241 『尙書正義』 권3, 「舜典」, 65쪽.
242 鍰: 고대의 원형의 화폐로 주대에 통용되었다.
243 『尙書正義』 권19, 「呂刑」, 545쪽, "其罰百鍰".
244 犀甲: 犀皮로 제작한 鎧甲.
245 『國語』 권6, 「齊語」, "制重罪贖以犀甲一戟, 輕罪贖以鞼盾一戟."
246 『漢書』 권2, 「惠帝紀」, 88쪽, "民有罪, 得買爵三十級以免死罪."
247 『漢書』 권2, 「惠帝紀」, 88쪽, "應劭曰:「一級直錢二千, 凡爲六萬」".
248 『漢書』 권72, 「貢禹傳」, 3077쪽.
249 『漢書』 권6, 「武帝紀」, 205쪽.
250 『漢書』 권78, 3275쪽, 「蕭望之傳」, "京兆尹張敞上書言:「(생략), 願令諸有罪, 非盜受財殺人及犯法不得赦者, 皆得以差入穀八郡贖罪, …」".
251 『漢書』 권78, 「蕭望之傳」, 3275쪽.

고 요구하였고 심지어는 도적이 속죄하려고 하는 지경에 이르게 되었습니다. 이것은
사죄를 지은 자를 속죄하게 한 폐단입니다."[252] 마침내 장창의 의견을 시행하지 않았
다. 이것은 무제의 제도가 선제 때에 이르러 이미 시행되지 않은 것을 의미한다. 속
죄의 시행은 대개 동한 때에 성행했다. 명제가 즉위한 후 조서를 내려 천하에 도망·
참수형 이하의 죄인에게는 [견면을 납입하여] 속죄할 수 있게 하는데, 사죄에 해당하
는 자는 겸 20필, 우지형에서 곤겸성단용의 죄에 해당하는 자는 10필, 완성단용에서
사구작에 해당하는 자는 3필을 내게 하였다.[253] 영평15년에 사죄형은 겸 44필, 완성
단형에서 사구형까지는 5필로 속죄할 수 있도록 바꾸었다.[254] 18년에 다시 사죄를
겸 30필로 속할 수 있도록 바꾸었다.[255] 장제, 건초7년에 조서를 내려 도망은 겸 20
필로 속죄하게 하였으니[256] 명제 즉위 때의 조서와 같다. 화제·안제·순제·환제·
영제 모두 속죄의 명령이 있었으니 이때부터 마침내 정식 제도가 되었다.

◉ 罰金　벌금

【원문】無爵罰金二斤.(景帝紀)

【역문】 작위가 없는 사람은 벌금 2근[257]이다.[258](『한서』「경제기」)

【원문】釋之奏, 此人犯蹕, 當罰金.(張釋之傳)

【역문】 장석지가 상주하기를, "이 사람은 필죄[259]를 범하였으니, 벌금에 해

---

252 『漢書』 권78, 「蕭望之傳」, 3278쪽.
253 『後漢書』 권2 「顯宗孝明帝紀」, 98쪽.
254 『後漢書』 권2 「顯宗孝明帝紀」, 118쪽.
255 『後漢書』 권2 「顯宗孝明帝紀」, 123쪽.
256 『後漢書』 권3 「肅宗孝章帝紀」, 143쪽.
257 罰金刑: 秦律에서는 군사적 수요에서 貲甲, 貲盾 등의 벌금을 내던 것이 군사적 성격의 의미가 탈
　 색되면서 벌금형으로 명칭이 바뀐 것으로 생각된다. 貲罰의 단계는 원래 貲一盾·貲二盾·貲一
　 甲·貲二甲의 4단계였지만, 점차 貲二盾이 탈락한 3단계로 정리되고 이것은 『二年律令』의 罰金
　 一兩·二兩·四兩이라는 등급과도 일치한다. 즉 명칭만 貲二甲에 罰金四兩으로 변경. 결국 『二
　 年律令』에서는 貲→罰金으로 명칭 변경된 것이라 하겠다. 『二年律令』에서 벌금형은 주로 4, 2, 1
　 兩 위주로 운용되고, 벌금 8량이 거의 사용되지 않은 것은 바로 贖遷의 가액과 일치하기 때문이다
　 (任仲爀, 「秦漢律의 罰金刑」, 『中國古中世史研究』 15집, 2006, 45~46쪽).
258 『漢書』 권5 「景帝紀」, 140쪽.

당한다."고 하였다.[260](『한서』「장석지전」)

【원문】 如淳引令甲, 諸侯在國名田他縣, 罰金二兩.(哀帝紀注)

【역문】 여순이 『영갑』을 인용하여, "제후국에 있는데 다른 현에 토지를 점유[261]하면 '벌금 2량'을 낸다."고 하였다.[262](『한서』「애제기」 주)

【세주 원문】 按晉志載魏罰金凡六等, 唐六典載晉罰金有十二兩八兩四兩二兩一兩五等, 漢無考. 魏志鮑勛傳有依律罰金二斤之語, 時尚承用漢律, 知律固有罰金之條也.

【세주 역문】 『진서』「형법지」에 위나라 때에 벌금을 모두 "6등급이 있었다."[263]라고 기록되었고, 『당육전』에는 진나라의 "벌금이 12냥 · 8냥 · 4냥 · 2냥 · 1냥의 5등급이 있었다."[264]라고 기록되었으나, 한나라는 상고할 수가 없다. 위지포훈전에 "율에 따르면 벌금 2근이다."[265]라는 말이 있으니, 이때 한나라의 율령을 여전히 이어 사용하고 있었으니, 율령에 원래 벌금의 조항이 있었다는 것을 알 수 있다.

● **奪爵** 작위의 박탈

【원문】 奪爵爲士伍, 免之. 注, 師古曰, 謂奪其爵令爲士伍, 又免其官職, 卽今律所謂除名也, 謂之士伍者, 言從士卒之伍也.(景帝紀)

【역문】 작위를 박탈하여 사오[266]가 되게 하고, 면직한다. 주, 사고가 말하기

---

259 필죄는 임금의 행차하는 길을 침범한 죄를 말한다.
260 『漢書』 권50, 「張釋之傳」, 2311쪽, "釋之奏當: 「此人犯蹕, 當罰金.」", 『史記』에도 같은 내용이 나온다(『史記』 권102, 「張釋之馮唐列傳」, "廷尉奏當, 一人犯蹕, 當罰金.").
261 名田: 田宅, 臣妾, 衣服을 사가의 名號 하에 둔다는 뜻에서 자연히 '명전'의 명칭이 발생. 이름을 붙여서 토지를 점유하다라는 의미의 명전은 점차 사유토지의 대명사가 되었고 "명전제"는 곧 사유토지제의 시대 명칭으로 변모하였다.
262 『漢書』 권11, 「哀帝紀」 注, 337쪽, "諸侯在國, 名田他縣, 罰金二兩."
263 『晉書』 권30, 「刑法志」, 925쪽, "罰金六".
264 『唐六典』 「尚書刑部」 권6, 181쪽, "又有雜抵罪罰金十二兩、八兩、四兩、二兩、一兩之差".
265 『三國志』 권12, 『魏書』 12, 「鮑勛傳」, 386쪽.
266 士伍에 대하여는 원래 爵位가 있었으나 罪로 인해 奪爵된 사람, 형벌의 명칭, 無爵位의 士兵, 無爵位의 男子라는 다양한 견해가 발표되었으나 대체적으로 士伍는 里伍 가운데 거주하면서 官職 ·

를, 그 작을 빼앗아 사오가 되게 하고, 또 그의 관직을 면하는 것을 말하니, 즉 지금의 율에 이른바 제명[267]이라는 것이다, 사오라고 하는 것은, 사졸의 대오를 따른다는 말이다.[268](『한서』「경제기」)

【원문】 依律有奪爵之法.(藝文類聚五十一引王粲爵論)

【역문】 율에 따르면, 탈작의 법이 있었다.[269](『예문유취』에서 왕찬의 '작론'을 인용)

【세주 원문】 按史記秦本記, 武安君有罪爲士伍. 注, 如淳曰, 嘗有爵而以罪奪之, 謂之士伍. 漢舊儀云, 秦制二十爵, 男子賜爵一級以上, 有罪以減, 年五十六免; 無爵爲士伍, 年六十乃免. 老有罪, 各盡其刑. 漢蓋沿秦制.

【세주 역문】 『사기』「진본기」에 "무안군이 죄를 지어 사오가 되었다."고 하였다. 주, 여순이 말하기를, "작이 있었는데 죄 때문에 작을 빼앗긴 것을 사오라고 하다."[270]고 하였다. 『한구의』에 이르기를, "진나라 제도의 20작이 있는데, 1급 이상의 작위를 받은 남자는, 죄를 지으면 감해서, 나이가 56세이면 면로(免老)[271] 하고, 작위가 없으면

爵位가 없고 호적에 이름을 올린 成年男子로서, 服役年齡以上에 도달한 官爵이 없는 男性公民으로 결론이 모아지고 있다. 『漢舊儀』에서 衛宏은 "秦制 二十爵. 男子賜爵一級以上, 有罪以減, 年五十六免. 無爵爲士伍, 年六十乃免老."라 하여 士伍를 "無爵爲士伍"로 파악하고 있다. 이것은 奪爵을 士伍로 파악한 것과는 차이가 있다. 왜냐하면 無爵에는 奪爵되어 無爵이 되는 경우와 처음부터 爵을 획득하지 못한 경우가 존재하기 때문이다. 실제 『二年律令』에는 죄인인 司寇의 子나 庶人의 子, 혹은 '私屬'의 子가 士伍가 되는 등, 奪爵과는 정반대로 士伍로 되는 경우가 존재하는 것으로 확인되고 있다. 어떤 경로이건 士伍는 里伍 가운데 거주하면서 官職·爵位가 없고 호적에 이름을 올린 成年男子로서, 服役年齡以上에 도달한 官爵이 없는 男性公民이라는 점에서 衛宏의 지적은 如淳, 李奇, 顏師古가 이해하지 못했던 것을 정확히 지적한 것이라 할 수 있는데, 그것은 아무래도 衛宏이 살았던 연대가 如淳, 李奇, 顏師古에 비해 훨씬 앞선 시대였던 것과도 관계가 있을 것 같다. 이 士伍 無爵說은 『二年律令』에 의해 그 구체적인 실상이 확인되었다.

267 除名; 官과 爵을 모두 박탈당하는 것.
268 『漢書』 권5, 「景帝紀」, 140~141쪽.
269 『藝文類聚』 권51, 「封爵部」, '總載封爵, 916쪽, "後魏王粲爵論曰, 依律有奪爵之法."
270 『史記』 권5, 「秦本紀」, 217쪽, "集解如淳曰; 嘗有爵而以罪奪爵, 皆稱士伍.」"
271 '免老'는 세역을 면제받는 나이를 의미하는데, 이에 대하여 세역의 반을 경감받는 '睆老'가 있다. 『二年律令』에 따르면 작위에 따라 '면로'와 '완로'의 적용 나이에 차이가 있다. 한편, 『二年律令』傅律에는 5급인 大夫 이상은 90세가 되면 매달 鬻米 1石씩을 제공받는 것으로 되어 있고 4급 不更은 91세, 簪裊 92세, 上造 93세, 公士 94세, 公卒과 士伍는 95세에 각각 鬻米 1石을 매달 제공받는 것

사오가 되는데, 나이 60세에야 면로한다. 늙어서 죄를 지으면, 각각 그 형을 다한다"[272]고 하였다. 한나라는 진나라의 제도를 그대로 이은 것이다.

◉ 除名 제명[273]

【세주 원문】 按陳書沈洙傳引漢律, 有死罪及除名罪證明白云云, 知律有此條. 考晉志載魏罰金之下有雜抵罪七, 晉律同奪爵除名, 疑皆雜抵罪之類, 附於罰金之後. 唐六典載晉以贖刑罰金雜抵罪三者爲贖罪. 陳寵傳有贖罪以下云云. 疑漢制當與晉同.

【세주 역문】 『진서』「심수전」에 한율을 인용하였는데, "사죄와 제명으로 죄의 증거가 명백하면"[274]운운의 말이 있는데, 율에 이 죄가 있다는 것을 알 수 있다. 『진서』「형법지」에 위나라 법률에 벌금 아래에 종 저죄[275] 7종류가 있다는 것[276]을 상고해 보면, 진율(晉律)도 탈작과 제명이 똑같이 아마 모두 잡저죄에 속하는 듯하니, 벌금 아래에 덧붙인 것이다. 『당육전』에 실려 있기를, "진나라 때에 속형·벌금·잡저죄 3종류를 속죄로 하였다."[277]고 하였다. 『후한서』「진총전」에 속죄 이하 운운한 말이 있다.[278] 아마 한나라의 제도는 마땅히 진나라의 제도와 같은 듯하다.

【원문】 以上所列刑名, 其先後一依魏晉之例, 蓋漢初襲用秦制, 及文帝除肉刑, 其刑名已非復九章之舊. 景帝以後, 代有損益, 且九章沿秦法經, 不載刑名, 魏始集罪例以爲刑名, 冠於律首, 故多沿漢制, 本篇卽依之以爲次第. 其爲漢制所有而不敢以意爲先後者, 別爲附錄, 列於下方.

으로 되어 있다(『二年律令』354簡, "大夫以上[年]九十, 不更九十一, 簪裊九十二, 上造九十三, 公士九十四, 公卒, 士五九十五以上者, 稟鬻米月一石.").

272 『漢舊儀』권下, '中宮及號位', 85쪽.

273 官과 爵을 모두 박탈당하는 것.

274 『陳書』 권33, 「儒林列傳」(沈洙), 439쪽, "范泉今牒述漢律, 云『死罪及除名, 罪證明白. (생략)』".

275 雜抵罪는 雜多한 抵罪로 抵罪라 함은 죄에 해당되어 처벌받는 것을 말한다. 일반적으로 除名이나 爵位剝奪 등을 가리키는 것인데, 여기에서는 五刑에 포함되지 않는 雜多한 處罰을 가리키는 것으로 보인다.

276 『晉書』 권30, 「刑法志」, 925쪽, "罰金六, 雜抵罪七."

277 『唐六典』「尙書刑部」 권6, 181쪽.

278 『後漢書』 권46, 「陳寵列傳」, 554쪽, "贖罪以下二千六百八十一, …"

【역문】 이상에 나열한 형명은, 그 선후가 하나 같이 위진의 사례를 따른 것이다. 한나라 초기에는 진나라의 제도를 그대로 사용하였고, 문제 때에 이르러서 육형을 해지하였으니, 그 형명이 이미 『구장률』의 옛 제도를 반복한 것이 아니다. 경제 이후에 대대로 가감이 있었고, 『구장률』은 진나라의 『법경』을 따른 것으로, 형명을 싣지 않았다. 위나라 때 비로소 죄의 사례를 모아서 형명으로 삼고, 율의 앞에 썼다. 그러므로 대부분 한나라의 제도를 인습한 것이다. 본편은 그것에 의거해서 차례를 삼았다. 한나라 제도에 있지만 함부로 선후를 억측할 수 없는 것들은, 별도로 부록하여, 아래에 나열한다.

● **夷三族** 이삼족

【원문】 昔高祖令蕭何作九章之律, 有夷三族之令.(崔寔傳)

【역문】 예전에 고조가 소하에게 『구장률』을 만들라고 하였는데, 이삼족령[279]이 있었다.[280](『후한서』「최식전」)

【원문】 當三族者, 皆先黥劓斬左右趾笞殺之, 梟其首, 菹其骨肉於市; 其誹謗罵詛者, 又先斷舌, 故謂之具五刑. 彭越韓信之屬, 皆受此誅. 至高后元年, 乃除三族罪, 其後新垣平爲逆, 復行三族之誅(刑法志)

【역문】 "삼족의 형에 해당하는 자는 모두 우선 경(黥), 의(劓), 참좌우지형(斬左右止刑)을 처한 다음에 태살(笞殺)을 가하고, 머리를 높은 나무 위에 걸어두고, 시장에서는 그 골육를 절여서 육장(肉醬)으로 한다. 그중 천자를 비방하거나 욕하고 저주한 자는 먼저 그 혀를 자른다."라고 되어 있다. 때문에 삼족의 형은 오형을 갖추었다고 일컬어지고 있다.[281] 팽월[282]

---

279 夷三族에는 ① 父族, 母族, 妻族을 멸하는 것, ② 父, 子, 孫을 멸하는 것, ③ 父母, 兄弟, 妻子를 멸하는 것, ④ 父兄弟, 自己兄弟, 子兄弟를 멸하는 것 등 여러 설이 있다.

280 『後漢書』 권52, 「崔寔列傳」, 1729쪽.

281 여기에서 五刑은 黥, 劓, 斬左右止, 斷舌, 梟首 등의 여러 종류의 형벌을 포괄하는 의미이다. 『後漢

이나 한신[283]의 무리들은 모두 이 같은 형벌에 처해졌다. 고후 원년(기원전 187년)에 이르러 비로소 삼족의 죄와 요언령을 폐지하였다.[284] 그 후 신원평[285]이 모반을 꾀하자 재차 三族을 멸하는 형벌을 부활하였다.[286] (『한서』「형법지」)

【원문】 溫舒受員騎錢他奸利事, 罪至族, 自殺, 其時兩弟及兩婚家, 亦各自坐他罪而族. 光祿勳徐自爲曰, 悲夫, 夫古有三族, 而王溫舒罪至同時而五族乎(王溫舒傳)

【역문】 온서[287]는 원기[288]의 돈을 수뢰한 일과 다른 위법한 일로 죄가 이삼

書』의 崔寔傳에서는『政論』의 一文을 인용하여 黥, 劓, 斬左右止, 斷舌, 梟首를 五刑으로 하고 있다. 일반적으로 중국고대의 五刑은 黥, 劓, 刖, 宮, 死刑을 가리킨다.

282 彭越는 昌邑사람으로 字는 仲이다. 秦末漢初의 群雄의 한 사람으로 楚漢爭霸 시에 처음에 項羽를 섬기다가 후에 劉邦을 섬겼다. 그는 한나라를 위해 자신이 갖고 있는 역량을 모두 쏟아 항우에게 대항하였다. 특히 양나라 지역에서 여러 차례 項王에게 반기를 들어 초나라의 식량 보급로를 차단하여 項王을 곤경에 빠트렸다. 그 공으로 漢高祖에 의해 梁王으로 封해졌다. 한나라 10년 가을에 陳豨가 반란을 일으키자 양왕 彭越에게 공격을 명령하였으나 병을 핑계로 움직이지 않자 그를 체포하여 촉나라 靑衣縣으로 유배를 보냈는데, 후에 여후의 모사가 팽월과 그의 가족이 모두 주멸되었다.

283 韓信은 진나라 말기 농민전쟁에서 두각을 나타낸 인물이다. 그는 젊었을 때 굶기를 일삼을 정도로 가난에 찌들었다. 진나라 말기 먼저 항우에게 의탁하였으나 중용되지 못하고, 소하의 추천에 의해 한의 장군으로 임명되었다. 高祖를 도와 천하통일에 가장 큰 공을 세운 장군으로 楚王에 封해졌다. 한신의 공이 지나치게 높아 군주를 위협할 지경에 이르자, 유방은 그를 꺼리게 되었다. 후에 모반이 의심되어 淮陰侯에 降해졌다가 기원전 196년 劉邦이 친히 陳豨를 정벌할 때 韓信은 病을 핑계로 따르지 않았다. 후에 呂后의 계략으로 長安에서 체포되어 살해되었고 三族이 誅滅되었다.

284 『漢書』 권3, 「高后紀」, 96쪽, "元年春正月, 詔曰: '前日孝惠皇帝言欲除三族罪、妖言令, 議未決而崩, 今除之.'"

285 申垣平은 趙人으로 구름의 형상에 의해서 占을 치는 것으로 文帝에게 접근하였으나 후에 그것이 사기임이 밝혀져 주살되었다.

286 『漢書』 권23, 「刑法志」, 1104쪽, "令曰: '當三族者, 皆先黥, 劓, 斬左右止, 笞殺之, 梟其首, 菹其骨肉於市. 其誹謗詈詛者, 又先斷舌.' 故謂之其五刑. 彭越、韓信之屬皆受此誅."

287 王溫舒는 전한 陽陵 사람으로 젊을 때 도굴 등 간악한 짓을 하며 살았다. 관리가 되어 옥사를 다스리다가 廷尉의 史가 되었고, 張湯을 섬기다가 御史로 전임되었다. 그는 도적을 잡는 일을 하면서 사람을 죽이거나 해치는 일이 매우 많았고, 승진을 거듭하여 廣平郡의 都尉가 되었다. 군에서 호방하고 용감하여 일을 맡길 만한 관리 십여 명을 뽑아 자신의 심복으로 삼고, 그들이 몰래 저지른 중죄를 알아본 후 그들로 하여금 도적을 살피게 하였다. 잡고 싶었던 도둑을 잡아들여 자신을 만족시킨 자가 있으면, 백 가지 죄를 범하더라도 벌하지 않았다. 그러나 도적을 피하는 자가 있으면, 그가 과거에 저지른 일을 들어 일족까지 모두 죽였다. 때문에 齊와 趙 땅의 도적들은 감히 광평에 가지 못하였고, 또 광평에서는 길에 떨어진 물건이 있어도 줍지 않는다는 소문이 퍼졌다. 武

족형에 이르자 자살하였다. 그때 그의 두 남동생과 두 동생의 처가의 가족이 각각 다른 죄에 연루되어 이삼족형을 받았다. 광록훈[289]인 서자위[290]가 말했다: "슬프다! 대저 옛날부터 이삼족형이 있었지만 왕온서가 죄를 저질러 동시에 오족[291]이 멸족되었구나!"[292](『한서』「왕온서전」)

【원문】 漢族誅之法, 每輕用之. 袁盎陷晁錯, 但云方今計獨有斬錯耳, 景帝使丞相以下劾奏, 遂至父母妻子同産無少長皆棄市. 主父偃陷齊王於死, 武帝欲勿誅, 公孫弘丞相爭之, 遂族偃. 郭解客殺人, 吏奏解無罪, 公孫大夫議欲族解. 且偃解二人本不死, 因議者之言, 殺之足矣, 何遽至族乎? 用刑之濫如此! (容齋隨筆)

【역문】 한나라 때 멸족하는 형법은 매번 가볍게 사용하였다. 원앙[293]은 조조를 모함하여 단지 말하기를, "지금의 계획은 다만 조조를 베는 데에 있다"라고 말했다. 경제는 승상 이하의 관원들이 그를 탄핵하도록 하여 마침내 부모·처자·형제자매를 노소를 막론하고 모두 기시형에 처했다.[294] 주부언[295]은 제왕을 죽이려고 모함하였다. 무제가 주부언을 죽이

帝는 이 소식을 듣고 왕온서를 河內太守로 전임시켰다.

288 員騎는 정식으로 편입된 황제의 시종 기마병.

289 光祿勳: 관직명. 진한 시대 궁전의 내외를 막고 서는 사람인데 후에 점차 궁전 잡무를 관리하는 관인이 된다. 원래 진 나라 때 설치된 것으로 '郎中令'이라고 했는데, 한무제 때 光祿勳으로 이름을 바꾸었다. 九卿중 하나.

290 徐自爲는 漢武帝 太初 3년(기원전 102년) 光祿勳을 역임하였다. 오유선우의 동생인 우현왕 구려호(句黎湖)가 선우가 되자 한나라는 광록훈 徐自爲로 하여금, 五原塞에서 수백리, 멀게는 천여 리까지 진출해서 성새와 망루를 쌓고 여구산(흉노 땅)까지 이르게 했다.

291 五族: "師古曰: 「溫舒與弟同三族, 而兩妻家各一, 故爲五也.」"

292 『漢書』권90, 「王溫舒」, 3658쪽; "及人有變告溫舒受員騎錢, 它姦利事, 罪至族, 自殺. 其時兩弟及兩婚家亦各自坐它罪而族. 光祿勳徐自爲曰: 「悲夫! 夫古有三族, 而王溫舒罪至同時而五族乎!」"

293 袁盎은 前漢의 人物로 字는 絲. 安陵人으로 文帝와 景帝에게 벼슬하였다. 呂后의 時代에 袁盎은 呂祿의 舍人으로 되고, 文帝가 即位한 後에 兄의 任子에 의해 郎中으로 되었다. 문제 때 中郎將으로 淮南王의 영지를 삭감할 것을 주장하였다.

294 袁盎과 晁錯는 사이가 나빠 상대방이 자리에 있을 때는 서로 피하였다. 景帝가 即位하자 晁錯가 御史大夫로 되고, 晁錯는 袁盎이 吳王의 財物을 받았다고 하여 취조하여 袁盎은 庶人이 되었다. 景帝前3년(기원전 154年)에 당시 원앙이 7국의 반란에 대해서 좋은 책략을 가진 것을 경제에게 설명하자 경제는 원앙을 불러 대면하였다. 원앙은 경제에게 7국 반란의 원인을 설명하고, 그 원흉인 조조를 죽이고 제후왕의 삭지를 원래대로 돌려주면 칼에 피를 묻히지 않고 7국의 군대는 수습할

려고 하지 않았는데, 공손홍 승상이 고집하여 마침내 주부언을 멸족하였다. 곽해[296]의 하속이 사람을 죽였다. 관원이 글을 올려 곽해가 무죄라고 했지만 공손대부는 유죄라고 하여 드디어 곽해를 멸족하였다.[297] 다시 말해 주부언과 곽해 두 사람은 본래 살해되지 않아도 되는데, 살해해야 한다고 주장하는 사람으로 인하여 살해하는 것으로 충분했는데, 어찌 멸족에까지 이르렀는가? 한조는 이와 같이 형벌을 지나치게 사용하였다.[298](『용재수필』)

【세주 원문】 按史記秦本紀, 文公二十年, 初有夷三族之罪. 楊終傳秦政酷烈, 一人有罪, 延及三族, 是夷三族, 本秦制也. 解三族有二說: 張晏注, 父母兄弟妻子也. 如淳曰, 父族母族妻族. 考刑法志, 孝文元年詔丞相大尉御史, 今犯法者已論, 而使無罪之父母妻子同產坐之及收, 朕甚勿取. 李陵傳於是族陵家, 母弟妻子皆伏誅. 據此, 是三族者即父母妻子同產也. 如淳說非. 仲尼燕居三族. 注、父子孫也. 儀禮士昏禮注, 三族謂父昆弟, 己昆弟, 子昆弟、鄭說三族亦如此. 後書肅宗紀, 元和元年詔曰, 一人犯罪, 禁至三屬. 賢注、即三族也, 謂父族母族妻族, 蓋承如淳之謬. 杜氏漢律輯證嘗辨之.

【세주 역문】 『사기』 「진본기」 문공20년에 처음으로 '이삼족형'이 생겼다고 한다.[299]

수 있다고 상세하게 진언하였다. 며칠 후 조조는 아무것도 모른 채 중위의 손에 의해 조의를 입은 채 연행되어 참형을 당한 후 기시되었다.

295 主父偃은 전한 齊國 臨淄人으로 처음에 縱橫術을 배우다가 나중에 『易』과 『春秋』 등 百家의 사상을 배웠다. 武帝 元光 연간 長安에 와 글을 올려 일에 대해 논했다. 諸侯王의 세력을 깎아 약화시키고 推恩을 명분으로 삼아 자제들에게 分封하여 侯로 삼으라고 주장했다. 또 朔方郡을 두어 匈奴에 대항하라고 건의하였다.

296 郭解는 전한 河內 軹縣人. 字는 翁伯이다. 곽해는 관상가로 저명했던 許負의 외손자이며, 그 아비는 임협의 혐의로 文帝 때에 죽임을 당했다. 임협하자면 법을 어기는 경우가 많고, 그렇게 법을 어긴 사람들끼리 동아리를 이루면 反사회적인 세력이 될 가능성이 높았기 때문이다. 그러나 곽해는 친구들의 원수를 갚고 망명자를 숨겨주는 등 아버지의 뒤를 이어 협의 본분을 다했다.

297 郭解가 入關한 뒤 그곳의 豪傑들과 가깝게 교제했다. 나중에 추종자가 그를 비난하던 사람을 살해하는 일이 벌어졌는데, 御史大夫 公孫弘이 임협의 무리 속에서 권력을 휘둘러 사소한 일로도 사람을 죽이니 大逆無道라고 말해 체포하여 가족까지 모두 죽였다.

298 (宋)洪邁, 『容齋隨筆』(北京, 中華書局, 2005) 권2, 「二十四則」, '漢輕族人', 21쪽.

299 『史記』 권5, 「秦本紀」, 179쪽, "法初有三族之罪".

『후한서』「양종전」에 "진나라의 통치가 잔혹하였는데 한 사람이 죄를 저지르면 그 죄가 삼족에까지 미쳤다."[300]고 하였다. 이삼족은 본래 진나라의 제도였다. 삼족에 대한 해석이 2가지가 있다. 장안 주에 "부모·형제·처자이다."라고 하였다. 여순이 말하기를, "부족·모족·처족이다."라고 하였다. 『한서』「형법지」를 살펴보면, "문제 2年(기원전 178년)[301]에 또 승상, 태위, 어사에게 조서를 내려서 말하였다. 「현재 범법자를 이미 단죄하고, 죄가 없는 부모·처자·형제자매까지 연좌하여 관에 몰수하여 노비로 삼는 것은 짐이 심히 납득하기 어려운 것이다. 마땅히 이 문제를 논의하도록 하라.」[302]라고 하였다. 이릉전에 "이에 이릉의 가족을 멸족하였는데, 어머니·동생·처자를 모두 사형에 처했다"[303]고 하였다. 이것에 근거하면, 삼족은 부모·처자·형제자매이다. 여순의 설은 옳지 않다. 중니가 삼족과 같이 연거[304]하였다. 주에 "부·자·손이다."라고 하였다. 『의례』「사혼례」주에 "삼족은 아버지의 형제, 자신의 형제, 아들의 형제다."[305]라 하였다. 정현이 삼족을 설명한 것도 이와 같다. 『후한서』「숙종기」에 "원화원년에 조서를 내리기를, '한 사람이 죄를 저지르면 삼족을 연루하는 것을 금지한다.'고 하였다. 정현이 주에 말하기를, '즉 삼족은 부족·모족·처족을 말한다.'"[306]라고 하였다. 대개 여순의 잘못을 계승한 것이니 두귀지(杜貴墀)가 『한율집증(漢律輯證)』에서 이미 논증하였다.[307]

◉ 徒邊　사변

【원문】　永平八年, 募郡國中都官死罪繫囚, 減死一等, 勿笞, 詣度遼將軍

---

300 『後漢書』 권48, 「楊終列傳」, 1597쪽.
301 『史記』孝文帝本紀, 『漢書』文帝紀 등에는 모두 文帝元年으로 되어 있다. 그러나 『漢書』「刑法志」에서는 文帝 2年으로 되어 있다.
302 『漢書』 권23, 「刑法志」, 1104쪽.
303 『漢書』 권54, 「李陵傳」, 1457쪽.
304 燕居: 일 없이 한가로이 집에 있다.
305 (漢)鄭玄注, (唐)賈公彦疏, 『儀禮注疏』(『十三經注疏(標點本)』, 北京大學出版社, 1999) 권6, 「士昏禮」, 103쪽.
306 『後漢書』 권3, 「肅宗孝章帝紀」, 147-148쪽.
307 杜貴墀, 『漢律輯證』(上海書店, 『叢書集成續編』 44, 1994), '夷三族', 672쪽.

營, 屯朔方五原之邊縣, 妻子自隨, 便占著邊縣, 父母同產欲相代者, 恣
聽之.(明帝紀)

【역문】 영평8년(65년)에 [3공에 조서를 내려 말하기를], "군국의 성내[308]에서 사
형으로 판결을 받고 감옥에 있는 죄인들을 모아서 사형을 한 등급 아래
로 감하고 태형을 가하지 말고, 그 범인들을 도료장군 군영에 보내고 삭
방·오원의 변현에서 주둔시키도록 하라. 그들의 처자 가운데 스스로 따
라가기를 원하면, 곧 가까운 변현을 차지해 살도록 하라. 부모·형제 중
에서 범인을 대신하고자 하는 사람은 그 뜻대로 들어주도록 하여라."[309]
라고 하였다.(『후한서』「명제기」)

【세주 원문】 按永平十六年、章帝建初七年、和帝永元八年、安帝元初二年及沖帝
桓帝時, 俱有徙邊之令.

【세주 역문】 영평16년(73년), 장제 건초7년(82년), 화제 영원8년(96년), 안제 원초2년
(115년)과 충제, 환제 때, 모두 변방으로 천사하라는 법령이 있었다.

【원문】 章和元年, 赦天下繫囚減死罪一等, 勿笞, 詣金城, 而文不及亡命
未發覺者. 躬上封事, 言死罪已下, 並蒙更生, 而亡命捕得, 獨不沾澤,
臣以爲赦前犯死罪而繫在赦後者, 可皆勿笞, 詣金城, 以全人命, 有益
於邊. 肅宗從之.(郭躬傳)

【역문】 장화원년(87년)에 천하의 감옥에 있는 죄수를 용서하고 사형을 한
등급 아래로 감하고 태형을 가하지 말고, 금성으로 유배를 보냈다. 그러
나 그 조서는 도망하여 발각되지 않은 사람을 포함하지 않았다. 곽궁은
왕에게 밀봉하여 상주하여 말하기를, "사죄 이하의 범인들은 모두 다시
생명을 얻지만 도망하여 체포된 사람만 이 은택을 입을 수 없었습니다.
신은 조서를 반포하기 전에 사죄를 저질렀거나 반포한 후에 구금된 범

---

308 中都官: 中都는 도중, 도내의 의미이다.
309 『後漢書』권2, 「顯宗孝明帝紀」, 111쪽.

인들을 다 태형을 가하지 않고 금성에 보내면 생명을 보전할 수 있고 변경에도 도움이 된다고 생각합니다."라고 하였다. 숙종은 곽궁의 말을 따랐다.[310](『후한서』「곽궁전」)

【원문】 湯前有討郅支單于功, 其免湯爲庶人, 徙邊.(陳湯傳)

【역문】 진탕은 이전에 질지선우[311]를 징벌한 공적이 있으나, 진탕을 면직하여 서인[312]으로 하고 변방으로 천사시켜라.[313](『한서』「진탕전」)

【원문】 球送洛陽獄, 誅死, 妻子徙邊(陽球傳)

【역문】 [양구는 체포되어] 낙양옥에 보내고 사형을 받았는데, 처자는 변방에 유배되었다.[314](『후한서』「양구전」)

【원문】 漢武時, 啓河右四郡議諸疑罪而謫徙之.(魏書刑罰志)

【역문】 한나라 武帝 때에 처음 河西 4군을 설치하고,[315] 여러 가지 죄를 정하기 어려운 자를 의논하여 벌로써 이들을 이주시켰다.[316](『위서』「형벌지」)

---

310 『後漢書』 권46, 「郭躬列傳」, 1544쪽. "躬上封事曰: 『死罪已下並蒙更生, 而亡命捕得獨不沾澤. 臣以爲赦前犯死罪而繫在赦後者, 可皆勿笞詣金城, 以全人命, 有益於邊.』"

311 郅支單于(?-기원전 36년): 중국 前漢時代 匈奴 單于. 虛閭權渠單于의 子로 呼韓邪單于의 兄. 郅支單于라 하는 것은 單于의 号로 본래는 郅支骨都侯單于이며 姓은 攣鞮氏. 名은 呼屠吾斯. 郅支單于가 堅昆으로 西遷하였으므로 西匈奴라고도 부르며 그에 대해 呼韓邪單于의 정권을 東匈奴라고 부른 적이 있다.

312 秦漢律에서 庶人은 특별히 규정된 특수한 신분이었다는 사실은 『二年律令』戶律에 '庶人律'이 나오는 것에서도 확인이 된다(『二年律令』, 318簡, "□□廷藏不得以庶人律未受田宅者, 鄕部以其爲戶先後次次編之, 久爲右."). 이 '庶人律'은 庶人에 관한 독립된 律로 해석할 수 있다(曹旅寧, 「秦漢法律簡牘中的"庶人"身分及法律地位問題」『咸陽師範學院學報』22-3, 2007, 14쪽.) '庶人律'처럼 독립된 신분으로 별도의 율로 규정된 사례로는 '奴婢律'밖에 없다.

313 『漢書』 권70, 「陳湯傳」, 3026쪽.

314 『後漢書』 권77, 「陽球列傳」, 2501쪽.

315 河西(원문은 「河右」로 되어 있음) 4군은 한나라 무제 때 설치한 황하 이서의 4군 곧, 元鼎 2년(기원전 115년)에 설치한 武威(감숙성 涼州), 酒泉(감숙성 肅州) 2군 및 6년(기원전 111년)에 증치한 張掖(감숙성 甘州), 敦煌(감숙성 沙州) 2군을 말한다.

316 『魏書』 권111, 「刑罰志」, "漢武時, 始啓河右四郡, 議諸疑罪而謫徙之".

【원문】 蔡邕徙朔方報楊復書云, 昔此徒者, 故城門校尉梁伯喜、南郡太守馬季長, 或至三歲, 近者歲餘, 多得旅返.(書鈔卷四十五)

【역문】 채옹[317]이 사변형을 당하여 삭방에 갈 때 양복에게 보내는 편지에 말했다. 이전 사변형을 받고 여기에 간 사람들, [예를 들어], 고 성문교위인 양백희, 남군태수인 마계장으로, 어떤 사람은 3년, 짧은 것은 1년여, 대부분[318] 되돌아갈 수 있다.[319](『북당서초』 권45)

【원문】 馬融爲南郡太守, 坐忤大將軍梁冀, 竟髠徙朔方.(御覽六百四十一引三輔決錄)

【역문】 [『삼보결록』에서 말하였다.] 마융[320]이 남군태수가 되어 대장군인 양기[321]의 뜻을 거스른 일로 죄에 연루되어 마침내 곤형을 받고 삭방으로 천사하였다.[322](『태평어람』 권641에서 『삼보결록』을 인용)

【세주 원문】 按史記始皇本紀發諸嘗逋亡人贅婿賈人略取陸梁地, 爲桂林象郡南海以適遣戍. 司馬遷報任安書云, 不韋遷蜀, 世傳呂覽, 則遷徙亦秦制也.

---

317 蔡邕(132年 또는 133年-192年)는 중국 後漢末期의 政治家・儒者・書家로 字는 伯喈이고 陳留郡圉縣人이다. 蔡琰(蔡文姬)의 父. 靈帝(재위 168-189) 때 郎中이 되었으나, 楊球 등의 讒言으로 회계(會稽)에 망명. 뒤에 董卓에게 발탁되어 祭酒가 되고, 左中郎將으로 승진했으나, 동탁의 난에 연좌되어 옥사하였다. 辭章, 數術, 天文, 音律에 능통하였고, 서는 草書, 隷書를 잘했다. 飛白體의 창시자로 전해지기도 한다.
318 旅: 衆多. 대부분.
319 (唐)虞世南撰, 『北堂書鈔』(欽定四庫全書), 「刑法部下」 流刑8, 149쪽.
320 馬融(79년-166년)은 後漢의 經學者로 右扶風 武陵 출신이다. 자는 季長. 어려서 摯恂에게서 유학을 배운 뒤에 고문경학을 연구하는 한편 제가의 학설에도 능통하였다. 많은 古典에 註釋을 가하여 訓詁學을 始作한 사람으로 알려짐. 그의 門下에 鄭玄・盧植 등의 유명한 학자가 있다.
321 梁冀(?-159년)는 후한 安定 烏氏人으로 字는 伯車・伯丹・伯卓이다. 두 여동생이 順帝와 桓帝의 비가 되었다. 黃門侍郎을 거쳐 大將軍에 임명되었다. 漢安3년(144년) 冲帝가 죽자 質帝를 세웠다. 여동생인 梁太后와 함께 황제를 마음대로 없애고 세웠다. 그의 친척 가운데는 3명의 황후와 6명의 貴人, 7명의 侯, 2명의 대장군, 公主와 결혼한 사람 3명, 그 밖에 고위직에 오른 사람이 57명이나 되었다. 元嘉2년(152년) 양태후가 죽고, 延熹2년(159년) 환제의 황후가 된 여동생 梁皇后마저 죽자, 환제가 中常侍 單超 등과 함께 군사를 일으켜 저택을 포위했다. 아내 孫壽와 함께 자살했고, 일족은 모조리 족멸되었다.
322 『太平御覽』 권641, 「刑法部」 7, '贓貨', 46쪽.

【세주 역문】『사기』「진시황본기」에 "[병역이나 노역을 피해서] 도망간 사람, 데릴사위로 들어간 사람, 장사하는 사람 등을 징발하여 육량(陸梁) 지역을 공격하고 계림(桂林), 상군(象郡), 남해(南海) 등의 군(郡)을 설치했으며, 죄를 지어 유배 보내야 할 사람들을 파견하여 지키도록 하였다"[323]고 하였다. 사마천이 '임안에게 보내는 서'에 말했다. 여불위가 촉나라로 천사되어『여씨춘추』를 대대로 전했다고 하였으니 그렇다면 천사형 또한 진나라의 제도이다.

◉ 督 독

【원문】 坐養皇曾孫不謹, 督笞.(丙吉傳)

【역문】 [너는 이전에]황증손(皇曾孫)을 보살피는 데 신중하지 않아 죄를 받아 태장(笞杖)[324]을 당하였는데, [어찌 공이 있다고 하는가?][325](『한서』「병길전」)

【원문】 有論罪, 輸掌畜官, 使斫莝, 責以員程, 不得取代, 不中程, 輒笞督. (尹翁歸傳)

【역문】 [호강들의] 죄를 판정함에 있어서는 장축관(掌畜官)[326]에게 보내고 풀을 베도록 하고, 정해진 양을 채우도록 독촉하고, 타인을 대리로 시키는 것을 허락하지 않았으며 정해진 양을 달성하지 못하면[327] 바로 태장으로 책하였다.[328](『한서』「윤옹귀전」)

【세주 원문】 按師古注, 督謂視察之. 吳仁傑兩漢刊誤補遺云, 督爲決罰之名, 由漢以

---

323 『史記』권6,「秦始皇本紀」, 253쪽.
324 督에 대하여 師古는 "督謂視察之." 혹은 "督, 責也."이라 하였고, 王先謙은 "此督字, 當如「陳咸傳」作杖罰解."라 하였다.
325 『漢書』권74,「丙吉傳」, 3144쪽, "汝嘗坐養皇曾孫不謹督笞, 汝安得有功?"
326 掌畜官: 목축을 관리하는 관직.
327 中程: 규정 시간 내에 정해진 임무를 완수하는 것.
328 『漢書』권76,「尹翁歸傳」, 3208쪽, "豪彊有論罪, 輸掌畜官, 使斫莝, 責以員程, 不得取代, 不中程, 輒笞督."

來用之, 梁陳猶爾也. 唐因隋舊, 凡督罰鞭杖之制, 並廢不用, 顏氏有不及知, 故言督以察視爲義. 說文督殺二文同篤音, 督, 察也. 殺, 擊物也, 蓋古字少, 故以督爲殺. 據此、知師古注誤. 沈欽韓漢書疏證亦嘗辨之.

【세주 역문】 사고 주에 "독은 시찰을 이른다."³²⁹고 하였다. 오인걸³³⁰이 『양한간오보유』³³¹에서 말했다. 독은 장형³³²의 이름이다. 한나라 때부터 사용하기 시작하였다. 양진(梁陳) 또한 이와 같다. 당나라가 수나라 옛날의 제도를 인습하여 독벌편장의 제도는 다 제거하고 다시 사용하지 않아서 안사고는 알지 못하였고, 따라서 독을 시찰함이라고 말했다. 설문에 독(督)과 역(殺) 두 한자의 발음은 다 독인데, 독은 시찰함이다. 역은 물건을 치는 것이다. 아마 고대의 한자가 적어서 역을 독으로 삼았다. 이것에 의하면, 안사고의 주가 틀린 것을 알 수 있다. 심흠한³³³이 『한서소증』에서 이미 입증하였다.

◉ **鞭杖** 편장

【원문】 興平元年, 帝使侍汶出太倉米豆, 爲飢人作糜粥. 經日而死者無數, 帝疑賦卹有虛, 親於御坐前量試, 乃知非實. 於是尚書令以下, 皆詣省闕謝, 奏收侍汶考實, 詔曰不忍致汶於理, 可杖五十.(獻帝紀)

【역문】 홍평원년(194年)에 헌제가 시어사(侍御史) 후문(侯汶)에게 태창(太倉)에 있는 쌀과 콩을 내여 배고픈 사람에게 죽을 만들어 주라고 명령을 내렸다. 하루가 지나도 죽은 사람이 줄어들지 않았다. 헌제가 구휼하는 것

---

329 『漢書』 권74, 「丙吉傳」의 注, 3145쪽.

330 吳仁傑(生卒年不詳): 昆山(今江蘇省昆山縣)人. 그의 先人은 洛陽人이었고 후에 崑山에 거주하였다. 淳熙5年(1178年) 進士, 羅田縣令, 國子學錄 등의 職을 역임하였다. 저서에 『陶靖節先生年譜』、『洪範辯圖』、『兩漢刊誤補遺』 十卷 등이 있다.

331 『兩漢刊誤補遺』 10卷은 『漢書』 8卷과 『後漢書』 2卷을 보충한 것으로 원서 중에 상세히 고증하여 부족한 부분을 보충하였는데, 이 책은 劉邠의 『兩漢書刊誤』를 기초로 補正을 한 것으로 그 고증이 매우 상세하다.

332 決罰: 杖刑을 가리킨다.

333 沈欽韓(1775–1831)의 字는 文起이고 号는 小宛으로 江蘇省 吳縣人. 저서로 『幼學堂文集』·『両漢書疏證』 등이 있다.

에 허위가 있다고 의심하여 직접 황제의 어좌 앞에서 전의 양대로 쌀과 콩으로 미죽[334]을 만들었는데, 바로 사실이 아님이 밝혀졌다.[335] 이에 상서령 이하의 관원들이 모두 황궁에 가서 사죄하고, 후문(侯汶)을 체포하고 사실을 조사하라고 상주하였다. 조서를 내려 말하기를, "차마 후문을 사법관에게 보내 처벌하게 할 수 없으니 장형 50대에 처하는 것이 좋겠다."라고 하였다.[336](『후한서』「헌제기」)

【원문】 明帝性褊察, 好以耳目隱發爲明, 又引杖撞郎, 朝廷竦慄.(循吏傳注)

【역문】 명제의 성격이 편협하고 엄격해서 사람을 보내 남모르게 은밀히 적발하는 것을 좋아하고 그것을 성명(聖名)으로 삼았는데, 또한 끌어내 몽둥이로 '낭'을 때리니 조정이 두려워 떨었다.[337](『후한서』「순리전」 주)

【원문】 是時大司農劉劇以職事被譴, 召詣尚書, 傳呼促步, 又加以捶撲. 雄上言, 九卿位亞三事, 班在大臣, 行有佩玉之節, 動有庠序之儀, 孝明皇帝始有撲罰, 皆非古典. 帝從而改之, 其後九卿無復捶撲者.(左雄傳)

【역문】 이때 대사농인 유거가 직책상의 일 때문에 견책을 받았는데, 그를 불러서 상서대(尙書臺)에 데리고 오게 했는데, 부름을 전하러 간 관리가 그를 빠르게 걷도록 하고, 또 채찍질을 하였다. 좌웅이 말하기를, "구경[338]의 직위는 삼공[339]의 다음이고 반열이 대신과 같아서 걸을 때는 패

---

334 미죽: 죽이나 미음.

335 10월에 三輔에 가뭄이 발생했다. 기근이 발생하여 곡물 가격이 폭등했다. 사람들이 서로 잡아먹어 백골이 쌓여 있었다. 황제가 侍御史 侯汶을 시켜 太倉의 쌀, 콩을 내어 굶주린 백성들을 위해 미죽을 만들게 했으나 하루가 지나도 굶어 죽는 자가 줄어들지 않았다. 侍中 劉艾을 보내 조사를 하니, 후문의 비리가 발견되었다.

336 『後漢書』 권9, 「孝獻帝紀」, 376쪽. "帝使侍御史侯汶出太倉米豆, 爲飢人作糜粥, 經日而死者無降, 帝疑賦卹有虛, 乃親於御坐前量試作糜, …. 於是尚書令以下皆詣省閤謝, 奏收侯汶考實. 詔曰:「未忍致汶于理, 可杖五十.」"

337 『後漢書』 권76, 「循吏列傳」 注, 2458쪽.

338 九卿은 秦에서는 奉常, 郎中令, 衛尉, 太僕, 廷尉, 典客, 宗正, 治粟内史, 少府 등을 九卿이라 하였다. 후한대의 九卿은 태상, 광록훈, 위위, 태복, 정위, 대홍려, 종정, 대사농, 소부였다.

339 三事는 곧 三公.

옥의 절도가 있고 행동할 때는 상서의 예의가 있다. 효명황제 때부터 처음으로 구타의 징벌을 행하였는데, 모두 전통의 전제(典制)가 아니다."라고 하였다. 황제가 그 의견을 따라 바꾸었다. 그 후에 구경 중에서 장형을 받는 사람이 없었다.[340](『후한서』「좌웅전」)

【원문】 丁邯字叔春, 選邯爲郎, 託疾不就, 詔問實病否耶, 對曰, 實不病, 恥以孝廉, 爲令史職耳. 世祖怒曰, 虎賁減頭杖之數十.(書鈔四十五引三輔決錄)

【역문】 정한[341]의 자는 숙춘인데, 정한이 낭(郎)으로 선발되었다. 정한이 꾀병을 부리고 부임하지 않았다. 조서에 진짜 병에 걸렸냐고 물었는데 정한은 사실은 병이 없었다, 효렴으로 영사가 되는 것에 대해 수치를 느끼기 때문이라고 답하였다. 세조는 분노하여, 호분[342] 감두에게 장형 수십 대를 가하라고 하였다.[343](『북당서초』권45에서 『삼보결록』을 인용)

【원문】 明帝勤於吏事, 苛察愈甚, 或於殿前鞭殺尚書郎.(御覽六百四十九引漢晉春秋)

【역문】 명제가 이사(吏事)에 부지런하고, 가혹하고 엄격함이 더욱 심해져서 가끔씩 궁전 앞에서 상서랑을 채찍으로 때려 죽였다.[344](『태평어람』권649에서 『한진춘추』를 인용)

【원문】 郎有杖, 起自後漢, 爾時郎官位卑, 親主文案, 與令史不異, 是以古人多恥爲此職.(南史蕭琛傳)

---

340 『後漢書』 권61, 「左雄列傳」, 2022쪽.
341 丁邯은 후한 京兆 陽陵人으로 자는 叔春이다. 光武帝 建武 초에 孝廉으로 천거되어 尚書令에 임명되었지만 칭병(稱病)하고 나가지 않았다. 汾陰令, 漢中太守를 역임하였다.
342 虎賁: 천자 호위 군사.
343 (唐)虞世南撰, 『北堂書鈔』(欽定四庫全書) 권45, 「刑法部下」 杖刑6, 148쪽.
344 『太平御覽』 권649, 「刑法部」 15 '鞭', 104쪽.

【역문】 낭관이 장벌이 있는 것은 후한 때부터 시작했다. 그때 낭관의 지위가 낮아서 직접 문서를 주관하였으니 영사와 차이가 없다. 그래서 고인이 대부분 그 직업을 담당하는 것에 대해 수치를 느꼈다.[345](『南史』「蕭琛傳」)

【세주 원문】 按尚書鞭作官刑, 左傳鞭徒人費、鞭師曹三百, 其源甚古. 漢有鞭杖, 始於世祖, 然亦僅施之郎官, 與六朝隋唐以鞭杖列爲五刑者異, 蓋九章原無此制也.

【세주 역문】 상서에 "편형으로 잘못을 범한 관리를 징계하고(鞭作官刑)"[346]라 하였고, 좌전에 하인 비(費)를 채찍질하고,[347] 사조를 삼백 대나 채찍질하였다[348]고 하였으니 그 기원이 매우 오래되었다. 한나라에 편장형이 있었으니, 세조 때부터 있었다. 그러나 겨우 낭관에게만 사용했다. 이것은 육조·수당 시기에 편장형이 5형에 속하는 것과는 다르니 대개『구장률』에는 본래 이 제도가 없었던 것 같다.

◉ 顧山 고산

【원문】 元始元年, 天下女徒已論, 歸家, 顧山錢, 月三百. 注、師古曰, 謂女徒論罪已定, 并放歸家, 不親役之, 但令一月出錢三百以僱人也.(平帝紀)

【역문】 원시 원년(10년)에 천하의 여자 형도로 재판을 받고 죄행이 이미 결정되었으면, 집으로 돌려보내는데, 매월 3백전을 내도록 하고, 그 비용으로 사람을 고용하여 산에 들어가 벌목을 대신 하도록 한다. 주에 사고가 말했다. 여자 형도로 재판을 받고 죄행이 이미 결정되었으면, 함께 석방하고 집에 가게 하여 직접 부역을 하지 않고,[349] 오직 달마다 돈 삼

---

345 『南史』권18,「蕭琛傳」, 505–506쪽.
346 『尙書正義』권3,「舜典」, 65쪽.
347 『春秋左傳正義』권8, 234쪽, "誅屨于徒人費. 弗得, 鞭之".
348 『春秋左傳正義』권33, 922쪽, "公怒, 鞭師曹三百.
349 秦漢 시기에 女性의 徭役 징발의 문제는 이미 오랫동안 논쟁이 되고 있었는데, 긍정적으로 보는 대표적인 연구자로는 山田勝芳을 거론할 수 있다(山田勝芳,「漢代の算と役」,『東北大學教養部紀

백을 내고 다른 사람을 고용하는 것이다.350(『한서』「평제기」)

【원문】 其相傷者, 常加二等, 不得顧山贖罪.(桓譚傳)

【역문】 상대방에 대해 상해를 입힌 자는 일반적인 규정에 비해 2등 가중 처벌하고 돈을 납부하고 타인을 고용하여 벌목하는 것으로 속죄할 수 없다.351(『후한서』「환담전」)

【세주 원문】 按顧山之制, 始於平帝, 原非九章律所有, 魏以後此制無聞矣.

【세주 역문】 고산의 제도는 평제 때부터 시작하였는데, 본래 『구장률』에 속한 것이 아니고, 위나라 이후로는 그 제도를 듣지 못했다.

要』 28, 1978). 그는 1970년대 이래 계속해서 女性의 徭役 徵發을 주장하였다. 이에 대하여 楠山修作은 女性의 徭役 징발을 否定하였다(楠山修作, 「漢代女性力役不課論」, 『中國史論集』, 朋友書店, 2001). 가장 최근 山田勝芳은 江蘇省天長縣出土戶口簿·算賦에 대한 분석을 통하여 약 반 정도가 事算 대상으로 事算 중에 여자를 제외하면 인구가 불균형한 상태에 직면하기 때문에 여성이 요역에 동원된 것으로 보아야 한다고 주장하였다.(山田勝芳, 「前漢武帝代の地域社會と女性徭役 —安徽省天長市安樂鎮九十號漢墓木牘から考える—」『集刊東洋學』 97, 2007, 3쪽). 그러나 鷲尾祐子는 山田勝芳과 똑같은 시기에 江蘇省天長縣出土戶口簿·算賦에 대한 견해를 발표하였는데, 여기에서 그는 이 木牘의 事라 함은 徭役·兵役과 算賦 가운데 算賦일 가능성이 높다고 보고 여기에서 나오는 「復」이 算賦의 면제를 의미하는 것이고 徭役·兵役의 의무를 면제하는 것이 아니라고 보았다. 역시 山田勝芳의 견해와 마찬가지로 총인구에서 점하는 事가 가능한 인구가 그 기준인데, 그는 丁男의 男性만으로 인구의 반수를 점할 수가 없다고 보았다. 똑같은 자료를 분석했는데, 해석은 山田勝芳의 견해와 달리 남성만이 徭役·兵役의 대상이었고 여성은 그 대상이 아니었음이 확인이 되었다고 본다(鷲尾祐子, 「出土文字にみえる秦漢代戶籍制度」, 『東亞文史論叢』 2007, 東亞歷史文化研究會, 2007, 36~37쪽). 그런데 『二年律令』에는 수레로 운송하거나 역전을 통해 물자를 수송하여 보낼 때, 동원해서는 안 되는 대상으로 "免老, 小未傅者, 女子及諸有除者"라 하여 여자가 免老, 小未傅者, 요역면제자와 함께 병렬로 열거되어 있다(『二年律令』, 411~413쪽, "發傳送, 縣官車牛不足, 令大夫以下有訾(貲)者, 以訾(貲)共出車牛; 及益, 令其毋訾(貲)者與共出牛食, 約載具, 吏及宦皇帝者不與給傳送事. 委輸傳送重車·重負日行五十里, 空車七十里, 徒行八十里. 免老、小未傅者、女子及諸有除者, 縣道勿敢繇(徭)使"). 따라서 秦漢 시기에 女性의 徭役 징발은 특수한 경우를 제외하고 원칙적으로 없었다고 보아야 할 것 같다.

350 『漢書』 권12, 「平帝紀」, 351~352쪽, "天下女徒已論, 歸家, 顧山錢月三百."
351 『後漢書』 권28, 「桓譚列傳」, 958쪽, "其相傷者, 加常二等, 不得雇山贖罪."

◉ 禁錮 금고

【원문】 元和元年, 詔曰, 一人犯罪, 禁至三屬, 莫得垂緌士宦王朝, 如有賢才而没齒無用, 朕甚憐之, 非所謂與之更始也, 諸以前妖惡禁錮者, 一皆蠲除之. 注、三屬謂父族、母族及妻族.(章帝紀)

【역문】 원화원년(84년)에 조서에 "한 사람이 죄를 범하면, 금고가 3족에 이르러 조정에 관복352을 입고 관직을 담당할 수 없다. 만약 현재(賢才)가 있더라도 평생 임용되지 못하니 나는 이것을 매우 불쌍히 여긴다. 이것은 다시 시작하는 기회를 준다는 것이 아니다. 이전에 요언(謠言)으로 죄를 짓고 금고형을 받을 모든 사람들은 모두 그 죄를 없애라."고 하였다. 주에 삼족은 부족·모족·처족이다353(『후한서』「효장제기」).

【원문】 免官禁錮, 爰及五屬. 注、謂斬衰齊衰大功小功緦麻也.(黨錮傳)

【역문】 면직과 금고형354은 오속에까지 미친다. 주: 오속은 참최355·자최356·대공357·소공358·시마359이다360(『후한서』「당고전」).

---

352 垂緌: 축 늘어지는 관과 띠. 고대 신하들이 왕을 알현할 때마다 사용한 장식이다. 후에 관직의 대명사가 된다.

353 『後漢書』권3,「肅宗孝章帝紀」, 147-148쪽.

354 禁錮: 범죄로 인하여 본인 및 그의 자녀가 관리가 되거나 사회정치활동에 참여하는 것을 금지하는 것.

355 斬衰: 상복 중 하나로 아마포로 만들고 좌우와 아래쪽을 꿰매지 않는다. 아들이나 시집을 가지 않은 딸은 부모를 위하여, 며느리가 시부모를 위하여, 손자는 조부모를 위하여, 처첩은 부를 위하여, 3년 동안 입는 상복이다. 진 나라 이전에 제후들이 천자를 위하여, 신하는 군주를 위하여 입어야 한다. 아버지가 안 계신 남편이 할아버지의 상을 당하였을 때 그 부인도 참최를 입는다. 이처럼 정상적인 친족관계가 아닌 사람. 즉 의리로 맺은 姓이 다른 친족에 대한 복상으로 입는 것을 義服이라고 한다.

356 齊衰: 상복명. 아마포로 만들고 가장자리의 부분을 꿰맨다. 자최는 어머니의 상에 입는 복으로 복상 기간은 3년이다. 조부모나 부부를 위하여 1년을 입어야 되며 증조를 위하여 5개월을 입어야 되고 고조를 위하여 3개월을 입어야 된다.

357 大功: 斬衰·齊衰 및 期·小功·緦麻와 같이 五服의 하나로서 喪事에 9개월 입는 복제를 말한다.

358 小功: 5복에서의 제4등이다. 이 상복은 익은 마포로 만든 것이며 대공보다 가늘고 시마보다 굵다. 그 상복을 입어야 할 기간은 5개월이다.

359 緦麻: 상복 중 하나. 얇은 아마포로 만들고 3개월 동안 입어야 한다. 고조, 증조, 큰아버지, 큰어머님. 형제나 시집을 가지 않은 자매. 배우자의 부모 등을 위하여 3개월을 입어야 한다.

【원문】 安帝初, 淸河相叔孫光坐臧抵罪, 遂增錮二世, 釁及其子. 注、二代謂父子俱禁錮.(劉愷傳)

【역문】 안제 초에 청하의 상(相)인 숙손광이 탐오한 일로 죄를 범하여 이에 가중 처벌되어 2대에 걸쳐 관리가 되는 것이 금지되어 화가 그의 자식에까지 미쳤다. 주, 2대는 부자가 다 금고에 처해졌음을 이른다.[361](『후한서』 「유개전」)

【원문】 素所厚者, 皆免廢錮. 注、師古曰, 終身不得仕.(息夫躬傳)

【역문】 [식부궁의 동족 친속 중에] 식부궁과 평소에 밀접한 관계를 가진 사람은 모두 면직하고 종신 관리가 되는 것을 금지하였다. 주에 사고가 말했다. 금고는 종신토록 벼슬할 수 없는 것이다.[362](『한서』 「식부궁전」)

【원문】 建初元年, 大旱, 肅宗召昱問曰: 旱旣大甚, 將何以消復災眚? 對曰: 臣前在汝南, 典理楚事, 繫者千餘人, 恐未能盡當其罪, 宜一切還諸徙家屬, 蠲除禁錮. 帝納其言.(鮑昱傳)

【역문】 건초원년(기원후 76년)에 큰 가뭄이 있자 숙종이 포욱[363]을 불러 물었다. "가뭄이 너무 심하니 어떻게 하면 재화의 영향을 없애겠는가?" 대답하여 말하였다. "신이 이전에 여남에 있을 때, 초왕의 모반 사건을 담당하여 처리하였는데, 체포한 사람이 천여 명이 있었습니다. 범인 중에 다 죄명에 맞는 것은 아니라고 걱정하였습니다. 마땅히 천사한 가속들을 모두 고향으로 돌려보내고 금고형을 취소해야 합니다."라고 하였다. 숙종이 그 의견을 채용하였다.[364](『후한서』 「포욱전」)

---

360 『後漢書』 권3, 「黨錮列傳」, 2189쪽.
361 『後漢書』 권39, 「劉愷列傳」, 1308쪽.
362 『漢書』 권45, 「息夫躬傳」, 2187쪽.
363 鮑昱(?-81年)의 字는 文泉으로 上黨屯留人. 東漢 司隷校尉 鮑永의 子로 光武帝・漢明帝・漢章帝 3대에 걸쳐 벼슬하고 司徒, 太尉를 역임하였다.
364 『後漢書』 권29, 「鮑昱列傳」, 1022쪽.

【원문】 永初中、陳忠上言解臧吏三世禁錮, 事皆施行.(東漢會要)

【역문】 영초중[365]에 진충이 황제에게 탐오한 일로 죄를 범한 관원들의 삼세 금고형을 풀어 주어야 한다고 상언했다. 일이 모두 시행되었다.[366](『동한 회요』)

【세주 원문】 按左傳, 成公時屈巫奔晉, 子反請以重幣錮之; 又襄三年, 會於商任, 錮欒氏也. 禁錮蓋本周制. 文帝時, 賈人贅婿及吏坐臧者, 皆禁錮不得爲吏. 及東漢, 則臧吏禁錮, 並及子孫. 殤帝延平元年, 詔自建武以來, 諸犯禁錮, 詔書雖解, 有司持重, 多不奉行, 其皆復爲平民. 是當時一經禁錮, 雖遇解放, 仍不得爲平民也, 馴至黨錮禍起, 漢遂以亡.

【세주 역문】 『춘추좌전』에 성공(成公) 때 굴무(屈巫)가 진(晉)에 도망쳤다. 자반(子反)이 많은 예물을 보내어 그를 금고하기를 청하였다.[367] 또 양공 21년에 상임(商任)에서 회합하여 난씨(欒氏)를 금고하였다.[368] 금고는 본래 주나라의 제도다. 문제 때, 상인, 데릴사위와 탐오한 일로 죄를 범한 관원은 다 금고형을 받고 관원이 될 수 없었다. 동한 때에 이르러 탐오한 일로 죄를 범한 관원은 금고형을 받고 아울러 자손에게도 미치었다. 상제(殤帝) 연평원년(106년)에 조서를 내려 건무(建武)부터 금고형을 당한 죄인을 조서로 비록 풀어 주었지만 담당관이 신중히 해서 대부분 조서대로 실행하지 않아서 모두 다시 평민이 되었다. 당시 일단 금고형을 당하면 사면령을 만나 풀어지더라도 어쩔 수 없이 평민이 되었다. 그 후에 당고지화가 발생해서 한나라가 마침내 멸망했다.

365 永初中은 後漢의 安帝 劉祜의 治世에 행해진 연호로 107年–113年에 해당한다.
366 『東漢會要』 권35, 「刑法上」 '臧罪', 508쪽.
367 『春秋左傳正義』 권25, '成公2년', 711쪽.
368 『春秋左傳正義』 권34, '襄公21년', 976쪽.

漢律考

3

【원문】 宋王應麟作漢制考, 引漢律令之見於周禮鄭注及說文者凡二十餘條, 又著漢藝文志考證, 於法家增漢律漢令二種, 皆漢志所未著錄, 幷雜引漢律令文以證之, 是爲後人考證漢律之始. 後沈欽韓作漢書疏證, 引漢律見於史漢注者凡十餘條. 同光間山陰汪瑔氏著松煙小錄, 亦雜引漢律令, 然所徵引者, 許氏說文而已. 吳縣孫傳鳳洨民遺文, 所考較詳, 以吏戶禮兵刑工雜七者分隷之, 計吏律十條, 戶律七條, 禮律七條, 兵律三條, 刑律十一條, 工律四條, 雜律四條; 又定罪之次二條, 凡四十七條, 皆有律無令. 此前人引證漢律之尙可考者, 其輯爲專著者, 薛允升刑部有漢律輯存一書, 庚子之亂燬於火, 其書不傳.(沈家本薛大司寇遺稿序云, 傳聞爲某舍人所獲, 祕不肯出.) 今所見者, 惟巴陵杜貴墀之漢律輯證, 雖徵引仍多未備, 且雜糅律令爲一, 不足愜閱者之目, 然考漢律者, 當推此爲最善本矣. 近人富平張鵬一有漢律類纂之作, 强以己意竄定律目律文, 識者譏之. 玆篇所考, 專以佚文爲主, 凡得百八十五條, 其體例先律目, 次律文, 次令, 次軍法,(唐六典載晉令有軍法六篇, 是軍法亦令也) 紀傳表志及他書有可資旁證者, 則各附於後, 唐律有明文者, 亦幷及之, 或亦尋流溯源之一助云爾. 作律文考.

【역문】 송(宋)나라 왕응린(王應麟)[1]이 『한제고(漢制考)』를 지을 적에 한나라 율령 중 정현(鄭玄)의 『주례주(周禮注)』와 『설문해자(說文解字)』에 보이는 20여 조목을 인용하였고, 또 『한예문지고증(漢藝文志考證)』을 저술하여 법가(法家)에 한율(漢律)과 한령(漢令) 두 종을 더하였는데, 모두 『한서』「예악지(禮樂志)」에 저록되지 않은 것이다. 아울러 한(漢)의 율령문을 잡다하게 인용하여 고증하였으니 이것이 후세 사람이 한율을 고증한 시초이다. 그 후 심흠한(沈欽韓)[2]은 『한서소증(漢書疏證)』을 저술하면서 『사기』와 『한서』의 주(注)에 보이는 한율 10여 조목을 인용하였다. 동치(同治)·광서(光緒) 연간에 산음(山陰)사람 왕천(汪琠)[3]도 『송연소록(松煙小錄)』을 저술하여 한율령을 잡다하게 인용하였으나 증거를 들어 인용한 것은 허신(許愼)의 『설문해자』일 뿐이다. 오현(吳縣)사람 손전봉(孫傳鳳)의 『효민유문(洨民遺文)』은 고증한 바가 비교적 상세하였는데, 이(吏)·호(戶)·예(禮)·병(兵)·형(刑)·공(工)·잡(雜)의 7개로 나누어 속하게 하였으니, 이율(吏律) 10조, 호율(戶律) 7조, 예율(禮律) 7조, 병률(兵律) 3조, 형률(刑律) 11조, 공률(工律) 4조, 잡률(雜律) 4조였으며, 죄의 등급을 정한 2조까지 총 47개의 조목은 모두 '율'은 있으나 '영'은 없다. 이처럼 전대 사람들이 한율 중 상고할 만한 것을 인용하여 고증한 것을 모아서 전문적인 저작으로 만든 것은 형부상서(刑部尙書) 설윤승(薛允升)[4]의 『한율집존(漢律輯存)』이 있는데, 경자년(庚子年, 1900)의 난리 때 불에 타 전하지 않는다. 심가본(沈家本)[5]의 「설대사구유고서(薛大司寇遺稿序)」

---

1 漢律考 1「律名考」주 167) 참고.

2 沈欽韓(1775-1831)의 자는 文起, 호는 小宛으로 詩·古文·駢儷文 등에 통달하였으며, 특히 訓詁와 考證에 능했다. 저서로 『幼學堂文集』·『兩漢書疏證』·『水經注疏證』·『左傳補注』·『韓昌黎集補注』·『王荊公詩補注』·『蘇詩查注補正』 등이 있다.

3 汪琠(1828-1891): 자는 玉泉·穀庵, 호는 芙生. 저서로 『隨山堂猥稿』가 있다.

4 薛允升(1820-1901): 자는 克猷, 호는 雲階. 淸末의 저명한 법률학자로 刑部尙書를 지냈으며, 漢·唐·明대의 법률에 대해 연구하였다. 저서로 『讀例存疑』·『漢律輯存』·『唐明律合編』·『漢律決事比』·『薛大司寇遺集』 등이 있다.

5 沈家本(1840-1913)의 자는 子淳, 호는 寄簃. 어려서부터 儒家經典을 익혔으며 특히 經學과 文字學에 정통하였다. 저서로 『寄簃文存』·『諸史瑣言』이 있다. 『寄簃文存』은 총 8권 96편으로 구성된 법률 서적이다. 法理學 연구를 중시하여 『大淸民律』·『大淸商律草案』·『刑事訴訟律草案』·『民

에 이르기를, "전해 들으니 모(某) 사인(舍人)에게 발견되었으나 숨겨두고 내놓으려 하지 않는다."라 하였다.) 지금 볼 수 있는 것은 오직 파릉(巴陵)사람 두귀지(杜貴墀)[6]의 『한율집증(漢律輯證)』만이 있는데, 비록 증거를 들어 인용한 것이 부족한 점이 많고, 율령을 뒤섞어 하나로 만들어 보는 자의 안목을 넓히기에는 부족하지만, 한율을 고증한 것은 마땅히 이것을 미루어 가장 선본으로 삼아야 한다. 근대인 부평(富平) 장붕일(張鵬一)[7]의 『한율유찬(漢律類纂)』과 같은 저작은 억지로 자기 임의대로 율목과 율문을 정하여 식자들이 비판하였다. 이 책이 고증한 바는 오로지 산실된 문장을 위주로 하여 모두 185조목을 얻었으니, 그 체례(體例)는 율목을 처음으로 하고 다음이 율문, 영, 그리고 다음이 군법이며(『당육전(唐六典)』에 실린 진령(晉令)에 군법 6편이 있으니 이 군법 또한 영이다), 기(紀)·전(傳)·표(表)·지(志) 및 다른 책에서 두루 증거 자료로 삼을 만한 것은 각각 뒤에 붙였고, 당률(唐律)의 명문(明文) 또한 아울러 언급하였으니 혹 근원을 거슬러 올라가 찾는 데 작은 도움이 될 뿐이다. 율문고를 짓다.

⊙ 劫略(盜律) 겁략(도율)

【원문】 攻惡謂之略.(晉書刑法志引張裴律表)

【역문】 흉악한 범죄행위를 '략(略)'[8]이라 한다.(『진서』「형법지」에서 장비의 율표를 인용.)[9]

事訴訟律草案』 등을 주도하여 제정하였다.

6 杜貴墀,(1824~1901)의 자는 吉階, 호는 仲丹. 저서로는 『漢律輯證』이 있다.

7 張鵬一(1867~1943)의 자는 扶萬, 호는 在山主人인데, 만년의 호는 一翁·一叟이며, 필명은 樹叟이다. 청말 북경에서 康有爲를 스승으로 삼고 변법자강운동에 적극 참가하였다. 중국고대 전통문화와 근대역사에 대한 연구를 활발히 진행하였다.

8 略: 掠과 같다. 劫掠, 掠奪을 의미. 예를 들면 "略人爲奴婢"와 같은 것이 바로 그것이다. 『左傳·襄公四年』杜預注: "不以道取爲略" 『唐律疏議·』「名例」18: "略人者, 不和爲略" 略은 "略地"처럼 古書上 흔히 전쟁 용어에 사용되었다. 법률상으로는 "略人", "略賣", "劫略" 등의 용어로 사용됨.

9 『晉書』 권30, 「刑法志」, 928쪽, "攻惡謂之略." 이 부분은 律義의 較名 20개를 설명하는 대목이다. 한

【원문】 元光五年, 嗣侯陳何坐略人妻, 棄市. 鴻嘉三年, 嗣蒲侯蘇夷吾坐婢自贖爲民後略以爲婢, 免.(功臣表)

【역문】 원광(元光) 5년(기원전 130년), 사후 진하(陳何)가 다른 사람의 처를 겁탈한 죄를 받아 기시(棄市)에 처해졌다.[10] 홍가(鴻嘉) 3년(기원전 17년), 포후(蒲侯) [소창(蘇昌)]을 이은 소이오(蘇夷吾)가 자속(自贖)하여 서민이 된 노비를 후에 유괴하여 노비로 삼은 죄를 지어 면직되었다.[11](『한서』「경무소선원성공신표」)

【세주 원문】 按唐律、略人, 在賊盜四.

【세주 역문】 『당률』에 사람을 유괴한 [것에 대한 처벌 규정은] '적도 4'에 있다.[12]

● **恐猲(盜律)** 공갈(도율)

【원문】 將中有惡言爲恐猲.(晉書刑法志引張裴律表)

【역문】 위협하는 도중에 악한 말을 하는 것을 '공갈(恐猲)'이라고 한다.[13](『진

편 본문의 '張裴律表'에서 장배(張裴)는 장비(張斐)를 말한다. 『晉書斠注』에 "裴爲斐之誤"로 되어 있고 『隋書·經籍志』, 『新唐書·藝文志』, 『太平御覽』 등에서 모두 斐로 되어 있다. 그는 魏나라 말 晉나라 초 시기의 사람으로 晉武帝 司馬炎 재위 시 明法椽을 지내면서 『晉律』을 注解하였다. 저서로 『律解』·『雜律解』·『漢晉律序注』 등이 있다고 하나 원전은 모두 일실되었으며, 『晉律』을 주해한 뒤 황제에게 요점을 설명하여 올린 表만이 남아 있다. 이 글이 『진서』「형법지」에 실려 있는 '注律表'이다. 張斐와 杜預는 같은 시기의 晉代의 저명한 律學家로 『晉律』에 注를 달았다. 그 후 南朝의 각 왕조에서는 그들이 注한 『晉律』을 사용하여 『張杜律』이라 일컬었다. 장비는 주율표에서 『진율』의 기본정신과 특징을 개술하였으며 율에 대한 전인들의 주해를 소개하고 주요 법률 개념과 용어를 새롭게 해석하였다.

10 『漢書』 권16, 「高惠高后文功臣表」, 539쪽. "孝景五年. 侯何嗣. 二十三年. 元光五年, 坐略人妻. 棄市." 陳何는 한 고조 때의 功臣 曲逆獻侯 陳平의 曾孫이다. 진평은 劉邦을 섬겨 한나라 통일에 공을 세우고, 고향인 戶牖侯에 임명되었다가 曲逆侯로 승진하였다. 相國 曹參이 죽은 후 左丞相이 되어, 周勃과 함께 呂氏의 난을 평정한 후 文帝를 옹립하였다.

11 『漢書』 권17, 「景武昭宣元成功臣表」, 665쪽. "侯夷吾嗣. 鴻嘉三年. 坐婢自贖爲民後略以爲婢, 免." 蘇夷吾는 漢武帝 때의 공신 蒲侯 蘇昌의 아들이다.

12 『唐律疏議』, 第292條: 賊盜 45, '略人略賣人', 369쪽. "諸略人略賣人 不和爲略. 十歲以下, 雖和, 亦同略法, 爲奴婢者, 絞. 爲部曲者, 流三千里. 爲妻妾子孫者, 徒三年. 因而殺傷人者, 同强盜法."

13 『晉書』 권30, 「刑法志」, 929쪽. "將中有惡言爲恐猲." 이 부분은, 모두 威勢로써 재물을 취한 점에

서』「형법지」에서 장비의 율표를 인용)

【원문】 元狩三年, 平城侯禮坐恐猲取雞, 以令買償, 免. 元鼎三年, 嗣葛魁侯戚坐縛家吏, 恐猲受賕, 棄市. 師古注、猲、以威力脅人也, 賕、枉法以財相謝. 鴻嘉三年, 嗣侯德天坐恐猲國人受賕臧五百以上, 免. 建昭四年, 籍陽侯顯坐恐猲國民取財物, 免.(王子侯表)

【역문】 원수(元狩) 3년(기원전 120년), 평성후(平城侯) 예(禮)가 공갈로 닭을 빼앗고 닭을 사서 보상하도록 한 죄를 받아 면직되었다.[14] 원정(元鼎) 3년(기원전 114년), 갈괴후(葛魁侯) 척(戚)이 가리(家吏)를 포박하고 공갈하여 뇌물을 받은 죄를 받아 기시에 처해졌다. 안사고(顏師古)의 주에 "갈(猲)은 위력으로 남을 협박하는 것이요, 구(賕)는 법을 어기고 재물로써 서로 사례하는 것이다."라 하였다.[15] 홍가 3년(기원전 18년), 후(侯) 덕천(德天)이 백성들을 공갈하여 5백전 이상의 뇌물을 받은 죄를 받아 면직되었다.[16] 건소(建昭) 4년(기원전 38년), 적양후(籍陽侯) 현(顯)이 백성들을 공갈하여 재물을 취한 죄를 받아 면직되었다.[17](『한서』「왕자후표」)

【세주 원문】 按唐律、恐猲取人財物, 在賊盜三。

【세주 역문】 『당률』에 공갈하여 다른 사람의 재물을 취함은 '적도3'에 있다.[18]

서는 같지만 죄명이 다른 6가지(强盜 · 縛守 · 恐猲 · 呵人 · 受賕 · 持質)에 대해 설명한 대목이다.

14 『漢書』 권15, 「王子侯表 上」, 449쪽. "十月癸酉封, 六年, 元狩三年, 坐恐猲取雞以令買償免, 復護, 完爲城旦." 平城侯 禮는 武帝 때 인물로, 河間獻王 劉德의 아들이며, 景帝의 손자이다.

15 『漢書』 권15, 「王子侯表 上」, 440쪽. "元狩四年, 侯戚嗣, 五年, 元鼎三年, 坐恐猲家吏受賕, 棄市.(師古曰: '猲謂以威力脅人也, 賕, 枉法以財相謝. 猲音呼葛反, 賕音求.')" 劉戚은 무제 때 인물로, 葛魁節侯 劉寬의 아들이며, 菑川懿王 劉志의 손자이다.

16 『漢書』 권15, 「王子侯表 下」, 498쪽. "侯德天嗣, 鴻嘉二年, 坐恐猲國人, 受財臧五百以上, 免." 劉德天은 宣帝 때 인물로, 承鄕節侯 劉當의 아들이며, 魯孝王의 손자이다.

17 『漢書』 권15, 「王子侯表 下」, 498쪽. "十一月壬申封, 十六年, 建昭四年, 坐恐猲國民取財物, 免." 籍陽侯 顯은 선제 때 인물로, 城陽荒王 劉順의 아들이다.

18 『唐律疏議』, 第285條; 賊盜 38, '恐喝取人財物', 360쪽. "諸恐喝取人財物者, 口恐喝亦是, 準盜論加一等. 雖不足畏忌, 財主懼而自與, 亦同. 展轉傳言而受財者, 皆爲從坐. 若爲人所侵損, 恐喝以求備償, 事有因緣之類者, 非."

◉ **和賣買人(盜律)**　서로 합의해서 사람을 사고파는 것.[19](도율)

【원문】 建武二年, 詔民有嫁妻賣子欲歸父母者, 恣聽之, 敢拘執者, 論如律. 建武七年, 詔吏人遭饑亂, 及爲靑徐賊所略爲奴婢下妻欲去留者, 恣聽之, 敢拘制不還, 以賣人法從事.(光武紀)

【역문】 건무(建武) 2년(26년), 조서를 내려 "백성들 중에 [어쩔 수 없이] 출가[20] 해서 타인의 아내가 된 자나 [강제로] 팔린 아이로 부모에게 돌아가고자 하는 자가 있으면 모두 완전히 그들의 뜻에 맡기고 들어주도록 하라. 감히 구류하고 돌려보내지 않으면 법에 따라 논하라."고 하였다.[21] 건무 7년(31), "이번 전란과 기근으로 피해를 입은 관민 및 청주(靑州)와 서주(徐州)의 강도들에게 유괴되어 노비 혹은 첩이 된 백성으로 만약 떠나고 싶거나 머물고 싶어하는 자가 있으면, 모두 본인의 뜻에 맡기고 들어주도록 하라. 감히 구속하여 돌려보내지 않으면 매인법(賣人法)에 따라 죄를 처결하라."고 하였다.[22](『후한서』「광무제기」)

【세주 원문】 按通典卷一百六十七、載後魏律掠人和賣爲奴婢者死, 又賣子一歲刑, 五服內親屬在尊長者死, 賣周親及妾與子婦者流. 唐律、略賣人和同相賣, 俱在賊盜四.

【세주 역문】 『통전』권167을 살펴보면, 후위의 율에 다른 사람을 유괴해 팔아서 노비로 삼은 자는 사형에 처하고, 자식을 팔면 1년형에 처하되 오복(五服)[23]과 내친(內親)[24] 중 존장자에 속하는 자는 죽이고, 주친(周親)[25]과 첩, 며느리를 판 자는 유형

---

19 『晉書』권30,「刑法志」, 924쪽.

20 여기에서 '嫁妻'는 '인신매매'와 관련된 것으로 이해해야 한다.

21 『後漢書』권1,「光武帝紀 上」, 30쪽. "癸未, 詔曰: '民有嫁妻賣子欲歸父母者, 恣聽之. 敢拘執, 論如律.'"

22 『後漢書』권1,「光武帝紀 上」, 51쪽. "甲寅, 詔吏人遭饑亂及爲靑、徐賊所略爲奴婢下妻, 欲去留者, 恣聽之. 敢拘制不還, 以賣人法從事."

23 五服: 王都를 중심으로 하여 에워싸고 있는 지역으로서 거리에 따라 가른 다섯 등급의 지역으로 각 구역 내의 제후들은 왕실에 대하여 차등적인 직무와 공납의 의무가 부과된다. 이외에도 五服은 天子, 諸侯, 卿, 大夫, 士 또는 왕, 공, 경, 대부, 사의 옷 혹은 오형의 벌을 받는 일 등을 의미하는데, 여기에서의 오복은 초상을 당했을 때 亡者와의 혈통관계의 원근에 따라 다섯 가지로 구분되는 유교의 상복제도를 말한다.

(流刑)에 처한다고 실려 있다.[26] 『당률』에 사람을 약매(略賣)하고 양쪽이 모두 위법인 줄 알고서 합의 하에 매매함은 모두 '賊盜四'에 있다.[27]

◉ 受所監受財枉法(盜律)

관리가 그 통할·감독 하에 있는 관리로부터 재물이나 음식, 기타 이익을 제공받거나 관리가 뇌물을 받고 청탁을 들어주는 것.[28](도율)

【원문】 吏坐受賕枉法.(刑法志)

【역문】 관리가 뇌물을 받고 법을 어겨서 죄를 받다.[29](『한서』「형법지」)

【원문】 賕以財物枉法相謝也.(說文貝部)

【역문】 '구(賕)'는 재물로써 법을 어기고 서로 사례하는 것이다.[30](『설문해자』의 '패(貝)'부)

【원문】 受賕枉法忿怒仇. 注、以財求事曰賕, 言受人財者, 枉曲正法, 忿怒良直, 反爲仇讎也.(急就篇)

【역문】 뇌물을 받고 법을 어겨 분노하여 원수를 산다. 주에 "재물로써 일을 구하는 것을 '구(賕)'라 하니, 다른 사람의 재물을 받은 자는 올바른 법을

---

24 內親은 왕후의 친족, 또는 아내나 어머니의 친족을 의미한다.

25 周親은 매우 가까운 친족. 아버지와 아들, 언니와 아우 사이를 이르는 말이다.

26 『通典』권167, 刑法五.「雜議 下」, 4315-4316쪽, "後魏宣武帝景明中, 冀州人費羊皮母亡, 家貧無以葬, 賣七歲女子與張迴爲婢, 迴轉賣與梁定之而不言狀. 按律:「掠人和賣爲奴婢者, 死.」… 三公郎中崔鴻議曰:「按律, 賣子一歲刑, 五服內親屬在尊長者死, 賣周親及妾與子婦者流. …」"

27 『唐律疏議』, 第292條; 賊盜 45, '略人略賣人', 369쪽, "諸略人略賣人 不和爲略. 十歲以下, 雖和, 亦同略法. 爲奴婢者, 絞. 爲部曲者, 流三千里. 爲妻妾子孫者, 徒三年. 因而殺傷人者, 同强盜法. 和誘者, 各減一等. 若和同相賣爲奴婢者, 皆流二千里. 賣未者, 減一等. 下條準此. 卽略和誘及和同相賣他人部曲者, 各減良人一等."

28 『晉書』권30,「刑法志」, 924쪽; '受所監'은 관리가 그 통할·감독 하에 있는 관리로부터 재물이나 음식, 기타 이익을 제공받는 것. '受財枉'은 관리가 뇌물을 받고 청탁을 들어주는 것.

29 『漢書』권23,「刑法志」, 1099쪽, "當斬右止, 及殺人先自告, 及吏坐受賕枉法, 守縣官財物而卽盜之, 已論命復有笞罪者, 皆棄市."

30 『說文解字注』(上海古籍出版社, 1981), 282쪽.

왜곡하여 어질고 정직한 이를 성나게 하여 도리어 원수가 되게 하는 것을 말하는 것이다."라 하였다.[31](『급취편』)

【원문】 事曲則諂意以行賕.(潛夫論)

【역문】 사리가 어긋나면 아첨하고 뇌물을 행한다.[32](『잠부론』)

【세주 원문】 按唐律、監主受財枉法, 在職制二.

【세주 역문】 『당률』에 감림주사[33]가 재물을 받고 법을 왜곡하여 적용함은 '직제2'에 있다.[34]

◉ **勃辱强賊(盜律)** 발욕강적(도율)[35]

◉ **還贓畀主(盜律)** 장물을 원래의 주인에게 돌려주는 것[36](도율)

【세주 원문】 按唐名例律、取與不和, 若乞索之贓, 幷還主, 又諸以贓入罪, 正贓見在

---

31 『急就篇』 권4, 312–313쪽, "輒覺沒入檄報留, 受賕枉法忿怒仇." 『급취편』은 중국 전한(前漢) 말기의 사유(史遊)가 편찬한 문자 교본으로, 『급취장(急就章)』이라고도 한다. 당시의 상용한자 약 1,900자를 31장으로 나누고, 물명(物名)과 인명 등을 3자구(字句) 또는 7자구로 배열한 후 脚韻을 달아 암송하기 편리하게 만들었다.

32 이 부분은 『잠부론』 본문에 실려 있지 않고, 『後漢書』 권79, 「王充王符仲長統列傳」에서 잠부론의 내용을 인용한 대목에 나온다. 『잠부론』은 後漢의 유학자 王符가 당시의 문란한 정치와 사회를 비판하기 위해 저술한 책으로, 그는 학문 · 도덕을 존중하고 덕에 의한 교화정치를 할 것을 주장하였다.

33 監臨主司: '감림주사'라고 하는 것은 統攝 · 案驗 및 行案하는 主典 등을 말한다.

34 『唐律疏議』, 第138條; 職制 48, '監主受財枉法', 220쪽, "諸監臨主司受財而枉法者, 一尺杖一百, 一疋加一等, 十五疋絞."

35 『晉書』 권30, 「刑法志」, 924쪽; 勃辱强賊: 沈家本은 强賊에 대해 분노해서 毆辱을 가하는 것이라 하고 强賊을 체포하면 이를 官에 인도해야 했기 때문에 毆辱을 가해 살상하면, '擅'이라 하지 않을 수 없다. 그런 까닭에 魏에서는 이를 『興擅律』에 넣었다고 하고 있다. 이에 대해 內田智雄은 『晉書 · 刑法志』에 기록되어 있는 張斐의 晉律注에 "위세로 재물을 얻는 범죄행위의 하나로 '戮辱'을 들고 있고 그것은 毆擊을 가해 재물을 얻는 것"이라고 설명하고 있는 점에 동의하고 있다. 만약 '勃辱'이 '戮辱'을 말하는 것이라면 '勃辱强賊'은, 그것이 興擅律에 들어 있는 것에서 살피면, 병역이나 요역 등의 '興'과 관련해서 담당관리가 불법제재나 압박을 가해 私利를 얻는 경우를 가리키는 것으로도 추측된다고 보고 있다.

36 『晉書』 권30, 「刑法志」, 925쪽; 畀: 급여.

者還官主. 疏義云、官物還官. 私物還主.

【세주 역문】『당률』의 명례율(名例律)에 [재물을] 주고받은 것이 합의 하에 이루어지지 않았으면 걸색(乞索)[37]한 장물과 같은 것은 모두 주인에게 돌려준다.[38] 또 장물로써 죄를 범했는데 정장(正贓)[39]이 남아 있으면 관이나 주인에게 돌려준다.[40]『당률소의』에 이르기를 '관(官)의 물건은 관에 돌려주고 개인의 물건은 주인에게 돌려준다.'라 하였다.

◉ 欺謾(賊律) 기만(적률)[41]

【원문】 違忠欺上謂之謾.(晉書刑法志引張斐律表)

【역문】 충(忠)을 어기고 윗사람을 속이는 것을 '만(謾)'이라고 한다.[42](『진서』「형법지」에서 장비의 율표를 인용)

【원문】 黃龍元年, 詔上計簿, 具文而已, 務爲欺謾, 以避其課, 御史察簿, 疑非實者按之.(宣帝紀)

【역문】 황룡(黃龍) 원년(기원전 49년), 조서를 내리기를, "매년 관례에 따라 관할구역의 간전(墾田)의 면적과 호구(戶口)·연령 등을 조사해서 올리는데, 문서만 갖추었을 뿐이고, 과역(課役)을 도피하기 위한 기만으로 가득 차 있으니 어사(御史)는 상계문서[43]를 철저히 고험(考驗)하고 사실이

---

37 乞索: 걸색의 사전적인 뜻은 구걸과 거의 같지만, 여기서는 관인이 거절할 수 없는 사람을 대상으로 재물을 요구하여 취하는 행위를 의미한다.

38 『唐律疏議』, 第32條; 名例 32, '彼此俱罪之贓', 87쪽, "取與不和, 雖和, 與者無罪. 若乞索之贓, 竝還主."

39 正贓: 본래 범죄로 인하여 수수한 그 재화를 뜻하지만, 그 재화로 교환한 다른 재화나 새끼를 낳아 息을 불린 것으로 얻은 가축의 소생 등도 이에 포함된다.

40 『唐律疏議』, 第33條; 名例 33, 88쪽, '以贓入罪', "諸以贓入罪, 正贓見在者, 還官."

41 『晉書』 권30, 「刑法志」, 924쪽; 欺謾: 군주를 속이는 것.

42 『晉書』 권30, 「刑法志」, 928쪽, "違忠欺上謂之謾." 이 부분은 律義의 較名 20개를 설명한 대목이다.

43 한대에는 백성을 통제하기 위해 자세한 호구부를 작성하였는데, 호구부에는 주민의 연령, 성별, 친속, 토지 및 재산이 기재되었고, 세금과 역의 근거가 되었다. 매년 8월 조사, 연말이 되면 이를 상급 기관에 보고하는 上計제도를 운영하였다. 상계문서와 관련하여 문서상의 통계와 실제와의

아니라고 의심되는 것을 살펴보았다."라 하였다.[44](『한서』「선제기」)

【원문】欺謾半言斷頭矣.(朱博傳)

【역문】 조금이라도 기만이 있다면 목을 벨 것이다.[45](『한서』「주박전」)

【원문】(孫)宏奏隆前奉使欺謾(杜欽傳)

【역문】 손굉(孫宏)이 융(隆)이 전에 사신이 되어 기만하였다고 아뢰었다.[46] (『한서』「두흠전」)

【원문】朕數問君, 君對輒不如其實, 九卿以下, 同時陷於謾欺之罪.(薛宣傳)

【역문】 [조서를 내려 설선을 파면하면서 말하였다.] "[짐이] 누차 그대에게 물었는데 그대의 대답이 모두 사실에 부합하지 않는다. 구경(九卿)[47] 이하 신하들은 일제히 기만죄를 범하였다.[48](『한서』「설선전」)

【원문】甘露四年, 新利侯偃坐上書謾, 免. 涉侯縮坐上書謾, 耐爲鬼薪.(王子侯表)

【역문】 감로(甘露) 4년(기원전 50년), 신리후(新利侯) 언(偃)이 거짓 글을 올린

차이가 지적되고 있는데, 이성규는 "郡의 계수가 이 범위를 초과하지 않는 한, 특별히 縣別 내역에 관심을 가질 이유도 없었을 것이다. 이것은 郡이 중앙 정부가 기대한 일정한 세액을 보고하는 한 그 현별 징수와 면제는 郡에 사실상 위임한 것을 의미한다."고 하였다(이성규, 「帳簿上의 帝國」과 '帝國의 現實': 前漢前期 南郡의 編戶齊民 支配와 그 限界 —湖北 荊州 紀南 松柏漢墓出土 簿冊類 簡牘의 分析을 중심으로—」『中國古中世史研究』, 22집, 2009).

44 『漢書』 권8, 「宣帝紀」, 273쪽, "上計簿, 具文而已, <u>務爲欺謾, 以避其課</u>. 三公不以爲意, 朕將何任? 諸請詔省卒徒自給者皆止. <u>御史察計簿, 疑非實者, 按之</u>, 使眞僞毋相亂."

45 『漢書』 권83, 「朱博傳」, 3402쪽, "積受取一錢以上, 無得有所匿. <u>欺謾半言, 斷頭矣!</u>"

46 『漢書』 권60, 「杜欽傳」, 2679쪽, "宏前爲中丞時, 方進爲御史大夫, 擧掾隆可侍御史, <u>宏奏隆前奉使欺謾</u>, 不宜執法近侍, 方進以此怨宏."

47 漢律考 2 「刑名考」 주 332) 참고.

48 『漢書』 권83, 「薛宣傳」, 3393쪽, "其後上聞之, 以過丞相御史, 遂冊免宣曰: '君爲丞相, 出入六年, 忠孝之行, 率先百僚, 朕無聞焉. (중략) 乃者廣漢群盜橫恣, 殘賊吏民, 朕惻然傷之, <u>數以問君, 君對輒 不如其實</u>. 西州鬲絶, 幾不爲郡. 三輔賦斂無度, 酷吏並緣爲姦, 侵擾百姓, 詔君案驗, 復無欲得事實 之意. <u>九卿以下, 咸承風指, 同時陷于謾欺之辜</u>.'" 薛宣은 자가 贛君이다.

죄를 받아 면직되었다.[49] 섭후(涉侯) 관(綰)이 거짓 글을 올린 죄를 받아 내위귀신(耐爲鬼薪)에 처해졌다.[50](『한서』「왕자후표」)

【원문】 衆利侯郝賢, 元狩二年, 坐爲上谷太守入戍卒財物計讕, 免. 注、師古曰, 上財物之計簿而欺讕不實.(功臣表)

【역문】 중리후(衆利侯) 학현(郝賢)이 원수 2년(기원전 121년)에 상곡 태수(上谷太守)를 위해 수자리 사는 병사의 재물을 받아 거짓으로 계부(計簿)를 올린 죄로 면직되었다. 주에 안사고가 말하길 "재물의 계부를 올릴 때 사실이 아닌 것으로 속인 것이다."라 하였다.[51](『한서』「경무소선원성공신표」)

【세주 원문】 按唐律、對制上書不以實, 在詐僞.

【세주 역문】 『당률』에 대제[52]와 상서할 때 사실로써 하지 않음은 '사위(詐僞)'에 있다.[53]

● 詐僞(賊律)　사위[54](적률)

【원문】 背信藏巧謂之詐.(晉書刑法志引張斐律表)

【역문】 신의를 어기고 간교함을 감추는 것을 '사(詐)'라고 한다.[55](『진서』「형

49　『漢書』 권15, 「王子侯表 下」, 493쪽, "神爵元年四月癸巳封, 十一年, 甘露四年, 坐上書讕, 免, 復更封戶都侯, 建始三年又上書讕, 免." 新侯 偃은 선제 때 인물로, 膠東戴王 劉通平의 아들이다.

50　『漢書』 권15, 「王子侯表 上」, 453쪽, "正月壬戌封, 後更爲涉侯, 坐上書讕, 耐爲鬼薪." 涉侯 綰은 무제 때 인물로, 代共王 劉登의 아들이다. 섭후에 봉해지기 전에는 離石侯였다.

51　『漢書』 권17, 「景武昭宣元成功臣表」, 647쪽, "五月壬辰封, 二年, 元狩二年, 坐爲上谷太守入戍卒財物, 上計讕, 免.(師古曰:'上財物之計簿而欺讕不實.')"上谷太守였던 학현은 무제 때의 공신으로, 흉노를 격파할 적에 천 명 이상을 사로잡은 공으로 侯가 되었다. 유사한 내용이 『史記』 권20, 「建元以來侯者年表」에 나온다.

52　對制: 직접 황제를 알현하고 질문에 답하는 것을 말한다.

53　"무릇 對制 및 奏事 · 上書를 할 때, 속이고 사실로써 하지 않은 경우는 도형2년에 처한다. 기밀사항이 아닌데 허위로 기밀사항이라고 한 경우는 1등을 더한다(『唐律疏議』, 第368條; 詐僞 7, '對制上書不以實', 458쪽, '諸對制及奏事、上書, 詐不以實者, 徒二年.')".

54　『晉書』 권30, 「刑法志」, 928쪽; 詐僞: 일반적인 사기행위.

漢律考 3 율문고律文考　261

법지」에서 장비의 율표를 인용)

【원문】 詐僞律者, 魏分賊律爲之, 歷代相因, 迄今不改(唐律疏義)

【역문】 사위율(詐僞律)은 위(魏)나라 때 적률(賊律)을 나누어 제정한 것으로, 역대에 서로 답습하여 지금[唐代]에 이르러 고치지 않았다.[56](『당률소의』)

◉ 踰封(賊律) 유봉[57](적률)

【세주 원문】 按李悝法經、雜法有踰制, 見晉志.

【세주 역문】 이회(李悝)의 『법경(法經)』에 잡법(雜法)에 유제(踰制)가 있으니, 이는

---

55 『晉書』권30,「刑法志」, 928쪽. 詐: 詐欺. 역대의 詐騙罪에 해당. 이에 해당하는 형벌로는 晉代에는 "僞造官印", "詐僞將吏"가 있고 唐代에는 "僞寫官文書印", "詐假官, 假與人官" 등이 있는데 모두 『詐僞篇』에 해당한다.

56 『唐律疏議』권25,「詐僞」7, 452쪽. 이 부분은 '사위'조의 序文에 해당한다.

57 『晉書』권30,「刑法志」, 928쪽; 踰封: 內田智雄는 「踰封」에 대하여 『法經』의 「踰制」에 상당하는 것으로 보고 있고, 글자의 의미에서 諸侯가 자기에게 封해진 領地의 범위나 주어진 封戸의 정수를 넘어서 영토를 확대하거나 이익을 취하는 것으로 해석한다(內田智雄 編, 冨谷至 補, 『譯注中國歷代刑法志(補)』東京, 創文社, 2005. 101쪽). 이에 대하여 冨谷至는 변경을 부정하게 넘는 것을 의미하는 것으로 이해한다(內田智雄 編, 冨谷至 補, 『譯注中國歷代刑法志(補)』東京, 創文社, 2005. 280쪽); 『禮記・雜記』: "不踰封而弔" 鄭玄注: "踰封, 越境也" 踰封은 대체로 越境이나 國界를 벗어난 것을 처벌하는 것으로 파악한다. 이에 의하면 『睡虎地秦簡』의 "「盜徙封, 贖耐.」可(何)如爲'封'? '封'即田千佰, 頃半(畔)'封'殹(也), 且非是? 而盜徙之, 贖耐, 可(何)重也? 是, 不重."("「사사로이 토지의 경계를 옮긴 경우, 속내의 형벌에 처한다.」라 한다. 무엇을 '封'이라 하는가? '封'은 토지의 阡陌이다. 100畝의 토지 경계를 '封'이라 하는가? 또는 하지 않은가? 사사로이 토지의 경계를 이동시켰다고 하여 贖耐로 처벌한다면, 그 처벌이 너무 무겁지 아니한가? [100무의 토지 경계를] '封'이라 하고 [속내로 처벌하는 것은] 무겁지 않다."(『睡虎地秦墓竹簡』, 178쪽)의 내용과 거의 일치한다. 踰封은 대체로 越境이나 國界를 벗어난 것을 처벌하는 것으로 파악하나 李悝의 『法經』의 「雜律」 중의 「踰制」로 파악하는 견해도 있다.

그런데, 『張家界古人堤漢簡』의 「賊律」에 「揄封」이 나오고 있는데, 이 '揄'는 '踰'의 通假字로 이해되며 『晉書』권30,「刑法志」에 거론되는 三國魏의 『新律』의 「序略」에 "賊律有欺謾、詐僞、踰封、矯制."와 일치한다. 따라서 「踰封」은 한율의 「賊律」에 속하는 것으로 이해된다. 「踰封」을 李悝의 『法經』의 「雜律」 중의 「踰制」로 보는 견해도 있지만, 「踰封」은 『張家界古人堤漢簡』의 「賊律」에 나오는 「揄封」으로 「賊律」에 속하는 것으로 보아야 할 것이다. 한편, 水間大輔는 「踰封」을 『睡虎地秦墓竹簡』의 '盜徙封'이 아니라 "권한을 벗어나 봉인하는 것", 즉 「踰封」의 '封'을 '封印'의 의미로 보고 있다(水間大輔,「湖南張家界古人堤遺址出土漢簡に見える漢律の賊律・盜律について」『長江流域文化研究所年報』2, 2003, 194쪽).

『진서・형법지』에 보인다.[58]

● **矯制(賊律)** 조령(詔令)에 가탁(假託)해서 일을 하는 것.[59](적률)

【원문】 詐稱曰矯.(公羊何注)

【역문】 거짓으로 일컫는 것을 '교(矯)'라 한다.[60](『춘추공양전』 하휴의 주)

【원문】 漢家之法, 有矯制. 師古注、漢家之法, 擅矯詔命, 雖有功勞, 不加賞也.(馮奉世傳)

【역문】 한나라의 법에는 교제(矯制)가 있다. 안사고의 주에 '한나라의 법에 황제의 조서를 제멋대로 거짓으로 꾸미면 비록 공로가 있어도 상을 내리지 않는다.'라 하였다.[61](『한서』「풍봉세전」)

【원문】 請歸節伏矯制罪.(汲黯傳)

【역문】 [신은] 사자의 부절을 돌려드리며 칙령을 변조한 죄를 받기를 청합니다.[62](『한서』「급암전」)

【원문】 石顯匡衡以爲延壽湯擅興師矯制, 幸得不誅, 如複加爵土, 則後奉使者, 爭欲乘危徼幸生事於蠻夷.(陳湯傳)

【역문】 석현(石顯)[63]과 광형(匡衡)[64]은 감연수(甘延壽)와 진탕(陳湯)이 제멋대

58　『晉書』권30,「刑法志」, 928쪽. "是時承用秦漢舊律. 其文起自魏文侯師李悝. 悝撰次諸國法. 著法經. … 其輕狡、越城、博戲、借假不廉、淫侈、踰制以爲雜律一篇."

59　『晉書』권30,「刑法志」, 924쪽; 矯制: 즉 矯詔. 制는 詔書. 『二年律令』에 의하면 矯制는 '大害', '害', '不害' 등 몇 개의 등급으로 나누어져 있었고, 이에 따라 처벌하였음을 알 수 있다.

60　『春秋公羊傳注疏』권12, 僖公33年, 271쪽.

61　『漢書』권79,「馮奉世傳」, 3300쪽. "漢家之法有矯制,(師古曰: 無逐事者, 謂臨時制宜. 前事不可必逐也. 漢家之法, 擅矯詔命, 雖有功勞不加賞也.) 故不得侯. …" 이 부분은 풍봉세가 죽은 지 2년 후 西域都護 甘延壽가 흉노의 선우를 열후로 봉한 데 반대하는 두흠의 상소의 일부이다.

62　『漢書』권50,「汲黯傳」에는 "請歸節, 伏矯制罪."으로 되어 있다. 汲黯은 자가 長孺이다. 무제 때 主爵都尉가 되었고, 淮陽太守를 지냈으며, 九卿의 한 사람이 되었다.

로 황제의 칙령을 변조하여 군사를 일으켰으나 요행히도 살해당하지 않았으니, 만약 작위와 봉지(封地)를 더 내려준다면 후에 사신이 된 자들이 다투어 위험을 무릅쓰고 요행을 얻고자 하여 만이(蠻夷)에서 사단(事端)이 생길 것이라고 생각하였다.[65](『한서』「진탕전」)

【원문】 自劾矯制.(孫寶傳)

【역문】 스스로 '교제'라고 탄핵하였다.[66](『한서』「손보전」)

◉ 賊伐樹木(賊律)

자신이 소유하지 않은 관사(官私)의 수목(樹木)을 고의로 벌(伐)하는 것[67](적률)

【원문】 漢時界上有封樹.(周禮地官封人疏)

【역문】 한나라 때 경계에는 봉수(封樹)[68]가 있었다.[69](『주례』「지관사도」'봉인'에 대한 소)

---

63 石顯: 한나라 때의 환관. 元帝가 즉위하자 中書令이 되었는데, 원제가 병이 들자 정사를 모두 결정하는 등 권세가 높았으나 이후 成帝가 즉위하자 실권하였다.

64 匡衡: 前漢 시대의 학자이자 정치가. 자는 雉圭이며, 『詩經』에 밝았고, 太子少傅와 승상을 지냈다.

65 『漢書』 권70,「陳湯傳」, 3016쪽, "石顯、匡衡以爲『延壽、湯擅興師矯制, 幸得不誅, 如復加爵土, 則後奉使者爭欲乘危徼幸, 生事於蠻夷, 爲國招難, 漸不可開.」"

66 『漢書』 권77「孫寶傳」, 3258쪽. 孫寶의 矯制는 도적 무리를 마음대로 놓아주고 돌려보낸 것(擅放群盜歸)를 의미한다.

67 『晉書』 권30,「刑法志」, 924쪽, '賊伐樹木': "賊律有賊伐樹木 · 殺傷人畜産及諸亡印"(『晉書』 권30, 刑法志)『張家界古人堤漢簡』의 「賊律」에는 '賊伐燔□'가 나온다. 『張家界古人堤漢簡』에는 '伐'만이 아니고 '燔'이 나오므로 고의로 수목을 '伐'하는 것만이 아니라 수목을 태우는 것도 포함되었을 것이다. 『睡虎地秦墓竹簡』에는, "春二月, 毋敢伐材木山林及雍(壅)隄水(봄 2월에는 산림에 들어가 목재를 벌채하는 것을 허락하지 않고 물길을 막는 것을 허락하지 않는다)"는 조문이 나온다.

68 封樹: 흙을 쌓아올려 무덤을 만들고 나무를 심어 墓標로 삼은 것을 말한다.

69 『周禮正義』 권22,「地官司徒」, '封人', 890쪽.

⦿ 殺傷人畜産(賊律)

타인 또는 관이 소유하는 가축에 해를 가하거나 이를 살상하는 것.[70](적률)

【세주 원문】 按唐律, 盜官私牛馬殺, 在賊盜三.

【세주 역문】 『당률』에 관사의 소나 말을 훔쳐 죽임은 '적도3'에 있다.[71]

⦿ 諸亡印(賊律)

모든 [관(官)·작(爵)에 있는 자가 그 관·작의] 공인(公印)을 잃어버리는 것.[72](적률)

【원문】 夕陽侯邢崇孫之爲賊所盜, 亡印綬, 國除(東觀漢記)

【역문】 석양후(夕陽侯) 형숭(邢崇)의 손자가 적에게 도둑질당하여 인수(印綬)[73]를 잃어버리니, 나라에서 봉국을 없앴다.[74](『동관한기』)

【세주 원문】 按唐律、亡失符印求訪, 在雜律二。

【세주 역문】 『당률』에 '부(符)·인(印) 등을 잃어버렸다가 찾아냄'은 '잡률2'에 있다.[75]

---

70 『晉書』 권30, 「刑法志」, 924쪽.

71 『唐律疏議』, 第279條; 賊盜 32, 356쪽. '盜官私牛馬殺', "諸盜官私牛而殺者, 徒二年半."

72 諸亡印: 賊伐樹木이나 殺傷人畜産 및 諸 亡印은 『唐律』에서는 모두 '雜律'중에 들어가 있다. 亡印과 관련하여 『二年律令』에는, "亡印, 罰金四兩, 而布告縣官, 毋聽亡印(印章을 亡失하면 罰金四兩에 처한다. 官署에 布告해서 亡失한 印章을 수리하지 않도록 한다)"라는 규정이 나오는데, 「賊律」로 분류되어 있다.

73 印綬: 印은 관리의 관직이나 작위를 표시한 官印이며, 綬는 인의 고리에 맨 30cm 정도의 끈이다. 관직에 취임하면 그에 해당하는 관인과 끈이 주어지는데, 관직과 작위의 높고 낮음에 따라 관인의 형태·재질 등이 뚜렷하게 구별되었으며 끈에도 빛깔에 엄격한 구별이 있었다.

74 『東觀漢記』 권19, 「邢崇傳」, 846쪽.

75 『唐律疏議』, 第446條; 雜律 58, '亡失符印求訪', "諸亡失器物、符、印之類, 應坐者, 皆聽三十日求訪, 不得, 然後決罪. 若限內能自訪得及他人得者, 免其罪, 限後得者, 追減三等."

● 儲峙不辦(賊律)

비축해두어야 할 물자가 불충분하거나 비축되어 있는 물자의 보관이 완전하지 않는 것.[76](적률)

【원문】 設儲偫. 注、師古曰, 謂豫備器物也.(孫寶傳)

【역문】 기물을 갖추어 마련해두었다. 주에 안사고가 말하기를, '기물을 미리 갖추는 것을 말한다.'라 하였다.[77](『한서』「손보전」)

● 但以言語及犯宗廟園陵(賊律)

황제에 대하여 불경한 말을 하거나 종묘와 원릉을 침범함.[78](적률)

【세주 원문】 按唐律、指斥乘輿, 在職制二, 盜園陵內草木, 在賊盜三.

【세주 역문】 『당률』에 '황제를 지목하여 비난함'은 '직제2'에 있고,[79] '원릉 안에 있는 초목을 훔침'은 '적도3'에 있다.[80]

● 詐僞生死(囚律)

사실에 반해서 생존하고 있는 자를 죽었다고 하거나 죽은 자를 살았다고 하는 것[81](수율)

【세주 원문】 按唐律、詐病死傷不實, 在詐僞。

---

76 『晉書』 권30, 「刑法志」, 924쪽.
77 『漢書』 권77 「孫寶傳」, 3257쪽. 儲: 마련해두다. 偫: 갖추다.
78 大逆無道에 해당한다.
79 『唐律疏議』 第122條; 職制 32, '指斥乘輿', 207쪽, "諸指斥乘輿, 情理切害者, 斬. 言議政事乖失而涉乘輿者, 上請, 非切害者, 徒二年."
80 『唐律疏議』 第278條; 賊盜 31, 355쪽, '盜園陵內草木', "諸盜園陵內草木者, 徒二年半. 若盜他人墓塋內樹者, 杖一百."
81 『晉書』 권30, 「刑法志」, 924쪽; 사실에 반해서 생존하고 있는 자를 죽었다고 하거나 죽은 자를 살았다고 하는 것 외에도 "거짓으로 병들어 死 또는 傷된 경우" 혹은 "실제로 병들어 死 또는 傷된 경우"를 관리가 부실하게 파악한 경우에는 杖 또는 徒刑에 처하였다.

【세주 역문】『당률』에 '병·사망·상해를 거짓으로 속임'은 '詐僞'에 있다.[82]

◉ 告劾(囚律)　타인의 위법행위를 관사(官司)에 고발·탄핵하는 것[83](수율)

【원문】 如今劾矣. 疏劾實也.(周禮秋官鄉士注)

【역문】 지금의 '핵(劾)'과 같다. 소(疏)에 "핵(劾)은 실(實)이다"고 하였다.[84]
（『주례』「추관사구」'향사' 주)

【원문】 漢世斷獄謂之劾.(尙書呂刑正義 又見左傳疏)

【역문】 한대(漢代)에 범죄를 처단하는 것을 '핵(劾)'이라 하였다.[85](『상서』「여형」공영달의『정의』, 또는『좌전』소에 보임)

【원문】 吏因責如章告劾.(杜周傳)

【역문】 옥리는 심문할 때 고소장대로 탄핵하고 논고하여 [죄를 시인하도록 요구하였다].[86](『한서』「두주전」)

【원문】 誅罰詐僞劾罪人. 顔注, 劾擧案之也.(急就篇)

【역문】 사위를 주벌하여 죄인을 탄핵하였다. 안사고의 주에 '핵(劾)'은 죄를 심문한 결과를 올리는 것이라 하였다.[87](『급취편』)

【세주 원문】 按晉志云、魏分漢囚律爲告劾律.

---

82 『唐律疏議』第384條; 詐僞 23, '詐病死傷檢驗不實', 473쪽, "諸有詐病及死傷, 受使檢驗不實者, 各依所欺. 減一等. 若實病死及傷, 不以實驗者, 以故入人罪論."
83 『晉書』권30.「刑法志」, 924쪽; 劾은 重大한 犯罪를 處斷한다는 의미.
84 『周禮正義』권67.「秋官司寇」, '鄕士', 2795–2796쪽.
85 『尙書正義』권19「呂刑」, '孔疏'552쪽, "漢世問罪謂之鞫, 斷獄謂之劾", '斷獄', 즉 犯罪를 處斷하는 것을 '劾'이라 정의하고 있다.
86 『漢書』권60「杜周傳」, 2659쪽.
87 (漢)史游, 『急就篇』(岳麓書社, 1989)권4, 1200쪽.

【세주 역문】『진서(晉書)』「형법지」에 "위나라가 한나라의 수율(囚律)을 나누어 고핵률(告劾律)을 만들었다."라 하였다.[88]

◉ 傳覆(囚律) 범죄자를 체포하고 다시 심문하는 것.[89](수율)

【원문】 張晏曰, 傳考證驗也, 爰書自證, 不如此言, 反受其罪, 訊考三日, 復問之, 知與前辭同否也(史記張湯傳注)

【역문】 장안(張晏)이 말하였다. "'전(傳)'은 고증하여 증명하는 것이다. '원서(爰書)'[90]는 스스로 증명하는 것으로 그 말과 같지 않으면, 도리어 그 죄를 받고, 3일 동안 심문하고 다시 물어 전의 말과 같은지의 여부를 아는 것이다."[91](『사기』「장탕전」의 주)

◉ 繫囚(囚律) 범죄자를 감옥에 가둬두는 것.[92](수율)

◉ 鞫獄(囚律) 범죄자를 신문하고 범죄사실을 규명하는 것(수율)[93]

---

88 『晉書』 권30, 「刑法志」, 924쪽. "『囚律』에는 告劾이나 傳覆이 있고, 또 『廐律』에는 告反逮受가 있고, 科에는 登聞道辭가 있었다. 때문에 이를 분리하여 『告劾律』로 한다(囚律有告劾、傳覆, 廐律有告反逮受, 科有登聞道辭, 故分爲告劾律)."

89 『晉書』 권30, 「刑法志」, 924쪽; 傳覆: 沈家本은 '傳'은 囚人을 縣에서 郡으로 이송하여 太守에게 審理를 받게 하는 것이라 하고 '覆'은 '覆案', 즉 재심리하는 것이라 하고 있다. 內田智雄은(『譯注中國歷代刑法志』 創文社, 1964, 103쪽.)에서는, "魏律에서는 告劾律에 들어가고 繫訊斷獄律에는 속하지 않았기 때문에 이것은 裁判에 있어서 審理를 가리키는 것이 아니고, 그 이전 단계의 告劾에 관련하는 범죄 사실의 취조 등을 의미하는 것일 것이다."라 하고 있다. 즉 傳覆이라 함은 피고의 공술을 기록해서 조서를 제작하고 거듭 이를 심리해서 그 사실 여부를 확실히 하는 것.

90 '爰書'에 대해서는 다양한 학설이 제기되어 있다. ① 소송사건에 관한 신고·공술·증언·현장검증·법의학적인 검시기록, 및 기타 소송에 관한 상황보고. ② 모두 사법적 성질을 갖고 당국의 인가를 거쳐 논죄치결(혹은 상벌의 집행)을 진행하기 위한 기본자료. ③ 한대의 사법문서. ④ 공증문서로서의 기능을 가진다. 담당관리에 의해 작성된 특정 사실을 공적으로 증명하기 위한 문서 등등의 설이 있다.

91 『史記』 권122, 「張湯列傳」, 3137쪽. "張湯者, … 傳爰書, 訊鞫論報,(張晏曰: '傳, 考證驗也. 爰書, 自證不如此言, 反受其罪, 訊考三日復問之, 知與前辭同不也.')"

92 『晉書』 권30, 「刑法志」, 924쪽.

93 『晉書』 권30, 「刑法志」, 924쪽. 鞫은 鞠이라고도 한다.

【세주 원문】 按唐律, 依告狀鞫獄, 在斷獄一.

【세주 역문】 『당률』에 '고소장에 의거하여 죄인을 국문함'은 '단옥1'에 있다.[94]

● **斷獄(囚律)** 죄가 명백하여 바로 재판하여 죄를 결정함[95](수율)

【원문】 斷獄律之名, 起自於魏, 魏分李悝囚法而出此篇, 至北齊與捕律相合, 更名捕斷律, 至後周復爲斷獄律。釋名云, 獄者確也, 以實囚情. 咎繇造獄, 夏曰夏臺, 殷名羑里, 周曰圜土, 秦曰囹圄, 漢以來名獄.(唐律疏義)

【역문】 단옥률(斷獄律)이라는 이름은 위나라 때부터 시작되었으니, 위나라는 이회의 『법경(法經)』 중 수법(囚法)을 나누어서 이 편을 만들었다. 북제(北齊)에 이르러 포율(捕律)과 합하여 포단율(捕斷律)로 이름을 바꾸었고, 후주(後周)[96]에 이르러 다시 단옥률이라고 하였다. 『석명(釋名)』에 이르길, "'옥(獄)'이라는 것은 확실하게 함이니, 이로써 죄수의 사정을 사실대로 밝힌다."고 하였다. 고요(皋陶)[97]가 옥을 만들었는데, 하(夏)나라는 하대(夏臺)라 하였고, 은(殷)나라는 유리(羑里)라 하였으며, 주(周)나라는 환토(圜土)라 하였고, 진(秦)나라는 영오(囹圄)라 하였으며, 한나라 이래로 옥이라 하였다.[98](『당률소의』)

---

94 『唐律疏議』 第480條; 斷獄 12, '依告狀鞫獄', 555쪽, "諸鞫獄者, 皆須依所告狀鞫之. 若於本狀之外, 別求他罪者, 以故入人罪論."

95 『晉書』 권30, 「刑法志」, 924쪽; 『唐律疏議』에서는 斷獄을 "決斷之法"으로 해석한다.

96 後周: 北周를 말한다.

97 皋陶: 원문은 '咎繇'인데, 고요와 발음이 비슷하므로 이같이 쓰기도 한다. 고요는 순(舜)임금의 신하로 법을 세우고 형벌을 제정하였으며, 옥(獄)을 만들었다.

98 『唐律疏議』 第29, 「斷獄」, 545쪽, "疏議曰, 斷獄律之名, 起自於魏, 魏分里悝囚法而出此篇, 至北齊, 與捕律相合, 更名捕斷律, 至後周, 復爲斷獄律. 釋名云, 獄者, 確也. 以實囚情. 皋陶造獄, 夏曰夏臺, 殷名羑里, 周曰圜土, 秦曰囹圄, 漢以來名獄, …" 뇌옥: 중국고대에 있어서 법의 원의는 추방에 있다. 즉 법을 범한 자는 공동체로부터 추방된다. 사형은 영구추방을 의미하며 그 이하 형도는 뇌옥, 혹은 감옥이라는 시설에서 격리된다. 통상 형도는 뇌옥 혹은 감옥이라는 시설에 격리되어 수용되지만 『秦簡』이나 『二年律令』에는 그러한 시설을 표시하는 용어가 보이지 않는다. '獄'이라는 용어는 보이지만 이것은 재판을 의미한다. 아마도 진한대의 勞役刑徒는 里外에 별도의 집락에서 감시 하에 거주하였을 가능성이 높다.

◉ 假借不廉(雜律)

타인의 재물을 빌려서 갚지 않거나 부당한 이득을 취하는 것(잡률)[99]

【원문】 永平時, 諸侯負責, 輒有削絀之罰, 其後皆不敢負民.(潛夫論)

【역문】 영평(永平: 後漢 明帝 58-75) 때 제후들이 빚을 지고 번번이 봉지가 삭
감되는 벌을 받자, 그 후 모두 감히 백성을 저버리지 않았다.[100](『잠부론』)

【원문】 孝文三年, 嗣侯陳信, 坐不償人債過六月, 免(功臣表)

【역문】 효문제 3년(기원전 177년), 사후(嗣侯) 진신(陳信)이 다른 사람에게 진
빚을 갚지 않고 6개월을 넘긴 죄를 받아 면직되었다.[101](『한서』「공신표」)

【원문】 元狩二年, 嗣侯田祖, 坐當歸軹侯宅不與, 免.(恩澤侯表)

【역문】 원수 2년(기원전 121년), 사후(嗣侯) 전조(田祖)가 지후[102]의 집을 반환
하지 않은 죄를 받아 면직되었다.[103](『한서』「은택후표」)

【세주 원문】 按唐律、負債違契不償, 在雜律一.

【세주 역문】 『당률』에 '빚을 지고 계약을 어겨 갚지 않음(負債違契不償)'은 '잡률1'에
있다.[104]

---

99 假借不廉: 唐의 『雜律』 중 "諸負債違契不償"과 "諸坐贓致罪"에 해당한다. 沈家本은 假借와 不廉으
로 분리하고 있다.

100 (漢)王符撰, 『潛夫論』(上海古籍出版社, 1990)5권, 『斷訟』第19, 32쪽, "永平時, 諸侯負責, 輒有削絀
之罰, 此後皆不敢負民, 而世自節儉, 辭訟自消矣."

101 『漢書』권16, 「高惠高后文功臣表」, 561쪽, "孝文元年, 信嗣, 三年, 坐不償人責過六月, 免." 陳信은
한고조 때의 공신인 河陽嚴侯 陳涓의 아들이다.

102 軹侯: 혜제의 아들 劉朝. 『史記』권19, 「惠景閒侯者年表」에서는 "元狩二年, 侯彭祖坐當歸與章侯宅
不與罪, 國除"라 하여 軹侯가 아닌 章候로 나온다. 이에 대해 王先謙은 『漢書補註』에서 효무제 때
이런 인물이 없다고 고증하였으며, 아마도 章武候의 오기가 아닐까 의심하였다.

103 『漢書』권18, 「外戚恩澤侯表」, 686쪽, "元光六年, 侯祖嗣, 八年, 元狩三年, 坐當歸軹侯宅不與, 免."
田祖는 무제 때 황태후의 동생 周陽懿侯 田勝의 아들이다.

104 『唐律疏議』第398條; 雜律 10, '負債違契不償', 485쪽, "諸負債違契不償, 一疋以上, 違二十日笞二
十, 二十日加一等, 罪止杖六十, 三十疋, 加二等, 百疋, 又加三等, 各令備償."

【세주 원문】 又按寄簃文存云, 李悝雜律, 爲輕狡, 越城, 博戲, 假借, 不廉, 淫侈, 踰制, 漢賊律之踰封矯制, 卽雜律之踰制, 此與李悝不同, 其餘假借不廉, 仍在雜律, 則輕狡、越城、博戲、淫侈四者, 亦當與李悝同. 今唐律惟越州鎭戌等城垣在衛禁, 餘如博戲賭財物及諸姦罪, 固仍在雜律也.

【세주 역문】 또한 『기이문존(寄簃文存)』[105]을 살펴보건대, "이회의 잡률(雜律)은 경교(輕狡)[106]·월성(越城)[107]·박희(博戲)[108]·가차(假借)·불렴(不廉)[109]·음치(淫侈)[110]·유제(踰制)[111]로 되어 있다. 한나라 적률(賊律)의 유봉(踰封)[112]과 교제(矯制)[113]는 곧 잡률의 유제(踰制)이니, 이는 이회의 견해와 다르다. 나머지 가차불렴은

---

105 『寄簃文存』: 沈家本(1840–1913)의 저작으로, 8권 96편으로 되어 있다.

106 輕狡: 輕薄 狡詐한 범죄행위. 비교적 가벼운 범죄를 포괄한다.

107 越城: 성벽을 뛰어넘는 행위. "越邑里·官市院垣, 若故壞決道出入, 及盜啓門戶, 皆贖黥. 其垣壞高不盈五尺者, 除."(『二年律令』, 182簡)

108 博戲: 財物을 이용하여 여러 명이 賭博 등의 유희를 즐기는 것.

109 借假와 不廉: 假借不廉으로 불리기도 한다. 타인의 재물을 빌려서 갚지 않는다든가 부당한 이득을 취하는 것. 唐의 『雜律』 중 "諸負債違契不償"과 "諸坐贓致罪"에 해당한다. 沈家本과 程樹德은 假借와 不廉으로 분리하고 있다.

110 淫侈: 황음사치한 행위.

111 逾制: 규정을 벗어난 不軌行爲. 사용하는 기물이 봉건제도의 규정을 벗어난 행위를 말한다. 『漢書』 권 10, 成帝紀, "聖王明禮制以序尊卑, 異車服以章有德, 雖有其財而無其尊, 不得逾制" 淫侈와 逾制는 사실상 분리하기가 어렵다.

112 踰封: 주 57 참조.

113 矯制: 즉 矯詔. 詔令에 假託해서 일을 하는 것. 制는 詔書. 『二年律令』이나 『漢書』에 의하면 矯制는 '大害', '害', '不害' 등 몇 개의 등급으로 나누어 처벌하였음을 알 수 있다. 矯制의 입법 취지는 신하가 황제의 명의를 빌려 사용하는 것을 막고 징계하기 위한 것이라 할 수 있다. 『二年律令』에서는 '矯制害', '矯制不害'로 구분하고 있지만, 沈家本의 『漢律撫遺』에서는 이를 세분하여 '矯制大害', '矯制害', '矯制不害'로 三等하고 있다(張伯元, 「『漢律撫遺』與『二年律令』比勘記」『出土法律文獻硏究』, 商務印書館, 2005). 『漢書』와 『二年律令』을 근거로 살펴볼 때, 矯詔大害는 要斬, 矯詔害는 棄市, 矯詔不害는 罰金四兩에 해당한다(孫家洲, 「再論"矯制"−讀"張家山漢墓竹簡"箚記之一」, 2004). 『二年律令』에는 "盜藏(贓)直(値)過六百六十錢, 黥爲城旦舂. 六百六十到二百錢, 完爲城旦舂. 不盈二百卅到百十錢, 耐爲隷臣妾. 不(『二年律令』, 55簡)盈百十到卄二錢, 罰金四兩. 不盈卄二錢到一錢罰金一兩(『二年律令』, 56簡)"이라 하여 '罰金四兩'의 위치를 확실히 알 수 있는 흥미있는 내용이 나온다. 이에 따르면 '矯詔不害'는 22錢 이상 110錢 미만의 액수에 해당하는 절도죄를 저질렀을 때의 처벌에 해당한다는 것을 알 수 있다. 『唐律』의 「詐僞」 60에 "諸詐僞制書及增減者, 絞; 口詐傳及口增減, 亦是. 未施行者, 減一等.(…)其收捕謀叛以上, 不容先聞也矯制, 有功者, 奏制, 無功者, 流二千里.…"가 이와 유사하다. "坐使酒泉矯制害, 當死, 贖罪, 免. 如淳注: 律, 矯詔大害, 要斬. 有矯詔害, 矯詔不害(『漢書』 景武昭宣元成功臣表)."; "矯制以天下(『漢書』 「高五于傳」) 師古注; "矯, 託也. 託天子之制詔也"; "矯制害·不害; 乃劾(賚)嬰矯先帝詔害, 罪當棄市"(『漢書』 「灌天傳」); "擅稱君命曰矯(『呂氏春秋』 「悔過」).

잡률에 있으며, 경교·월성·박희·음치 이 네 가지 또한 마땅히 이회와 같다."라 하였다. 지금 『당률』에 '州·鎭·戌의 성의 담을 넘음(惟越州鎭戌等城垣)'은 '衛禁'에 있고,[114] 나머지 '도박을 하면서 재물을 검(博戲賭財物)'과 여러 간죄(姦罪)와 같은 것은 분명히 '잡률'[115]에 있다.[116]

● 出賣呈(具律)
공평하게 값을 매겨 官有物品을 팔도록 하는 규정(구율)[117]

【세주 원문】 按寄移文存云、未詳其義.

【세주 역문】 『기이문존』에 "그 뜻이 자세하지 않다."고 하였다.

● 上獄(興律) 상옥(흥률)[118]

---

114 『唐律疏議』第81條; 衛禁 24, '越州鎭戌等城'
115 雜律: 원래의 명칭은 '雜法'이었으나 秦漢에서 '雜律'로 하였다. 隋唐에서는 이를 따랐다. 沈家本은 李悝의 『雜法』을, 假借와 不廉은 漢律과 동일하고 逾制는 漢에서 逾封으로 바뀌어 『적률』에 편입되었다고 한다. 그 나머지는 漢律과 동일하다고 한다. 혹자에 따라서는 借假不廉, 淫侈踰制로 병합하여 보기도 한다.
116 『唐律疏議』第402條; 雜律 14, '博戲賭財物', "諸博戲賭財物者, 各杖一百; 舉物爲例, 餘戲皆是. 臟重者, 各依己分, 準盜論. 輸者, 亦依己分爲從坐."; 간죄(姦罪)에 대한 조목들은 第411條; 雜律 23, '姦緦麻以上親及妻'; 第412條; 雜律 24, '姦從祖母姑'; 第413條; 雜律 25, '姦父祖妾'/ 第414條; 雜律 26, '奴姦良人'; 第415條; 雜律 27, '和姦無婦女罪名'; 第416條; 雜律 28, '監主於監守內姦'이 있다.
117 呈은 程과 통한다. 『睡虎地秦墓竹簡』에도 工人程이 나오며 여기에는 官營手工業의 노동력에 대한 규정 등을 포함한 엄밀한 규정이 나온다. 『史記·秦始皇本紀』에는 "不中呈不得休息"이 나오며 여기에 나오는 '呈'과 秦律의 '程'과는 의미가 같다. 具律: 형벌의 加重 혹은 輕減에 관한 법률로 후대의 '刑法總則'과 유사하다. 漢에서는 『具律』, 魏에서는 刑名이라 改名하고 맨 앞에 두었다. 晉律에서는 이를 둘로 나누어 刑名第一과 法例律第二로 편제하였고, 宋·齊·梁·後魏에서 이를 따랐다. 北齊에서는 『名例律』로 각각 그 명칭이 바뀌었다. 隋唐에서는 北齊의 『名例律』의 명칭을 그대로 사용하였다. 具律의 이러한 성격은 『二年律令』의 具律 조항들에서 충분히 입증된다. 魏明帝 時의 『新律』十八篇 序略은 다음과 같이 설명하고 있다. "舊律因秦法經, 就增三篇, 而具律不移. 因在第六. 罪條例既不在始, 又不在終, 非篇章之義, 故集罪例以爲'刑名', 冠於律首".
118 上獄: 沈家本은 "上獄疑爲罪人在獄之法", 즉 죄인을 감옥에 수감하는 것과 관련된 것으로 죄인의 수가 많은 경우 수감하거나 경비하기 위해 일반인민을 징집하는 것이 필요하므로 興律에 포함되어 있는 것으로 파악하고 있다. 上獄이라는 文字上으로부터 생각하면 아마 이것은 獄事에 대해 上級機關에 신고하는 것을 의미하는 것일 수도 있다.

◉ **擅興徭役(興律)** 관리가 인민을 멋대로 요역에 동원하는 것.(흥률)[119]

【원문】 元康元年, 江陽侯仁坐役使附落, 免. 注、師古曰, 有聚落來附者, 輒役使之, 非法制也.(王子侯表)

【역문】 원강 원년(기원전 65년), 강양후(江陽侯) 인(仁)이 마을에 와서 [신고하지 않고] 거주하는 자를 역사시킨 죄를 지어 면직되었다. 주에 안사고가 말하기를 "마을에 와서 [신고하지 않고] 거주하는 자가 있으면 번번이 부역을 하게 하였으니 이는 법제가 아니다."라 하였다.[120](『한서』 「왕자후표」)

【원문】 元鼎五年, 陽平侯杜相爲太常, 坐擅徭太樂令論. 注、師古曰, 擅役使人也.(百官公卿表)

【역문】 원정 5년(기원전 112년), 양평후(陽平侯) 두상(杜相)이 태상(太常)[121]이 되었는데 태악령(太樂令)[122]을 마음대로 부린 죄를 받았다. 주에 안사고가 말하기를 '천(擅)은 사람을 [마음대로] 부리는 것이다.'라 하였다.[123](『한

---

119 관리가 인민을 멋대로 요역에 동원하는 것과 관련하여 『睡虎地秦簡』의 『徭律』에는, 국가가 백성을 徭役에 징발하는 것 이외에 縣廷에서도 요역을 동원할 수 있는 것으로 나타나 있다. 이 경우 반드시 상급기관에 보고하여 승인을 받아야 한다. 승인받지 않은 상태에서 요역에 동원하면 "擅興徭役"에 해당하는 것으로 되어 있다. 漢律 역시 秦律의 이러한 내용을 받아들이고 있다. 『漢書 · 王子侯表下』: "祚陽侯仁, 初元五年, 坐擅興縣賦, 削爵一級, 爲關內侯九百一十戶." 『漢書 · 百官公卿表下』: "陽平侯杜相爲太常, 元鼎五年, 坐擅繇大樂令論" 顔師古注: "擅役使人也". 擅興律: 擅興律이라 함은 국가가 軍事나 工事 등을 위해 인민을 병역이나 徭役에 징집하거나 여기에 필요한 물자의 징발 등을 하는 것 및 그러한 것에 관한 관리의 불법행위 등에 대해서 규정한 법률이다. 『晉書』에는 興擅律로 되어 있지만 『通典』에는 擅興律로 되어 있다.

120 『漢書』 권15, 『王子侯表 下』, 485—486쪽, "元康元年, 坐役使附落免.(師古曰: '有聚落來附者, 輒役使之, 非法制也.')" 來附者는 호적에 등록되지 않고 정부의 賦稅를 면제받는 자로 이해된다. 『二年律令』에는 주거지를 옮긴 자가 있으면, 변동이 발생할 때마다, 호적과 연적, 작위 등의 세밀한 사항을, 옮긴 곳에 이첩하고 함께 봉하도록 규정되어 있다. 그런데, 지체하고 이첩하지 않거나, 이첩하였는데 함께 봉하지 않거나, 실제로 호적을 옮기지 않은 경우에는 처벌된다(『二年律令』, 328—330簡, "恒以八月令鄕部嗇夫、吏、令史相襍案戶籍, 副臧其廷, 有移徙者, 輒移戶及年籍爵細徙所, 并封, 留弗移、移不并封及實不徙數, 盈十日, 皆罰金四兩; 數在所正、典弗告, 與同罪; 鄕部嗇夫、吏主及案戶者弗得, 罰金各一兩.").

121 太常: 秦代에 처음 奉常을 설치하였는데, 漢景帝中元6년에 이르러 태상으로 명칭을 바꾸었다. 9卿의 하나로 제사를 담당하며 '中二千石'에 해당한다. 淸代末年에 이르러 폐치되었다.

122 太樂令: 제사 때의 궁중 음악을 관리하던 관직.

서』「백관공경표」)

【세주 원문】按唐擅興律、有私使丁夫雜匠.

【세주 역문】『당률』의 '擅興律'에 '정부와 잡장을 사사로이 부림(私使丁夫雜匠)'이 있다.[124]

◉ 乏徭稽留(興律)

소정(所定)의 요역을 복역하지 않고 도망가거나 복역기간 내에 도착하지 못하고 늦어지는 것(흥률)[125]

【세주 원문】按唐律、征人稽留丁夫雜匠稽留, 均在擅興.

【세주 역문】'정인이 기일을 어김(征人稽留)'과 '정부와 잡장이 기일을 어김(丁夫雜匠稽留)'은 모두 '천흥'에 있다.[126]

◉ 烽燧(興律) 봉수(흥률)[127]

【세주 원문】按唐律、烽候不警, 在衛禁二.

---

123 『漢書』 권19, 「百官公卿表 下」, 780쪽, "陽平侯杜相爲太常, 五年坐擅繇大樂令論.(師古曰: '擅役使人也.')"
124 『唐律疏議』 第247條; 擅興 24, '私使丁夫雜匠', 318쪽, "諸丁夫雜匠在役, 而監當官司私使, 及主司於職掌之所, 私使兵防者, 各計庸準盜論. 卽私使兵防, 出城鎭者, 加一等."
125 乏徭稽留: 乏徭는 所定의 徭役을 복역하지 않고 도망가는 것을 말한다. 稽留는 복역기간 내에 도착하지 못하고 늦어지는 것을 말한다. 『睡虎地秦墓竹簡』: "御中發徵, 乏弗行, 貲二甲; 失期三日到五日, 誶; 六日到旬, 貲一盾; 過旬貲一甲(조정을 위하여 요역 징발 업무를 수행함에 지체하여 징발 업무를 수행하지 못하였을 경우, 2甲의 벌금형에 처한다. 징발 업무를 정해진 기일보다 사흘에서 닷새 늦게 수행하였다면 견책하고, 엿새에서 열흘 늦었다면 1盾, 열흘을 초과하였다면 1甲의 벌금형에 처한다)."
126 『唐律疏議』 第231條; 擅興 8, '征人稽留', 306쪽, "諸征人稽留者, 一日杖一百, 二日加一等, 二十日絞. 卽臨軍征討而稽期者, 流三千里, 三日, 斬."; 第246條; 擅興 23, '丁夫雜匠稽留', 317쪽, "諸被差充丁夫雜匠, 而稽留不赴者, 一日笞三十, 三日加一等, 罪止杖一百, 將領主司加一等. 防人稽留者, 各加三等, 卽由領者, 將領主獨坐. 餘條將領稽留者."
127 烽燧: 고대에 변방에서 불과 연기를 이용하여 경보를 알리는 신호장치. 낮에 연기로 신호를 알리는 것을 烽이라 하고 밤에 불로 알리는 것을 燧라 한다.

【세주 역문】 '봉수로 신호하지 않음(烽候不警)'은 '위금2'에 있다.[128]

◉ 告反逮受(廐律)

모반을 고발하는 자가 있으면 반드시 피고자는 체포하여 험증(驗證)해야 한다.[129](구율)

【원문】 元康四年, 詔諸年八十以上, 非誣告殺傷人, 他皆勿論. 師古注, 誣告人及殺傷人, 皆如舊法.(宣帝紀)

【역문】 원강 4년(기원전 62년), 조서를 내리기를 "모든 나이가 80 이상[130]인 자는 사람을 무고하거나 죽이고 상해를 입힌 것이 아니면 다른 것은 모두 면제한다."고 하였다.[131] 안사고의 주에 '사람을 무고하거나 죽이고 상해를 입힌 자는 모두 옛 법대로 한다.'라 하였다.[132](『한서』「선제기」)

---

128 『唐律疏議』第90條; 衛禁 33, '烽候不警', 179쪽, "諸烽候不警, 令寇賊犯邊, 及應擧烽燧而不擧, 應放多烽而放少烽者, 各徒三年."

129 『晉書』권30, 「刑法志」, 924쪽, '告反逮受'; 告反은 謀反을 고발하는 것. 逮受는 곧 逮驗; 刑法志의 下文에는 '逮受'가 '逮驗'으로 되어 있고 沈家本은 '逮驗'이 바르다고 보았고 '逮驗'은 逮捕·驗證을 의미하는 것이라 해석하고 있다. '逮受' 혹은 '逮驗'의 의미는 분명하지 않지만 그것은 '告反'과는 다른 것이다. 그렇다면 '告反逮受' 혹은 '告反逮驗'이라는 사항이 있었는지 그 점도 불분명하다. 그러나 이것이 漢律에 있어서 일반의 告劾과 구별되며 특히 廐律에 있었던 것에서 추측하면 '告反逮受' 혹은 '告反逮驗'이라 하는 특수한 사항으로 취급되어 있었던 것은 아닐까 생각된다(内田智雄, 『譯注中國歷代刑法志』創文社, 1964, 103쪽). 程樹德은 '告反逮受'를 '誣告反坐'에 관한 것으로 해석하고 있다. '告反逮受'라는 해석이 정확하다면, 그것은 모반에 관한 고발이 있는 경우 驛傳시설을 이용해서 접수 내용을 조속히 통보할 수 있도록 하는 것을 규정한 것일 수도 있다.

130 80세 이상인 자에 대한 형벌상의 우대조치와 관련하여 景帝는 後元三年(기원전 141년)에 "연장자는 마땅히 사람들이 존경해야 한다. 홀아비와 과부는 믿고 의지할 바가 없는 자로 사람들이 가련하게 여기는 대상이다. 마땅히 법령 중에 공포하여 명기하라. 80세 이상의 노인과 8세 이하의 어린아이 및 임신 중인 여자, 두 눈이 먼 音樂師, 朱儒 등으로 심문을 거쳐 구속될 사람은 옥중에서 몸을 구속하는 형구를 채우지 말라."라는 조령을 반포하였다. 宣帝 元康 四年(기원전 62년)에 이르러 또 詔書를 내려서 말하였다. "朕이 생각하기에 年老한 사람은 머리카락이나 치아도 빠지고 혈기가 쇠락하여 凶暴·叛逆의 마음도 없을 것이다. 현재 어떤 노인 가운데는 법률에 저촉되어 제재를 받고 체포되어 뇌옥에 들어가 그 천수를 다하지 못하는 경우가 있는데, 朕은 이들을 매우 불쌍하게 생각한다. 지금부터 80세 이상인 자는 타인을 무고하거나 살상하는 경우를 제외하고는 모두 면죄한다(『漢書』권8, 「宣帝紀」, 258쪽.)."

131 『漢書』권8, 「宣帝紀」, 258쪽, "至孝宣元康四年, 又下詔曰:「朕念夫耆老之人, 髮齒墮落, 血氣旣衰, 亦無暴逆之心, 今或羅于文法, 執于囹圄, 不得終其年命, 朕甚憐之. 自今以來, 諸年八十非誣告殺傷人, 它皆勿坐.」"

【원문】 (王)酺等奏, (魏)愔職在匡正, 而所爲不端, (師)遷誣告其王, 罔以不
道, 皆誅死.(陳敬王傳)

【역문】 왕포(王酺)[133] 등이 아뢰기를, "위음(魏愔)은 잘못을 바로잡는 직책에
있으면서 옳지 못한 일을 하였고, 사천(師遷)은 그의 왕을 무고하여 부도하
다고 기망하였으니 모두 죽여야 한다."라 하였다.[134](『후한서』「진경왕전」)

【원문】 趙牧誣奏恭祠祀惡言, 大逆不道, 恭上書自訟, 朝廷令考實無徵,
牧坐下獄, 會赦, 免死.(彭城王恭傳)

【역문】 조목(趙牧)이 팽성왕(彭城王) 공(恭)이 제사지낼 때 악언을 하였으니
대역부도(大逆不道)하다고 무고하여 아뢰었는데, 공이 상소를 올려 스스
로 송사를 제기하였다.[135] 조정에서 실상을 조사하게 하였으나 증거가
없었으므로 조목이 하옥되는 죄를 받았는데 사면되어 사형을 면하였
다.[136](『후한서』「팽성왕공전」)

【원문】 荊州刺史趙凱, 誣奏璇實非身破賊, 而妄有其功, 璇與相章奏凱有
黨助, 遂檻車徵璇, 防禁嚴密, 無由自訟, 乃嚙臂出血, 書衣爲章, 具陳
破賊形勢, 又言凱所誣狀, 潛令親屬詣闕通之. 詔書原璇, 拜議郎, 凱反
受誣人之罪.(楊璇傳)

---

132 『漢書』 권8, 「宣帝紀」, 258쪽, "師古曰:「誣告人及殺傷人皆如舊法, 其餘則不論.」"
133 王酺: 구체적인 것은 알 수 없고 『後漢書』 권50, 「孝明八王列傳」에 中常侍를 역임한 것으로 나와
있다.
134 『後漢書』 권50, 「陳敬王羨列傳」, 1669쪽, "酺等奏愔職在匡正, 而所爲不端, 遷誣告其王, 罔以不道,
皆誅死."
135 『睡虎地秦墓竹簡』・『二年律令』에는 개인에 의한 고발인 '告'에 관한 다양한 규정이 나오고, 또한
범죄 사실을 스스로 관현에게 신고하는 '自告', 관리가 고의로 허위의 고발을 행하는 것을 처벌하
는 '不直', 불확실한 신고에 관한 처벌규정으로 '告不審', 고소・고발의 受理 원칙을 정한 '公室告'
와 '非公室告' 등에 관한 규정 등은 다양한 형태의 訴訟이 빈번히 발생되고 있었음을 보여준다. 또
한 고소・고발을 受理한 관현이 피의자의 신병을 확보하고 심문하는 과정을 세밀히 규정하고 있
는데, 秦漢律에서는 이미 소송제도에 대한 법적 제도가 정비되었음을 보여준다.
136 『後漢書』 권50, 「彭城靖王恭列傳」, 1671쪽, "元初三年, 恭以事怒子酺, 酺自殺. 國相趙牧以狀上, 因
誣奏恭祠祀惡言, 大逆不道, 有司奏請誅之. 恭上書自訟, 朝廷以其素著行義, 令考實, 無徵, 牧坐下
獄, 會赦免死."

【역문】 형주자사(荊州刺史) 조개(趙凱)가 "양선(楊璇)은 실로 몸소 적을 격파한 것이 아니며 망령되이 공을 가졌다"고 무고하여 아뢰었다. 양선이 글을 올려 아뢰었으나 조개가 조정에 있는 같은 당(黨)의 도움을 받아 마침내 함거(檻車)에 양선을 가두고는 방비를 엄밀히 하여 스스로 소송할 기회가 없었다. 이에 (양선이) 팔뚝을 깨물어 피를 내어 책갑에 고소장을 써서 적을 격파한 과정을 엄밀히 진술하고 또 조개가 자기에 대해 무고한 상황을 말하여 몰래 친족으로 하여금 대궐로 가서 내통하게 하였다. (그리하여) 조서를 내려 양선을 석방하고 의랑(議郎)에 배수하니, 조개가 도리어 사람을 무고한 죄를 받게 되었다.[137](『후한서』「양선전」)

【세주 원문】 按晉書載魏新律序略, 有囚徒誣告人反, 罪及親屬, 異於善人, 所以累之, 使省刑息誣也云云, 是可知漢時誣告, 尙不過反坐, 未至罪及親屬, 至魏時乃加重之也. 唐律誣告反坐, 在鬪訟三.

【세주 역문】 『진서』에 실린 『위신율서략(魏新律序略)』에 "죄수가 모반을 하였다고 타인을 무고(誣告)하면 그 죄가 친속(親屬)에게 미치도록 하여 일반 양인(良人)이 하는 경우와 다르게 한다. 이것은 죄수를 단속하여 형벌(刑罰)을 감소시키고 무고를 그치게 하기 위한 것이다."[138]라 하였으니, 여기서 한나라 때 무고는 오히려 반좌(反坐)[139]에 지나지 않아 죄가 친족에게 미치는 데는 이르지 않았으나 위나라 때에 이르러 가중되었음을 알 수 있다. 『당률』에 무고하면 반좌함(誣告反坐)은 '투송

---

137 『後漢書』 권38, 1288쪽, 「楊璇列傳」, "荊州刺史趙凱, 誣奏璇實非身破賊, 而妄有其功. 璇與相章奏, 凱有黨助, 遂檻車徵璇. 防禁嚴密, 無由自訟, 乃嚙臂出血, 書衣爲章. 具陳破賊形勢, 及言凱所誣狀, 潛令親屬詣闕通之. 詔書原璇, 拜議郎, 凱反受誣人之罪." 反受誣人之罪:『唐律』에 따르면 誣告는 反坐의 원칙이 있다. 일반인으로 타인을 誣告하면 그 誣告 내용과 똑같은 죄로 하지만 囚人이 誣告하면 본인만이 아니라 그 親屬에 까지 죄가 미치는 것으로 하여 일반인보다 엄하게 처벌한다.

138 『晉書』 권30, 「刑法志」, 925쪽, "囚徒誣告人反, 罪及親屬, 異於善人, 所以累之使省刑息誣也."

139 反坐: 사람을 誣告한 자는 무고를 입은 사람에게 科한 죄만큼 科罪함. 『二年律令』, 94簡에 "옥사를 鞫問하는데, 고의로 죄를 눈감아 주거나, 죄의 경중을 고의로 달리하거나, 증거를 확인하거나 판결의 報告에 있어서 죄를 피하게 하려고 고의로 철저히 심리하지 않은 경우는, 死罪라면 斬左止城旦으로 하고 그 외의 다른 형이라면 같은 형으로써 論斷한다(鞫(鞫)獄故縱 · 不直, 及診 · 報 · 辟故弗窮審者, 死罪, 斬左止(趾)爲城旦, 它各以其罪論之)."라 하여 『二年律令』에는 반좌가 재판에도 적용되고 있었음이 확인된다. 즉 관리의 고의적 재판부정이 있을 때 反坐의 방식으로 死刑은 斬左止爲城旦로 처벌하고 나머지는 잘못 재판한 죄로써 각각 벌을 준다는 것이다.

3'에 있다.[140]

⦿ 乏軍之興(廐律)

군대의 징집, 출동 및 군용자원의 조달 등에 지장이 생기는 것.(구율)[141]

【원문】 汝則有乏軍興之死刑. 正義曰, 興軍征伐而有乏少, 謂之乏軍興.
(尙書費誓孔傳)

【역문】 너는 '핍군흥'으로 사형을 받을 것이다. 『정의(正義)』에서 이르기를, "군대를 일으켜 [군대의 징집, 출동 및 군용자원의 조달 등] 정벌함에 부족함이 있는 것을 '핍군흥(乏軍興)'이라 한다."라 하였다.[142](『상서』「비서」'공주')

【원문】 縣官徵聚物曰興, 今云軍興是也. 疏鄭擧漢法況之.(周禮地官旅師 注)

【역문】 현관(縣官)이 물건을 거두어 모으는 것을 '흥(興)'이라 하니 지금의 '군흥(軍興)'이라고 말하는 것이 이것이다. 소(疏)에 정현(鄭玄)이 한나라 법을 들어 설명하였다.[143](『주례』「지관사도」'여사' 주)

【원문】 乏軍猥逮詗讅求.[144] 注、律有乏興之法, 謂官有所興發, 而輒稽留乏其事也.(急就篇)

【역문】 핍흥의 죄에 대해 관부에서 규정에 어긋나게 많이 체포하여 범인이 숨은 곳을 밀고하게 하고 소문을 구하였다.[145] 주에 "율에는 핍흥의 법[146]

---

140 『唐律疏議』第342條; 鬪訟 41, '誣告反坐', 428쪽. "諸誣告人者, 各反坐. 卽糾彈之官, 挾私彈事不實者, 亦如之. 反坐致罪, 準前人入罪法. 至死, 而前人未決者, 聽減一等. 其本應加杖及贖者, 止依杖、贖法. 卽誣官人及有蔭者, 依常律."

141 이것이 廐律에 속하는 것은 軍馬와 관련되어 있기 때문이다; 乏: "그만두다" 혹은 "폐지하다"; 『尙書 · 費誓』孔疏, "興軍征討而有乏少, 謂之乏軍興."

142 『尙書正義』권20, 「費誓」第30, 566쪽.

143 『周禮正義』권30, 「地官司徒」, '旅師'注, 1166쪽.

144 '乏軍猥逮詗讅求'는 '乏興猥逮詗讅求'의 잘못이다.

이 있으니, 이것은 관에서 징발 업무가 있는데 이를 지체시켜 그 일을
처리하지 못하게 하는 것을 말한다."라 하였다.147(『급취편』)

【원문】 軍興而致闕乏, 當死刑也.(章帝紀注)

【역문】 군대를 일으켰으나 [징집, 출동 및 군용자원의 조달 등에] 지장이 생기게
되면 마땅히 사형에 처한다.148(『후한서』「장제기」 주)

【원문】 坐擅斥除騎士, 乏軍興, 要斬.(趙廣漢傳)

【역문】 마음대로 기사가 [되어 패상에 주둔하라는 명을] 물리쳐 군사동원에 결
손을 가져온 죄를 받아 허리를 자르는 형에 처해졌다.149(『한서』「조광한
전」)

---

145 猥는 盛多, 逮는 傳捕 ; 猥逮는 '律을 矯僞하여 관부에서 규정을 넘게 더 많이 체포하는 것; 訶은
범인이 있는 곳을 알고 밀고하는 것; 讟은 뜬소문, 隱語, 密語. 즉 罪人 및 그 정황을 염탐하고, 그
혐의를 얻어 내어 吏에게 告하는 것을 뜻하는 것으로 보인다. 그런데, 『急就篇』 顔注, "謂傦伺官府
利害隱窊其事有所追求也."에 의하면, "거꾸로 관부의 이해관계를 세밀히 조사하면서 그 사안을 비
밀리에 염탐하여 구한다"로 해석할 수도 있다. 이 경우는 乏興의 범죄 嫌疑를 관할 관부에 둘 때의
해석이다. 또한 『急就篇』 顔注, "一曰, 乏興之人棄家逃匿故官司逮捕訶讟而求也."에 의하면, "乏興
의 죄인이 집을 버리고 도망가 숨은 까닭에 官司에서 체포하기 위해 은어(소문)를 염탐하여 은신
처를 탐색한다"라고 해석할 수도 있다.

146 『唐律』에는 징발[調發]하여 征行하여야 하는데 지체하여 그르친 것을 '乏軍興'이라 하고, 이를 범
하였다면 斬首刑에 처해야 하며 고의든 과실이든 죄는 같다라고 되어 있다. 핍흥의 법과 관련하여
『秦律』에는 조정을 위하여 요역 징발 업무를 함에 지체하여 징발업무를 수행하지 못하였을 경우
에 대한 그 구체적인 처벌규정이 있다(『睡虎地秦墓竹簡』, 「秦律十八種」 '徭律', "御中發徵, 乏弗行,
貲二甲. 失期三日到五日, 誶; 六日到旬, 貲一盾; 過旬, 貲一甲. 其得毆(也), 及詣. 水雨, 除興. 興徒
以爲邑中之紅(功)者, 令結(婞)堵卒歲, 未卒堵壞, 司空將紅(功)及君子主堵者有罪, 令其徒復垣之, 勿
計爲縣(徭)).

147 『急就篇』 권4, 311쪽, "疢疥保辜訶呼號, 乏興猥逮訶讟求." 顔注: "律有乏興之法, 謂官有所興而輒稽
留闕乏其事也. 猥盛多也. 逮傳捕也. 猥逮者矯為官府多有逮捕也. 訶謂知處寄告之也. 讟隱語也. 謂
傦伺官府利害隱窊其事有所追求也. 一曰, 乏興之人棄家逃匿故官司逮捕訶讟而求也."

148 『後漢書』 권3, 「肅宗孝章帝紀」, 143쪽, "辛卯, 車駕還宮, 詔天下繫囚減死一等, 勿笴, 詣邊戍; 妻子
自隨, 占著所在; 父母同產欲相從者, 恣聽之; 有不到者, 皆以乏軍興論."의 원문에 해당하는 주석이
다. '軍興而致闕乏, 當死刑也.'

149 『漢書』 권76, 「趙廣漢傳」, 3204쪽, "廣漢使長安丞按賢, 尉史禹故劾賢爲騎士屯霸上, 不詣屯所, 乏
軍興."

【세주 원문】 按漢制乏軍要斬, 見魏新律序.

【세주 역문】 한나라 제도에 핍군하면 허리를 자르는 형에 처해졌으니 이는 '위신율서'에 보인다.[150]

【원문】 爲西域都護, 以擅發戊己校尉之兵乏興, 有詔贖論.(段會宗傳)

【역문】 단회종(段會宗)[151]이 서역도호(西域都護)[152]가 되어 마음대로 무기교위(戊己校尉)[153]의 군사를 일으켜 그릇되게 군사행동을 하였으니 조서를 내려 속형(贖刑)으로 논죄하였다.[154](『한서』 「단회종전」)

【원문】 成安侯韓延年, 元封六年, 坐爲太常, 行大行令事, 留外國書一月, 乏興, 入穀贖完爲城旦.(功臣表)

【역문】 성안후(成安侯) 한연년(韓延年)[155]이 원봉 6년(기원전 105년), 태상(太常)이 되어 대행령(大行令)[156]의 일을 행하면서 외국의 서신을 한 달 동안 지체시켜 핍흥한 죄를 범하여 곡식을 내고 속하여 완성단[157]에 처했

---

150 『晉書』 권30, 「刑法志」, 924쪽, "漢代에는 小怠乏과 不如令이 있으면 번번히 "不承用詔書, 乏軍"으로 고발하고 要斬에 처해졌다(漢氏施行有小怠之反不如令, 輒劾以不承用詔書乏軍要斬)"

151 段會宗(기원전 74년~10년)은 前漢시기의 人으로 字는 子松. 天水郡上邽人. 西域都護、騎都尉、光祿大夫를 역임하였다.

152 西域都護: '都'는 '總'과 같은 뜻으로 '서역도호'는 서역의 남북을 총괄하여 지킨다는 뜻으로 西域을 統括하던 중국의 官名으로 중국의 한 왕조가 서역에 파견한 둔전병을 통괄하던 장군을 뜻한다. 서역도호가 일하던 관청을 西域都護府라 하였다. 西域都尉는 加官이며, 本官은 騎都尉(官秩은 比二千石)나 혹은 諫大夫(官秩 比八百石)이었다. 副官으로서 副校尉(官秩 比二千石)가 설치되고、丞1人、司馬2人、候2人、千人2人이 속하였다. 後漢의 班超는 91년에 서역도호에 임명되었는데 그의 아들 班勇이 부친의 뜻을 받아 123년 서역으로 출정하였을 때는 그 칭호를 西域長史라 하였고, 그 후 명칭이 서역장사로 바뀌었다.

153 戊己校尉: 한나라 때 西域 여러 나라를 진무한 무관직.

154 『漢書』 권70, 「段會宗傳」, 3030쪽, "竟寧中, 以杜陵令五府擧爲西域都護、騎都尉光祿大夫, (중략) 會宗更盡還, 以擅發戊己校尉之兵乏興, 有詔贖論."

155 韓延年는 郟城人(지금의 河南 郟縣)으로 成安侯에 봉해졌는데, 武帝 天漢二年(기원전 99年)에 校尉로 李陵을 따라 흉노원정에 나섰다. 흉노의 본진을 5천의 병력으로 맞섰는데, 후방의 지원도 없이 다투다가 패배하였다. 李陵은 항복하고 韓延年은 전사하였다.

156 大行令: 大鴻臚는 後漢의 九卿 중의 하나로 諸侯 및 歸附한 각국을 관장. 진대에 처음 설치되어 전객이라 칭해었고 前漢 景帝 시에 大行令으로 개명되고 武帝 때는 大鴻臚로 바뀌었다.

157 完爲城旦: 여러 설이 있지만 肉刑 폐지 以前에는 肉刑이 가해진 刑爲城旦에 대해 肉刑이 면제되

다.[158](『한서』「공신표」)

【원문】 漢黃霸爲京兆尹, 發騎士詣北軍, 以馬不適士, 劾乏軍興, 連貶秩. 注, 馬少士多.(白帖)

【역문】 한나라 황패(黃霸)가 경조윤(京兆尹)이 되었을 때 기사(騎士)를 징발하여 북군에 데리고 가게 하였는데 말이 병사의 수와 맞지 않았으므로 '핍군흥'하여 탄핵되고 연달아 벼슬의 등급이 낮아졌다. 주에 "말은 적고 병사는 많다."라 하였다.[159](『한서』「황패전」)

【세주 원문】 按唐律、乏軍興, 在擅興.

【세주 역문】 『당률』에 '군대의 징집, 출동 및 군용자원의 조달 등에 지장이 생기는 것(乏軍興)'은 '천흥'에 있다.[160]

◉ **上言變事(廐律)**
모반 등과 같은 특수한 사건을 조정에 고발하는 것.(구율)[161]

【원문】 若今時上變事擊鼓矣, 又若今驛馬軍書當急聞者, 亦擊此鼓.(周禮 夏官太僕注)

【역문】 지금처럼 비상사태를 조정에 알릴 때 북을 치고, 또 지금과 같이 역마로 군사상의 문서를 급히 알려야 하는 경우 또한 이 북을 친다.[162](『주

었다는 의미로 사용된 것 같고, 肉刑 폐지 이후에는 髡鉗城旦에 대해 髡鉗이 면제된 의미로 사용된 듯하다.

158 『漢書』 권17, 「景武昭宣元成功臣表」, 653쪽, "元封六年, 坐爲太常行大行令事留外國書一月, 乏興, 入穀贖, 完爲城旦."

159 『漢書』 권89, 「黃霸傳」, 3631쪽, "又發騎士詣北軍馬不適士, 劾乏軍興, 連貶秩. 有詔歸潁川太守官, 以八百石居治如其前. (孟康曰:「關西人謂補滿爲適. 馬少士多, 不相補滿也.」)"

160 『唐律疏議』 第230條, 擅興 7, '乏軍興', 305쪽, "諸乏軍興者斬, 故、失等. 謂臨軍征討, 有所調發, 而稽廢者."

161 上言變事: '上變' 또는 '上變事'라고도 칭한다.

162 『周禮正義』 권59, 「夏官司馬」, '太僕'注, 2499쪽.

례』「하관사마」의 '태복' 주)

【원문】 諸上變事, 皆得於縣道假軺傳, 詣行在所, 條對急政.(梅福傳)

【역문】 [여러 번 장안으로 가는 현의 사자를 통해서] 비상하게 다룰 국사를 상소
하였다. 또 초전(軺傳: 작은 수레)을 빌려 타고 황제가 임시로 머물고 있는
행재소(行在所)에 가서 급한 정사를 조목조목 상주하였다. [그러나 그때마
다 허락을 받지 못하였다.]163(『한서』「매복전」)

◉ 驚事告急(廐律)

변경에서 적이 침투하였을 경우 이를 상관(上官)에게 보고해서 조치를 취하
는 것.164(구율)

【세주 원문】 按晉志, 魏改漢律, 以驚事告急別爲驚事律.

【세주 역문】 『진서』「형법지」에 위나라가 한율을 고쳐 경사(驚事)로써 급(急)을 告하
는 것으로써 별도로 분리하여 '경사율(驚事律)'로 삼았다.165

【세주 원문】 以上律目凡三十一, 均見晉書刑法志引魏新律序, 此漢律目之尙可考者.

【세주 역문】 이상의 율목 31개는 모두 『진서』「형법지」에 인용된 '위신율서'에 보이
니, 여기서 한나라의 율목을 상고할 수 있다.

◉ 行言許受財(公羊宣元年傳何注引律　由律行言許受賂也.　公羊宣十年傳

---

163 『漢書』 권67, 「梅福傳」, 2917쪽, "梅福字子眞, …, 數因縣道上言變事,(師古曰: '附縣道之使而封奏
也. 變謂非常之事.') 求假軺傳,(師古曰: '小車之傳也. 軺音遙. 傳音張戀反.') 詣行在所條對急政,(師古
曰: '條對者, 一一條錄而對之.') 輒報罷."

164 驚事告急: 驚事는 곧 警事.

165 『晉書』 권30, 「刑法志」, 925쪽의 원문은 "以驚事告急, 與興律烽燧及科令者, 以爲驚事律."이다. 이
문장은 "경사(驚事)로써 급(急)을 告하는 것과 興律의 烽燧(에 관한 규정) 및 科令으로 나온 것을
驚事律로써 독립시킨다."라는 의미로 해석된다(冨谷至補, 『譯注中國歷代刑法志(補)』東京, 創文社,
2005, 282쪽).

疏引漢律, 似若漢律行言許受財之類.)

행언허수재[166](『춘추공양전』선공(宣公) 원년[167]조 하휴(何休)의 주에서 다음과 같이 율을 인용하였다. "율에 따르면, '[사전에] 말을 주고받아 뇌물을 받는 것을 허락한 경우'이다." 『춘추공양전』선공 10년[168]의 소에서는 한율을 인용하여, "한율에 '[사전에] 말을 주고받아 뇌물을 받는 것을 허락한 경우'라고 한 부류와 같다."고 하였다.)

【원문】 諸爲人請求於吏以枉法, 而事已行爲聽行者, 皆爲司寇.(恩澤侯表注 如淳引律)

【역문】 무릇 다른 사람을 위해 관리에게 청탁을 하여 법을 왜곡하였는데, 일이 이미 시행된 경우 청탁을 들어주는 사람을 모두 사구(司寇)로 삼는다.[169](『한서』「은택후표」의 주에서 여순이 율을 인용)

【원문】 平丘侯王遷, 地節二年, 坐平尙書聽請受臧六百萬, 自殺. 注、師古曰, 有人私請求而聽受之.(恩澤侯表)

【역문】 평구후(平丘侯) 왕천(王遷)은 지절(地節) 2년(기원전 68년), 평상서가 청탁을 들어주고 뇌물 6백만 전을 받은 죄를 지어 자살하였다. 주에 안사고가 말하였다. "어떤 사람이 사사로이 청탁하여 [뇌물을 받고] 들어준

---

166 行言許受財:『爾雅注疏(十三經注疏)』권2,「釋詁下」(北京: 北京大學出版社, 2000), 41쪽. "行, 言也.";『詩經』「小雅」, '巧言', "荏染柔木、君子樹之. 往來行言、心焉數之.〈… 行言, 行道之言也.… 往來行言, 則心能辨之矣.)"; "行言"은 "行道之言"으로서 대략 "길가에서 주고받는 말"이라고 해석된다. 또한 "往來行言, 則心能辨之矣"라고 하였으니, "오고가는 길가의 말은 능히 분별할 수 있다."정도로 해석된다. 그러므로 "行言許受財"는 "(사전에) 말을 주고받음으로써 뇌물을 받는 것을 허락한다."라는 정도로 해석하는 것이 타당할 것 같다. 또한 "行言許受財"는 뒷부분에 이럴 경우 어떻게 처벌하겠다는 내용이 생략된 완전한 문장이 아니므로 "[사전에] 말을 주고받아 뇌물을 받는 것을 허락한 경우"라는 식으로 해석하는 것이 어떨까 싶다. 즉 사전에 뇌물을 요구하였거나 뇌물로 바치는 물건임을 알면서도 받는 행위에 대한 처벌 규정이라고 판단된다.
167 『春秋公羊傳注疏』권15, 宣公元年條, 322쪽. "六月, 齊人取濟西田, 外取邑不書, 此何以書. 所以賂齊也. 曷爲賂齊, 爲弒子赤之賂也."의 注.
168 『春秋公羊傳注疏』, 宣公10年條, 344쪽. "十年, 春, 公如齊, 公至自齊, 齊人歸我濟西田, 齊已取之矣. 其言我何? 言我者, 未絶於我也, 曷爲未絶於我, 齊已言取之矣. 其實未之齊也."의 注.
169 『漢書』권18,「外戚恩澤侯表第六」, 694쪽.

것이다."[170](『한서』「은택후표」)

【원문】 嗣沈猷侯受, 元狩五年, 坐爲宗正聽不具宗室, 耐爲司寇. 注、師古曰, 受爲宗正, 人有私請求者聽之, 故於宗室之中, 事有不具, 而受獲罪.(王子侯表)

【역문】 심유후(沈猷侯) 수(受)가 원수 5년(기원전 118년) 종정(宗正)[171]이 되어 청탁을 받고 종실을 갖추지 못한 죄[172]를 받아 내위사구(耐爲司寇)[173]에 처해졌다. 주에 안사고가 말하였다. "수가 종정으로서 사사로이 청탁하는 자의 부탁을 들어주었다. 그러므로 종실 중에서 갖추지 못한 일이 있어서 죄를 받은 것이다."[174](『한서』「왕자후표」)

【원문】 孝文十三年, 嗣汾陰侯周意坐行賕觲爲城旦. 武帝建元六年, 嗣樂

---

170 『漢書』 권18. 「外戚恩澤侯表第六」, 694쪽.
171 宗正: 九卿의 하나로 秦에서 시작하는데, 皇室親族을 管轄하고 丞을 1人 두었다. 平帝의 元始4年 (4年)에 宗伯으로 개칭되었다가 後漢에서는 다시 宗正이 되었다. 定員은 1人으로 秩祿은 中二千石.
172 不具:『墨子』「七患」, "此皆备不具之罪也."
173 耐爲司寇: 秦漢의 노역형 가운데 가장 가벼운 형벌이 '司寇'인데, 文帝의 형법개혁 이전은 完과 耐가 肉刑과 다른 범주에 속해있고, 동시에 完과 耐는 그 범주 속에서 재차 세분되어 있다.『二年律令』에는 城旦舂・鬼薪白粲・隷臣妾에게는 토지가 지급되지 않지만, 司寇와 隱官에게는 일반 서인의 반인 토지 50畝, 택지 半宅을 지급하며, 戶의 구성도 허락하고 있다. 司寇가 戶를 구성한다는 것은 戶主를 의미하고 있기 때문에 죄수이기도 하지만, 국가에 沒籍된 것도 아니다. 본래 토지를 보유하려면 戶籍과 土地臺帳이 전제된다는 점에서 司寇는 어느 정도나마 국가의 編戶로서 간주되고 있었다. 토지지급의 여부로 볼 때 국가는 司寇를 城旦舂・鬼薪白粲・隷臣妾과 완전히 다른 성격의 죄수로 간주하고 있음을 알 수 있다. 토지의 지급은 자신의 토지에서 노동할 시간의 존재와 재산 축적의 가능성을 의미하는 것이다. 司寇의 주요한 임무인 城旦舂의 감시는 모든 시간과 노동력을 요구하는 것은 아니었기 때문에 50무의 토지를 수전하였을 것이다. 司寇는 죄수 감시의 일차적 담당자였다. 司寇가 부족하면 城旦 중에서 3년 이상 근무한 자를 城旦司寇에 임명해 城旦舂을 감시하고, 그래도 城旦司寇가 부족하면 隷臣妾에게 감시를 맡기고 있다. 司寇 부족시 마찬가지로 耐罪囚인 隷臣妾에게 그 임무를 대행하게 했다는 것은 輕罪인 耐罪의 죄수가 국가권력을 대신하여 중죄수를 감시할 수 있는 조력자로 간주되었던 것이다. 동일한 刑罰의 범주에 속하는 鬼薪白粲. 隷臣妾. 司寇는 각각 나름대로의 특성을 지니고 있었다. 鬼薪白粲은 비록 耐刑이지만 城旦舂에 가까운 처우를 받았고, 司寇는 隷臣妾과 달리 매매의 대상이 아닌 준서인에 속하는 것이었다.
174 『漢書』 권15, 「王子侯表 上」, 434쪽. "元狩五年, 坐爲宗正聽請, 不具宗室, 削爲司寇.(師古曰: '受爲宗正, 人有私請求者, 受聽許之, 故於宗室之中事有不具, 而受獲罪.')" 심유이후(沈猷夷侯) 세(歲)의 아들.

284 구조율고 권1

平侯衛侈坐買田宅不法有請賕吏死.(功臣表)

【역문】 효문 13년(기원전 167년), 분음후(汾陰侯) 주의(周意)가 뇌물을 행한 죄를 지어 곤위성단(髡爲城旦)[175]에 처해졌다.[176] 무제 건원(建元) 6년(기원전 135년), 낙평후(樂平侯) 위치(衛侈)가 불법으로 전택(田宅)을 사서 관리에게 청탁을 한 죄를 받아 사형에 처하였다.[177](『한서』「공신표」)

【원문】 臨汝侯灌賢, 元朔五年, 坐行賕罪, 國除.(史記功臣表)

【역문】 임여후(臨汝侯) 관현(灌賢)이 원삭(元朔) 5년(기원전 124년), 뇌물을 행사한 죄를 지어 봉지(封地)가 삭제되었다.[178](『史記』「공신표」)

【세주 원문】 按呂刑惟來、釋文馬本作求, 云有請賕也. 惠定宇曰, 漢律有受賕之條, 卽書所云惟貨也; 又有聽請之條, 卽書所云惟求也. 是漢律蓋本周制. 魏於漢盜律中分出, 別爲請賕律, 見晉志. 唐律諸有所請求者笞五十, 已施行者各杖一百, 在職制二.

【세주 역문】 『상서』,「여형」의 '유래(惟來)'의 석문(釋文)에 마융(馬融)은 '구(求)'라 하니 뇌물을 청탁함을 이른다.[179] 혜정우(惠定宇)[180]가 말하였다. "한율에는 수뢰(뇌물을 받음)의 조목이 있으니 곧 『서경』에 이른바 '유화(惟貨: 뇌물)'라는 것이며,[181]

---

175 髡爲城旦: 『二年律令』의 전체 율문에는 아예 髡이라는 용어가 한 번도 출현하지 않은 것으로 보아 이 형명은 文帝 13년에 이르러서야 비로소 출현한 것이 확실하다.

176 『漢書』 권16,「高惠高后文功臣表」, 547쪽, "孝文前五年, 侯意嗣, 十三年, 坐行賕, 髡爲城旦." 汾陰悼侯 周意: 汾陰悼侯 周昌의 손자.

177 『漢書』 권16,「高惠高后文功臣表」, 622쪽, "建元六年, 坐買田宅不法, 有請賕吏, 死." 樂平侯 衛侈: 낙평간후(樂平簡侯) 위무택(衛毋擇)의 손자.

178 『史記』 권18,「高祖功臣侯者年表」, 895-896쪽, "元光二年, 封嬰孫賢爲臨汝侯. 侯賢元年. 元朔五年, 賢行賕罪, 國除." 國除: 國除란 爵을 삭제하는 것이다. 爵이란 관념적 봉건으로 周代 제후가 國을 세운 것에 비교하여 漢代에는 王으로 봉해진 領地를 國이라 하고 당대에도 公·侯·伯·子·男 신하에게 준 爵 앞에「開國」등의 字를 붙였다.

179 『尙書正義』 권19,「呂刑」29, 545쪽, "五過之疵, 惟官, 惟反, 惟內, 惟貨, 惟來, 其罪惟均, 其審克之." 즉 다섯가지 병폐로 ① 관권에 의거하는 것. ② 은혜나 원한을 갚는 것. ③ 집안끼리 내통하는 것. ④ 뇌물을 주고받는 것. ⑤ 부탁하는 것. 즉 '來'는 간청하는 것. 부탁하는 것 등의 의미이다.

180 惠定宇(기원후 1697-1758)는 惠棟을 가리키며 定宇는 혜동의 자이다. 그는 『주역』과 『상서』 등의 경서를 실증적으로 연구하여 한나라 때 經學의 복원에 힘을 기울였다. 저서로 『周易述』·『易漢學』·『易例』·『明堂大道錄』·『古文尙書考』·『九經古義』 등이 있다.

181 『尙書正義』 권19,「呂刑」29, 545쪽.

또 청청(聽請: 청탁을 들어줌)의 조목이 있으니 이는 『서경』에 이른바 '유구(惟求)'라는 것이다.[182] 이러한 한율은 대개 주나라의 제도에서 유래한 것이다. 위나라 때에는 한나라 '도율' 가운데서 나뉘어져 별도로 '청구율(請賕律)'이 되었으니, 이는 『진서』 「형법지」에 보인다.[183] 『당률』에 "무릇 청탁한 자는 태형 50대에 처하고, 이미 시행된 경우는 각각 장형100대에 처한다.(諸有所請求者笞五十, 已施行者各杖一百)"함은 '직제(職制) 2'에 있다.[184]

● 主守而盜直十金棄市(陳萬年傳注如淳引律)

[율에] [백성을] 감독하고 지키는 사람으로서 [감독받는 측에서 뇌물을 받는 것이] 10금에 해당하면 기시에 처한다.[185](『한서』 「진만년전」의 주에서 여순이 율을 인용)

【원문】 師古曰, 依當時律條, 臧直十金, 則至重罪. 孟康曰, 法有主守盜, 斷官錢自入己也.(薛宣傳注)

【역문】 안사고가 말했다. "당시의 율의 조목에 따르면 10금에 해당하는 돈을 받아 숨기면 지극히 무거운 죄이다." 맹강이 말했다. "법에 '백성을 감독하고 지키는 사람으로서 감독받는 측에서 뇌물을 받는 것'이 있는데, 이는 관전(官錢)을 잘라서 스스로 자기한테 들이는 것이다."[186](『한서』 「설선전」의 주)

---

182 위와 같음.
183 『晉書』 권30, 「刑法志」, 924쪽. "盜律有受所監受財枉法, 雜律有假借不廉, 令乙有呵人受錢, 科有使者驗賂, 其事相類, 故分爲請賕律."
184 『唐律疏議』, 第135條; 職制 45, '有所請求', 217쪽. "諸有所請求者, 笞五十, 謂從主司求曲法之事, 卽爲人請者, 與自請同, 主司許者, 與同罪. 主司不許及請求者, 皆不坐. 已施行, 各杖一百."
185 『漢書』 권66, 「陳萬年傳」, 2902쪽. "後竟徵入爲少府. …受所監(如淳曰: '律, 主守而盜直十金, 棄市.')"; 主守而盜直十金棄市: [백성을] 감독하고 지키는 사람으로서 [감독 받는 측에서 뇌물을 받는 것이] 10금에 해당하면 기시에 처한다. '主守'는 그 일을 全擔하여 처리하는 典吏를 말한다.
186 『漢書』 권83, 「薛宣傳」, 3387-3388쪽. "始高陵令(陽)[楊]湛、(중략) 封與湛曰: '吏民條言君如牒, 或議以爲疑於主守盜.(孟康曰: '法有主守盜, 斷官錢自入己也.') 馮翊敬重令, 又念十金法重, 不忍相暴章.(師古曰: '依當時律條, 臧直十金, 則至重罪.')…'"

【원문】 入爲左馮翊, 部督郵掾趙都, 案池陽令, 都得其主守盜十金罪收
捕.(馮野王傳)

【역문】 [풍야왕(馮野王)이 장안(長安)으로] 들어가 좌풍익(左馮翊)[187]이 되었을
적에 독우(督郵)[188]의 연(掾) 조도(趙都)를 거느리고 지양령(池陽令)을 조
사하였는데, 조도가 백성을 감독하고 지키는 사람으로서 감독받는 측에
서 10금의 뇌물을 받는 것으로[189] 체포되었다.[190](『한서』「풍야왕전」)

【원문】 宛令劉立以主守盜十金, 賊殺不辜, 南陽太守翟義部掾夏恢等收
縛立, 傳送鄧獄.(翟義傳)

【역문】 완령(宛令) 유립(劉立)이 백성을 감독하고 지키는 사람으로서 감독
받는 측에서 10금의 뇌물을 받고 무고한 이를 고의로 해치고 죽이니, 남
양태수(南陽太守) 적의(翟義)가 연(掾) 하회(夏恢) 등을 거느리고 유립을
붙잡아 묶어서 등주(鄧州)의 옥으로 보내었다.[191](『한서』「적의전」)

【원문】 劾奏衡監臨盜所主守直十金以上, 上可其奏, 勿治, 丞相免爲庶
人.(匡衡傳)

【역문】 [광형(匡衡)을] 탄핵하여 "광형[192]은 백성을 감독하고 지키는 사람으

---

187 左馮翊: 중국 전한 때 三輔의 하나. 長陵 북쪽 일대를 관할하던 구역이다.
188 督郵: 한나라 때 각 지방 군수를 보좌하던 吏屬으로, 군마다 2~5명 정도 배치되어 지방의 풍속과
    법률 위반 사항 등을 조사 감찰하는 임무를 맡았다.
189 "主守盜"는 "主守盜, 受所監"으로 '受所監'의 생략된 것으로 보아야 한다. 즉 백성을 감독하고 지키
    는 사람으로서 감독받는 측에서 뇌물을 받는 것.
190 『漢書』 권79, 「馮野王傳」, 3302쪽, "野王字君卿. … 以治行高, 入爲左馮翊, 歲餘, 而池陽令並素行
    貪汙. … 野王部督郵掾殺祤趙都都(師古曰: '都, 殺祤人而爲掾也. 殺音丁活反. 又音丁外反. 祤音許羽
    反.')案驗, 得其主守盜十金罪, 收捕."
191 『漢書』 권84, 「翟義傳」, 3425쪽, "少子曰義. … 宛令劉立與曲陽侯爲婚. …大怒, 陽以他事召立至.
    以主守盜十金, 賊殺不辜, 部掾夏恢等收縛立, 傳送鄧獄."
192 匡衡은 전한 東海 承人으로 자는 稚圭. 집안은 가난했지만 공부하기를 좋아했고, 고용살이를 하면
    서 생계를 꾸렸다. 後蒼을 좇아 배웠고, 문학에 능했으며 『詩』에 정통했다. 宣帝 때 射策甲科에 합
    격하여 太常掌故에 제수되고, 平原文學에 올랐다. 元帝 초에 郎中이 되었고, 博士와 給事中으로
    옮겼다. 光祿勳과 御史大夫를 역임했고, 원제 建昭3년(기원전 36년) 丞相이 되어 樂安侯에 봉해졌
    다. 成帝가 즉위하자 王尊에게 탄핵을 당해 庶人이 되었다.

로서 감독받는 측에서 10금의 뇌물을 받았다.”고 아뢰었다. 황제가 상주한 것을 옳다고 여겼으나 죄를 다스리지 않고 (광형을) 승상(丞相)에서 면직시켜 서인으로 하였다.[193](『한서』「광형전」)

【원문】 主守盜三千萬不道, 自殺.(田延年傳)

【역문】 [전연년(田延年)[194]이] 백성을 감독하고 지키는 사람으로서 감독받는 측에서 3천만전을 뇌물로 받았으니 부도(不道)하다고 아뢰어 자살하였다.[195](『한서』「전연년전」)

【세주 원문】 按史記平准書注、秦以一鎰爲一金, 漢以一斤爲一金. 如淳曰, 黃金一斤, 直錢萬. 惠帝紀注、鄭氏曰, 凡言黃金眞金也, 不言黃, 謂錢也. 劉攽曰, 諸書言若千金, 則一金萬錢. 唐律監臨主守自盜, 加凡盜二等三十四絞, 在賊盜三.

【세주 역문】 『사기』,「평준서」에 “진나라는 1일(鎰)을 1금(金)으로 삼고, 한나라는 1근(斤)을 1금으로 삼는다. 여순이 말하였다. ‘황금 1근은 1만 전(錢)에 해당한다.’”라 하였다.[196] 「혜제기」의 주에 “정씨가 말하였다. ‘무릇 황금이라고 말한 것은 진금(眞金)이니, 황(黃)이라고 말하지 않은 것을 일러 전(錢)이라 한다.’ 유반(劉攽)이 말하였다. ‘모든 글에 약 천금이라고 말한 것은 1금 만 전이다.’”라 하였다.[197] 『당률』에

---

193 『漢書』 권81,「匡衡傳」, 3346쪽, “衡遣從史之僮, 收取所還田租穀千餘石入衡家. 司隷校尉駿、少府忠行廷尉事劾奏‘衡監臨盜所主守直十金以上.’(師古曰: ‘十金以上, 當時律定罪之次. 若今律條言一尺以上, 一匹以上.’)(중략) 於是上可其奏, 勿治, 丞相免爲庶人, 終於家.”

194 田延年(?−기원전 72년)은 前漢人으로 字는 子賓. 先祖는 齐의 田氏의 一族이었는데, 高祖劉邦의 時代의 관중의 陽陵으로 移住하였다. 전연년은 재능이 있어 대장군의 막부의 일에 종사했다. 대장군 霍光의 존중을 받아 대장군長史에 천거되었고, 그 후 河東太守가 되어, 尹翁歸를 발탁하고 호족을 억제했다. 원봉 6년(기원전 75년)에 大司農이 되었다. 茂陵의 자산가인 焦氏, 賈氏가 원한을 가지고, 돈을 써서 전연년의 악행을 찾아 그의 汚職 의혹을 승상부에 고발하자 자살하였다.

195 『漢書』 권90,「田延年傳」, 3665쪽, “初. 大司農取民牛車三萬兩爲僦, (중략) 丞相議奏延年‘主守盜三千萬, 不道.’”

196 『史記』 권30,「平準書」, 1417−1418쪽, “漢興, (중략) 於是爲秦錢重難用, 更令民鑄錢, 一黃金一斤, (索隱按: 如淳云‘時以錢爲貨, 黃金一斤直萬錢’, 非也. 又臣瓚下注云‘秦以一溢爲一金, 漢以一斤爲一金’, 是其義也.)”

197 『漢書』 권2,「惠帝紀」, 85−86쪽, “視作斥上者, 將軍四十金.(晉灼曰: ‘近上二千石賜錢二萬, 此言四十金, 實金也. 下凡言黃金, 眞金也, 不言黃, 謂錢也. 食貨志黃金一斤直萬錢.’ 師古曰: ‘諸賜言黃金

"감림관이나 주수관이 자기 관할 하에 있는 물품을 훔친 경우 일반 도죄(盜罪)에 2등을 가중하고 30필이면 교수형에 처함(監臨主守自盜, 加凡盜二等三十匹絞)"은 '적도 3'에 있다.[198]

◉ 敢有盜郊祀宗廟之物, 無多少皆死.(尙書微子正義引漢魏律)

[율에는] 감히 교사와 종묘의 물건을 훔치면 물건의 많고 적음을 막론하고 모두 사형에 처한다.[199](『상서』「미자」'정의'에서 한위율을 인용)

◉ 盜宗廟服御物者爲奏, 奏當棄市.(史記張釋之傳引律)

[율에] 종묘의 복식과 기물을 훔치는 자를 처벌하는 규정에 따르면 기시에 해당한다.[200](『사기』「장석지전」에서 율을 인용)

【세주 원문】 按漢書張釋之傳不云引律, 與史記異.

【세주 역문】 『한서』의 「장석지전」에서는 '율을 인용했다[引律]'고 말하지 않았으니,[201] 이는 『사기』와 다르다.

◉ 敢盜乘輿服御物(史記呂后本紀集解蔡邕引律 蔡邕獨斷引律同)

감히 황제의 승여(乘輿)를 훔치거나 사용하는 물건을 착복하다[202](『사기』「여

者, 皆與之金, 不言黃者, 一金與萬錢也.')."

198 『唐律疏議』, 第283條; 賊盜 36, '監臨主守自盜', 358쪽, "若親王財物而監守自盜, 亦同. 加凡盜二等, 三十疋絞. 本條已有加者, 亦累加之."

199 『尙書正義』 권10, 「微子」17, 265–266쪽, "今殷民, 乃攘竊神祇之犧牷牲, 用以容, 將食無災."에 대한 注, "敢有盜郊祀宗廟之物, 無多少皆死"; 郊祀: 하늘의 명을 받고 지배자의 자리에 오른 천자가 남쪽 교외에 나가 하늘에 제사 지내고, 북쪽 교외에 나가 땅에 제사를 올렸음.

200 『史記』 권102, 「張釋之傳」, 2755쪽, "釋之案律盜宗廟服御物者爲奏, 奏當棄市."; 盜宗廟服御物者爲奏, 奏當棄市: [張釋之는] 종묘의 복식과 기물을 훔치는 자를 처벌하는 규정에 따르면 기시에 해당한다고 판결하였다.

201 『漢書』 권50, 「張釋之傳」, 2311쪽, "其後人有盜高廟座前玉環, 得, 文帝怒, 下廷尉治. 案盜宗廟服御物者爲奏, 當棄市."

202 『史記』 권9, 「呂太后本紀」, "有數人不肯去兵, 宦者令張澤諭告, 亦去兵. 滕公迺召乘輿車載少帝出. (【集解】 蔡邕曰: 「律曰敢盜乘輿服御物. …」)"; 蔡邕(132–192)의 자는 伯喈. 젊어서부터 박학하기로 이름이 높았고 문장에 뛰어났다. 170년 靈帝의 郎中이 되어 東觀에서 서지 교정에 종사하였으며,

후본기」의 집해에 채옹이 율을 인용. 채옹이 『독단』에서 인용한 율과 같다)

【세주 원문】 按唐律, 盜大祀神御物, 在賊盜三.

【세주 역문】 『당률』에 "큰 제사와 신이 사용하는 물건을 훔침(盜大祀神御物)"은 '적도
(賊盜)3'에 있다.[203]

◉ 大逆無道要斬(晉書刑法志引漢賊律)

[율에] [皇帝에 대하여 不敬한 말을 하거나 종묘와 원릉을 침범하는 자는] '대
역무도'라 하여 요참에 처한다.[204](『진서』「형법지」에 한의 적률을 인용)

◉ 大逆不道, 父母妻子同産皆棄市(景帝紀注如淳引律)

'대역부도'하면 부모·처자·형제를 모두 기시에 처한다.[205](「경제기」 주에서
여순이 율을 인용)

【원문】 大逆無道, 錯當要斬, 父母妻子同産, 無少長, 皆棄市.(晁錯傳)

【역문】 '대역무도'하니 조조는 마땅히 요참에 해당하며 그의 부모·처자·
형제는 나이를 막론하고 모두 기시에 처한다.[206](『한서』「조조전」)

【원문】 王前犯大逆, 罪惡尤深, 經有正義, 律有明刑. 注前書曰大逆無道,

189년 董卓에게 발탁되어 侍御史, 侍中에서 左中郎將까지 승급하였으나 동탁이 벌을 받고 죽음을
당한 후 투옥되어 옥중에서 사망하였다. 저서로 조정의 제도와 칭호에 대하여 기록한 『獨斷』과 『蔡
中郎集』 등이 있다.

203 『唐律疏議』, 第270條; 賊盜 23, '盜大祀神御物', 348쪽, "諸盜大祀神御之物者, 流二千五百里. 謂供
神御者, 帳杖亦同. 其擬供神御, 謂營造未成者."

204 『晉書』 권30, 「刑法志」, 925쪽, "又改賊律, 但以言語及犯宗廟園陵, 謂之大逆無道, 要斬."

205 『漢書』 권5, 「景帝紀」, 142쪽, "年冬十二月, 詔曰:「襄平侯嘉恢說不孝, 謀反, 欲以殺嘉, 大逆無
道. 其赦嘉爲襄平侯, 及妻子當坐者復故爵」(如淳曰:「律, 大逆不道, 父母妻子同産坐者復其故爵). 今赦其餘
子不與恢說謀者, 復其故爵」)."

206 『漢書』 권49, 「晁錯傳」, 2302쪽, "後十餘日, 丞相靑翟、中尉嘉、廷尉毆劾奏錯曰: '…, 亡臣子禮,
大逆無道, 錯當要斬, 父母妻子同産無少長皆棄市. 臣請論如法.' 制曰: '可.'"

父母妻子同産, 無少長, 皆斬.(阜陵質王延傳)

【역문】 부능질왕(阜陵質王) 연(延)이 전에 대역(大逆)을 범하여 죄악이 매우 심하다. 경에는 공정한 정의가 있고 율에는 명확한 형벌이 있다. 주에 『전한서』에 이르길 "대역무도하면 부모·처자·형제는 나이를 막론하고 모두 참형에 처한다."라 하였다.207(『후한서』「부능질왕연전」)

【원문】 帝祖母傅太后用事, 追怨參姊中山太后, 陷以祝詛大逆之罪, 參以同産, 當相坐.(馮參傳)

【역문】 애제(哀帝)의 조모 부태후(傅太后)가 권세를 부려 풍참(馮參)의 누이인 중산태후(中山太后)를 미워하여 내쫓고 중산태후가 천자와 태후를 저주하였다며 대역죄에 빠뜨리니, 풍참이 형제로서 마땅히 연좌되었다.208 (『한서』「풍참전」)

【세주 원문】 按晉志、魏改漢賊律大逆無道, 家屬從坐, 不及祖父母孫, 是漢時從坐, 并及祖父母孫也. 唐律謀反大逆, 在賊盜一.

【세주 역문】 『진서』「형법지」에 위나라가 한나라 '적률'을 고쳐서 대역무도의 죄를 범하면 가족들이 연좌되더라도 조부모와 손자에는 미치지 않는다고 하였으니,209 이

---

207 『後漢書』 권42, 「阜陵質王延列傳」, 1444-1445쪽. "… 肅宗下詔曰: '前犯大逆, 罪惡尤深, 有同周之管、蔡, 漢之淮南. 經有正義, 律有明刑(公羊傳曰: '君親無將, 將而必誅.' 前書曰: '大逆無道, 父母、妻子、同産無少長皆棄市.')…'"

208 『漢書』 권79, 「馮參傳」, 3307쪽. "頃之, 哀帝即位, 帝祖母傅太后用事, 追怨參姊中山太后, 陷以祝詛大逆大罪, 語在外戚傳. 參以同産當相坐, 謁者承制召參詣廷尉, 參自殺."; 원제가 붕어하자 풍소의는 신도태후가 되고 아들 신도왕과 더불어 儲元宮에서 살았다. 河平 연간에 신도왕을 따라 신도에 들어갔다. 그 후 신도왕은 중산으로 移封되어 中山孝王이 되었다. 그 후 정도왕이 태자가 되었다. 중산왕의 외숙부 馮參이 宜鄕侯로 봉해졌다. 삼은 풍태후의 막내아우였다. 그 해에 효왕이 죽었다. 아들이 하나 있어 그 뒤를 이어 왕이 되었는데, 당시 한 살도 채 못 되어 병에 걸렸다. 애제가 즉위하자 中郎謁者 장유에게 명하여 의사를 데리고 중산소왕을 치료하게 하였다. 장유는 못된 성질을 가지고 있었는데, 성질을 못 이겨 중산을 떠나 장안으로 돌아갔다. 이와 관련하여 문책을 받자 중산태후가 천자와 태후를 저주하고 있다고 무고하였다. 태후란 부소의로서 평소부터 풍태후를 미워하고 있었다. 이에 어사 丁玄를 보내 투옥 조사하였으나 증거가 없었다. 다시 중자알자 史立으로 하여금 丞相長史과 大鴻臚丞과 함께 조사하게 하여 풍태후의 여동생을 비롯하여 엄하게 고문하여 죽은 자가 수십 명에 달하였다.

것이 한나라 때의 연좌는 아울러 조부모와 손자에게까지 미쳤다는 것이다. 『당률』에 '모반하고 대역함(謀反大逆)'은 '적도1'에 있다.[210]

【원문】 殺母以大逆論(通典一百六十六引律)

【역문】 어머니를 죽이면 대역으로 논죄한다(『통전』권166에 율을 인용)[211]

【세주 원문】 按唐律、十惡四曰惡逆. 注、謂毆及謀殺祖父母、父母.

【세주 역문】 『당률』에 10악(惡) 중 네 번째는 악역(惡逆)이다. 주에 "조부모와 부모를 구타하거나 죽이기를 꾀하는 것을 말한다."[212]라 하였다.

【원문】 殺不辜一家三人爲不道(翟方進傳注如淳引律)

【역문】 죄없는 일가에서 세 사람의 무고한 이를 죽이면 부도이다[213](『한서』 「적방진전」의 주에 여순이 율을 인용)

【원문】 凡殺無辜十六人至一家母子三人, 逆節絶理, 當伏顯戮.(廣川惠王傳)

【역문】 무릇 무고한 사람 16인, 한 집안에서 모자 3인을 살해하면, 도리를 거스르고 인륜을 끊어버린 것이니 마땅히 그들을 참수하여 사람들에게 보여야 한다.[214](『한서』 「광천혜왕전」)

---

209 『晉書』권30, 「刑法志」, 925쪽, "改漢舊律不行於魏者皆除之, 更依古義制爲五刑. (중략) 又改賊律, 但以言語及犯宗廟園陵, 謂之大逆無道, 要斬, 家屬從坐, 不及祖父母、孫."

210 『唐律疏議』, 第248條; 賊盜 1, '謀反大逆', 321쪽, "諸謀反及大逆者, 皆斬. 父子年十六以上皆絞. 十五以下及母女妻妾 子妻妾亦同、 祖孫兄弟姉妹若部曲, 資財田宅沒官, 男夫年八十及篤疾婦人年六十及廢疾者免 餘條婦人應緣坐者, 準此, 伯叔父兄弟之子皆流三千里, 不限籍之同異."

211 『通典』권166, 「雜議 上」, 4288쪽, "漢景帝時, 廷尉上囚防年繼母陳論殺防年父, 防年因殺陳. 依律, 殺母以大逆論."

212 『唐律疏議』, 第6條; 名例 6, '十惡', 8쪽, "四曰, 惡逆. 謂毆及謀殺祖父母、父母, 殺伯叔父母、姑、兄、外祖父母、夫、夫之祖父母、父母." 참고로 十惡은 謀反·謀大逆·謀叛·惡逆·不道·大不敬·不孝·不睦·不義·內亂을 말한다.

213 『漢書』권84, 「翟方進傳」, 3415-3416쪽, "後丞相宣以一不道賊(如淳曰: '律, 殺不辜一家三人爲不道.') 請遣掾督趣司隸校尉, 司隸校尉勳自奏暴於朝廷, 今方進復擧奏勳."

【세주 원문】 按唐律、十惡五曰不道. 注、謂殺一家非死罪三人, 及支解人, 造畜蠱毒厭魅.

【세주 역문】 『당률』에 10악 중 다섯 번째는 부도(不道)이다. 주에 "한 집안에서 죽을 죄를 짓지 않은 세 사람을 살해하거나, 사람의 사지를 절단하였거나, 독충을 제조하고 기르거나 염매(厭魅)를 만드는 행위를 말한다."라 하였다.[215]

【원문】 敢蠱人及教令者棄市(周禮秋官庶氏注, 鄭司農引賊律)

【역문】 감히 독으로 사람을 해치거나 다른 사람에게 시킨 자는 기시에 처한다[216](『주례』,「추관사구」 '서씨'의 주에서 정사농이 적률을 인용)

【원문】 坐妻爲巫蠱族.(公孫敖傳)

【역문】 [공손오(公孫敖)[217]가] 부인이 무고(巫蠱)한 죄를 받아 일족이 모두 사형에 처해졌다.[218](『한서』「공손오전」)

【원문】 後坐巫蠱族.(趙破奴傳)

【역문】 후에 무고를 행한 죄를 받아 일족이 사형에 처해졌다.[219](『한서』「조파노전」)

【세주 원문】 按唐律、造畜蠱毒, 在賊盗二.

---

214 『漢書』 권53,「景十三王傳」(廣川惠王傳), 2432쪽. "凡殺無辜十六人, 至一家母子三人, 逆節絶理. 其十五人在赦前, 大惡仍重. 當伏顯戮以示衆."

215 『唐律疏議』, 第6條; 名例 6.「十惡」, 9쪽. "五曰, 不道. 謂殺一家非死罪三人, 支解人, 造畜蠱毒、厭魅."

216 『周禮正義』 권70,「秋官司寇」, '庶氏'注, 2924쪽.

217 公孫敖는 義渠人으로 경제의 시대에 郎이 되었다. 무제의 시대가 되어, 위청의 친구가 되어, 太中大夫가 되었다. 天漢4年(기원전 97년)에도 雁門에서 1만 기를 인솔해 출격해 左賢王과 싸웠지만, 불리하여 물러났다. 다음 太始元年(기원전 96년), 군사를 대부분 잃어 死罪에 해당되었지만, 죽었다고 속이고 민간에게 숨었다. 그러나 수년 후에 잡혀, 부인이 巫蠱를 행하고 있던 것을 이유로 일족이 모두 몰살되었다

218 『漢書』 권55,「公孫敖傳」, 2491쪽.

219 『漢書』 권55,「趙破奴傳」, 2493쪽. "後坐巫蠱, 族."

【세주 역문】『당률』에 "독충을 만들고 기름(造畜蠱毒)"은 '적도2'에 있다.[220]

【원문】 過失殺人不坐死(周禮秋官司刺注, 鄭司農引律)

【역문】 과실로 사람을 죽이면 사형에 처하지 않는다.[221](『주례』「추관사구」 '사자'의 주에서 정사농이 율을 인용)

【세주 원문】按唐律、諸過失殺傷人者, 各依其法, 以贖論, 在鬪訟三.

【세주 역문】『당률』에 "무릇 과실로 사람을 죽였거나 상해한 자는 각각 그 법에 따라 속형으로 논죄함(諸過失殺傷人者, 各依其法, 以贖論)"은 '투송3'에 있다.[222]

【원문】 鬪以刃傷人完爲城旦, 其賊加罪一等, 與謀者同罪.(薛宣傳引律)

【역문】 싸우다가 칼날로 사람을 다치게 하면 완위성단에 처하는데, 고의로 타인을 다치게 한 경우에는 1등의 죄를 더하고 함께 도모한 자는 같은 죄로 한다[223](『한서』「설선전」에서 율을 인용)

【원문】 嗣南安侯宣千秋, 孝景中元年, 坐傷人, 免.(功臣表)

【역문】 남안후(南安侯) 선천추(宣千秋)가 효경제 중원년(기원전 149-144년)에 사람을 다치게 한 죄를 받아 면직되었다.[224](『한서』「공신표」)

---

220 『唐律疏議』, 第262條; 賊盜 15, '造畜蠱毒', 337쪽, "諸造畜蠱毒 謂造合成蠱, 堪, 以害人者及敎令者, 絞, 造畜者同居家口雖不知情, 若里正 坊正村正亦同 知而不糾者, 皆流三千里."

221 『周禮正義』권68, 「秋官司寇」, '司刺'注, 2842쪽.

222 『唐律疏議』, 第339條; 鬪訟 38, '過失殺傷人', 426쪽, "諸過失殺傷人者, 各依其狀, 以贖論. 謂耳目所不及, 思慮所不到, 共擧重物, 力所不制, 若乘高履危足跌及因擊禽獸, 以致殺傷之屬, 皆是."

223 『漢書』권83, 「薛宣傳」, 3395쪽, "廷尉直以爲律曰:「鬪以刃傷人, 完爲城旦, 其賊加罪一等, 與謀者同罪.」"; 『睡虎地秦墓竹簡』, 「法律答問」, 188쪽, "鬪以箴(針)·錐 若箴(針)·鍼·錐傷人, 各可(何)論? 鬪, 當貲二甲; 賊, 當黥爲城旦." 진율에는 고의로 사람을 다치게 한 경우는 '黥爲城旦'으로 되어 있다.

224 『漢書』권16, 「高惠高后文功臣表」, 559쪽, "後四年, 侯千秋嗣, 十一年, 孝景中元年, 坐傷人, 免."; 宣千秋: 南安嚴侯 宣虎의 손자.

【원문】 南利侯昌, 地節二年, 坐賊殺人, 免.(王子侯表)

【역문】 남리후(南利侯) 창(昌)이 지절 2년(기원전 68년)에 사람을 고의로 해치고 죽인 죄를 지어 면직되었다.[225](『한서』「왕자후표」)

【원문】 彰子普, 坐鬪殺遊徼, 會赦, 國除.(東觀漢記馮彰傳)

【역문】 풍창(馮彰)의 아들 풍보(馮普)가 싸우다가 유요(遊徼)[226]를 죽인 죄[227]를 받았으나 사면되어 봉지(封地)가 삭제되었다.[228](『동관한기』「풍창전」)

【세주 원문】 按唐律、鬪故殺用兵刃, 在鬪訟一.

【세주 역문】 『당률』에 "싸우다가 고의로 병장기의 칼날을 사용하여 죽임(鬪故殺用兵刃)"은 '투송(鬪訟)1'에 있다.[229]

【원문】 疻痏(薛宣傳注應劭引律. 以杖手毆擊人, 剝其皮膚, 腫起青黑而無瘡瘢者, 律謂疻痏)

【역문】 지유[230](『한서』「설선전」의 주에서 응소가 율을 인용하여 "몽둥이나 손으로 사람을 때리고 피부를 벗겨서 피부가 붓고 퍼렇게 멍이 들었지만 상처나 흉터가 없는 것을 율에서 '지유(疻痏)'라 한다."[231]고 하였다.)

【원문】 傳曰, 遇人不以義而見疻者, 與痏人之罪鈞, 惡不直也.(薛宣傳)

---

225 『漢書』 권15, 「王子侯表 下」, 487쪽. "七月壬子封, 五年, 地節二年, 坐賊殺人免."
226 遊徼: 秦漢 때 鄕官의 명칭으로, 도적을 순찰하는 역할을 담당하였다.
227 鬪殺: 싸우는 중에 사람을 죽이는 것으로 고의로 사람을 죽인 '賊殺人'과 구별된다.
228 『東觀漢記校注』 권9, 「馮彰傳」, 319쪽. "永平五年, 封平鄕侯, 食鬱林潭中, 子普坐鬪殺游徼, 會赦, 國除."
229 『唐律疏議』, 第306條; 鬪訟 5, '諸鬪毆殺人者', 387쪽. "諸鬪毆殺人者, 絞. 以刃及故殺人者, 斬. 雖因鬪, 而用兵刃殺者, 與故殺同爲人以兵刃逼己, 因用兵刃拒而傷殺者, 依鬪法. 餘條用兵刃, 準此."
230 疻痏: '疻'는 피부의 맞은 자국이 퍼렇게 부풀어 올라 생긴 멍이고, '痏'는 타박상;『睡虎地秦墓竹簡』, 「法律答問」, 188쪽. "或與人鬪, 夬(決)人脣, 論可(何)殹(也)? 比疻痏";『睡虎地秦墓竹簡』, 「法律答問」, 189쪽, "或鬪, 嚙人額若顔, 其大方一寸, 深半寸, 可(何)論? 比疻痏"
231 『漢書』 권83, 「薛宣傳」, "傳曰: '遇人不以義而見疻者, 與痏人之罪鈞, 惡不直也.'(應劭曰: '以杖手毆擊人, 剝其皮膚, 腫起青黑而無創瘢者, 律謂疻痏.')"

漢律考 3 율문고律文考　295

【역문】 전(傳)에 이르기를, "사람을 만나서 의롭지 못한 행동으로 멍이 든 자는 타박상이 나도록 한 자의 죄와 똑같이 하니 공정치 못한 것을 싫어 하기 때문이다."라 하였다.²³²(『한서』「설선전」)

【원문】 痏、毆傷也; 痏、病也.(說文 王筠句讀, 依文選注, 引改病爲瘢字.)

【역문】 '지(痏)'는 때려서 상처를 내는 것이고, '유(痏)'는 병이 난 것이다.²³³ (『설문해자』왕균의 구두에서 『문선』의 주에 따라 '병(病)'을 '반(瘢)' 자로 고쳐 인 용)

【원문】 毆人皮膚腫起者曰痏, 毆傷曰痏.(急就篇顔注)

【역문】 사람을 때려 피부에 부종이 일어나는 것을 '지(痏)'라 하고 때려서 상처가 난 것을 '유(痏)'라 한다.²³⁴(『급취편』의 안주)

【세주 원문】 按張衡西京賦、所惡成瘡痏, 李善注, 瘡痏謂瘢痕, 與應說無瘡瘢者異, 見漢書注校補. 唐律鬪毆手足他物傷, 在鬪訟一.

【세주 역문】 장형(張衡)²³⁵의 「서경부(西京賦)」에 "악한 행동으로 창유(瘡痏)가 생겼 다."고 하였는데, 이선(李善)의 주에 '창유는 흉터를 말한다.'²³⁶고 하였으니, 응소가 상처나 흉터가 없다고 말한 것과는 다르다. 이는 『한서주교보(漢書注校補)』²³⁷에 보 인다. 『당률』에 "싸우다가 손이나 발로 구타하거나 다른 물건으로 상해함(鬪毆手足 他物傷)"은 '투송1'에 있다.²³⁸

232 『漢書』 권83, 「薛宣傳」, 3395쪽, "傳曰: '遇人不以義而見痏者, 與痏人之罪鈞, 惡不直也.'"
233 『說文解字 注』, 351쪽.
234 『急就篇』 권4, 311쪽, '痏痏保辜諶呼號'의 顔注.
235 張衡(78-139)의 자는 平子. 後漢代의 政治家 · 天文學者 · 數學者 · 地理學者 · 發明家 · 製圖家 · 文學者 · 詩人. 賦文에 능하여 후한 중기의 태평성대를 풍자한 「二京賦」와 「歸田賦」 등의 작품 저 술.
236 唐) 李善 注, 『文選』(中華書局, 1977) 제2권, '張平子西京賦一首', 43쪽.
237 (淸)周壽昌撰 『漢書注校補』[廣雅書局叢書, (淸)徐紹棨編次, 第165~174冊] 56권, 1891년.
238 『唐律疏議』, 第302條: 鬪訟 1, '鬪毆手足他物傷', 383쪽, "答四十. 謂以手足擊人者. 傷及以他物毆人 者, 杖六十. 見血爲傷, 非手足者, 其餘皆爲他物, 卽兵不用刃亦是."

【원문】 無故入人室宅廬舍, 上人車船, 牽引人欲犯法者, 其時格殺之, 無罪.(周禮秋官朝士, 疏引鄭司農舉漢賊律)

【역문】 이유 없이 다른 사람의 집이나 여사에 들어가고, 수레와 배에 오르고, 범죄를 저지르고자 하는 자를 견인하는 자는 그 당시에 때려 죽여도 죄가 없다.[239](『주례』「추관사구」'조사(朝士)'의 소에서 정사농이 한나라 적률을 든 것을 인용)

【세주 원문】 按唐律、夜無故入人家, 在賊盜三.

【세주 역문】 『당률』에 "밤에 이유없이 남의 집에 들어감(夜無故入人家)"은 '적도3'에 있다.[240]

【원문】 矯詔大害要斬, 有矯詔害矯詔不害.(功臣表注如淳引律)

【역문】 조서를 빙자하여 큰 해를 입히면 요참에 처하는데,[241] 조서를 속여 해가 있는 경우도 있고 해가 되지 않는 경우도 있다.[242](『한서』「공신표」의 주에서 여순이 율을 인용)

【원문】 乃劾(竇)嬰矯先帝詔害, 當棄市.(灌夫傳)

【역문】 이에 두영(竇嬰)[243]이 선제(先帝)[244]의 조서를 빙자하여 해를 끼쳤으

---

239 『周禮正義』 권68,「秋官司寇」,'朝士'注, 2830쪽.
240 『唐律疏議』, 第269條; 賊盜 22, '夜無故入人家', 346쪽, "諸夜無故入人家者, 笞四十. 主人登時殺者, 勿論. 若知非侵犯而殺傷者, 減鬪殺傷二等."
241 矯制: 주 113) 참조.
242 『漢書』 권17,「景武昭宣元成功臣表」, 660쪽, "正月甲申封. 一月, 坐使酒泉矯制害, 當死, 贖罪, 免. (如淳曰: '律, 矯詔大害, 要斬, 有矯詔害, 矯詔不害.')"
243 竇嬰(?–기원전 131年)은 前漢人으로 字는 王孫. 漢文帝의 竇皇后의 從兄의 子. 빈객을 거느리는 것을 좋아해. 문제의 시대에 吳王国의 丞相. 경제가 즉위하면서 詹事를 맡았다. 경제 후 3년(기원전 141년)에 경제가 사망해. 무제가 즉위하자, 새롭게 田蚡이 총애를 받게 되었다. 다음 해(建元元年)에 승상 衛綰이 사직하자, 田蚡은 竇嬰을 승상. 자신을 太尉로 하도록 황태후에게 부탁하여, 두영은 승상이 되었다. 원광 4년(기원전 131년)에 灌夫. 그 다음에 두영이 처형되었다.
244 先帝: 景帝를 말함.

니 마땅히 기시에 처해야 한다고 탄핵하였다.²⁴⁵(『한서』「관부전」)

【원문】 元鼎中, 博士徐偃使行風俗. 偃矯制, 使膠東魯國, 鼓鑄鹽鐵. 御史大夫張湯, 劾偃矯制大害, 法至死.(終軍傳)

【역문】 원정 연간(기원전 116-111년)에 박사(博士) 서언(徐偃)이 명을 받들어 [군국의] 풍속교화를 행하기 위해 순시하였다. 서언은 조정의 명령이라고 속여서 교동국(膠東國)과 노국(魯國)으로 하여금 소금과 철을 만들게 하였다. 어사대부 장탕²⁴⁶이 서언이 황제의 명령이라고 속여서 큰 해를 끼쳤으니 마땅히 법에 따라 사형에 처하여야 한다고 탄핵하였다.²⁴⁷(『한서』「종군전」)

【원문】 顯宗時, 有兄弟共殺人, 未有所歸. 帝以兄不訓弟, 報兄重而減弟死, 使中常侍孫章宣詔, 誤言兩報重, 尙書奏章矯詔, 當要斬.(郭躬傳)

【역문】 현종(顯宗)²⁴⁸ 때 형제가 함께 살인을 하였는데, 아직 그 죄행에 대한 처벌을 결정하지 못하였다. 현종은 형이 아우를 가르치지 못했다고 여겨 형의 죄를 무겁게 하고 아우의 사형을 감해주라고 하고는 중상시(中常侍)²⁴⁹ 손장(孫章)으로 하여금 조서를 내리게 하였다. (그런데) 손장이 양쪽 모두 무겁게 하라고 잘못 알려 상서가 손장이 조정의 명령을 속여서 해를 끼쳤으므로 요참에 처해야 한다고 상주하였다.²⁵⁰(『후한서』「곽

---

245 『漢書』 권52, 「灌夫傳」, 2392쪽, "孝景時, (중략) 乃劾嬰矯先帝詔害, 罪當棄市."
246 張湯: 한율고1 주 181) 참조.
247 『漢書』 권64, 「終軍傳」, 2818쪽, "元鼎中, 博士徐偃使行風俗. 偃矯制, 使膠東、魯國鼓鑄鹽鐵. 還, 奏事, 徙爲太常丞. 御史大夫張湯劾偃矯制大害, 法至死."
248 顯宗(28년-75년)은 漢明帝 劉莊의 묘호. 후한의 제2대 황제(재위: 57년-75년)로 자는 嚴이고, 정식 시호는 孝明皇帝이다.
249 中常侍는 황제의 신변의 일을 맡는 侍中府의 한 관직이며, 황제의 곁에 황제를 모시고 여러 가지 일을 한다. 항상 황제의 옆에 있으므로, 절대인 권력을 과시했다. 기본적으로 내시가 맡는 직무로 내시 중에서는 大長秋에 다음가는 정도.
250 『後漢書』 권46, 「郭躬傳」, 1544쪽, "又有兄弟共殺人者, 而罪未有所歸. 帝以兄不訓弟, 故報兄重而減弟死. 中常侍孫章宣詔, 誤言兩報重, 尙書奏章矯制, 罪當腰斬. 帝復召躬問之, 躬對章應罰金."

궁전」)

【원문】 太初元年, 浩侯王恢坐使酒泉矯制害, 當死, 贖罪免.(功臣表)

【역문】 태초(太初) 원년(기원전 104년), 호후왕(浩侯王) 회(恢)[251]가 주천으로 하여금 조정의 명령을 속여서[252] 해를 끼친 죄를 받아 사형에 해당되었으나 속죄하여 면직되었다.[253](『한서』「공신표」)

【원문】 元鼎元年, 宜春侯衛伉坐矯制不害, 免.(恩澤侯表)

【역문】 원정 원년(기원전 116년), 의춘후(宜春侯) 위항(衛伉)이 조서를 가탁했으나 해를 끼치지 않았으나 죄를 받아 면직되었다.[254](『한서』「은택후표」)

【세주 원문】 按唐律疏義云, 有害, 謂當言勿原而言原之, 當言千匹而言十匹. 唐律受制忘誤, 在職制一; 詐爲官文書增減, 在詐僞.

【세주 역문】 『당률소의』에 "해가 있다[有害]는 것은 마땅히 '용서하지 말라'고 해야 하는데 '용서하라'고 하거나, 마땅히 '천 필'이라고 말해야 하는데 '열 필'이라고 말하는 것을 말한다."라 하였다.[255] 『당률』에 "제(制)를 받든 사람이 잘못하여 잊음(受制忘誤)"은 '직제(職制)1'에 있고,[256] "관의 문서를 위조하거나 증감함(詐僞官文書增減)"은 '사위'에 있다.[257]

---

251 王恢는 한무제 元封 4년 기원전 107년 중랑장의 신분으로 군사를 이끌고 서역의 거사국(車師國)의 왕을 사로잡아 그 공으로 浩侯에 봉해졌다가 같은 해에 酒泉矯制 사건에 연루되어 사형에 해당하는 죄를 판결받았으나 작위를 반납하여 속죄하고 서인으로 강등되었다.

252 酒泉矯制에 대한 자세한 사건의 경위는 전하여지지 않는다.

253 『漢書』 권17, 660쪽, 「景武昭宣成功臣表」, "正月甲申封, 一月, 坐使酒泉矯制害, 當死, 贖罪, 免."

254 『漢書』 권18, 「外戚恩澤侯表」, 686쪽, "宜春侯伉, 五年四月丁未以靑功封, 元鼎元年坐矯制不害免. 太初元年嗣侯, 五年闌入宮, 完爲城旦." 長平烈侯 衛靑의 아들.

255 『唐律疏議』, 第116條; 職制 26, '上書奏事誤', 201쪽, "卽誤有害者, 各加三等. 有害, 謂當言勿原而言原之, 當言千疋而言十疋之類."

256 『唐律疏議』 第113條; 職制 23, '受制忘誤', 198쪽, "諸受制忘誤及寫制書誤者, 事若未失, 笞五十, 已失, 杖七十. 轉受者, 減一等."

257 『唐律疏議』 第374條; 詐僞 13, '詐爲官私文書及增減', 466쪽, "諸詐爲官私文書及增減, 文書, 謂券抄及簿帳之類. 欺妄以求財賞及避沒入·備償者, 準盜論. 贓輕者, 從詐爲官文書法. 若私文書, 止從所欺妄爲坐."

● 廢格(史記淮南王安傳注崔浩引漢律 漢律所謂廢格)

천자의 법을 폐하여 행하지 않는 죄.258(『사기』「회남왕안전」의 주에 최호가 한율을 인용하였는데, "한율은 이른바 폐격이다."라 하였다.)

【원문】 靁被等廢格, 明詔當棄市. 注、如淳曰, 謂被閣不行.(史記淮南王安傳)

【역문】 뇌피(靁被) 등이 천자의 법을 폐지하고 조서를 그릇되게 하니 마땅히 기시에 처해야 한다. 주에 여순이 말하길 "정지하여 행하지 않는 것을 말한다."259라 하였다.260(『사기』「회남왕안전」)

【원문】 楊可方受告緡, 縱以爲此亂民, 部吏捕其爲可使者, 天子聞, 使杜式治, 以爲廢格沮事, 棄縱市.(義縱傳)

【역문】 양가(楊可)261가 고민령262을 담당하였는데 의종(義縱)263은 그것이 백성들을 어지럽게 한다고 여겨 곧 부리(部吏)를 보내 양가가 파견한 사자를 체포하였다. 천자가 그것을 듣고 두식(杜式)에게 다스리게 하니, 천자의 법을 폐지하고 시행하지 않았다고 하여 의종을 기시형에 처했다.264

---

258 『史記』 권118, 「淮南王安列傳」, 3084쪽, "公卿治者曰:「淮南王安擁閼奮擊匈奴者雷被等, 廢格明詔,(【索隱】崔浩云:「詔書募擊匈奴, 而雍遏應募者, 漢律所謂廢格.」) 當棄市.」"

259 閣은 擱과 같다. 停止.

260 『史記』 권118, 「淮南王安列傳」, 3084쪽, "公卿治者曰:「淮南王安擁閼奮擊匈奴者雷被等, 廢格明詔,(【索隱】崔浩云:「詔書募擊匈奴, 而雍遏應募者, 漢律所謂廢格.」) 當棄市.」"; 이 부분은 『漢書』 권44, 「淮南衡山濟北王傳」에도 같은 내용이 나온다. "公卿治者曰: '淮南王安雍閼求奮擊匈奴者雷被等, 格明詔,當棄市.'"

261 楊可는 전한 무제 때의 인물. 한무제가 算緡錢令을 내려 商人에 대해 자산세를 징수하자 상인들은 재산을 은닉하고 사실대로 신고하지 않자 다시 告緡令을 내리고 주변에서 신고하여 적발하도록 격려하여 고발된 사람은 그 재산을 모두 몰수하고 몰수된 재산의 반은 신고한 사람에게 주도록 하였다. 그는 告緡長官에 임명되어 전국의 告緡事를 주관하였다.

262 告緡: 기원전 119년 武帝는 연이은 外征에 따른 國庫의 결핍을 보충하고 상인들의 물자 退藏에 따른 투기적 영업행위를 억제하기 위해, 상인의 자산가액 2,000전에 1산(算: 120錢), 제조업자의 자산가액 4,000전에 1산의 세금을 각각 부과하였다.

263 義縱(?-기원전 117년)은 前漢 河東人으로 中郎・上黨郡中領・河內都尉・右內史 등을 역임하였다. 武帝가 楊可를 시켜 告緡를 주관하게 했는데, 양가의 사자를 체포하자 무제가 그를 棄市에 처하였다.

(『한서』「의종전」)

【원문】 於是見知之法生，而廢格沮誹窮治之獄用矣．注、如淳曰，廢格天子文法，使不行也．(食貨志)

【역문】 이에 견지(見知)의 법이 생겨나 폐격과 저비(沮誹)와 같이 끝까지 죄를 추궁하는 옥사가 빈발하였다. 주에 여순이 말하였다. "폐격은 천자가 정한 법을 폐지하고 행하지 않게 하는 것이다."[265](『한서』「식화지」)

【원문】 見知廢格之法起．(鹽鐵論)

【역문】 견지와 폐격의 법이 생겨났다.[266](『염철론』)

【원문】 建武四年，吳漢劾朱祐云，秦豐狡猾，連年固守，當伏誅滅，以謝百姓，祐不卽斬截，以示四方，而廢詔命，聽受豐降，大不敬．(袁宏後漢紀)

【역문】 건무 4년(28), 오한(吳漢)[267]이 주우(朱祐)[268]를 탄핵하여 말하였다. "진풍(秦豐)은 교활하여 매년 굳게 지키고 있으니 마땅히 주벌하고 멸하여 백성들에게 사죄해야 합니다. (그런데) 주우는 즉시 참절하지 않고 사방에 보여주고는 천자의 명을 폐하여 진풍이 항복하도록 들어주었으니 이는 대불경(大不敬)입니다."[269](원굉 『후한기』)

---

264 『漢書』 권90, 「酷吏傳」(義縱傳), 3655쪽.

265 『漢書』 권24, 「食貨志下」, 1160쪽; 見知之法: 관리가 백성에게 죄가 있는 것을 알면서도 적발하지 않고 고의로 놓아줄 때에 그 관리도 같은 죄로 연좌시켜 처벌하는 법이다.

266 王貞瑁 注譯, 『鹽鐵論』(吉林文史出版社 1995), 「刺復」, 68쪽.

267 吳漢(?-44年): 후한의 무장. 字는 子顔. 南陽郡 宛人. 광무제의 공신이며, 雲台 28장의 제2위의 서열에 위치한다. 安樂縣令(更始) → 漁陽郡長史(更始) → 偏將軍(劉秀) → 漢大將軍(劉秀) → 大司馬(後漢) 등을 거쳤다.

268 朱祜(?-48年)는 朱祜 혹은 朱祐로 후한의 무장. 字는 仲先. 南陽郡 宛人. 광무제의 공신이며, 雲台 28장의 제8위의 서열에 위치한다. 護軍(劉秀) → 偏將軍(劉秀) → 建義大將軍(後漢) 등을 거쳤다.

269 (晉)袁宏撰, 周天游校注 『後漢記』(天津古籍出版社, 1987) 권4, 「後漢光武皇帝紀」, "大司馬吳漢劾祐曰: '秦豐狡猾, 連年固守. 陛下親踰山川, 遠至黎丘, 開日月之信, 而豐悖逆, 天下所聞, 當伏誅滅, 以謝百姓. 祐不卽斬截, 以示四方, 而廢詔命, 聽受豐降, 無將帥之任, 大不敬.' 上誅豐, 不罪祐."

【세주 원문】 按唐律、稽緩制書, 在職制一.

【세주 역문】 『당률』에 "조서를 지체함(稽緩制書)"은 '직제1'에 있다.[270]

【원문】 非始封十減二(宣帝紀注張晏引律)

【역문】 [율에] 처음 봉해지는 것이 아니면 10에서 2를 감한다.[271](『한서』 「선제기」의 주에 장안이 율을 인용)

【원문】 列侯墳高四尺, 關內侯以下至庶人各有差.(周禮春官塚人注鄭司農引漢律)

【역문】 열후는 분묘의 높이가 4척이며, 관내후 이하로부터 서인에 이르기까지 각각 차등이 있다.[272](『주례』 「춘관종백」의 '총인'에 대한 주에서 정사농이 한율을 인용)

【원문】 武原侯衛不害坐葬過律, 免.(功臣表)

【역문】 무원후(武原侯) 위불해(衛不害)가 규정된 것 이상으로 장례를 치른 죄를 받아 면직되었다.[273](『한서』 「공신표」)

【원문】 明帝時桑民撓陽侯坐冢過制, 髡削.(潛夫論)

【역문】 명제(明帝) 때 상민창양후(桑民撓陽侯)가 규정을 벗어나 무덤을 만든 죄를 받아 곤삭(髡削)에 처해졌다.[274](『잠부론』)

---

270 『唐律疏議』 第111條; 職制 21, '稽緩制書', 196쪽, "諸稽緩制書者, 一日笞五十 謄制勅符移之類皆是, 一日加一等, 十日徒一年."
271 『漢書』 권8 「宣帝紀」, 247쪽, "復其後世, 疇其爵邑(師古曰: 「律, 非始封, 十減二, 疇者, 等也, 言不復減也.」)"
272 『周禮正義』 권41, 「春官宗伯」, '塚人'注, 1697쪽.
273 『漢書』 권16 「高惠高后文功臣表」, 587쪽, "孝景三年, 侯不害嗣, 十二年, 後二年, 坐葬過律, 免."; 衛不害: 武原靖侯 衛肵의 손자.
274 (漢)王符撰, 『潛夫論』(上海古籍出版社, 1990) 권3, 「浮侈」, 20쪽, "明帝時, 桑民撓陽侯坐冢過制髡削."

【세주 원문】 按御覽五百五十七引禮系曰, 天子墳高三雉, 諸侯半之, 卿大夫八尺, 士四尺. 又五百五十八引白虎通曰, 春秋之義, 王者墳高三仞, 樹以松, 諸侯半之, 樹以柏, 大夫八尺, 樹以欒, 士四尺, 樹以槐, 庶人無墳, 樹以楊柳。漢列侯墳高止四尺, 已殺於周制也。

【세주 역문】 『태평어람(太平御覽)』 권557에 『예계(禮系)』를 인용하여 말하였다. "천자는 봉분의 높이가 세 치(雉)[275]이고, 제후는 그것의 반이며, 경대부는 8척이고, 사는 4척이다."[276] 또 권558에서 『백호통(白虎通)』[277]을 인용하여 말하였다. "『춘추』의 뜻에 왕은 봉분의 높이가 세 길이고 소나무를 심으며, 제후는 그 절반으로 측백나무를 심고, 대부는 8척에 모감주나무를 심고, 사는 4척에 회화나무를 심으며, 서인은 봉분 없이 버드나무를 심는다."[278] 한열후는 봉분의 높이가 다만 4척일 뿐이니, 주나라 제도보다 작은 것이다.

【원문】 不得屠殺少齒(應劭風俗通怪神篇引律)

【역문】 [율에], "어린 동물을 도살할 수 없다."[279][고 하였다.](응소 『풍속통의』 「괴신편」에서 율을 인용)

【원문】 能捕豺貙購百錢. (說文引漢律)

【역문】 능히 승냥이를 잡으면 1백전의 포상금을 준다.[280](『설문해자』에서 한율을 인용)

---

275 雉: 성벽의 면적을 셈하는 단위. 길이 3丈, 높이 1丈이 '一雉'이다.
276 『太平御覽』 권557, 「禮儀部」 36, '冢墓'1, 405쪽.
277 『白虎通』은 東漢시대 班固 등이 편찬한 책. 『白虎通義』·『白虎通德論』이라고도 함. 봉건사회의 정치제도와 도덕관념을 광범위하게 해석하여 당시 통치 계급의 중요한 법전 구실을 하였다.
278 『太平御覽』 권558, 「禮儀部」 37, '冢墓'2, 409쪽.
279 (漢)應劭 撰, 王利器 校注『風俗通義校注』(北京, 中華書局, 1981) 권9, 「怪神篇」, 401쪽; 『敦煌漢簡釋文』(甘肅人民出版社, 1991) D494, "言律曰畜産相賊殺 參分償和令牛少仲出錢三千及死馬骨肉付循請平"; 應劭는 後漢末期의 政治家로 字는 仲瑗. 『風俗通』·『漢官儀』 등의 저작이나 『漢書』의 주석을 저술하였다.
280 『說文解字注』(上海古籍出版社, 1981), 458쪽.

【원문】 捕虎購錢三, 其狗半之.(集韻四十五引漢律)

【역문】 범을 잡으면 3천전의 포상금을 주고, 표범은 그것의 반을 준다[281]
(『집운』권45에 한율을 인용)

【세주 원문】 按爾雅郭注、律捕虎一, 購錢三千, 其狗半之, 蓋晉律文也. 集韻引作漢律, 蓋晉與漢同.(三下當有千字)

【세주 역문】 『이아(爾雅)』곽박(郭璞)의 주를 살펴보면, "율에 범 한 마리를 잡으면 3천전의 포상금을 주고 狗는 반을 준다."고 하였으니 이는 진나라 율문이다. 『집운』에는 한율을 인용하였으니 진나라와 한나라가 같다.('3' 아래(다음)에 마땅히 '천(千)' 자가 있어야 한다)

【원문】 諸囚徒私解脫桎梏鉗赭加罪一等爲人解脫與同罪(酷吏義縱傳注服虔引律)

【역문】 무릇 죄수들이 몰래 형구와 붉은 옷을 풀어버리면 죄 1등을 더하고, 타인이 풀어주면 같은 죄를 준다.[282](『한서』「혹리의종전」의 주에서 복건이 율을 인용)

【세주 원문】 按唐律、斷獄囚自脫去及迴易所著者亦如之. 疏義謂擅自脫去枷鏁杻也, 諸以金刀及他物可以自殺及解脫而與囚者, 杖一百.

【세주 역문】 『당률』에 단옥에 "죄수가 스스로 형구(刑具)를 벗어버렸거나 또는 착용할 형구를 바꾼 경우 또한 이와 같다."『당률소의』에 '마음대로 칼, 쇠사슬, 쇠고랑을 벗어버리는 것이다.'라 하였다.[283] "무릇 죄수가 자살하거나 형구를 풀어버릴 수 있

---

281 『爾牙』郭注에도 같은 내용이 나온다(『說文解字注』, 458쪽).

282 『漢書』권90,「酷吏傳」(義縱傳), 3654쪽. "縱壹切捕鞫, 曰: '爲死罪解脫.'(孟康曰: '壹切皆捕之也, 律, 諸囚徒私解脫桎梏鉗赭, 加罪一等; 爲人解脫, 與同罪."

283 『唐律疏義』, 第469條; 斷獄 1, '囚應禁不禁', 545쪽, "卽囚自脫去及迴易所著者, 罪亦如之. 若不應禁而禁及不應枷、鏁、杻而枷、鏁、杻者, 杖六十(疏議曰, 卽囚自擅脫去枷、鏁、杻者, 徒罪答四十, 流罪以上遞加一等. 卽囚自迴易所著者, 各減一等. 故云亦如之. 若不應禁而禁及不應枷、鏁、杻而枷、鏁、杻, 竝謂據令不合者, 各杖六十.)"

는 칼 등과 그 밖의 물건을 죄수에게 준 자는 장형 100대에 처한다."[284]

【원문】 與罪人交關三日已上, 皆應知情.(孔融傳引漢律)

【역문】 죄인과 함께 3일 이상 내통하면 모두 '지정(知情)'[285]에 해당한다.[286] (『후한서』「공융전」에서 한율을 인용)

【원문】 事博士焦永爲河東太守, 後以事被考, 諸弟子皆以通關被繫. 注、 交通關涉也.(樂恢傳)

【역문】 악회(樂恢)가 박사(博士) 초영(焦永)을 섬겼는데 초영이 하동 태수(河 東太守)가 되었다. 후에 초영은 문제가 있어서 심문을 받게 되었는데, 여 러 제자들은 모두 왕래하여 체포되었다. 주에 '교통하여 간섭하는 것이 다.'라 하였다.[287](『후한서』「악회전」)

【원문】 (陳咸)知雲亡命罪人, 而與交通, 上於是下咸雲獄, 減死爲城旦.(朱 雲傳)

【역문】 [승상이 황제에게 아래와 같이 상주하였다.] "진함(陳咸)[288]은 주운(朱雲)[289] 이 도망한 죄인임을 알면서도 그와 내통하였다." 황제가 이에 진함과 주 운을 감옥에 가두고 사형에서 감하여 성단(城旦)에 처했다.[290](『한서』「주 운전」)

---

284 『唐律疏義』, 第470條; 斷獄 2, '與囚金刃解脱', 546쪽, "諸以金刃及他物, 可以自殺及解脱, 而與囚者, 杖一百."

285 知情: 情狀을 알고도 고의로 저지른 죄.

286 『後漢書』 권70, 「孔融列傳」, 2265쪽, "漢律與罪人交關三日已上, 皆應知情."

287 『後漢書』 권43, 「樂恢列傳」, 1477쪽, "恢長好經學, 事博士焦永, 永爲河東太守, … 後永以事被考, 諸弟子皆以通關被繫,(爲交通關涉也) 恢獨(瞰)[瞰]然不汚於法, 遂篤志爲名儒."

288 陳咸의 字는 子康. 沛郡 相人인 御史大夫 陳萬年의 아들.

289 朱雲의 字는 游. 젊은 시절 협객들과 사귀어 친구를 도와 원수에게 보복한 일이 있었다. 주운은 협 기를 지닌 인물로 장성해서 관리가 되어서도 협기와 기개를 숭상하였다.

290 『漢書』 권67, 「楊胡朱梅云傳」(朱雲傳), 2914쪽, "雲亡入長安, … 後知雲亡命罪人, 而與交通, 雲以 故不得. 上於是下咸、雲獄, 減死爲城旦."

【원문】 坐詔獄吏與囚交通抵罪.(陳寵傳)

【역문】 [진총(陳寵)이] 조옥(詔獄)[291]의 관리와 죄수가 내통한 죄를 받아 처벌을 받게 되었다.[292](『후한서』「진총전」)

【원문】 後(劉)勳以不軌誅, 交關者皆獲罪.(魏志司馬芝傳)

【역문】 후에 유훈(劉勳)[293]이 불법행위[294]를 하여 처형되었고, 그와 내통한 자들은 모두 처벌을 받았다.[295](『위지』「사마지전」)

【원문】 死罪及除名罪證明白, 考掠已至, 而抵隱不服者, 處當列上.(陳書沈洙傳引漢律)

【역문】 사형죄와 제명죄의 경우 증거가 명백하여 고문·편타하는 자가 이미 이르렀으나 변명하며 신문(訊問)에 복종하지 않고 숨기고 죄를 인정하지 않는 자는 마땅히 열상에 처한다.[296](『진서』「심수전」에서 한율을 인용)

【세주 원문】 按唐律、考囚限滿不首, 在斷獄一.

【세주 역문】 『당률』에 (죄수를 고문함에 한계에 이르렀는데도 자백하지 않음(考囚限滿不首)은 '단옥1'에 있다.[297]

【원문】 掠者唯得榜笞立.(章帝紀 元和3年 詔引律)

---

291 詔獄: 황제의 조령을 받들어 범인을 구금하는 감옥.
292 『後漢書』 권46,「陳寵列傳」, 1554쪽, "永元六年.…未及施行. 會坐詔獄吏與囚交通抵罪."
293 劉勳: 中國後漢末期의 武將이자 政治家. 字는 子台. 靑州琅邪郡人. 劉勳은 曹操와 친교를 맺어 조조에 의해 列侯로 봉해져 軍事에 참가하였다.
294 不軌: 규정을 벗어난 行爲.
295 『三國志』 권12「魏書」 권12, '司馬芝'. 387쪽.
296 『陳書』 권33,「儒林列傳」(沈洙傳), "范泉今牒述漢律, 云「死罪及除名, 罪證明白, 考掠已至, 而抵隱不服者, 處當列上.」"
297 『唐律疏議』, 第478條; 斷獄 10, '拷囚限滿不首', 554쪽, "諸拷囚限滿而不首者, 反拷告人. 其被殺、被盜家人及親屬告者, 不反拷. 被水火損敗者, 亦同. 拷滿不首, 取保竝放. 違者, 以故失論."

【역문】 사람을 고신할 때는 오로지 방(榜)[298]·태(笞)·립(立)[299]을 사용할 수 있다.[300](『후한서』「장제기」 원화3년의(86년) 조서에서 율을 인용)

【원문】 蒼詰篇曰, 掠問也. 廣雅曰, 榜, 擊也. 音彭. 說文曰, 笞, 擊也. 立, 謂立而考訊之.(章帝紀注)

【역문】 『창힐편』[301]에서 말하기를, 약(掠)은 고문이다. 『廣雅』[302]에서 말하기를, 방(榜)은 때리는 것이다. 음은 팽이다. 『설문해자』에서 말하기를, 태(笞)는 때리는 것이다. 립(立)은 세워서 고신하는 것을 이른다.[303](『후한서』「장제기」 주)

【원문】 不服以掠笞定之.(杜周傳)

【역문】 [죄를] 승복하지 않으면, 매질을 해서 죄과를 확정하였다.[304](『한서』「두주전」)

【원문】 盜賊繫囚榜笞臀. 注, 榜笞筵擊之也, 臀脽也, 獲盜賊者則拘繫而 捶擊其脽, 考問其狀也.(急就篇)

【역문】 도적은 감금하여서 볼기를 매질한다. 주석에 방태(榜笞)는 추(筵)[305] 로 때리는 것이다. 볼기는 꽁무니뼈 부위이다. 도적을 잡으면 곧 잡아두 어서 그 엉덩이를 때려서 그 죄상을 문초하는 것이다.[306](『급취편』)

---

298 榜: 搒과 通함. 매질하는 것.
299 立: 세워서 考訊하는 것.
300 『後漢書』 권3, 「肅宗孝章帝紀」, 146쪽, "詔曰: '律云「掠者唯得榜、笞、立」…'"
301 秦代 재상 이사가 小篆으로 기록한 字書 1편.
302 위의 장읍이 편찬한 자전. 『三蒼』과 『說文』 등을 참고하여 증보하였으며, 후에 청의 왕염손이 『廣 雅疏證』을 증보하였음.
303 『後漢書』 권3, 「肅宗孝章帝紀」 注, 146쪽, "蒼頡篇曰:「掠, 問也.」廣雅曰:「榜, 擊也, 音彭.」說文 曰:「笞, 擊也.」立謂立而考訊之."
304 『漢書』 권60, 「杜周傳」, 2660쪽, "不服, 以掠笞定之"; 동일한 내용이 『史記』 권 122, 「酷吏列傳」 (杜周列傳)에도 보인다.
305 筵: 棰의 異體字. 한대에는 대나무로 제작한 笞刑의 刑具. 태형의 제작 도구는 '竹'이었는데, '荊'으 로 바뀌었다.

【원문】 自建武以來, 雖屢有省刑薄罪之詔, 然上下相胥, 以苛酷爲能, 而拷
囚之際, 尤極殘忍. 楚王英坐反誅, 其功曹陸續, 主薄梁宏駟勳掠拷五
毒, 肌肉消爛. 戴就係錢塘縣獄, 燒鉄使就挾於肘腕, 每上彭考, 因止飯
食不肯下, 肉焦毁墮地者, 掇而食之. 又令臥覆船下, 以馬通薰之, 一夜
一日不死. 又復燒地, 以大鍼刺指爪, 中使以杷土, 爪悉墮落(文獻通考)

【역문】 한 건무제 이래로 비록 여러 차례 형벌을 줄이고 죄를 가볍게 처리
하라는 조칙이 여러 번 있었지만, 그러나 서로 상하가 바라만 보며, 가혹
하게 하는 것을 잘하는 것이라 여기고 죄수를 고문할 때에 매우 잔인하
게 하였다. 초왕 영307이 반역죄에 연루되자 공조 육속308과 주부 양굉과
사훈이 오독으로309 고문을 당하여 살이 썩어 문드러졌다.310 대취는 전
당현의 감옥에 가두고, 뜨겁게 달군 화도(鉄刀)311를 팔뚝과 팔꿈치 사이
에 끼우고, 매번 고타(拷打)를 가하고, 그로 인하여 음식을 먹으려 하지
않자 고기를 구워서 땅에 떨어뜨려 놓았고, 그는 그것을 주워서 먹었다.
또한 배 아래 눕게 하고, 마분(馬糞)을 태워서 질식시켰는데, 1박 2일이
지나도 죽지 않자312 또다시 지면을 뜨겁게 달군 후에 큰 바늘로 손톱을
찌르고 손으로 흙을 파도록 하여 손톱이 모두 땅에 떨어졌다.313(『문헌통
고』)

---

306 『急就篇』 권4, 302–303쪽, '盜賊繫囚榜笞臀'의 注, '繫囚, 拘繫之也. 捗笞, 箠擊之也. 臀, 脽也. 獲
盜賊者, 則拘繫而捶擊其脽, 考問其狀也.'"

307 楚王英은 후한 광무제의 여섯 째 아들. 후한 明帝의 이복동생임.

308 陸續의 字는 智初. 후한 광무제 때에는 상서령. 후한 明帝 때에 軍戸曹史를 지냄.

309 五毒: 다섯 종류의 독약. 『周禮』 「天官」, '瘍醫', "凡療瘍, 以五毒攻之." 鄭玄 注: "五毒, 五藥之有毒
者……石膽、丹砂、雄黃、礜石、慈石."

310 『後漢書』 권81, 「獨行列傳」71(陸續傳), 2682쪽, "是時楚王英謀反, (중략) 唯續、宏、勳掠考五毒,
肌肉消爛, 終無異辭."

311 鉄: 刀名.

312 『文獻通考』에는 '一夜一日'로 되어 있지만, 『後漢書』에는 '一夜二日'로 되어 있다.

313 『文獻通考』 권163, 「刑考」2, 中華書局, 1986, 1420쪽.; 『後漢書』 권81, 「獨行列傳」71(戴就傳), 2691
쪽, "戴就字景成, (중략) 收就於錢唐縣獄. 幽囚考掠, 五毒參至. 就慷慨直辭, 色不變容. 又燒鉄斧, 使
就挾於肘腋. 就語獄卒:「可熟燒斧, 勿令冷冷.」 每上彭考, 因此飯食不肯下, 肉焦毁憤地者, 掇而食之.
主者窮竭酷慘, 無復餘方, 乃臥就覆船下, 以馬通薰之. 一夜二日, 皆謂已死. 發船視之, 就方張眼大
罵曰:「何不益火, 而使滅絶!」 又復燒地, 以大鍼刺指爪中, 使以把土, 爪悉憤落."

【원문】 有故乞鞫.(史記夏侯嬰傳注鄧展引律)

【역문】 억울한 이유가 있으면 재심을 청구한다.[314](『사기』「하후영전」주에서 등전이 율을 인용)[315]

【원문】 晉灼云, 獄結竟, 呼囚鞫語罪狀, 囚若稱枉欲乞鞫者, 許之.(史記夏侯嬰傳注)

【역문】 진령(晉令)에 이르기를, 옥사가 종결되었을 때, 죄수를 불러 죄상을 말하는데, 죄수가 만약 억울함을 내세워 재심을 청구하고자 하면 허락한다.[316](『사기』「하후영전」주)

【세주 원문】 按漢制二歲刑以上, 許以家人乞鞫, 魏始除之, 見晉志. 唐律, 諸獄結竟, 徒以上各呼囚及其家屬具告罪名, 仍取囚服辯, 在斷獄二.

【세주 역문】 한나라의 제도에 2년 이상의 형은, 가족이 재심을 청구하는 것을 허용하였는데, 위나라때 처음으로 없앴다. 이 부분이 『진서』「형법지」에 보인다.[317] 당률에 "무릇 獄事가 종결되었을 때, 도형 이상이면 각각 죄수와 그 家屬을 불러 (판결된) 죄명을 갖추어 알리고 이어서 죄수의 승복을 받는다."는 '단옥2'에 있다.[318]

---

314 乞鞫: 판결에 복종하지 않고 再審을 청구하는 것. 秦·漢 시에는 죄인의 가속들이 再審을 청구할 수 있도록 허락하였지만 魏에서는 二年徒刑 이상에 대해서는 乞鞫을 허락하지 않았다. 唐에서는 魏의 제도를 계승하여 徒 以上으로 판결된 죄인에 대하여 "唯止告示罪名, 不須問其服否."라 하여 乞鞫을 허락하지 않았다.

315 『史記』 권 95, 「夏侯嬰傳」 注, 2664쪽, "祖時爲亭長, 重坐傷人, 告故不傷嬰,(集解鄧展曰: 「律有故乞鞫, 高祖自告不傷人」), 嬰證之."

316 『史記』 권 95, 「夏侯嬰傳」 注, 2664쪽, "索隱案: 晉令云「獄結竟, 呼囚鞫語罪狀, 囚若稱枉欲乞鞫者, 許之也."; 『二年律令』에서도 "罪人獄已決, 自以罪不當欲乞鞫者, 許之."라 하여 죄인에 대해 乞鞫을 허용하고 있다. 이 밖에도 『二年律令』에는 죄인의 재판이 종결되었으나, 스스로 형벌이 부당하다고 하여 다시 재심을 원하는 경우 이를 허가하는 것으로 나타나 있다. 더욱 재심요구가 정확하지 않으면 죄 1등을 더하되, 죄인이 또다시 재심을 요구하였을 때도 死罪를 제외하고, 再審要求를 들어주는 것으로 규정되어 있다. 또한 『奏讞書』에는 실제 재심을 진행하여 원심을 수정한 사례도 나타난다. 심지어 死罪의 경우에도 그 父·母·兄·姊·弟·夫·妻·子가 재심을 청구하려고 한다면 들어주는 것으로 규정되어 있는데, 심지어 10살만 넘으면 재심을 청구할 수 있는 것으로 되어 있다.

317 『晉書』 권30, 「刑法志」, 926쪽, "二歲刑以上, 除以家人乞鞫之制, 省所煩獄."

318 『唐律疏議』, 第490條; 斷獄 22, 568쪽, "諸獄結竟, 徒以上, 各呼囚及其家屬, 具告罪名, 仍取囚服

◉ 囚以饑寒而死曰瘦.(宣帝紀注如淳引律)

[율에는] 죄수가 감옥에서 추위와 굶주림으로 죽는 것을 수(瘦)라고 한다.[319]
(『한서』「선제기」주에서 여순이 율을 인용)

【원문】蘇林曰, 囚徒病律名爲瘦.(宣帝紀注)

【역문】소림(蘇林)이 말하기를 죄수가 병든 것을 율명으로 '수(瘦)'라 한
다.[320](『한서』「선제기」)

【원문】頃數十歲以來, 州郡翫習, 又欲避請讞之煩, 輒託疾病, 多死牢獄,
長吏殺生, 自己死者 多非其罪, 魂神寃結, 無所歸訴, 淫厲疾疫, 自此
而起.(襄楷傳)

【역문】지난 수십 년 이래로 주군의 관리들이 부주의하고, 의옥을 정위(廷
尉)에게 상고하는 번거로움을 피하고자 하여 그때마다 범인이 질병이
있다는 핑계로 뇌옥에서 죽은 자가 많았다. 장리들은 살생의 권한을 가
지고 있고, 죽은 자는 빈번히 자기 죄로 죽은 것이 아니었다. 그 때문에
원혼이 쌓였는데도 어디 가서 하소연할 데도 없고, 각종 질병과 전염병
이 이로부터 시작되었다.[321](『후한서』「양해전」)

【원문】後平忠死獄中, 朗乃自繫, 會赦, 免官.(寒朗傳)

【역문】후에 안평(顏平)·왕충(王忠)이 옥중에서 죽었는데, 한랑(寒朗)[322]이
스스로 자기를 감금하였다. 마침 사면령이 내려 면관되었다.[323](『후한서』

蠭."

319 『漢書』권8, 「宣帝紀」, 253쪽.
320 『漢書』권8, 「宣帝紀」, 252-253쪽, "今繫者或以掠辜若飢寒瘦死獄中"; 蘇林曰:「瘦, 病也. 囚徒病,
律名爲瘦.」; 如淳曰:「律, 囚以飢寒而死曰瘦.」; 師古曰:「瘦, 病, 是也. 此言囚或以掠笞及飢寒及疾
病而死. 如說非矣.」
321 『後漢書』권30, 「襄楷列傳」20(下), 1078쪽, "頃數十歲以來, 州郡翫習, 又欲避請讞之煩, 輒託疾病,
多死牢獄, 長吏殺生自己, 死者多非其罪, 魂神寃結, 無所歸訴, 淫厲疾疫, 自此而起."
322 東漢 永平年 魯國薛地人로 寒朗의 字는 伯奇로 東漢 永平年 魯國薛地人. 경학을 좋아하였고 孝廉
에 추거되었다.

「한랑전」)

【세주 원문】 按唐律, 諸拷囚不得過三度, 以故致死者, 徒二年, 在斷獄一.

【세주 역문】 당률에 "무릇 고문은 세 차례를 넘길 수 없다. 이 때문에 (죄수가) 죽게 되었다면 도형2년에 처한다(諸拷囚不得過三度, 以故致死者, 徒二年)"는 '단옥1'에 있다.[324]

【원문】 十二月立春不以報囚.(章帝紀元和二年詔引律)

【역문】 12월 입춘에는 죄수를 심문하지 않는다.[325](『후한서』「숙종효장제기」 원화 2년의 조서에서 율을 인용)

【원문】 王者生殺, 宜順時氣, 其定律無以十一月十二月報囚.(章帝紀)

【역문】 왕된 자는 생살권이 있는데, 마땅히 계절의 기후변화에 따라야 한다. 법률을 제정함에 11월과 12월에는 죄수를 심문하지 않도록 한다.[326] (『후한서』「숙종효장제기」)

【원문】 蕭何草律, 季秋論囚, 避立春之月.(陳寵傳)

【역문】 소하[327]가 율령을 처음 제정하였을 때는, 늦가을에 죄수를 논죄하는 데, 입춘이 들어간 달은 피하였다.[328](『후한서』「진총전」)

---

323 『後漢書』 권41, 「寒朗列傳」, 1417~1418쪽, "後平、忠死獄中, 朗乃自繫, 會赦, 免官."

324 『唐律疏議』 第477條, 斷獄 9, '諸拷囚不得過三度', 552쪽.

325 『後漢書』 권3, 「肅宗孝章帝紀」3, 152쪽, "律十二月立春, 不以報囚".

326 『後漢書』 권3, 「肅宗孝章帝紀」3, 153쪽, "以爲王者生殺, 宜順時氣, 其定律, 無以十一月、十二月報囚"; 후한시기 동안, 또 그 이후에도 형벌과 계절의 문제는 종종 논의의 대상이 된다. 즉 입춘을 지나면 원칙적으로 사형의 집행은 이루어지지 않고, 시대가 흐르면서 가벼운 죄는 계절의 관련을 받지 않게 된다. 그리고 당대가 되어, 獄官令에 '사형에 관한 법 절차와 형 집행은 입춘부터 추분까지는 정지하라'고 규정되어 있다. 또 이것을 위반하면 징역 1년형에 처한다고 斷獄律에 적혀 있다.

327 蕭何: 한나라 고조 유방의 공신. 강소성 출신으로서 군량 보급에 큰 공을 세우고, 진나라의 번거로운 법을 폐지하고 九章律을 제정했다. 장량, 한신과 더불어 한나라의 창업을 이끌었다.

【원문】 恭議言, 十一月十二月陽氣潛藏, 未得用事, 大辟之科, 盡冬月乃斷, 其立春在十二月中者, 勿以報囚如故事, 後卒施行.(魯恭傳)

【역문】 노공이 의논하여 말하기를, "[몰래 숨은 용은 일을 주관할 수 없다.] 이것은 11월과 12월은 양기가 몰래 숨어서 일을 주관할 수 없다는 뜻입니다. 사형에 해당되는 죄과는 모두 겨울에 멈추는데, [특히] 입춘이 12월 중에 들어가 있는 경우에는, 전례와 마찬가지로 죄를 논하여 결정하지 마십시오."라고 하였다. 후에 마침내 시행되었다.[329](『후한서』「노공전」)

【세주 원문】 按唐律, 立春不決死刑, 在斷獄二.

【세주 역문】 당률에 "立春에 사형을 집행하지 않는다(立春不決死刑)"은 '단옥2'에 있다.[330]

【원문】 罪人妻子沒爲奴婢黥面(魏志毛玠傳鐘繇引漢律 又唐會要三十九引漢律 妻子沒爲奴婢)

【역문】 죄인의 처자는 몰수하여[331] 노비로 삼고 얼굴에 묵형을 가한다.(『위지』「모개전」[332]에서 종요[333]가 한율을 인용. 또한 『당회요』39에서 한율 "처자를 몰수하여 노비로 삼다."를 인용)[334]

---

328 『後漢書』권46, 「陳寵列傳」36, 1551쪽, "蕭何草律, 季秋論囚, 俱避立春之月".
329 『後漢書』권25, 「魯恭列傳」, 881–882쪽, "言十一月、十二月陽氣潛藏, 未得用事. (중략) 大辟之科, 盡冬月乃斷, 其立春在十二月中者, 勿以報囚如故事, 後卒施行."
330 『唐律疏議』, 第496條; 斷獄 28, '立春後秋分前不決死刑', 571쪽.
331 죄인의 처자에 대한 몰수제도는 秦漢律에 보인다(『二年律令』, 174–175簡, "罪人完城旦舂、鬼薪以上, 及坐奸府(腐)者, 皆收其妻、子、財、田宅. 其子有妻、夫, 若爲戶、有爵, 及年十七以上, 若爲人妻而棄、寡者, 皆勿收. 坐奸略妻及傷其妻以收, 毋收其妻."). 이에 의하면, "죄인으로 完城旦舂、鬼薪 이상인 자, 그리고 간통하여 궁형에 처해진 자는 모두 그 妻·자식·재물·전택을 몰수한다"라고 되어 있다.
332 毛玠는 삼국 시대 魏나라의 名臣으로 지극히 청렴하여 淸公이라고 불리었다.
333 鐘繇는 자는 元常이며 후한 말기에 효렴으로 천거되어 尙書郞·黃門侍郞 등을 역임했다. 서예에 매우 조예가 깊어 여러 서체에 모두 정통했으며 眞書가 매우 뛰어났다고 전해진다.
334 (宋)王溥 撰, 『唐會要』(北京, 中華書局, 1955) 권39, 715쪽, "漢律云, 妻子沒爲奴婢."; 唐會要: 송나라 王溥가 찬한 책으로 모두 100권으로 이루어져 있으며, 당나라의 정치적 要綱에 대해 서술하고 있다.

● 坐父兄沒入爲奴.(呂氏春秋開春論注高誘引律)

　[율에는] 父兄의 [죄에] 연좌된 [처자는] 몰입되어 官의 奴가 된다.[335](『여씨춘추』 「개춘론」의 주에서 고유(高誘)가 율을 인용)[336]

【원문】 古者從坐男女, 沒入縣官爲奴, 其少才知以爲奚, 今之侍史官婢. 疏擧漢法言之.(周禮天官酒人注)

【역문】 옛적에 연좌된 남녀는, 몰입하여 현관의 노비가 되게 하였다. 그 젊고 재능 있는 여자를 노역을 시켰는데. 지금의 '시사관비'이다. 주소(注疏)에서는 한법(漢法)을 들어 말하고 있다.[337](『주례』 「천관」 주인 주)

【원문】 今之奴婢, 古之罪人也.(周禮秋官司厲注)

【역문】 지금의 노비는 옛적의 죄인이다.[338](『주례』 「추관」 '사려'의 주)

【원문】 私鑄作泉布者, 與妻子沒入爲官奴婢.(食貨志)

【역문】 사사로이 화천·화포[339]를 주조한 자는 그 처자와 함께 몰입하여 관

---

335 許維遹撰. 梁運華整理, 『呂氏春秋集釋』(『新編諸子集成』),中華書局. 2009) 권21. 「開春論」. 584쪽. "律坐父兄沒入爲奴"; 坐父兄沒入爲奴: 연좌된 父兄이 몰입되어 官의 奴가 되다.

336 高誘: 후한대의 주석가이자 학자임. 『淮南鴻烈解』와 『呂氏春秋訓解』 등을 저술함.; 『呂氏春秋』: 중국 秦代의 史論書로 『여람』이라고도 한다. 진의 여불위가 빈객 삼천 명을 모아서 편찬하였다. 도가에서부터 유가, 병가, 농가, 형명가 등의 說을 볼 수 있으며 춘추전국 시대의 시사에 관하여 수록되어 있다.

337 『周禮正義』 권1. 「天官冡宰」 序官의 '酒人注'. 34쪽. "古者從坐男女, 沒入縣官爲奴, 其少才知, 以爲奚, 今之侍史官婢."

338 『周禮正義』 권69. 「秋官司寇」 '司厲注'. 2864쪽; 『周禮正義』 권1. 「天官冡宰」 序官의 '司厲注'. 34쪽. "其奴, 男子入于罪隸, 女子入于春槀"; 『說文解字注』(上海古籍出版社. 1981), '女部'. 616쪽. "奴婢, 皆古之罪人也"; 秦代의 隸臣妾, 城旦舂, 鬼薪白粲 등의 무기형도는 곧 官奴婢였고, 秦代의 官奴婢인 隸臣妾. 城旦舂. 鬼薪白粲은 市正價에 따라 市場에 판매되고 있었다. 즉 『周禮』나 『說文解字』의 지적대로 "奴婢皆古之罪人也"였다. 즉 秦代의 奴婢의 합법적인 來源은 모두 죄인에게서 비롯된 것이라 할 수 있다.

339 貨泉: 前漢의 오수전과 형태가 동일하다. 王莽시기에는 '錢'을 '泉'으로 불렀다. 貨布: '布幣'를 말한다. 고대 삽모양의 농기구에서 이름을 취한 것인데, 지금 출토되고 있는 왕망의 전폐는 화폐가 가장 많다. 한나라에서 정부 최초로 발행한 화폐는 呂后 2년(기원전 186년)이었는데, 이때 주조된 화폐는 중량이 8銖였고, 그 표면에는 마찬가지로 半兩이라고 표기되어 있어서, 이를 '八銖半兩錢'이

노비로 삼았다.340(『한서』「식화지」)

【원문】 男入罪曰奴, 女入罪曰婢.(初學記十九引說文)

【역문】 남자가 죄를 지어 관에 몰입된 것을 '노(奴)'라 하고 여자가 죄를 지어 관에 몰입된 것을 '비(婢)'라고 한다.341(『초학기』권19에서 『설문해자』를 인용)

【원문】 古制本無奴婢, 卽犯事者或原之, 臧者, 被臧罪沒入爲官奴婢, 獲者, 逃亡獲得爲奴婢也.(初學記十九引風俗通)

【역문】 옛 제도에는 본래 노비가 없었다. 죄를 지은 자의 그 근원을 찾아보면, 장자는 장죄를 지어서 몰입되어 관노비가 되는 것이고, 체포된 자는 도망가다 잡혀서 노비가 된 것을 말한다.342(『초학기』권19에서 『풍속통』을 인용)

【세주 원문】 按韓非子定法篇, 公孫鞅之治秦也, 設告相坐而責其實, 故秦法一人有罪, 並坐其家室. 論衡秦有收帑之法. 然公羊傳僖十九年何休注, 梁君隆刑峻法, 一家犯罪, 四家坐之, 是連坐之法, 春秋時已有之, 不始於秦. 文帝元年, 始盡除收帑相坐律令, 後書梁統傳亦言文帝除肉刑相坐之法.343 然考安帝紀永初四年, 詔建初以來諸訞言他過坐徒邊者, 各歸本郡, 其沒入官爲奴婢者, 免爲庶人, 是此法至安帝時猶行. 意者但除黥面, 而沒爲奴婢之制, 則終漢世未嘗廢也.

【세주 역문】 『한비자』정법편에 "공손앙이 진나라를 다스릴 때 서로 감시하여 죄를 고발하고 연좌하는 법을 제정하여 그 죄를 함께 물었다. 고로 진법에서는 한 사람이 죄가 있으면 그 가실이 모두 연좌되었다.344 『논형』에는 진에 처자식을 몰수하는 법

라고 하였다.

340 『漢書』권24下,「食貨志」, 1184쪽.
341 『初學記』권19,「奴婢」6, 463쪽.
342 『初學記』권19,「奴婢」6, 463쪽.
343 『後漢書』권34,「梁統列傳」24, "文帝寬惠柔克, 遭世康平, 唯除省肉刑、相坐之法".

이 있다고 하였다. 그러나 『공양전』의 희공 19년에 하휴가 주석을 달기를, 양군은 형을 무겁게 하고, 법을 준엄하게 해서, 1家가 죄를 지으면, 4가가 연좌하게 하였다.[345]라고 하였다. 이것이 연좌의 법이다. 춘추시기 이미 그런 법이 있었다. 진에서부터 시작된 것은 아니다. 문제 원년에 비로소, 처자식을 모두 연좌하여 몰수하는 율령을 모두 없앴으나, 『후한서』 양통전에 또한 이르기를 문제가 육형과 연좌의 법을 없앴다고 하였다. 그러나 『후한서』 안제기 영초 4년에 조서를 내려 "건초 이래로 각종 요언(妖言)과 기타 잘못으로 연좌되어 변방에 옮겨 오게 된 자는 각각 원래의 군현으로 돌아가고 몰입되어 관노비가 된 자는 면하여 서인이 되게 하라"[346]고 한 것을 생각해 보면, 이 법이 안제 때까지 여전히 행해졌던 것이다. 뜻은 단지 얼굴에 묵형을 가하는 것을 없앴다는 것이고, 몰수하여 노비가 되게 하는 제도는 한대 내내 일찍이 폐지한 적이 없다는 것을 의미한다.

● **齊人與妻婢姦曰姘(說文女部引漢律)**
제민(齊民)이 남의 처나 비와 간통하는 것을 '평(姘)'이라고 하였다.[347](『설문해자』 여부에서 한율을 인용)

【원문】 嗣博成侯張建, 建始四年坐尙陽邑公主與婢姦主旁, 數醉罵主, 免
(功臣表)

【역문】 박성후 장건(張建)이, 건시 4년(기원전 29년), 양읍공주에게 장가들었는데, 공주 곁에서 비와 간통하고 자주 술에 취해 공주에게 악담을 하였으므로 면관되었다.[348](『한서』 「경무소선원성공신표」)

---

344 (淸)王先愼撰, 鍾哲點校, 『韓非子』(中華書局, 1998) 권17, 「定法」43, 398쪽, "公孫鞅之治秦也, 設告相坐而責其實, 連什伍而同其罪, 賞厚而信, 刑重而必."; 『韓非子』「定法篇」: 55편 20책으로 중국 전국시대 말기 韓의 韓非와 그 일파가 법치주의를 주창한 논저임. 정법편은 유가의 덕치론과 법가의 愼子, 申子, 商子의 설 등을 비판하고 수정하여 엮은 편.

345 『春秋公羊傳注疏』僖公19年條, 河休注, 241쪽, "梁君隆刑峻法, 一家犯罪, 四家坐之, 一國之中無不被刑.(중략)"

346 『後漢書』권5, 「安帝紀」, 215쪽, "詔自建初以來, 諸祅言它過坐徙邊者, 各歸本郡; 其沒入官爲奴婢者, 免爲庶人."

347 『說文解字注』, 625쪽, '齊人與妻婢姦曰姘'.

【세주 원문】 按玉篇引此文, 人作民, 予作與. 桂氏馥曰, 齊當爲齋, 謂齋日不近女. 廣韻齋與女交, 罰金四兩曰姸. 段氏曰, 禮士有妾, 庶人不得有妾, 故平等之民與妾婢私合有罰.

【세주 역문】 옥편은 이 글을 인용하여, 인(人)은 민(民)이며, 여(予)는 여(與)라고 하였다. 계복이[349] 말하기를, 제(齊)는 마땅히 재(齋)가 되어야 하니 재계하는 날에 여자를 가까이 하지 않는 것을 말한다. 광운에 재계할 적에 여자와 사귀면 벌금 4냥을 주는 것을 '평'이라 한다. 단씨가 말하였다. 예에 사는 첩을 둘 수 있고 서인은 첩을 둘 수 없다. 그러므로 평범한 백성들이 첩, 여종과 사사로이 정을 통하면 벌을 준다.

⦿ 淫季父之妻曰報.(左傳宣三年杜注引漢律)

막내아버지의 처과 간음하는 것을 '보(報)'라고 한다.[350](『춘추좌전』 선공3년조 杜預의 주에서 한율을 인용)

⦿ 立子姦母, 見乃得殺之.(公羊桓六年傳何注引律)

후자가 모와 간통하면, 보는 즉시 살해할 수 있다.[351](『춘추공양전』 환공 6년조 하휴의 주에서 율을 인용)

⦿ 棄妻畀所齎.(禮記雜記下鄭注引律)

처를 버리면 부인이 처음 시집왔을 때 가져온 재물을 내어준다.[352](『예기』 「잡기」하 '정주'에서 율을 인용)

【세주 원문】 按急就篇妻婦聘嫁齊媵僮, 顔注, 齎者, 將持而遺之也, 言婦人初嫁, 其

---

348 『漢書』 권17, 「景武昭宣元成功臣表」5(博成侯張章), 670쪽.

349 桂馥(1736年–1805年)은 청조의 관원으로 字는 冬卉, 號는 雩門으로 山東 곡부인이다.

350 『春秋左傳正義』 권21, '宣公3年', 604쪽, "漢律, 淫季父之妻曰報"

351 『春秋公羊傳注疏』 권4, 桓公6年條, 河休注, 86쪽, "猶律文立子奸母, 見乃得殺之也."

352 『禮記集解』 권41, 「雜記」하, 1124쪽, '棄妻畀所齎'; 『二年律令』, 384簡, "其棄妻, 及夫死, 妻得復取以爲戶. 棄妻, 畀之其財(만약 '棄妻'하거나 남편이 사망할 경우, 妻는 전택을 다시 취하여 戶主가 될 수 있다. '棄妻'를 할 경우, 妻의 재산을 돌려주어야 한다.)."

父母以僕妾財物將送之也, 所齎蓋, 卽指僕妾財物而言.

【세주 역문】『급취편』, "처가 노비를 데리고 온다"는 것에 안사고가 주하기를, "재라는 것은 가지고 와서 남기는 것이다. 부인이 처음 시집왔을 때 그 부모가 노비를 그리고 재물을 보내는 것이다"[353]라고 하였다. 재개 하는 것은 곧 노비·재물을 말하는 것이다.

◉ 婦告威姑.(說文女部引漢律)

며느리가 시어머니를 고소한다.[354](『설문해자』 '여부'에서 한율을 인용)

【세주 원문】 按廣雅姑謂之威, 桂氏曰, 威姑, 君姑也. 唐律告期親尊長, 在鬪訟四.

【세주 역문】『광아』에 '고(姑)'는 위(威)라고도 한다. 계씨가 말하기를, 위고(威姑)는 군고(君姑)이다.[355] 당률에 기친존장을 고소하는 것에 대해서는 투송4에 있다.[356]

【원문】 三人以上, 無故羣飮, 罰金四兩.(文帝紀注, 文穎引律, 史記注同)

【역문】 삼인 이상이 무리지어 까닭 없이 술을 마시면 '벌금 4냥'이다.[357](『한서』「문제기」의 주에서 문영이 율을 인용, 『사기』의 주도 같다.)

---

353 『急就篇』권3, '妻婦聘嫁齊滕僮', 182–183쪽.; 『睡虎地秦墓竹簡』, 「法律答問」, "夫有罪, 妻先告, 不收. 妻媵臣妾·衣器當收不當? 不當收.", 媵僮이나 僕妾은 『睡虎地秦墓竹簡』에서 각각 시집올 때 '데리고 온 僮', '노비'를 의미한다.

354 『說文解字注』女部 '姑'字에서 『漢律』을 인용, 615쪽; 威姑: 남편의 어머니.

355 [淸]王念孫, 『廣雅疏證』(北京: 中華書局, 1983), 「釋親」, "姑謂之威." 王念孫疏證: "威姑, 卽『爾雅』所謂君姑也."

356 『唐律疏議』第346條, 鬪訟45, '告期親尊長', 435쪽.

357 『漢書』권4 「文帝紀」4, "文穎曰: 「漢律, 三人以上無故群飮酒, 罰金四兩」", 110쪽.

◉ 復作.(宣帝紀注孟康引律)

복작.358(『한서』「선제기」 주에서 맹강이 율을 인용)

【원문】 (孟)康曰, 復謂弛刑徒也, 有赦令詔書去其鉗釱赭衣, 更犯事, 不從徒加, 與民爲例, 故當復爲官作, 滿其本罪年月日, 律名爲復作也.(宣帝紀注)

【역문】 맹강이 말하길, 복이란 것은 '이형도(弛刑徒)'를 이른다. 조서로 죄를 면제하는 명령이 있어 겸체(鉗釱)359와 붉은 옷의 죄수복의 착용을 면제하였다. 다시 죄를 지으면, 형도신분으로 가죄(加罪)하지 않고 서민신분으로 형벌을 가하기 때문이다. [재범시에 형도신분으로 가죄하지 않고 민(民)로부터 시작하며] 재차 관부에서 노역하여 그 본죄에 해당하는 기간을 채우기 때문에 율명을 복작(復作)으로 한 것이다.360(『한서』「선제기」 주)

【원문】 迺募罪人及免徒須作, 令居之. 注, 臣瓚曰, 幕有罪者及罪人遇赦復作竟其日月者.(鼂錯傳)

【역문】 이에 죄인 및 도형처벌을 면한 복도(復徒)361를 모집하여 노역으로 [그 형벌을] 대신하게 한다.362 주석에 신찬이 말하기를, 유죄자 및 죄인으로 사면을 받아 복작(復作)으로서 그 일월(日月)을 복역하는 자를 모집하였다.363(『한서』「조조전」)

---

358 『漢書』 권8 「宣帝紀」, 236쪽, "孟康曰: '…律名爲復作也.'"; 復作: 復作에 대해서는, ① 女子 刑徒說, ② 民 가운데 유죄자를 자수시키거나, 죄를 除해주고 輸作하는 것. ③ 유죄자, 그리고 罪人이 사면을 받고 復作으로서 형기를 복역하는 자를 모집하여 변경에 거주하면 그 벌을 제해준다. ④ 가벼운 범죄자에게 1년~3개월의 輕刑으로서 고정된 형기를 내리는 것. ⑤ 刑徒가 사면을 받으면 復作이 되어 규정기간 내 노역을 함으로써 자신의 죄를 贖하게 한다. 즉 조건부적인 사면. ⑥ 庶人신분으로의 사면을 명한 상태에서 복역하는 것 등 여러 설이 있다.

359 鉗: 죄인의 목을 속박하는 형구; 釱: 兩足을 속박하는 刑具.

360 『漢書』 권8 「宣帝紀」, 236쪽.

361 '免徒復作'은 徒와 復作을 별개로 보지 않을 경우를 포함하여 다양한 해석이 가능하다.

362 『睡虎地秦墓竹簡』, 「司空」, "凡不能自衣者, 公衣之, 令居其衣如律然. 其日未備而被入錢者, 許之, 以日當刑而不能自衣食者, 亦衣食而令居之."의 '令居之'에 의하면, '令居之'는 노역으로 대신하게 하는 것을 의미한다.

【원문】 河南卒戍中都官者二三千人, 遮大將軍, 自言願復留作一年, 以贖
太守罪(魏尙傳)

【역문】 중도관(中都官)[364]을 위수하던 하남군의 병졸 2-3천인이 대장군 [곽광
(霍光)][365]의 행렬을 가로막고, 스스로 1년 더 머물며 노역을 할 터이니
그 대신 하남태수(위상)[366]의 죄를 속면(贖免)해달라고 청하였다.[367](『한서』
「위상전」)

【원문】 徒復作, 得輸粟於縣官以贖罪.(食貨志)

【역문】 도와 복작에 처한 자가 곡식을 현관에 바치면 죄를 속할 수 있었
다.(『한서』 권24(상), 「식화지」)[368]

【세주 원문】 按此復作, 不限於女徒, 係指弛刑徒言之. 神爵元年, 中都官徒弛刑. 注,
李奇曰, 弛, 廢也, 謂若令徒解鉗釱赭衣置任輸作也. 趙充國傳時上已發三輔太常徒
弛刑. 注, 師古曰, 弛刑, 謂不加鉗釱者也, 弛之言解也, 與女徒一歲刑之復作, 當別
爲一事.

【세주 역문】 이 복작은, 여자 죄수에게만 한정된 것은 아니고 죄수에게 형벌을 느슨
하게[369] 한다는 것을 가리키는 것과 관련되어 말하고 있다. [『한서』 「선제기」] 신작

---

363 『漢書』 권49 「晁錯傳」, 2286쪽, "乃募罪人及免徒復作令居之."(臣瓚曰:「募有罪者及罪人遇赦復作
竟其日月者, 今皆除其罰, 令居之也.」)

364 中都官: 수도의 관아를 총칭하는 말.

365 霍光(?-기원전 68년)은 흉노와의 전쟁에서 커다란 공을 세웠던 곽거병의 배다른 동생. 무제의 신
임을 얻었음. 무제 사후, 소제가 즉위한 뒤에 자신의 외손녀를 황후로 삼아서 권력을 누렸고, 위태
자 사건을 진압함으로써 모든 실권을 장악하였다. 선제가 즉위한 이후까지 오랫동안 곽광은 절대
권력을 누렸다.

366 魏尙(?-기원전 59년)의 자는 弱翁. 주역을 공부하여 졸사가 되었다가 賢良으로 추거되었다. 그 후
茂陵의 현령, 하남태수, 楊州刺史, 諫大夫, 대사농, 어사대부, 승상을 역임하였다. 魏尙은 주로 사
회와 국정을 안정시키는 시책을 써서 흉노와의 전쟁 시도를 중단시켰다. 반고는 위상이 선제의 중
흥을 보필한 재상으로서 위대한 업적을 쌓았다고 평가하였다.

367 『漢書』 권74, 「魏相傳」, 3134쪽, "河南卒戍中都官者二三千人, 遮大將軍, 自言願復留作一年以贖太
守罪."

368 『漢書』 권24(상), 1135쪽, 「食貨志」상, "及徒復作, 得輸粟於縣官以除罪".

369 弛刑: 弛刑은 단지 형구를 제거하는 弛에 불과하며 赦는 아니므로 형구 · 죄수복을 제거하고 감시

원년에 나오는 '중도관도이형(中都官徒弛刑)'의 주석에 이기가 말하기를, 이(弛)는 없애는 것이다. 형도들에게 겸체(鉗釱)와 붉은 옷의 죄수복의 착용을 면제하고 수작 (輸作)[370]을 맡기는 것과 같음을 이른다.[371] [『한서』「조충국전」]의 "그때 황제는 벌써 삼보(三輔)와 태상(太常)의 도이형(徒弛刑)(時上已發三輔太常徒弛刑)"의 주석에 안사고가 이르기를, 이형이라는 것은 목과 양발에 족쇄를 채우지 않는 것을 이른다고 하였다.[372] '여도일세형지복작(여형도 1년형의 복작)'과는 응당 별개이다.

● **耐爲司寇, 爲鬼薪白粲.(淮南王安傳注如淳引律)**

내(耐)하여 사구(司寇)로 삼고, 내(耐)하여 귀신백찬(鬼薪白粲)으로 한다.[373] (『사기』「회남왕안열전」의 주에서 여순이 율을 인용)

● **一人有數罪, 以重者論之.(公羊莊十年傳何注引律. 昭六年杞伯益姑卒, 疏引律同.)**

한 사람이 여러 죄를 지었다면, 이 중에서 중죄로써 논한다.[374](『춘추공양전』 「장공10년」조에 하휴의 주에서 율을 인용, 『춘추공양전』「소공6년」의 소에서 인용한 율과 같다.)

【세주 원문】 按御覽六百三十五, 引尙書大傳子張曰, 一夫而被此五刑, 鄭玄注, 被此 五刑, 喩犯數罪, 猶以上一罪刑之, 是周制已如是也. 唐律, 二罪從重, 在名例六.

【세주 역문】 『태평어람』 권635, 「형법부」에서 『상서대전』에서 자장이 말한 것을 인용하기를, "한 사람이 이 오형을 받게 된다"고 하였다.[375] 정현이 주를 달기를, "이 오

감독이 느슨하지만 刑期를 모두 채워야 풀려난다.

[370] 輸作: 刑罰名으로 勞動刑에 처하는 것.

[371] 『漢書』 권8, 「宣帝紀」4, 260쪽, "神爵元年(李奇曰:「弛, 廢也. 謂若今徒解鉗釱赭衣, 置任輸作也.」 師古曰:「中都官, 京師諸官府也.」)"

[372] 『漢書』 권69, 「趙充國辛慶忌傳」39, 2977쪽. "師古曰:<u>弛刑謂不加鉗釱者也</u>, 弛之言解也.」"

[373] 『史記』 권118, 「淮南衡山列傳」58, 3092쪽, "如淳曰:「律耐爲司寇, 耐爲鬼薪、白粲」, 耐猶任也.」"

[374] 『春秋公羊傳注疏』 권7, '莊公10年條', 河休注, 142쪽; 『春秋公羊傳注疏』 권22, 昭公6年條, 484-485쪽.

[375] 『太平御覽』 권635, 「刑法部」1, 2쪽.

형을 받게 된다는 것은 수차례 죄를 지은 것을 비유한 것이다"[376]고 하였다. 이상은 하나의 죄로 형을 가한다는 것과 같다. 주나라 제도는 이미 이와 같았다. 당률에 두 가지 죄가 있으면, 중죄에 따른다고 되어 있는데. 명례6에 있다.[377]

◉ 親親得相首匿.(公羊閔元年傳何注引律)
친친간에는 서로 수닉(首匿)할 수 있다[378](『춘추공양전』 '민공원년' 하휴의 주에서 율을 인용)

【원문】 自首匿相坐之法立, 骨肉之恩廢而刑罪多, 聞父母之於子, 雖有罪猶匿之, 豈不欲服罪爾, 子爲父隱, 父爲子隱, 未聞父子之相坐也.(鹽鐵論)

【역문】 [친친간에는] 서로 수닉(首匿)할 수 있었는데, [진나라에서] 연좌의 법이 만들어지자 골육의 은혜가 없어지고 형벌과 죄명이 더욱 많아졌다. 부모의 자식에게 있어서 비록 죄가 있어도 오히려 그것을 숨기고 그 죄를 인정하려 하지 않았을 뿐이었다. 자식이 아버지를 위해서 아버지의 잘못을 숨기고, 아버지는 자식을 위해서 자식의 잘못을 숨긴다고 들었지만, 아버지와 자식 간에 서로 연좌한다는 것은 듣지 못했다.[379](『염철론』)

【원문】 地節四年, 詔曰, 自今子首匿父母, 妻匿夫, 孫匿大父母, 皆勿坐. 其父母匿子, 夫匿妻, 大父母匿孫, 殊死, 皆上請廷尉以聞.(宣帝紀)

---

376 위와 같음.
377 『唐律疏議』제45조. 권6. 名例 45. '二罪從重'. 123쪽.
378 『春秋公羊傳注疏』권9 '閔公元年條', 190쪽. "親親之道也(猶律親親得相首匿)"; "親親得相首匿"은 漢代 형벌적용의 원칙의 하나로 직계 3대 혈족과 부부 사이에는 모반대역죄를 제외하고 죄가 있어도 서로 숨겨주고 관부에 고발하지 않아도 그 형사책임을 추궁하지 않는다는 것이다. 유가와 법가 사이에 가장 큰 차이로 지적되는 것이 유가사상은 親親은 상호 은닉해야 하지만, 법가사상은 부자, 부부 사이에도 상호 고발해야 하는 連坐法이 적용되었다는 것이다. 『睡虎地秦簡』이나 『二年律令』의 규정을 보았을 때 종전의 이러한 학설은 부분적으로 수정이 불가피할 것 같다.
379 王利器. 『鹽鐵論校注』(北京, 中華書局, 2010) 「周秦」제57. 278쪽. "自首匿相坐之法立, 骨肉之恩廢, 而刑罪多矣. 父母之於子, 雖有罪猶匿之. 其不欲服罪爾. 聞子爲父隱, 父爲子隱, 未聞父子之相坐也."

【역문】 지절 4년(기원전 66년)에 조서하여 이르기를, "지금부터 자식이 부모의 죄를 숨기고, 처가 지아비의 죄를 숨기는 것, 손자가 조부모의 죄를 숨기는 것은 모두 죄를 논하지 않는다. 부모가 아들의 죄를 숨기고, 지아비가 처의 죄를 숨기고, 조부모가 손자의 죄를 숨기는 것은 모두 참수의 죄에 처하고, 모두 정위에게 올려서 보고하도록 한다."라 하였다.[380] (『한서』「선제기」)

【원문】 元朔五年, 臨女侯灌賢, 坐子傷人首匿, 免(功臣表)

【역문】 원삭 5년(기원전 124년)에 임녀후 관현이, 아들이 사람을 상해한 것을 은닉한 죄로 면관되었다.[381](『한서』「고혜고후문공신표」)

【세주 원문】 按唐律, 同居相爲隱, 在名例六.

【세주 역문】 당률에 "동거자가 서로 숨겨준 경우(同居相爲隱)"에 대해서는 명례6에 있다.[382]

◉ 先自告, 除其罪.(衡山王傳引律)

선자고, 제기죄.[383](『한서』「형산왕류사전」에서 율을 인용)

【원문】 後事發覺, 被詣吏自告與淮南王謀反, 天子欲勿誅.(伍被傳)

【역문】 [후에 모반] 사건이 [조정에서] 발각되었지만, 오피[384]가 관부에 나아가

---

380 『漢書』 권8, 「宣帝紀」4, 251쪽. "夏五月, 詔曰: 「…夫匿妻, 大父母匿孫, 罪殊死, 皆上請廷尉以聞」."

381 『漢書』 권16, 「高惠高后文功臣表」, 549쪽.

382 『唐律疏議』 제46조, 「名例」 46, '同居相爲隱', 130쪽.

383 『漢書』 권44, 「衡山王劉賜傳」14, 2156쪽, "聞律先自告除其罪"; 先自告, 除其罪.: 먼저 스스로 고하는 것에 대해서는, 그 죄를 면제한다. 先自告: 自告를 엄밀하게 표현한 것.

384 伍被: 회남왕 유안이 반역을 꾀하여 회남왕국의 중랑인 오피에게 동조할 것을 요구하였지만, 오피는 유안에게 수차례 간하여 거절하였다. 그러나 유안의 계속되는 요구에 오피는 하는 수 없이 유안을 위해 모반의 계획을 꾸몄는데, 모반 사건이 발각되자, 오피는 자수하여 모반의 과정을 자술하였다. 무제는 오피가 유안에게 여러 번 간하였고 한을 칭송한 점을 들어 그를 용서하려 하였으나, 정위 장탕이 모반의 주모자를 사면하는 것은 불가하다고 극력 주장하였기 때문에 결국 오피는

자수하면서 회남왕 모반의 정황이 이와 같다고 진술하였고, 천자도 주살하지 말기를 원했다.[385](『한서』「오피전」)

【세주 원문】 按唐律, 諸犯罪未發而自首者, 原其罪, 在名例五.

【세주 역문】 당률에 "무릇 범죄에 대해 발각되지 않고 자수하는 것은 그 죄를 용서해준다(諸犯罪未發而自首者, 原其罪)는 '명례 5'에 있다.[386]

◉ 年未滿八歲, 八十以上, 非手殺人他, 皆不坐.(周禮秋官司刺, 注鄭司農引令律令)

나이가 만 8세가 되지 않은 자, 80 이상인 자가, 직접 남을 죽이지 않았을 경우에는, 모두 면제한다.[387](『주례』「추관사구」(사자)에서 정사농이 율을 인용)

【원문】 孝景後三年, 詔曰, 高年老長, 人所尊敬也, 鰥寡不屬逮者, 人所哀憐也, 其著令, 年八十以上, 八歲以下, 及孕者未乳, 師侏儒, 當鞠繫者頌繫之. 至孝宣元康四年, 又下詔曰, 自令以來, 諸年八十, 非誣告殺傷人他, 皆不坐, 至成帝鴻嘉元年, 定令, 年未滿七歲, 賊鬪殺人及犯殊死者, 上請廷尉以聞, 得減死.(刑法志)

【역문】 경제후원(景帝后元) 3년(기원전 141년) 경제는 다시 조령을 내려서 말하였다. "연장자는 마땅히 사람들이 존경해야 한다. 홀아비와 과부는 믿고 의지할 바가 없는 자로 사람들이 가련하게 여기는 대상이다.[388] 마땅히 법령 중에 공포하여 명기하라. 80세 이상의 노인과 8세 이하의 어린아이 및 임신 중인 여자,[389] 두 눈이 먼 음악사(音樂師), 주유(朱儒)[390] 등

처형되었다.

385 『漢書』 권45, 「剻伍江息夫傳」(伍被)15. 2174쪽. "後事發覺, 被詣吏自告與淮南王謀反蹤跡如此. 天子以伍被雅辭多引漢美, 欲勿誅."

386 『唐律疏議』 권5, 「名例」 37조, "犯罪未發自首", 101쪽.

387 『周禮正義』 권68, 「秋官司寇」, '司刺'注, 2844쪽.; "鄭司農云, '幼弱老旄, 若今律令年未滿八歲, 八十以上, 非手殺人, 他皆不坐'".

388 鰥寡: 홀아비와 과부. 여기에서는 나이가 들어 곤궁하고 의지할 바가 없는 사람.

으로 심문을 거쳐 구속될 사람은 옥중에서 몸을 구속하는 형구를 채우지 말라."391 선제 원강 4년(기원전 62년)에 이르러 또 조서를 내려서 말하였다. "짐이 생각하기에 연노한 사람은 머리카락이나 치아도 빠지고 혈기가 쇠락하여 흉포·반역의 마음도 없을 것이다. 현재 어떤 노인 가운데는 법률에 저촉되어 제재를 받고 체포되어 뇌옥에 들어가392 그 천수를 다하지 못하는 경우가 있는데, 짐은 이들을 매우 불쌍하게 생각한다. 지금부터 80세 이상인 자는 타인을 무고하거나 살상하는 경우를 제외하고는 모두 면죄한다." 성제 홍가원년(기원전 20년)에 다음과 같은 법령을 정식으로 확정하였다: "7세 미만의 아동으로 고의살인죄·투구살인죄(鬪毆殺人罪) 및 참수형에 해당되는 경우를 제외하고는393 정위에게 상보(上報)하고 정위는 황제에게 상주하여 사형을 감면받을 수 있다."394(『한서』「형법지」)

【원문】 詔民年七十以上若不滿十歲, 有罪當刑者, 皆完之.(惠帝紀)

---

389 孕者未乳: 임신하였으나 분만하지 않은 사람. 곧 임신부.

390 侏儒: 즉 侏儒. 신체가 단소한 사람. 왕후·귀족가의 애완의 대상. 가내노예로 侍奴婢와 같은 역할을 담당하였다.

391 頌: '容'과 通함. 즉 관용. 頌系: 비록 구속하더라도 桎·梏 등의 형구를 채우지 않는 것.

392 耆: 老. 60세 이상을 일컬음. 文法: 法律.

393 賊鬪殺人: 故意殺人과 鬪毆殺人. 殊死: 참수형.
  賊殺, 鬪殺, 過失 및 戲殺, 傷害에 대한 각각의 규정을 살펴보면 다음과 같다.
  賊鬪: "兩訟相趣, 謂之鬪. 兩和相害, 謂之戲. 無變斬擊, 謂之賊."(『晉書』「刑法志」)
  過失: 其知而犯之, 謂之故. 不意誤犯, 謂之過失(『晉書』「刑法志」)
  戲殺: 諸戲殺傷人者, 減鬪殺傷二等(『唐律』鬪松) 兩和相害謂之戲(『晉書』「刑法志」)
  한편, 謀賊殺, 傷人未殺에 대한 처벌규정의 사례로는,
  謀賊殺, 傷人: "某殺人而發覺者流, 從者五歲刑, 已傷及殺而還蘇者死, 從者流, 已殺者斬, 從而加功者死, 不加者流."(『魏書』「刑法志」)
  謀: 二人對議, 謂之謀(『晉書』「刑法志」)
  未殺: 章武侯竇常生, 元狩元年, 坐謀殺人未殺, 免.(『漢書』「恩澤侯傳」)

394 『漢書』 권23.「刑法志」, 1106쪽. "復下詔曰:「高年老長, 人所尊敬也; 鰥寡不屬逮者, 人所哀憐也. 其著令: 年八十以上, 八歲以下, 及孕者未乳, 師·朱儒當鞠繫者, 頌繫之." 至孝宣元康四年, 又下詔曰:「朕念夫耆老之人, 髮齒墮落, 血氣旣衰, 亦無暴逆之心, 今或羅于文法, 執于囹圄, 不得終其年命, 朕甚憐之. 自今以來, 諸年八十非誣告殺傷人, 它皆勿坐.」至成帝鴻嘉元年, 定令:「年未滿七歲, 賊鬪殺人及犯殊死者, 上請廷尉以聞, 得減死.」"

【역문】 조서에 이르기를, 백성 중에서 70세 이상과 만 10세 미만으로 죄가 있어 육형에 처해져야 하는 자는 육형 대신에 '완(完)'395에 처한다.396(『한서』「혜제기」)

【원문】 元始四年, 定著令, 婦女非身犯法, 及男子年八十以上七歲以下, 非坐不道詔所名捕他, 皆無得繫, 其當驗問者, 即驗問.(平帝紀)

【역문】 원시 4년(4년)에 법령을 제정하여, 부녀들 중에서 직접 범행을 저지르지 않은 자와, 80세 이상 7세 이하의 남자에 대해서는 조령에서 지명한 바의 체포자가 아니면, 모두 구속할 수 없다. 마땅히 험문(驗問)해야 할 자는 험문한다.397(『한서』「평제기」)

【원문】 建武三年, 詔男子八十以上十歲以下, 及婦人從坐者, 自非不道詔所名捕, 皆不得繫, 當驗問者即就驗(光武紀)

【역문】 건무 3년(27년)의 조서에서 80세 이상 10세 이하의 남자와 범죄자에 연좌된 부인의 경우에 그들 스스로 '부도(不道)'의 죄를 범하거나, 혹은 조서 중 체포를 지명한 것이 아니라면, 모두 구속할 수 없다. 마땅히 조사해야 할 자가 있으면 즉시 신문한다.398(『후한서』「광무제기」)

【원문】 父禮與安衆侯崇起兵誅莽, 事泄, 隆以年未七歲, 故得免.(劉隆傳)

【역문】 [유융(劉隆)399의] 아버지 유례(劉禮)400가 안중후(安衆侯) 유숭(劉崇)과

---

395 完: 完에 대한 해석은 매우 다양하다. 이 문장에서는 신체에 훼손을 가하는 육형에 대하여 죄인의 몸을 훼손하지 않는다는 의미로 사용되었다.

396 『漢書』 권2 「惠帝紀」, 85쪽, "民年七十以上若不滿十歲有罪當刑者, 皆完之."; 『二年律令』 83簡, "公士 · 公士妻及□□行年七十以上, 若年不盈十七以上, 有罪當刑者, 皆完之(公士나 公士의 妻, 및 □□연령이 70세 이상, 혹은 연령이 17세 미만인 자가 죄를 범해서 肉刑에 해당하면, 모두 完으로 한다)."

397 『漢書』 권12 「平帝紀」, 356쪽, "…婦女非身犯法, 及男子年八十以上七歲以下, 家非坐不道, 詔所名捕, 它皆無得繫, 其當驗問, 卽驗問. 定著令."

398 『後漢書』 권1 「光武帝紀」上, 35쪽, "庚辰, 詔曰: 「…男子八十以上, 十歲以下, 及婦人從坐者, 自非不道, 詔所名捕, 皆不得繫, 當問者卽就驗. 女徒雇山歸家.」"

함께 왕망을 몰아내고자 병사를 일으켰지만 일이 탄로 났다. 유융은 7세가 되지 않아서 화를 면하였다.[401](『후한서』「유융전」)

【원문】 籍受證驗記問年. 顔注, 記問年者, 具爲書記, 抵其本屬, 問年齒也. 幼少老耄, 科罪不同, 故問年也.(急就篇)

【역문】 부적에 증거를 기록하고 나이와 본적을 물어 적는다. 안씨(顔氏)가 주를 달기를, '기문년(記問年)'이라는 것은, 문서에 기록하여서 갖추는 것이다. 그 본적지를 자세히 하고, 나이를 묻는다. 노인과 유아는 죄를 부여하는 것이 성인과 다르기 때문에 나이를 묻는 것이다.[402](『급취편』 '적수중험기문년'의 안주)

【세주 원문】 按唐律, 老小廢疾, 在名例四, 請減老小, 在斷獄一.

【세주 역문】 당률에 "노인·어린아이[403]와 불구자"의 조항은 명례 4에 있고,[404] "청(請)하고 감(減)할 수 있는 자 또는 나이 70세 이상과 15세 이하 [및 폐질(廢疾)인 자는 모두 고문해서는 안 된다]"는 단옥 1에 있다.[405]

---

399 劉隆(?-57년)의 자는 元伯, 後漢의 武將으로 南陽의 安衆侯·劉崇의 宗室로 광무제를 도와 후한을 세우고 나라의 기반을 다지는 데 공적을 쌓음.

400 劉禮(?-기원전 151년)는 漢朝의 宗室로 前漢의 楚王으로 그 父인 楚元王 劉交는 漢高祖 劉邦의 남동생이다. 기원전 154년, 그의 조카 劉戊와 吳王 劉濞 등이 오초칠국의 난을 일으키고 漢景帝에 의해 平定되자 劉戊는 自殺하고 劉禮가 楚王의 位를 계승하였다.

401 『後漢書』 권22 「劉隆列傳」12, 780쪽.

402 『急就篇』 권4, '籍受證驗記問年'의 顔注. 304쪽.

403 나이 70세 이상인 자와 15세 이하인 자.

404 『唐律疏議』 제30조, 「名例」 30, 80쪽.

405 『唐律疏議』 제474조, 「斷獄」 '議請減老小疾不合拷訊', 550쪽.

◉ 罰金二斤(魏志鮑勛傳引律 依律罰金二斤)

벌금 2근[406](『삼국지』「위서」(포훈전)에서 율을 인용. 율에 따라 '벌금 2근'에 처한다.)

【세주 원문】 按此條事在魏明帝定律以前, 時尚承用漢律.

【세주 역문】 이 조항은 위의 명제가 율을 제정하기 전의 일인 것을 감안하면, 당시에는 아직 한율을 따라 사용하였다.[407]

◉ 有罪失官爵稱士伍(史記淮南厲王傳注如淳引律)

[율에는] 죄가 있어서 관직을 잃은 것을 '사오'라 칭한다[408](『사기』「회남형산렬전」(회남려왕전) 여순의 주에서 율을 인용)

【원문】 奪爵爲士伍免之.(景帝紀)

【역문】 그 작을 박탈하고 면관하였다.[409](『한서』「경제기」)

【원문】 皆當免官削爵爲士伍, 毋得宦爲吏.(淮南厲王傳)

---

406 『三國志』 권12, 『魏書』, 「鮑勛傳」, 386쪽, "依律罰金二斤, …".

407 『漢書』 권5, 「景帝紀」, 140쪽, "吏及諸有秩受其官屬所監, 所治, 所行, 所將. 其與飲食計償費. 勿論. 他論. 若買故賤, 費故貴, 皆坐藏爲盜, 沒入藏縣官, 吏遷從免罷, 受其故官屬所將監治送財物, 奪爵爲士伍, 免之, 無爵, 罰金二斤, 令沒入所受, 有能捕告, 畀其所受藏(관리 및 관작으로 봉록을 받는 사람이 자기 부속의 심사대상. 처벌대상. 고찰대상. 임용대상자에게서 뇌물을 받았다면, 예컨대. 그것이 음식물이었고 가격을 계산하여 비용을 갚았으면 논하지 말라. 기타 재물, 예컨대, 고의로 싸게 사서 고가로 팔았다면 모두 죄를 범한 것이니, 절도죄로 처리하여 장물을 국고로 몰수한다. 관리는 천종하고 파면한다. 원래의 부속의 임용대상. 심사대상. 처벌대상이 보낸 재물을 받았으면, 유작자는 탈작하여 사오로 하고 면관한다. 작위가 없는 자는 벌금이근을 부과하고 받은 바의 재물을 몰수한다).

408 『史記』 권118, 「淮南衡山列傳」, 3078쪽, "如淳曰:『律『有罪失官爵稱士五』者也. 開章, 名.」"; 有罪失官爵稱士伍: 죄가 있어서 관직을 잃은 것을 '사오'라 칭한다; 임중혁은 『二年律令』 신분제의 궁극적 지향점이 士伍신분이었음을 강조하였는데, "이것은 크게 1) 高爵은 모두 公乘 이하로 낮추어 최종적으로 士伍로 귀결시키고, 2) 無爵(公卒, 士伍, 庶人)은 계속 士伍의 신분을 유지하게 하고, 3) 마이너스의 爵은 士伍로 승급시켜주는 3가지 원칙으로 구분된다(任仲爀, 「秦漢律의 耐刑 −士伍로의 수렴 시스템과 관련하여−」, 『中國古中世史硏究』 19(2008)).고 하였다.

409 『漢書』 권5 「景帝紀」, 140쪽.

【역문】 마땅히 모두 관직을 면하고 작을 박탈하여 사오로 하고, 관리로 재
　　　임용될 수 없게 한다.[410](『사기』「회남려왕렬전」)

【원문】 爵滅, 完爲城旦. 注, 師古曰, 以其身有爵祿, 故得減罪.(薛宣傳)

【역문】 [薛況과 도모한 사람들이] 모두 작을 낮추고 완성단(完城旦)으로 처벌하
　　　였다. 주석에 안사고가 말하기를, 이는 그 자신이 작록이 있어서, 죄가
　　　감형될 수 있다고 하였다.[411](『한서』「설선전」)

【원문】 悼侯周昌曾孫, 沃侯國士伍, 明詔復家. 師古注, 舊有官爵, 免爲士
　　　伍, 而屬沃侯之國也.(功臣表)

【역문】 분음후 주창의 증손, 옥후국의 사오인 '명(明)'이 조서로 부역을 면제
　　　받았다. 안사고의 주에 따르면, 예전에 관작이 있었는데, 면관되어 사오
　　　가 되었으나 [봉국은 없어지고] 옥후국에 속하게 된 것이다.[412](『한서』「고혜
　　　고후문공신표」)

【세주 원문】 按史記秦本紀, 武安君有罪爲士伍, 漢蓋沿秦制.

【세주 역문】 안(按):『사기』진본기에 무안군 백기가 죄가 있어 사오가 되었다는 구
　　　절이 있다. 한나라의 제도는 모두 진제를 따른 것이다.

◉ 繇戍(昭帝紀注如淳引律)
　　　요수(『한서』「소제기」注에서 여순이 율을 인용)

---

410 『史記』 권118 「淮南厲王列傳」, 3094쪽, "當皆免官削爵爲士伍, 毋得宦爲吏."
411 『漢書』 권83 「薛宣傳」, 3396쪽, "況與謀者皆爵減完爲城旦(師古曰:「以其身有爵級, 故得減罪而爲
　　　完也. 況身及同謀之人, 皆從此科.」)"
412 『漢書』 권16 「高惠高后文功臣表」, 549쪽, "元康四年, 昌曾孫沃侯國士伍明詔復家,(師古曰:「明舊
　　　有官爵, 免士伍而屬沃侯之國也.」)"; 中 2년, 주창의 손자 주좌차를 봉했는데, 建元 원년 죄를 지
　　　어 봉국이 없어졌다.

● 卒更有三, 踐更居更過更(史記吳王濞傳注引漢律)

[율에는] 졸경에는 세 가지가 있다. 천경(踐更)·거경(居更)·과경(過更)이 그 것이다413(『사기』「오왕비전」주에서 한율을 인용.)

【원문】 如淳曰, 更有三品, 有卒更, 有踐更, 有過更. 古者正卒無常人, 皆 迭爲之, 一月一更, 是謂卒更也. 貧者欲得雇更錢者, 次直者出錢雇之, 月二千, 是謂踐更也. 天下人皆直戍邊三日, 亦名爲更, 律所謂繇戍也, 雖丞相子亦在戍邊之調, 不可人人自行三日戍, 又行者出錢三百入官, 官以給戍者, 是謂過更也.(昭帝紀注)

【역문】 여순이 말하기를, '경(更)'에는 3품이 있다. 졸경(更卒), 천경(踐更), 과경(過更)이 그것이다. 이전에는 정졸은 항상 같은 사람이 복무하는 것이 아니고 모두 번갈아 담당하였다. 1개월에 한 번 교대하는 것을 졸경(卒更)이라 한다. 가난한 사람이 고경전(顧更錢)을 얻으려고 하면 복무 순서가 된 자가 돈을 내어 그를 고용한다. [그 비용은] 월 2천전이다. 이것을 천경(踐更)이라고 한다. 천하의 모든 사람들은 수변 3일의 의무가 있는데, 이것도 경(更)이라고 한다. 율에서 말한 소위 요수(繇戍)가 이것이다. 비록 승상의 아들일지라고 역시 수변(戍邊) 징발에 포함되었다. 그러나 모든 사람들이 직접 가서 3일 수변하는 것도 불가능하고 또 변경에 가서 수자리를 3일 살고 곧 돌아오는 것도 불가능하기 때문에 1년에 1경하는 하는 것으로 바뀌었다. 직접 가지 못하는 사람들은 300전을 내어 관부에 납입하면 관부가 수자리를 사는 사람에게 지급한다. 이것을 과경(過更)이라고 한다.414(『한서』「소제기」)

---

413 『史記』 권106 「吳王濞傳」 注, 2824쪽, "漢律, 卒更有三. 踐更·居更·過更也."; 卒更: 정졸은 항상 같은 사람이 복무하는 것이 아니고 모두 번갈아 담당하였다. 1개월에 한 번 교대하는 것을 卒更이라 한다. 漢代에 있어서 縣의 卒로써 輪番으로 근무하는 자를 '更卒'이라 하고, 그 輪番을 회피하는 것을 '過更'이라 하고, '過更'을 하기 위해 지불하는 비용을 '過更錢'이라 하는데, '過更錢'으로 '更卒'을 대신할 경우는, '庸'으로 표현된다.

414 『漢書』 권7, 「昭帝紀」, 329–330쪽, "三年以前逋更賦未入者 皆勿收"에 대한 注, "如淳曰:「…皆當 迭爲之, 一月一更, 是謂卒更也. 貧者欲得顧更錢者, 次直者出錢顧之,… 又行者當自戍三日, 不可往 便還, 因便住一歲一更. 諸不行者, 出錢三百入官, 官以給戍者, 是謂過更也." 그런데, 『睡虎地秦簡』

【원문】 秦用商鞅之法, 月爲更卒, 已復爲正, 一歲屯戍, 一歲力役, 三十倍
於古, 漢興, 循而未改. 注, 更卒, 謂給郡縣一月而更者也. 正卒, 謂給
中都官者也.(食貨志)

【역문】 진나라 상앙의 법을 써서, 1년에 한 달의 경졸의 역을 지고, 이것이
끝나면 정졸이 되어 1년 동안 변방의 수자리를 서고 역역을 담당하니 그
기간이 고대의 30배나 되었다.[415] 한이 일어났어도 이런 상황을 그대로
답습하여 고쳐지지 않았다. 주에서 안사고는 "경졸은 군현에 공급되어
1개월에 한 번 교대하는 것이다. 정졸은 경사의 중도관에 공급되는 것
을 일컫는다."고 하였다.[416](『한서』「식화지」)

【원문】 古者更卒不過一月, 踐更五月而休. 文穎云, 五當爲三, 言一歲之
中三月居更, 三日戍邊, 總九十三日. 古者役人, 歲不過三日, 此所謂一
歲力役三十倍於古也.(史記項羽本紀注)

【역문】 전에는 경졸은 1개월을 넘지 않았고, 천경은 5개월이 되면 쉬었다.
문영이 이르기를, 5는 마땅히 3이 되어야 하니 1년 중에서 3개월은 거
경[417]을 하고, 3일은 변경에서 수자리를 담당하니 총 93일이 된다. 전에

에는 如淳의 '一歲一更'과 달리 "賞(償)四歲繇(徭)戍(4년간 변경에서 요역을 하여 [잘못을] 보상하
게 한다(『睡虎地秦墓秦簡』, 128쪽)."이 나오며, 『二年律令』에는 "戍有餘及少者, 隨後年(군역일수가
초과하거나 부족하면 다음 해에 이월한다)(『二年律令』, 414簡)"이 나온다. 이에 따르면 당시의 병
역은 일생 중에 1년간이라는 해석과 달라진다. 또한 『二年律令』의 해석에 따르면 전한초기의 수역
은 아직 1년 교대가 아니고, 매년 과해진 수역에 일정한 복역기간이 있다고 볼 수도 있다. 秦의 軍
役을 상비역과 예비역으로 구분한 위에 상비역은 정해진 임기가 있고, 예비역은 원정 시에 징발되
어 원정 시에 종료된다는 설도 제기되었다. 宮宅潔은 『里耶秦簡』의 遷陵縣의 사례를 분석하여 진
대의 천릉현에 근무하는 수졸에는 징집병 · 응모병 · 범죄자의 3종류가 있었다고 한다(宮宅潔, 「秦
のと戰役史と遠征軍の構成」, 『中國古代軍事制度の綜合的研究』(京都大學人文科學硏究所, 2013
년), 58쪽.

415 '1년간의 屯戍'를 '一歲屯戍'로 구독한 것과 '屯戍一歲'로 句讀한 것에 따라 그 전후 내용은 크게 달
라진다. '一歲屯戍'로 구독하면 "已復爲正, 一歲屯戍, 一歲力役, 三十倍於古"가 되지만, '屯戍一歲'
로 읽으면 "已復爲正一歲, 屯戍一歲, 力役三十倍於古"가 되는데, 이것은 다시 '正'의 실체에 대한
異見으로 연결된다.

416 『漢書』 권24(상) 「食貨志」상, 1137쪽.

417 『漢書』 권7 「昭帝紀」 注의 律說에 의하면 졸이 踐更하는 것을 '居'라고 하는데, 縣中에서 更에 居
하는 것을 의미한다. 5개월 만에 교대하였는데 후에 尉律에 의거하여 卒은 1개월을 踐更하고 11개

는 사람들이 역역을 하는 것이 1년에 삼일에 불과했다. 이것이 이른 바 1년에 요역을 하는 것이 옛적의 30배에 이르렀다는 것을 이르는 것이다.[418](『사기』「항우본기」주)

【원문】 漢初因秦法而行之, 後改爲謫, 乃戍邊一歲.(史記吳王濞傳注)

【역문】 한나라 초에 진법을 따라서 행하였다, 후에 법을 개정하여 '적(謫)'으로 하였다. 이에 '수변1세(戍邊一歲)'로 하였다.[419](『사기』「오왕비전」주)

【원문】 五年初, 令戍卒歲更.(高帝紀)

【역문】 한 고제 5년 초에 수졸은 1년에 1번 교대하도록 하였다.(『한서』권1, 「고제기」)

【원문】 復是歲更賦. 注, 更, 謂戍更相代也, 賦, 謂雇更之錢也.(明帝紀)

【역문】 다시 1년의 고경전(顧更錢)을 면제하였다. 주석에 따르면, 경은 수자리를 번갈아 서로 담당하는 것을 이른다. 부란 고경전(顧更錢)을 이른다.[420](『후한서』「명제기」)

【원문】 遠方之卒, 守塞一歲而更.(鼂錯傳)

【역문】 먼 변방의 병사로 하여금 변방의 요새를 지키게 하는데, 1년이 되면 곧 교대하도록 한다.[421](『한서』「조조전」)

월을 쉬게 되었다고 한다.

418 『史記』권7 『項羽本紀』 注, 324쪽, "姚氏云『古者更卒不過一月, 踐更五月而休』, 又顔云『五當爲『三』, 言一歲之中三月居更, 三日戍邊, 總九十三日, 古者役人歲不過三日, 此所謂『一歲力役三十倍於古』也』."

419 『史記』권106 『吳王濞傳』注, 2824쪽; 戍邊一歲: 변방에서 수자리 1년을 지내게 하는 형벌. '戍邊一歲'외에도 '戍邊二歲', '戍邊四歲' 등이 있다. 『二年律令』, 76簡, "盜出黃金邊關徼, 吏·卒·徒部主者智(知)而出及不索, 與同罪; 弗智(知), 索弗得, 戍邊二歲(몰래 황금을 변경의 關소나 변경에서 반출하는데 리, 졸, 도부주자가 이를 알고도 반출시켜 주고 수색하지 않았을 경우 같은 죄로 처벌한다. 이를 알지 못하거나 수색하였는데도 잡지 못했을 경우 戍邊 2년에 처한다)."

420 『後漢書』권2 『顯宗孝明帝紀』, 97쪽, "亦復是歲更賦(更謂戍卒更相代也. 賦謂雇更之錢也)."

⦿ 年二十三傅之疇官, 各從其父疇學之, 高不滿六尺二寸已下爲疲癃.
(高帝紀注如淳引律 史記項羽本紀集解引父疇下有內字)

나이가 23세가 되면 주관(疇官)[422]으로 등록하여[423] 각기 그 아버지의 세업에 따라 그것을 배우게 한다. 키가 6척 2촌이 되지 않는 자는 피륭(疲癃)[424]으로 삼는다.(『한서』「고제기」주에서 여순이 율을 인용.『사기』「항우본기」여순 주)[425]

【원문】 若今癃不可事不算卒可事者半之也. 疏, 漢時癃病不可給事不算 計以爲士卒, 若今廢疾者也, 可事者, 謂不爲重役, 輕處使之, 取其半功 而已, 似今殘疾者也.(周禮地官大司徒注)

【역문】 [관질(寬疾)[426]은] 지금, '융(癃)'에 해당하여 일을 할 수 없으므로 사졸로 셈하지 않는다. 일을 할 수 있는 자는 반으로 [계산]한다. 소에 의하면, "한나라 시기에는 융병(癃病)에 걸린 자는 [관부의] 일에 공급할 수 없으므로 사졸로 셈할 수 없다. 지금의 폐질(廢疾)자와 같다. 일을 할 수 있는 자라는 것은 무거운 노역을 하지 않는 것을 이른다. 가벼운 일에 부리고 그 반공(半功)만을 취할 뿐이다. 지금의 폐질과 유사하다."[427]라고 하였

---

421 『漢書』권49「晁錯傳」, 2286쪽, "然令遠方之卒守塞, 一歲而更".
422 疇官: 천문. 역법. 복서(卜筮)를 주관하는 관직으로 疇는 籌와 통한다. 『二年律令』364-365간, "不更以下子年卄歲, 大夫以上至五大夫及小爵不更以下至上造年卄二歲, 卿以上子及小爵大夫以上年卄四歲, 皆傅之. 公士、公卒及士五(伍)、司寇、隱官子, 皆爲士五(伍). 疇官各從其父疇, 有學師者學之".
423 '傅': 명적에 등록되는 것. 구체적으로는 요역·병역의 대상으로 등록되는 것. '傅'는 '著(着)' 또는 '附'의 뜻으로 名籍(사람의 이름과 그의 내력에 대해 작성한 것, 호적 혹은 명패라고도 한다.)에 이름을 올리는 것을 뜻한다.
424 사전적 의미는 등이 불룩 튀어나오고 키가 작아지는 곱사이등병. 여기서는 아버지의 부에 따라 일정한 직을 수행하지 못하는 이를 뜻함.
425 『漢書』권1상「高帝紀」1上 注, "如淳曰:「律, 年二十三傅之疇官, 各從其父疇學之, 高不滿六尺二寸以下爲罷癃".『史記』권7「項羽本紀」注, "如淳曰:「律年二十三傅之疇官, 各從其父疇內學之, 高不滿六尺二寸以下爲罷癃".
426 寬疾: 불치의 환자나 중병자에게 조세나 부역을 면제해 주던 일.
427 『周禮正義』권19,「地官司徒」大司徒下 注, 748쪽, "云寬疾, 若今癃不可事不算卒者. 疏, 漢時癃病不可給事, 不算計以爲士卒, 若今廢疾者也, 可事者半之也者, 謂不爲重役, 輕處使之, 取其半功而已, 似今殘疾者也."

다.(『주례』「지관」'대사도' 주)

【원문】 如淳曰, 漢儀注民年二十三爲正, 一歲爲衛士, 一歲爲材官騎士, 習射御騎馳戰陳. 又曰, 年五十六衰老, 乃得免爲庶民, 就田里, 未二十三爲弱, 過五十六爲老. 師古曰, 傳, 著也, 言著名籍給公家徭役也. 孟康曰, 古者二十而傳, 三年耕, 有一年儲, 故二十三而後役之.(高帝紀注)

【역문】 여순이 이르길, "『한의』 주에서 나이가 23세가 되면 정으로 삼고, 1년간은 경사(京師)의 위사(衛士)[428]로 복무시키고, 또 1년을 재관(材官)·기사(騎士)로서, 활을 쏘고 말을 몰고 전진을 쫓는 등의 군사훈련을 한다.[429] 또 말하기를, 나이가 56세는 '쇠노(衰老)'로 이에 역을 면제하여 서민으로 하고, 고향으로 보낸다. 23세가 되지 않은 이를 '약(弱)'이라 하고, 56세가 지난 이를 '노(老)'라고 한다"고 하였다. 안사고가 이르길, "부란, 저(著)이다. 명적에 기록하여 관부 요역에 공급하는 것이다"고 하였다. 맹강이 이르길, "옛적에는 20세가 되면 부에 등록하여 3년간 경작을 하면 1년 저축할 수 있었기 때문에 23세 이후가 되면 역을 맡는다."고 하였다.[430](『한서』「고제기」)

【원문】 家業世世相傳爲疇. 律歷志注 宏祁曰, 南本世世相傳爲疇下, 有歷年二十二傳之疇官, 各從其父學也. 按史記集解亦引如淳此條, 但作律年二十二云云, 蓋引漢律文也, 宋祁所見之南本作歷, 誤.

---

428 陵墓를 '守衛하는 士卒'.

429 材官·騎士: 前漢의 兵制에는, 材官·騎士·輕車·樓船 등의 기록에 보인다. 材官이라고 하는 것은, 보병에서 쇠뇌의 사격 훈련을 받은 사수이다. 이 材官은 종래의 설에서는 정졸로서 복무한다고 보았다. 大庭脩는 「材官攷」에서 材官·騎士 등은 특수 훈련을 받은 직업군인으로 간주해야 하는 것으로, 정졸에 들어가는 것에 의문을 던졌다. 하지만 重近啓樹는 「材官引彊」·「材官蹶張」 등 强弩를 당기는 능력을 가지는 활의 전문병이 있었으므로, 材官을 일반적으로 보병의 뜻으로 해석하고 있다(大庭脩,「材官攷—漢代의 兵制의 一般について」『龍谷史壇』36, 1952年; 重近啓樹,「秦漢の兵制について—地方軍を中心として」『静岡大学人文論集』36 1986年).

430 『漢書』권1상,「高帝紀」, 37~38쪽, "如淳曰:「…漢儀注云民年二十三爲正, 一歲爲衛士, 一歲爲材官騎士, 習射御騎馳戰陳. 又曰年五十六衰老, …」師古曰:「傳, 著也. 言著名籍, 給公家徭役也.」孟康曰:「古者二十而傳, 三年耕有一年儲, 故二十三而後役之.」"

【역문】 가업을 대대로 서로 잇는 것을 이르러 '주(疇)'라고 한다.(『한서』「율력지」 주에 굉기가 말하기를, 남본은 '세세상전위주(世世相傳爲疇)'의 아래에 "22세가 지나면 주관(疇官)을 전하여 각각 그 부학(父學)을 따르게 한다."고 하였다. 『사기』'집해'에 여순이 이 조를 인용한 것에 따르면, 단지 '율년이십이(律年二十二)' 운운하였다는 것을 알 수 있다. 대개 한의 율문을 인용한 것이다. 송기(宋祁)가 본 바의 남본에서 '역(歷)'이라고 한 것은 잘못이다.[431](『한서』「율력지」)

【원문】 令天下男子年二十始傅. 注, 師古曰, 舊法二十三, 今此二十, 更爲異制也.(景帝紀)

【역문】 천하의 남자가 20세가 되면 비로소 명적에 등록하게 한다. 주에 안사고가 이르기를, "이전에는 23세부터 [명적에 등록]했는데 지금은 20세부터 등록된다. 고쳐서 다른 제도가 되었다.[432](『한서』「경제기」)

【세주 원문】 按文獻通考, 徐氏曰, 漢初民在官三十三年, 今景帝更爲異制, 則在官三十有六年矣. 鹽鐵論, 今陛下哀憐百姓, 寬力役之政, 二十三始賦, 五十六而免. 是昭帝時又復舊制也.

【세주 역문】 『문헌통고』에 서씨가 이르기를 "한나라 초에 백성 중에 33년 동안 관에 배속하였는데, 지금 경제 시기에는 이를 고치어 다른 제도가 되었다. 즉, 36년 동안 관에 배속시켰다."[433]고 하였다. 『염철론』에서 "지금의 폐하가 백성을 가엾게 여겨서, 힘이 드는 요역·병역에 대한 정책을 관대하게 하여 23세에 비로서 명적에 등록하게 하여, 56세가 되면 면하게 해주었다."[434]라 하였다. 이는 소제 시기 다시 옛 제도로 복귀한 것이다.

---

431 『漢書』권21상, 「律歷志」, 974쪽.
432 『漢書』권5, 「景帝紀」, 141쪽.
433 『文獻通考』권10, 「戶口考」1, 中華書局, 1986, 106쪽.
434 『鹽鐵論校注』「未通」第15, 89쪽.

◉ 人出一算, 算百二十錢, 唯賈人與奴婢倍算.(惠帝紀注應劭引漢律)

한 사람당 1산을 내게 한다. 산이란 120전을 말한다. 다만 상인과 노비에게
두 배를 내게 한다[435](『한서』「혜제기」주에서 응소가 한율을 인용)

【원문】 若今賈人倍算矣.(周禮天官司會注)

【역문】 지금 상인이 산을 두 배를 내는 것과 같다.[436](『주례』「천관」'대재' 주)

【원문】 漢王四年八月, 初爲算賦. 注, 如淳曰, 漢儀注民年十五以上至五
十六, 出賦錢, 人百二十, 爲一算.(高帝紀)

【역문】 한고조 4년 8월에 성인인두세를 처음으로 만들었다.[437] 주석에 여순
이 말하기를, "『한의』주에 백성 중에서 15세 이상에서 56세에 이르기
까지 인두세를 내게 하였는데, 1인당 120전을 내게 하여 이를 1산이라
하였다."[438]고 하였다.[439](『한서』「고제기」)

【원문】 六年, 令女子年十五以上至三十不嫁, 五算. 注, 應劭曰, 使五算,
罪謫之也. 劉攽曰, 予謂女子之算, 亦不頓謫之, 自十五至三十爲五等,
每等加一算也.(惠帝紀)

【역문】 혜제 6년에 여자가 나이 15세부터 30세까지 시집을 가지 않으면 5
산을 내게 하였다. 주석에서 응소가 말하기를, 5산을 내도록 하는 것은
벌납(罰納)하는 것이라고 하였다. 유반이 말하기를, "여자에게 산을 부과

---

435 『漢書』권2, 「惠帝紀」, "女子年十五以上至三十不嫁, 五算."의 注. 91쪽. "人出一算, 算百二十錢. 唯
賈人與奴婢倍算."

436 이 내용은 『주례』「天官」, '司會'가 아닌 '大宰'의 注에서 확인된다. 『周禮正義(十三經注疏)』권2,
「大宰」(北京: 北京大學出版社, 2000), 41쪽.

437 일반적으로 한이 처음으로 인두세를 징수한 것이 아니라 진의 인두세 '賦'를 산부로 개편하여 징수
한 것으로 보고 있다.

438 연령의 규정은 조금씩 다르지만, 漢代의 인두세는 일반적으로 16-65세의 모든 남녀가 매년 120錢
을 납부하는 算賦와 3-14세가 내는 口賦로 이루어졌다.

439 『漢書』권1상, 「高帝紀」1上, 46쪽. "八月, 初爲算賦(如淳曰: 「漢儀注民年十五以上至五十六出賦錢,
人百二十爲一算」)"

한 것은 또한 벌을 주고자 하는 것이 아니고, 15세부터 30세까지 다섯 등급을 나누어 1등급부터 차례로 1산을 더하는 것을 이르는 것이다"고 하였다.[440](『한서』「혜제기」)

【원문】 文帝偃武修文, 丁男三年而一事民賦四十. 注, 時天下民多, 故三歲一賦四十也.(文獻通考)

【역문】 문제는 무기를 뉘여 놓고 학문을 닦았다. [태평한 시기가 도래하여] 정남에게는 3년에 한 번의 사역을 시키고, 백성들에게는 40전의 인두세를 내게 하였다. 주석에 이르기를, "천하의 백성들이 많아진 시기가 되어서 3년에 한 번의 사역과 산부 40전을 내게 된 것이다."고 하였다.[441](『문헌통고』)

【원문】 建元元年, 令民年八十, 復二算.(武帝紀)

【역문】 건원 원년(기원전 141년)에 나이 80세 노인의 인두세 2산을 면제하도록 하였다.[442](『한서』「무제기」)

【원문】 甘露三年, 減民算三十. 注, 師古曰, 一歲減錢三十也. (宣帝紀)

【역문】 감로 3년(기원전 53년)에 백성들에게 인두세 1산 30전을 감해주었다. 주석에 안사고가 이르기를, "1년에 30전을 감해주었다"고 하였다.[443](『한서』「선제기」)

【원문】 建始二年, 減天下賦錢算四十. 注, 孟康曰, 本算百二十, 今減四十爲八十.(成帝紀)

【역문】 건시 2년(기원전 32년)에 천하의 부세를 줄여서 1산에 40전씩 줄였

---

440 『漢書』 권2, 「惠帝紀」, 92쪽.
441 『文獻通考』 권10, 「戶口考」1, 중화서국, 1986, 106쪽.
442 『漢書』 권6, 「武帝紀」, 156쪽.
443 『漢書』 권8, 「宣帝紀」, 269쪽. "二年春正月, … 減民算三十(師古曰:「一算減錢三十也.」)"

다. 주석에 맹강이 이르기를, "본래 1산은 120전인데, 지금 40전을 줄여서 80전으로 하였다."고 하였다.[444](『한서』「성제기」)

【원문】 漢高帝每歲人常賦百二十錢, 至孝文時, 省儉減至四十, 武帝事邊費廣, 人産子三歲則出口錢, 孝宣減人算三十, 孝成減四十, 光武有産子復以三年之算.(漢制考引理道要訣)

【역문】 한고조는 매해 백성들에게서 120전의 부세를 받았었는데, 효문제시기에 이르러 검약해서 40전으로 줄였다. 무제 때에 변방의 일에 대한 비용이 늘어나서, 아이를 낳아 3살이 되면 구전을 내게 하였다. 효선 때에 1산 30전을 줄였고, 효성제 때에는 1산 40전을 줄였다. 광무시기에 자식을 낳으면 3년간의 산을 면제하였다.[445](『한제고』에서 '이도요결'을 인용)

◉ 民不繇貲錢二十二.(說文貝部引漢律)

백성 중에서 요역을 이행하지 않은 자는 벌금 22전.[446](『설문해자』 '패부'에서 한율을 인용)

【원문】 二十二當作二十三. 漢儀注曰, 七歲至十四, 出口錢人二十, 以供天子. 至武帝時, 又口加三錢, 以補車騎馬. 論衡謝短篇曰, 七歲頭錢二十三, 亦謂此也. 然則民不繇者, 謂七歲至十四歲.(說文段注)

【역문】 22라고 하는 명문은 응당 23이 되어야 한다. 『한의』 주에서 이르기를, "7세에서 14세에 이르기까지, 1인당 구세 20전을 내어서 천자를 공양한다. 무제시기에 이르러, 다시 구전에 3전을 더하였다. 이로써 수레와 기마에 대한 군비에 보태었다."고 하였다. 『논형』「사단」편에서 이르기를, 7세부터 인두세 23전, 또한 이를 일컫는다."고 하였다. 따라서

---

444 『漢書』 권10, 「成帝紀」, 305쪽, "減天下賦錢, 算四十.(孟康曰: 「本算百二十, 今減四十, 爲八十.」)"
445 『漢制考』 권1, '理道要訣'.([宋]王応麟著, 张三夕 · 杨毅點校, 『漢制考 · 漢書藝文志考定』, 北京: 中華書局, 2011.)
446 『說文解字注』(上海古籍出版社, 1981), 282쪽, 貝部'貲'字, "民不繇貲錢二十二".

백성 중에서 요역을 하지 않는 자는, 7세에서부터 14세에 이르는 이들을 말한다.447(『설문해자』단주)

【원문】 民年七歲以至十四歲, 出口錢人二十三, 以供天子, 其三錢者, 武帝加口錢以補車騎馬。(漢舊儀)

【역문】 백성 중에서 7세부터 14세에 이르기까지, 일인당 구세 23전을 내는 것은 천자를 공양하는 것으로 이 중 3전은 무제시기에 수레와 기마에 대한 군비에 보태기 위해 구전을 늘린 것이다.448(『한구의』)

【원문】 元平元年, 詔減口賦錢, 有司奏請減十三, 上許之.(昭帝紀)

【역문】 원평 원년(기원전 74년)에 조서를 내렸다. "구세를 줄이도록 하라." 담당관리가 구세 10분의 3을 줄이겠다고 주청하자 황제가 윤허하였다.449(『한서』「소제기」)

【원문】 古民無賦算口錢, 起武帝征伐四夷, 重賦於民, 民産子三歲, 則出口錢, 故民重困, 至於生子輒殺, 甚可悲痛. 宜令民七歲去齒, 乃出口錢, 年二十乃算. 天子下其議, 令民産子七歲乃出口錢, 自此始.(貢禹傳)

【역문】 [공우가 상서하기를] "옛적에 백성들은 인두세와 구전이 없었으나, 한 무제가 사이를 정벌하기 위해 병력을 일으키자, 백성들에게 무거운 부세를 거두었습니다. 백성들이 아이를 낳아 키워서 3살이 되면 구전을 내게 하였습니다. 때문에 백성들의 매우 곤궁해져, 아이를 낳으면 살해하는 지경에 이르러서 그 비통함이 심해졌습니다. 이에 마땅히 7세에

---

447 이상은 모두 『說文解字注』(上海古籍出版社, 1981), 282쪽, 貝部 '貲'字에 실린 段玉裁의 注의 내용이다.

448 『漢舊儀』(孫星衍 等輯, 周天游 點校, 『漢官六種』中華書局, 1990), 권下「中宮及號位」, 82쪽, "年七歲以至十四歲出口錢, 人二十三. 二十錢, 以食天子. 其三錢者, 武帝加口錢, 以補車騎馬."

449 『漢書』권7, 「昭帝紀」, 232쪽, "元平元年春二月, 詔曰: 「天下以農桑爲本. 日者省用, 罷不急官, 減外繇, 耕桑者益衆, 而百姓未能家給, 朕甚愍焉. 其減口賦錢.」有司奏請減什三, 上許之." '十三'은 '什三'의 잘못이다.

이를 갈고 나서 구전을 내게 하고, 20세가 되어야 인두세를 내게 해야 합니다."고 하였다. 이에 원제는 [공우의 상주가 옳다고 여기에] 공우의 상주대로 하달하여 백성들의 아이 중 7세부터 구전을 내게 하였는데, 이로부터 시작된 것이었다.[450](『한서』「공우전」)

【원문】 鄭産爲白土嗇夫. 漢末産子一歳, 輒出口錢, 民多不舉. 産乃勅民勿得殺子, 口錢當自代出, 言其郡縣, 爲表上言, 錢得除, 更名白土爲更生郷.(水經注湘水下引零陵先賢傳)

【역문】 정산이 백토의 색부가 되었다. 한말에 [일이 많고, 국고비용은 부족하여] 아이가 1살이 되면 곧 구전을 내게 하였다. 백성들은 대부분 자식을 거둘 수가 없었다. 정산은 이에 백성들에게 칙서를 내려 아이를 죽이지 못하게 하였다. 구전은 스스로 대신 내는 것으로 충당하였다. 그 군현에게 말하여 상주하여 밝히니, 구전 내는 것을 면제받게 되어 백토라는 이름이 갱생향으로 바뀌었다.[451](『수경주』상수 하(下)에서 영릉선현전을 인용)

【세주 원문】 按文獻通考云, 算賦十五歳以上方出, 此口賦則十五歳以前未算時所賦也.

【세주 역문】 『문헌통고』에서 산부는 15세 이상이 비로소 내는 것이고, 이 구부란 것은 인두세를 낼 시기가 되지 않은 15세 이하들이 내는 부세이다.[452]

【원문】 諸當占租者, 家長身各以其物占, 占不以實, 家長不身自書, 皆罰金二斤, 沒入所不自占物及賈錢縣官.(昭帝紀注如淳引律)

【역문】 무릇 응당 [국가의 율령에 따라 스스로 납부해야 할] 조세액수를 신고하여야 하는 자는 가장이 직접 각기 그 물건에 대해 신고하며, 신고가 실

---

450 『漢書』권72, 「貢禹傳」, 3075쪽.
451 『水經注』湘水下引零陵先賢傳, "(鄭産)爲白土嗇夫. 漢末多事, 國用不足. 産子一歳, 輒出口錢, 民多不舉子. 産乃勅民勿得殺子, 口錢當自代出, 産言其郡縣, 爲表上言, 錢得除, 更名白土爲更生郷.
452 『文獻通考』권10, 「戸口考」1, 中華書局, 1986, 106쪽.

제로 그와 같지 않다면, 그리고 가장이 스스로 문서를 작성하지 않았다면, 모두 벌금 2근에 처한다. 스스로 물건을 신고하지 않는 것과 매매된 돈은 모두 관부에 귀속시킨다.[453](『한서』「소제기」주에서 여순이 율을 인용)

【원문】 元狩四年, 初算緡錢. 注臣瓚曰, 茂陵書諸賈人末作貰貸, 置居邑儲積諸物及商以取利者, 雖無市籍, 各以其物自占, 率緡錢二千而一算.(武帝紀)

【역문】 원수 4년(기원전 119년)에 처음 민전에 대해 세금을 내게 하였다. 주석에 신찬이 이르기를, "무릉에서 모든 상인과 상공업자의 대여를 기록하여, 읍에 살면서 화물을 쌓아 두거나 행상을 하면서 이익을 얻는 자는 비록 시적이 없더라도, 각각 그 물건을 스스로 헤아려서 관에 신고하게 하고, 일률적으로 민전 2천에 1산(120전)을 징수하게 한다."고 하였다.[454](『한서』「무제기」)

【원문】 始元六年, 令民得以律占租. 注, 師古曰, 占謂自隱度其實, 定其辭也, 今猶獄訟之辨曰占, 皆其意也. 蓋武帝時賦斂繁多, 律外而取, 今始復舊.(昭帝紀)

【역문】 시원 6년(기원전 81년)에 백성들이 율에 따라서 [스스로 납부해야 할] 조세액수를 신고하게 하였다. 주석에서 안사고가 이르기를 점이란 스스로 그 실제를 헤아려 그 납부해야 할 조세 액수를 정하는 것을 이르는 것이다. 지금은 옥사와 소송의 변을 점이라고 부르는 것과 같은데, 모두 그 뜻이다. 무제시기에 이르러 세금을 걷는 것이 매우 많아져서 율 이외의 것도 걷게 되었는데, 지금은 비로소 이전의 것을 회복하였다.[455](『한서』「소제기」)

---

453 『漢書』 권7, 「昭帝紀」, 224쪽, "如淳曰: 「律, 諸當占租者家長身各以其物占, 占不以實, (생략)」."
454 『漢書』 권6, 「武帝紀」, 178쪽, "初算緡錢. 臣瓚曰: 「茂陵書諸賈人末作貰貸, 置居邑儲積諸物, 及商以取利者,…」".
455 『漢書』 권7, 「昭帝紀」, 224쪽, "令民得以律占租"師古注.

【원문】 旁光侯殷坐貸子錢不占租, 免.(王子侯表)

【역문】 방광후인 은은 돈을 빌려주고 이자를 받았는데 이를 조세에 신고하지 않은 죄를 받아 면관되었다.[456](『한서』「왕자후표」)

【원문】 及其門首洒潜.(說文水部引漢律)

【역문】 그 문 앞에 물을 뿌린다.[457](『설문해자』 수부에서 한율을 인용)

【세주 원문】 按小徐無門首二字. 桂氏曰, 史記貨殖傳洒削薄技也, 洒削卽洒措, 段氏曰, 蓋謂甕水於人家門前, 有妨害也.

【세주 원문】 소서에 "문수란 두자가 없다."고 하였다. 규씨가 말하기를, "『사기』「화식열전」에는 칼가는 일은 보잘 것 없는 기술이라고 되어 있는데,[458] 여기서의 '물을 뿌려 칼은 가는 것(洒削)'은 '쇄조(洒措)'이다."고 하였다. 단씨가 말하길, "모두 타인의 집의 문 앞에 물을 막아 방해하는 것을 이르는 것이다."[459]고 하였다.

【원문】 漢中巴蜀廣漢自擇伏日(藝文類聚卷五風俗通引戶律)

【역문】 한중·파촉·광한에서는 스스로 복일을 택하였다.[460](『예문유취』『풍속통』에서 호율을 인용)

【세주 원문】 按御覽三十一, 引風俗通曰, 漢中巴蜀, 自擇伏日. 俗說漢中巴蜀廣漢, 土地溫暑, 草木早生晚枯, 氣異中國, 夷狄畜之, 故令自擇伏日也. 所引與類聚同, 惟佚戶律二字, 巴蜀下佚廣漢二字. 玆從類聚.

【세주 역문】 『태평어람』 31에 "풍속통을 인용하여 이르기를, 「한중·파촉에서 스스로 복일을 택한다. 민간에서 말하기를 "한중과 파·촉·광한의 땅은 뜨거워 초목이

---

456 『漢書』 권15(상), 「王子侯表」(旁光侯殷), 447쪽, "元鼎元年, 坐貸子錢不占租, 取息過律, 會赦, 免."
457 『說文解字注』 555쪽, 水部'潜'字.
458 『史記』 권129, 「貨殖列傳」69, "洒削薄技也(集解徐廣曰: (생략) 洒削, 謂摩刀以水洒之···」)".
459 『說文解字注』 555쪽, 水部'潜'字의 段注.
460 『藝文類聚』 권5, 「歲時」下, '伏', 87쪽.

일찍 나 늦게 시드니, 그 기운이 중국과 달라 이적이 사는 땅이므로 스스로 복일을 택하게 하였다」고 하였다.[461] 『예문유취』에서 인용한 바와 같으나, 단지, 호율 이 두 글자와 파촉 이하에 광한이라는 두 글자가 빠져 있다. 이에 『예문유취』에 따른다.

【원문】 高帝分四郡之中, 用良平之策, 還定三秦, 席卷天下, 蓋君子所因者本也. 論功定封, 加金帛, 重復寵異, 令自擇伏日, 不同凡俗.(初學記四引漢書)

【역문】 한고조가 4군을 나누는 중에 장량과 진평의 계책을 써서 돌아와 삼진을 평정하고 천하를 석권하였으니 이는 대개 군자가 근본을 따랐기 때문이다. 공을 논하여 작위를 확정하고, 금백을 더하고, 특별히 총애하는 자를 중복하고, 스스로 복일을 선택하게 하고, 모든 풍속을 같게 하지 않았다.[462](『초학기』 권4에서 『한서』를 인용)

【원문】 伏日萬鬼行, 故盡日閉, 不于他事.(和帝紀注引漢官舊儀)

【역문】 삼복(三伏)의 기일(忌日)[463]에는 만귀가 통행하니, 고로 하루 종일 폐가하고, 다른 일을 하지 않는다.[464](『후한서』 「화제기」 주에서 『한관구의』를 인용)

【원문】 伏日進湯餠, 名爲辟惡.(荊楚歲時記)

【역문】 삼복[465]의 기일에는 탕면[466]을 진상하는데. 이름을 '피악병'이라 하였다.[467](『형초세시기』)

---

461 『太平御覽』 권31, 「時序部」16, '伏日', 272쪽.
462 『初學記』 권4, 「歲時部下」, '伏日98', 75쪽.
463 伏日: 盛夏의 三伏인 初伏·中伏·末伏을 말한다. 秦·漢 시기 巴蜀 등의 기후가 특수하여 지방관이 스스로 三伏을 선택하도록 하였다. 魏에서는 이를 고쳐서 통일하였다. 伏日에는 百鬼가 通行한다고 믿어 閉家하고 休息을 취하였다.
464 『後漢書』 권4, 「和帝紀」, 179쪽.
465 伏日: 『太平御覽』 권31, 「時序部」16, '伏日', 272쪽에는 『荊楚歲時記』를 인용하고 있는데, '伏日'이 '六月伏日'이라고 되어 있다.
466 湯餠: 탕면, 온면을 일컫는다.

【세주 원문】 按史記, 秦德公始爲伏祠, 是伏日本秦制也. 魏改漢律, 諸郡不得自擇伏日, 以齊風俗, 事見晉志, 是此律魏時已廢.

【세주 역문】 『사기』에 "진덕공이 복사(伏祠)하는 것을 시작하였다"[468]고 했는데, 이를 보면 복일이란 본래 진의 제도이다. 위나라때 한율을 개정하였는데, "[또 지금까지의 관습을 고쳐] 제군(諸郡)에서는 스스로 삼복의 기일을 택하지 못하도록 한다. 그것은 전국의 풍속을 통일하기 위해서이다"[469]라고 하여 풍속을 고르게 하고자 하였다. 이에 대한 것은 『진서』에 보이는데, 이는 이러한 율이 이미 위시기에 폐지되었음을 알 수 있다.

◉ 勒兵而守曰屯(史記傳寬傳注如淳引律)

[율에는]병사의 대오를 정돈하여 자세히 검열하여서 지키는 것을 둔이라고 한다.[470](『사기』「부관전」주에 여순이 율을 인용)

【원문】 遷中郎將, 將屯上谷. 注, 師古曰, 領兵屯於上谷也.(趙充國傳)

【역문】 승진하여 중랑장이 되었고, 병사를 이끌고 상곡군에 주둔하였다. 주석에서 안사고가 말하길, "병사를 이끌고 상곡군에 주둔하였다."고 하였다.[471](『한서』「조충국전」)

【세주 원문】 按文選鮑明遠出自薊北門行注, 引臣瓚漢書注曰, 律說勒兵而住曰屯, 以此條爲律說, 未知孰是?

【세주 역문】 『문선』의 포명원의 '출자소북문행'[472]의 주에 신찬이 『한서』주에서 인

---

467 『(梁)宗懍 撰, 宋金龍 校注, 『荊楚歲時記』(山西人民出版社, 1987), 53쪽, "伏日, 進湯餠, 名爲辟惡餠."
468 『史記』 권5, 「秦本紀」 第5, 184쪽, "集解孟康曰:「六月伏日初也. 周時無, 至此乃有之.」 正義六月三伏之節起秦德公爲之."
469 『晉書』 권30 「刑法志」, 926쪽.
470 『史記』 권98 「傅寬列傳」, 2708쪽, "屯.[集解如淳曰: (생략)律謂勒兵而守曰屯]"; 勒兵而守曰屯: 병사의 대오를 정돈하여 자세히 검열하여서 지키는 것을 둔이라고 한다.
471 『漢書』 권69 「趙充國傳」, "遷中郎將, 將屯上谷,(師古曰:「領兵屯於上谷也.」)".
472 『文選』 권28 「樂府下」, '鮑明遠樂府八首', 文選硏究會, 1983년, 402쪽.

용한 것을 말하기를, 율에 설명하기를 "병사의 대오를 정돈하여 자세히 검열하여서 머무는 것을 둔이라고 하였다"고 한다. 이 조를 율설이라 하는데, 잘 모르겠다.

【원문】 知虜在前, 逗留不進.(匈奴傳 知虜在前, 逗留不進, 皆下吏自殺. 注, 孟康曰, 律語也.)

【역문】 오랑캐가 앞에 있음을 알고는 머뭇거리고 전진하지 않았다.(『한서』「흉노전」에 "오랑캐가 앞에 있는 것을 알고 머뭇거리며 전진하지 않았기 때문에 [후에 모두 투옥되어] 옥리에게 보내 심문을 받은 후 자살하였다."의 주에 맹강이 말하기를, '율어이다'고 하였다.[473](『한서』「흉노전」)

【원문】 建武十二年, 詔邊吏力不足戰則守, 追虜料敵, 不抱以逗留法.(光武紀)

【역문】 건무 12년(37년)에 변방의 관리들에게 조서를 내려 "전투에서 병력이 부족하다고 판단되면 지키도록 하고, 적군을 추격할 때는 적군을 헤아려 진퇴를 결정하도록 하고 적 앞에서 두려워 머뭇거리며 전진하지 않으면 처벌하는 법률규정(逗留法)에 구속되지 말라"[474]라고 하였다.(『후한서』「광무제기」)

【원문】 合騎侯敖, 博望侯騫, 坐行留當斬.(霍去病傳)

【역문】 합기후 공손오[475]와 박망후 장건[476]이 머뭇거리고 전진하지 않은 죄

---

[473] 『漢書』 권94 「匈奴傳」, 3786쪽.

[474] 『後漢書』 권1하 「光武帝紀」, 60쪽. "詔邊吏力不足戰則守, 追虜料敵不拘以逗留法."

[475] 公孫敖는 前漢시기의 사람으로 漢武帝時代에 장군이 되었다. 한나라 무제는 衛靑, 公孫敖, 公孫賀, 李廣 등 네 장군을 파견해 흉노를 막게 했다. 4장 중 公孫賀는 흉노와 부닥치지 않았고, 公孫敖와 李廣은 싸움에 패했기 때문에 참형에 처해지게 된 것을 거액의 현금을 바쳐 목숨을 구하였다.

[476] 張騫(?-기원전 114년)은 그는 기원전 139년경에 유목민 통역관인 甘父와 종자 백여명을 이끌고 월지와 동맹을 체결하기 위해 장안을 떠났는데, 비록 임무를 완수하지는 못했지만 장건은 서쪽 지역에 관한 많은 정보를 보고했고, 이는 한나라가 대외 정책을 세우는 데 중요한 구실을 했다. 기원전 119년 장건을 오손으로 파견했지만, 흉노를 협공하는 동맹을 맺는 데는 실패했다.

를 받아 참수에 해당하였으나 [속하여 서인이 되었다.]⁴⁷⁷(『한서』「곽거병전」)

【원문】 伐匈奴, 坐逗留畏懦, 下獄死.(祭肜傳)

【역문】 흉노를 정벌할 때 머뭇거리고 전진하지 않은 죄를 받아 하옥되어 면관되었다.⁴⁷⁸(『후한서』「제동전」)

【원문】 鄧鴻還京師, 坐逗留失利, 下獄死. 注, 軍法逗留畏懦者斬(南匈奴傳)

【역문】 동홍⁴⁷⁹이 서울로 돌아와서 머뭇거리고 전진하지 않아 실리한 죄를 받아 하옥되어 살해되었다. 주석에 "군법에 '머뭇거리고 전진하지 않는' 자는 참수에 처한다."고 하였다.⁴⁸⁰(『후한서』「남흉노전」)

【세주 원문】 按唐律征人稽留, 在擅興.

【세주 역문】 당률에 "[출정해야 할] 징인이 지체하여 머무른 경우"[에 대한 처벌규정은] '천흥'에 있다.⁴⁸¹

⊙ 降敵者誅其身, 沒其家.(史記商君傳注引律)

[율에는]적에게 항복한 자는 주살하고, 그 가족을 몰수한다.⁴⁸²(『사기』「상군전」 주에서 율을 인용)

【세주 원문】 按周禮秋官司刑, 注引尙書大傳曰, 降畔者其刑死, 是周制已如是. 北齊立重罪十條, 四曰降.

---

477 『漢書』 권55 「衛靑霍去病傳」(霍去病), 2481쪽, "騫坐行留, 當斬, 贖爲庶人" "合騎侯敖坐留不與票騎將軍會, 當斬, 贖爲庶人".
478 『後漢書』 권20 「祭遵從弟肜列傳」, 746쪽, "肜到不見虜而還, 坐逗留畏懦下獄免." '下獄死'가 아니라 '下獄免'이다.
479 鄧鴻: 鄧禹의 少子. 謀事를 좋아했는데, 永平年間에 小侯로 되었다. 將兵長吏에 임명되어 五營의 병사를 이끌고 雁門에 駐屯시켰다. 章帝 때에는 度遼將軍이 되었다.
480 『後漢書』 권89 「南匈奴傳」, 2956쪽.
481 『唐律疏議』 第231條, 擅興 8. '征人稽留', 306쪽.
482 『史記』 권68 「商君傳」 注, 2230쪽, "索隱案律, 降敵者誅其身, 沒其家, 今匿姦者, 言當與之同罰也."

【세주 역문】 주례 추관 사형편 주에 상서 대전을 인용하여 이르기를, "항복하여 배반한 자에 대한 형벌은 사형이다"[483]라고 하였다. 이것은 주대에 이미 그 제도가 이와 같았음을 의미한다. 북제에서 '중죄 10조'를 제정했는데, 네 번째 조항이 '항(降)'이었다.

◉ 邊鄙兵所臧直百錢者, 當坐棄市.(白帖九十一, 董仲舒公羊治獄引律)

[율에는]변방의 병사가 숨긴 바가 100전에 해당하면, 마땅히 기시의 형벌에 처한다.[484](『백첩』 권91 '동중서공양치옥'에서 율을 인용)

◉ 胡市, 吏民不得持兵器及鐵出關.(汲黯傳注應劭引律)

[율에는]호시에서,[485] 이민들은 병기 및 철을 가지고 관을 나설 수 없다.[486] (『한서』「급암전」 주에서 응소가 율을 인용)

【세주 원문】 按唐律, 齎禁物私度關, 在衛禁二.

【세주 역문】 당률에 "금지된 물건을 가지고 사사로이 관을 넘는 것에 대해서(齎禁物私度關)"는 '위금2'에 있다.[487]

【원문】 四馬高足爲置傳, 四馬中足爲馳傳, 四馬下足爲乘傳, 一馬二馬一軺傳, 急者乘一乘傳.(高帝紀注如淳引律 鹽鐵論注引同)

【역문】 네 필의 말이 모두 고족이면 '치전(置傳)'으로 하고, 네 필의 말의 크기가 중족이면 이를 '치전(馳傳)'으로 하고, 네 필의 말이 하족이면 승전(乘傳)으로 한다.[488] 한두 마리의 말은 '일초전(一軺傳)'이라 하고, 급한 용

---

483 『周禮正義』 권68 「秋官司寇」, '司刑', 2835쪽, "降畔、寇賊、劫略、奪攘、僑虔者, 其刑死".

484 (唐)白居易, 『白氏六帖事類集』, 文物出版社, 1987; "邊鄙兵所臧直百錢者, 當坐棄市": 변방의 병사가 숨긴바가 100전에 해당하면, 마땅히 기시의 형벌에 처한다.

485 胡市: 중원 왕조와 주변 국가 또는 민족 사이에 이루어진 교역을 말한다.

486 『漢書』 권50, 「汲黯傳」, 2321쪽, "應劭曰: 闌, 妄也. 律, 胡市, 吏民不得持兵器及鐵出關"; "胡市, 吏民不得持兵器及鐵出關": 호시에서 이민들은 병기 및 철을 가지고 관을 나설 수 없다.

487 『唐律疏議』 第87條, 衛禁 30, '齎禁私度關', 176쪽.

488 말은 크기와 나이에 따라 僮馬, 小馬, 6尺馬, 7尺馬, 8尺馬 등으로 분류된다. 말의 종류와 크기에 따라 置傳・馳傳・乘傳・軺傳으로 나뉘었는데, 그중 승전이 가장 보편적으로 이용되었다.

무가 있는 자는 일승전에 탄다.[489](『한서』「고제기」주에서 여순이 율을 인용. 『염철론』주에서도 같은 것을 인용.)

【원문】 四馬高足爲傳置, 四馬中足爲馳置, 下足爲乘置, 一馬二馬爲軺置, 急乘一馬曰乘.(史記孝文本紀注如淳引律)

【역문】 네 필의 말이 모두 고족이면 '전치(傳置)'로 하고, 네 필의 말의 크기가 중족이면 이를 '치전(馳傳)'으로 하고, 네 필의 말이 하족이면 승치(乘置)로 한다. 한두 마리의 말은 '초전(一軺傳)'이라 하고, 급한 용무가 있는 자는 한 마리의 말을 타는데 '승'이라 한다.[490](『사기』「효문본기」주에서 여순이 율을 인용)

【원문】 師古曰, 傳者若今之驛, 古者以車, 謂之傳車, 其後又單置馬, 謂之驛騎.(高帝紀注)

【역문】 안사고가 이르기를, "전이란 지금의 역과 같다. 이전에는 수레를 사용하였으므로 그것을 전거라고 부르고 그 이후에 단지 말을 두게 하여 역기라고 하였다."고 하였다.[491](『한서』「고제기」주)

【원문】 師古曰, 置者, 置傳驛之所, 因名置也. 宋祁曰, 傳, 傳舍, 置, 廐置. 按廣雅云, 置驛也.(文帝紀注)

【역문】 안사고가 이르기를 치라는 것은 전역을 두는 곳으로 인하여 치라고 이름 지었다. 송기가 말하기를 "전이란, 전사. 치라는 것은 구치를 말하는 것이다."라 하였다. 『광아』에서 말한 것을 살펴보면, 치는 역이다.[492] (『한서』「문제기」주)

---

489 『漢書』 권1 「高帝紀」 下, 57쪽, "如淳曰: 「律, … 一馬二馬爲軺傳. 急者乘一乘傳.」"
490 『史記』 권10 「孝文本紀」, 423쪽, "如淳云「律, … 如置急者乘一馬曰乘也」".
491 『漢書』 권1 「高帝紀」 下, 57쪽.
492 『漢書』 권4 「文帝紀」, 117쪽.

【원문】 元始五年, 徵天下通知逸經古記天文歷算鍾律小學史篇方術本草及以五經論語孝經爾雅教授者, 在所爲駕一封軺傳.(平帝紀)

【역문】 원시 5년(5년)에 천하에 『일경』·『고기』·『천문』·『역산』·『종률』·『소학』·『사편』·『방술』·『본초』 및 『오경』·『논어』·『효경』·『이아』에 통달하여 가르칠 수 있는 자들을 징소(徵召)하여 소재지의 관부에서 일봉의 초전(軺傳)을 발급하여 한 마리가 끄는 초거에 태운다.[493] (『한서』「평제기」)

【원문】 爲中郎將, 與副使王然于等乘四傳之乘, 使略西南夷.(司馬相如傳)

【역문】 [사마상여가] 중랑장이 되어 부사 왕연우 등과 함께 4량의 전거를 타고 가 서남이(西南夷)에게 뇌물을 주게 하였다.[494](『한서』「사마상여전」)

【원문】 平乘馳傳, 載周勃代樊噲將.(陳平傳)

【역문】 진평(陳平)[495]이 치전을 타고, 주발을 태우고 번쾌를 대신하여 병사를 이끌었다.[496](『한서』「진평전」)

【원문】 弟子一人乘軺傳徙.(申公傳)

【역문】 제자 2명이 초전을 타고 따랐다.[497](『한서』「신공전」)

【원문】 以太牢遣侯者乘一乘傳, 詣行在所.(郊祀傳)

---

493 『漢書』 권12 「平帝紀」, 359쪽, "徵天下通知逸經、古記、天文、曆算、鍾律、小學、史篇、方術、本草及以五經、論語、孝經、爾雅教授者, 在所爲駕一封軺傳."
494 『漢書』 권57 「司馬相如傳」, 2581쪽, "乃拜相如爲中郎將, 建節往使. 副使者王然于、壺充國、呂越人, 馳四乘之傳, 因巴蜀吏幣物以賂西南夷."
495 陳平(?-기원전 179년)은 前漢 陽武人으로 陳勝起義 때에 먼저 項羽軍에 참가하였으나 후에는 劉邦에게 투항하여 주요 參謀가 되었다. 천하통일 후 曲逆侯에 봉해졌다. 曹參의 死後 左丞相이 되고, 승상을 역임하였다. 呂侯 사후에는 周勃과 모의하여 呂氏 일족을 멸하고 文帝를 옹립하였다.
496 『漢書』 권40 「陳平傳」, 2045쪽, "平乘馳傳載勃代噲將".
497 『漢書』 권88 「儒林傳」(申公), 3608쪽, "弟子兩人乘軺傳從".

【역문】 [옹의 태축은] 태뢰[498]로 하는데, [천자를] 영접하러 가는 자는 1량의 마차를 타고 천자가 거처하는 곳에 간다.[499](『한서』「교사지」)

【원문】 奉爾書使者乘馳傳, 其驛騎也, 三騎行晝夜千里爲程.(漢舊儀)

【역문】 국서를 받드는 사자는 치전(馳傳)을 타는데, 역참에 비치해두는 말은, 세 마리의 말로서 주야로 천리를 달리는 것을 '정(程)'[500]으로 한다.[501] (『한구의』)

【원문】 漢世賤軺車, 而今貴之.(意林引傅子)

【역문】 한나라 시기, 초거란 천하게 여겼는데, 지금은 귀히 여긴다.[502](『의림』에서 『부자』를 인용)

【원문】 諸當乘傳及發駕置傳者, 皆持尺五寸木傳信, 封以御史大夫印章. 其乘傳參封之, 參三也. 有期會, 累封兩端, 端各兩封, 凡四封也. 乘置馳傳, 五封也, 兩端各二, 中央一也. 軺車二馬再封之, 一馬一封也.(平帝紀注如淳引律)

【역문】 무릇 마땅히 승전(乘傳)을 하거나 치전(置傳)을 징발해 몰아야 하는

---

498 太牢: 牛·羊·豕 세 희생을 모두 갖춘 것을 태뢰, 羊·豕 두 희생을 갖춘 것을 소뢰, 豕만 갖춘 것을 特牲이라고 한다.

499 『漢書』 권25하 「郊祀志」, 1258쪽, "每見雍太祝祠以太牢, 遣候者乘一乘傳馳詣行在所".

500 程: 문서전달과 관련해서는 정해진 시간, 거리 등을 뜻한다. 즉 배달 소요시간의 기준을 말한다.; 中程: 규정 시간 내에 문서전달의 임무를 완수.; 過程: 규정 시한의 초과.

501 (漢)衛宏 撰, 『漢官舊儀』(孫星衍等輯, 周天游點校, 『漢官六種』中華書局, 1990) 권상, 31쪽, "… 三騎行, 晝夜行千里爲程." 세 마리의 말로서 주야로 천리를 달리는 것은 문헌상 보이는 최고 속도이다.

502 (唐)馬總, 『意林—筆記小說大觀』(江蘇: 廣陵書社, 1983.) 권5, 「體論」4, '傅子120권', 211쪽; 軺車: 『墨子』 「雜守」에서 "以軺車, 輪軡, 廣十尺, 轅長丈, 爲三輻, 廣六尺."(초거로 화살을 나르며, 넓이는 10尺이고, 수레채는 길이가 1丈이며, 2개의 바퀴(三輻은 二輪 혹은 四輪의 잘못)가 있고 (바퀴)너비는 6尺이다)이라고 하고(김학주 譯, 『墨子 下』, 명문당, 2003. 893–894쪽), 『史記』 「季布欒布列傳」에서 "朱家迺乘軺車之洛陽, 見汝陰侯滕公"(朱家는 軺車를 타고 洛陽으로 가서 汝陰侯 滕公을 만났다)이라고 하고, 司馬貞 索隱에서 "謂輕車, 一馬車也"(가벼운 수레로 말 한필이 끄는 車이다)라고 하였다.

경우, 모두 1척 5촌의 나무 부신(傳信)을 가지고 있어야 하는데, [이 나무 부신은] 어사대부의 인장으로 봉인을 한다. 승전을 타는 경우 3봉을 한다. 삼(參)은 3이다. [승전을 타는 자가] 정해진 기한이 있는 공무를 수행하는 경우는 양 끝에 루봉(累封)을 하는데, 끝에 각각 양봉(兩封)을 하므로 무릇 4봉이 된다. 치전(置傳)이나 치전(馳傳)을 타는 경우 5봉을 한다. 양쪽 끝에 각각 2봉을 하고 중앙에 1봉을 한다. 두 마리 말이 끄는 초거(軺車)는 재봉(再封)을 하고, 한 마리 말이 끄는 경우는 1봉을 한다.[503] (『한서』 「평제기」 주에서 여순이 율을 인용)

【원문】 其以詔使案事, 御史爲駕一封, 行赦令, 駕二封.(漢舊儀)

【역문】 조서로써 사안을 조사하여 처리하도록 하는데, 어사는 한 마리의 말이 끄는 마차를 타고, 사령을 행할 때는 두 마리가 끄는 초거를 탄다.[504] (『한구의』)

【세주 원문】 按晉志引魏新律序略云, 秦世舊有廐置乘傳副車食廚, 漢初承秦不改, 後以費廣稍省, 故後漢但設騎置而無車馬, 律猶著其文, 則爲虛設, 故除廐律, 取其可用合科者, 以爲郵驛令。據此, 是漢初舊制, 至東漢已不行也.

【세주 역문】 『진서』 「형법지」에 인용한 위의 신율의 서문에 "진대에는 구치·승전·부거·식주가[505] 설치되어 있었는데, 한초에는 진의 이러한 제도를 고치지 않고 계승하였다. 그러나 후에는 비용이 커지자 점점 생략하게 되어 후한대에는 단지 기치만을[506] 설치하고 거마는 설치하지 않았으나 율에는 여전히 '승전' 조문이 남아 있었

---

503 『漢書』 권12 「平帝紀」, 359쪽, "如淳曰:「律, … 參, 三也. 有期會累封兩端, … 軺傳兩馬再封之, 一馬一封也.」"
504 『漢舊儀』 권상 "其以詔使案事御史爲駕一封, 行赦令駕二封".
505 廐置·乘傳·副車·食廚: 廐置는 곧 驛站. 驛傳用의 廐舍의 시설. 乘傳은 驛傳用의 四頭馬車. 副車는 屬車라고도 칭한다. 황제가 出行할 때 隨從하는 從者가 쓰는 車. 食廚는 음식을 제공하기 위한 장소.
506 騎置: 즉 驛站. 東漢 光武帝는 節儉을 강조하여 驛站制度를 크게 정비하였다. 그 결과 驛站에는 단지 馬匹만을 준비하게 되었고 따라서 이를 騎置라 하게 되었다.

기 때문에 그것은 가공의 제도에 지나지 않았다. 따라서 『구율』을 폐지하고, 그 가운데 사용할 수 있고 과조에 부합한 것을 뽑아서 『우역령』으로 한다."507고 하였다. 이에 근거하면, 이것은 한초의 구제로, 후한에 이르러서는 이미 시행되지 않았다.

◉ 諸侯朝天子, 春朝天子曰朝, 秋曰請.(史記竇嬰傳注引律)
제후가 봄에 천자를 조하하는 것을 '조'라 하고, 가을에 하는 것을 '청'이라고 한다.508(『사기』「두영전」 주에서 율을 인용)

◉ 春曰朝, 秋曰請.(吳王濞傳注孟康引律 和帝紀注引漢律)
봄에 조하하는 것을 조라 하고, 가을에 알현하는 것을 '청'이라고 한다.509
(『사기』「오왕비열전」 주에서 맹강이 율을 인용, 『후한서』「화제기」 주에서 한율을 인용)

【원문】 褚先生曰, 諸侯王朝現天子, 漢法凡當四見耳, 始到入小見, 到正月朔旦, 奉皮薦璧玉, 駕正月法見, 後三日爲王置酒, 賜金錢財物, 後二日復入, 小見辭去, 凡留長安, 不過二十日.(史記梁孝王世家)

【역문】 저선생이 말하기를, "제후와 왕이 천자를 알현하는 것은, 한제국의 법에 따르면 모두 응당 4차례일 뿐이다. 처음에 경사에 도착하여 소견하고,510 정월 초하루 아침에 도착하여, 사슴가죽, 벽옥을 받들고, 정월을 공하하고 예의에 따라 나아간다. 3일이 지나고 황제가 제후왕들을 위하여 주연을 베풀고 금전재물을 하사하고, 다시 2일이 지난 후 다시 입관하여 소견하고 떠날 것을 알리고 말씀드린다. 제후가 장안에 머무

---

507 『晉書』 권30, 「刑法志」, 924쪽, "秦世舊有廐置、乘傳、副車、食廚, 漢初承秦不改, 後以費廣稍省, 故後漢但設騎置而無車馬, 而律猶著其文, 則爲虛設, 故除廐律, 取其可用合科者, 以爲郵驛令, 其告反逮驗, 別入告劾律."
508 『史記』 권107, 「竇嬰列傳」, 2839쪽, "諸侯春朝天子曰朝, 秋曰請."
509 『史記』 권106 「吳王濞列傳」, 2823쪽, "律, 春朝, 秋曰請"; "春曰朝, 秋曰請".
510 小見: 제후왕이 황궁에 처음 도착하여 천자의 황궁 내의 금문 내에서 주연을 베풀 때 조견하는 것으로 정식의 조하가 아니다.

는 것은 20일을 넘지 못한다."고 하였다.511(『사기』「양효왕세가」)

【원문】 元狩六年, 建成侯劉拾坐不朝不敬, 國除(史記王子候者表)

【역문】 원수 6년(기원전 117년)에 건성후 유습이 조회하러 가지 않은 죄를 받아 불경죄로 영지가 회수되었다.512(『사기』「왕자후자년표」)

【원문】 翁侯邯鄲坐行來不請長信, 免. 注, 如淳曰, 長信, 太后所居也.(功臣表)

【역문】 옹후 감단이 장신으로 알현하러 오지 않는 죄를 받아 불경으로 봉국이 없어졌다. 주석에서 여순이 이르기를, "장신이란, 태후가 거처하는 곳이다."고 하였다.513(『사기』「고조공신후자년표」)

【원문】 重侯擔, 元狩二年坐不使人爲秋請, 免.(王子侯表)

【역문】 원수 2년(기원전 121년)에 후 유흠이 다른 사람으로 하여금 가을에 [황제에게] 알현하기를 청하도록 하였는데, 죄를 지어 봉국이 없어졌다.514(『사기』「왕자후자년표」)

---

511 『後漢書』 권1하, 「光武帝紀」 51쪽의 注. "漢官儀曰: 「高祖命天下郡國選能引關蹶張, 材力武猛者, 以爲輕車ㆍ騎士ㆍ材官ㆍ樓船. 常以立秋後講肄課試, 各有員數. 平地用車騎, 山阻用材官, 水泉用樓船.」 軍假吏謂軍中權置吏也. 今悉罷之."; 輕車ㆍ騎士ㆍ材官ㆍ樓船은 漢代의 지방상비군으로 신체강건하고 勇力한 자를 선발하여 충당하고, 대체로 지역에 따라 輕車ㆍ騎士ㆍ材官ㆍ樓船士의 兵種으로 나누어 각 군현에 屯兵케 하였다. 이들은 免老 후에 '就田里'하게 되는 자들로 천하의 남자 성인 누구나 복역해야 하였던 1년간의 戍邊이나 중앙의 衛士 복무, 郡의 都城 경비 등 순번제로 1년간 복역하는 복무자들과는 구분되는 자들이었다. 즉 그들은 일반민 가운데 신체 강건한 자로 특별 선발된 자들이었고, 순번제로 1년씩 복역하는 자들이 아니라 免老 때까지 복역하는 자들이었다. 또한 이들이 郡兵의 주축을 이루는 상비군단이었다(박건주, 「漢代의 正卒과 지방상비군」, 『전남사학』11, 1997.12).

512 『史記』 권21 「王子侯者年表」, 1096쪽, "六年, 侯拾坐不朝, 不敬, 國除."

513 『史記』 권18 「高祖功臣侯者年表」, "元光四年, 侯邯鄲坐行來不請長信, 不敬, 國除.";『史記』 본문에는 '免'이 아니라 '不敬, 國除'로 되어 있다.

514 『史記』 권21 「王子侯者年表」, 1100쪽, "二年, 侯陰不使人爲秋請, 有罪, 國除.";『史記』 본문에는 '免'이 아니라 '不敬, 國除'로 되어 있다.

◉ 丞相大司馬大將軍奉錢月六萬, 御史大夫奉月四萬.(成帝紀注如淳引律)

승상・대사마・대장군은 봉급으로 월 6만전을 받는다. 어사대부는 월 4만전을 받는다.[515](『한서』「성제기」 주에서 여순이 율을 인용)

◉ 眞二千石, 奉月二萬, 二千石, 月萬六千.(史記汲黯傳注 如淳引律, 史記外戚世家注如淳引漢律, 眞二千石, 奉月二萬.)

진이천석은 월봉 2만을 말하고, 이천석은 월 1만6천의 월봉을 말한다.[516] (『사기』「급암전」 주에서 여순이 율을 인용. 『사기』「외척세가」 주에서 여순이 한율 "진이천석, 봉월이만"을 인용)

◉ 眞二千石月得百五十斛, 凡得千八百石. 二千石得百二十斛, 凡得一千四百四十石.(汲黯傳注如淳引律)

진이천석은 달마다 150곡을 받는다. 한 해 모두 1800석을 받는다. 이천석은 월 120곡을 받는다. 한 해 모두 1440석을 받는다.[517](『한서』「급암전」 주에서 여순이 율을 인용)

◉ 百石奉月六百.(宣帝紀注如淳引律)

백석의 봉록을 받는 관리는 월 600곡을 받는다.[518](『한서』「선제기」 주에서 여순이 율을 인용)

【원문】 古者祿皆月別給之, 月奉亦月給之.(周禮天官太宰疏)

---

515 『漢書』 권10 「成帝紀」, 329쪽, "如淳曰:「律, 丞相、大司馬大將軍奉錢月六萬, 御史大夫奉月四萬也.」"

516 『史記』 권120, 「汲黯列傳」, 3111쪽, "如淳曰:「諸侯王相在郡守上, 秩眞二千石. 律, 眞二千石俸月二萬, 二千石月萬六千.」"

517 『漢書』 권50, 「汲黯傳」, "如淳曰:「律, 眞二千石月得百五十斛, 歲凡得千八百石耳. 二千石月得百二十斛, 歲凡得一千四百四十石耳.」"

518 『漢書』 권8, 「宣帝紀」, 263쪽, "如淳曰:「律, 百石奉月六百.」"; "百石奉月六百": 백석의 봉록을 받는 관리는 월 600곡을 받는다.

【역문】 옛날에는 녹봉을 모두 월별로 지급하였다. 월봉은 또 달마다 지급하였다.519(『주례』「천관」'태재' 소)

【원문】 如淳曰, 太守雖號二千石, 有千石、八百石, 居者有功德茂異, 乃得滿秩. 師古曰, 漢制秩二千石者一歲得一千四百四十石, 實不滿二千石也, 其云中二千石者, 一歲得二千一百六十石, 擧成數言之, 故曰中二千石. 中者滿也.(宣帝紀注)

【역문】 여순이 이르기를, "태수는 비록 2천석으로 일컬어지지만, 1천석 혹은 8백석으로 사는 사람도 있다. 공덕이 있고 재능이 뛰어난 사람이어야 봉록을 모두 채워 받을 수 있다."고 하였다. 안사고가 이르기를, 한나라 제도에서 '질2천석'을 받는 자는 실제로는 1년에 1천4백4십석을 받을 수 있어서 실제로는 2천석이 되지 않는다. 그중에서 '중2천석'이란 하는 것은 1년에 2천1백6십석을 받을 수 있다. 정수를 들어 이를 말한 것이기 때문에 '중이천석'이라 하는 것이다.520 중은 만(滿)이다.521(『한서』「선제기」주)

【원문】 漢延平中眞二千石月錢六千五百, 米三十六斛.(百官志注引晉百官表注)

【역문】 한 연평 연간522에 진이천석의 매달 6천5백전과 미 36곡을 받았

---

519 『周禮正義』권2,「天官家宰」'大宰'의 注, 70쪽, "云「祿, 若今月奉也」者, 古者祿皆月別給之, 漢之月奉亦月給之, 故云今月奉也".

520 漢初에는 二千石이 가장 높은 질급으로서 二千石의 郡守・尉는 그 권한이 中央官들과 같을 정도로 상당하였다. 文景帝 이후에 二千石이 상위의 中二千石, 하위의 比二千石으로 분화되면서 그 권한에 차이가 발생했다. 中二千石이 최초로 등장하는 시기는 景帝 元年(기원전 156년)으로 中二千石의 형성은 秩律 보다 늦다. 中은 京師를 가리키며, 郡國과 대립된다. 文景帝시기를 거쳐 武帝시기에 들어서면 諸侯王(比二千石)의 세력이 상당수 약화되었기 때문에 이와 함께 등장한 것이 지방과 구분된 中央官(및 關中지역)의 직위를 나타내주었던 中二千石이다. 즉, 中央과 地方, 諸侯國의 권한의 차이가 二千石官의 분화로 나타난 것이다.

521 『漢書』권8,「宣帝紀」注, 264쪽, "如淳曰:「太守雖號二千石, 有千石、八百石居者, 有功德茂異乃得滿秩.」"

522 延平: 東漢 殤帝 劉隆의 연호로 서기 106년 1년간 사용되었으며 원년 8월 安帝가 즉위하며 이어

다.[523](『후한서』「백관지」 주『진백관표』 주를 인용)

【세주 원문】 按後書百官志, 百官受奉例大將軍三公, 奉月三百五十斛, 中二千石, 奉月百八十斛, 二千石, 奉月百二十斛, 比二千石, 奉月百斛, 千石, 奉月八十斛, 六百石, 奉月七十斛, 比六百石, 奉月五十斛, 四百石, 奉月四十五斛, 比四百石, 奉月四十斛, 三百石, 奉月四十斛, 比三百石, 奉月三十七斛, 二百石, 奉月三十斛, 比二百石, 奉月二十七斛, 一百石, 奉月六十斛, 斗食, 奉月十一斛, 佐史, 奉月八斛. 凡諸受奉, 皆半錢半穀, 此漢世官奉數之大較也. 宣帝神爵三年, 益吏百石以下奉十五. 注, 韋昭曰, 若食一斛, 則益五斗. 光武建武二十六年, 詔有司增百官奉, 其千石以上, 減於西京舊制, 六百石已下, 增於舊秩, 此漢世官奉增減之大較也.

【세주 역문】 『후한서』「백관지」에 "백관의 봉록을 받는 정례는, 대장군(大將軍)과 삼공(三公)의 봉록은 매달 350곡, 중2천석(中二千石)은 매달 180곡, 2천석은 매달 120곡, 비2천석은 매달 100곡, 1천석은 매달 80곡, 6백석은 매달 70곡, 비6백석은 매달 50곡, 4백석은 매달 45곡, 비4백석은 매달 40곡, 3백석의 봉록은 매달 40곡, 비3백석은 매달 37곡, 2백석은 매달 30곡, 비2백석은 매달 27곡, 1백석은 매달 16곡, 두식(斗食)은 매달 11곡, 좌사는 매달 8곡이다. 무릇 봉록을 받을 때에는 모두 절반은 전(錢)으로 절반은 곡식으로 받는다."[524]라고 하였다. 이는 한나라 시기의 관리들의 봉록의 액수의 대략이다. 선제 신작 3년에 백석 이하를 받는 관리들에게는 15석을 더하라는 명이 있었다.[525] 주석에서 위소가 말하기를, "1곡당 5두를 더한다는 것과 같다"[526]라

사용되었다.

523 『後漢書』志第28,「百官志」5의 注, 3631쪽, "荀綽晉百官表注曰:「漢延平中, 中二千石奉錢九千, 米七十二斛. 眞二千石月錢六千五百, 米三十六斛.'"

524 『後漢書』志第28,「百官志」5, 3632쪽, "百官受奉例: 大將軍、三公奉, 月三百五十斛. 中二千石奉, 月百八十斛. 二千石奉, 月百二十斛. 比二千石奉, 月百斛. 千石奉, 月八十斛. 六百石奉, 月七十斛. 比六百石奉, 月五十斛. 四百石奉, 月四十五斛. 比四百石奉, 月四十斛. 三百石奉, 月四十斛. 比三百石奉, 月三十七斛. 二百石奉, 月三十斛. 比二百石奉, 月二十七斛. 一百石奉, 月十六斛. 斗食奉, 月十一斛. 佐史奉, 月八斛. 凡諸受奉, 皆半錢半穀."

525 『漢書』권8,「宣帝紀」, 263쪽.

526 『漢書』권8,「宣帝紀」, 263쪽, "韋昭曰:「若食一斛, 則益五斗.」"; 韋昭: 오의 손화의 명으로『박혁론』을 저술하여, 박혁(주사위)이 쓸모없는 놀이라고 논했다. 손량이 즉위하자『오서』를 편집하였는데, 손호가 즉위하면서『오서』의 편집방침을 둘러싸고 손호와 대립하여 처형되었다.

고 하였다. 광무 건무 26년의 조서에서 유사에게 백관의 봉록을 늘리라고 하였다.
천석 이상은 서경의 옛 제도를 기준으로 줄이고, 600석 이하는 예전보다 늘리라고
하였다. 이는 한 시대의 관료들의 봉급의 증감의 대개(大槪)이다.

◉ 斗食佐史(惠帝紀注如淳引律)

두식좌사[527](『한서』「혜제기 주」에서 여순이 율을 인용)

【원문】 若今之斗食佐史除吏也.(孟子庶人在官者下趙岐注)

【역문】 지금의 두식과 좌사를 '리(吏)'로 임용함과 같다.(『맹자』'서인재관자'
하의 조기의 주)

【원문】 書令史斗食缺, 試書佐高第補.(漢舊儀)

【역문】 영사·두식이 비면, 서좌 가운데 시험을 쳐서 성적이 높은 자를 보
충하게 하였다.[528](『한구의』)

【원문】 斗食, 月奉一十斛, 佐史, 月奉八斛(百官公卿表注引漢官名秩簿)

【역문】 두식의 월 급여는 11곡[529]이고, 좌사의 월 급여는 8곡이다.[530](『한서』
「백관공경표」주에서『한관명질부』주를 인용)

【세주 원문】 按秦策, 范雎謂秦王曰, 自斗食以上至尉內史及王左右, 有罪相國之人
乎? 是斗食本秦官. 其令邑中自斗食以上, 至尉、內史 及王左右, 有非相國之人者乎

【세주 역문】 진의 『전국책』에 범수가 진왕에게 일러 말하기를, "두식으로부터 그 이

---

527 『漢書』 권2, 「惠帝紀」, "如淳曰: 「律有斗食、佐史.」"; 斗食: 斗食은 봉록이 1년에 100석 이하로 하
루에 1斗2升에 해당하기 때문에 斗食이라 칭한다. 佐史: 지방관서 내의 書佐와 曹史의 통칭. 두식과
함께 봉록이 1년에 100석 이하로 규정되어 있는데, 두식은 매월 11곡, 좌사는 매월 8곡을 받는다.
528 (漢)衛宏 撰, 『漢官舊儀』(孫星衍等輯, 周天游點校, 『漢官六種』中華書局, 1990) 권上, 37쪽.
529 1斛은 10斗이며 한나라 때의 石과 같은 단위이다. 후한 때의 1斛은 부피로 약 20리터, 곡물을 담았
을 때의 무게로는 대략 15kg으로 추정된다고 한다.
530 『漢書』 권19상 「百官公卿表」, 743쪽. "師古曰: 「漢官名秩簿云, 斗食月奉十一斛, 佐史月奉八斛也. …」"

상의 위와 내사에 이르기까지 왕의 좌우에 모두 진나라 사람이 아닌 자가 있습니까?"531 라고 한 것을 보면, 두식은 본래 진나라의 관직이다.

● 太守都尉諸侯內史各一人, 卒史書佐各十人.(史記汲黯傳, 注如淳引律)

태수 · 도위 · 제후는 내사532를 각 1인씩 두고, 졸사533와 서좌534는 각 10인씩 둔다.535(『史記』 권120, 「급암전」 주에서 여순이 율을 인용)

● 郡卒史書佐各十人.(史記蕭相國世家, 注如淳引律)

군에는 졸사와 서좌를 각 10인 씩 둔다.536(『사기』 「소상국세가」 주에서 여순이 율을 인용)

【원문】 郡史主錄記, 書催期會, 書佐幹主文書.(百官志)

【역문】 군사는 문서를 기록하는 것과 기한에 맞추어 정령의 실행을 독촉하는 것을 주관한다. 서좌는 문서를 주관한다.537(『후한서』 「백관지」)

---

531 高誘 注, 『戰國策1』(上海書店出版社, 1987) 권5, 「秦3」, 43쪽.

532 內史: 통일 후에 內史의 직무가 형식적으로는 '京師지역을 치리하는 지방관적인 內史'와 '국가의 전반적인 財政을 관리하는 治粟內史'로 나뉘었다. 吳楚七國의 亂 이후에 諸侯王國이 약화되면서 직할 郡縣이 전국으로 확대되어 景帝中 6년(기원전 144년)에 官名이 개칭되고, 이후에 內史가 三輔로 나뉘어지면서 확실히 內史는 縣에 대하여 전반적인 영역을 모두 관할하는 '京師지역의 특수한 지방행정조직'으로, 治粟內史는 '전국의 경제를 담당하는 官'으로 명확히 분화되었다. 이후 內史가 三輔로 바뀌면서 京師지역의 모든 영역에서 縣을 관할하는 모습으로 변화되었다.

533 卒史: 秦代 官署名의 屬吏로 地位는 書佐에 비해 조금 높다. 秩은 1百石. 西漢郡國에서는 每郡마다 처음에는 卒史 10人을 두었는데, 후에는 200인으로 증가하였다.

534 書佐: 진한시기에 문서를 주관하는 假佐로 여기에는 主簿(閣下의 사무를 총령, 문서 검토), 門亭長(州正을 주관), 門功曹書佐(選用을 주관), 孝經師(효경 시험을 감독), 月令師(시절의 제사 주관), 律令師(법률 평정), 簿曹書佐(장부 주관) 등이 있고, 또한 매 군국마다 典郡書佐가 1명씩 있어 각각 1郡의 문서를 주관하였다.

535 『史記』 권120 「汲黯列傳」, 3106쪽.

536 『史記』 권53 「蕭相國世家」, 2014쪽. "郡卒史書佐各十人".

537 『後漢書』 志第28, 「百官志」, 3621쪽. "正門有亭長一人. 主記室史. 主錄記書, 催期會. 無令史. 閣下及諸曹各有書佐, 幹主文書(正門에는 亭長 1명이 있다. 主記室史는 글을 기록하는 것(錄記書)과 기한에 맞추어 정령의 실행을 독촉하는 것을 주관한다. 令史는 없다. 閣下 및 여러 曹에는 각기 書佐가 있어 文書를 주관한다)."

【원문】卒史秩百石.(兒寬傳注)

【역문】졸사는 봉록 백석.[538](『한서』「아관전」주)

◉ 營軍司馬中.(趙充國傳, 注如淳引律)

[사마중은 율에서 말하는 바의] 영군사마중이다.[539](『한서』「조충국전」주에서 여순이 율을 인용)[540]

◉ 營軍司空軍中司空各二人.(杜廷年傳, 注如淳引律)

[율에는] 영군사공·군중사공 각각 2인이 있다[541](『한서』「두정년전」주에서 여순이 율을 인용)

◉ 都軍官長史一人.(衛靑傳, 注如淳引律)

[율에는] 도의 군관은 장사 1인을 둔다[542](『한서』「위청전」주에서 여순이 율을 인용)

◉ 都軍官史一人.(史記衛靑傳, 正義引律)

[율에는] 도의 군관은 '사(史)' 1인을 둔다.[543](『사기』「위장군표기열전」주,『정

---

538 『漢書』권58,「兒寬傳」, 2628쪽의 주.

539 司馬: 春秋時代까지는 군사의 최고 지휘관으로, 漢代에는 중앙정부의 최고관의 하나로서 大司馬가 설치되었던 적이 있다. 특별히 군의 최고 지휘관이 장군이 되면, 장군이나 都督의 하급 관리로서의 司馬가 생겨났다. 魏晉南北朝時代 시대에는 公府나 軍府의 幕僚로 長史에 다음가는 정도로서 司馬가 있었다. 수, 당에는 주에도 설치되고 宋 이후에는 없어졌다.

540 『漢書』권69,「趙充國辛慶忌傳」(趙充國傳), "如淳曰:「方見禁止而入至充國莫府司馬中. 司馬中, 律所謂營軍司馬中也.」"

541 『漢書』권60,「杜廷年傳」, 2662쪽, "如淳曰:「律, 營軍司空、軍中司空各二人.」"

542 『漢書』권55,「衛靑傳」의 주, 2477쪽, "如淳曰:「律, 都軍官長史一人.」"; 長史: 秦漢 때 丞相 및 太尉의 속관으로 둔 관직. 또 이와는 별도로 진나라 때의 지방관으로서 군수의 속관으로 이 관직이 설치되기도 했다. 그리고 한나라 때에는 변경에 있는 군의 軍丞(부군수격)으로 이 직위를 두었다. 변경의 군은 「백관표」에 의하면, 長史가 병마를 주관한다.

543 『史記』권111,「衛將軍驃騎列傳」, 2928쪽, "正義律, 都軍官長史一人也."; 史: 한대에는 하급관리의 기본 자격조건으로 일정한 재산과 함께 회계능력과 能書를 요구했는데, 능서란 문자를 읽고 쓰는 식자 능력을 말한다. 서사 능력과 관련된 관리의 자격조건에는 능서와 다른 별도의 자격, 즉 史가 있었다. 『說文解字注』序, "學童十七已上始試, 諷籒書九千字乃得爲吏, 又以八體試之, 郡移太史并

의』에서 율을 인용)

◉ 司空主水及罪人(百官公卿表注如淳引律, 史記灌嬰傳, 注如淳引律)

[율에는] '사공(司空)'은 물과 죄인을 주관한다.[544](『한서』「백관공경표」 주에서 여순이 율을 인용, 『사기』「관영전」 주에서 여순이 율을 인용)

◉ 都水治渠堤水門(百官公卿表, 注如淳引律)

도수(都水)는 수로·제방과 수문을 관리하는 관직명이다.[545](『한서』「백관공경표」 주에서 여순이 율을 인용)

◉ 近塞郡置尉百里一人, 士史尉史各二人, 巡行徼塞(匈奴傳, 注師古引漢律)

[한율에서 말하기를], 변방에 가까운 군은 모두 '위(尉)'를 두는데, 1백리마다 1인을 둔다. '사사(士史)'와 '위사(尉史)'를 각각 2인을 두어 요새를 순행한

課. 最者, 以爲尙書史. 書或不正, 輒擧劾之)";『二年律令』, 474簡. "試史學童以十五篇, 能風(諷)書五千字以上, 乃得爲史. 有(又)以八體試之, 郡移其八體課大(太)史, 大(太)史誦課, 取冣(最)一人以爲其縣令史. 殿者勿以爲史. 三歲壹并課, 取冣(最)一人以爲尙書卒史)."

544 『漢書』 권19상,「百官公卿表」, 730쪽, "屬官有都司空令丞(如淳曰:「律, 司空主水及罪人.」)"; 司空主水及罪人: 司空은『周禮』에 기록된 6官의 하나이며,『한서』의 주에는 水와 罪人을 주관하는 것으로 되어 있다. 刑徒의 관리와 治獄, 治水나 각종 토목공사를 담당하였다. 당시는 관의 공사는 刑徒를 동원해 행해지는 일이 있어 양자의 직무는 밀접하게 관계되어 있었다. 戰國時代부터 漢代의 문헌이나 출토 사료에서는「都司空」·「次司空」(『墨子』),「國司空」(『商君書』),「縣司空」·「邦司空」(『秦律雜抄』),「中司空」·「郡司空」·「宮司空」·「縣司空」(『二年律令』),「獄司空」(『洪範五行傳』) 등의 존재가 기록되고 있고, 지방의 관공서에도 사공이 설치되어 있었던 것이 알려져 있다. 하지만, 전한후기 이후, 치옥과 건축 공사의 역할이 분리하게 되면, 각지에 있던「사공」의 명칭은 점차 이용되지 않게 되어, 후한에 들어와 오로지 삼공의 하나로서 그 명칭이 이용되게 되었다. 御史大夫를 大司空으로 개칭했을 때에도 당초는 司空으로 개칭하려고 해서 나중에 獄司空의 존재가 지적되어 이것과 구별하기 위해서「대」를 덧붙였다고 하는 일화가 남아 있다.『睡虎地秦墓竹簡』司空律에 의하면, 公士 이하 刑罪·死罪를 贖하기 위해 城旦舂에 종사하는 자는 붉은 옷을 입히지 말고 형구를 채우지 말라고 되어 있고, 葆子 이상의 자가 贖刑에서 贖死까지의 형을 노동으로 지불할 경우 官府에서 노동시키고 감독을 하지 않는다고 되어 있다.

545 『漢書』 권19상「百官公卿表」, 731쪽, "治粟內史, 秦官, 掌穀貨, 有兩丞. 景帝後元年更名大農令, 武帝太初元年更名大司農. 屬官有太倉、均輸、平準、都內、籍田五令丞, 斡官、鐵市兩長丞. 又郡國諸倉農監、都水六十五官長丞皆屬焉."

다.546(『한서』「흉노전」주에서 안사고가 한율을 인용)

【원문】 尉大縣二人, 主盜賊, 凡有賊發, 則推尋之.(百官志)

【역문】 큰 현에 위547는 2명을 두어 도적을 담당한다. 무릇 도적이 발생되면, 범인을 수색하여 찾는다.548(『후한서』「백관지」)

⦿ **蹶張士(申屠嘉傳注, 如淳引律, 史記申屠嘉傳注引律同.)**
[율에는] 궐장사[가 있다]549(『한서』「신도가전」주에서 여순이 율을 인용, 『사기』「신도가전」주에서 율을 인용한 것과 동일)

【원문】 如淳曰, 材官之多力, 能脚踏彊弩張之. 師古曰, 今之弩以手張者曰擘張, 以足蹹者曰蹶張.(申屠嘉傳注)

【역문】 여순이 이르기를, [강궁을 다루는] 재관의 큰 힘은 능히 발로 쇠뇌를 당길 수 있다. 사고가 말하기를, "지금 손으로 시위를 당기는 쇠뇌를 '벽장(擘張)'이라고 하고 발로 밟아서 시위를 당기는 쇠뇌를 궐장(蹶張)이라고 한다.550(『한서』「신도가전」주)

【원문】 高祖命天下郡國選能引關蹶張材力武猛者, 以爲輕車騎士材官樓船.(光武紀注引漢官儀)

【역문】 고조가 천하군국에게 명하여 쇠뇌를 당길 수 있는 힘이 강하고 용맹한 자들을 선발하여 군병·기병·보병·수병으로 삼게 했다.551(『후한

---

546 『漢書』 권94상, 「匈奴傳」, 3766쪽. "師古曰: 「漢律, 近塞郡皆置尉, 百里一人, 士史、尉史各二人巡行徼塞也.」"
547 尉: "위로부터 아래를 안정시키는 것을 尉라 일컬으며, 武官들은 모두 尉라 칭했다(應劭曰: 自上安下曰尉, 武官悉以爲稱.)" 尉의 秩은 4백석.
548 『後漢書』 志第28, 「百官志」, 3623쪽. "尉大縣二人, … 尉主盜賊, 凡有賊發, …則推索行尋."
549 『漢書』 권42 「申屠嘉傳」 注, 2100쪽. "如淳曰: 「材官之多力, 能脚踏彊弩張之, 故曰蹶張. 律有蹶張士」"; 蹶張: 발로 쇠뇌를 당겨서 발사하는 사수.
550 『漢書』 권42 「申屠嘉傳」 注, 2100쪽.

서』「광무제기」 주에서『한관의』를 인용)

【원문】 迺爲材官蹶張.(爰盎傳)

【역문】 이에 쇠뇌를 당기는 용맹한 무사가 되었다.[552](『한서』「원앙전」)

● 無害都吏(史記蕭相國世家注引律)

　　[율에는] 무해도리가 있다.[553](『사기』「소상국세가」 주에서 율을 인용)

【원문】 以文無害爲沛主吏掾. 集解云, 有文無所枉害也; 一曰無害者, 如
　　言無比, 陳留間語.[554](史記蕭相國世家)

【역문】 [소하는] 법률에 해박하고 매사 공평하게 일을 처리해서 패현의 공조
　　연(功曹掾)[555]이 되었다. 집해에 이르기를, 법률에 능통해서 남에게 억울
　　한 죄를 주지 않는다. 일왈, 무해자라는 것은 어떤 사람의 능력이 아주
　　뛰어나서 그 사람보다 더 나는 사람이 없다는 뜻과 같은데, 진류의 사화
　　(私話)이다.[556](『사기』「소상국세가」)

【원문】 以湯爲無害. 注、 師古曰, 無害, 言其最深也.(張湯傳)

【역문】 장탕의 재능이 아주 뛰어나다고 생각하였다. 주에 사고가 이르기
　　를, "무해는 어떤 방면에 있어서 가장 뛰어나다는 뜻이다."고 하였다.[557]

---

551 『後漢書』 권1하, 「光武帝紀」 51쪽의 注. "漢官儀曰: 「高祖命天下郡國選能引關蹶張, 材力武猛者,
　　以爲輕車、騎士、材官、樓船, 常以立秋後講肄課試, 各有員數. 平地用車騎, 山阻用材官, 水泉用
　　樓船.」 軍假吏謂軍中權置吏也. 今悉罷之."
552 『漢書』 권49 「爰盎傳」, 2272쪽, "君乃爲材官蹶張".
553 無害都吏: [율에는] 무해도리가 있다;『史記』 권53 「蕭相國世家」 注. 2013쪽, "律有無害都吏"; 無害
　　都吏: 한나라 관직이름. 督郵의 별칭. 법을 공정하게 집행하는 관리로 '公平吏'와 같다.
554 陳: 전에; 間: 이의.
555 『史記』 권53 「蕭相國世家」 注. 2013쪽, "索隱漢書云「何爲主吏」. 主吏, 功曹也"; 掾: 고대 부관과
　　보좌관의 통칭.
556 『史記』 권53 「蕭相國世家」 注. 2013쪽, "集解漢書音義曰:「文無害, 有文無所枉害也. 律有無害都
　　吏, 如今言公平吏. 一曰, 無害者如言「無比」, 陳留間語也.」"
557 『漢書』 권59 「張湯傳」 注, 2638쪽, "師古曰:「大府, 丞相府也. 無害, 言其最勝也, 解在蕭何傳.」"

(『한서』「장탕전」)

【원문】　郡國秋冬遣無害都吏, 案訊所主縣諸囚, 平其罪法, 論課殿最.
注、 無害都吏, 如今言公平吏.(百官志)

【역문】　군국은 추동 때 재능이 아주 뛰어난 관리를 파견해서 수인들을 심
문하여 그 죄행과 법률에 따라 공평하게 판결하고 또 관리의 치적의 우
열을 심사한다. 주에 무해도리는 지금의 공평리(公平吏)와 같다.[558](『후한
서』「백관지」)

【원문】　文吏曉簿書, 自謂文無害, 經戲儒生.(論衡)

【역문】　문리들은 [단지] 부서[559]를 알고 스스로 재능이 아주 뛰어나다고 하면
서 유생을 희롱한다.[560](『논형』)

【원문】　遣都吏循行, 如淳注引律說, 都吏今督郵.(文帝紀)

【역문】　[이천석이] 도리[561]를 파견하여 순행한다. 여순이 『율설』을 인용하여
말하기를, "도리는 지금의 독우가 바로 그것이다."고 하였다.[562](『한서』
「문제기」)

【세주 원문】 按列女羊叔姬傳云, 攘羊之事發都吏至, 是都吏本周制.

【세주 역문】 열녀 양숙희전에 "양을 훔친 사건이 발생하고, 도리가 왔다."고 한다.[563]
도리는 본래 주나라의 관제이다.

---

558 『後漢書』 권28 「百官志」, "凡郡國皆掌治民, … 秋冬遣無害吏案訊諸囚, …"
559 簿書: 재물의 출납 상황을 기록하는 장부.
560 『論衡』 권12 「謝短」, "文吏曉簿書, 自謂文無害, 以戲儒生".
561 都吏: 漢 職官名, 督郵의 別稱.
562 『漢書』 권4, 「文帝紀」, "二千石遣都吏循行(如淳曰:「律說, 都吏今督郵是也.」)".
563 『列女傳』 권10 「晉羊叔姬」, "後二年, 攘羊之事發, 都吏至".

● 矯枉以爲吏(景帝紀注臣瓚引律)

[율에서 이른바] 잘못된 것을 바로잡아 이로써 관리로 삼는다[564](『한서』「경제기」주에서 신찬이 율을 인용)[565]

【원문】 二千石以上告歸, 歸寧道不過行在所者, 便道之官無辭.(馮野王傳注如淳引律)

【역문】 이천석 이상 관리는 고향에 가기 위해 휴가를 받아 귀향하는데,[566] 조근한 후에 가야 하는데, 행재소(行在所)를 지나지 않으면, 황제를 조근하지 않고 즉시 갈 수 있다.[567](『한서』「풍야왕전」주에서 여순이 율을 인용)

【세주 원문】 按文選陸士衡謝平原內史表, 注引如淳漢書注曰, 律二千石以上告歸寧不過行在所者, 便道之官無問也, 與此小異.

【세주 역문】 『문선』의 「육사형사평원내사표」의 주에 여순의 『한서』의 주를 인용해서 말하기를, "율에 이천석 이상 관리는 고향에 가기 위해 휴가를 받아 귀향하는데, 조근한 후에 가야 하는데, 행재소(行在所)를 지나지 않으면, 황제를 조근하지 않고 즉시 갈 수 있다."[568]라고 했는데 이것과는 조금 다르다.[569]

---

564 矯枉以爲吏: "[율에서 이른바] 잘못된 것을 바로잡은 것이 관리이다" 또는 "[율에서 이른 바] 잘못된 것을 바로잡아 이로써 관리로 삼는다" 등으로 해석되는데, 안사고도 『한서』의 조령 내용과 관련하여 이 주석이 옳지 못하다고 언급하였듯이 무엇 때문에 이 주석이 들어가 있는 것인지를 이해하기 어렵다.

565 『漢書』 권5 「景帝紀」 注, "臣瓚曰:「律所謂矯枉以爲吏者也.」"

566 告歸: 휴가를 얻고 귀성한다. 노령으로 사직하고 고향으로 돌아간다.

567 『漢書』 권79 「馮奉世傳」(馮野王)注, "如淳曰:「律, 吏二千石以上告歸歸寧, 道不過行在所者, 便道之官無辭.」"

568 (梁)蕭統 編 (唐)李善 注, 『文選』(文選硏究會, 1983년), 권37, 「表上」, '陸士衡謝平原內史表', 526쪽의 注, "如淳漢書注曰, 律, 二千石以上告歸寧. …"

569 『漢書』 권79 「馮奉世傳」(馮野王)의 注는 "便道之官無辭"로 되어 있는데, 『文選』「陸士衡謝平原內史表」注에는 "便道之官無問也"로 되어 있다. 그러나 의미는 크게 차이가 나지 않는 것 같다.

◉ 吏二千石有予告, 有賜告(高帝紀注孟康引漢律 史記高祖本紀注引漢律
初學記二十引漢律).

리이천석유여고, 유사고[570](『한서』「고제기」주에서 맹강이 한율을 인용, 『사
기』「고조본기」주에서 한율을 인용, 『초학기』권20에서 한율을 인용)

【원문】 賜告, 得去官歸家; 予告, 居官不視事.(史記汲黯傳注)

【역문】 사고는 관직을 떠나 귀가해서 [병을 치료하는] 것이다. 여고는 재직한
채로 일을 하지 않고 휴가를 취하는 것이다.[571](『사기』「급암전」주)

【원문】 李斐曰, 休謁之名, 吉曰告, 凶曰寧.(高帝紀注)

【역문】 이비가 말했다. 휴가[572]의 명칭은 길하면 '고(告)'라고 하고 흉하면
'녕(寧)'이라고 한다.[573](『한서』「고제기」주)

【원문】 孟康曰, 古者名吏休假曰告. 予告者, 在官有功最, 法所當得也. 賜
告者, 病滿三月, 當免, 天子優賜其使得帶印綬, 將官屬歸家治病.(同上)

【역문】 맹강이 말했다. 옛날에 관리에게 휴가를 주는 것은 '고'라고 하였다.
여고라는 것은 관리의 공적이 매우 우수하기 때문에 법으로서 마땅히
얻는 것이다. '사고'라는 것은 병에 걸려서 3개월 되면 직무에서 해임시
켜야 하는 것인데, 천자는 우대해서 휴가를 내리는데, 그에게 관인(官印)
의 끈을 두르고 관속들을 이끌고 집에 들어가서 치료할 수 있게 하였
다.[574](위와 같음)

---

570 "吏二千石有予告, 有賜告": 이천석 관리는 [휴가를 신청할 때] [재직한 채로 일을 하지 않고 휴가를
취하는] 여고와 [관직을 떠나 귀가해서 병을 치료하는] 사고가 있다; 『漢書』 권1 「高帝紀」, 6쪽,
"孟康曰: 「古者名吏休假曰告. 告又音嚳. 漢律, 吏二千石有予告, 有賜告.」"

571 『史記』 권120 「汲黯列傳」, 3107쪽, "集解如淳曰: 『杜欽所謂『病滿賜告詔恩』』也. 數者, 非一也. 或曰
賜告, 得去官歸家: 與告, 居官不視事.」"

572 休謁: 휴가. 알은 고라고 한다.

573 『漢書』 권1 「高帝紀」, 6쪽.

574 『漢書』 권1 「高帝紀」, 6쪽, 孟康曰: 「… 病滿三月當免, 天子優賜其告, 使得帶印綬將官屬歸家治
病.」

【세주 원문】 按葉夢得避暑錄話云, 賜告予告, 孟康解漢書以爲休假之名, 非也. 告者, 以假告於上, 從之而或賜或予, 故因謂之告. 顔師古以爲請謁之言, 是也.

【세주 역문】 섭몽득575의 『피서록화』에 "사고와 여고는 맹강이 『한서』를 해석하면서 휴가의 이름이라고 했는데, 이것은 잘못된 것이다. '고(告)'는 황제에게 휴가를 청하여 허가하면 휴가를 내리거나 주고, 그래서 고라고 한 것이다. 안사고가 '청알(請謁)'이라고 생각하였는데, 이것이 옳다."라고 하였다.

【원문】 懼不自安, 遂病滿三月賜告, 與妻子歸杜陵, 就醫藥. 大將軍(王)鳳, 風御史中丞劾奏野王, 賜告養病, 而私自便, 持虎符出界歸家, 奉詔不敬. 杜欽時在大將軍幕府, 奏記於鳳, 爲野王言曰, 竊見令曰, 吏二千石告過長安謁, 不分別予賜, 今有司以爲予告得歸, 賜告不得, 是一律兩科, 失省刑之意. 夫三最予告, 令也, 病滿三月賜告, 詔恩也, 令告則得, 詔恩則不得, 失輕重之差.(馮野王傳)

【역문】 [이에] 풍야왕은 겁을 먹고 불안해하고 있었는데, 또 병이 났다. 병가 3개월이 이미 찼는데, 또 다시 병가를 청해서 아내와 자녀와 같이 두릉에 가서 병을 치료하였다. 대장군 왕봉576은 어사중승을 시켜서 풍야왕을 탄핵하여 "풍야왕은 휴가를 청해서 요양하면서 자기 안락을 도모하였고, 호부를 가지고 군국을 떠나서 집으로 들어갔는데, 이것은 황제의 조령을 받듦에 불경한 것이다."라고 하였다. 그때 두흠577은 대장군 왕봉의 막부에 있었는데, [그는 평소 풍야왕 부자의 덕행과 재능을 존경하여] 왕봉에게 상주하여 풍야왕을 위해 말했다. "제가 조령을 살펴보았는데, 이천

---

575 葉夢得(1077-1148)은 宋代의 문인으로 字는 少蘊이고, 蘇州吳縣人.

576 王鳳(?-기원전 22년)은 前漢 濟南 東平陵人으로 자는 孝卿이다. 元帝의 황후 王政君의 오빠다. 처음에 衛尉侍中이 되고, 陽平侯을 이었다. 成帝가 즉위하자 大司馬와 大將軍이 되어 尙書事를 맡았다. 王鳳이 정권을 보좌한 11년 동안 왕씨들이 조정을 장악한 것은 그로부터 시작되었고, 나중에 조카 王莽이 한나라를 대신하여 新왕조를 건립했다.

577 杜欽의 字는 子夏로 어려서 經書를 좋아하고, 집안이 부유했으나 한쪽 눈이 보이지 않았다. 茂陵의 杜鄴과 杜欽은 같은 성씨다. 대장군 王鳳이 外戚으로 輔政을 하고 있었는데, 왕씨의 우두머리인 王鳳에게 중용되어 그의 막부에서 활동하였다.

석 관리는 휴가를 청하면, 장안을 지날 때 배알하는데, 여고와 사고가 구별되지 않았습니다. 지금 관부에서는 풍야왕에게 여고를 주고 요양할 수 있다고 했는데, 사고는 허락을 받을 수 없다고 하면, 한 가지 율(律)에 두 가지 과(科)를 두는 것은 형(刑)을 줄인다는 취지와 어긋납니다. 무릇 근무 평정은 세 번 상등을 받는 자[578]에게 여고를 주는 것은 영입니다. 병에 걸리고 3개월 되는 자에게 사고를 주는 것이 황제의 은덕을 주는 조령입니다. 영에 의해 휴가를 받을 수 있는데 조은에 의해 휴가를 받을 수 없다고 하면, 경중의 차별을 잃는 것입니다."고 하였다.[579](『한서』「풍야왕전」)

【원문】 父子俱移病, 滿三月, 賜告.(疏廣傳)

【역문】 숙부와 조카가 모두 병에 걸렸다고 상서하였다.[580] [선제(宣帝)는] 3개월이 지난 후에 다시 휴가를 내렸다.[581](『한서』「소광전」)

【원문】 故事, 公卿病輒賜告, 至永獨得卽時免.(谷永傳)

【역문】 선례에 따라 공경은 병에 걸리면 (황제가)휴가를 하사하는데 곡영[582]은 단지 즉시 면직하였다.[583](『한서』「곡영전」)

【원문】 上廢太子, 誅栗卿之屬, 以綰爲長者, 不忍, 乃賜綰告歸.(衛綰傳)

【역문】 황제가 태자를 폐위하고 율경의 친족도 주살한다. [황제는] 위관[584]이

---

578 三最: 근무 평정할 때 세 번 계속 상등을 받는 것.

579 『漢書』 권79 「馮奉世傳」(馮野王), 3303쪽, "於是野王懼不自安, 遂病, 滿三月賜告, 與妻子歸杜陵就醫藥. 大將軍鳳風御史中丞劾奏野王[三] 賜告養病而私自便. (중략) 欽素高野王父子行能, 奏記於鳳, 爲野王言曰:「竊見令曰, 吏二千石告, 過長安謁, 생략."

580 移病: 윗사람에게 병에 걸린다고 하는 글을 올린다.

581 『漢書』 권71 「疏廣傳」, 3040쪽.

582 谷永의 字는 子雲으로 長安 사람. 원래의 이름은 並이었지만, 樊並이라고 하는 인물이 반란을 일으킨 永始 3年(기원전 14년)에 永으로 개명했다. 아버지 谷吉은 흉노의 邦支單于에게 사자가 되었을 때에 살해당했다.

583 『漢書』 권85 「谷永傳」, 3473쪽, "故事, 公卿病, 輒賜告, 至永獨卽時免."

연장자라고 후히 생각하여 위관을 차마 냉정하게 처리할 수 없어 위관에게 고향으로 돌아가라는 영을 내린다.[585](『한서』「위관전」)

【원문】 永光五年, 潁川水出流殺人民, 吏從官縣被害者, 予告. 注、師古曰, 凡爲吏爲從官, 其本縣有被害者, 皆予休告.(元帝紀)

【역문】 영광 5년(기원전 39년)에는 영천군에 강물이 범람하여 백성이 죽었다. 재해를 입은 각 현 출신으로 수도에 재직하는 관리에게 휴가를 주었다. 주에 사고가 말했다. 관리가 자기 고향에 재해를 입으면 모두 휴가를 준다.[586](『한서』「원제기」)

【세주 원문】 按高帝紀注, 至成帝時, 郡國二千石賜告, 不得歸家, 至和帝時, 予賜皆絶.

【세주 역문】 고제기주에 "성제 때는 군국의 2천석 관리가 휴가를 받아도 고향에 돌아갈 수 없는데 화제 때는 휴가가 모두 없어졌다."[587]고 하였다.

◉ 吏五日得一下沐.(初學記二十引漢律 御覽六百三十四引漢律)

관리는 5일마다 정기 휴가가 있다.[588](『초학기』권20에서 한율을 인용, 『태평어람』권634에서 「한율」을 인용)

【원문】 每五日洗沐歸謁親. 注、文潁曰, 郎官五日一下. 劉奉世曰, 按霍光秉政亦休沐, 然則漢公卿以下皆有休沐也.(萬石君傳)

---

584 衛綰(?-기원전 130년)은 漢의 文帝·景帝·武帝에게 벼슬하여 승상에 이르렀다. 문제는 세상을 떠날 때. 경제에게 衛綰은 연장자이기 때문에 잘 대우하도록 유언했다. 기원전 151년에는 오초를 토벌한 공적으로 建陵侯에 봉해졌다. 景帝後元年(기원전 143년)에는 승상이 되었다.

585 『漢書』권46「衛綰傳」, 2201쪽.

586 『漢書』권9「元帝紀」, 337쪽. "秋, 潁川水出, 流殺人民. 吏、從官縣被害者與告."

587 『漢書』권1「高帝紀」上, 6쪽. "孟康曰:「……, 至成帝時, 郡國二千石賜告不得歸家. 至和帝時, 予賜皆絶.」"

588 『初學記』권20「政理部」, '假' 第6. "吏五日得一下沐, 言休息以洗沐也.";『太平御覽』권634,「治道部」15, '急假', 966쪽; 下沐: 休沐. 고대 관리의 정기 휴가.

【역문】 (석건이)5일마다 있는 정기 휴가 때에 집에 돌아가서 아버지를 뵙는다. 주에서 문영이 말하기를, "낭관은 5일마다 휴가가 있다."고 하였다. 유봉세가 말하기를, "곽광이 집권 시에 정기 휴가를 했었다는 것을 감안하면, 한나라 시대 공경 이하 관리들은 모두 정기 휴가가 있었다."고 하였다.(『한서』「만석군전」)

【원문】 孝景時爲太子舍人, 每五日洗沐.(鄭當時傳)

【역문】 효경시기에 정당시는 태자사인(太子舍人)이었는데, 5일마다 휴가가 있었다.[589](『한서』「정당시전」)

【원문】 晉灼曰, 五日一洗沐.(楊惲傳注)

【역문】 진작이 말했다. 5일마다 하루 휴가가 있다.[590](『한서』「양운전」주)

【원문】 均以父任爲郎, 時年十五, 每休沐日, 輒受業博士.(宋均傳)

【역문】 송균은 아버지의 관직에 따라 낭관을 맡는데 그때 나이가 15세였다. [경서를 좋아해서] 정기 휴가마다 박사에게 수업하였다.[591](『후한서』「송균전」)

【원문】 稜典案其事, 深竟黨與, 數月不洗沐.(韓稜傳)

【역문】 한릉은 [보헌(寶憲)의] 사건 심사를 담당할 때 꼼꼼하게 공범자를 깊게 추궁해서 몇 개월 휴가를 갈 수 없었다.[592](『후한서』「한릉전」)

---

589 『漢書』 권50 「鄭當時傳」, 2323쪽; 鄭當時의 字는 莊으로 西漢의 大臣으로 陳人. 鄭君의 子로 손님을 좋아하여 수도 사방 郊外에 驛馬를 두고 손님을 영접하였다. 漢의 景帝 시에 太子舍人을 역임하였고, 漢의 武帝에 魯中尉 · 濟南郡太守 · 江都相 · 右內史를 역임하였다. 그 후에 大司農 · 丞相長史 · 汝南郡太守 등을 역임하였다.

590 『漢書』 권66 「楊惲傳」 2890쪽, "晉灼曰: 「五日一洗沐也.」"

591 『後漢書』 권41, 「宋均列傳」, 1411쪽, "時年十五, 好經書, 每休沐日."; 宋均(?-76)은 후한 南陽 安衆人으로 字는 叔庠이다. 父인 宋伯은 建武初에 五官中郎將을 역임하였는데, 宋均은 郎이 되었을 때 나이 15세였다. 『시경』과 『예기』에 능통했고, 辰陽長과 河內太守 등을 지냈다.

【원문】 宣出教曰, 蓋禮貴和, 人道尙通, 日至吏以令休, 所繇來久, 曹雖有
公職事, 家亦望私恩意, 掾宜從衆歸, 對妻子, 設酒肴, 請鄰里, 壹笑爲
樂.(薛宣傳)

【역문】 설선이 그들을 깨우쳐서 말하기를, "예의는 화목을 존중하고 사회
의 도덕과 규범은 통하기를 중시한다. 동지 때 관리들이 법률에 따라 휴
가를 하는 것이 그 유래가 오래되었다. 관리는 공무가 있지만 동시에 가
족도 개인적인 은정이 있다. 당신도 다른 관리처럼 집에 들어가서 아내
자녀와 같이 있고 주연을 차리고 동네 사람을 초대하고 같이 유쾌하게
지내라."고 하였다.[593](『한서』「설선전」)

● **不爲親行三年服, 不得選擧.(揚雄傳注應劭引律)**
부모님에게 삼년 상복을 하지 않는 자는 선거를 할 수 없다.[594](『한서』「양웅
전」 주에서 응소가 율을 인용)

【원문】 博士弟子父母死, 予寧三年.(哀帝紀)

【역문】 박사제자의 부모가 죽으면 집에 있으면서 3년 상복을 할 수 있
다.[595](『한서』「애제기」)

【원문】 元初中, 鄧太后詔長吏以下, 不爲親行服者, 不得典城選擧, 時有
上書, 牧守宜同此制, 詔下公卿議者以爲不便.(劉愷傳)

【역문】 원초 중에는 등태후가 조령을 내려 장리 이하 관리들이 부모님을
위해 몸소 상복을 하지 않는 사람은 한 성의 선거를 주관할 수 없다고

---

592 『後漢書』 권45, 「宋均列傳」, 1535쪽, "棱典案其事, 深竟黨與, 數月不休沐."
593 『漢書』 권83, 「薛宣傳」, 3390쪽, "宣出敎曰: 「…日至, 吏以令休,…掾宜從衆, 歸對妻子, …」".
594 『漢書』 권87하, 「揚雄傳」, 3569쪽, "應劭曰: 「漢律以不爲親行三年服不得選擧.」"; 三年服: 고대 봉
건사회의 기본적인 상복 제도. 신하가 군왕을 위해, 자녀가 부친을 위해, 아내가 남편을 위해 삼년
동안 상복을 해야 한다.
595 『漢書』 권11, 「哀帝紀」, 3390쪽.

하였다. 그때 상서하여 목수도 이 조령을 지켜야 한다고 했는데, 천자는 공경에게 조령을 내렸는데, 토론한 사람들이 불편하다고 생각하였다.596 (『후한서』「유개전」)

【세주 원문】 按陳忠傳, 元初三年, 有詔大臣得行三年喪, 建光中, 尙書復奏請絶告寧之典, 如建武故事, 著於令. 劉愷傳云, 舊制二千石刺史, 不得行三年喪, 由是內外衆職, 並廢喪禮, 是終漢之世, 士人小吏得行三年喪, 大臣二千石例不得行也. 通典引後魏律, 居三年喪而冒哀求仕者, 制五歲刑, 唐律冒哀求仕者, 徒一年.

【세주 역문】 『후한서』「진충전」에 원초 3년(115년) 때 대신들이 상복을 삼년 할 수 있다는 조령을 내렸다. 건광(建光) 중에 상서가 다시 상주하는데, 고녕(告寧)의 제도를 없애고 건무(建武) 시기의 제도를 회복해야 한다고 하여 [드디어] 법령에 기록되었다.597 『후한서』「유개전」에 이르기를, 종전의 제도[를 따라] 2천석과 자사는 삼년상을 할 수 없었다. 이로 말미암아 조정 내외에 각 관원이 모두 상례를 폐지하는데598 이것이 한나라 시대에서 마치게 되었다. 사인(士人)와 소리(小吏)들이 삼년상을 할 수 있지만 대신과 2천석은 삼년상을 할 수 없다. 『통전(通典)』은 후위율을 인용하여 "삼년상을 하고 있는 사람이 애통함을 무릅쓰고 관직을 구한 경우에는 5년형에 처한다"599고 하였다. 당률에는 "服喪 기간인데도 애통함을 무릅쓰고 관직을 구한 경우에는 1년형에 처한다"600고 한다.

---

596 『後漢書』 권39, 「劉般傳附劉愷列傳」, 1307쪽; 元初: 東漢 安帝의 두 번째 연호로 114년~120년의 7년간 사용되었다.; 長吏: 장리 이상의 관직에 나가기 위해서는 선거를 거쳐 郎中에 임명되어야 했다. 한의 관직 등급은 石이라는 단위로 구분. 그 수치는 연봉으로 지급되는 곡물의 양을 의미하는데, 실제 그만큼의 봉록을 받았던 것은 아니며, 월봉으로 지급하였다. 관위는 보통 2천석 이상, 600석 이상, 200석 이상, 100석 미만의 4등급으로 나뉜다. 2천석은 각 관청의 관장급이며, 6백석 이상은 후대의 5품관에 해당한다.

597 『後漢書』 권46, 「郭陳列傳」(陳忠), 1560쪽, "元初三年有詔, 大臣得行三年喪, … 至建光中, 尙書令祝諷、尙書孟布等奏, 以爲「孝文皇帝定約禮之制, 光武皇帝絶告寧之典, 貽則萬世, 誠不可改. 宜復建武故事」"; 建光: 東漢 安帝의 네 번째 연호로 121년~122년 기간 중 사용되었다; 告寧: 吉事나 凶事가 있을 때 관리가 휴가를 얻어 귀성하는 제도; 建武: 東漢 황제 光武帝 劉秀의 첫 번째 연호이자 동한의 첫 번째 연호로 서기 25년~56년의 32년간이다.

598 『後漢書』 권39, 「劉般傳附劉愷列傳」, 1307쪽, "舊制, 公卿、二千石、刺史不得行三年喪, 由是內外衆職並廢喪禮."

599 『通典』 권100, 「禮」60 '沿革', 2659쪽.

◉ 祠宗廟丹書告.(說文糸部引漢律)

　　종묘에 제사를 지내고 단서로 뵙고 청한다.[601](『설문해자』 사부에서 한율을
　　인용)

◉ 祠祀司命(說文示部, 引漢律)

　　'사명(司命)'을 제사지낸다.[602](『설문해자』 시부에서 한율을 인용)

【원문】 師古曰, 司命、 文昌第四星也.(郊祀志注)

【역문】 사고가 말했다. 사명은 문창궁의 네 번째 별이다.[603](『한서』 「교사지」 주)

【원문】 今民間獨祀司命, 刻木長尺二寸, 爲人像, 行者擔篋中, 居者別作
　　　　小屋, 齊地大尊重之.(風俗通)

【역문】 지금 민간에서 사명만 제사를 지내는데 길이가 2촌 있는 나무로 사
　　　　람의 모양을 만든다. 행자는 작은 상자 속에 두고, 거자는 작은 집을 별
　　　　도로 짓고 있는데, 제지에서는 크게 존중하고 있다.[604](『풍속통의』 「사명」)

◉ 見姅變不得侍祠(說文女部引漢律 史記五宗世家注引漢律)

　　월경 중이면 제사를 지내는 것에 참여할 수 없다.[605](『설문해자』 여부에서 한
　　율을 인용, 『사기』 「오종세사」 주에서 한율을 인용)

【원문】 齋日內有汚染, 解齋.(禮儀志)

---

600 『唐律疏議』 第121條, 職制 31 '府號官稱犯名', 206쪽.

601 『說文解字注』, 糸部 '繪'字, 648쪽.

602 『說文解字注』, 示部 '祇'字에서 한율을 인용, 5쪽; 司命: 사람의 생명을 담당하는 별인 文昌宮에 지
　　내는 제사. 군주가 백성을 위하여 지내는 제사 중의 하나.

603 『漢書』 권25상, 「郊祀志」, 1211쪽, "師古曰: '堂下, 在堂之下. 巫先, 巫之最先者也. 司命, 說者云文
　　昌第四星也'."

604 『風俗通義校注』(北京, 中華書局, 1981) 권8, 「司命篇」, 384쪽.

605 『說文解字注』, 女部 '姅'字에서 한율을 인용, 626쪽; 『史記』 권59, 「五宗世家」 注, 2100쪽, "漢律云
　　「見姅變, 不得侍祠」"

【역문】 재계하는 날에 더러운 것이 있으면 재계를 해제한다.(『후한서』「예의지」)

⦿ 稻米一斗, 得酒一斗, 爲上尊. 稷米一斗, 得酒一斗, 爲中尊. 粟米一斗, 得酒一斗, 爲下尊.(平當傳注如淳引律 御覽二百四引斗作斞)
　도미 1두로 술 1두를 만들 수 있는데 '상존(上尊)'이라고 한다. 직미 1두로 술 1두를 만들 수 있는데 '중존(中尊)'이라고 한다. 속미 1두로 술 1두를 만들 수 있는데 '하존(下尊)'이라고 한다.[606](『한서』「평당전」 주에서 여순이 율을 인용, 『태평어람』에서는 두(斗)를 두(斞)라고 하여 여순의 주를 인용)

【원문】 事酒, 酌有事者之酒, 其酒則今之醳酒也. 昔酒, 今之酋久白酒, 所謂舊醳者也. 淸酒, 今中山冬釀接夏而成.(周禮天官酒正注)

【역문】 사주라는 것은 일이 있을 때 마시는 술이다. 그 술은 바로 지금의 역주이다. 석주라는 것은 이미 오래 익은 백주인데 구역자이다. 청주라는 것은 산중에 겨울 때 양조해서 다음 돌아오는 여름에 걸쳐 만드는 술이다.[607](『주례』「천관」 '주정' 주)

【원문】 賜養牛上樽酒十斛.(劉隆傳)

【역문】 기른 소와 상존주 10곡을 하사했다.[608](『후한서』「유륭전」)

【원문】 丞相有病, 皇帝法駕親至問疾, 及瘳視事, 則賜以養牛上尊酒.(御覽二百四引漢舊儀)

【역문】 승상이 병에 걸리면, 황제께서 법가[609]를 타고 몸소 승상의 집에 가

606 『漢書』 권71「平當傳」注. 3051쪽. "律. 稻米一斗得酒一斗爲上尊. 稷米一斗得酒一斗爲中尊. 粟米一斗得酒一斗爲下尊."; 『太平御覽』 권204.「職官部2」. 11쪽.
607 『周禮正義』 권9「天官冢宰」'酒正'의 注. 347쪽.
608 『後漢書』 권22「劉隆列傳」. 781쪽.
609 法駕: 天子의 車駕의 일종. 天子가 타는 거가는 大駕·法駕·小駕의 3종류가 있다.

서 병문안을 한다. 병이 낫고 근무한다. 양우와 상존주를 내려 준다.[610]
(『태평어람』권204에서 『한구의』를 인용)

【세주 원문】 按晉書劉弘傳, 酒用麴米而優劣三等. 齊民要術造粱米酒法, 春夏秋冬
四時皆得作. 笨麴一斗, 殺米六斗, 大率一石米用水三斗. 又穄(按卽稷)米酎法, 笨
麴不一斗, 殺米六斗, 計六斗米用水一斗, 一石米不過一斗. 醴粟米酒法, 惟正月得
作, 餘月悉不成, 用笨麴, 不用神麴. 大率麴米一斗, 水八斗, 殺米一石, 四酘畢, 四
七二十八日酒熟, 貧薄之家所宜用之.

【세주 역문】 『진서』 「유홍전」에 "술을 만들 때 사용하는 국미는 품질에 따라 3등급으
로 나눈다."[611]고 하였다. 『제민요술』의 양미주(粱米酒)를 만드는 방법에 따르면 춘
하추동 사계절에 다 술을 만들 수 있다.[612] 분국(笨麴)[613] 1두, 곡미[614] 6두, 대략 쌀
을 1석에 물을 3두 사용한다. 또 직미(稷米)[615]의 양조 방법으로 1두를 넘지 않고, 곡
미는 6두로, 쌀을 6두 사용하면 물을 1두 사용하는데 쌀 1석은 1두에 지나지 않는다.
조속미(醴粟米)의 주법에 따라 정월만 만들 수 있는데 다른 달에 만들 수 없다. 분국
(笨麴)을 사용하고 신국(神麴)을 사용하지 않는다. 대략 국미 1두, 물 8두, 쌀 2석을
사용해서 사두[616]가 끝난 후 이십팔일이 지나면 술이 됐는데 가난하는 집이 사용하
기에 적절하다.

● 會稽獻蘺一斗.(說文艸部引漢律)
회계헌묘일두.[617](『설문해자』초부에서 한율을 인용)

---

610 『太平御覽』권204 「職官部2」, 12쪽.
611 『晉書』권66 「劉弘傳」. "酒室中云齊中酒、聽事酒、猥酒, 同用麴米, 而優劣三品".
612 이하는 모두 (後魏)賈思勰 撰, 『齊民要術』권6, 「幷酒」第66에 의한다.
613 笨麴: 소맥을 사용하여 만든 주국이다.
614 殺米: 곡미.
615 稷米: 겉피를 찧어 겉겨를 벗긴 쌀.
616 四酘: 반복하여 네 번 빚은 술.
617 會稽獻蘺一斗: 회계군은 묘를 1두 바친다. 蘺: 蘻와 같다.

◉ 會稽獻薿.(禮記內則注引漢律)

회계헌의.[618](『예기』「내측」주에서 한율을 인용)

◉ 會稽郡獻鮚醬三斗.(說文魚部引漢律)

회계군헌길장삼두.[619](『설문해자』어부에서 한율을 인용)

◉ 會稽獻鮚醬二升.(御覽九百四十一引漢律)

회계헌길장이승.[620](『태평어람』권941에서 한율을 인용)

【세주 원문】 按此二條, 必有一誤. 說文解字無三斗字, 玉海漢制考有之. 說文校議云, 升爲斗之誤. 逸周書王會解載伊尹四方獻令, 正東以鰂醬爲獻. 蓋古有是制, 漢特著爲律耳.

【세주 역문】 이 두 개의 조문에 의하면 반드시 하나는 잘못된 것이다. 설문해자에 삼두라는 글자가 없는데『옥해』『한제고』에는 있다. 『설문교의』에 이르기를,[621] 승은 두의 잘못이라고 하였다. 『일주서』의 「왕회해(王會解)」에 있는 '이윤사방헌령(伊尹四方獻令)'에 의하면, "정동(正東)에서는 길장을 바쳤다."[622]고 하였다. 대개 옛날부터 있는 제도인데 한나라 때에 특히 이를 기록하여 율이라고 하였다.

◉ 皮幣率鹿皮, 方尺直金一斤.(史記孝武本紀注引漢律)

피폐는 보통 사슴가죽으로 만든 것인데, 사방 1척 정도는 값이 황금 1근이다.[623](『사기』「효무본기」주에서 한율을 인용)

---

618 『禮記集解』권27, 「內則」, 749쪽; 會稽獻薿: 회계군은 의를 바친다.; 薿: 식수유, 머귀나무.

619 會稽郡獻鮚醬三斗: 회계군은 길장을 3두 바친다. 鮚醬: 조개로 만드는 장이다.

620 『太平御覽』권941 「鱗介部13」, 553쪽; 會稽獻鮚醬二升: 회계는 길장을 2승 바친다.

621 청대 許愼의 『說文解字』에 대한 연구는 '說文學'으로 불릴 만큼 독자적 학문으로서의 위상을 가지게 되었는데, 嚴可均의 『說文校議』는 『說文解字』에 대한 교감과 고증으로 淸代 '說文學'의 대표적 성과로 뽑히고 있다.

622 『逸周書』(程榮 編輯, 『漢魏叢書』, 吉林大學出版社, 1992) 권7, 「王會解」 제59, 286쪽.

623 『史記』권12 「孝武本紀」, 457쪽의 주, "又漢律皮幣率鹿皮方尺, 直黃金一斤."

◉ 賜衣者縵表白裏.(說文糸部引漢律)

윗도리를 사여하는 경우에는 무늬없는 비단을 겉감으로 하고 흰 비단을 안감으로 한다.[624](『설문해자』사부에서 한율을 인용)

【원문】 素沙者, 今之白縛(今作絹)也. 六服皆袍制, 以白縛爲裏, 使之章顯. 疏, 擧漢法而言, 謂漢以白縛爲裏, 似周時素沙爲裏耳.(周禮天官內司服注)

【역문】 소사는 지금의 흰 비단이다. 6복은 모두 포의 양식으로 만드는데 흰 비단으로 안감으로 하여[그 6복을] 두드러지게 하는 것이다.[625] 소에 한법을 들어 말하기를, "한나라 시대에 흰 비단을 안감으로 하는 것은 주나라 시대에 소사를 안감으로 하는 것과 비슷하다"고 하였다.[626](『주례』「천관」'내사복' 주.)

◉ 綺絲數謂之絩, 布謂之總, 綬組謂之首.(說文糸部引漢律)

기사수위지조, 포위지총, 수조위지수.[627](『설문해자』사부에서 한율을 인용)

【원문】 乘輿黃赤綬五百首, 諸侯王赤綬三百首, 相國綠綬二百四十首, 公侯將軍紫綬百八十首, 九卿, 中二千石, 二千石靑綬百二十首, 千石, 六百石黑綬八十首, 四百石, 三百石, 二百石黃綬六十首.(輿服志)

【역문】 황제의 수는 황적색이고 규정 계수는 5백수이다. 제후왕의 수는 적

---

624 『說文解字注』, 糸部 '縵'字에서 漢律을 인용. 649쪽; 縵: 도안이나 무늬가 없는 견직물; 『二年律令』 282簡. "윗도리(겉옷 衣)를 사여하는 경우 6장 4척에 그 테두리 장식은 5척이며 (안에 넣는) 솜은 3근이다. 속저고리(속옷 襦)는 2장 2척에 그 테두리 장식은 1장이며 (안에 넣는) 솜은 2근이다(賜衣者六丈四尺、緣五尺、絮三斤, 襦二丈二尺、緣丈、絮二斤)."

625 『二年律令』 282簡-283簡, "五大夫以上錦表, 公乘以下縵表, 皆帛裏(오대부 이상은 채색 무늬 비단으로 겉을 하고 공승 이하는 무늬 없는 비단으로 겉을 하는데 모두 흰 비단으로 안감을 한다)." 『二年律令』 285簡, "官衣一, 用縵六丈四尺, 帛裏, 毋絮; 常(裳)一, 用縵二丈(관복의 윗도리 하나는 무늬 없는 비단 6장 4척을 사용하고 흰 비단으로 안감을 하며 솜은 하지 않는다)."

626 『周禮正義』 권15 「天官冢宰」'內司服'의 注, 577쪽.

627 『說文解字注』, 糸部 '絩'字에서 漢律을 인용, 648쪽; "綺絲數謂之絩, 布謂之總, 綬組謂之首": 비단의 실 수효를 '絩'라고 하고 포는 總이라고 하고, 수ㆍ조의 系數단위를 '首'라고 한다.

색이고 3백수이다. 상국의 수는 녹색이고 계수는 2백4십수이다. 공후와
장군의 수는 자색이고 1백8십수이다. 구경·중2천석·2천석의 수는 청
색이고 1백2십수이다. 1천석·6백석의 수는 검은색이고 8십수이다. 4백
석·3백석·2백석의 수는 노란색이고 6십수이다.[628](『후한서』「여복지」)

⊙ **船方長爲舳艫.(說文舟部引漢律)**
선장[629]을 축로(舳艫)[630]라고 한다.[631](『설문해자』 주부에서 한율을 인용)

⊙ **畩田茠艸.(說文田部引漢律)**
전을 관개하고 제초한다.[632](『설문해자』 전부에서 한율을 인용)

⊙ **簞, 小筐也.(說文竹部引漢律令)**
'단(簞)'은 대나무나 갈대로 만든 자리로 작고 네모진 형태의 상자이다.[633]
(『설문해자』 죽부에서 한율을 인용)

⊙ **籞(宣帝紀注蘇林引律 折竹以繩綿連, 禁禦使人不得往來, 律名爲籞.)**
어[634](선제기 주 중에 소림이 율을 인용. 대나무를 절단하고 그것을 승면(繩綿)으
로 연결해서 [통행을] 금지해서 사람들이 왕래할 수 없게 하는데 율명은 '어(籞)'
이다.)

【원문】 詔池籞未禦幸者, 假與貧民. 注服虔曰, 籞在池水中作室, 可用棲

---

628 『後漢書』志 第30 「輿服志」, 3675–3676쪽.
629 船方長의 方은 舫의 通假字로 '方長'은 곧 '舫長'이다. 따라서 船方長은 船長을 의미한다(早稻田大
　　學簡帛硏究會, 「張家山漢墓竹簡二四七號漢墓竹簡譯注(二)—二年律令譯注(二)—」『長江流域文化硏
　　究所年報』2 ,2003).
630 舳艫: 선두와 선미의 의미인데, 여기서는 선장.
631 『說文解字注』舟部 '舳'字에서 漢律을 인용, 403쪽.
632 『說文解字注』艸部 '畩'字에서 漢律을 인용, 695쪽.
633 『說文解字注』田部 '簞'字에서 漢律을 인용, 192쪽.
634 『漢書』권8 「宣帝紀」, 249쪽. "蘇林曰:「折竹以繩綿連禁禦, 使人不得往來, 律名爲籞.」"

鳥, 鳥入中則捕之. 應劭曰, 籞者, 禁苑也. 臣瓚曰, 籞者所以養鳥也, 設爲藩落, 周覆其上, 令鳥不得出, 猶苑之畜獸, 池之畜魚也.(宣帝紀)

【역문】 조서를 내리기를, "오랫동안 사용하지 않는 못과 금원[635]은 가난한 사람들에게 빌려주어라."고 하였다. 주에서 복건이 말했다. 금원은 못에 실(室)을 만드는데 새들이 서식할 수 있도록 했는데, 새가 이 안에 들어가면 잡는다. 응소가 말했다. 어는 금원이다. 신찬이 말했다. 어는 새를 기를 수 있는 곳이다. 울타리를 만들어서 그 위를 덮어서 새가 나올 수 없어 마치 원에서는 키우는 가축, 못 안에서 기르는 물고기와 같다.[636] (『한서』「선제기」)

【원문】 嚴籞池田. 注、蘇林曰, 嚴飾池上之屋.(元帝紀)

【역문】 금원에 있는 은폐물과 지전. 주, 소림에 이르기를, "못 위의 가옥과 땅을 위장한 장식물이다."고 하였다.[637](『한서』「원제기」)

【세주 원문】 按魏志卷二注, 載文帝令曰, 池苑所以御災荒, 設禁非所以便民, 其除池籞之禁. 是漢時原有是禁, 至魏乃除也.

【세주 역문】 『삼국지』「위서」권2의 주에 문제령(文帝令)이 실려 있는데, 말하기를, "지원(池苑)은 재해와 기근을 막을 수 있는데, [지원의] 금을 설정하여 백성에게 불편을 주어서 지원의 금을 없앤다."[638]고 하였다. 이것은 한나라 시대의 금령인데 위나라 시대에 없앤 것을 의미한다.

⊙ 使節稱漢.(通典八十四魏劉劭皇后銘旌議引漢律)
    사자가 소지한 '부절(符節)'은 '한(漢)'을 새긴다.[639](『통전』권84에서 위 유소황

---

635 禁苑: 금원은 황제가 수렵하거나 유람하는 장소. 천하의 동물과 식물이 모인 소우주.
636 『漢書』권8「宣帝紀」, 249쪽, "池籞未御幸者, 假與貧民"에 대한 注.
637 『漢書』권9「元帝紀」, 282쪽, "蘇林曰:「嚴飾池上之屋及其地也.」"
638 『三國志』권2『魏書』2「文帝紀」, 58쪽.
639 『通典』권84,「禮」44 '凶禮6', '設銘', 2274쪽; 使節稱漢: 사자가 소지한 符節은 한을 새긴다. 이 구

후의 명정을 논의할 때에 한율을 인용)

【원문】 如今時使者持節矣.(周禮春官典瑞注)

【역문】 지금 사자가 부절을 소지한 것과 같다.[640](『주례』「춘관」'전서' 주)

【원문】 今漢使者擁節.(禮記玉藻注)

【역문】 지금 한나라의 사자는 부절[641]을 가진다.[642](『예기』「옥조」주)

【원문】 節以毛爲之, 上下相重, 取象竹節, 將命者持之以爲信.(高帝紀注)

【역문】 절은 털로 만드는데 상하를 중첩하여 죽절의 모양과 비슷하게 만든다. '영(令)'을 가진 자는 절을 가져야 그의 신분을 인정받을 수 있다.[643]

절은 『通典』권84,「禮」44 '凶禮6', '設銘'에 인용된 漢律로 먼저 殷周 시기 銘旌 방법을 설명한 후, 魏 明太后의 銘旌에 어떻게 기록할 것인지를 논의한 내용인데, 繆襲은 은주 이래 銘旌에 국호를 쓰지 않았다고 하며 명태후의 銘旌에 국호인 '魏'를 쓸 수 없다고 주장한 반면에 劉劭는 마땅히 명태후의 銘旌에 국호인 '魏'를 쓰고 姓를 쓰면 안 된다고 주장하였다. 그는 漢律에 따르면 使者의 節은 漢을 새기고[稱], 지금 魏의 사자의 節 역시 魏를 새기며, 2천석관의 모든 竹使符도 魏를 새긴다는 점을 근거로 들었다. 즉 銘旌에 死者의 관위나 성명을 어떻게 표기하느냐의 문제인데, 그럴 때 국호를 '稱'하느냐, 관위나 姓字를 '稱'하느냐 하는 예제 논쟁이라 할 수 있다. '稱'의 字意로 보면 '칭호, 칭하다' 등으로 해석해야겠지만, 문맥상 使者의 節에 漢이라는 국호를 표기했다는 의미로 보인다. 즉, 銘旌에 死者의 국호를 표기하듯 漢·魏에서 사용한 使者의 節에 각각 국호를 사용했다는 뜻으로 해석할 수 있겠다.

640 『周禮正義』권39,「春官宗伯」, '典瑞'注, 1594쪽.
641 符節: 符節이란 중국에서는 제후나 사신이 가지고 다니던 물건으로 둘로 갈라 하나는 조정에 두고 하나는 본인이 가지고 신표로 쓰다가 후일 서로 맞추어 봄으로써 증거로 삼는 것이다. 符節은 符信을 의미하는 일반 명사이지만, 漢代의 경우 그 성격이 엄밀하게 구분된다. 일반적으로 '符'는 양분하여 지니고 있다가 증빙할 때 서로 맞춰보는 형태이다. 다만 漢代와 달리 전국시대 관련 기록에는 符와 節이 명확하게 구분되지 않고 때로 혼용되기 때문에 후대와 같이 그 차이를 구분하기 어렵다.
642 『禮記集解』(『十三經淸人注疏』, 中華書局, 1989) 권30,「玉藻」, 818쪽.
643 『漢書』권1상「高帝紀」, 23쪽, "師古曰:「… 取象竹節, …, 將命者持之以爲信.」"; 符節에 대하여는 『周禮』「掌節」에 자세히 설명되어 있다(『周禮注疏』권15,「掌節」, 386~387쪽, "掌守邦節而辨其用 以輔王命. 守邦國者用玉節守都鄙者用角節. 凡邦國之使節山國用虎節土國用人節澤國用龍節皆金 也以英蕩輔之. 門關用符節貨賄用璽節道路用旌節皆有期以反邦. 凡通達於天下者必有節以傳輔之. 無節者有幾則不達."). 이에 의하면, 符節은 용도에 따라 크게 세 종류로 나눌 수 있다. 첫째 제후국이나 都鄙를 지키는 자가 사용하는 節, 둘째 제후국의 使臣이 출사할 때 사용하는 節, 셋째, 門·關·道路를 통행할 때 사용하는 節이다. 제후국이나 都鄙를 지키는 자는 권한을 상징하는 증표로

(『한서』「고제기」주)

【원문】 征和元年, 更節加黃旄.(武帝紀)

【역문】 정화 원년(기원전 92년)에는 절의 모양을 변경하는데 황색 야크의 꼬리털이 더해졌다.[644](『한서』「무제기」)

【원문】 節所以爲信, 以竹爲之, 柄長八尺, 以旄牛尾爲其眊三重.(光武紀注)

【역문】 절은 증거물로 삼는 바인데,[645] 대나무로 만든다. 자루의 길이가 8척으로 야크의 꼬리로 부절 끝에 부쳐서 3번 겹친다.[646](『후한서』「광무제기」주)

◉ **鑄僞黃金棄市.(楚元王傳注、如淳引律)**

[율에], 위조황금을 주조하면 기시이다.[647](『한서』「초원왕전」주에서 여순이 율을 인용)

【원문】 中六年, 定鑄錢僞黃金棄市律. 注、應劭曰, 文帝五年, 聽民放鑄律尙未除, 先時多作僞金, 終不可成, 而徒損費, 轉相誑耀, 窮則起爲盜賊, 故定其律也.(景帝紀)

【역문】 소제 시원 6년에는 "위조황금을 주조하면 기시에 처한다."는 법률

서 玉節 혹은 角節을 사용하고, 出使하는 使臣은 방문국의 성격에 따라 다른 형태로 주조한 節과 문자가 새겨진 竹箭을 보조로 소지한다. 門・關・道路를 통행할 때는 각각 符節과 旌節을 사용하되, 화물의 출입은 璽節을 사용한다. 이러한 각종 節은 외지로 나가 이동하는 자가 자신의 신분과 용무를 증명하기 위한 神物에 해당하고, 竹箭이나 傳은 節을 보조하여 보다 구체적인 내역을 밝히는 데 사용한다(宋眞, 「戰國時代 邊境의 출입자 관리와 符節」, 『中國古中世史硏究』 27, 2012, 22쪽).

644 『漢書』 권6 「武帝紀」, 209쪽.
645 『說文解字注』 竹部 '符'字下, 191쪽, "符, 信也. 漢制以竹, 長六寸, 分而相合."
646 『後漢書』 권1 「光武帝紀」, "漢官儀曰: 10~11쪽, 節, 所以爲信也. 以竹爲之, 柄長八尺, 以旄牛尾爲其眊三重".
647 『漢書』 권36 「楚元王傳」, "如淳曰:「律, 鑄僞黃金棄市也.」"

을 제정하였다. 주에서 응소가 말했다. 문제 5년에 "[전을 몰래 주조하는 것을 금한다는 법령을 없애고] 백성으로 하여금 전을 자유롭게 사주할 수 있게 하도록 하는 율"을 아직 없애지 않았는데, 전에 위금(僞金)을 많이 만들었으나 끝내 이룰 수 없어서 헛되이 비용을 낭비하고 서로 속이고 미혹하다가[648] 곤궁하면 일어나서 도적으로 되었다. 때문에 그 율[649]을 제정하게 되었다.[650](『한서』「경제기」)

【원문】 元狩五年, 嗣侯樂買之坐鑄白金棄市.(功臣表)

【역문】 원수 5년에 신양후(愼陽侯) 악매지가 백금을 주조한 죄를 받아 기시에 처해졌다.[651](『한서』「공신표」)

【원문】 吏劾更生鑄僞黃金, 繫當死.(劉向傳 漢書注校補云, 此比例之誤也, 當時鑄作黃金不成, 事本創見, 無科罪專條, 漢律惟有鑄僞黃金棄市之語, 故吏引以爲比, 遂成死罪. 刑法志云所欲陷則予死比, 此則直予死比也).

【역문】 담당관리가 경생이 위조황금을 주조하였기 때문에 구속하여 죽여야 한다고 탄핵하였다.[652](『한서』「유향전」 『한서주교보』에서 이르기를, "이것은 비례의 잘못이다. 당시에는 황금의 주전은 없었으므로 [이와 관련된] 사건이 처음으로 보인다. [따라서] 죄를 적용할 수 있는 규정이 없다. 한율에는 오직 위조황금을 주조하면 기시에 처한다는 말만 있는데 이 때문에 관리가 이것을 인용하여 비부하였고 드디어 사죄의 하나가 되었다."고 하였다. 『한서』「형법지」에서 이르기를, "죽이고자 하면 판결 사례에 비부(比附)하여 사죄를 만들었다."[653]고 한다. 이것이 바로 판결 사례에 비부하여 사죄를 만든 것이다.

---

648 誑耀: 기만과 미혹.
649 위조황금을 주조하면 기시에 처한다는 율.
650 『漢書』 권5, 「景帝紀」, 148쪽, "定鑄錢僞黃金棄市律. 應劭曰: 「文帝五年, 聽民放鑄, (생략)」".
651 『漢書』 권16, 「高惠高后文功臣表」, 598쪽, "元狩五年, 坐鑄白金, 棄市."
652 『漢書』 권36, 「楚元王劉交」, 1929쪽.
653 『漢書』 권23, 「刑法志」, 1101쪽.

【원문】 太史試學童, 能諷書九千字以上, 乃得爲史. 又以六體試課最者, 以爲尙書御史, 史書令史. 吏民上書, 字或不正, 輒擧劾.(藝文志引蕭何律)

【역문】 태사가 학동에게 시험해서 9천자 이상을 외우고 쓸 수 있으면 사654로 임용될 수 있다. 또 6체655로 시험을 보는데, 성적이 제일 좋은 자를 상서(尙書), 어사(御史), 사서영사(史書令史)로 삼는다. 관리, 백성이 상서하는데, 글자가 바르지 않으면 적발하여 탄핵한다.656(『한서』 「예문지」에서 소하율을 인용」)

【원문】 學僮十七已上, 始諷籀書九千字, 乃得爲史, 又以八體試之, 郡移太史並課, 最者, 以爲尙書史, 書或不正, 輒擧劾之.(說文敍引尉律)

【역문】 [위율(尉律)]. 학동(學僮) 17세 이상 비로소 고시(考試)한다. 서(書) 9천자를 외우면, 사(史)가 될 수 있다. 또 8체(八體)로써 그들을 고시한다. 군(郡)은 태사(太史)에 옮겨서 아울러 과(課)한다. 고시 성적 최우수자는 상서사(尙書史)로 임용한다. 서(書)에 혹 부정한 것이 있으면, 그 잘못을 열거한 후에 탄핵한다.(『설문해자』 '서'에서 위율을 인용)

【세주 원문】 按困學紀聞云, 說文敍尉律試八體, 亡新使甄豐等改定古文, 時有六書. 書正義亦云秦有八體, 亡新六書. 藝文志謂以六體試之, 六體非漢興之法, 當從說文敍改六爲八. 考魏書江式傳, 秦有八體, 漢興有尉律, 學以八體試之, 亡新居攝, 使

---

654 본래 『說文・序』의 '乃得爲吏'로 되어 있는 부분을 『說文』 段注에서 '吏'를 '史'로 교정했었는데, 『二年律令』「史律」에서 '乃得爲史'로 되어 있어 단주의 지적이 정확하였음이 확인되었다.

655 六體: 古文・奇字・篆書・隸書・繆篆・蟲書.

656 『漢書』 권30, 「藝文志」, 1721쪽, "太史試學童, … 又以六體試之, 課最者以爲尙書御史史書令史. …" 『二年律令』 475–476簡, "試史學童以十五篇, 能風(諷)書五千字以上, 乃得爲史. 有(又)以八體試之, 郡移其八體課大(太)史, 大(太)史誦課, 取冣(最)一人以爲其縣令史, 殿者勿以爲史. 三歲壹幷課, 取冣(最)一人以爲尙書卒史(사의 학동은 15편을 시험 보는데, 5천자 이상을 외우고 쓸 수 있으면 사로 임용할 수 있다. 또 8체를 시험 보는데, 군은 그 시험 본 8체를 태사에게 보내 심사받는다. 태사는 (각 군에서 보내온 8체를) 함께 평가해서 가장 뛰어난 1인을 취하여 그 현의 영사로 삼고 가장 못한 사람은 사로 임용하지 않는다. 3년 동안의 시험결과를 모두 합쳐서 평가해서 가장 뛰어난 1인을 취하여 상서졸사로 삼는다)."

大司空甄豐校文字之部, 頗改定古文, 時有六書, 此卽王氏之說所本.

【세주 역문】『곤학기문』[657]에 "『설문해자』「서」에 위율에서 8체로 시험을 본다고 하였는데, 왕망이 섭정하면서[658] 견풍 등을 시켜 고문을 개정하여 그때 6서였다고 하였다.『정의』또한 이르기를, "진에 8체가 있는데 왕망이 섭정할 때 6서가 있다."고 하였다.『한서』「예문지」에 6체로 시험을 본다[659]고 했는데 6체는 한이 흥기하면서 생긴 법이 아니다. 당연히『설문해자』「서」에 따라 6을 8로 변경한다.[660]『위서』「강식전」에 의하면, "진에 8체가 있는데 한나라가 일어나서 위율이 생기고, 학동은 8체로 시험을 보게 하였는데, 왕망이 섭정하게 될 때 대사공 견풍을 시켜 문자의 부분을 교정하여, 고문을 많이 수정해서 그 때 6서가 있다"[661]고 하였다. 이것은 곧 왕씨의 설에 근거한 것이다.

◉ 卒踐更一月, 休十一月.(昭帝紀注、如淳引尉律)
졸은 1개월을 천경하고, 11개월은 쉰다.[662](『한서』「소제기」주에서 여순이 위율을 인용)

◉ 陳屬車於庭.(周禮典路注, 引上計律)
마당에 '속거(屬車)'를 진열한다.[663](『주례』「전로」주에서 상계율을 인용)

【원문】 永初四年春正月元日會徹樂, 不陳充庭車. 注、 每大朝會, 必陳乘輿法物舉輦於庭, 以年饑, 故不陳.(安帝紀)

---

657 『困學紀聞』: 중국에 있어서의 고증학의 선구가 된 서적이다. 南宋의 王應麟 撰. 咸淳年間(1265년–1274년)에 편찬. 작자는 남송을 대표하는 유학자이며 「玉海」 등의 작자로서도 저명하다.
658 亡新: 亡新은 '亡新居攝', 즉 왕망이 섭정하게 된다는 의미.
659 『漢書』 권30, 「藝文志」, 1721쪽; 六書: 漢字의 글자를 만드는 방법을 가리킨다. 즉 "象形・指事・會意・形聲・轉注・假借".
660 『說文解字』에서는 6체가 아닌 8체로 되어 있고, 『二年律令』에서도 8체로 되어 있다. 따라서 『漢書』「藝文志」의 '六體'는 '八體'의 잘못으로 보아야 할 것이다. 이 문제에 대한 정리는 李學勤, 「試說張家山漢簡〈史律〉」, 『文物』 2002–4를 참고.
661 『魏書』 권91 「江式傳」, 1961–1962쪽.
662 『漢書』 권6 「昭帝紀」, 229쪽의 "三年以前逋更賦未入者皆勿收"에 대한 注.
663 『周禮正義』 권53, 「春官宗伯」, '典路' 注, 2193쪽; 屬車: 종속하는 수레. 즉 副車.

【역문】 영초 4년(110년) 춘정월 초하루, 조회 때 음악을 연주하는 예악의 의
식을 취소하고 마당에 채우는 차 등의 물품을 진열하지 않았다. 주에 의
하면 대조회 때마다 정에서 승여, 법물과 거련664을 진열해야 했는데 그
해에 기근이 있어서 진열하지 않게 되었다.665(『후한서』「안제기」)

● 卑者之子, 不得舞宗廟之酌, 除吏二千石到六百石及關內侯到五大夫
子取適子, 高五尺以上, 年二十到三十, 顔色和身體修治者, 以爲舞
人.(周禮春官大胥, 注鄭司農引漢大樂律, 百官志注引大樂律同)
비자(卑者)의 자식은 종묘 제사를 지낼 때 춤을 출 수 없는데 이천석 이하, 육
백석 이상의 관리, 관내후에서 5대부에 이르는 아들 중 적장자로서 키가 5척
이상, 나이가 12세 이상 30세 이하,666 용모가 순하고 신체가 좋은 자를 골라
임명해서 무인(舞人)으로 삼았다.667(『주례』「춘관」(대서)의 주에서 정사농이
한의 '대악률'을 인용.『후한서』「백관지」주에서 대악률을 인용한 것과 같음)

● 無干車, 無自後射.(周禮夏官大司馬注引漢田律. 秋官士師注引作軍禮.
賈疏云, 無干車, 謂無干犯他車, 無自後射, 象戰陳不逐奔走).
무간차, 무자후사668(『주례』「하관」(대사마) 주에서 한 전율을 인용,『주례』「추
관」(사사) 주에서는 군례를 인용. 가소가 이르기를, "무간차(無干車)는 남의 차를
간섭하여 침범함이 없는 것을 말하는 것이고, 무자후사(無自後射)는 전진에서 분
주하게 쫓지 않는 것을 상징하는 것이다."고 하였다.)

【원문】 羣盜起不發覺, 發覺而弗捕滿品者, 二千石以下至小吏主者皆死.

---

664 舉輦: 천자의 차.
665 『後漢書』권5「孝安帝紀」, 214쪽. "四年春正月元日. 會. 徹樂. 不陳充庭車."
666 『周禮』의 원문에는 20세가 아닌 12세로 되어 있다.
667 『周禮正義』권44.「春官宗伯」, '大胥'注, 1814쪽. "漢大樂律曰:「…年十二到三十. 顔色和順. 身體修
治者. 以爲舞人.」
668 無干車. 無自後射: 남의 수레를 간섭하지도 않고, 전진(戰陳)에서 몸을 돌려 뒤를 보고 쏘는 활쏘
기도 없다;『周禮正義』권55.「夏官司馬」, '大司馬'注, 2307쪽;『周禮正義』권67.「秋官司寇」, '士
師'注, 2783쪽.

(酷吏楊僕傳引沈命法, 又見史記楊僕傳)

【역문】 군도가 발생하였는데 발각하지 못하거나 발각했지만 잡은 수[669]가 부족한 경우, 2천석 이하 소리로 주관부서의 관리는 모두 사형에 처한다.[670](『한서』「혹리열전」(양복)에서 심명법[671]을 인용, 『사기』「양복전」에도 보임)

【원문】 三人謂之羣, 取非其物謂之盜.(晉書刑法志引張斐律表)

【역문】 3인 이상을 '군(群)'이라 한다. 자기 물건이 아닌 것을 취하는 것을 '도(盜)'라 한다.[672](『진서』「형법지」장비『율표』를 인용)

【원문】 御史大夫敕上計丞長史, 問今年盜賊熟與往年, 得無有羣輩大賊, 對上.(漢舊儀)

【역문】 어사대부는 승·장사[673]에게 상계하도록 신칙해서 금년의 도적과 지난해의 도적을 비교하고, 체포된 자 중에 군도·대적이 있는지 없는지를 묻고 상계(上計)를 맞추도록 하였다.[674](『한구의』)

【원문】 高陽侯薛宣, 永始二年坐西州盜賊羣輩免.(恩澤侯表)

【역문】 고양후 설선[675]은 영시 2년에 서주의 도적군도에 연루되어 면직되

---

669 滿品: 정수에 차다.

670 『漢書』권90.「酷吏傳」(咸宣), 3662-3663쪽, "於是作沈命法, 曰:「群盜起不發覺, 發覺而弗捕滿品者, 二千石以下至小吏主者皆死.」 應劭曰:「沈, 沒也. 敢蔽匿盜賊者, 沒其命也.」"

671 沈命法: "應劭曰:「沈, 沒也. 敢蔽匿盜賊者, 沒其命也.」"

672 『晉書』권30.「刑法志」, 928쪽, "其後, 明法掾張斐又注律, 表上之, 其要曰:「…三人謂之群, 取非其物謂之盜…」"; 三人: 여기서는 三人 以上을 가리킴. 群은 衆과 同.

673 丞長史: 변경의 군은 「백관표」에 의하면, 長史가 병마를 주관하고 丞이 민정을 주관한다. 군국이 중앙에 상계할 때 郡의 丞이나 國의 長史가 대행하였다.

674 (漢)衛宏 撰, 『漢舊儀』(孫星衍等輯, 周天游點校『漢官六種』中華書局, 1990) 권上, 74쪽, "問今年盜賊孰與往年".

675 薛宣은 前漢後期의 人物로 字는 贛君이고 東海郡郯의 人. 大將軍 王鳳이 그의 재능을 듣고서 그를 長安令으로 하였다. 臨淮太守와 陳留太守를 歷任하고, 陽朔 元年(기원전 24년)에 左馮翊이 되었다. 賞罰은 明快하게 하고, 法律의 適用은 公平했으며 筆記用具에 이르기까지 경비削減에 힘썼

었다.[676](『한서』「은택후표」)

【원문】 杜緩爲太常, 坐盜賊多, 免.(百官公卿表)

【역문】 두수가 태상이 되었는데, 도적이 많이 발생된 죄를 받아 면관되었다.[677](『한서』「백관공경표」)

【원문】 疏、宜糺增舊科, 以防來事, 自今强盜爲上官若它郡縣所糺覺, 一發、部吏皆正法, 尉貶秩一等, 令長三月奉贖罪, 二發、尉免官, 令長貶秩一等; 三發以上, 令長免官.(陳忠傳)

【역문】 [진충이] 상소하여 말하기를, 옛 법률 조문을 교정하고 늘려서 장래 예측하기 어려운 일이 발생하는 것을 막아야 한다. 지금부터 강도가 군부(郡府)나 다른 군현에게 발견되면, 1차는 부리들을[678] 모두 법에 따라 처벌하며 위관은 품급을 1급 내리고 영장은 3개월의 봉록으로 속죄한다. 2차는 위관을 면직하고, 영장의 품급을 1급 내린다. 3차는 영장을 면직한다.[679](『후한서』「진충전」)

【세주 원문】 按應劭曰, 沈、沒也, 敢匿盜賊者沒其命也. 史稱張湯趙禹始作監臨部主見知故縱之法, 此殆其一也. 唐律賊盜部內有一人爲盜, 及容止盜者, 里正笞五十, 三人加一等, 縣內一人笞三十, 四人加一等. 冊府元龜六百十六長慶二年敕云, 若從沈命之科, 恐失度情之義, 是唐時猶用此語也.

【세주 역문】 응소가 말하기를, "침은 몰수라고 하는데 도적을 숨기는 자는 죽인다는 뜻이다."[680]라고 한다. 사료에 의하면, "장탕과 조우가 처음으로 감림부주와 견지고

다. 鴻嘉元年(기원전 20년)에는 어사대부, 丞相으로 昇進하고、高陽侯에 封해졌다.

676 『漢書』 권18 「外戚恩澤侯表」, 707쪽.
677 『漢書』 권19하 「百官公卿表」, 811쪽.
678 部吏: 鄕部 · 亭部의 吏.
679 『後漢書』 권46 「陳忠列傳」, 1559쪽.
680 『漢書』 권90 「酷吏傳」(咸宣), 3663쪽, "應劭曰:「沈, 沒也. 敢藏匿盜賊者, 沒其命也.」"

종[681]에 대한 법을 만들었다"[682]고 한다. 이것은 거의 그중의 하나이다. 당률의 적도의 조문에 "무릇 관할 구역 안에서 1인이 도둑질하였거나 도둑이 머물도록 허용하였다면[683] 이정(里正)은 태형 50대에 처하고 3인마다 1등씩 가중한다. 현 안의 경우에는 1인이면 태형30대에 처하고, 4인마다 1등씩 가중한다."[684]라고 되어 있다. 『책부원귀』의 616권 중에 장경 2년의 사면에 "침명법을 따를 것 같으면, 원심정죄의 뜻을 잃지 않을까 걱정이다."[685]라고 하였다. 당나라 시대에 여전히 이 말을 사용했다.

【원문】 以上漢律佚文凡一百八條. 考晉志稱漢律錯糅無常, 盜律有賊傷之例, 賊律有盜章之文, 諸書所引漢律, 如官制官俸諸條, 疑多屬越宮朝律及旁章各篇, 非蕭何律所有, 無從强爲隸目, 玆姑以類相從, 略依九章次第以爲先後, 其疑屬旁章以下者次之, 屬專律者又次之, 取便觀覽而已.

【역문】 이상 한율의 일문은 총 108조이다. 『진서』「형법지」에서 "한율은 일정한 체제가 없이 혼잡하게 섞여 있어서「도율」 중에는 적상의 사례가 있으며「적률」 중에는 '도(盜)'에 관한 조문이 있다"[686]라는 [지적]을 고려하면, 여러 책에서 인용한 바의 한율은, 예를 들면 '관제'와 '관봉' 등의 제조문은「월궁률」·「조율」과「방장」의 각 편에 속하는 것이 아닌가 싶고, 소하가 만든 율에 속하지 않고, 갈피를 잡을 수 없어서 억지로 부속하는 조목[687]으로 된 것이라고 생각한다. 이에 잠시 유사한 것끼리 모아서 대략 구장의 차례에 따라 선후로 하고, 방장의 이하에 속하는 것으

---

681 見知故縱의 法: 타인이 죄를 범한 것을 알면서도 고의로 묵인하는 것을 처벌하는 법. 監臨部主의 法: 부하가 죄를 범했을 경우 그 감독을 맡고 있는 자나 책임자를 連坐시키는 법. 범인소재의 관부나 그 상급기관, 감찰 관리까지 처벌을 받는 것.
682 『漢書』권23「刑法志」, 1101쪽. "及至孝武卽位, … 於是招進張湯、趙禹之屬, 條定法令, 作見知故縱、監臨部主之法."
683 관할구역 외에서 들어 온 盜犯을 수용하여 숙박시킨 것을 말한다.
684 『唐律疏議』第301條 賊盜 54 '部內人爲盜及容止盜', 379쪽.
685 『冊府元龜』(南京: 鳳凰出版社, 2006) 권616「刑法部8」, '議讞'제3, 7125쪽. "從沈命之科, 失原情之義".
686 『晉書』권30,「刑法志」, 923쪽.
687 無從: 갈피를 잡을 수 없다. 隸目: 부속하는 조목.

로 의심되는 것은 그 다음으로 하고, 단 하나의 율에 속하는 것은 또 그 다음으로 한다. [이러한 방식은 독자들이] 보기에 편하게 하기 위한 조치일 뿐이다.

● 死者不可復生, 刑者不可復息.(宣帝紀引令甲)

죽은 사람이 다시 살아날 수 없고 육형을 받은 자는 다시 생장할 수 없다.[688] (『한서』 「선제기」에서 『영갑』을 인용)

● 諸侯在國, 名田他縣, 罰金二兩.(哀帝紀注如淳引令甲)

제후가 (자기의) 국에 있는데 다른 현에 토지를 점유하면 '벌금 2냥'을 낸다.[689](『한서』 「애제기」 주에서 『영갑』을 인용)

【원문】有司條奏, 諸王列侯得名田國中, 列侯在長安及公主名田縣道, 關內侯吏民名田, 皆無得過三十頃. 諸侯王奴婢二百人, 列侯公主百人, 關內侯吏民三十人, 年六十以上, 十歲以下, 不在數中. 賈人皆不得名田爲吏. 犯者以律論, 諸名田畜奴婢, 過品皆沒入縣官.(哀帝紀)

【역문】담당관리가 상주해서 말하기를, "제왕·열후들은 자기 국중(國中)에서 토지를 점유할 수 있는데 열후가 장안에서 점유하는 토지, 공주가 다른 현도에서 점유하는 토지, 관내후·관리와 평민들이 점유하는 토지는 30경을 넘을 수 없게 한다. 제후왕이 가질 수 있는 노비는 200명에 한정하며, 열후와 공주는 100명, 관내후와 관리와 평민은 30명으로 제한해야 한다. 연령이 60세 이상 10세 이하의 사람은 그 안에 포함되지 않는다. 모두 상인이 토지를 점유할 수 없고 관리도 될 수 없는데, 범하는 사

---

688 『漢書』 권8 「宣帝紀」 注, 252쪽. "令甲, 死者不可生, 刑者不可息"; 息: 안사고는 息을 生長으로 해석하였다.

689 『漢書』 권11 「哀帝紀」 注, 337쪽; 名田: 田宅, 臣妾, 衣服을 사가의 名號 하에 둔다는 뜻에서 자연히 '명전'의 명칭이 발생. 이름을 붙여서 토지를 점유하다라는 의미의 명전은 점차 사유토지의 대명사가 되었고 "명전제"는 곧 사유토지제의 시대 명칭으로 변모하였다.

람은 범법으로 논처한다. 점유한 토지와 기르는 노비의 수량이 규정을 넘으면 모두 국가에서 몰수한다.[690](『한서』「애제기」)

【원문】　丞相孔光, 大司空何武奏諸侯王列侯皆得名田國中, 列侯在長安公主名田縣道, 及關內侯吏民名田, 皆毋過三十頃. 諸侯王奴婢二百人, 列侯公主百人, 關內侯吏民三十人, 期盡三年, 犯者沒入官, 時田宅奴婢賈爲減賤. 丁傅用事, 董賢隆貴, 皆不便也, 遂寢不行.(食貨志)

【역문】　승상 공광[691]과 대사공 하무[692] 등이 주청하였다. "제왕왕, 열후는 모두 자신의 국에서 토지를 자신의 이름으로 등록해야 한다. 열후로 장안에 있는 자나 공주는 다른 현도에서 자기 국 중에서 토지를 점유할 수 있는데 열후는 장안에서 점유하는 토지, 공주가 다른 현도에서 점유하는 토지, 관내후와 이민(吏民)이 점유하는 토지는 30경을 넘을 수 없게 한다. 제후왕이 가질 수 있는 노비는 200명에 한정하며, 열후와 공주는 100명, 관내후와 관리와 평민은 30명으로 제한해야 한다. 기한을 3년으로 하여 규정을 범하는 자는 몰수해서 입관해야 한다." 이때에 토지와 주택, 노비 가격이 떨어져 싸졌기 때문에 정씨나 부씨 등 권력을 부리거나 동현처럼 지위가 높고 부귀한 자들이 불편해 하였다.[693](『한서』「식화지」)

【세주 원문】　按唐律占田過限, 在戶婚二.

【세주 역문】　당률에 점전과한이라는 율명은 '호혼(戶婚)2'에 있다.[694](『당률소의』「호혼」)

---

690 『漢書』 권11 「哀帝紀」 注, 336쪽.
691 孔光의 자는 子夏로 공자의 후손이다. 경학에 밝아 성제가 즉위하자 박사가 되었고, 토지·노비의 소유의 제한을 주장하였다. 平帝시기에 왕망이 초빙하였으나 병을 핑계로 고사하였다.
692 何武의 자는 君公으로 성제 말기에 어사대부와 대사공을 역임. 평제시기에 왕망의 전횡에 참소당하여 자살함.
693 『漢書』 권24상 「食貨志」, 1142–1143쪽.
694 『唐律疏議』 第164條 戶婚 15. '占田過限', 244쪽.

◉ 女子犯罪作如徒六月顧山遣歸.(平帝紀注, 如淳引令甲.)

여자가 죄를 범하면 [노역하는 것을 면제하는 대신에 고산전(顧山錢)695을 내고] 사람을 고용해서 형도처럼 6개월간 산에서 벌목시키는 대신에 [여자는] 집에 들어갈 수 있다.696(『한서』「평제기」주에서 여순이 『영갑』을 인용)

【원문】 令甲, 女子犯徒遣歸家, 每月出錢, 顧人於山伐木, 名曰顧山.(光武紀注)

【역문】『영갑』에 의하면 여자가 죄를 범해서 죄인이 되면 집으로 돌려보내는데, 달마다 돈을 내게 해서 사람을 고용해서 산에서 벌목시키는데, [이를] 고산이라고 한다.697(『후한서』「광무제기」주)

【원문】 令甲第六.(見後書律曆志)

【역문】『영갑』 제6편.698(『후한서』「율력지」)

◉ 呵人受錢.(晉書刑法志引令乙.)

가인수전.699(『진서』「형법지」에서 『영을』을 인용)

【원문】 不以罪名呵, 爲呵人; 以罪名呵, 爲受賕.(晉書刑法志引張斐律表)

【역문】 죄명에 관계없이 큰소리로 꾸짖는 것을 '가인'이라 하고 죄명으로써

---

695 顧山錢: 여자의 형도를 家로 돌려보내고 노역하는 것을 면제하는 대신에 산에서 채벌하는 사람을 고용하기 위해 지불하는 錢. 여성의 노동력은 남성의 그것에 훨씬 미치지 못하여 관리에 들어가는 비용에 비해 노동력 이용의 효율성이 낮았다. 여성형도를 막대한 비용을 들여가며 감시·관리하여 노동력을 직접적으로 착취하는 것보다는 顧山錢을 징수하여 남성을 고용하는 것이 유리하였다.

696 『漢書』 권12 「平帝紀」注, 351-352쪽, "如淳曰: 「已論者, 罪已定也. 令甲, 女子犯罪, 作如徒六月, 顧山遣歸, 說以爲當於山伐木, 聽使入錢顧功直, 故謂之顧山.」"

697 『後漢書』 권1 「光武帝紀」, '女徒雇山歸家'에 대한 注, 35쪽, "前書音義曰: 「令甲: 女子犯徒遣歸家, 每月出錢雇人於山伐木, 名曰山.」"

698 『後漢書』 志第2 「律曆志」 中, 3032쪽.

699 『晉書』 권30 「刑法志」, 924쪽; 呵人受錢: 관리가 직무상의 권한을 이용하여 타인에게 압력을 가하고 위협해서 돈을 받다.

큰소리로 책망하는 것은 '수구(受賕)'이다.[700](『진서』「형법지」에서 『장비율
표』를 인용)

◉ 騎乘車馬行馳道中, 已論者沒入車馬被具.(江充傳注如淳引令乙)

치도에서 거마를 타고 가는 중, 죄명이 결정된 자는 거마와 피구를 몰수한
다.[701](『한서』「강충전」주에서 여순이 『영을』을 인용)

【원문】 充出, 逢館陶公主行馳道中, 充呵問之. 公主曰, 有太后詔. 充曰,
獨公主得行, 車騎皆不得, 盡劾沒入官.(江充傳)

【역문】 강충이 바깥으로 나가 순시할 때 관도공주가 치도를 걷는 것을 보
았는데 강충이 꾸짖어 물었다. 공주가 말했다. "태후의 명령이 있다"라
고 하였다. 강충이 말했다. "공주만 갈 수 있도록 하고, 수레와 말은 모
두 갈 수 없다"라고 하였다. 탄핵해서 수레와 말을 모두 관에 몰수하였
다.[702](『한서』「강충전」)

【원문】 官屬以令行道中, 宣出逢之, 沒入其車馬.(鮑宣傳)

【역문】 [공광의] 부관이 황제의 사령을 믿고 [규정을 위반하고] 수레를 타고 치
도를 가는데 마침 포선이 외출 중에 그를 만나서 수레와 말을 몰수하였
다.[703](『한서』「포선전」)

【원문】 從上甘泉, 行馳道中, 司隸校尉陳慶劾奏方進, 沒入車馬.(翟方進傳)

【역문】 [적방진은] 성제(成帝)를 따라 감천궁에 가는데, 수레를 타고 황제만
이 가는 치도를 가자, 사례교위 진경이 적방진을 탄핵해서 수레와 말을
몰수하였다.[704](『한서』「적방진전」)

---

700 『晉書』 권30 「刑法志」, 929쪽, "不以罪名呵爲呵人, 以罪名呵爲受賕".
701 『漢書』 권45 「江充傳」, 2177쪽, "如淳曰:「令乙, 騎乘車馬行馳道中, 已論者, 沒入車馬被具.」"
702 『漢書』 권45 「江充傳」, 2177쪽.
703 『漢書』 권72 「鮑宣傳」, 3093쪽, "官屬以令行馳道中, 宣出逢之, 使吏鉤止丞相掾史, 沒入其車馬".

【원문】 乘車馬馳行道中, 吏擧苛而不止, 以爲盜馬而罪亦死.(鹽鐵論)

【역문】 [어떤 사람이] 거마를 타고 천자만이 가는 치도를 가는데, 관리가 소리를 질러 명령을 하는데도 멈추지 않으면, 말을 훔친 죄[와 똑같이] 취급해서 사형에 처한다.[705](『염철론』)

【원문】 植嘗乘車行馳道中, 開司馬門出, 太祖大怒, 公車令坐死.(魏志陳思王植傳)

【역문】 진사왕 조식이 일찍이 수레를 탔는데, 천자만이 가는 치도를 통해 사마문을 열고 궁을 나가자, 태조(조조)가 크게 노하여 궁문을 담당하는 공거령을 사형에 처하였다.[706](『삼국지』·『위서』「진사왕식전」)

【세주 원문】 按秦本紀, 始皇二十七年治馳道. 注, 應劭曰, 馳道, 天子道也. 賈山傳, 秦爲馳道於天下, 東窮燕齊, 南極吳楚, 江湖之上, 濱海之觀, 畢至, 道廣五十步, 三丈而樹, 厚築其外, 隱以金椎, 樹以靑松. 是馳道本秦制. 元帝著令太子得絶馳道, 卽指此也.

【세주 역문】 『사기』「진시황본기」에 "시황 27년에 치도를 만들었다."[707]고 한다. 주에 응소가 말했다. "치도는 천자의 길이다."[708] 가산전에 의하면, "진나라 시대 황제가 [지방으로 통하는] 치도를 천하에 만드는데 동쪽으로는 연제 끝에 이르고, 남쪽에 오초 끝까지에 이르러 강과 호수의 위, 동해 바닷가에 이르기까지 모두 도달하였다. 도의 너비가 50보이고 3장마다 나무를 심고 그 밖을 두텁게 쌓아서 철추로 땅을 충실히 다지고 청송을 심었다."[709]고 하였다. 치도는 본래 진의 제도이다. 원제가 "법령

---

704 『漢書』 권84 「翟方進傳」, 3412쪽.

705 『鹽鐵論校注』 「刑德」第55, 269쪽.

706 『三國志』 권19 「魏書」 「陳思王植」, 558쪽.

707 『史記』 권6 「秦始皇本紀」, 241쪽.

708 『史記』 권6, 「秦始皇本紀」, 241쪽, "應劭曰:「馳道, 天子道也, 道若今之中道然.」"

709 『史記』 권6, 「秦始皇本紀」, 241쪽, "漢書賈山傳曰:「秦爲馳道於天下, 東窮燕齊, 南極吳楚, 江湖之上, 濱海之觀畢至. 道廣五十步, 三丈而樹, 厚築其外, 隱以金椎, 樹以靑松.」"; 『漢書』 권51, 「賈山傳」, 2328쪽에도 동일한 내용이 기재됨.

을 제정하여 태자가 비로소 치도를 건너서 지나갈 수 있었다"[710]고 하였으니 이것을 가리킨다.

⦿ **蹕先至而犯者, 罰金四兩.(張釋之傳注如淳引令乙)**
천자의 행차가 지나가기 전에 먼저 지나가는 것을 범한 자는 '벌금 4냥'.[711]
(『한서』 「장석지전」 주에서 여순이 『영을』을 인용)

【원문】 若今衛士塡街蹕. 疏、漢儀大駕行幸, 使衛士塡塞街巷, 以止行人, 備非常也.(周禮天官宮正注)

【역문】 지금 천자가 행차할 때 위사가 거리를 가득 메우는 것과 같다. 소、한의에 의하면 황제가 행차할 때 위사로 하여금 거리를 가득 메워서 행인을 막게 하여 비상사태에 대비하였다.[712](『주례』 「천관」 '궁정' 주)

【원문】 出稱警, 入言蹕. 注、師古曰, 警者, 戒肅也, 蹕、止行人也, 言出入者, 互文耳, 出亦有蹕. 漢儀注、皇帝輦動, 左右侍帷幄者稱警, 出殿則傳蹕, 止人淸道也.(文三王傳)

【역문】 출은 '경(警)'이라고 하고 입은 '필(蹕)'이라고 한다. 주에 사고가 말했다. 경이라는 것은 엄숙히 경계하는 것이고 필은 행인을 세우는 것이다. 출입이라고 말하는 것은 호문(互文)일 뿐이니[713] 출 중에도 필이 있다. 『한의』 주에 황제의 수레가 이동하면 좌우에서 황제[714]를 모시는 자가 경을 말하는데 궁전에 나오면 필을 말하여 사람을 다니지 못하게 하고 황제가 지나가는 도로의 청소를 감시한다.[715](『한서』 「문삼왕전」)

---

710 『漢書』 권10, 「成帝紀」, 301쪽, "初居桂宮, 上嘗急召, 太子出龍樓門, 不敢絶馳道, 西至直城門, 得絶乃度."
711 『漢書』 권50, 「張釋之傳」, 2311쪽, "如淳曰; 『乙令『蹕先至而犯者, 罰金四兩』.」"
712 『周禮正義』 「天官冢宰」 '宮正'의 注, 225쪽.
713 互文: 앞뒤의 문구에서 각기 교차 생략하고, 상호 보충하는 修辭 방식.
714 帷幄: 황제의 별칭.
715 『漢書』 권47, 「文三王傳」, 2208쪽.

【원문】 嗣侯丙信, 建元三年坐出入屬車間, 免. 注、師古曰, 天子出行陳
列屬車, 而輒至於其間.(功臣表)

【역문】 후 병신이 건원 3년(기원전 138년)에 천자의 부거 사이로 함부로 다닌
일로 죄를 받아 후를 박탈당하고 봉국이 없어졌다. 주에 사고가 말했다.
천자가 행차할 때 속거(屬車)를 진열하였는데 번번이 그 사이를 함부로
돌아다녔다.716(『사기』「고조공신후자년표」)

【세주 원문】 按唐律車駕行衝隊, 在衞禁一.

【세주 역문】 당률에 '차가행충대'라는 율명이 '위금(衞禁)1'에 있다.717

⦿ **筭長短有數.**(章帝紀引令丙)
추의 장단에는 척촌이 있다.718(『후한서』「장제기」에서 『영병』을 인용)

⦿ **詐自復免.**(晉書刑法志引令甲)
복면의 자격을 갖추지 않은 자가 속여서[조세나 요역을] 면제받는다.719(『진서』
「형법지」에서 『영갑』을 인용)

【원문】 舍者, 謂有復除不收役事也. 貴者, 謂若今宗室及關內作皆復也.
服公事者, 謂若今吏有復除也. 老者, 謂若今八十九十復羨卒也. 疾者,
謂若今癃不可事者復之.(周禮地官鄕大夫注)

【역문】 사(舍)는 부역을 면제해서 버리고 노역하지 않는 것이다. 귀(貴)는
지금의 종실과 관내후와 같은 것을 이르는 것인데, 모두 부역을 면제한

---

716 『史記』 권18.「高祖功臣侯者年表」, 921쪽, "建元三年, 侯信坐出入屬車閒, 奪侯, 國除."
717 『唐律疏議』第74條 '衞禁' 17, '車駕行衝隊', 164쪽.
718 『後漢書』 권3.「肅宗孝章帝紀」, 146쪽, "秋七月丁未, 詔曰:「律云『掠者唯得榜‧笞‧立』. 又令丙,
筭長短有數.」"
719 『晉書』 권30.「刑法志」, 924쪽, "令丙有詐自復免"; 詐自復免: 復免이라 함은 조세나 요역의 면제
를 받는 것을 말한다. 復免은 일반적으로 흔히 '復除'라고 칭한다;『漢書』「高祖紀」, "復勿租稅二
歲" 師古注: "復者, 除其賦役也";『唐律』「詐僞」에도 "詐自復除"의 조문이 있다.

다. 관부의 일에 복무한다는 것은[720] 지금의 관리가 요역을 면제받는 것
과 같다. 노(老)는 지금 팔십이나 구십 나이 있는 사람인데 선졸(羨卒)[721]
로 생각해서 부역을 면제하는 것이다. 질은 지금 나이가 많아서 몸이 쇠
약하고 병에 걸려서 일할 수 없는 사람에게 역을 면제하는 것과 같음을
이르는 것이다.[722](『주례』「지관」(향대부)주)

【원문】 今寬力役之政, 二十三始賦, 五十六而免, 所以輔耆壯而息老艾
也.(鹽鐵論)

【역문】 지금 부역을 관대하게 하는 정책으로 스물세 살부터 부역을 시작하
여 쉰여섯 살에 부역을 면제하는데 이것은 기장(耆壯)[723]을 보필하고, 노
애(老艾)[724]를 쉬게 하는 것이다.[725](『염철론』)

【원문】 漢之有復除, 猶周官之有施舍, 皆除其賦役之謂也. 然西京時, 或
以從軍, 或以三老, 或以孝悌力田, 或以明經, 或以博士弟子, 或以功臣
後, 以至民産子者, 大父母父母之年高者, 給崇高之祠者, 莫不得復. 其
間美意至多. 至東都所復, 不過濟陽南頓元氏數邑, 蓋專爲天子之私恩
矣.(東漢會要)

【역문】 한나라 시대에는 복제(復除)가 있는 것은 주관에 시사(施舍)가 있는
것과 같다. 모두 부역을 면제하는 것을 이르는 것이다. 그런데 서한 시
대에는 혹은 전쟁에 참여하여 공을 세운 것으로, 혹은 삼로(三老)로, 혹
은 효제력전(孝悌力田)[726]으로, 혹은 명경(明經)으로, 혹은 박사제자로, 혹
은 공신의 후손으로, 혹은 임산부가 있는 백성에 이르기까지 또 조부모

---

720 服: 일을 하다; 公事: 조정의 일.
721 羨卒: 正卒 이외의 사병.
722 『周禮正義』권21, 「地官司徒」, '鄕大夫'注, 840쪽, "舍者, 謂有復除舍不收役事也."
723 耆壯: 나이가 많지만 아직 건강한 사람.
724 老艾: 50세 이상의 노인.
725 『鹽鐵論校注』「未通」第15, 89쪽.
726 孝悌力田: 힘써 농사지어 부모에 효도하라는 의미.

와 부모의 나이가 많은 사람, 숭고한 사자(祠者)에게 모두 부역을 면제하였다. 그중에는 아름다운 뜻이 매우 많다. 동한 시대에 부역이 면제된 바는 제양(濟陽)·남돈(南頓)·원씨(元氏)의 몇 개의 읍에 지나지 않는데, 대개 이것은 오로지 천자의 사은으로 된 것이다.[727](『동한회요』)

【세주 원문】按漢代復除之制, 凡有數種: 有因從軍而復者, 如高帝十二年, 詔吏二千石入蜀漢定三秦者, 皆世復是也. 有因豐沛或宗室而復者, 如高帝十一年, 令豐人徙關中者皆復終身; 十二年以沛爲湯沐邑, 復其民, 世世無有所與; 文帝四年, 復諸劉有屬籍者家無所與是也. 有因孝悌力田或高年而復者, 如惠帝四年, 擧民孝悌力田者復其身; 武帝建元元年, 民年八十復二算, 九十復甲卒是也. 有因功臣後而復者, 如元康元年, 復高皇帝功臣絳侯周勃等百三十六人家, 其母嗣者復其次是也. 有因博士弟子或通經而復者, 如武帝爲博士官置弟子五十人復其身; 元帝好儒, 能通一經者復是也. 有因流民而復者, 如地節三年, 詔流民還歸者且勿算事是也. 甚有因入粟或入奴婢而復者, 如桑弘羊令民入粟, 以復終身; 武帝募民能入奴婢者, 得終身復是也. 詐自復免, 指不應復免詐爲復免者而言. 唐律詐自復除, 在詐僞.

【세주 역문】한대의 복제 제도에 의하면, 여러 종류가 있다. 종군(從軍) 때문에 부역을 면제받게 된 자가 있다. 예를 들어 고제 12년에는 조서를 내려서 2천석 관리 중에 촉한(蜀漢)에 들어가서 삼진(三秦)을 평정하는 데 공을 세운 자는 대대로 부역을 면제한다는 것이[728] 바로 그것이다. 고향인 풍패(豐沛)출신이나 종실이기 때문에 부역을 면제하게 되는 자가 있으니 예를 들어 고제 11년에는, "풍인출신으로 관중으로 옮긴 자에게는 평생의 부역을 면제하게 하여라."[729]고 하였다. 12년에는 패현을 탕목읍(湯沐邑)[730]으로 하여 그 백성에게 부역을 면제하여 대대로 모든 조세를 납부하지 않도록 하였다. 문제 4년(기원전 199년)에는 황족인 유씨의 족보에 있는 모든 사람

727 『東漢會要』 권29, 「民政中」, '復除' 天麟 按, 430–431쪽.
728 『漢書』 권1하 「高帝紀」, 54쪽, "諸侯子在關中者, 復之十二歲, 其歸者半之."
729 『漢書』 권1하 「高帝紀」, 72쪽.
730 『漢書』 권1하 「高帝紀」, 74쪽, "謂沛父兄曰: 「且朕自沛公以誅暴逆, 遂有天下, 其以沛爲朕湯沐邑, 復其民, 世世無有所與.」"; 湯沐邑: 왕성 사방 천리 이내로 천자가 조현하여 온 제후에게 제공하는 쉴 수 있는 봉지이다.

에게 조세를 납부하지 않도록 한 것[731]이 바로 그것이다. 효제력전(孝悌力田)과 고령으로 부역을 면제받는 자도 있다. 예를 들어 혜제 4년(기원전 207년)에는 "백성들 가운데 힘써 농사지어 부모에 효도하는 자를 뽑아서 부역을 면제하라"[732]고 하였다. 무제 건원 원년(기원전 140년)에는, "민은 80세가 되면 2구의 산[733]을 면제하는데 90세가 되면 군부를 면제한다"[734]고 한 것이 바로 그것이다. 공신의 후대이기 때문에 부역을 면제받게 되는 자도 있다. 예를 들어 원강 원년(기원전 61년)에는 "고황제의 공신인 강후·주발 등 136명 공신의 가족의 자손의 부역을 면제하고, 후자가 없는 가족에게는 후자 다음의 계승자의 부역을 면제하도록 하여라."[735]고 한 것이 이것이다. 박사제자 혹은 경서를 정통하기 때문에 부역을 면제받게 되는 자도 있다. 예를 들어 무제는 박사관에 박사제자가 50명 설치하여 그들의 부역을 면제하였다. 원제는 유학을 중시해서 경서를 한 종만 정통해도 부역을 면제한 것이 그것이다. 유민이기 때문에 부역을 면제하게 되는 자가 있다. 예를 들어 지절 3년(기원전 67년)에는 조령을 내려서 "고향으로 돌아간 유민에게 산부와 요역을 면제한다"[736]고 한 것이 그것이다. 심지어 관에 조와 쌀을 납부하거나 노비를 납부하여 부역을 면제받게 되는 자도 있다. 예를 들어 상홍양이 백성에게 입속하면 부역을 일생 면제하도록 하였다. 무제는 노비를 관청에 납부하여 종신토록 요역을 면제받을 수 있는 백성을 모집한 것이[737] 바로 그것이다. 사자복면(詐自復免)이라는 것은 부역을 면제받을 수 없는 자가 기만해서 부역을 면제받게 되는 것이다. 당률에 의하면 사자복제(詐自復除)는 「사위(詐僞)」에 있다.[738]

---

731 『漢書』권4「文帝紀」, 120쪽. "夏五月, 復諸劉有屬籍".

732 『漢書』권2「惠帝紀」, 90쪽. "春正月, 舉民孝弟力田者復其身".

733 1산이 120전이므로 2산은 240전.

734 『漢書』권6「武帝紀」, 156쪽. "春二月, 赦天下, 賜民爵一級. 年八十復二算, 九十復甲卒."

735 『漢書』권8「宣帝紀」, 254쪽. "…百三十六人家子孫, 令奉祭祀, 世世勿絶. 其毋嗣者, 復其次."

736 『漢書』권8「宣帝紀」, 249쪽. "又詔曰:「…, 流民還歸者, 假公田, 貸種、食, 且勿算事.」"

737 『漢書』권24하「食貨志」, 1158쪽.

738 『唐律疏議』第380條「詐僞」19, '詐自復除', 471쪽.

⊙ 邊郡數被兵, 離飢寒, 夭絶天年父子相告, 令天下共給其費.(蕭望之傳
引金布令甲)

[선제께서는 변경의 비용이 넉넉하지 못할까 늘 염려해서 『금포령 제1편(金
布令甲)』을 반포해], "변군은 침략을 받고, 추위와 굶주림의 고통을 겪는다.
백성들이 하늘이 내린 수명을 누리지 못하고 젊을 때에 죽어 부자가 서로 떨
어져 산다.[739] 천하의 사람들이 함께 그들의 비용을 공급하도록 하라."[740]고
하였다.(『한서』「소망지전」에서 『금포령갑』[741]을 인용)

⊙ 不幸死, 死所爲櫃傳, 歸所居縣, 賜以衣棺.(高帝紀注, 臣瓚引金布令)

불행히 죽으면 죽은 곳에 관을 만들고, 살았던 현으로 전송하여 돌려보내고
의관을 하사한다.[742](『한서』「고제기」 주에서 신찬이 『금포령』을 인용)

【원문】 漢王四年八月下令, 軍士不幸死者, 吏爲衣衾棺斂, 轉送其家. 八
年十一月令士卒從軍死者, 爲櫃歸其縣, 縣給衣衾棺葬具.(高帝紀)

【역문】 한왕 4년의 8월에 군사가 불행히 죽으면 관리가 시신을 덮을 의복
과 이불을 만들어 시신을 입관하고 이를 그의 집에 보내주도록 명령하
였다.[743] 8년 11월에 군중에 전사한 사졸에게 관을 만들고, 본현(本縣)에
돌려보내는데, 그 현에서는 옷, 홑이불과 관과 장구 등을 만들어 주도록
명령하였다.[744](『한서』「고제기」)

---

739 사료에는 相告가 아닌 相失로 되어 있다.
740 『漢書』 권78, 「蕭望之」, 3278쪽, "故金布令甲曰, 『邊郡數被兵, 離飢寒, 夭絶天年, 父子相失, 令天
下共給其費』"
741 『金布令甲』: 금포는 법령의 이름으로 국고의 금전과 포백에 관련한 조문이 담겨 있어서 금포라고
이름하였다. 영갑이라고 한 것은 그 편목이 甲乙의 순서로 되어 있기 때문이다. 『金布令甲』은 『금
포령 제1편』이라는 의미이다.
742 『漢書』 권1하 「高帝紀」, 65쪽, "臣瓚曰: 『金布令曰 『不幸死, 死所爲櫃, 傳歸所居縣, 賜以衣棺』也.』"
743 『漢書』 권1상 「高帝紀」, 46쪽.
744 『漢書』 권1하 「高帝紀」, 65쪽.

◉ 毀傷亡失縣官財物.(晉書刑法志引金布律)

현관의 재물을 훼손하고 분실하다.[745](『진서』「형법지」에서 「금포율」을 인용)

【세주 원문】 按魏晉皆有毀亡律, 北齊曰毀損律, 隋開皇律刪毀亡, 唐律棄毀官私器物, 在雜律二.

【세주 역문】 위진 시대에는 모두 훼망률(毀亡律)이 있는데 북제 시대에는 훼손율(毀損律)이라고 하고 수대에는 개황률에서 훼망률을 삭제하고 당률의 "관방과 개인의 물건을 내던지거나 훼손하는 것(棄毀官私器物)"에 대해서는 잡률2에 있다.[746]

◉ 罰贖入責以呈黃金爲價.(同上引金布律)

벌금 및 속죄금에 대하여 그 변제에 일정한 규정을 설치하여 적용하는데, 황금의 중량으로 그 액수를 표시하여 상환하도록 한다.[747](『진서』「형법지」에서 「금포율」을 인용)

【원문】 皇帝齊肅, 親帥羣臣, 承祠宗廟, 羣臣宜分奉請, 諸侯列侯各以民口數率, 千口奉金四兩奇, 不滿千口至五百口, 亦四兩皆會酎少府受. 又大鴻臚食邑在九眞交阯日南者, 用犀角長九寸以上, 若玳瑁甲一, 鬱林用象牙長三尺以上, 若翡翠各二十, 準以當金.(禮儀志注引漢律金布令章帝紀注引作丁孚漢儀式)

【역문】 황제는 정중하고 엄숙한데 몸소 군신을 거느려 종묘에서 제사지낸다. 대신들은 분에 합당하게 공청(恭請)해야 하는데, 제후와 열후는 각각 자기 통치하는 백성의 수량으로 계산한다. 대개 통치하는 백성이 1천구에 황금 4냥을 내야 하고, 나머지의 수량이 5백구에서 1천구까지는 또

---

745 『晉書』 권30 「刑法志」, 924쪽; 縣官財物: 국가의 재물.
746 『唐律疏議』 第445조, 「雜律」57, '棄毀亡失官私器物', 519쪽.
747 『晉書』 권30, 「刑法志」, 924쪽; 『尙書·舜典』: "金作贖刑" 責는 債와 동일. 入責: 빌린 재물을 상환하는 것; 『睡虎地秦墓竹簡·金布律』에는 債務를 노동으로 대신할 수 있다는 내용이 나온다; 呈: '程'과 동일. 法規를 의미. 『睡虎地秦墓竹簡』: "其出入錢以當金布" 秦律에서는 黃金 혹은 布帛을 기준가로 하여 銅錢으로 납입하였다.

한 4냥으로 계산하고 모두 주금(酎金)[748]으로 드리고 소부(少府)[749]에서
접수한다. 또 대홍려[750]에 속해 있는 구진·교지·일남은 길이 9촌 이상
의 서각, 대모갑 하나, 길이가 3척 이상의 울림용 상아, 혹은 비취와 같이
각 20개로 황금을 대신해 진상한다.[751](『후한서』「예의지」주에서 한율『금포
령』을 인용, 『후한서』「장제기」주에서 정부가 지은『한의』「식」을 인용)

【원문】 諸出入殿門公車司馬門乘軺傳者皆下, 不如令, 罰金四兩.(史記張
釋之傳注、如淳引宮衛令)

【역문】 무릇 궁전의 문이나 공거사마문(公車司馬門)[752]을 출입할 때, 초전을
타고 있는 자는 모두 내려야 하는데 영을 어기면 '벌금 4냥'에 처한다.[753]
(『사기』「장석지전」주에서 여순이「궁위령」을 인용)

【원문】 嗣侯魏宏、嗣侯丙顯, 甘露元年坐酎宗廟騎至司馬門, 不敬, 削爵
一級, 爲關內侯.(恩澤侯表)

---

748 酎金: 천자가 햇곡식으로 빚은 醇酒를 종묘에 제를 올릴 때 제후가 그 순주를 마시고 천자에게 바
치는 금.
749 少府: 제실재정을 관리하는 관청.
750 大鴻臚: 九卿의 하나이다. 『後漢書』「百官」2의 大鴻臚 기사는 大鴻臚의 구체적인 職掌 및 屬官에
대해 밝히고 있는데, 여기서 大鴻臚의 업무는 입조한 諸侯王·列侯·歸義蠻夷 및 君國의 上計吏
를 접대하는 것으로 활동영역이 帝國의 내부에 국한되어 있음을 알 수 있다. 경제 때의 '大行令'이
무제 때에 '大鴻臚'로 개칭된다. 『後漢書』 志25「百官」2 大鴻臚條, 3583-3584쪽. "大鴻臚, 卿一
人, 中二千石. 本注曰: 掌諸侯及四方歸義蠻夷. 其郊廟行禮, 贊導, 請行事, 旣可, 以命群司. 諸王入
朝, 當郊迎, 典其禮儀. 及郡國上計, 匡四方來, 亦屬焉. 皇子拜王, 贊授印綬. 及拜諸侯、諸侯嗣子及
四方夷狄封者, 臺下鴻臚召拜之. 王薨則使弔之, 及拜王嗣. 丞一人, 比千石. 大行令一人, 六百石. 本
注曰: 主諸郎. 丞一人. 治禮郎四十七人. 右屬大鴻臚. 本注曰: 承秦有典屬國, 別主四方夷狄朝貢侍
子, 成帝時省並大鴻臚, 中興省驛官, 別火二令, 丞, 及郡邸長, 丞, 但令郎治郡邸.";『史記』 卷11「孝
景本紀」 中6年 3月條 注引「索隱」, 446쪽. "鴻, 聲也. 臚, 附皮. 以言其掌四夷賓客, 若皮臚之在外
附於身也.";『藝文類聚』(歐陽詢 撰·汪紹楹 校, 上海古籍出版社, 1982) 卷49「職官部」5 '鴻臚',
884쪽. "腹前肥者曰臚, 此主王侯及蕃國, 言以京師爲心體, 王侯外國爲腹臚, 以養之也."
751 『後漢書』 志第4, 「禮儀志」, 3104쪽. "漢律金布令曰:「皇帝齋宿, 親帥群臣承祠宗廟, 群臣宜各奉請.
諸侯·列侯各以民口數, 率千口奉金四兩, 奇不滿千口至五百口亦四兩, 皆會酎, 少府受. 又大鴻臚食
邑九眞·交阯·日南者, 用犀角長九寸以上若玳瑁甲一, 鬱林用象牙長三尺以上若翡翠各二十, 準以
當金.」"
752 公車司馬: 낮에는 司馬門을 관장하고 밤에는 궁을 순찰.
753 『史記』 권102「張釋之列傳」注, 2753쪽. "諸出入殿門公車司馬門, 乘軺傳者皆下, 不如令, 罰金四兩".

【역문】 사후 위굉과 사후 병현은 감로 원년에 종묘에서 제사지낼 때 사마 문까지 말을 탔는데 '불경'으로 작위를 1급 내려서 관내후가 되었다.754 (『한서』「외척은택후표」)

【원문】 以列侯侍祠孝惠廟, 當晨入廟, 天雨淖, 不駕駟馬車而騎至廟下, 有司劾奏, 削爵爲關內侯.(韋元成傳)

【역문】 열후들이 효혜묘(孝惠廟)에서 시사(侍祠)755하기 때문에 아침에 효혜 묘에 들어가야 하는데 비가 와서 땅이 질퍽하게 젖어 [수레가] 빠지게 되 자 사필 말이 있는 수레를 타지 않고 기마를 타고 효혜묘까지 가서 내렸 다. 담당관리가 상주하여 탄핵하는데, 위원성과 같이 간 열후들의 작위 를 깎아서 관내후로 하였다.756(『한서』「위원성전」)

● **吏死, 官得法賻.**(何並傳注、如淳引公令)

관리가 관에서 일하다 죽으면 포백을 얻는다.757(『한서』「하병전」 주에서 여 순이 「공령」을 인용)

【원문】 吾生素餐日久, 死雖當得法賻, 勿受. 注、師古曰, 贈終者布帛曰 賻.(何並傳)

【역문】 제가 평생 헛되이 밥을 먹는 시간이 오래되었다. 죽은 후에 법정 조 문에 따라 포백을 받을 수 있지만 받지 말라. 주에 사고가 말하기를, 죽 은 사람에게 포백을 증여하는 것을 '부(賻)'라고 한다.758(『한서』「하병전」)

---

754 『漢書』 권18 「外戚恩澤侯表」, 696쪽.

755 侍祠: 따라 모시고 제사를 지내다.

756 『漢書』 권73 「韋元成傳」, 3110쪽. "(생략)有司劾奏, 等輩數人皆削爵爲關內侯."

757 『漢書』 권77 「何並傳」, 3269쪽, "如淳曰:「公令, 吏死官, 得法賻.」"; 法賻: 벼슬을 준 관료가 죽으면 정부는 공식적으로 조의를 표하고 시신을 고향으로 옮겨 장사지내는 것을 돕는다. 그때 布帛을 기 증한다.

758 『漢書』 권77 「何並傳」, 3268쪽.

【원문】 舊典, 二千石卒官, 賻百萬.(羊續傳)

【역문】 옛 법전에 의하면 이천석 관리가 관에서 일하다 죽으면, 100만전에
해당하는 포백이 지급된다.759(『후한서』「양속전」)

● 陰安侯高帝嫂也.(文帝紀注如淳引祠令)

음안후는 고제의 형수이다.760(『한서』「문제기」주에서 여순이 「사령」을 인용)

● 天子行有所之, 出河, 沈用白馬珪璧各一, 衣以繒緹五尺, 祠用脯二
束, 酒六升, 鹽一升. 涉渭灞涇雒他名水如此者, 沈珪璧各一, 律在所
給祠具, 及行, 沈祠. 佗川水先驅投石, 少府給珪璧, 不滿百里者不
沈.(祭祀志(上)注引祀令)

천자가 행차함에 [멀리] 가야 할 곳이 있어 황하를 건너게 [제사를 지내게]
될 경우 백마(白馬) 한 마리 및 규(珪)와 벽(璧)761을 하나씩 물속에 빠뜨리
고762 5척 증제(繒緹)763를 걸친 다음 포 2속과 술 6승, 소금 1승을 사용하여
제사를 지낸다. 위수(渭水)·파수(灞水)·경수(涇水)·낙수(雒水) 등 여타 이
름난 강을 건너게 되어 마찬가지로 이와 같이 해야 할 경우에는 규(珪)와 벽
(璧)을 각각 하나씩 물속에 가라앉히도록 한다. 율은 이때 지급해야 하는 각
종 제사 용품에 대해 규정하고 있다. [또한] 천자가 행차를 나섬에 위에서 언
급한 이외의 하천이나 강물에서 제물을 빠뜨리고 제사를 지내야 할 경우에
는 우선 강물에 돌을 투척한 연후에 소부(少府)에서 규(珪)와 벽(璧)을 지급하
되, 백리가 채 되지 않는 경우에는 제물을 가라앉히지 않도록 한다.764(『후한
서』「제사지(상)」주에서 「사령」을 인용)

---

759 『後漢書』권31「羊續列傳」, 1111쪽.
760 『漢書』권4「文帝紀」注, 109쪽. "如淳曰 :『王子侯表曰合陽侯喜以子灘爲王, 追諡爲頃王. 頃王后封
陰安侯. 時呂嬰爲林光侯, 蕭何夫人亦本爲鄼侯. 又宗室侯表此時無陰安侯, 知其爲頃王后也. 案漢祠
令, 陰安侯高帝嫂也.』"
761 珪璧 : 고대 제사지낼 때 사용하는 옥기.
762 沈 : 沉과 같다. 고대에 강이나 하에서 제사지낼 때 물에 제사의 물건을 던지는 것.
763 繒緹 : 진홍색 견사.
764 『後漢書』志第7「祭祀上」注, 3162쪽. "…沈祠佗川水, 先驅投石, …".

◉ 都船治水官.(百官公卿表注如淳引獄令)

도선은 치수관이다.[765](『한서』「백관공경표」 주에서 여순이 「옥령」을 인용)

◉ 若盧主治庫兵將相大臣.(同上如淳引獄令)

약로[766]는 주로 창고에 저장하는 무기를 관리하고 장상과 대신을 심문하는 관직이다.[767](『한서』「백관공경표」 주에서 여순이 「옥령」을 인용)

【원문】 永光九年, 復置若盧獄官. 注, 主鞫將相大臣也.(和帝紀)

【역문】 영광 9년에는 다시 약로옥관을 설치하였다. 주에서 말하기를, "주로 장상과 대신을 심문한다."고 하였다.[768](『후한서』「화제기」)

◉ 若盧郎中二十人主弩射.(同上如淳引品令)

약로랑중 20인은 주로 쇠뇌 쏘기를 주관한다.[769](『한서』「백관공경표」 주에서 여순이 「품령」을 인용)

◉ 姬並內官也, 秩比二千石, 位次婕妤下, 在八子上.(文帝紀注, 臣瓚引秩祿令)

희는 내관과 동급인데 등급이 '비2천석' 관리와 같고 순위는 첩여 이하 팔자 이상이다.[770](『한서』「문제기」 주에서 신찬이 「질록령」을 인용)

【세주 원문】 按史記呂后本紀注, 臣瓚引此文, 無並字, 八子上有七子二字.

【세주 역문】 『사기』「여후본기」 주에 신찬이 이 문장을 인용하였는데, "[희 다음에] '병(並)자'가 없고 팔자의 위에 '칠자' 두 글자가 있다."[771]고 하였다.

---

765 『漢書』 권19상 「百官公卿表」 第7上, 733쪽. "如淳曰:「漢儀注有寺互. 都船獄令, 治水官也.」"
766 若盧: 옥명. 소부의 속관의 하나.
767 『漢書』 권19상 「百官公卿表」 第7上, 732쪽.
768 『後漢書』 권4 「和帝紀」, 184쪽의 '復置若盧獄官'에 대한 注. "前書曰, 若盧獄屬少府. 漢舊儀曰「主鞫將相大臣」也."
769 『漢書』 권19상 「百官公卿表」 第7上, 732쪽. "品令曰若盧郎中二十人, 主弩射."
770 『漢書』 권4 「文帝紀」 注, 105쪽; 姬·婕妤·八子는 모두 漢 나라 궁중의 여자 벼슬 명칭이다.

【원문】 商者不農.(黃香傳引田令)

【역문】 상인은 농사를 짓지 못한다.772(『후한서』「황향전」에서 전령을 인용)

【원문】 理國之道, 擧本業而抑末利, 是以先帝禁人二業.(桓譚傳)

【역문】 국가를 다스리는 방법은 농업을 일으키고 상공업을 억제하는 것인
데, 이 때문에 선제는 사람들이 농업과 상공업을 같이 하는 것을 금지하
였다.773(『후한서』「환담전」)

【원문】 永平中, 下令禁民二業, 般上言郡國, 以官禁二業, 至有田者不漁
捕.(劉般傳)

【역문】 영평774 중에 명령을 하달하여 백성들에게 농업과 상공업을 같이 하
는 것을 금지시켰다. 유반이 황제에게 상서하기를, "국가가 백성들이 두
가지 업종에 동시에 종사하는 것을 금하고 있기 때문에 농사짓는 사람
이 물고기를 잡지 못하게 되었습니다."고 하였다.775(『후한서』「유반전」)

◉ 諸當試者不會都所免之.(燕剌王傳注、張晏引光祿挈令)

무릇 시험을 보아야 하는 자가 대회 장소에 모이지 않으면 면관한다.776(『한
서』「연자왕전」 주에서 장안이 「광록설령」을 인용)

【원문】 八月, 太守都尉令長相丞尉會都試課殿最, 水處爲樓船, 亦習戰射

---

771 『史記』 권9, 「呂太后本紀」注, 395쪽, "瓚曰：「漢秩祿令及茂陵書姬, 內官也, 秩比二千石, 位次婕妤
下, 在七子、八子之上.」"

772 『後漢書』 권80상, 「文苑列傳」(黃香傳), 2614쪽, "香曰：「田令『商者不農』, 王制『仕者不耕』, 伐冰食
祿之人, 不與百姓爭利.」"

773 『後漢書』 권28상, 「桓譚列傳」, 958쪽, "夫理國之道, 擧本業而抑末利, 是以先帝禁人二業".

774 永平：東漢 明帝 劉莊의 연호로 서기 58-75의 18년간 사용하였으며, 영평 18년 章帝가 즉위하며
이어 사용되었다.

775 『後漢書』 권39, 「劉般列傳」, 1305쪽.

776 『漢書』 권63, 「武五子傳」(燕剌王劉旦)注, 2756쪽, "師古曰：「漢光祿挈令『諸當試者, 不會都所, 免
之』.」"

行船.(漢舊儀)

【역문】 8월에 태수·도위·영·장·상·승·위가 회합하여 시험하고, 성적의 상하를 품평한다. 수처(水處)에서는 누선부대를 만들고, 마찬가지로 전투에서의 활쏘기와 선대(船隊) 운행을 익힌다.[777](『한구의』)

⦿ 紙(說文糸部引樂浪挈令)
직[778](『설문해자』「사부」에서「낙랑설령」을 인용)

⦿ 人有産子者, 復勿算三歲.(章帝紀引令)
백성이 아이를 낳으면 산부를 3년간 면제한다.[779](『후한서』「장제기」에서「영」을 인용)

【세주 원문】 按高帝紀, 七年令民産子復, 勿事二歲. 注、師古曰, 勿事, 不役使也, 是産子者已免其役, 此則並免其賦.

【세주 역문】 고제기에 7년에 영을 내려서, "백성이 아이를 낳으면 부역을 2년 면제하라"[780]고 하였다. 주에서 사고가 말했다. 물사(勿事)는 요역을 하지 않는다는 것인데 산자자(産子者)는 이미 요역을 면제받았으므로 이것은 산부도 같이 면제한다는 의미이다.

⦿ 諸侯王朝, 得從其國二千石.(哀帝紀引令)
무릇 제후왕이 입조할 때 그 국의 2천석 관리를 수행할 수 있다.[781](『한서』「애제기」에서「영」을 인용)

---

777 『漢舊儀』권下, 81쪽. "…課殿最. 水處爲樓船, 亦習戰射行船."
778 『說文解字注』, 糸部 '紙'字下, 644쪽; 紙: 織의 古文.
779 『後漢書』권3「肅宗孝章帝紀」, 148쪽.
780 『漢書』권1하「高帝紀」, 63쪽. "春, 令郎中有罪耐以上, 請之. 民産子, 復勿事二歲".
781 『漢書』권11「哀帝紀」, 333쪽, "對曰:「令, 諸侯王朝, 得從其國二千石. 傅、相、中尉皆國二千石, 故盡從之.」"

⦿ 吏二千石告過長安謁.(馮野王傳引令)

2천석 관리는 휴가를 청하면 장안을 지날 때 배알한다.[782](『한서』 「풍야왕전」
에서 「영」을 인용)

【원문】 諸使有制得行馳道中者, 行旁道, 無得行中央三丈.(鮑宣傳注如淳引
令)

【역문】 무릇 황제의 명령을 따라 치도를 통행할 수 있게 되는 자는 방도를
걸어야 한다. 중앙의 삼장 너비가 있는 치도를 걸을 수 없다.[783](『한서』
권72, 「포선전」 주에서 여순이 「영」을 인용)

【원문】 諸使有制得行馳道中者, 行旁道, 不得行中央三丈也, 不如令沒入
其車馬.(三輔黃圖引漢令)

【역문】 모두 황제의 명령에 따라 치도를 걸을 수 있게 되는 자가 방도를 걸
어야 하는데 중앙의 삼장 너비가 있는 치도를 걸을 수 없다. 영을 따르
지 않으면 그의 수레와 말을 몰수한다.(『삼보황도』에서 「한령」을 인용)

⦿ 犯法者, 各以法時律令論之.(孔光傳引令)

범법자는 각각 범법 당시의 율령에 의거하여 논죄해야 한다[784](『한서』 「공광
전」에서 「영」을 인용)

【원문】 將以制刑爲後法者, 則野王之罪, 在未制令前也, 刑賞大信, 不可
不愼.(馮野王傳)

【역문】 [이와 같은] 형법을 제정하여 후세의 법규로 삼았는데, 풍야왕의 죄는
이와 같은 법령을 제정하기 이전에는 없었습니다. [따라서 이와 같은 법령

---

782 『漢書』 권79 「馮野王傳」, 3303쪽.
783 『漢書』 권72 「鮑宣傳」 注, 3094쪽, "如淳曰: 「令諸使有制得行馳道中者, 行旁道, 無得行中央三丈
也.」"
784 『漢書』 권81 「孔光傳」, 3355쪽, "犯法者各以法時律令論之."

으로 그를 처벌할 수가 없다.] 형벌과 포상은 매우 높은 신뢰가 있어야 하니 삼가 신중해야 합니다.[785](『한서』 권79, 「풍야왕전」)

【세주 원문】 按通典引此條, 法時作發時. 唐律犯時未老疾, 發時老疾者, 以老疾論; 犯時幼小, 發時長大者, 以幼小論.

【세주 역문】 『통전』에서 이 조를 인용하여, "법시(法時)는 발시(發時)이다"[786]고 하였다. 당률에서 "범죄 때는 아직 늙고 병들지 않았는데 발견할 때 늙고 병들게 되면 '노질(老疾)'로 논죄해야 한다. 범죄 때는 어렸는데 발견할 때 성장하였으면 유소로 논죄해야 한다."[787]고 하였다.

◉ 完而不髡曰耐.(史記趙奢傳索隱江邃引漢令)
'완'하여 머리카락을 깎지 않는 형벌을 '내'라고 한다.[788](『사기』 「조사전」『색은』에서 강수가 「한령」을 인용)

◉ 蠻夷卒有顇(說文糸部引漢令)
만이의 사병들은 미리 양발을 묶는다[789](『설문해자』 「사부」에서 「한령」을 인용)

◉ 蠻夷長有罪, 當殊之.(說文歺部引漢令)
만이의 우두머리가 죄가 있으면 마땅히 그를 살해한다.[790](『설문해자』 「알부」에서 「한령」을 인용)

---

785 『漢書』 권79, 「馮野王傳」, 3304쪽.
786 『通典』 권165, 「刑法」3, '刑制下', 4257쪽.
787 『唐律疏議』 第31조, 「名例律」31, '犯時未老疾', 84쪽.
788 『史記』 권81 「趙奢列傳」, 2446쪽; 完에 대해서는 完이 耐, 즉 完=耐라는 설, 完이 髡, 즉 完=髡이라는 설, 完=신체피부를 온전하게 보존하는 것이라는 3가지 견해가 존재한다.
789 『說文解字注』 糸部 '顇'字下, 658쪽.
790 『說文解字注』 歺部 '殊'字下, 162쪽.

◉ 蠻夷戎狄有罪, 當殊.(史記蘇秦列傳集解風俗通義引漢令)

만이융적이 죄가 있으면 마땅히 살해한다.[791](『사기』「소진열전」 집해에서 『풍속통의』의「한령」을 인용)

【세주 원문】 按史記注云, 殊者死也, 與誅同指. 段氏曰, 漢詔云, 殊死者, 皆謂死罪身首分離也, 蠻夷有罪, 非必執而殺之也, 殊之者, 絶之也.

【세주 역문】 『사기』 주에 "수(殊)는 사(死)이다. 주(誅)와 뜻이 같다."[792]고 하였다. 단씨가 말했다. "한조에 의하면 수사는 모두 사죄자의 몸과 머리를 분리하는 것을 이르는 것이다."[793] 만이가 죄가 있어도 반드시 집행하여 죽이는 것은 아니다. 그를 수(殊)한다는 것은 그를 단절한다는 것이다.

◉ 解衣耕謂之襄.(說文衣部引漢令)

옷을 벗고 경작하는 것을 '양(襄)'이라고 한다.[794](『설문해자』「의부」에서 「한령」을 인용)

◉ 蹶張士百人.(史記申屠嘉傳注孟康引漢令 說文走部, 引漢令, 蹶作趹, 無士字.)

[말을 타고 활을 쏘며 쇠뇌를 당겨서 발사하는] 궐장사는 100인[795](『사기』「신도가전」 주에서 맹강이 「한령」을 인용. 『설문해자』「주부」에서 「한령」을 인용했는데, 궐이 척(趹)으로 되어 있고 사(士) 자가 없다.]

---

791 『史記』 권69 「蘇秦列傳」, 2266쪽.
792 『史記』 권69 「蘇秦列傳」, 2266쪽.
793 『說文解字注』 歺部 '殊'字 下, 161쪽.
794 『說文解字注』, 衣部 '襄'字 下, 394쪽.
795 『史記』 권96, 「張丞相列傳」(申屠嘉傳) 注, 2683쪽. "如淳曰:「材官之多力, 能蹋强弩張之, 故曰蹶張.」 漢令有蹶張士百人是也";『說文解字注』, 走部 '趹'字 下, 66쪽;『漢書』 권42, 「申屠嘉傳」 注, 2100쪽.

◉ 酋長(說文髟部引漢令)

만이의 우두머리[796](『설문해자』「표부」에서 「한령」을 인용)

【세주 원문】 按書牧誓庸蜀羌髳微盧彭濮人. 段氏曰, 髳長蓋如趙佗自稱蠻夷大長, 亦謂其酋豪也.

【세주 역문】 『서경』「목서」에 "용(庸)·촉(蜀)·강(羌)·무(髳)·미(微)·노(盧)·팽(彭)·복(濮)부족 사람"[797]이라고 하였다. 단씨가 말하기를, 모나라 우두머리는 대개 조타(趙佗)처럼 스스로를 만이(蠻夷) 대장으로 칭하였는데 또한 그것을 추호(酋豪)라 한다.[798]

◉ 鬲(說文鬲部引漢令鬳, 漢令作鬲)

격[799](『설문해자』「격부」에서 「한령」을 인용. 격은 「한령」에는 鬲으로 되어 있다.)

◉ 正亡屬將軍, 將軍有罪以聞, 二千石以下行法焉.(胡建傳引軍法)

군정(軍正)은 장군에 속하지 않는다. 장군에게 죄가 있으면 이를 조정에 보고하고, 2천석 이하에 대해서는 처벌할 수 있다.[800](『한서』「호건전」에서 「군법」을 인용)

---

796 『說文解字注』, 髟部 '髳'字下, 426쪽.
797 『尙書正義』 권11, 「牧誓」4, 284쪽; 8개국은 모두 문왕에게 복속한 만이 융적의 국명이다. 목서편은 군사들의 노고에 대한 위로, 상나라 紂王의 죄상 폭로, 실제 전투에 임할 때 취할 행동, 임전할 군사들에 대한 격려 등의 내용으로 되어 있다.
798 『說文解字注』, 髟部 '髳'字下, 426쪽의 段注; 趙佗(?-기원전137)는 진나라 말기에 廣東에 도읍을 정하고 남월을 세워 스스로 무왕이라 칭하였다. 뒤에 漢나라의 고조가 이를 인정하여 남월의 왕으로 책봉하였다; 酋豪: 중국에서 만이의 우두머리나 괴수를 지칭하여 가리키는 말이다.
799 『說文解字注』 鬲部, 111쪽.
800 『漢書』 권67, 「胡建傳」 注, 2910쪽; 軍正: 경사의 남, 북군에 각기 정(正)이 있었는데 이것이 군정이다. 군정과 군중은 사법과 관련된 일을 처리하므로 그 권한이 자못 컸다.

◉ 吏卒斬首, 以尺籍書下縣移郡, 令人故行不行, 奪勞二歲.(史記馮唐傳注, 如淳引軍法)

하급관리는 참수하면, 참수한 공을 1척의 판자에 기록하여 군현에 전달하는데, 타인을 고용하여 가도록 하고, 스스로 가지 않으면 2년 동안의 공로(공적)를 박탈한다.[801](『사기』「풍당전」주에서 여순이 「군법」을 인용)

【세주 원문】 按索隱云, 尺籍謂書其斬首之功於一尺之板, 故行不行, 謂故命人行而身不自行. 故與雇同. 唐律征人冒名相代, 在廐庫.

【세주 역문】 『색은』에 "척적(尺籍)은 그 참수의 공을 1척짜리 판자에 쓴 것을 이르는 것이다. '고행불행(故行不行)'이란 타인을 고용하여 가도록 하고 자기 스스로는 가지 않음을 이른다. 고(故)와 고(雇)는 같다."[802]고 하였다. 『당률』에 '정인모명상대(征人冒名相代)'는 구고(廐庫)에 있다.[803]

◉ 行逗留畏懦者要斬.(武帝紀注如淳引軍法)

머뭇거리며 진군하지 않고 겁먹고 나약한 모습을 보인자는 요참한다.[804]

---

801 『史記』 권102, 「張釋之馮唐列傳」(馮唐)注, 2760쪽, 集解如淳曰:「…令人故行, 不行奪勞二歲.」

802 『漢書』 권67, 「胡建傳」 注, 2910쪽, "索隱按: 尺籍者, 謂書其斬首之功於一尺之板. 伍符者, 命軍人伍伍相保, 不容姦詐. 注「故行不行」, 案謂故命人行而身不自行, 奪勞二歲也. 「故」與「雇」同."; 索隱은 중국 당나라 때 사마정이 『사기』를 주석한 책으로 총 30권이다.

803 『唐律疏議』 第228條, '擅興' 5, 303쪽; 征人冒名相代: 고의로 이름을 거짓으로 꾸며 서로 대리함을 뜻한다.

804 『漢書』 권6, 「武帝紀」 注, 204쪽, "如淳曰:「軍法, 行逗留畏懦者要斬」; 『嶽麓書院藏秦簡』(參), 239~241쪽, '縮等畏奭還走案', 「卄(二十)六年九月己卯朔【……】[237正]【……】□不敢獨前, 畏奭, 與借環(還)走十二步, 反寇來追者少, 皆止, 陳(?), 共(?)射(?)【□□□】[238正]【……】走可卌(四十)六步□□□□□□□……【……】[239正]讀·秳, 讀·秳等伍束符, 卒毋(無)死傷者.【……】[240正]敢獨前, 誠畏奭而與借環(還)走可十二步, 反寇來追者少, 皆止, 陳(?), 射反寇, 反寇敗入各中, 辠(罪), 毋(無)解. • 診·丈·問: 得[241正]等環(還)走卌(四十)六步, 獖等十二步; 術廣十二步, 垣高丈. 忌等死時, 得·縮等去之遠者百步. 它如辤(辭). • 鞫之[242正] 得·文·剴·慶·縮等與反寇戰, 不伍束符, 忌以射死, 卒喜等【□】 短兵死. 畏奭, 去環(還)走卌(四十)六步. 逢包[243正]皆致灋(法)焉. 有(又)取卒畏奭寠(最)先去·先者次(?)十二人, 完以爲城旦·鬼薪. 有(又)取其次(?)十四人, 耐以[244正]【……】□□殼(繫). 它縣論.【……】[245正]" 이상의 『嶽麓秦簡』의 내용은 전투 중 두려워 전진하지 못하고 도망친 병사를 처벌하는 내용이다. 12보 도망치다 추격하는 적이 적은 것을 알고서 활을 쏘아 격퇴시킨 자, 46보 후퇴한 자, 100보 후퇴한 자 등이 열거되고 있고 이에 대한 처벌로 完城旦, 鬼薪 등이 열거되고 있다. 즉 '行逗留畏'가 秦律에서 유래하였음을 알 수 있다.

(『한서』권6, 「무제기」 주에서 여순이 「군법」을 인용)

● 行而逗留畏橈者要斬.(史記韓安國傳, 注如淳引軍法)
머뭇거리며 진군하지 않고 겁먹고 굴복하는 자는 요참한다.[805](『사기』 「한안
국전」 주에서 여순이 「군법」을 인용)

【원문】 兩軍相當, 將施令曰, 斬首拜爵而屈橈者要斬, 然而隊階之卒, 皆
不能前遂斬首之功, 而後被要斬之罪.(淮南子汜論訓)

【역문】 양군이 대치했을 때 장수가 명령을 내리기를, "참수자에게는 작위
를 주고 후퇴하며 머뭇거리는 자는 요참에 처한다."고 하였다. 그러나
대열 중인 병사들이 모두 앞으로 진격하여 참수의 공을 세우지 못하고,
도리어 후퇴하여 허리를 자르는 형에 처해졌다.[806](『회남자』 「범론훈」)

【원문】 肜到不見虜而還, 坐逗留畏懦, 下獄歐血死.(祭肜傳)

【역문】 제동이 그곳에 도착하고 나서 적을 보지 않고서 돌아갔는데, 진군
하지 않고 머뭇거리며 적을 두려워한 죄를 받아 하옥되어 피를 토하며
죽었다.[807](『후한서』 「제동전」)

【원문】 博望侯張騫, 坐以將軍擊匈奴, 畏懦當斬, 贖罪免. 將梁侯楊僕, 坐
爲將軍擊朝鮮畏懦, 入竹二萬箇, 贖完爲城旦.(功臣表)

【역문】 박망후 장건이 장군이 되어 흉노를 물리칠 때 적을 두려워하여 머
뭇거린 죄를 받아 참수형에 처해져야 했지만 속죄하여 면관되었다. 장
량후 양복은 장군으로 조선을 공격할 때 적을 두려워하고 겁을 먹고 머
뭇거린 죄를 받았는데, 대나무 2만 매를 납입하여 속죄하고 완성단에 처

---

805 『史記』 권108 「韓長孺列傳」 注, 2863쪽, "集解漢書音義曰: 「逗, 曲行避敵也; 橈, 顧望, 軍法語也.」"
806 『淮南子』(陳廣忠 注譯, 『淮南子譯注』, 吉林文史出版社, 1990) 권13, 「汜論訓」, 657쪽.
807 『後漢書』 권20 「銚期王霸祭遵傳」(祭遵從弟肜) 746쪽, "肜到不見虜而還, 坐逗留畏懦下獄
免."

했다.808(『한서』「공신표」)

【세주 원문】按戰國齊策, 田忌戰而不勝, 曲橈而誅, 是戰國時已如是. 文選任彦昇奏彈曹景宗云, 臣聞顧望避敵, 逗橈有刑, 是六朝時猶沿是制也.

【세주 역문】『전국책』「제책」에 "[싸움에 지면 전기(田忌)가 진군하지 않았거나], 전사하지 않았거나 용기가 없어 머뭇거리다가 패하였다고 [책임을 물어] 죽일 수 있다."809고 하였다. 무릇 전국시기에 이미 이러했다.『문선』임언승(任彦昇)의 조경종을 탄핵하는 것을 상주하여 이르기를, "신이 듣건대 돌아보고서 적을 피하며 우회하고 관망하면 형벌을 받는다고 들었습니다."810 육조시대에는 다만 이 제도를 따른 것이다.

◉ 五人爲伍, 五伍爲兩, 兩有司馬, 執鐸.(說文金部引軍法 依集韻韻會引, 兩下補有字)

다섯 사람이 '오(伍)'가 되고, 다섯 개의 오가 '양(兩)'이 되며, 양에는 '사마(司馬)'가 있는데 그가 방울을 잡는다811[『설문해자』「금부」에서 「군법」을 인용, 『집운』「운회」의 인용에 따르면, 양(兩) 아래 유(有)자를 보충한다.]

◉ 百人爲卒, 五人爲伍.(周禮夏官諸子注引軍法)

백 사람은 '졸(卒)'이 되고 다섯 사람은 '오(伍)'가 된다812(『주례』「하관」(제자) 주에서 「군법」을 인용)

◉ 父子俱有死事, 得與喪歸.(灌夫傳引漢法 宋祁曰, 漢法浙本作軍法)

부자가 함께 공무를 하다가 [그중 한 사람이] 죽으면 상을 지내기 위해 돌아

---

808 『漢書』권17「功臣表」(博望侯張騫), 646쪽, "坐以將軍擊匈奴畏懦, 當斬, 贖罪, 免", 『史記』에는 '免'이 아니라 봉국이 없어졌다라고 표현하고 있다. 『漢書』권17, 「功臣表」(將梁侯楊僕), 655쪽.

809 『戰國策1』권5, 「齊策1」, 72쪽, "戰不勝, 田忌不進, 戰而不死, 曲橈而誅."

810 『文選』권40, 「彈事」, '任彦昇奏彈曹景宗', 文選研究會, 1983, 558쪽.

811 『說文解字注』, 金部 '鐸'字下, 709쪽.

812 『周禮正義』권59「夏官司馬」, '諸子'注, 2475-2476쪽.

갈 수 있다[813](『한서』「관부전」에서는「한법」을 인용, 송기가 말하기를,「한법」이 절본에서는「군법」으로 저작)

【원문】 有人從軍屯及給事縣官者, 大父母父母死未滿三月, 皆勿繇, 令得送葬.(陳忠傳)

【역문】 군대를 따라 함께 주둔하거나 관부를 위해 일을 하는 자가 조부모가 죽은 지 3개월 미만이면, 모두 노역에 종사하지 말고, 그들로 하여금 장례를 지낼 수 있게 하라.[814](『후한서』「진충전」)

【원문】 以上漢令佚文凡四十六條. 考漢令自令甲以下, 凡三百餘篇, 其佚文猶時散見於各書, 惟所存較之律文僅三之一. 此外因大臣條奏, 天子隨時增訂律令者, 或稱定令, 見刑法志及霍去病傳, 或稱著令, 見史記平準書, 景帝成帝各紀及馮野王傳, 或并稱定著令見平帝紀吳芮韋元成傳. 周壽昌漢書注校補云, 上特定著令, 則在律之外, 猶今之欽定專條也. 其詳皆分見雜考及沿革考中, 玆不錄.

【역문】 이상「한령」의 일문은 모두 46조이다. 상고해 보건대,「한령」은「영갑」이하로부터 모두 300여 편이니 그 일문은 여전히 당시의 각 책 여기저기에 보이며 보존된 일문은 겨우 1/3 정도 된다. 그 외 대신이 낱낱이 조목을 쓴 상주문, 천자가 때때로 율령을 늘리고 정정한 것, 혹은 정령(定令)이라 칭하는 것 등은「형법지(刑法志)」및「곽거병전(霍去病傳)」에 보이며, 혹은 저령(著令)이라 칭하는 것은『사기』「평준서」, 경제(景帝)·성제(成帝) 등의 각 기(紀) 및「풍야왕전」에 보이며, 또는 그와 함께 정저령(定著令)이라고 칭해지는 것은「평제기(平帝紀)」오예위원성전(吳芮韋元成傳) 등에 보인다. 주수창(周壽昌)이『한서주교보(漢書注校補)』에

---

813 父子俱有死事, 得與喪歸: 부자가 함께 공무를 하다가 [그중 한 사람이] 죽으면 상을 지내기 위해 돌아갈 수 있다:『漢書』권52「灌夫傳」, 2382쪽, "漢法, 父子俱, 有死事, 得與喪歸."

814 『後漢書』권46「陳忠列傳」, 1560쪽, "人從軍屯及給事縣官者, 大父母死未滿三月, 皆勿繇, 令得葬送."

말하기를, 위에서 언급한 특히 정저령(定著令)은 율외에 있는 것으로 지금의 흠정(欽定) 전조(專條)[815]와 같다고 하였다. 그 자세한 것은 모두 「잡고(雜考)」 및 「연혁고(沿革考)」 중에 나누어 살펴보았으므로 이에 기록하지 않는다.

---

815 임금이 몸소 제정하였다는 의미.

구조율고
九朝律考